Edition KWV

Die „Edition KWV" beinhaltet hochwertige Werke aus dem Bereich der Wirtschaftswissenschaften. Alle Werke in der Reihe erschienen ursprünglich im Kölner Wissenschaftsverlag, dessen Programm Springer Gabler 2018 übernommen hat.

Weitere Bände in der Reihe http://www.springer.com/series/16033

Marian Alexander Arning

Die elektronische Gesundheitskarte und die Verteilung von Informationen im deutschen Gesundheitswesen

Rechtliche Gestaltung und rechtliche Absicherung

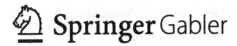 Springer Gabler

Marian Alexander Arning
Wiesbaden, Deutschland

Bis 2018 erschien der Titel im Kölner Wissenschaftsverlag, Köln
Dissertation, Gottfried Wilhelm Leibniz Universität Hannover, 2014

Edition KWV
ISBN 978-3-658-23813-1   ISBN 978-3-658-23814-8   (eBook)
https://doi.org/10.1007/978-3-658-23814-8

Die Deutsche Nationalbibliothek verzeichnet diese Publikation in der Deutschen Nationalbibliografie; detaillierte bibliografische Daten sind im Internet über http://dnb.d-nb.de abrufbar.

Springer Gabler
© Springer Fachmedien Wiesbaden GmbH, ein Teil von Springer Nature 2015, Nachdruck 2019
Ursprünglich erschienen bei Kölner Wissenschaftsverlag, Köln, 2015

Springer Gabler ist ein Imprint der eingetragenen Gesellschaft Springer Fachmedien Wiesbaden GmbH und ist
ein Teil von Springer Nature
Die Anschrift der Gesellschaft ist: Abraham-Lincoln-Str. 46, 65189 Wiesbaden, Germany

Vorwort

Die elektronische Gesundheitskarte und die mit ihr verbundene Telematikinfrastruktur haben das Potential, das deutsche Gesundheitswesen nachhaltig zu verändern. Einerseits kann die bessere Verfügbarkeit von medizinischen Informationen für Patienten und Heilberufler dazu beitragen, dass Patienten in Zukunft besser, effizienter und transparenter behandelt werden können. Andererseits besteht die Gefahr, dass ein Patient in einem solchen System nicht mehr selbstbestimmt über seine dort gespeicherten Daten entscheiden kann. Vor dem Hintergrund dieses Spannungsverhältnisses habe ich mich entschlossen, die vorliegende Arbeit abzufassen, in der ich insbesondere die derzeitige Informationsverteilung im Gesundheitswesen, die Veränderung dieser Informationsverteilung durch die elektronische Gesundheitskarte und den Schutz des Rechts der Patienten auf informationelle Selbstbestimmung im Rahmen der elektronischen Gesundheitskarte und der Telematikinfrastruktur untersuche.

Die vorliegende Arbeit wurde im Sommersemester 2014 von der Gottfried Wilhelm Leibniz Universität Hannover als Dissertation angenommen.

Ein besonderer Umstand dieser Arbeit besteht darin, dass sich die Konzeption der elektronischen Gesundheitskarte sowie der Telematikinfrastruktur und die rechtlichen Rahmenbedingungen fortlaufend ändern. Die Veröffentlichung basiert auf dem Projekt-, Gesetzes- und Literaturstand vom Mai 2013. Vor diesem Hintergrund wurden die Ausführungen unter Ziffer 6 dieser Arbeit abstrakter gefasst.

Ich bedanke mich sehr herzlich bei meinem Doktorvater, Prof. Dr. Nikolaus Forgó, für seine großartige Unterstützung. Seine Anregungen, seine kritische Begleitung, aber insbesondere auch sein „Mut machen" waren eine große Hilfe für mich. Zudem möchte ich mich auch sehr herzlich bei Prof. Dr. Hermann Butzer für die schnelle Zweitkorrektur und für seine wertvollen Denkanstöße bedanken.

Besonders bedanken möchte ich mich auch bei meiner Frau, Asst. Prof. Dr. Hatice Selin Pürselim Arning, und bei meinen Eltern, Barbara und Klaus Arning, die mir während des gesamten Projekts eine große Stütze waren und hierdurch ganz wesentlich zum Gelingen dieser Arbeit beigetragen haben.

Hamburg, im März 2015

Inhaltsverzeichnis

Abbildungsverzeichnis

Abkürzungsverzeichnis

Abl.	Amtsblatt
Abs.	Absatz
AEUV	Vertrag über die Arbeitsweise der Europäischen Union
a.F.	alte Fassung
AcP	Archiv für die civilistische Praxis
AG	Amtsgericht
AMG	Gesetz über den Verkehr mit Arzneimitteln (Arzneimittelgesetz)
AMVV	Arzneimittelverschreibungsverordnung
AnwBl.	Anwaltsblatt
AO	Abgabenordnung
ApBetrO	Apothekenbetriebsordnung
A&R	Arzneimittel & Recht
Art.	Artikel
ArztR	ArztRecht
AVS	Apothekenverwaltungssystem
Az.	Aktenzeichen
BeckOK	Beck'scher Online-Kommentar
BDSG	Bundesdatenschutzgesetz
Begr.	Begründung
BetrVG	Betriebsverfassungsgesetz
BGB	Bürgerliches Gesetzbuch
BGBl.	Bundesgesetzblatt
BGH	Bundesgerichtshof

BGHSt	Bundesgerichtshof in Strafsachen
BGHZ	Bundesgerichtshof in Zivilsachen
BMG	Bundesministerium für Gesundheit
BMGS	Bundesministerium für Gesundheit und Soziale Sicherung
BMV-Ä	Bundesmantelvertrag – Ärzte
BSG	Bundessozialgericht
BSI	Bundesamt für Sicherheit in der Informationstechnik
BT – Drs.	Bundestagsdrucksache
Bundesgesundheitsbl.	Bundesgesundheitsblatt
BVerfG	Bundesverfassungsgericht
BVerfGE	Entscheidungen des Bundesverfassungsgerichts
BVerwG	Bundesverwaltungsgericht
bzw.	beziehungsweise
CR	Computer und Recht
CT	Computertomographie
DAK	Deutsche Angestellten Krankenkasse
DÄ	Deutsches Ärzteblatt
DB	Der Betrieb
ders.	derselbe
DMW	Deutsche Medizinische Wochenschrift
DuD	Datenschutz und Datensicherheit
EDV	Elektronische Datenverarbeitung
EEG	Elektroenzephalografie
EG	Europäische Gemeinschaft
EGBGB	Einführungsgesetz zum Bürgerlichen Gesetzbuch

eGK	elektronische Gesundheitskarte
EGMR	Europäischer Gerichtshof für Menschenrechte
EKD	Evangelische Kirche in Deutschland
EGKTestVÄndV	Verordnung zur Änderung der Verordnung über Testmaßnahmen für die Einführung der elektronischen Gesundheitskarte
EKG	Elektrokardiogramm
EMRK	Europäische Menschenrechtskonvention
ePA	elektronische Patientenakte
etc.	et cetera
EU	Europäische Union
EuGH	Europäischer Gerichtshof
EUR	Euro
EUV	Vertrag über die Europäische Union
f.	folgende Seite
FAR	Falschakzeptanzrate
FAZ	Frankfurter Allgemeine Zeitung
ff.	folgende Seiten
FPR	Falsch-Positive-Rate
FRR	Falschrückweisungsrate
FS	Festschrift
gem.	gemäß
gematik	Gesellschaft für Telematikanwendungen der Gesundheitskarte mbH
GenDG	Gendiagnostikgesetz
GesR	GesundheitsRecht
GG	Grundgesetz

ggf.	gegebenenfalls
GKV	Gesetzliche Krankenversicherung
GOÄ	Gebührenordnung für Ärzte
GOZÄ	Gebührenordnung für Zahnärzte
GRUR	Gewerblicher Rechtschutz und Urheberrecht
GV	Gesetz- und Verordnungsblatt
HBA	Heilberufsausweis
HGB	Handelsgesetzbuch
HKG	Heilberufekammergesetz
HNO	Hals Nase Ohren
HPC	Health Professional Card
Hrsg.	Herausgeber
HS	Halbsatz
i.d.R.	in der Regel
IFG	Informationsfreiheitsgesetz
i.S.d.	im Sinne der/des
ISO	Internationale Organisation für Normung
IT	Informationstechnik
i.V.m.	in Verbindung mit
JR	Juristische Rundschau
JZ	JuristenZeitung
KBV	Kassenärztliche Bundesvereinigung
KHG	Krankenhausfinanzierungsgesetz
KIS	Krankenhausinformationssystem
KKH	Kaufmännische Krankenkasse
KOM	Kommission

PKV	Private Krankenversicherung
PStG	Personenstandsgesetz
PVS	Praxisverwaltungssystem
RÄO	Reichsärzteordnung
RdA	Recht der Arbeit
RDG	Rechtsdepesche für das Gesundheitswesen
RGBl	Reichsgesetzblatt
RGSt	Reichsgericht in Strafsachen
Rn.	Randnummer
RöV	Röntgenverordnung
RSA	Rivest Shamir Adleman
RStGB	Reichsstrafgesetzbuch
RV	Rentenversicherung
S.	Seite
Schufa	Schutzgemeinschaft für allgemeine Kreditsicherung
SGB	Sozialgesetzbuch
SigG	Signaturgesetz
SigV	Signaturverordnung
SMC	Secure Module Card
StGB	Strafgesetzbuch
StPO	Strafprozessordnung
StrlSchV	Strahlenschutzverordnung
StVollzG	Strafvollzugsgesetz
TAZ	Die Tageszeitung
UrhG	Urheberrechtsgesetz
UrhR	Urheberrecht

usw.	und so weiter
v.	vom
VersR	Versicherungsrecht
vgl.	vergleiche
VuR	Verbraucher und Recht
VVG	Versicherungsvertragsgesetz
WI	Wirtschaftsinformatik
www	World Wide Web
WzS	Wege zur Sozialversicherung
z.B.	zum Beispiel
ZD	Zeitschrift für Datenschutz
ZEV	Zeitschrift für Erbrecht und Vermögensnachfolge
ZPO	Zivilprozessordnung
ZRP	Zeitschrift für Rechtspolitik
ZStW	Zeitschrift für die gesamte Strafrechtswissenschaft
ZUM	Zeitschrift für Urheber- und Medienrecht
ZZP	Zeitschrift für Zivilprozeß

„Nichts ist so erschreckend, wie nicht wissen und doch handeln."

(Johann Wolfgang von Goethe)

1 Einleitung

Informationen sind im Gesundheitswesen von herausragender Bedeutung, besonders im Arzt-Patienten-Verhältnis. Ohne Informationen über einen Patienten, seine Lebensgewohnheiten, seine Vorerkrankungen und seine Beschwerden kann ein Arzt in den meisten Fällen keine zuverlässigen Diagnosen treffen und den Patienten anschließend auch nicht optimal behandeln. Aus diesem Grund ist der behandelnde Arzt auch verpflichtet, zu Beginn der Behandlung eine Anamnese[1] durchzuführen.[2] Im Rahmen dieser Anamnese wird die subjektiv erinnerliche und vom Patienten oder seinen Angehörigen mitgeteilte Vorgeschichte einer aktuellen Erkrankung (Eigenanamnese) erhoben, die durch Krankheitsangaben aus dem Familienbuch (Familienanamnese) ergänzt wird.[3] Anhand dieser Informationen können alleine ca. 70% aller Krankheiten richtig diagnostiziert werden.[4] Daraus ergibt sich, dass die Verfügbarkeit von Informationen über die Vorgeschichte der Erkrankung eines Patienten eine herausragende Bedeutung für die erfolgreiche Diagnostik und Behandlung dieser Krankheit besitzt. So sagte beispielsweise Cicero schon vor über 2000 Jahren:

> *„Ehe ein fähiger Arzt seinem Patienten eine Arznei verabreicht, macht er sich nicht nur mit der Krankheit, die er zu heilen gedenkt, vertraut, sondern auch mit den Lebensgewohnheiten und der Konstitution des kranken Menschen selbst."[5]*

Aber auch Patienten sind auf Informationen in Bezug auf ihren Gesundheitszustand angewiesen. Nur wenn die Patienten wissen, an welchen Krankheiten sie leiden, wodurch bestimmte Beschwerden ausgelöst werden, wie ihre Krankheit verlaufen kann und welche Konsequenzen ihr eigenes Verhalten

---

[1] Anamnese (griech.) = anamnesis von αναμνησις = Erinnerung, Bekenntnis.
[2] *Kern,* in: Laufs/Kern, Handbuch des Arztrechts, § 46 Rn. 3; siehe auch OLG Koblenz VersR 1992, 359 (360); *Schulte-Sasse/Andreas,* ArztR 1996, 291 ff.
[3] Siehe § 630a Abs. 2 BGB; siehe auch *Kern,* in: Laufs/Kern, Handbuch des Arztrechts, § 46 Rn. 3; *Grüne/Schölmerich,* Anamnese, Untersuchung, Diagnostik, S. 16; *Dalicho,* Die allgemeinärztliche Untersuchung, S. 23.
[4] *Kern,* in: Laufs/Kern, Handbuch des Arztrechts, § 46 Rn. 2.
[5] *Marcus Tullius Cicero* (106-43 v. Chr.), zitiert z.B. in: *Füeßl/Middeke,* Anamnese und Klinische Untersuchung, S. 3.

© Springer Fachmedien Wiesbaden GmbH, ein Teil von Springer Nature 2015
M. A. Arning, *Die elektronische Gesundheitskarte und die Verteilung von Informationen im deutschen Gesundheitswesen*, Edition KWV, https://doi.org/10.1007/978-3-658-23814-8_1

dafür hat, können sie autonom und selbstbestimmt entscheiden, wie sie ihr zukünftiges Leben gestalten und wie sie sich gesundheitsbewusst verhalten können.[6] Nur durch Informationen können Patienten selbstbestimmt über ihre weitere Behandlung durch den Arzt entscheiden und wie sie mit ihrer Krankheit umgehen möchten. Der Patient wird erst durch Informationen mündig und kann erst durch sie eigenverantwortlich entscheiden und sich, im Sinne Kants, seines Verstandes ohne Leitung eines anderen bedienen.[7]

Aus diesen Erkenntnissen folgt, dass sowohl die behandelnden Ärzte als auch ihre Patienten mit den für sie notwendigen Informationen versorgt werden müssen, damit eine Krankheit optimal bekämpft werden kann. Dies funktioniert nur in partnerschaftlicher Zusammenarbeit zwischen einem umfänglich über die Vorgeschichte des Patienten informierten Arzt, der die Krankheit entsprechend diesem Wissen zu behandeln hat und dem optimal über seinen Gesundheitszustand informierten Patienten, der sich entsprechend seines Wissens gesundheitsbewusst verhalten muss. Folglich ist die optimale Verteilung von Informationen über die Gesundheit eines Patienten unabdingbare Voraussetzung für dessen bestmögliche Behandlung und im Idealfall für dessen Heilung.

Auf der anderen Seite kann die Verfügbarkeit von Informationen über den Gesundheitszustand für den Betroffenen aber auch negative Folgen haben. Wenn diese Informationen beispielsweise einem (potentiellen) Arbeitgeber oder einem Versicherungsunternehmen bekannt werden, so kann dies dazu führen, dass der Betroffene aufgrund zu erwartender Fehlzeiten wegen Krankheit nicht eingestellt wird oder z.B. keine private Kranken- oder Berufsunfähigkeitsversicherung bekommt. Folglich liegt es im Interesse des betroffenen Patienten, nicht nur optimal über seinen Gesundheitszustand informiert zu sein, sondern auch diese Informationen und insbesondere den Zugang zu ihnen möglichst umfassend kontrollieren zu können.[8] Andernfalls bestünde die oft zitierte Gefahr des „Gläsernen Patienten".[9] Doch das Gesundheitssystem steht vor einem der größten Umbrüche in seiner Geschichte: der Vernetzung durch Informations- und Kommunikationstechnologien. Heilbe-

---

[6] Siehe z.B. *Arz de Falco*, in: Ausfelder-Hafter, Medizin und Macht, S. 151 ff.; *Boschung*, in: Ausfelder-Hafter, Medizin und Macht, S. 11 (26 ff.); *Baer-Henney*, in: Bartmann/Hübner, Patientenselbstbestimmung, S. 85 (92).

[7] Siehe zur Mündigkeit die Ausführungen von *Kant*, Berlinische Monatsschrift 1784, 481 ff.

[8] Siehe z.B. BVerfGE 32, 373 (380).

[9] *Ahmia*, TAZ v. 04. September 2007, abrufbar unter: http://www.taz.de/!4176 (19.05.2013); *Kirschstein*, Die Welt v. 08. März 2006, abrufbar unter: http://www.welt.de/print-welt/article202537 /Testlauf_fuer_den_glaesernen_Patienten.html (19.05.2013); *Sturm*, Süddeutsche Zeitung v. 10. März 2003, abrufbar unter: http://www.sueddeutsche.de/digital/gesundheitskarte-patient-muesste-daten-preisgeben-1.81737 (19.05.2013); siehe auch die Darstellung von *Sosalla*, Die Krankenversicherung 2006, 137 (137 f.).

rufler werden technisch miteinander verbunden, um effektiver miteinander arbeiten, aber auch um einfacher Informationen von anderen Heilberuflern oder sonstigen Akteuren im Gesundheitswesen nutzen zu können. Zusammen mit ihrer Telematikinfrastruktur wird die elektronische Gesundheitskarte die bisherige Verteilung der Informationen im Gesundheitswesen, insbesondere im Arzt-Patienten-Verhältnis, stark verändern.

Das medizinische Herzstück der elektronischen Gesundheitskarte stellen die elektronische Patientenakte gem. § 291a Abs. 3 Nr. 4 SGB V, die Daten über Befunde, Diagnosen, Therapiemaßnahmen, Behandlungsberichte sowie Impfungen für eine fall- und einrichtungsübergreifende Dokumentation über den Patienten umfasst sowie die Daten zur Prüfung der Arzneimitteltherapiesicherheit gem. § 291a Abs. 3 Nr. 3 SGB V dar. Hierein werden die durch den Patient eingenommenen Arzneimittel sowie medizinische Individualparameter des Patienten aufgenommen, um diesen besser vor Wechselwirkungen von Arzneimitteln schützen zu können.[10] Heilberufler können dann, sofern der betroffene Patient eingewilligt hat, auf diese Daten zugreifen und sie bei ihrer Untersuchung, Diagnose und Behandlung berücksichtigen. Durch diese Anwendungen *„kann die elektronische Gesundheitskarte entscheidend zur Verbesserung der Qualität der medizinischen Behandlung beitragen, da Gesundheitsdaten zum Zeitpunkt und am Ort der Behandlung durch die Patienten verfügbar gemacht werden können. Gleichzeitig eröffnet die Gesundheitskarte den Patienten die Möglichkeit, einen besseren Überblick über ihren Gesundheitszustand zu erhalten."[11]* Folglich besteht das (medizinische) Kernstück der elektronischen Gesundheitskarte faktisch in einer völlig neuen Verteilung der Informationen im Gesundheitswesen, insbesondere in der besseren Verfügbarmachung von Informationen über den Gesundheitszustand eines Patienten, sowohl für die Heilberufler als auch für die Patienten selbst.

In dieser Arbeit soll deshalb untersucht werden, wie Patienten und Heilberufler heute Informationen im Gesundheitswesen erhalten können, wie durch die rechtliche und technische Ausgestaltung der elektronischen Gesundheitskarte Informationen im Gesundheitswesen neu verteilt werden, welche Auswirkungen die neue Informationsverteilung für den Heilberufler, den Patienten und ihre Beziehung zueinander hat, wie Informationen im Rahmen dieser faktisch neuen Informationsverteilung geschützt sind und ob die Auswirkungen der neuen Informationsverteilung die Verbesserung der Wirtschaftlichkeit, der

---

[10] Siehe z.B. *Bales/Dierks/Holland/Müller*, Die elektronische Gesundheitskarte, B I § 291a Rn. 42.
[11] Begründung zum Entwurf des GKV-Modernisierungsgesetzes vom 08.09.2003, BT-Drs. 15/1525, S. 145.

Qualität und der Transparenz der Behandlung, also die Ziele der elektronischen Gesundheitskarte, beeinflussen, verbessern oder sogar gefährden.

Erster Teil: Die gegenwärtige Verfügbarkeit von medizinischen Informationen für Patienten und Heilberufler

2 Medizinische Informationen und Gesundheitsdaten

Bevor im ersten Teil dieser Arbeit die gegenwärtige Verfügbarkeit medizinischer Informationen für Patienten und Heilberufler untersucht wird, soll zunächst kurz in die verwendete Terminologie eingeführt werden.

2.1 Medizinische Informationen

Informationen sind das Lebenselixier des Gesundheitswesens. Nur aufgrund von Informationen können Heilberufler ihre Patienten behandeln.

Der Begriff *medizinische Informationen* soll im Rahmen dieser Arbeit *nicht* alle Informationen umfassen, die im „Medizinbetrieb" entstehen, z.B. in den Arztpraxen und im Rahmen der kassenarztrechtlichen Beziehungen sowie im Krankenhausbetrieb und innerhalb der Rechtsbeziehungen zwischen Krankenhäusern und Krankenkassen.[12] Dies folgt schon aus dem Begriff *Medizin*, der die Wissenschaft vom gesunden und kranken Funktionszustand des menschlichen, tierischen und pflanzlichen Organismus, insbesondere von den Ursachen und Erscheinungsformen von Krankheiten, deren Erkennung, Behandlung sowie deren Verhütung umfasst.[13] Rein administrative Informationen, die im Gesundheitssystem anfallen, sind somit nicht Bestandteil des Begriffs *Medizin* und fallen folglich auch nicht unter den Begriff der *medizinischen Informationen*. Allerdings können diese auch nicht alle Informationen umfassen, die sich auf den früheren, gegenwärtigen und zukünftigen Gesundheitszustand (physisch und psychisch) eines Individuums beziehen.[14]

---

[12] Siehe schon *Meydam*, in: Kilian/Porth, Juristische Probleme der Datenverarbeitung in der Medizin, S. 50 (63).

[13] Siehe die Definition des Begriffs „Medizin" in *Bibliographisches Institut & F. A. Brockhaus*, Brockhaus Enzyklopädie, Band 18.

[14] Art. 6 Nr. 45 des Explanatory Reports zum Übereinkommen zum Schutz des Menschen bei der automatischen Verarbeitung personenbezogener Daten des Europarats v. 28.01.1981 (Konvention Nr. 108), abrufbar unter: http://conventions.coe.int/Treaty/EN/Reports/HTML/108.htm (19.05.2013). Siehe dazu auch schon das Committee of Experts on Data Protection of the Council of Europe, Draft Resolution (7.) on Model Regulations for Electronic Medical Data Banks, CJ-PD-GT 2 (77) 2 v. 05. September 1977, S. 3.

© Springer Fachmedien Wiesbaden GmbH, ein Teil von Springer Nature 2015
M. A. Arning, *Die elektronische Gesundheitskarte und die Verteilung von Informationen im deutschen Gesundheitswesen*, Edition KWV, https://doi.org/10.1007/978-3-658-23814-8_2

Auch Informationen über die Herkunft (regionale Erkrankungen), Abstammung (Erberkrankungen) oder berufliche Tätigkeiten (Berufserkrankungen) können schon Angaben über den Gesundheitszustand eines Individuums enthalten, so dass der Begriff der *medizinischen Information* uferlos würde.[15] Im Bereich der Humanmedizin, den diese Arbeit ausschließlich beschreibt, müssen somit der Patient und sein Verhältnis zum Leistungserbringer den Anknüpfungspunkt für die Definition von medizinischen Informationen darstellen. *Medizinische Informationen* sind somit alle Informationen, die auf das Verhältnis eines Patienten zu einem Leistungserbringer (Arzt, Apotheker etc.) zurückgehen und den Gesundheitszustand des Patienten oder den behandelnden Leistungserbringer in seiner Beziehung zum Patienten beschreiben.[16] Somit umfassen medizinische Informationen insbesondere Anamnesedaten, ärztliche Befunde, Labordaten, Diagnosen und Therapien, aber auch die Angabe eines (behandelnden) Heilberuflers im Rahmen einer medizinischen Versorgung.[17] Medizinische Informationen dienen somit nicht nur der Versorgung des Patienten, sondern auch zur Abrechnung, Forschung, Statistik, Planung und Steuerung des Gesundheitswesens und zu vielen weiteren Zwecken.[18]

2.2 Gesundheitsdaten

Sofern sich medizinische Informationen auf den Gesundheitszustand einer bestimmten oder zumindest bestimmbaren natürlichen Person beziehen, kann es sich bei ihnen auch um Gesundheitsdaten i.S.d. § 3 Abs. 9 BDSG han-

---

[15] So auch schon *Kilian/Schuster*, Medizinische Informationen in der Krankenversicherung, S. 62 f.

[16] Siehe *Kilian*, in: Kilian/Porth, Juristische Probleme der Datenverarbeitung in der Medizin, S. 119 (119); *Kilian/Schuster*, Medizinische Informationen in der Krankenversicherung, S. 62 f.

[17] Demnach fallen auch die Informationen, die gem. § 291a Abs. 2 Nr. 1 und Abs. 3 Nr. 1-4, 6 SGB V im Rahmen der elektronischen Gesundheitskarte verarbeitet werden (siehe ausführlich hierzu die Darstellung unter Ziffer 6.3.3), unter den Begriff der medizinischen Informationen. Im Rahmen des sogenannten Patientenfachs gem. § 291a Abs. 3 Nr. 5 SGB V ist dies abhängig von den Angaben, die der jeweilige Versicherte im Rahmen dieser Anwendung speichert. Ein Testament würde beispielsweise keine medizinische Information darstellen, Verlaufsprotokolle über Blutzucker- oder Blutdruckwerte hingegen schon.

[18] Siehe z.B. *Kilian*, in: Kilian/Porth, Juristische Probleme der Datenverarbeitung in der Medizin, S. 119 (119).

deln.[19] Insoweit ist allerdings zunächst festzustellen, dass die Datenschutzgesetze keine nähere Bestimmung oder gar Definition dieses Begriffs enthalten. § 3 Abs. 9 BDSG bestimmt lediglich, dass „Angaben über die Gesundheit" besondere Arten personenbezogener Daten sind, die aufgrund ihrer besonderen Sensibilität und Schutzbedürftigkeit nach dem BDSG besonders strengen Erhebungs-, Verarbeitungs- und Nutzungsvoraussetzungen unterliegen. Aufgrund der fehlenden gesetzlichen Bestimmung des Begriffs ist die Definition

---

[19] Im Bereich des Gesundheitswesens existiert eine (unübersichtliche) Vielzahl an datenschutzrechtlichen Regelungen. Entscheidend für die Frage, welche datenschutzrechtlichen Regelungen in einem bestimmten Fall anwendbar sind, sind insbesondere der Ort (Arztpraxis, Krankenhaus, Apotheke etc.), an dem die Datenverarbeitung stattfindet, das Bundesland, in dem die verantwortliche Stelle ihren Sitz hat, und die Eigenschaft einer datenverarbeitenden Stelle als öffentliche oder nicht-öffentliche Stelle. Für Krankenhäuser (teilweise auch beschränkt auf bestimmte Krankenhäuser), mitunter auch für Vorsorge- und Rehabilitationseinrichtungen, gilt insoweit z.B. in manchen Bundesländern zuvorderst das Krankenhausgesetz des jeweiligen Bundeslandes als bereichsspezifisches Datenschutzrecht (siehe z.B. das Krankenhausgesetz für das Land Mecklenburg-Vorpommern v. 01.01.2012, §§ 32 ff. oder das Bayerische Krankenhausgesetz v. 28.03.2007, Art. 27). Oftmals enthalten diese Gesetze aber keine ausdifferenzierten Datenschutzvorschriften und verweisen auf das allgemeine Datenschutzgesetz des jeweiligen Bundeslandes (siehe z.B. *Jandt/Roßnagel/Wilke*, NZS 2011, 641 (643)). In Nordrhein-Westfalen wurde in diesem Zusammenhang sogar ein eigenes Gesundheitsdatenschutzgesetz eingeführt (GV NRW 1994, S. 84 ff.), welches insbesondere für Krankenhäuser i.S.d. § 107 Abs. 1, 108 SGB V und für Vorsorge- und Rehabilitationseinrichtungen i.S.d. §§ 107 Abs. 2, 111 SGB V gilt. Auch in Bremen wurde ein eigenes Krankenhausdatenschutzgesetz verabschiedet (BremGBl. 1989, S. 202 ff.). Ansonsten gilt für Behörden und öffentliche Stellen des Landes, der Gemeinden und Landkreise und der sonstigen der Aufsicht des Landes unterstehenden Körperschaften, Anstalten und Stiftungen des öffentlichen Rechts und deren Vereinigungen gilt grundsätzlich das Datenschutzgesetz des jeweiligen Bundeslandes. Um Wettbewerbsverzerrungen zu vermeiden, verweisen die Datenschutzgesetze der Länder aber regelmäßig auf die §§ 28 ff. BDSG, soweit sich diese Stellen als Unternehmen am Wettbewerb beteiligen (siehe die Nachweise von *Simitis*, in: Simitis, Bundesdatenschutzgesetz, § 27 Rn. 20). Hiervon sind i.d.R. auch die Krankenhäuser, die als öffentliche Stelle der Länder organisiert sind, betroffen, da sie regelmäßig am Wettbewerb teilnehmen (siehe *Simitis*, in: Simitis, Bundesdatenschutzgesetz, § 27 Rn. 39; *Paul/Gendelev*, ZD 2012, 315 (317 f.)) – soweit das Datenschutzgesetz des jeweiligen Bundeslandes auf sie (insoweit) überhaupt anwendbar ist (§ 12 Abs. 1 Hessisches Krankenhausgesetz schließt z.B. den Verweis auf das BDSG in § 3 Abs. 6 Hessisches Datenschutzgesetz aus; siehe *Jandt/Roßnagel/Wilke*, NZS 2011, 641 (643)). Sofern nicht-öffentliche Stellen, wie z.B. niedergelassene Ärzte, Apotheken und sonstige Heilberufler mit personenbezogenen Daten umgehen, sind nach Maßgabe von § 1 Abs. 2 Nr. 3 BDSG wiederum grundsätzlich die datenschutzrechtlichen Vorschriften des BDSG anwendbar. Umstritten ist in diesem Zusammenhang allerdings, ob dies auch für Krankenhäuser, die sich nicht in staatlicher Trägerschaft befinden und deshalb nicht-öffentliche Stellen i.S.d. § 1 Abs. 2 Nr. 3 BDSG sind, der Fall ist. So vertritt die wohl herrschende Ansicht in der juristischen Literatur, dass auch insoweit zuvorderst die Krankenhausgesetze der Bundesländer Geltung entfalten (so z.B. *Jandt/Roßnagel/Wilke*, NZS 2011, 641 (643); *Spoerr*, in: Wolff/Brink, BeckOK BDSG, § 11 Rn. 24; siehe auch die Nachweise für diese Ansicht in *Paul/Gendelev*, ZD 2012, 315 (316)). Andererseits wird aber auch mit durchaus guten Argumenten vertreten, dass die Krankenhausgesetze der jeweiligen Bundesländer insoweit keine Geltung entfalten und das BDSG mithin insoweit uneingeschränkt anwendbar ist (siehe *Paul/Gendelev*, ZD 2012, 315 (316 f.)). Alle diese Datenschutzgesetze dienen der Umsetzung der Datenschutzrichtlinie 95/46/EG. Für Krankenhäuser, die sich in Trägerschaft der Kirchen befinden, gelten wiederum eigene Datenschutzgesetze (z.B. das Datenschutzgesetz der evangelischen Kirche in Deutschland (ABl. EKD 2013, S. 2 ff. oder die Anordnung über den kirchlichen Datenschutz im Bereich der katholischen Kirche). Zudem gibt es für bestimmte Situationen viele weitere besondere datenschutzrechtliche Regelungen (z.B. §§ 284 ff. SGB V, §§ 40 ff. AMG). Im Folgenden wird in dieser Arbeit zu Zwecken der Verständlichkeit und Lesbarkeit, soweit nicht ausdrücklich anders angegeben, auf die Vorschriften des BDSG eingegangen.

von Gesundheitsdaten im Wege der Auslegung zu ermitteln. Die Richtlinie 95/46/EG des Europäischen Parlaments und des Rates vom 24. Oktober 1995 zum Schutz natürlicher Personen bei der Verarbeitung personenbezogener Daten und zum freien Datenverkehr (im Folgenden „Datenschutzrichtlinie")[20] enthält ebenfalls keine Definition dieses Begriffs, welche im Rahmen der richtlinienkonformen Auslegung bei der Bestimmung des Begriffs der Gesundheitsdaten im nationalen deutschen Datenschutzrecht herangezogen werden kann.

Nach dem Wortlaut des Begriffs ist der Bezugspunkt von Gesundheitsdaten die Gesundheit einer natürlichen Person.[21] Somit fallen nach dieser Auslegung sämtliche Angaben, die sich auf die Gesundheit einer natürlichen Person beziehen, unter den Begriff Gesundheitsdaten.[22] Hierbei ist es unerheblich, ob sich die Angaben auf die körperliche oder die psychische Gesundheit der Person beziehen; alle Informationen, die die Gesundheit einer Person unter allen Aspekten betreffen, sind grundsätzlich als Gesundheitsdaten zu qualifizieren.[23]

Gleichwohl gebietet es der Sinn und Zweck von § 3 Abs. 9 BDSG, nicht sämtliche Angaben, die sich nur irgendwie mit der Gesundheit eines Betroffenen in Verbindung bringen lassen, als Gesundheitsdaten i.S.d. § 3 Abs. 9 BDSG anzusehen. So könnte beispielsweise selbst das Foto eines Brillenträgers Rückschlüsse auf dessen Sehschwäche, also auf dessen Gesundheitszustand, erlauben und damit als Gesundheitsdatum zu qualifizieren sein.[24] Ein solch umfassendes Verständnis von Gesundheitsdaten würde aber zu nicht praktikablen Ergebnissen führen, da der Umgang mit besonderen Arten personenbezogener Daten i.S.d. § 3 Abs. 9 BDSG nur sehr eingeschränkt zulässig ist.[25]

Der Sinn und Zweck der Kategorisierung von Gesundheitsdaten als besondere Arten personenbezogener Daten i.S.d. § 3 Abs. 9 BDSG besteht darin, dass Gesundheitsdaten – wie auch die übrigen besonderen Arten personenbezogener Daten - außerordentlich sensitiv sind und die Grundlage für Diskriminierungen des Betroffenen bilden können, weshalb diese Daten eines gesteigerten

---

[20] ABl. L 281 vom 23.11.1995, S. 31 – 50.
[21] *Simitis,* in: Simitis, Bundesdatenschutzgesetz, § 3 Rn. 260.
[22] *Simitis,* in: Simitis, Bundesdatenschutzgesetz, § 3 Rn. 263; *Gola/Schomerus,* BDSG, § 3 Rn. 56a.
[23] So der EuGH in seinem Urteil v. 06.03.2003 – C-101/01 – (Lindqvist), EuZW 2004, 245 (249), im Hinblick auf Art. 8 Abs. 1 der Datenschutzrichtlinie 95/46/EG. Die Auslegung von Art. 8 der Datenschutzrichtlinie 95/46/EG ist im Rahmen der richtlinienkonformen Auslegung von § 3 Abs. 9 BDSG zu berücksichtigen.
[24] *Gola/Schomerus,* BDSG, § 3 Rn. 56a.
[25] *Berliner Beauftragter für Datenschutz und Informationsfreiheit,* Jahresbericht 2002, Abschnitt 3.1.; *Gola/Schomerus,* BDSG, § 3 Rn. 56a.

Schutzes durch das Datenschutzrecht bedürfen.[26] Der Gesetzgeber hat damit in § 3 Abs. 9 BDSG die Vorgaben aus Art. 8 Abs. 1 der Datenschutzrichtlinie 95/46/EG umgesetzt, der wiederum Art. 6 des Übereinkommens zum Schutz des Menschen bei der automatischen Verarbeitung personenbezogener Daten aus dem Jahr 1981 folgt.[27] Sowohl die Datenschutzrichtlinie als auch das Übereinkommen zum Schutz des Menschen bei der automatischen Verarbeitung personenbezogener Daten orientieren sich insoweit an Art. 14 der Europäischen Menschenrechtskonvention, in der ein Diskriminierungsverbot statuiert ist.[28] So wohnt den in § 3 Abs. 9 BDSG bzw. Art. 8 Abs. 1 der Datenschutzrichtlinie 95/46/EG aufgezählten Datenkategorien ein besonderes Benachteiligungspotential gegenüber den Betroffenen inne, weshalb der Richtliniengeber und in der Folge auch der Gesetzgeber den Betroffenen vor diesem Benachteiligungspotential besonders schützen wollte.[29] Ein solch besonders hoher Schutz ist aber dann nicht erforderlich, wenn nur Daten über eine bestimmte oder bestimmbare Person erhoben, verarbeitet oder genutzt werden, die lediglich potentielle Angaben über den Gesundheitszustand des Betroffenen beinhalten, ohne dass diese in Verbindung mit diesem gesetzt werden. Bei dem Foto eines Brillenträgers besteht eine solche Verbindung zu seinem Gesundheitszustand i.d.R. nicht. Im Gegensatz dazu besteht regelmäßig eine solche Verbindung zu dem Gesundheitszustand, wenn der Betroffene im Rahmen einer Anamnese angibt, dass er Brillenträger ist. Es ist deshalb sachgerecht, Daten nicht als besondere Arten personenbezogener Daten zu betrachten, sofern die verantwortliche Stelle sie ohne Bezug auf einen etwaigen sensitiven Kern erhebt, verarbeitet oder nutzt und die Sensitivität des Datums für die verantwortliche Stelle zufällig ist.[30] Untersucht die verantwortliche Stelle diese Daten dann aber auf den Gesundheitszustand des Betroffenen, werden diese zu Gesundheitsdaten i.S.d. § 3 Abs. 9 BDSG, mit der Folge, dass die einschränkenden Vorgaben für besondere Arten personenbezogener Daten Anwendung finden.[31] Ansonsten besteht im Hinblick auf die zu verarbeitenden Daten, die lediglich potentielle Angaben über die Gesundheit einer Person

---

[26] *Gola/Schomerus*, BDSG, § 3 Rn. 56; *Simitis,* in: Simitis, Bundesdatenschutzgesetz, § 3 Rn. 250 ff.
[27] *Schild*, in: Wolff/Brink, BeckOK BDSG, § 3 Rn. 144; *Simitis,* in: Simitis, Bundesdatenschutzgesetz, § 3 Rn. 252; *Gounalakis/Mand*, CR 1997, S. 431 (437).
[28] *Simitis*, in Simitis, Bundesdatenschutzgesetz, § 3 Rn. 256.
[29] *Simitis*, in Simitis, Bundesdatenschutzgesetz, § 3 Rn. 256 f.; *Schild*, in: Wolff/Brink, BeckOK BDSG, § 3 Rn. 149; *Gounalakis/Mand*, CR 1997, S. 431 (437 f.).
[30] *Berliner Beauftragter für Datenschutz und Informationsfreiheit,* Jahresbericht 2002, Abschnitt 3.1.
[31] *Berliner Beauftragter für Datenschutz und Informationsfreiheit,* Jahresbericht 2002, Abschnitt 3.1.

enthalten, keine erhöhte Schutzbedürftigkeit, die eine Eingruppierung derartiger Daten als Gesundheitsdaten i.S.d. § 3 Abs. 9 BDSG rechtfertigen würde.[32]

---

[32] So auch *Tinnefeld/Buchner/Petri*, Einführung in das Datenschutzrecht, S. 239; *Gola/Schomerus*, BDSG, § 3 Rn. 56a; *Simitis,* in: Simitis, Bundesdatenschutzgesetz, § 3 Rn. 265; *Berliner Beauftragter für Datenschutz und Informationsfreiheit,* Jahresbericht 2002, Abschnitt 3.1.

3 Verteilung von medizinischen Informationen im deutschen Gesundheitssystem

Im Folgenden wird nunmehr die gegenwärtige Verteilung von medizinischen Informationen im deutschen Gesundheitswesen untersucht, wobei sich auf die für diese Arbeit relevante Informationslage bei den Leistungserbringern und den Patienten selbst konzentriert wird.

3.1 Medizinische Informationen beim Heilberufler

Der Heilberufler erhält medizinische Informationen über den Gesundheitszustand eines Patienten derzeit ganz überwiegend vom Patienten selbst sowie durch die eigene Untersuchung des Patienten.

3.1.1 Medizinische Informationen beim (Zahn-) Arzt und im Krankenhaus

3.1.1.1 Die Anamnese

Medizinische Informationen fallen dabei insbesondere beim (Zahn-)Arzt an. Am Anfang der Behandlung eines Patienten ist der Arzt gem. § 630a Abs. 2 BGB aus dem Behandlungsvertrag verpflichtet, eine Anamnese durchzuführen. [33]

Im Rahmen dieser Anamnese wird die subjektiv erinnerliche und vom Patienten oder seinen Angehörigen mitgeteilte Vorgeschichte einer aktuellen Erkrankung (Eigenanamnese) erhoben, die durch Krankheitsangaben aus dem Familienbuch (Familienanamnese) ergänzt werden. [34] Anhand dieser Informationen können alleine ca. 70% aller Krankheiten richtig diagnostiziert werden. [35] Der behandelnde Arzt erhebt die Anamnese durch ein Gespräch mit seinem Patienten, in dessen Verlauf er ihm eine Vielzahl von Fragen stellt. In

---

[33] Die Durchführung einer Anamnese gehört zu den bestehenden, allgemein anerkannten fachlichen Standards gem. § 630a Abs. 2 BGB (siehe z.B. die Gesetzesbegründung zu § 630a Abs. 2 BGB in BT-Drs. 17/10488, S. 20; *Reuter/Hahn*, VuR 2012, 247 (249)). Vgl. auch *Kern*, in: Laufs/Kern, Handbuch des Arztrechts, § 46 Rn. 3; vgl. auch OLG Koblenz VersR 1992, 359 (360); *Schulte-Sasse/Andreas*, ArztR 1996, 291 ff. Aus dem Behandlungsvertrag des Versicherten mit dem Krankenhaus folgt, dass der behandelnde Arzt im Krankenhaus ebenfalls zur Erhebung einer Anamnese verpflichtet ist (vgl. z.B. *Kern*, in: Laufs/Kern, Handbuch des Arztrechts, § 46 Rn. 3). In einigen Bundesländern ist diese Pflicht auch spezialgesetzlich geregelt, so z.B. in §§ 35-41 der Berliner Krankenhaus-Verordnung.
[34] *Kern*, in: Laufs/Kern, Handbuch des Arztrechts, § 46 Rn. 3; *Grüne/Schölmerich*, Anamnese, Untersuchung, Diagnostik, S. 16; *Dalicho*, Die allgemeinärztliche Untersuchung, S. 23.
[35] *Kern*, in: Laufs/Kern, Handbuch des Arztrechts, § 46 Rn. 2.

© Springer Fachmedien Wiesbaden GmbH, ein Teil von Springer Nature 2015
M. A. Arning, *Die elektronische Gesundheitskarte und die Verteilung von Informationen im deutschen Gesundheitswesen*, Edition KWV, https://doi.org/10.1007/978-3-658-23814-8_3

Abhängigkeit von den jeweiligen Beschwerden des Patienten, können insbesondere Fragen zu früheren Erkrankungen, eingenommenen Medikamenten und dem sozialen Umfeld des Patienten (z.B. berufliche Tätigkeit und Familienstand) gestellt werden.[36]

Erhebt der Arzt die Anamnese unvollständig oder gar nicht, so haftet er bzw. der Krankenhausträger für eine schuldhafte Unterlassung und er muss dem Patienten den daraus resultierenden Schaden ersetzen.[37] Im Gegenzug ist der Patient gem. § 630c Abs. 1 BGB verpflichtet, bei der Durchführung der Behandlung mitzuwirken. Ihn trifft insoweit die Obliegenheit, für die Behandlung bedeutsame Umstände zeitnah offen zu legen und dem behandelnden Arzt auf diese Weise ein umfassendes Bild von seiner Person und seiner körperlichen Verfassung zu vermitteln.[38] Allerdings wird der Patient aufgrund seiner medizinischen Unwissenheit oftmals gar nicht beurteilen können, inwiefern bestimmte Umstände für die Behandlung bedeutsam sind, weshalb der behandelnde Arzt nach § 630a Abs. 2 BGB – wie bereits beschrieben – verpflichtet ist, den Patienten nach Vorerkrankungen, Unverträglichkeiten etc. zu befragen.[39] Insoweit trifft den Patienten dann nach § 630c Abs. 1 BGB die Obliegenheit, bei der Anamneseerhebung mitzuwirken und dem Arzt alle gestellten Fragen wahrheitsgemäß und umfassend zu beantworten.[40] Die Mitwirkung des Patienten kann jedoch i.d.R. nicht erzwungen werden, so dass die fehler- und/oder lückenhafte Beantwortung der Fragen lediglich ein Mitverschulden des Patienten i.S.d. § 254 BGB im Haftungsfall bedeutet.[41] Der im Rahmen der GKV versicherte Patient kann im Extremfall allerdings dabei sogar den Anspruch gegenüber seiner Krankenkasse auf Krankenbehandlung gem. § 66 Abs. 1 SGB I verlieren.

Durch die Anamnese besitzt der Heilberufler somit medizinische Informationen über die Krankenvorgeschichte des Patienten, allerdings nur insoweit, als sich der Patient an seine eigene Vorgeschichte erinnert, sie also nicht vergessen und auch verstanden hat, und diese dem Arzt auch nicht z.B. aus Scham verschweigt.

---

[36] *Kern*, in: Laufs/Kern, Handbuch des Arztrechts, § 46 Rn. 2 f.; *Grüne/Schölmerich*, Anamnese, Untersuchung, Diagnostik, S. 16; *Dalicho*, Die allgemeinärztliche Untersuchung, S. 23.
[37] Vgl. z.B. OLG Koblenz VersR 1992, 359 (360); *Kern*, in: Laufs/Kern, Handbuch des Arztrechts, § 46 Rn. 3.
[38] Siehe die Gesetzesbegründung zu § 630c Abs. 1 BGB in BT-Drs, 17/10488, S. 21.
[39] *Reuter/Hahn*, VuR 2012, 247 (249).
[40] *Reuter/Hahn*, VuR 2012, 247 (249).
[41] Siehe z.B. die Gesetzesbegründung zu § 630c Abs. 1 BGB in BT-Drs. 17/10488, S. 21; *Reuters/Hahn*, VuR 2012, 247 (249).

3.1.1.2 Dokumentation

Darüber hinaus besitzt der behandelnde Heilberufler medizinische Informationen über einen bestimmten Patienten, die im Rahmen der Behandlung anfallen bzw. von dem behandelnden Heilberufler zu diesem Zweck erhoben werden, so z.B. über Diagnosen, Beschwerden des Patienten, Therapiemaßnahmen, Laborwerte, Behandlungsergebnisse.

Nach § 630f Abs. 1 BGB ist der behandelnde Arzt verpflichtet, zum Zweck der Dokumentation eine Patientenakte zu führen. Doch auch vor der ausdrücklichen Normierung dieser Verpflichtung war es sowohl in der Rechtsprechung[42] als auch in der Literatur[43] anerkannt, dass der behandelnde Arzt verpflichtet ist, eine Dokumentation über den Krankheitsverlauf eines Patienten anzufertigen.

Diese Auffassung in der Rechtsprechung und in der Literatur war allerdings das Ergebnis eines langen Entwicklungsprozesses. So vertrat z.B. der BGH noch Anfang der 80er Jahre, dass die Dokumentation, die in aller Regel Aufzeichnungen über Anamnese, Diagnose und Verlauf der Behandlung enthält, eher als eine freiwillige persönliche Gedächtnisstütze des Arztes zu qualifizieren sei.[44] Dieser konnte somit bei Folgebehandlungen und bei neuen Beschwerden des Patienten auf diese Aufzeichnungen zurückgreifen und sie für die bessere sowie effizientere Behandlung des Patienten nutzen. Er war insofern auch nicht mehr auf das Erinnerungsvermögen des Patienten im Rahmen der Anamneseerhebung angewiesen.[45] Die moderne ärztliche Dokumentation erfüllt jedoch neben dem Zweck als Gedächtnisstütze des Arztes noch weitere, darüber hinausgehende Funktionen. Nach § 630f Abs. 1 und Abs. 2 BGB schuldet der behandelnde Arzt bzw. der Krankenhausträger dem Patienten die Aufzeichnung sämtlicher aus fachlicher Sicht für die derzeitige und die künftige Behandlung wesentlichen Maßnahmen und deren Ergebnisse.[46] Die Dokumentation dient sowohl der weiteren Behandlung des Patienten als auch der Nachvollziehbarkeit medizinischer Maßnahmen, z.B. im Rahmen von Arzthaf-

---

[42] Siehe z.B. BGHZ 72, 132 (137); BGHZ 85, 1022 (1023); BGH NJW 1994, 799 (800).

[43] Siehe z.B. *Deutsch/Spickhoff*, Medizinrecht, Rn. 608; *Quaas/Zuck*, Medizinrecht, § 12 Rn. 68 ff.; *Geiß/Greiner*, Arzthaftpflichtrecht, B Rn. 203 ff.

[44] Siehe dazu auch BGH NJW 1983, 328 (328).

[45] Siehe z.B. *Deutsch/Spickhoff*, Medizinrecht, Rn. 605 ff.

[46] Vor Inkrafttreten des Patientenrechtegesetzes ergab sich diese Verpflichtung als Nebenpflicht aus dem Behandlungsvertrag bzw. dem Krankenhausaufnahmevertrag BGHZ 72, 132 (137); BGH NJW 1983, 328 (328); *Schlund*, in: Laufs/Kern, Handbuch des Arztrechts, § 55 Rn. 1. Teilweise wurde die ärztliche Dokumentationspflicht auch als Teil der ärztlichen Behandlungspflicht (so z.B. *Richardi/Fischinger*, in: Staudinger, Kommentar zum Bürgerlichen Gesetzbuch mit Einführungsgesetz und Nebengesetzen, Vorbem. Zu §§ 611 ff. Rn. 128. Siehe auch BGHZ 72, 132 (137)), des Persönlichkeitsrechts des Patienten (siehe z.B. BGH NJW 1987, 1482 (1483)) und/oder des Vertrauensverhältnisses zwischen Arzt und Patient (siehe z.B. *Deutsch/Spickhoff*, Medizinrecht, Rn. 608) angesehen.

tungsprozessen, der Qualitätssicherung und der Rechenschaftsablegung gegenüber dem Patienten. Sie hat die Aufgabe, den Krankheitsverlauf und die durchgeführten Behandlungsmaßnahmen für einen Fachmann transparent zu machen.[47] § 10 Abs. 1 der Musterberufsordnung für die deutschen Ärztinnen und Ärzte[48] lautet dann auch:

§ 10 Dokumentationspflicht

(1) Ärztinnen und Ärzte haben über die in Ausübung ihres Berufes gemachten Feststellungen und getroffenen Maßnahmen die erforderlichen Aufzeichnungen zu machen. Diese sind nicht nur Gedächtnisstützen für die Ärztin oder den Arzt, sie dienen auch dem Interesse der Patientin oder des Patienten an einer ordnungsgemäßen Dokumentation.

Wurde diese vom Deutschen Ärztetag beschlossene Musterordnung auch durch die Kammerversammlung der jeweiligen Landesärztekammer als Satzung beschlossen und von den Aufsichtsbehörden genehmigt, so entfaltet sie Rechtswirkung im Zuständigkeitsgebiet der jeweiligen Landesärztekammer. Die ärztliche Dokumentationspflicht ergibt sich dann auch aus dem ärztlichen Berufsrecht.[49] Für Vertragsärzte im Rahmen der GKV gilt zudem § 57 Abs. 1 des Bundesmantelvertrags:

§ 57 Dokumentation

(1) Der Vertragsarzt hat die Befunde, die Behandlungsmaßnahmen sowie die veranlassten Leistungen einschließlich des Tages der Behandlung in geeigneter Weise zu dokumentieren.

Für spezielle Behandlungen existieren zudem besondere gesetzliche Dokumentationspflichten, so z.B. für Röntgenuntersuchungen gem. § 28 Abs. 1 RöV oder Untersuchungen mit radioaktiven Stoffen oder ionisierenden Strahlen gem. § 42 Abs. 1 StrlSchV.

Der Umfang der Dokumentationspflicht richtet sich nach dem jeweiligen aufzuzeichnenden Ereignis. Aufzeichnungspflichtig sind alle Tatsachen und Behandlungsmaßnahmen, die dem Fachmann die Behandlung nachvollziehbar

---

[47] Siehe z.B. die Gesetzesbegründung zu § 630f BGB in BT-Drs. 17/10488, S. 25 f.; *Reuter/Hahn*, VuR 2012, 247 (254); *Bergmann*, Die Arzthaftung, S. 137.
[48] Stand 29.08.2011; abrufbar unter: http://www.bundesaerztekammer.de/downloads/MBO_08_20111.pdf (19.05.2013).
[49] In Schleswig-Holstein wurde die Berufsordnung der Ärztekammer (zuletzt geändert am 29. Mai 2012) beispielsweise als Satzung beschlossen (abrufbar unter: http://www.aeksh.de/printpdf/-aerzte/arzt_und_recht/rechtsgrundlagen/berufsordnung/berufsordnung_satzung.html (19.05.2013). Die Dokumentationspflicht wurde wortgleich aus der MBO-Ä in § 10 Abs. 1 übernommen.

machen. Die Dokumentation muss folglich alle medizinisch relevanten Fakten enthalten. § 630f Abs. 2 S. 1 BGB listet dazu exemplarisch und nicht abschließend folgende Maßnahmen und Ergebnisse auf: Anamnese, Diagnose, Untersuchungen, Untersuchungsergebnisse, Befunde, Therapien und ihre Wirkungen, Eingriffe und ihre Wirkungen, Einwilligungen und Aufklärungen.[50] Zudem sind nach § 630f. Abs. 2 S. 2 BGB Arztbriefe mit in die Patientenakte aufzunehmen.

Nach § 630f Abs. 1 S. 1 BGB muss die Dokumentation in unmittelbarem zeitlichen Zusammenhang mit der Behandlung erfolgen, um Unrichtigkeiten zu vermeiden.[51] Nach § 630f Abs. 1 S. 1 BGB darf der behandelnde Arzt die Dokumentation in Papierform oder elektronisch verfassen.[52] Um die Beweissicherungsfunktion der Dokumentation zu gewährleisten, dürfen Eintragungen in der Patientenakte nach dem Vorbild der Anforderungen an handels- und abgabenrechtliche Aufbewahrungspflichten (vgl. § 239 Abs. 3 HGB und § 146 Abs. 4 AO) gem. § 630f Abs. 1 S. 2 und 3 BGB zudem nur dann berichtigt oder geändert werden, wenn sowohl der ursprüngliche Eintrag erkennbar bleibt als auch der Zeitpunkt der Änderung bzw. Berichtigung dokumentiert wird.[53]

Es ist auch zulässig, die Dokumentation in Stichworten oder mit Hilfe von gebräuchlichen Abkürzungen zu erstellen. Allerdings gilt auch hier die Grenze, dass ein Fachmann die Aufzeichnungen nachvollziehen können muss. Eigene Abkürzungen oder Symbole oder eine nicht zu entziffernde Schrift erfüllen somit nicht die Anforderungen an eine sorgfältige und vollständige Dokumentation. Generell gilt: Je sorgfältiger und umfassender eine Dokumentation ist, desto höheren Beweiswert besitzt sie. Wird hingegen eine ärztlich gebotene Maßnahme nicht dokumentiert, so besteht nach § 630h Abs. 3 BGB die (widerlegbare) gesetzliche Vermutung, dass diese Maßnahme unterblieben ist.[54]

---

[50] Siehe auch *Bergmann*, Die Arzthaftung, S. 137 ff.; *Schlund*, in: Laufs/Kern, Handbuch des Arztrechts, § 55 Rn. 9.
[51] Siehe die Gesetzesbegründung zu § 630f Abs. 1 BGB in BT-Drs. 17/10488, S. 26; siehe dazu auch *Deutsch/Spickhoff*, Medizinrecht, Rn. 609; *Bergmann*, Die Arzthaftung, S. 140; *Schlund*, in: Laufs/Kern, Handbuch des Arztrechts, § 55 Rn. 12.
[52] Zu beachten sind im Rahmen der elektronischen Speicherung zusätzlich zu den datenschutzrechtlichen Vorgaben, dem Persönlichkeitsrecht der Patienten und den Bestimmungen der ärztlichen Schweigepflicht, aber insbesondere auch die Sicherheitsvorgaben gem. § 10 Abs. 5 MBO-Ä. Ausnahmen gelten aber z.B. beim Mutterpass oder der Perinatalerhebung, die auf Papier zu dokumentieren sind.
[53] Siehe die Gesetzesbegründung zu § 630 Abs. 1 BGB in BT-Drs. 17/10488, S. 26.
[54] Siehe hierzu auch schon BGHZ 99, 391 (396 f.); BGH NJW 1984, 1403 (1403); BGH NJW 1993, 2375 (2376); *Schlund*, in: Laufs/Kern, Handbuch des Arztrechts, § 55 Rn. 11. Die Verwendung von Abkürzungen und Symbolen ist auch nach Einführung von § 630 f in das BGB zulässig, da § 630f BGB diesbezüglich keine Regelungen enthält und der Gesetzgeber mit dieser Norm gerade an die Rechtsprechung des BGH anknüpfen wollte (siehe die Gesetzesbegründung zu §630f BGB in BT-Drs. 17/10488, S. 25).

Die Dokumentation muss vom behandelnden Arzt bzw. dem Krankenhausbetreiber nach § 630f Abs. 3 BGB i.d.R mindestens zehn Jahre nach Abschluss der Behandlung aufbewahrt werden (vgl. z.B. auch § 10 Abs. 3 MBO-Ä). Gleiches folgt aus § 57 Abs. 3 Bundesmantelvertrag-Ärzte im Rahmen der GKV. Gesetzliche Abweichungen ergeben sich aber beispielsweise für Aufzeichnungen über Röntgenuntersuchungen gem. § 28 Abs. 3 S. 1 RöV (30 Jahre) oder für Aufzeichnungen über die Behandlung mit radioaktiven Stoffen oder ionisierenden Strahlen gem. § 42 Abs. 1 S. 2 StrlSchV (mindestens 30 Jahre). Von der Bundesärztekammer, der Kassenärztlichen Bundesvereinigung und in der juristischen Literatur wird jedoch empfohlen, auch die allgemeine Dokumentation 30 Jahre lang aufzubewahren, weil Ansprüche des Patienten gegen den behandelnden Arzt erst spätestens nach dieser Zeit verjähren (vgl. § 199 Abs. 2 BGB).[55] Würde sie vorher gelöscht, so würde dem Patienten sein Recht auf Einsicht und somit die Möglichkeit genommen, schuldhafte und rechtswidrige Verletzungshandlungen oder Unterlassungen des behandelnden Arztes beweisen zu können. Gleiches gilt umgekehrt für die Möglichkeit des Arztes, sich während eines eventuellen Haftungsprozesses zu entlasten.[56] Allerdings besteht für den Arzt keine rechtliche Verpflichtung, die Dokumentation bis zum Ende der Verjährungsfrist aufzubewahren.[57]

3.1.2   Medizinische Informationen in der Apotheke

Auch Apotheken besitzen medizinische Informationen über ihre Kunden.[58] Möchte ein Kunde verschreibungspflichtige Medikamente in der Apotheke erhalten, so muss er dazu gem. § 1 Arzneimittelverschreibungsverordnung eine (zahn)ärztliche Verschreibung vorlegen. In einer solchen Verschreibung müssen gem. § 2 Abs. 1 Arzneimittelverschreibungsverordnung u.a. Angaben über die verschreibende Person, den Patienten, das Arzneimittel sowie ggf. die Darreichungsform angegeben werden. Nach Vorlage der ärztlichen Verordnung gibt der Apotheker das verschriebene Arzneimittel an den Kunden ab. Ist der Kunde im Rahmen der PKV versichert, so erhält er die Verschreibung zusammen mit dem Arzneimittel ausgehändigt, da er als Konsequenz

---

[55] Siehe z.B. *Bundesärztekammer/Kassenärztliche Bundesvereinigung*, Empfehlungen zur ärztlichen Schweigepflicht, Datenschutz und Datenverarbeitung in der Arztpraxis, Dtsch. Ärztebl. 2008, A 1026 (A 1027); *Deutsch/Spickhoff*, Medizinrecht, Rn. 611; *Bergmann*, Die Arzthaftung, S. 143.
[56] *Deutsch/Spickhoff*, Medizinrecht, Rn. 611; *Bergmann*, Die Arzthaftung, S. 143.
[57] Siehe z.B. *Taupitz*, ZZP 100 (1987), 287 (322 ff.), der allerdings auch Beweisnachteile im Falle einer Vernichtung vor Ablauf der Verjährungsfristen feststellt.
[58] Die §§ 630a ff. BGB, die durch das Patientenrechtegesetz neu in das BGB aufgenommen wurden, sind nicht auf Verträge zwischen Patienten und Apothekern anwendbar, da Apotheker nicht – wie es für die Anwendbarkeit der §§ 630a ff. BGB erforderlich wäre - zur Behandlung von Patienten befugt sind (siehe z.B. die Gesetzesbegründung zu § 630a BGB in BT-Drs. 17/10488, S. 18).

des Kostenerstattungsprinzips das Arzneimittel zunächst selbst bezahlen muss. Anschließend kann er die Verschreibung zusammen mit der Apothekenrechnung bei seinem privaten Krankenversicherungsunternehmen einreichen und sich die Kosten ggf. zurückerstatten lassen, wenn der Versicherungsvertrag die Kostenübernahme für dieses spezielle Arzneimittel vorsieht. Die Apotheke besitzt somit über Kunden, die im Rahmen der PKV versichert sind, keine medizinischen Informationen, da die Verschreibungen nur für die Prüfung der Abgabeberechtigung der Arzneimittel in der Apotheke gem. § 1 Arzneimittelverschreibungsverordnung benötigt und nicht dort gespeichert werden. Ist der Kunde hingegen im Rahmen der GKV versichert, behält der Apotheker die ärztliche Verordnung ein und rechnet die erbrachte Leistung nach Maßgabe von § 300 SGB V mit der jeweiligen Krankenkasse des Kunden ab.

Allerdings bieten viele Apotheken als Service sogenannte Wechselwirkungsprüfungen an. Im Rahmen dieser Prüfung ermitteln die Apotheken, ob die Arzneimittel, die ein Kunde einnimmt, verträglich zueinander sind oder ob die kombinierte Einnahme unerwünschte Wirkungen zur Folge haben könnte, die ggf. sogar die Gesundheit der Kunden gefährden und schlimmstenfalls zum Tod führen können. Teilweise erfolgt diese Prüfung nur im Hinblick auf die gleichzeitig verschriebenen Arzneimittel, die zusammen in der Apotheke dispensiert werden. Allerdings bietet eine Vielzahl von Apotheken auch eine weitergehende Prüfung an. Dazu werden alle verschriebenen Arzneimittel in einer Datei i.d.R. personenbezogen auf einem Speichermedium (Apothekenserver, Kundenkarte etc.) gespeichert und ggf. durch Angaben des Kunden über eingenommene, nicht verschreibungspflichtige Arzneimittel, Unverträglichkeiten etc. ergänzt. Der Apotheker kann dann, ggf. mit Hilfe von Computerprogrammen, prüfen, ob bei der Einnahme eines Arzneimittels die Gefahr von unerwünschten (Wechsel-)Wirkungen besteht.[59] Die Teilnahme an diesen Prüfungen ist für die Apothekenkunden freiwillig und bedarf hinsichtlich der Verarbeitung ihrer personenbezogenen Daten einer Einwilligung gem. § 4a BDSG. Folglich sind in Apotheken medizinische Informationen über Kunden, die privat krankenversichert sind, lediglich im Rahmen derartiger freiwilliger Services gespeichert.

---

[59] Siehe z.B. *Griese/Schulz/Schneider*, Der Interaktions-Check in der Apotheke, Pharmazeutische Zeitung online, abrufbar unter: http://www.pharmazeutische-zeitung.de/index.php?id=1059 (19.05.2013). Siehe auch *Förster*, Die Hausapotheke, S. 5. Auch auf den Internetseiten diverser Apotheken finden sich genaue Beschreibungen über die von ihnen angebotene Wechselwirkungsprüfung.

3.1.3 Medizinische Informationen bei anderen Heilberuflern

Aber auch bei anderen Heilberuflern, wie z.B. bei Erbringern häuslicher Pflegeleistungen, Anbietern von Heil- und Hilfsmitteln, Hebammendienstleistungen und Krankentransportleistungen, fallen medizinische Informationen an. Dies geschieht insbesondere durch Gespräche zwischen dem Heilberufler und dem Patienten sowie durch die Beobachtung des Verlaufs der Behandlung. Sofern diese anderen Heilberufler medizinische Behandlungen i.S.d. § 630a Abs. 1 BGB erbringen, sind auch sie zur Anamnese nach § 630a Abs. 2 BGB und zur Dokumentation der Behandlung gem. § 630f BGB verpflichtet. Insoweit gelten die Ausführungen unter Ziffer 3.1.1.1 und Ziffer 3.1.1.2 entsprechend. Medizinische Behandlungen i.S.d. § 630a Abs. 1 BGB sind sowohl Behandlungen im Bereich der Humanmedizin durch Angehörige der Heilberufe (z.B. durch (Zahn-)Ärzte, psychologische Psychotherapeuten, Kinder- und Jugendpsychotherapeuten) als auch Behandlungen durch Angehörige anderer Heilberufe, deren Ausbildung nach Art. 74 Abs. 1 Nr. 19 GG durch Bundesgesetz geregelt ist (z.B. Hebammen, Masseure, medizinische Bademeister, Ergotherapeuten, Logopäden, Physiotherapeuten[60]   etc.) sowie Behandlungen durch Heilpraktiker.[61]

3.1.4 Medizinische Informationen durch Mitteilungen von anderen Heilberuflern

Heilberufler erhalten medizinische Informationen über einen Patienten jedoch nicht nur durch den Patienten selbst sowie durch eigene Beobachtungen und Feststellungen, sondern auch von anderen Heilberuflern, von denen der jeweilige Patient ebenfalls behandelt wurde. Dieser Informationsaustausch zwischen Heilberuflern geschieht i.d.R. im Rahmen eines Arztbriefes, einer Überweisung, eines Entlassungsbriefes oder einer Verordnung.

Der Arztbrief dient der schriftlichen Information zwischen mitbehandelnden und nachbehandelnden Ärzten. Er enthält vor allem anamnestische Daten, Befunde, diagnostische und therapeutische Angaben, Epikrisen[62] und Progno-

---

[60] Siehe zur Dokumentationspflicht von Physiotherapeuten auch *Reimann*, Befunderhebung, S. 35 f.
[61] Siehe Gesetzesbegründung zu § 630a Abs. 1 in BT-Drs. 17/10488, S. 18; siehe auch *Spickhoff*, ZRP 2012, 65 (66f.); *Reuter/Hahn*, VuR 2012, 247 (248).
[62] Epikrise = abschließende kritische Beurteilung eines Krankheitsverlaufs vonseiten des Arztes (*Bibliographisches Institut GmbH*, Epikrise, abrufbar unter: http://www.duden.de/rechtschreibung/ Epikrise (19.05.2013).

sen, die der empfangende Arzt für die Weiterbehandlung benötigen kann.[63] Außerdem kann ein Arzt seinen Patienten zur Behandlung an einen anderen Arzt oder eine andere Einrichtung überweisen. Überweisungen bezwecken die Abklärung eines Krankheitsbilds oder die Fortsetzung einer Therapie, indem der erstbehandelnde Arzt einen anderen Arzt oder eine andere Einrichtung (z.B. ein Krankenhaus) zur Behandlung des Patienten veranlasst.[64] Dazu muss der Arzt im Rahmen der GKV gem. § 24 Abs. 1 BMV-Ä den Vordruck Nr. 6 der Vereinbarung über Vordrucke für die vertragsärztliche Versorgung (Anlage 2 zum Bundesmantelvertrag-Ärzte) ausfüllen und dem Patienten zwecks Abgabe beim Arzt, zu dem er überwiesen wurde, übergeben. Eine derartige Überweisung enthält u.a. Angaben zur Art der Überweisung, den Auftrag an den zweiten Arzt und einen Verdacht bzw. eine Diagnose des ersten Arztes. Eine Überweisung kann gem. § 24 Abs. 3 BMV-Ä zur Ausführung von Auftragsleistungen, zur Besprechung zwecks gemeinsamer Diagnose oder Festlegung eines Heilplans (Konsiliarüberweisung), zur Mitbehandlung durch einen zweiten Arzt oder zur vollständigen Weiterbehandlung durch einen anderen Arzt erfolgen. Aus den Behandlungverträgen zwischen dem Patienten und den beiden Ärzten (überweisender Arzt und Arzt, an den überwiesen wurde) folgt zudem als Nebenpflicht, dass beide Ärzte sich gegenseitig in dem für die Herbeiführung des Heilerfolgs erforderlichen Umfang informieren müssen. Dies kann beispielsweise durch einen Arztbrief erfolgen.[65] Diese Pflicht folgt auch aus § 24 Abs. 6, 7 BMV-Ä und aus § 2 Abs. 3 i.V.m. Kapitel C Nr. 2 MBO-Ä.

Der Entlassungsbrief ist eine spezielle Form des Arztbriefs und dient der sektorübergreifenden Information. Er wird nach Beendigung der Behandlung eines Patienten im Krankenhaus ausgestellt und enthält Informationen für den nachbehandelnden niedergelassenen Heilberufler. Er kann u.a. Diagnosen, Therapien, Informationen zur Weiterbehandlung und Medikation enthalten.[66]

Außerdem werden im deutschen Gesundheitssystem medizinische Informationen mittels Verordnungen ausgetauscht. Ein Arzt kann seinem Patienten beispielsweise Krankenhausbehandlung, Krankenbeförderung, Sehhilfen,

---

[63] Siehe z.B. BGH NJW 1987, 2927 f; *Kreße/Dinser*, MedR 2010, 396 (397). Vgl. z.B. auch Leitfaden des *Verbands der Hersteller von IT-Lösungen für das Gesundheitswesen e.V*, Arztbrief auf Basis der HL7 Clinical Document Architecture Release 2 für das deutsche Gesundheitswesen, S. 106 ff.; abrufbar unter: http://www.initiative-elga.at/ELGA/e_arztbrief_infos/Leitfaden_VHitG_Arztbrief_v150.pdf (19.05.2013).
[64] *Jörg*, in: Schnapp/Wigge, Handbuch des Vertragsarztrechts, § 11 Rn. 106.
[65] Siehe z.B. *Geiß/Greiner*, Arzthaftpflichtrecht, B. Rn. 120.
[66] Siehe z.B. *Sciphox*, Dokumenten-Kommunikation im Gesundheitswesen, Köln 2006, abrufbar unter: http://sciphox.hl7.de/ueber_uns/flyerallgemein.pdf (19.05.2013).

häusliche Krankenpflege, Heilmittel, Hörhilfen, Arzneimittel, Rehabilitation etc. verordnen.[67] Arzneimittelverordnungen enthalten, wie bereits unter Ziffer 3.1.2 ausgeführt, gem. § 2 Abs. 1 AMVV u.a. Angaben über den Patienten sowie den Namen bzw. die Zusammensetzung des Arzneimittels. Ein Apotheker bzw. seine Gehilfen können z.B. aus dem verschriebenen Arzneimittel Rückschlüsse auf die Erkrankung des Patienten ziehen. Die Verordnung von Krankenhausbehandlung enthält im Rahmen der GKV u.a. den Namen des Versicherten und die Diagnose.[68] Gleiches gilt für Verordnungen über häusliche Krankenpflege,[69] Heilmittel[70] oder auch die medizinische Rehabilitation.[71]

Nicht erlaubt ist hingegen, dass ein Heilberufler medizinische Informationen über einen Patienten mit einem anderen Heilberufler austauscht, ohne dass dem Heilberufler dieses durch eine Rechtsvorschrift[72] oder die Einwilligung des betroffenen Patienten erlaubt wäre. Ein Verstoß hiergegen würde i.d.R. eine Verletzung der Schweigepflicht gem. § 203 Abs. 1 StGB und ggf. einen Verstoß gegen datenschutzrechtliche Vorschriften, z.B. gegen § 4 Abs. 1 BDSG, bedeuten.[73] Eine Besonderheit in diesem Bereich statuiert § 73 Abs. 1b S. 1, 2 SGB V, wonach ein Hausarzt mit schriftlicher und widerruflicher Einwilligung des Versicherten bei Leistungserbringern, die diesen Patienten ebenfalls behandeln, die den Versicherten betreffenden Behandlungsdaten und Befunde zum Zwecke der Dokumentation und der weiteren Behandlung erheben darf. Die einen Versicherten behandelnden Leistungserbringer sind deshalb verpflichtet, diesen nach dem von ihm gewählten Hausarzt zu fragen und diesem mit schriftlicher Einwilligung des Versicherten, die widerrufen werden kann, die oben genannten Daten zum Zwecke der vom Hausarzt durchzuführenden Dokumentation und der weiteren Behandlung zu übermitteln. Die behandelnden Leistungserbringer sind im Gegenzug berechtigt, mit schriftlicher Einwilligung des Versicherten, die widerrufen werden kann, die für die Behandlung erforderlichen Behandlungsdaten und Befunde bei dem Hausarzt und ande-

---

[67] Siehe dazu §§ 25a, 34 i.V.m. Anlage 2 Bundesmantelvertrag-Ärzte.

[68] Muster 2 der Vereinbarung über Vordrucke für die vertragsärztliche Versorgung (Anlage 2 zum Bundesmantelvertrag-Ärzte).

[69] Muster 12 der Vereinbarung über Vordrucke für die vertragsärztliche Versorgung (Anlage 2 zum Bundesmantelvertrag-Ärzte).

[70] Muster 13, 14 und 18 der Vereinbarung über Vordrucke für die vertragsärztliche Versorgung (Anlage 2 zum Bundesmantelvertrag-Ärzte).

[71] Die Verordnung über medizinische Rehabilitation enthält darüber hinaus auch noch weitere medizinische Informationen, wie z.B. die Anamnese. Vgl. Muster 61 der Vereinbarung über Vordrucke für die vertragsärztliche Versorgung (Anlage 2 zum Bundesmantelvertrag-Ärzte).

[72] Insbesondere kann neben spezialgesetzlichen Regelungen auch § 34 StGB (Rechtfertigender Notstand) in Betracht kommen, z.B. bei Gefahr für Leib und Leben des Patienten.

[73] Zur Schweigeverpflichtung und Verpflichtung zur Geheimhaltung der Heilberufler siehe die Ausführungen unter Ziffer 10.2.

ren Leistungserbringern zu erheben und für die Zwecke der von ihnen zu erbringenden Leistungen zu verarbeiten und zu nutzen.

3.1.5 Prägende Aspekte der Informationslage bei den Heilberuflern

Geprägt ist die Informationslage bei den Heilberuflern folglich insbesondere durch drei Aspekte

- Mitteilung der für den Heilberufler verfügbaren medizinischen Informationen größtenteils **durch Patienten/Betroffene selbst**

- Insellösungen: Jeder Arzt bzw. Heilberufler besitzt seine *„eigenen" medizinischen Informationen* (z.B. im Rahmen der Dokumentation des Arztes), weitestgehend ohne diese Informationen mit anderen Heilberuflern zu teilen (aufgrund des begrenzten Informationsaustauschs durch Instrumente wie Überweisungen, Arztbriefe, Verordnungen etc. und der Schweigeverpflichtung bzw. datenschutzrechtlichen Regelungen).

- *Sektorale Undurchlässigkeit*: Der Austausch medizinischer Informationen zwischen den verschiedenen Sektoren (ambulante Behandlung, stationäre Behandlung, Rehabilitation) ist ebenso begrenzt, obwohl gerade in diesem Verhältnis der Informationsaustausch besonders wichtig ist, um eine optimale Anschlussbehandlung des Patienten zu ermöglichen (wiederum aufgrund des begrenzten Informationsaustauschs durch Instrumente wie den Entlassungsbrief, Arztbrief, Verordnung etc. und der Schweigeverpflichtung bzw. datenschutzrechtlichen Regelungen).

3.2 Medizinische Informationen beim Patienten

Auch der Patient selbst verfügt über medizinische Informationen. Die wichtigste Quelle für ihn ist dabei zunächst sein eigenes Gedächtnis. Der Patient kann sich beispielsweise an seine Krankheiten, Behandlungen, Gespräche mit dem Heilberufler und Beschwerden erinnern und verfügt somit über medizinische Informationen. Allerdings ist das menschliche Gedächtnis nicht immer eine zuverlässige Quelle. Insbesondere wenn Sachverhalte schon eine längere Zeit zurückliegen, kann es passieren, dass der Patient zumindest Einzelheiten vergisst oder falsche Erinnerungen darüber besitzt. Natürlich kann man eine eigene Dokumentation über seinen Gesundheitszustand führen, doch tut dies nur eine kleine Minderheit der Patienten.

Der Patient erhält seine medizinischen Informationen i.d.R. von dem Heilberufler, bei dem er in Behandlung war bzw. ist oder von dem er anderweitige Leistungen, z.B. Arzneimittel, erhält.

Die Information des Patienten ist zwar zuvorderst ein rechtliches Gebot (siehe hierzu nachfolgend die Ausführungen unter Ziffer 3.2.1), doch enthält dieses auch eine ethische Komponente. So hat der Kranke den moralischen Anspruch auf Selbstverwirklichung und Nichttäuschung.[74] Arzt und Patient müssen einander zuhören und sich wechselseitig mitteilen. Der Kranke benötigt Ratschlag, Zuspruch und förderliche Hinweise. Der Arzt ist auf die Bereitschaft des Patienten angewiesen, ihm zu folgen und ggf. einen medizinischen Eingriff zu ertragen. Die beiderseitige Bereitwilligkeit wahrt Freiheit und Würde des Arztes wie des Patienten. Die Freiwilligkeit erfordert persönliche Aufschlüsse und Kenntnisse, die erst das Gespräch vermittelt.[75] Der Kranke hat den Mediziner über seine Beschwerden und seinen Zustand zu informieren; der Arzt seinerseits muss den Patienten über die Krankheit und Behandlung, deren Aussichten und Gefahren ins Bild setzen. Der Arzt folgt seinem Heilungsauftrag und der Patient bleibt Herr über sich selbst und seine Gesundheit. Die Aufklärung überbrückt diesen Gegensatz. Sie ist patientenorientiert und hat im Zusammenwirken von Arzt und Kranken zu erfolgen.[76]

3.2.1   Die heilberufliche Aufklärungspflicht

Die Aufklärung des Patienten ist jedoch zuvorderst eine rechtliche Verpflichtung des Arztes. Aus dem Behandlungsvertrag ist der Arzt verpflichtet, den Patienten als selbstverantwortlichen Partner im Respekt vor dessen Rechten anzunehmen, um ihm Rat und Hilfe zu geben und ihn somit aufzuklären.[77] Die Aufklärung des Patienten ist die Voraussetzung für dessen Selbstbestimmungsrecht. Diese Patientenautonomie genießt den Schutz des Grundgesetzes, da durch den Schutz dieser Autonomie auch die Würde des Menschen (Art. 1 Abs. 1 GG), die Freiheit der Person (Art. 2 Abs. 1 GG), das Persönlichkeitsrecht (Art. 2 Abs. 1 i.V.m. Art. 1 Abs. 1 GG) und das Recht auf körperliche

---

[74] Siehe z.B. *Illhardt*, Medizinische Ethik, S. 129 ff.; *Wolff*, Arzt und Patient, S. 16 ff.; *Deutsch/Spickhoff*, Medizinrecht, Rn. 248.
[75] *Laufs*, in: Laufs/Kern, Handbuch des Arztrechts, § 57 Rn. 1.
[76] BGH VersR 1987, 200; *Deutsch/Spickhoff*, Medizinrecht, Rn. 243.
[77] Siehe z.B. § 630c Abs. 2 BGB und § 630e BGB. Siehe auch *Laufs*, in: Laufs/Kern, Handbuch des Arztrechts, § 57 Rn. 14.

Unversehrtheit (Art. 2 Abs. 2 GG) geschützt werden.[78] Eine umfassende Aufklärung durch den Arzt ist die Voraussetzung für die Erteilung einer wirksamen Einwilligungserklärung des Patienten in die ärztliche Maßnahme, durch die der Patient sein Selbstbestimmungsrecht ausübt (Selbstbestimmungsaufklärung). Außerdem erfolgt die Aufklärung auch im gesundheitlichen Interesse des Patienten, um diesen vor Schaden zu bewahren (Sicherungsaufklärung).[79]

Gesetzgeberisch war die ärztliche Aufklärungspflicht bis zum Inkrafttreten des Patientenrechtegesetzes lediglich in einigen Randbereichen geregelt, so z.B. in § 3 Abs. 1 Kastrationsgesetz, § 40 Abs. 2 und § 41 Abs. 3 AMG, § 20 Abs.1 Nr. 2 MPG, § 9 GenDG, § 7 Abs. 2 Transplantationsgesetz. Seit dem Inkrafttreten des Patientenrechtegesetzes ist die Aufklärungspflicht des behandelnden Arztes in § 630c Abs. 2, § 630d Abs. 2 und in § 630e BGB geregelt. Im ärztlichen Berufsrecht befinden sich die Regelungen über die Auskunftspflicht in § 8 MBO-Ä.

Auch andere Heilberufler sind zur Aufklärung ihrer Patienten nach § 630c Abs. 2, § 630d Abs. 2 und in § 630e BGB verpflichtet, wenn sie medizinische Behandlungen i.S.d. § 630a Abs. 1 BGB erbringen, so z.B. auch Heilpraktiker.[80]

Unter den Voraussetzungen des § 630c Abs. 2 S. 2 BGB ist der behandelnde Arzt zudem auf Nachfrage des Patienten oder zur Abwendung gesundheitlicher Gefahren verpflichtet, den Patienten über etwaige eigene oder fremde Behandlungsfehler aufzuklären, wenn für ihn derartige Umstände erkennbar sind. Eine Recherchepflicht zur Entdeckung etwaiger Behandlungsfehler besteht insoweit aber ebenso nicht wie die Pflicht zur unaufgeforderten Information, es sei denn, dass dies zur Abwehr gesundheitlicher Gefahren erforderlich ist, da den behandelnden Arzt nur die Pflicht zur gesundheitlichen Sorge, aber keine Fürsorgepflicht trifft.[81] Nach dem Wortlaut dieser Vorschrift ist der behandelnde Arzt auch dazu verpflichtet, den Patienten über den Umstand, dass ein Behandlungsfehler vorliegt, zu informieren.[82]

Nach § 630e Abs. 3 BGB ist der behandelnde Arzt auch zur wirtschaftlichen Aufklärung verpflichtet, wenn sich zumindest Anhaltspunkte dafür ergeben,

---

[78] Siehe z.B. BVerfGE 52, 131 (173 ff.); BGHZ 29, 46 (49, 54 f.); 106, 391 (397); *Laufs,* in: Laufs/Kern, Handbuch des Arztrechts, § 57 Rn. 15; *Deutsch/Spickhoff,* Medizinrecht, Rn. 248; *Deutsch,* NJW 1965, 1985 ff.; *Beppel,* Ärztliche Aufklärung in der Rechtsprechung, S. 20; siehe auch *Spickhoff,* NJW 2002, 1758 (1762).
[79] Siehe die ausführliche Darstellung zur Selbstbestimmungaufklärung unter Ziffer 3.2.1.1 sowie die ausführliche Darstellung zur Sicherungsaufklärung unter Ziffer 3.2.1.2.
[80] Siehe hierzu z.B. auch BGHZ 113, 297 ff.
[81] Siehe auch die Gesetzesbegründung zu § 630c BGB in BT-Drs. 17/10488, S. 21.
[82] So auch *Reuter/Hahn,* VuR 2012, 247 (250).

dass die Kosten für eine Behandlung von der jeweiligen Krankenkasse bzw. dem privaten Krankenversicherungsunternehmen nicht übernommen werden. Da dem Patienten im Rahmen der wirtschaftlichen Aufklärung regelmäßig keine medizinischen Informationen durch den behandelnden Arzt zur Verfügung gestellt werden, wird im Folgenden nicht weiter auf die wirtschaftliche Aufklärung nach § 630e Abs. 3 BGB eingegangen.

3.2.1.1 Die Selbstbestimmungsaufklärung

Die Selbstbestimmungsaufklärung ist seit Inkrafttreten des Patientenrechtegesetzes in § 630d Abs. 2 BGB und § 630e BGB geregelt, wobei durch diese Vorschriften aber lediglich die hierzu bestehende gefestigte Rechtsprechung nachgezeichnet werden soll.[83] Sie soll die freie und selbstverantwortliche Entscheidung des Patienten über seine Gesundheit und körperliche Integrität ermöglichen[84] und den Patienten vor ärztlicher Bevormundung schützen,[85] selbst wenn eine Entscheidung aus ärztlicher Sicht unvernünftig oder gar verfehlt erscheint.[86]

Nach § 630d Abs. 1 S. 1 BGB ist der Behandelnde grundsätzlich verpflichtet, vor Durchführung einer medizinischen Maßnahme die Einwilligung des Patienten einzuholen.[87] Somit bestimmen der Patient und der Behandelnde zusammen über die Behandlung und ihre Grenzen. Der Patient drückt seine Zustimmung zu den Maßnahmen für seine Gesundung insoweit durch die Einwilligung aus.[88] Da eine selbstbestimmte Entscheidung des Patienten in Form seiner Einwilligung aber eine entsprechende Aufklärung durch den behandelnden Arzt voraussetzt, ist folgerichtig in § 630d Abs. 2 BGB normiert, dass die Wirksamkeit einer Einwilligung in eine medizinische Maßnahme nach § 630d Abs. 1 BGB voraussetzt, dass der Patient nach Maßgabe des § 630e Abs. 1 bis 4 BGB aufgeklärt wurde.[89] Die Selbstbestimmungsaufklärung hat

---

[83] Siehe die Gesetzesbegründung zu § 630e BGB in BT-Drs. 17/10488, S. 24; siehe hierzu auch *Hassner*, VersR 2013, 23 (25 f.).

[84] *Laufs*, in: Laufs/Kern, Handbuch des Arztrechts, § 59 Rn. 11. Siehe auch die Gesetzesbegründung zu § 630c BGB in BT-Drs. 17/10488, S. 23.

[85] BGH VersR 1968, 558 (559); BGH NJW 1980, 1333 (1334).

[86] BGH NJW 1980, 1333 (1334); BGH NJW 1980, 2751 (2752 f.); BGHZ 90, 103 (105 f.); BGH NJW 1994, 799 (800).

[87] Zu den engen Ausnahmen siehe die weiteren Ausführungen unter dieser Ziffer sowie die Ausführungen unter Ziffer 3.2.1.3.

[88] *Deutsch/Spickhoff*, Medizinrecht, Rn. 248, 250. Siehe auch die Gesetzesbegründung zu § 630c BGB in BT-Drs. 17/10488, S. 23.

[89] Ist der Patient einwilligungsunfähig, ist gem. § 630d Abs. 1 S. 2 BGB grundsätzlich die Einwilligung des zur Einwilligung Berechtigten, z.B. der Eltern, einzuholen, weshalb die Aufklärung nach § 630e Abs. 1 bis 3 BGB nach § 630e Abs. 4 BGB ihm gegenüber zu erfolgen hat. Zusätzlich ist auch der einwilligungsunfähige Patient nach Maßgabe des § 630e Abs. 5 BGB aufzuklären.

gem. § 630e Abs. 2 S. 1 Nr. 1 BGB durch den behandelnden Arzt selbst oder eine Person zu erfolgen, die über die zur Durchführung der Maßnahme erforderliche Ausbildung verfügt. Hieraus folgt, dass anstelle des behandelnden Arztes regelmäßig nur ein anderer Arzt die Aufklärung übernehmen darf.[90] Zudem muss die Aufklärung mündlich erfolgen (in einfach gelagerten Fällen auch fernmündlich), um dem Patienten die Möglichkeit zu eröffnen, Rückfragen zu stellen.[91] Nur ergänzend darf gem. § 630e Abs. 2 S. 1 Nr. 1 BGB auf Unterlagen in Textform Bezug genommen werden. Der Zeitpunkt, wann die Aufklärung zu erfolgen hat, hängt vom jeweiligen Einzelfall ab. So verlangt § 630e Abs. 2 S. 1 Nr. 2 BGB, dass die Aufklärung so rechtzeitig erfolgt, dass der Patient seine Entscheidung über die Einwilligung wohlüberlegt treffen können muss. Hierbei sind insbesondere auch die Persönlichkeit des jeweiligen Patienten und die Situation des Einzelfalls zu berücksichtigen.[92] Nach § 630e Abs. 2 S. 1 Nr. 3 BGB muss die Aufklärung zudem verständlich für den Patienten sein und sich damit am geistigen, körperlichen und seelischen Zustand des Patienten orientieren.[93] Hieraus folgt insbesondere, dass der behandelnde Arzt auf Kosten des Patienten[94] einen Dolmetscher hinzuzuziehen hat, wenn der Patient der Sprache nicht ausreichend mächtig ist, in der die Aufklärung erteilt wird. Zudem muss der behandelnde Arzt eine auch für medizinische Laien verständliche Sprache ohne unnötige wissenschaftliche Details oder Fachtermini verwenden.[95]

Die umfassende Aufklärung des Patienten und die daraus resultierende Einholung seiner Einwilligung zur weiteren Behandlung sind als Folge des grundgesetzlich geschützten Rechts des Patienten auf Selbstbestimmung auch strafrechtlich und haftungsrechtlich geboten. Nach ständiger Rechtsprechung ist jede ärztliche, die körperliche Integrität des Körpers berührende Maßnahme tatbestandlich eine Körperverletzung gem. § 223 Abs. 1 StGB (oder ggf. eine besondere Art der Körperverletzung gem. § 224 ff. StGB) und bedarf somit einer Rechtfertigung, i.d.R. durch eine Einwilligung des Betroffenen.[96] Eine schuldhafte, unzureichende Aufklärung des Patienten kann zudem zu einer

---

[90] Siehe z.B. *Reuter/Hahn*, VuR 2012, 247 (252).
[91] Siehe die Gesetzesbegründung zu § 630e BGB in BT-Drs. 17/10488, S. 24; *Reuter/Hahn*, VuR 2012, 247 (252 f.); *Hassner*, VersR 2013, 23 (29 f.).
[92] *Reuter/Hahn*, VuR 2012, 247 (253).
[93] Siehe die Gesetzesbegründung zu § 630e BGB in BT-Drs. 17/10488, S. 25.
[94] Siehe die Gesetzesbegründung zu § 630e BGB in BT-Drs. 17/10488, S. 25.
[95] *Reuter/Hahn*, VuR 2012, 247 (253); *Hassner*, VersR 2013, 23 (30).
[96] Siehe z.B. RGSt 25, 375 (382); BGHZ 11, 111; 12, 379; 45, 221. Die herrschende Lehre betrachtet den ärztlichen Heileingriff hingegen nicht als tatbestandliche Körperverletzung gem. § 223 Abs. 1 StGB, da die Behandlung des erkrankten Patienten dessen Gesundung und nicht die Verletzung seines Körpers zum Ziel habe (vgl. z.B. *Kaufmann*, ZStW 73 (1961), 341 (370 ff.); *Kühl*, in: Lackner/Kühl, Strafgesetzbuch, § 223 Rn. 8; zusammenfassend siehe *Tag*, Der Körperverletzungstatbestand im Spannungsfeld zwischen Patientenautonomie und Lex artis, S. 18 ff.).

Haftung des dafür verantwortlichen Arztes führen und Schadensersatzansprüche des Patienten aufgrund einer Verletzung des Arztvertrags (§§ 630a Abs. 1, 280 Abs. 1 BGB) und aus dem Deliktsrecht gem. § 823 Abs. 1 BGB begründen.[97]

Nach § 630e Abs. 1 S. 1 BGB ist der behandelnde Arzt verpflichtet, den Patienten über sämtliche für die Einwilligung wesentlichen Umstände aufzuklären. Die Aufklärung soll dem Patienten eine allgemeine Vorstellung von der Art und dem Schweregrad der in Betracht stehenden Behandlung vermitteln sowie von den Belastungen und Risiken, denen er sich aussetzt. Deshalb muss die Aufklärung dem Einzelfall genügen und dessen spezielle Umstände berücksichtigen, also insbesondere die Person des Patienten (Vorkenntnisse, Intelligenz, Bildungsstand etc.).[98] Folglich ist der Umfang der Informationen, die dem Patienten vermittelt werden müssen, von Einzelfall zu Einzelfall unterschiedlich. Dabei gilt jedoch folgende Grundregel: Je gefährlicher der geplante Eingriff, je gravierender das ihn begleitende Risiko, desto gewichtiger und umfangreicher ist die ärztliche Aufklärungspflicht.[99] Nach § 630e Abs. 1 S. 2 BGB schuldet der Arzt dem Patienten Aufklärung insbesondere über Art, Umfang, Durchführung, zu erwartende Folgen und Risiken der Maßnahme sowie ihre Notwendigkeit, Dringlichkeit, Eignung und Erfolgsaussichten im Hinblick auf die Diagnose oder Therapie.[100] Im Einzelfall kann es erforderlich sein, über weitere Umstände aufzuklären. Außerdem ist der behandelnde Arzt regelmäßig dazu verpflichtet, die Fragen des Patienten wahrheitsgemäß zu beantworten.[101] Auch über gleichwertige Behandlungsalternativen und die mit ihnen verbundenen wesentlichen unterschiedlichen Belastungen, Risiken oder Heilungschancen ist der Patient nach § 630e Abs. 1 S. 3 BGB aufzuklären.

---

[97] Siehe z.B. BGH NJW 1984, 1807 (1808 f.); BGH VersR 2007, 999 ff.; *Geiß/Greiner*, Arzthaftpflichtrecht, C I. Rn. 1 f.; *Neuefeind*, Arzthaftungsrecht, S. 45 ff. Siehe auch die Gesetzesbegründung zu § 630c BGB in BT-Drs. 17/10488, S. 23 f.
[98] *Laufs*, in: Laufs/Kern, Handbuch des Arztrechts, § 64 Rn. 17 und § 59 Rn. 5 ff. Siehe auch die Gesetzesbegründung zu § 630e BGB in BT-Drs. 17/10488, S. 24.
[99] BGH NJW 1984, S. 1397 (1398 f.); BGH NJW 1991, S. 2349; *Geiß/Greiner*, Arzthaftpflichtrecht, C I. Rn. 7 ff.; *Laufs*, in: Laufs/Kern, Handbuch des Arztrechts, § 64 Rn. 15.
[100] Im Einzelfall kann der behandelnde Arzt auch verpflichtet sein, über weitere Umstände aufzuklären. Im ursprünglichen Gesetzesentwurf von § 630e Abs. 1 S. 2 BGB befand sich noch die Formulierung, dass zu den Umständen, über die aufzuklären sei, „in der Regel insbesondere" [...] zählen. Die Formulierung „in der Regel" wurde dann durch den Gesundheitsausschuss aus dem Gesetzesentwurf gestrichen, da durch die Formulierung „insbesondere" der Beispielcharakter der in § 630e Abs. 1 S. 2 BGB hinreichend deutlich bleibe (siehe Gesetzesbegründung zu § 630e BGB in BT-Drs. 17/11710, S. 38). Durch die Streichung der Formulierung „in der Regel" legt der Wortlaut von § 630e Abs. 1 S. 2 BGB nun allerdings trotz entgegenstehendem Willen des Gesetzgebers nahe, dass stets über die in § 630e Abs. 1 S. 2 BGB aufgezählten Umstände aufzuklären ist (so auch *Hassner*, VersR 2013, 23 (26)).
[101] Siehe z.B. *Laufs*, in: Laufs/Kern, Handbuch des Arztrechts, § 64 Rn. 18.

Als Unterarten der Selbstbestimmungsaufklärung unterscheidet man die Befund- und Diagnoseaufklärung, die Verlaufsaufklärung und die Risikoaufklärung.[102]

3.2.1.1.1 Die Diagnoseaufklärung

Im Rahmen der Aufklärung über die Notwendigkeit, Dringlichkeit und Erfolgsaussichten eines Eingriffs ist der Patient nach § 630e Abs. 1 S. 2 BGB über die Diagnose aufzuklären. Während der *Diagnoseaufklärung* wird der Patient (schonend) über den medizinischen Befund informiert.[103] Der Begriff „Diagnose" ist im Rahmen der Diagnoseaufklärung weit auszulegen. Aufzuklären ist nicht nur über den Krankheitsbefund, sondern darüber hinaus auch über den Zustand des Patienten im Hinblick auf die geplante Behandlung.[104] Der Arzt kann dabei im Rahmen seines pflichtgemäßen Ermessens entscheiden, welche Ausdrucksweise er dafür verwendet. So ist er nicht in jedem Fall verpflichtet, die genaue Krankheitsbezeichnung zu verwenden.[105]

Außerdem darf der Arzt seinen Patienten nicht mit unsicheren, nicht erwiesenen oder unbestätigten Verdachtsdiagnosen belasten.[106]

Der Arzt kann auf die Diagnoseaufklärung zudem nach § 630e Abs. 3 BGB ausnahmsweise verzichten, wenn die Aufklärung kontraindiziert ist, wenn also der Patient durch die Aufklärung nicht unerhebliche körperliche oder psychische Schäden davontrüge.[107]

3.2.1.1.2 Die Verlaufsaufklärung

Im Rahmen der *Verlaufsaufklärung* hat der Arzt dem Patienten Auskunft über den zukünftigen Verlauf seiner Krankheit sowie über Art, Umfang und Durchführung von Behandlungsmöglichkeiten zu geben. Er hat dabei den Patienten

---

[102] *Gründel* in NJW 2002, 2987 (2989); *Wussow*, VersR 2002, 1337 (1338 ff.); *Laufs*, in: Laufs/Kern, Handbuch des Arztrechts, § 59 Rn. 11 ff; *Reuter/Hahn*, VuR 2012, 247 (252).
[103] *Wussow*, VersR 2002, 1337 (1338 f.).
[104] *Wussow*, VersR 2002, 1337 (1338 f.).
[105] BGHZ 29, 176 (177, 183).
[106] OLG Köln VersR 1988, 139 f.; OLG Celle VersR 1981, 1184 f.; *Laufs*, in: Laufs/Kern, Handbuch des Arztrechts, § 59 Rn. 15.
[107] Siehe z.B. die Gesetzesbegründung zu § 630e Abs. 3 BGB in BT-Drs. 17/10488, S. 25; *Reuter/Hahn*, VuR 2012, 247 (253); *Laufs*, in: Laufs/Kern, Handbuch des Arztrechts, § 60 Rn. 19 ff.; *Deutsch*, NJW 1980, 1305 ff.; *Gründel*, NJW 2002, 2987 (2990 f.); a.A. *Diehl/Diehl*, VersR 1982, 716 ff.; siehe auch die vergleichsweise strenge Auffassung des BGH bezüglich der Voraussetzungen, unter denen ein Aufklärungsverzicht zulässig sein soll, in BGHZ 29, 46 (56); 29, 176 (182); 90, 103 (109 f.).

nur im „Großen und Ganzen" zu informieren.[108] Erst die Verlaufsaufklärung versetzt den Patienten in die Lage, die Möglichkeiten einander gegenüberzustellen und sich zusammen mit dem Arzt für eine Behandlung zu entscheiden.[109]

3.2.1.1.3 Die Risikoaufklärung

Zudem muss der Arzt nach § 630e Abs. 1 BGB den Patienten über Gefahren einer ärztlichen Behandlung bzw. eines ärztlichen Eingriffs aufklären. Im Rahmen dieser *Risikoaufklärung* hat der Arzt dem Patienten Informationen über mögliche dauernde oder vorübergehende Nebenfolgen zu geben, die sich auch bei Anwendung der gebotenen Sorgfalt und bei fehlerfreier Durchführung des Eingriffs nicht mit Gewissheit ausschließen lassen.[110] Dabei muss der Arzt nicht medizinisch exakt und in allen denkbaren Erscheinungen über die mit dem Eingriff verbundenen Risiken informieren. Ein allgemeines Bild von der Schwere und Richtung des konkreten Risikospektrums genügt.[111] Er muss den Patienten über alle wesentlichen Punkte informieren und dabei berücksichtigen, dass dieser als medizinischer Laie die Einzelheiten und Zusammenhänge nicht wird beurteilen können.[112] Der Arzt hat über alle typischen Risiken, die mit dem jeweiligen Eingriff verbunden sind, zu informieren, genauso wie über atypische Risiken, wenn sie im Falle ihres Eintritts den Patienten schwer belasten, sie dem Eingriff spezifisch anhaften und ihr Eintritt für den Laien überraschend wäre.[113] Bei riskanten Operationen ist auch über die Chancen und Erfolgsaussichten aufzuklären.[114]

Zudem hat der Arzt über alternative Behandlungsmethoden zu informieren, wenn diese unterschiedliche Belastungs- oder Risikospektren und Erfolgsaussichten aufweisen.[115] Auch über Medikamentenwirkungen muss der Arzt (neben dem Hersteller) aufklären, insbesondere wenn sich die Medikamente

---

[108] *Laufs*, in: Laufs/Kern, Handbuch des Arztrechts, § 59 Rn. 16 ff.; *Wussow*, VersR 2002, 1337 (1339); *Deutsch/Spickhoff*, Medizinrecht, Rn. 268.

[109] *Deutsch/Spickhoff*, Medizinrecht, Rn. 268. Siehe auch *Hassner*, VersR 2013, 23 (25).

[110] OLG Saarbrücken VersR 1977, 872 f.

[111] *Laufs*, in: Laufs/Kern, Handbuch des Arztrechts, § 60 Rn. 1; BGH NJW 1990, 2929 (2930 f.).

[112] *Wussow*, VersR 2002, S. 1337 (1339)

[113] BGH NJW 1980, 1333 (1333 f.); BGHZ 126, 386 (389); BGHZ 144, 1 (5 f.); *Laufs*, in: Laufs/Kern, Handbuch des Arztrechts, § 60 Rn. 3.

[114] *Deutsch/Spickhoff*, Medizinrecht, Rn. 273.

[115] OLG Karlsruhe MedR 2007, 175; *Deutsch/Spickhoff*, Medizinrecht, Rn. 270; *Laufs*, in: Laufs/Kern, Handbuch des Arztrechts, § 60 Rn. 4 ff.

noch in der Erprobung befinden[116] oder diese schwerwiegende Nebenwirkungen hervorrufen können.[117]

3.2.1.2　Die Sicherungsaufklärung

Von der Selbstbestimmungsaufklärung, die zur Wahrung der Patientenautonomie und insbesondere für die Erteilung von Einwilligungen des Patienten zur ärztlichen Behandlung erforderlich ist, muss die therapeutische *Sicherungsaufklärung* unterschieden werden, wobei die Grenzen zwischen diesen beiden Aufklärungsarten in der Praxis häufig fließend sind.[118]

Vor Inkrafttreten des Patientenrechtegesetzes wurde die Sicherungsaufklärung dem Patienten vom Arzt aus dem Behandlungsvertrag geschuldet.[119] Durch das Patientenrechtegesetz wurden diese als „Sicherungsaufklärung" bezeichneten, von der Rechtsprechung entwickelten Grundsätze in § 630c Abs. 2 S. 1 BGB kodifiziert und gelten nach den Ausführungen des Gesetzgebers somit inhaltlich unverändert fort.[120] Die Sicherungsaufklärung verfolgt im Gegensatz zur Selbstbestimmungsaufklärung therapeutische Zwecke und stellt eine Beratung und Aufklärung im gesundheitlichen Interesse des Patienten dar.[121] Bei einer schuldhaften Verletzung der Pflicht zur Sicherungsaufklärung ist der Arzt wegen eines Behandlungsfehlers ggf. aus dem Behandlungsvertrag (§§ 630a Abs. 1, 280 Abs. 1 BGB) oder aus dem Deliktsrecht (§ 823 Abs. 1 BGB) schadensersatzpflichtig.[122]

Die Sicherungsaufklärung soll dem Patienten die notwendigen Informationen im Zusammenhang mit einer Behandlung verschaffen, um ihn zu einem therapiegerechten oder sonstigen Verhalten anzuleiten oder um Gefahren für ihn

---

[116] BGH VersR 2007, 999 ff.
[117] BGHZ 162, 320 ff.
[118] Aus diesem Grunde wird die Beibehaltung der Unterscheidung zwischen Selbstbestimmungs- und Sicherungsaufklärung in den §§ 630a ff. BGB auch von *Spickhoff* und *Katzenmeier* als eine unglückliche Doppelung von Regelungen und Pflichten kritisiert (siehe *Spickhoff*, ZRP 2012, 65 (67); *Katzenmeier*, NJW 2013, 817 (818)). Auch an dieser Gestaltung zeigt sich, dass der Gesetzgeber mit dem Patientenrechtegesetz vorrangig das Ziel verfolgt hat, die diesbezüglich bestehende Rechtsprechung zu kodifizieren und nicht, die Patientenrechte neu zu gestalten.
[119] *Deutsch/Spickhoff*, Medizinrecht, Rn. 277.
[120] Siehe die Gesetzesbegründung zu § 630c BGB in BT-Drs. 17/10488, S. 21. Siehe auch *Reuter/Hahn*, VuR 2012, 247 (250). Der Gesetzgeber verwendet in § 630c BGB zwar das Wort „Informationspflicht" anstelle von „Aufklärungspflicht", doch soll dies nach dem Willen des Gesetzgebers nur der Unterscheidung zu der auf die konkrete Behandlung bezogenen Selbstbestimmungsaufklärung dienen und keine inhaltlichen Änderungen bezüglich der Sicherungsaufklärung bewirken (siehe die Gesetzesbegründung zu § 630c BGB in BT-Drs. 17/10488, S. 21).
[121] *Wussow*, VersR 2002, 1337 (1337 f.); *Reuter/Hahn*, VuR 2012, 247 (250).
[122] Siehe z.B. BGHZ 126, 386 ff. BGH NJW 1987, 705 ff.; BGH NJW 1981, 2513 ff.; BGH NJW 1981, 748 ff. Siehe auch die Gesetzesbegründung zu § 630a BGB in BT-Drs. 17/10488, S. 20.

oder Dritte zu vermeiden.[123] Der Arzt muss seinen Patienten auf diese Maßnahmen hinweisen, damit der Heilungserfolg gesichert wird.[124] Sie soll die mit der Therapie verbundenen Gefahren abwenden.[125]

Vor diesem Hintergrund ist der Patient im Rahmen der Sicherungsaufklärung gem. § 630c Abs. 2 S. 1 BGB über sämtliche für die Behandlung wesentlichen Umstände zu informieren, insbesondere die Diagnose, die voraussichtliche gesundheitliche Entwicklung, die Therapie und die zu und nach der Therapie zu ergreifenden Maßnahmen. Im Einzelfall kann der behandelnde Arzt nach § 630c Abs. 2 S. 1 BGB verpflichtet sein, den Patienten über weitere Umstände zu informieren. Der Umfang und die Intensität der Sicherungsaufklärung richten sich wiederum nach dem Einzelfall.[126] Somit überschneiden sich zwar die Umstände, über die der jeweilige Patient im Rahmen der Selbstbestimmungs- und der Sicherungsaufklärung zu informieren ist, doch unterscheiden sich die dem Patienten zur Verfügung zu stellenden Informationen durch die unterschiedlichen Zielrichtungen der Selbstbestimmungs- und der Sicherungsaufklärung.[127]

So ist der Patient im Rahmen der Sicherungsaufklärung z. B. über seine Krankheit oder Anfälligkeit zu informieren, um ihn zu schonender Lebensweise, zu Diät oder Enthaltsamkeit anzuhalten und ihm gegebenenfalls eine bestimmte Medikation anzuraten.[128] Bei der therapeutischen Aufklärung steht daher die künftige Lebensführung des Patienten im Vordergrund, wobei sowohl über kurzfristige gesundheitliche Störungen, etwa nach einer Operation, aufzuklären ist als auch über lang andauernde Therapien bzw. Behandlungen.[129]

Beispielsweise muss der Arzt aufklären über:

- Diagnosen, um den Patienten nicht zur Infektionsquelle für Dritte werden zu lassen,[130]

- Dosis, Unverträglichkeiten und Nebenwirkungen der Medikation,[131]

---

[123] *Beppel*, Ärztliche Aufklärung in der Rechtsprechung, S. 149 f.
[124] BGH NJW 1987, S. 705 (705).
[125] *Kern/Laufs*, Die ärztliche Aufklärungspflicht, S. 183.
[126] Siehe z.B. die Gesetzesbegründung zu § 630c BGB in BT-Drs. 17/10488, S. 21.
[127] Vor diesem Hintergrund besteht entgegen der Ansicht von *Spickhoff* (*Spickhoff*, ZRP 2012, 65 (67)) keine Doppelnormierung (so auch *Reuter/Hahn*, VuR 2012, 247 (250)).
[128] *Laufs*, in: Laufs/Kern, Handbuch des Arztrechts, § 58 Rn. 1.
[129] *Wussow*, VersR 2002, 1337 (1337 f.).
[130] Siehe schon RGSt. 66, 181 (182).
[131] BGH NJW 1970, 511 ff.

- Gefahren von Schutzimpfungen, insbesondere über ein erhöhtes Ansteckungsrisiko,[132]

- mangelnde Fähigkeit des Führens eines PKW (z.B. nach einer Operation).[133]

Die Sicherungsaufklärung muss gem. § 630c Abs. 1 S. 1 BGB zu Beginn der Behandlung und in verständlicher Weise erfolgen. Soweit es für die Sicherung des Heilungserfolges erforderlich ist, muss der behandelnde Arzt den Patienten zudem auch während der Behandlung über die genannten Umstände informieren.[134]

3.2.1.3 Der Verzicht auf Aufklärung

Auf die Selbstbestimmungs- und auf die Sicherungsaufklärung kann gem. § 630e Abs. 3 BGB bzw. § 630c Abs. 4 BGB unter bestimmten Voraussetzungen verzichtet werden. So kann der behandelnde Arzt von sich aus auf die Aufklärung verzichten oder der Patient kann freiwillig auf diese Aufklärung verzichten.[135]

Ein Aufklärungsverzicht durch den Arzt kommt sowohl im Hinblick auf die Selbstbestimmungs- als auch auf die Sicherungsaufklärung nach § 630e Abs. 3 BGB bzw. § 630c Abs. 4 BGB insbesondere dann in Betracht, wenn eine Maßnahme bzw. die Behandlung unaufschiebbar ist. Dies ist vor allem in Notfallsituationen gegeben, wenn durch den Aufschub Gefahren für Leib und Gesundheit des Patienten drohen.[136] Des Weiteren rechtfertigen auch besondere Umstände ausnahmsweise den Verzicht des Arztes auf die Aufklärung, wie z.B. das Vorliegen erheblicher therapeutischer Gründe, wenn also eine begründete Gefahr besteht, dass der Patient infolge der Information sein Leben oder seine Gesundheit gefährdet.[137] Solch besondere Umstände liegen u.a. auch dann vor, wenn der Patient über entsprechende Fachkenntnisse verfügt und er deshalb

---

[132] BGHZ 126, 386 (388 ff.).
[133] LG Konstanz NJW 1972, 2223 f.
[134] Siehe die Gesetzesbegründung zu § 630c in BT-Drs. 17/10488, S. 21.
[135] Siehe z.B. auch BGH NJW 1973, 556 ff.; *Deutsch*, NJW 1983, 1351 (1354); *Roßner*, NJW 1990, 2291 (2293 ff.).
[136] Siehe z.B. Gesetzesbegründung zu § 630c und § 630e BGB in BT-Drs. 17/10488, S. 22 und 25. Siehe auch *Reuter/Hahn*, VuR 2012, 247 (251).
[137] Siehe hierzu auch BGHZ 90, 103 (109 f.).

keiner Aufklärung bedarf, z.B. wenn er selbst Arzt ist oder die Informationen bereits aufgrund einer vorherigen Erkrankung besitzt.[138]

Auch der Patient kann gem. § 630c Abs. 4 BGB bzw. § 630e Abs. 3 BGB ausdrücklich auf die entsprechende Aufklärung verzichten. So gehört es im Hinblick auf den Verzicht auf die Selbstbestimmungsaufklärung auch zur Selbstbestimmung des Patienten, dass er dem Arzt „freie Hand gibt", um sich selbst die Beunruhigung durch Einzelheiten einer Gefahr zu ersparen.[139] Ein konkludenter Verzicht des Patienten auf Aufklärung, der vor Inkrafttreten des Patientenrechtegesetzes teilweise als zulässig erachtet wurde,[140] ist somit nicht wirksam.[141] Der Patient muss jedoch vage Vorstellungen über die Art der Informationen haben, auf die er verzichtet, da er ansonsten nicht beurteilen kann, von welcher Wichtigkeit die Informationen sind, auf die er verzichtet.[142] Er muss sich von der Notwendigkeit der Inkaufnahme der Gefahren überzeugt haben[143] und kann somit also nur auf die Aufklärung über Einzelheiten verzichten.[144]

---

[138] Siehe z.B. Reuter/Hahn, VuR 2012, 247 (251); siehe auch die Gesetzesbegründung zu § 630c und § 630e BGB in BT-Drs. 17/10488, S. 23 und 25. Zur Vermeidung etwaiger Haftungsrisiken ist einem behandelnden Arzt jedoch zu raten, den Patienten in diesem Fall dennoch gem. § 630c Abs. 2 BGB zu informieren und nach § 630e BGB aufzuklären.

[139] BGH NJW 1973, 556 (558).

[140] So z.B. Harmann, NJOZ 2010, 819 (824); Roßner, NJW 1990, 2291 (2293 f.); a.A. z.B. Spindler, in: Bamberger/Roth, Beck-OK BGB, § 823 Rn. 612 m.w.N.

[141] Siehe z.B. Reuter/Hahn, VuR 2012, 247 (251)

[142] Roßner, NJW 1990, 2291 (2294 f.).

[143] BGH NJW 1973, 556 (558).

[144] Laufs, in: Laufs/Kern, Handbuch des Arztrechts, § 60 Rn. 18. Eine andere Ansicht besagt, dass auch ein kompletter Verzicht auf Aufklärung zulässig sein soll, da auch dies vom Selbstbestimmungsrecht des Patienten umfasst sei (vgl. z.B. Hagedorn, Die Entbehrlichkeit der Einwilligung und Aufklärung bei Heilbehandlungen nach dem Strafgesetzbuch-Entwurf 1962, S. 103; Spann, Ärztliche Rechts- und Standeskunde, S. 136). Diese Ansicht ist jedoch abzulehnen, da der Patient für eine wirksame Verfügung über sein Selbstbestimmungsrecht zumindest grob wissen muss, worüber er eigentlich verfügt, also auf welch wichtige Informationen er in diesem Fall verzichtet. Diese Ansicht wird auch durch die Bedeutung der Informationen, über die der Patient verfügt, bekräftigt. Diese Informationen können immerhin unter Umständen sogar als Grundlage für lebenswichtige und –rettende Entscheidungen dienen. Folglich muss der Patient zumindest in groben Zügen überblicken können, welche Gefahren er durch den Aufklärungsverzicht auf sich nimmt (so z.B. auch: BGH NJW 1973, 556 ff.; Roßner, NJW 1990, 2291 (2293 ff.)). Dies entspricht zudem auch dem Willen des Gesetzgebers, der an den Verzicht strenge Anforderungen stellen will und diesen nur dann zulassen will, wenn der Patient die Erforderlichkeit der Behandlung sowie deren Chancen und Risiken zutreffend erkannt hat (siehe die Gesetzesbegründung zu § 630c und § 630e BGB in BT-Drs. 17/10488, S. 22 f. und 25). Dies ist jedoch ohne eine „Grundinformation" nicht möglich.

3.2.2 Information und Beratung durch den Apotheker

Die Patienten erhalten jedoch medizinische Informationen nicht nur durch den (Zahn-) Arzt, sondern auch durch Apotheker.[145] So folgt aus § 20 ApBetrO die Pflicht des Apothekers,[146] seine Patienten und andere Kunden[147] qualifiziert zu informieren und zu beraten.[148] § 20 Abs. 2 ApBetrO konkretisiert diese Pflicht weiter, dass Apotheker bei der Information und Beratung über Arzneimittel insbesondere über die Arzneimittelsicherheit zu informieren und zu beraten haben. Hierbei handelt es sich um eine Bringschuld des Apothekers, die zeitlich vor Abgabe eines Arzneimittels zu erfolgen hat.[149] Gegebenenfalls hat der Apotheker deshalb bei dem jeweiligen Patienten oder Kunden nachzufragen und herauszufinden, inwiefern ein Informations- bzw. Beratungsbedarf besteht.[150] Die Beratung muss gem. § 20 Abs. 2 S. 2 ApBetrO die notwendigen Informationen über die sachgerechte Anwendung des Arzneimittels[151] und, soweit erforderlich, auch über eventuelle Nebenwirkungen oder Wechselwirkungen, die sich aus den Angaben auf der Verschreibung sowie den Angaben des Patienten oder Kunden ergeben, sowie über die sachgerechte Aufbewahrung oder Entsorgung des Arzneimittels umfassen. Zu berücksichtigen sind hierbei, sofern erforderlich, insbesondere auch Fragen der Dosierung, Haltbarkeit und eventueller Unverträglichkeiten des Arzneimittels.[152] Bei der Abgabe von Arzneimitteln an einen Patienten oder andere Kunden ist nach § 20 Abs. 2 S. 3 ApBetrO durch Nachfrage auch festzustellen, inwieweit der Patient weiteren Informations- und Beratungsbedarf hat, woraufhin ihm eine ent-

---

[145] Die §§ 630a ff. BGB finden auf Verträge mit Apothekern keine Anwendung, da Apotheker nicht zur medizinischen Behandlung ihrer Kunden befugt sind (siehe z.B. die Gesetzesbegründung zu § 630a BGB in BT-Drs. 17/10488, S. 18).

[146] Nach vorheriger schriftlicher Festlegung zwischen dem Apothekenleiter und seinem angestellten Fachpersonal kann die Beratung und Information gem. § 20 Abs. 1 S. 2 ApBetrO auch durch das angestellte Fachpersonal erfolgen.

[147] Patienten i.S.d. § 20 ApBetrO sind Personen, die an Gesundheitsbeschwerden, einer Krankheit oder an den Folgen eines Unfalls leiden und die Hilfe in der Apotheke in Anspruch nehmen möchten. Ein anderer Kunde ist hingegen eine Person oder Institution, die gegenüber einer Apotheke am Erwerb eines Arzneimittels oder eines apothekenpflichtigen Medizinprodukts interessiert ist (*Cyran/Rotta*, Apothekenbtriebsordnung, § 20 Rn. 48).

[148] Vgl. *Cyran/Rotta*, Apothekenbetriebsordnung, § 20 Rn. 3.

[149] *Cyran/Rotta*, Apothekenbetriebsordnung, § 20 Rn. 59.

[150] *Cyran/Rotta*, Apothekenbetriebsordnung, § 20 Rn. 60 ff.

[151] Diese Pflicht folgt im Rahmen der Selbstmedikation auch aus § 20 Abs. 1a S. 2 ApBetrO. § 20 Abs. 1a S. 2 ApBetrO statuiert Informationspflichten für den Fall der Selbstmedikation. Sämtliche dieser nach § 20 Abs. 1a ApBetrO zu erteilenden Informationen sind aber auch nach § 20 Abs. 2 ApBetrO zu erteilen und zwar unabhängig davon, ob es sich um einen Fall der Selbstmedikation oder der Abgabe von Arzneimitteln aufgrund einer Verschreibung handelt. Somit ist die Regelung der Informationspflichten in § 20 Abs. 1a ApBetrO faktisch obsolet (siehe auch *Cyran/Rotta*, Apothekenbetriebsordnung, § 20 Rn. 55). Um Wiederholungen zu vermeiden, wird deshalb auf eine gesonderte Darstellung der Informationspflichten nach § 20 Abs. 1a ApBetrO verzichtet, da sie bereits im Rahmen der Ausführungen über die Informationspflichten nach § 20 Abs. 2 ApBetrO beschrieben werden.

[152] *Cyran/Rotta*, Apothekenbetriebsordnung, § 20 Rn. 64.

sprechende Beratung anzubieten ist. Im Falle der Selbstmedikation ist nach § 20 Abs. 2 S. 4 ApBetrO herauszufinden, ob das gewünschte Arzneimittel zur Anwendung bei der vorgesehenen Person geeignet erscheint oder in welchen Fällen anzuraten ist, gegebenenfalls einen Arzt aufzusuchen. Um Kontraindikationen feststellen und vermeiden zu können, soll der Apotheker ggf. die zur Beurteilung notwendigen Informationen aktiv vom Patienten bzw. anderen Kunden erfragen, so z.B. Informationen über Vorerkrankungen, die Zeitdauer der Beschwerden, die Häufigkeit von deren Auftreten etc.[153] Zudem ist der Apotheker auch im Fall der Selbstmedikation verpflichtet, ggf. durch Nachfragen festzustellen, ob ein Informations- bzw. Beratungsbedarf besteht.[154] Der Umfang der dem Patienten vom Apotheker zur Verfügung zu stellenden Informationen ist folglich einzelfallabhängig.

Grenzen dieser Informations- und Beratungspflicht finden sich in § 20 Abs. 1a ApBetrO und im Selbstbestimmungsrecht der Kunden. Nach § 20 Abs.1a ApBetrO darf die Informations- und Beratungstätigkeit des Apothekers die Therapie des Patienten durch Heilberufler nicht beeinträchtigen. Somit darf der Apotheker nur dann diagnostische Feststellungen treffen, wenn der Kunde dem Apotheker Symptome schildert, die eindeutig auf bestimmte Krankheiten schließen lassen. Andernfalls würde die Aufgabenteilung zwischen Arzt und Apotheker aufgehoben.[155] Außerdem folgt aus § 20 Abs. 1a ApBetrO, dass der Apotheker nicht ohne begründete Bedenken die Dispensierung einer ärztlichen Verordnung verweigern darf, um die ärztliche Therapie nicht zu gefährden.[156] Außerdem kann der Kunde auch im Rahmen seines Selbstbestimmungsrechts auf die Information bzw. Beratung verzichten und sich mit bloßen Vor- und Teilinformationen zufrieden geben, da der Kunde auch in diesem Zusammenhang wieder grob wissen muss, auf welche Informationen er verzichtet und welche Gefahren er zu tragen bereit ist.[157]

Nach § 20 Abs. 3 ApBetrO ist der Apotheker zudem verpflichtet, einschlägige Informationen bereitzustellen, um Patienten und anderen Kunden zu helfen, eine sachkundige Entscheidung zu treffen, auch in Bezug auf Behandlungsoptionen, Verfügbarkeit, Qualität und Sicherheit der von ihm erbrachten Leistungen.[158] Diese leicht missverständliche Vorschrift verpflichtet den Apothe-

---

[153] Siehe ausführlich hierzu: *Cyran/Rotta*, Apothekenbetriebsordnung, § 20 Rn. 68.

[154] *Cyran/Rotta*, Apothekenbetriebsordnung, § 20 Rn. 72.

[155] Vgl. *Cyran/Rotta*, Apothekenbetriebsordnung, § 20 Rn. 51 ff.

[156] Siehe ausführlich hierzu und zu den Voraussetzungen, unter denen der Apotheker eine Dispensierung verweigern darf: *Cyran/Rotta*, Apothekenbetriebsordnung, § 20 Rn. 51 ff.

[157] *Cyran/Rotta*, Apothekenbetriebsordnung, § 20 Rn. 72.

[158] Auf die Information über Verfügbarkeit, Qualität und Sicherheit der Leistungen wird an dieser Stelle nicht weiter eingegangen, da es sich hierbei um keine medizinischen Informationen über den Patienten handelt.

ker nicht zur Information über alternative medizinische Behandlungsoptionen, da dies schon der funktionalen Trennung der Tätigkeiten von Arzt und Apotheker widersprechen würde, die z.B. auch in § 20 Abs. 1a ApBetrO festgeschrieben ist. Vielmehr bezieht sich die Vorschrift ausschließlich auf die Leistungen, die durch den Apotheker zu erbringen sind, insbesondere auf die Arzneimittelabgabe. Im Rahmen der Beratung über Behandlungsoptionen ist der Apotheker somit verpflichtet, seinen Patienten und anderen Kunden patientengerechte Arzneimittelinformationen oder Informationen über die sachgerechte Anwendung von Arzneimitteln zu geben, wenn diese dies wünschen oder erkennbar zu benötigen meinen.[159] Die Art der Bereitstellung der Informationen liegt im Ermessen des Apothekers und kann beispielsweise auch durch Aushang, Auslagen oder Angaben auf der Homepage bestehen.[160] Regelmäßig informiert der Apotheker seine Patienten und Kunden hierüber aber bereits im Rahmen der Information und Beratung nach § 20 Abs. 1, 1a und 2 ApBetrO, woraufhin keine weitere Bereitstellung dieser Informationen nach § 20 Abs. 3 ApBetrO mehr erfolgen muss.[161]

3.2.3 Patientenquittung und Rechnung

Außerdem können Patienten medizinische Informationen aus Patientenquittungen der Leistungserbringer bzw. aus Rechnungen der Heilberufler entnehmen. Anders als der Versicherte im Rahmen der PKV, erhält der GKV-Versicherte keine Rechnung vom Leistungserbringer, da die Abrechnung der erbrachten Leistungen direkt mit der Krankenkasse (bzw. über die Kassenärztlichen Vereinigungen) erfolgt. Versicherte im Rahmen der PKV erhalten hingegen von den in Anspruch genommenen Leistungserbringern Rechnungen, die sie zunächst selbst bezahlen müssen und sich dann anschließend von ihrem privaten Krankenversicherungsunternehmen zurückerstatten lassen können. Folglich erhalten die Versicherten im Rahmen der PKV durch dieses systemimmanente Abrechnungsverfahren dieselben medizinischen Informationen wie ihre Krankenversicherungsunternehmen, also alle Informationen, die sich auf den Rechnungen und ggf. in den Begründungen der Leistungserbringer befinden.[162]

---

[159] *Cyran/Rotta*, Apothekenbetriebsordnung, § 20 Rn. 90 ff.
[160] *Cyran/Rotta*, Apothekenbetriebsordnung, § 20 Rn. 91.
[161] Siehe schon die Gesetzesbegründung zu § 20 Abs. 3 ApBetrO in BT-Drs. 61/12, S. 57.
[162] Die Vorgaben für die Inhalte der Rechnung ergeben sich für Ärzte aus § 12 Abs. 2 GOÄ. Rechnet das Krankenhaus im Fall einer Verpflichtungserklärung des Krankenversicherungsunternehmens zur Kostenübernahme direkt mit diesem Versicherer ab, erhält der Kunde eine Kopie der Rechnung zur Kenntnisnahme (vgl. *Kulbe*, Die gesetzliche und private Krankenversicherung, S. 268.).

Versicherte im Rahmen der GKV erhalten als Resultat des Sachleistungsprinzips keine derartige Rechnung und damit verbunden auch nicht die in ihr enthaltenen medizinischen Informationen.

Allerdings können GKV-Versicherte gem. § 305 Abs. 2 SGB V von den in Anspruch genommenen Teilnehmern an der vertragsärztlichen Versorgung (inkl. Zahnärzten) zur besseren Nachvollziehbarkeit ärztlicher Leistungen[163] verlangen, eine sogenannte *Patientenquittung* zu erhalten. Im Rahmen dieser Patientenquittung müssen die Verpflichteten den Versicherten gem. § 305 Abs. 2 S. 1 SGB V schriftlich und verständlich über die zu Lasten der Krankenkassen erbrachten Leistungen und deren vorläufige Kosten unterrichten. Eine derartige Pflicht trifft auch die Krankenhäuser. Sie müssen die GKV- Versicherten gem. § 3 des Vertrags nach § 305 Abs. 2 SGB V zwischen den Spitzenverbänden der Krankenkassen und der Deutschen Krankenhausgesellschaft[164] u.a. über die Hauptdiagnose und die in Rechnung gestellte Entgelte unterrichten.

3.2.4   Einsichtsrechte in Krankenunterlagen

Ein großes Problem für den Patienten besteht allerdings darin, dass er sich nach einer gewissen Zeit nicht mehr vollständig oder gar nicht mehr an seine Erkrankungen und Behandlungen zurückerinnern kann, insbesondere wenn bei der Information durch den Arzt nicht sehr gebräuchliche oder leicht zu verwechselnde medizinische Fachbegriffe benutzt wurden. Die meisten Patienten führen zudem auch keine persönliche Dokumentation über ihre Krankengeschichte. Somit sind die Patienten auf die Auskünfte der Heilberufler über ihre Krankengeschichte angewiesen, bei denen sie in der fraglichen Zeitspanne in Behandlung waren.

Fraglich ist jedoch, ob die Patienten überhaupt und ggf. in welchem Umfang sie Zugang zu den sie betreffenden Unterlagen bei den Heilberuflern haben.[165] Früher wurde jegliches Einsichtsrecht der Patienten in die sie betreffenden Krankenunterlagen beim Arzt mit der Begründung abgelehnt, dass sie als Arbeitsunterlagen zur Stützung des Gedächtnisses im Eigentum des Arztes stün-

---

[163] Siehe die Begründung zu § 305 Abs. 2 SGB V in BT-Drs. 15/1525, S. 150 f.

[164] Abrufbar unter: http://www.dkgev.de/pdf/506.pdf (19.05.2013).

[165] Im Rahmen dieser Arbeit wird nicht auf das prozessuale Einsichtsrecht des Patienten, z.B. im Rahmen eines Arzthaftungsprozesses oder zu dessen Vorbereitung, eingegangen, da sich diese Arbeit lediglich mit der außerprozessualen Verteilung von medizinischen Informationen im Gesundheitssystem beschäftigt, nicht jedoch mit notwendigen Informationen für einen Arzthaftungsprozess. Vgl. zum prozessualen Einsichtsrecht z.B. *Schlund*, in: Laufs/Kern, Handbuch des Arztrechts, § 56 Rn. 8 ff.

den.[166] Diese Ansicht wird angesichts der immer stärkeren Stellung des Patienten in seinem Verhältnis zum Arzt nicht mehr vertreten. So ist die Arzt-Patienten-Beziehung nicht länger weit mehr als eine bloße juristische Beziehung zwischen zwei Rechtssubjekten, mit der Folge, dass sich die Pflichten des Arztes nach der Standesethik bestimmen würden, der das Recht zu folgen habe.[167] Die ärztliche Tätigkeit wird heute nicht mehr als Kunst, sondern als Dienstleistung verstanden und wurde somit weitgehend entzaubert.[168] Aufgrund des Selbstbestimmungsrechts des Patienten ist es heute nunmehr unbestritten, dass der Patient Einsicht in die ihn betreffenden Krankenunterlagen erhalten können muss.[169]

3.2.4.1 Einsichtsrecht aus dem Behandlungsvertrag gem. § 630g Abs. 1 S. 1 BGB

Ein Einsichtsrecht des Patienten in die ihn betreffenden Krankenunterlagen ergibt sich zunächst aus dem Behandlungsvertrag zwischen dem Patienten und dem ihn behandelnden Heilberufler und ist seit Inkrafttreten des Patientenrechtegesetzes in § 630g BGB auch ausdrücklich gesetzlich normiert.

Doch auch vor dessen ausdrücklicher gesetzlicher Normierung durch das Patientenrechtegesetz folgte aus dem Behandlungsvertrag bereits ein Einsichtsrecht des Patienten in seine Krankenunterlagen. So war der Heilberufler aus einer ungeschriebenen Nebenpflicht aus Treu und Glauben gem. § 242 BGB des Behandlungsvertrags verpflichtet, dem Patienten Einsicht in seine Krankenunterlagen zu gewähren.[170] § 242 BGB diente insoweit als Einbruchstelle für das verfassungsrechtlich verankerte Recht des Patienten auf Selbstbestimmung.[171] Das Selbstbestimmungsrecht des Patienten wird aus dem allgemeinen Persönlichkeitsrecht gem. Art. 2 Abs. 1 i.V.m. Art. 1 Abs. 1 GG abgeleitet und gewährt dem Patienten ein Verfügungsrecht über den eigenen Körper, so z.B. auch das Recht, medizinische Behandlungen nicht durchführen zu las-

---

[166] Siehe z.B. BGH NJW 1963, 389; BGH NJW 1952, 661 (662); *Daniels*, NJW 1976, 345 ff., *Steindorff*, JZ 1963, 369 (370); *Schulz*, Arztrecht für die Praxis, S. 328 f.

[167] So noch das Bundesverfassungsgericht in einer Entscheidung aus dem Jahr 1979 (BVerfG NJW 1979, 1925 (1930)).

[168] *Hinne*, NJW 2005, 2270 (2271).

[169] Siehe z.B. grundlegend BGH NJW 1983, 328 ff.; BVerfG NJW 2006, 1116 ff.; *Deutsch/Spickhoff*, Medizinrecht, Rn. 625; *Hinne*, NJW 2005, 2270 ff.; *Schlund*, in: Laufs/Kern, Handbuch des Arztrechts, § 56 Rn. 1 ff. Vgl. auch die ausführliche Darstellung der Entwicklung des Einsichtsrechts in *Peter*, Das Recht auf Einsicht in Krankenunterlagen, S. 16 ff.

[170] BGH NJW 1983, 328 (328); *Habersack*, in: Säcker/Rixecker, MüKo BGB, § 810 Rn. 15; *Deutsch/Spickhoff*, Medizinrecht, Rn. 625; *Gehrlein*, NJW 2001, 2773 (2773).

[171] *Lang*, Das Recht auf informationelle Selbstbestimmung des Patienten und die ärztliche Schweigepflicht in der gesetzlichen Krankenversicherung, S. 141.

sen.[172] Das Selbstbestimmungsrecht des Patienten soll sicherstellen, dass dieser im Rahmen der Behandlung nicht die Rolle eines bloßen Objekts zugewiesen bekommt.[173] Vielmehr soll der Patient selbstbestimmt über seine Behandlung entscheiden können.[174] Zu den Bestandteilen des Selbstbestimmungsrechts des Patienten gehört auch das Recht des Patienten auf informationelle Selbstbestimmung.[175] Das Selbstbestimmungsrecht des Patienten gebietet es auch, jedem Patienten gegenüber seinem Arzt und Krankenhaus grundsätzlich einen Anspruch auf Einsicht in seine Krankenunterlagen einzuräumen.[176] Ärztliche Krankenunterlagen betreffen nämlich mit ihren Angaben über Anamnese, Diagnose und therapeutische Maßnahmen den Patienten unmittelbar in seiner Privatsphäre.[177]

Dieses aus dem Selbstbestimmungsrecht des Patienten nach Art. 2 Abs. 1 i.V.m. Art. 1 Abs. 1 GG folgende Recht hat der Gesetzgeber nun in § 630g Abs. 1 S. 1 BGB einfachgesetzlich normiert.[178]

3.2.4.2 Umfang des Einsichtsrechts

Fraglich ist allerdings, in welchem Umfang der Patient Einsicht in die ihn betreffenden Krankenunterlagen erhält. Nach § 630g Abs. 1 S. 1 BGB ist dem Patienten auf dessen Verlangen unverzüglich Einsicht in die vollständige, ihn betreffende Patientenakte zu gewähren, soweit der Einsichtnahme nicht erhebliche therapeutische Gründe oder sonstige erhebliche Rechte Dritter entgegenstehen. Hieraus folgt, dass dem Patienten grundsätzlich Einsicht in sämtliche Aufzeichnungen zu gewähren ist, die in der ihn betreffenden Patientenakte enthalten sind. § 630g Abs. 1 S. 1 BGB begrenzt dieses Einsichtsrecht aber, als dass ein behandelnder Heilberufler in dem Umfang die Einsicht in die Krankenunterlagen verweigern darf, wie erhebliche therapeutische Gründe

---

[172] Die genaue Herleitung des Rechts des Patienten auf Selbstbestimmung ist umstritten. Siehe hierzu z.B. ausführlich BVerfGE 52, 131 (170 f., 174 f.); *Di Fabio*, in: Maunz/Dürig, Grundgesetz-Kommentar, Art. 2 Rn. 204 m.w.N.; *Quaas/Zuck*, Medizinrecht, § 2 Rn. 35 ff.; *Kern*, in: Laufs/Kern, Handbuch des Arztrechts, § 50 Rn. 7.

[173] BVerfG, Beschluss vom 18.11.2004 (Az. 1 BvR 2315/04), abrufbar unter: http://www.bverfg.de/entscheidungen/rk20041118_1bvr231504.html.

[174] Siehe z.B. BVerfG NJW 2006, 1116 (1118); *Lang*, in: Epping/Hillgruber, BeckOK GG, Art. 2 Rn. 63; *Steiner*, in: Spickhoff, Medizinrecht, Art. 2 GG Rn. 13.

[175] Siehe z.B. *Quaas/Zuck*, Medizinrecht, § 2 Rn. 44; BVerfG NJW 2006, 1116 (1118); *Damm*, JZ 1998, 926 (928 f.).

[176] BVerfG NJW 2006, 1116 (1116 ff.); BVerfG NJW 1999, S. 1777 (1777); *Di Fabio*, in: Maunz/Dürig, Grundgesetz-Kommentar, Art. 2 GG, Rn. 204, 139

[177] BVerfGE 32, 373 (379).

[178] So auch der Gesetzgeber in seiner Gesetzesbegründung zu § 630g Abs. 1 S. 1 BGB in BT-Drs. 17/10488, S. 26 f.

oder sonstige erhebliche Rechte Dritter der Einsicht entgegenstehen. Dies kann zu einer partiellen oder sogar auch zu einer vollständigen Verweigerung der Einsicht in die Krankenunterlagen durch den behandelnden Heilberufler führen. Die Ablehnung des Einsichtsverlangens ist dem Patienten gegenüber nach § 630e Abs. 1 S. 2 BGB zu begründen, so dass dieser die Entscheidung nachvollziehen, akzeptieren und ggf. das Einsichtsrecht vor Gericht einklagen kann.[179]

Eine Einschränkung des Einsichtsrechts kommt nach dem ausdrücklichen Wortlaut des § 630g Abs. 1 S. 1 BGB somit nur noch dann in Betracht, wenn erhebliche therapeutische Gründe oder erhebliche Rechte Dritter diesem Einsichtsrecht entgegenstehen. Folglich stellt sich die Frage, wann „erhebliche" therapeutische Gründe oder „erhebliche" Rechte Dritter vorliegen. Bei dem Begriff „erheblich" handelt es sich um einen unbestimmten Rechtsbegriff, der der Auslegung bedarf und als Einbruchstelle für die Grundrechte im Wege der so genannten mittelbaren Drittwirkung dient, weshalb die Grundrechte im Rahmen der Auslegung des unbestimmten Rechtsbegriffs zu beachten sind und somit auch in das Privatrecht ausstrahlen.[180] Sind im Einzelfall mehrere miteinander kollidierende Grundrechte betroffen, sind diese gegeneinander abzuwägen.[181] Der Gesetzgeber hat in § 630g Abs. 1 S. 1 BGB also mit anderen Worten das Verfassungsprinzip der praktischen Konkordanz normiert,[182] welches auch bereits vor Inkrafttreten des Patientenrechtegesetzes zu beachten war, da die Grundrechte – wie bereits unter Ziffer 3.2.4.1 beschrieben – über die Einbruchstelle des § 242 BGB, aus dem sich das Einsichtsrecht als Nebenpflicht des Behandlungsvertrags ergab, im Wege der mittelbaren Drittwirkung zu beachten waren.[183]

---

[179] Siehe die Gesetzesbegründung zu § 630g Abs. 1 S. 2 BGB, der erst während des Gesetzgebungsverfahrens durch den Gesundheitsausschuss in den Gesetzesentwurf eingebracht wurde, in BT-Drs. 17/11710, S. 40.
[180] So auch *Reuter/Hahn*, VuR 2012, 247 (255 f.); siehe zur mittelbaren Drittwirkung von Grundrechten im Rahmen von unbestimmten Rechtsbegriffen z.B. *Di Fabio*, in: Maunz/Dürig, Grundgesetz-Kommentar, Art. 2 Rn. 138 m.w.N.; siehe auch schon grundlegend BVerfGE 7, 198 (203 ff.).
[181] Siehe z.B. *Di Fabio*, in: Maunz/Dürig, Grundgesetz-Kommentar, Art. 2 Rn. 138; BVerfGE 68, 226 (231); 97, 391 (401 ff.); 101, 361 (388).
[182] *Reuter/Hahn*, VuR 2012, 247 (256).
[183] *Lang*, Das Recht auf informationelle Selbstbestimmung des Patienten und die ärztliche Schweigepflicht in der gesetzlichen Krankenversicherung, S. 141.

3.2.4.2.1 Beschränkung des Einsichtsrechts aus therapeutischen Gründen

Fraglich ist somit, unter welchen Umständen erhebliche therapeutische Gründe i.S.d. § 630g Abs. 1 S. 1 BGB vorliegen, die das Einsichtsrecht des Patienten in seine Krankenunterlagen aus § 630g Abs. 1 S. 1 BGB beschränken können.

Diese Frage war auch vor der gesetzlichen Normierung des Einsichtsrechts in § 630g Abs. 1 S. 1 BGB bereits höchst umstritten. So wurde vielfach vertreten, dass eine Beschränkung des Einsichtsrechts aus therapeutischen Gründen, insbesondere im Rahmen einer psychiatrischen Behandlung, zulässig sein soll.[184] Anfangs wurde dem Patienten im Rahmen einer psychiatrischen Behandlung ein Einsichtsrecht weitgehend verwehrt, weil es sich bei Aufzeichnungen von Psychiatern grundsätzlich nicht um objektive Befunde, sondern um subjektive Bewertungen handeln würde, bezüglich derer kein Einsichtsrecht bestünde.[185] Diese Ansicht des BGH wurde in einem späteren Urteil allerdings dahingehend abgeschwächt, dass der Patient auch im Rahmen einer psychiatrischen Behandlung grundsätzlich Einsicht in seine Krankenunterlagen verlangen könne, es sei denn, dass der Arzt therapeutische Bedenken gegen eine Offenlegung der Krankengeschichte habe oder nachteilige Eingriffe in das einmal begründete Vertrauensverhältnis zwischen ihm und seinem Patienten befürchte.[186] So habe ein Arzt bzw. ein Krankenhaus die Pflicht, dem Patienten Hilfe zu leisten. Diese Hilfeleistung könne auch in der Verweigerung der Einsicht in die Krankenunterlagen bestehen. Dies dürfe allerdings nur dann der Fall sein, wenn von einem Einblick in die Krankengeschichte negative Auswirkungen auf den psychischen Gesundheitszustand des Patienten konkret zu erwarten seien, insbesondere weil er dann ohne ärztliche Hilfe seine psychische Störung krankhaft reproduzieren könne.[187]

Aber auch für den Fall somatischer Erkrankungen wurde vertreten, dass das Einsichtsrecht von Patienten aus therapeutischen Gründen eingeschränkt werden darf.[188] Allerdings seien Einschränkungen in diesem Fall nur unter

---

[184] Siehe z.B. BGH NJW 1983, 328 (329); BGH NJW 1983, 330; BGH NJW 1989, 764 (765); *Deutsch*, NJW 1980, 1305 (1307); *Lilie*, Ärztliche Dokumentation und Informationsrechte des Patienten, S. 177 ff; *Marburger*, in: Staudinger, Kommentar zum Bürgerlichen Gesetzbuch mit Einführungsgesetz und Nebengesetzen, § 810 Rn. 20. Auch diese Einschränkung des Einsichtsrechts wurde vom Bundesverfassungsgericht als verfassungsrechtlich unbedenklich eingestuft (vgl. BVerfG NJW 1999, 1777 (1777)).
[185] BGH NJW 1983, 330 (331).
[186] BGH NJW 1985, 674 (675).
[187] BGH NJW 1989, 764 (765).
[188] So z.B. BGH NJW 1983, 328 (329); *Marburger*, in: Staudinger, Kommentar zum Bürgerlichen Gesetzbuch mit Einführungsgesetz und Nebengesetzen, § 810 Rn. 20; *Deutsch*, NJW 1980, 1305 (1307); *Scheiwe*, KritV 81 (1998), S. 313 (317 ff.).

sehr engen Voraussetzungen zulässig, wie im Fall der Suizidgefahr oder bei Entscheidungsinkompetenz.[189] Teilweise wurde auch im Fall von somatischen Erkrankungen eine wesentliche Verschlechterung der Gesundheit oder eine ernsthafte Gefährdung des Heilungserfolgs für ausreichend erachtet, um das Einsichtsrecht der Patienten einzuschränken.[190]

Die Einschränkung des Einsichtsrechts aus therapeutischen Gründen führt also letztlich dazu, dass der Arzt aufgrund seiner Erfahrungen darüber entscheidet, was für den Patienten das Beste ist und welche Informationen er ihm zur Verfügung stellt.[191]

Vor diesem Hintergrund stellt sich die Frage, welche Anforderungen nun im Rahmen des § 630g Abs. 1 Nr. 1 BGB an die erheblichen therapeutischen Gründe zu stellen sind, die das Einsichtsrecht des Patienten in seine Krankenunterlagen nach § 630g Abs. 1 S. 1 BGB einschränken können. Diese Frage ist durch Auslegung von § 630g Abs. 1 S. 1 BGB und insbesondere des Begriffs „erhebliche therapeutische Gründe" zu beantworten.

Die Gesetzesbegründung zu § 630g Abs. 1 S. 1 BGB enthält insoweit nur den Hinweis, dass der Patient durch die Einschränkung des Einsichtsrechts aus therapeutischen Gründen vor Informationen geschützt werden soll, die ihm erheblich schaden könnten. Dies dürfte nach Ansicht des Gesetzgebers insbesondere dann der Fall sein, wenn bei Einsichtnahme die Gefahr einer erheblichen gesundheitlichen (Selbst-) Schädigung des Patienten bestünde.[192] Hinweise dazu, wann eine *erhebliche* Schädigung vorliegen soll, sind in der Gesetzesbegründung jedoch nicht enthalten, so dass sich die zu prüfende Frage, welche Anforderungen an die erheblichen therapeutischen Gründe zu stellen sind, die die Einschränkung des Einsichtsrechts zu rechtfertigen vermögen, mittels der historischen Auslegung von § 630g Abs. 1 S. 1 BGB nicht befriedigend beantworten lässt.

Diese Frage ist vielmehr mittels verfassungskonformer Auslegung von § 630g Abs. 1 S. 1 BGB zu beantworten. Da nach § 630g Abs. 1 S. 1 GG nur „erhebliche" therapeutische Gründe zu einer Einschränkung des Einsichtsrechts führen können und im Rahmen der Auslegung dieses unbestimmten Rechtsbe-

---

[189] So *Scheiwe*, KritV 81 (1998), S. 313 (317 ff.); *Bender*, Das postmortale Einsichtsrecht in Krankenunterlagen, S. 324 ff. Siehe hierzu auch BVerwG NJW 1989, 2960; *Mallmann*, in: Simon/Weiss, Zur Autonomie des Individuums, S. 237 (246).
[190] So z.B. *Marburger*, in: Staudinger, Kommentar zum Bürgerlichen Gesetzbuch mit Einführungsgesetz und Nebengesetzen, § 810 Rn. 20.
[191] Siehe z.B. *Scheiwe*, KritV 81 (1998), S. 313 (319 f.); *Bender*, Das postmortale Einsichtsrecht in Krankenunterlagen, S. 329 f.
[192] Siehe die Gesetzesbegründung zu § 630g Abs. 1 S. 1 BGB in BT-Drs. 17/10488, S. 26 f.

griffs die Grundrechte im Wege der mittelbaren Drittwirkung zu berücksichtigen sind[193], ist bei der Auslegung insbesondere zu beachten, dass das Einsichtsrecht des Patienten in seine Krankenunterlagen aus seinem Selbstbestimmungsrecht gem. Art. 2 Abs. 1 i.V.m. Art. 1 Abs. 1 GG folgt[194] und es sich bei dem Einsichtsrecht um ein wichtiges und grundgesetzlich geschütztes Recht des Patienten handelt.[195]

Doch auch die therapeutische Rücksichtnahmepflicht des behandelnden Heilberuflers leitet sich dogmatisch aus den Grundrechten des Patienten her. So enthält das Persönlichkeitsrecht des Patienten nach Art. 2 Abs. 1 i.V.m. Art. 1 Abs. 1 GG neben seiner Funktion als klassischem Abwehrrecht auch eine Schutzkomponente, die bei der Interpretation zivilrechtlicher Anspruchsgrundlagen im Wege der mittelbaren Drittwirkung zu berücksichtigen ist.[196] Hieraus folgt, dass im Rahmen der Auslegung des Begriffs der „Erheblichkeit" therapeutischer Gründe im Sinne des § 630g Abs. 1 S. 1 BGB sowohl der aus Art. 2 Abs. 1 i.V.m. Art. 1 Abs. 1 GG resultierende Schutzpflichtgedanke als auch der aus dem Selbstbestimmungsrecht des Patienten nach Art. 2 Abs. 1 i.V.m. Art. 1 Abs. 1 GG folgende Einsichtsanspruch in die ihn betreffenden Krankenunterlagen zu berücksichtigen und abzuwägen sind.[197] Außerdem leitet sich die therapeutische Rücksichtnahmepflicht auch aus dem Recht des Patienten auf Leben und körperliche Unversehrtheit nach Art. 2 Abs. 2 GG her, das als Teil der objektiven Werteordnung[198] ebenfalls im Rahmen der Abwägung zwischen den einzelnen Grundrechten zu berücksichtigen ist.[199]

Für eine Beschränkung des Einsichtsrechts des Patienten aus therapeutischen Gründen, aus Gründen des Persönlichkeitsschutzes gem. Art. 2 Abs. 1 i.V.m.

---

[193] Siehe hierzu die Ausführungen unter Ziffer 3.2.4.2.

[194] Siehe hierzu die Ausführungen unter Ziffer 3.2.4.1.

[195] So auch das Verständnis des Gesetzgebers in der Gesetzesbegründung zu § 630g in BT-Drs. 17/10488, S. 26 f.

[196] Siehe z.B. *Di Fabio*, in: Maunz/Dürig, Grundgesetz-Kommentar, Art. 2 Rn. 136.

[197] So auch schon vor der gesetzlichen Normierung von § 630g Abs. 1 S. 1 BGB, als die Abwägung der betroffenen Grundrechte im Rahmen von § 242 BGB erfolgte, aus dem in Verbindung mit dem Behandlungsvertrag der Einsichtsanspruch in die Krankenunterlagen erfolgte (so z.B. auch *Bender*, Das postmortale Einsichtsrecht in Krankenunterlagen, S. 332. Siehe auch BGH NJW 1989, 764 (765)). Der in der Literatur vertretenen dogmatischen Herleitung, wonach dem Arzt ein Zurückbehaltungsrecht aus therapeutischen Gründen auf Grundlage des Behandlungsvertrages und der daraus resultierenden Pflicht, nicht nachteilig auf das Wohlbefinden des Patienten einzuwirken, zustehen soll (siehe *Peter*, Das Recht auf Einsicht in Krankenunterlagen, S. 222 f.), ist nicht zu folgen, da dem Arzt gegenüber dem Patienten insoweit kein durch ein Zurückbehaltungsrecht zu sichernder Anspruch zusteht (siehe *Bender*, Das postmortale Einsichtsrecht in Krankenunterlagen, S. 332 f.).

[198] Siehe BVerwG NJW 1989, 2960 (2960); *Jarass*, in: Jarass/Pieroth, GG, Art. 2 Rn. 94; *Di Fabio*, in: Maunz/Dürig, Grundgesetz-Kommentar, Art. 2 Abs. 2 Rn. 71.

[199] Siehe BVerwG NJW 1989, 2960 (2960); *Mallmann*, in: Simon/Weiss, Zur Autonomie des Individuums, S. 237 (246). Zur mittelbaren Drittwirkung von Grundrechten als Teil der objektiven Werteordnung siehe schon grundlegend BVerfGE 7, 198 ff. („Lüth").

Art. 1 Abs. 1 GG sowie der Gewährleistung des Rechts auf Leben und körperliche Unversehrtheit gem. Art. 2 Abs. 2 GG spricht, dass aus der Einsicht in Krankenunterlagen durchaus Gefährdungen für dessen Gesundheitszustand sowie therapeutische Risiken erwachsen können, so z.B., wenn die Aufzeichnungen des Arztes ungünstige Prognosen für den weiteren Krankheitsverlauf enthalten. Dies wird umso mehr verstärkt, als dass Krankenunterlagen sich regelmäßig auf die Angabe von „knallharten" Informationen beschränken und dem Patienten Informationen nicht behutsam nahebringen.[200] Dies würde aber gerade der Verantwortung des Arztes widersprechen, dem Wohl des Patienten zu dienen.[201]

Auf der anderen Seite würde diese Beschränkung eine Bevormundung des Patienten darstellen, da ihm vorgeschrieben würde, was er im Interesse des Eigenschutzes zu tun habe.[202] Wenn ein Arzt frei darüber entscheiden kann, welche Informationen er aus therapeutischen Gründen dem Patienten nicht zur Verfügung stellt, bestünde insbesondere auch die Gefahr, dass der Arzt aus einer mitunter gut gemeinten ärztlichen Zurückhaltung den Einsichtsanspruch des Patienten untergraben könnte.[203] Eine solche Bevormundung widerspricht aber dem Kern des Selbstbestimmungsrechts des Patienten.[204] So ist der Patient als Ausfluss seines Selbstbestimmungsrechts nach Art. 2 Abs. 1 i.V.m. Art. 1 Abs. 1 GG berechtigt, selbst lebenserhaltende ärztliche Maßnahmen abzulehnen.[205] Dann muss der Patient erst recht berechtigt sein, auch in Aufzeichnungen des Arztes einzusehen, die negative Auswirkungen auf seinen Gesundheitszustand haben können, zumal eine solche Auswirkung gar nicht mit Sicherheit vorausgesagt werden kann.[206] Verlangt der Patient Einsicht in sämtliche Aufzeichnungen, ist es sein ausdrücklicher Wille, auch in die Aufzeichnungen einzusehen, die für ihn ungünstige Angaben enthalten und er verzichtet somit gerade ausdrücklich auf Rücksichtnahme des Arztes, weshalb ihm diese auch nicht aufgezwungen werden darf.[207] Hat der Arzt trotz des erklärten Willens des Patienten therapeutische Bedenken gegen die Einsichtnahme in bestimmte Unterlagen, so kann diesen therapeutischen Bedenken

[200] Siehe z.B. *Scheiwe*, KritV 81 (1998), S. 313 (319).
[201] So z.B. *Lang*, Das Recht auf informationelle Selbstbestimmung des Patienten und die ärztliche Schweigepflicht in der gesetzlichen Krankenversicherung, S. 143.
[202] Vgl. BVerwG NJW 1989, 2960 (2960); *Mallmann*, in: Simon/Weiss, Zur Autonomie des Individuums, S. 237 (246); *Bender*, Das postmortale Einsichtsrecht in Krankenunterlagen, S. 330.
[203] So z.B. schon BGH NJW 1983, 328 (329).
[204] Vgl. schon BVerwG NJW 1989, 2960 (2960); *Mallmann*, in: Simon/Weiss, Zur Autonomie des Individuums, S. 237 (246); *Bender*, Das postmortale Einsichtsrecht in Krankenunterlagen, S. 330.
[205] Siehe z.B. *Ludyga*, FPR 2010, 266 (267 f.); *Bender*, Das postmortale Einsichtsrecht in Krankenunterlagen, S. 329; *Di Fabio*, in: Maunz-Dürig, GG-Kommentar, Art. 2 Rn. 205. Siehe auch § 1901a BGB zur Patientenverfügung.
[206] So auch *Bender*, Das postmortale Einsichtsrecht in Krankenunterlagen, S. 329.
[207] *Bender*, Das postmortale Einsichtsrecht in Krankenunterlagen, S. 329.

dadurch Rechnung getragen werden, dass der Arzt versucht, den Patienten in einem Gespräch von der Einsichtnahme abzubringen.[208] Verlangt der Patient auch danach noch, Einsicht in die betreffenden Unterlagen zu nehmen, so muss der Arzt den Patienten ggf. bei der Einsichtnahme zur Seite stehen und ihm die in den Unterlagen enthaltenen Informationen in einem persönlichen Gespräch schonend vermitteln.[209]

Aus diesen Gründen ist das Selbstbestimmungsrecht der Patienten gem. Art. 2 Abs. 1 i.V.m. Art 1 Abs. 1 GG höher zu gewichten als die therapeutische Rücksichtnahmepflicht.[210] Ausnahmsweise kann die therapeutische Rücksichtnahmepflicht allerdings dann das Selbstbestimmungsrecht des Patienten nach Art. 2 Abs. 1 i.V.m. Art 1 Abs. 1 GG überwiegen, wenn dem Arzt konkrete Anhaltspunkte dafür vorliegen, dass der Patient Selbstmord begehen würde, wenn er Einsicht in bestimmte Unterlagen erhielte.[211]

Die Ausführungen gelten nach hier vertretener Ansicht unabhängig davon, ob die Patienten sich in somatischer oder in psychologischer Behandlung befinden bzw. befunden haben. Zwar besteht bei Patienten, die sich in psychologischer Behandlung befinden bzw. befunden haben, durchaus ein erhöhtes Risiko, dass diese die Einsicht gesundheitlich belastet. Doch muss auch in diesem Fall das Selbstbestimmungsrecht des Patienten der therapeutischen Rücksichtnahmepflicht vorgehen, sofern der Patient in seiner freien Willensbildung nicht eingeschränkt ist und keine konkreten Anhaltspunkte dafür vorliegen, dass er bei Einsicht in die Krankenunterlagen Selbstmord begehen würde. Nur allein die Tatsache einer psychischen Erkrankung vermag die Beschränkung des Einsichtsrechts nicht zu rechtfertigen. Anknüpfungspunkt für die Beschränkung des Einsichtsrechts muss vielmehr sein, ob die Person dazu fähig ist, ihr Selbstbestimmungsrecht nach Art. 2 Abs. 1 i.V.m. Art. 1 Abs. 1 GG auszuüben. Ist dies der Fall, dann ist kein Grund ersichtlich, weshalb der Patient, der sich in psychologischer Behandlung befunden hat bzw. befindet, anders zu behandeln sein sollte als ein Patient, der sich in somatischer Behandlung befunden hat bzw. befindet.[212] Hieraus folgt, dass eine Gesundheitsgefährdung des psychologisch Behandelten, selbst wenn diese mit größerer

[208] *Bender*, Das postmortale Einsichtsrecht in Krankenunterlagen, S. 330.

[209] *Scheiwe*, KritV 81 (1998), S. 313 (319).

[210] So z.B. auch BVerwG NJW 1989, 2960 f.; *Scheiwe*, KritV 81 (1998), S. 313 (317 ff.); *Bender*, Das postmortale Einsichtsrecht in Krankenunterlagen, S. 324 ff.; *Mallmann*, in: Simon/Weiss, Zur Autonomie des Individuums, S. 237 (246 f.).

[211] So auch BVerwG NJW 1989, 2960 (2960); *Bender*, Das postmortale Einsichtsrecht in Krankenunterlagen, S. 330.; *Mallmann*, in: Simon/Weiss, Zur Autonomie des Individuums, S. 237 (246).

[212] Ist der Patient nicht fähig, sein Selbstbestimmungsrecht nach Art. 2 Abs. 1 i.V.m. Art. 1 Abs. 1 GG selbst auszuüben, kann ggf. ein Betreuer nach § 1896 Abs. 1 S. 1 oder 2 BGB (ggf. i.V.m. § 1903 BGB) das Einsichtsrecht für den betreuten Patienten ausüben.

Wahrscheinlichkeit als bei somatisch Behandelten eintritt, alleine nicht ausreichend ist. Vielmehr müssen konkrete Anhaltspunkte dafür vorliegen, dass der jeweilige Patient Selbstmord begehen würde.[213]

Somit ist festzuhalten, dass therapeutische Gründe nur dann das Einsichtsrecht eines zur Ausübung seines Selbstbestimmungsrechts nach Art. 2 Abs. 1 i.V.m. Art 1 Abs. 1 GG fähigen Patienten in Krankenunterlagen einschränken können, sofern im Einzelfall konkrete Anhaltspunkte vorliegen, dass der Patient bei Einsicht der Krankenunterlagen Selbstmord begehen würde. Nur in diesem Fall kann das Einsichtsrecht der Patienten in Bezug auf die Teile ihrer Krankenunterlagen verwehrt werden, aus deren Einsicht die konkrete Selbstmordgefahr resultieren würde.

3.2.4.2.2 Beschränkung des Einsichtsrechts auf Grund von Rechten Dritter

Nach § 630g Abs. 1 S. 1 BGB wird das Einsichtsrecht des Patienten in seine Krankenunterlagen zudem durch erhebliche Rechte Dritter beschränkt, die diesem Einsichtsrecht entgegenstehen. Wie schon bei der Beschränkung des Einsichtsrechts durch entgegenstehende erhebliche therapeutische Gründe stellt sich die Frage, wann erhebliche Rechte Dritter i.S.d. § 630g Abs. 1 S. 1 BGB vorliegen, die das Einsichtsrecht des Patienten in seine Krankenunterlagen einschränken können. Auch diese Frage ist durch Auslegung von § 630g Abs. 1 S. 1 BGB und insbesondere des Begriffs „erhebliche Rechte Dritter" zu beantworten.

3.2.4.2.2.1 Begriff des „Dritten"

Fraglich ist insoweit zunächst, wer überhaupt ein „Dritter" i.S.d. § 630g Abs. 1 S. 1 BGB ist. Vor Inkrafttreten des Patientenrechtegesetzes wurde von der Rechtsprechung, so z.B. vom BGH mit Billigung des BVerfG, und der herrschenden Ansicht in der juristischen Literatur die Auffassung vertreten, dass sowohl die Rechte des behandelnden Heilberuflers[214] als auch die Rechte von nicht an dem Behandlungsvertrag beteiligten Personen das Einsichtsrecht des Patienten beschränken können.[215] Somit stellt sich die Frage, ob auch nach Kodifizierung des Einsichtsrechts des Patienten in § 630g Abs. 1 S. 1 BGB, die-

---

[213] So auch BVerwG NJW 1989, 2960 (2961); *Scheiwe*, KritV 81 (1998), S. 313 (319 f.); *Bender*, Das postmortale Einsichtsrecht in Krankenunterlagen, S. 331 f.
[214] Siehe hierzu die Ausführungen unter Ziffer 3.2.4.2.4.
[215] Siehe z.B. *Katzenmeier*, in: Laufs/Katzenmeier/Lipp, Arztrecht, IX. B Rn. 59.

ses Recht durch Rechte des behandelnden Heilberuflers eingeschränkt werden kann oder nur durch Rechte von Personen, die nicht Vertragspartner des Behandlungsvertrags sind. Es ist mit anderen Worten zu untersuchen, ob auch die behandelnden Heilberufler „Dritte" i.S.d. § 630g Abs. 1 S. 1 BGB sind.

Hiergegen spricht jedoch der Wortlaut des § 630g Abs. 1 S. 1 BGB. Als „Dritte" werden regelmäßig Parteien bezeichnet, die nicht am Vertragsschluss beteiligt sind.[216] Die Bezeichnung als Dritter resultiert dabei daraus, dass bei einem Vertrag regelmäßig zwei Parteien beteiligt sind, der Schuldner und der Gläubiger, so dass es sich bei der außenstehenden Person um die dritte Person, also den Dritten, handelt.[217] Der behandelnde Heilberufler ist vorliegend jedoch entweder selbst Vertragspartner des Patienten beim Behandlungsvertrag gem. § 630a Abs. 1 BGB oder Erfüllungsgehilfe des Vertragspartners des Patienten im Rahmen des Behandlungsvertrags gem. § 630a BGB, z.B. des Krankenhausträgers.[218] Als Erfüllungsgehilfe ist der behandelnde Heilberufler dem Vertragspartner des Patienten zuzurechnen und an dem Behandlungsvertrag beteiligt,[219] so dass es sich bei dem behandelnden Heilberufler nach Auslegung des Wortlauts um keinen „Dritten" i.S.d. § 630g Abs. 1 S. 1 BGB handelt.

Für diese Auslegung spricht zudem, dass die Vertragspartei des Patienten beim Behandlungsvertrag[220] gemäß der Legaldefinition in § 630a Abs. 1 BGB in den §§ 630a ff. BGB stets als „Behandelnder" bezeichnet wird und die Personen, derer er sich zur Erfüllung der geschuldeten Leistungen bedient, in der Gesetzesbegründung als die die „Behandlung Durchführenden" bzw. als „Erfüllungsgehilfen" bezeichnet werden,[221] wohingegen in § 630g Abs. 1 S. 1 BGB ausschließlich die Rechte Dritter und eben nicht auch die Rechte des Behan-

---

[216] So z.B. *Gottwald*, in: Säcker/Rixecker, MüKo BGB, § 328 Rn. 1; *Grüneberg*, in: Palandt, BGB, Einf. v. § 328 Rn. 1; *Jagmann*, in: Staudinger, BGB, Vorbemerkungen zu §§ 328 ff. Rn. 2.

[217] Vgl. z.B. *Grüneberg*, in: Palandt, BGB, Einf. V. § 328 Rn. 1; *Jagmann*, in: Staudinger, BGB, Vorbemerkungen zu §§ 328 ff. Rn. 2.

[218] Siehe z.B. die Gesetzesbegründung zu § 630a BGB in BT-Drs. 17/10488

[219] Andernfalls käme es auch zu dem widersinnigen Ergebnis, dass die Rechte des behandelnden Heilberuflers, der selbst Vertragspartei des Behandlungsvertrags mit dem Patienten nach § 630a Abs. 1 BGB ist, dem Einsichtsrecht des Patienten nach § 630g Abs. 1 S. 1 BGB nicht entgegengehalten werden könnten, wohingegen seine Rechte dem Einsichtsanspruch entgegengehalten werden könnten, wenn er nur als Erfüllungsgehilfe der Vertragspartei (z.B. des Krankenhausträgers) tätig wird, obwohl in beiden Fällen die gleichen Rechte des behandelnden Heilberuflers betroffen sein könnten. Für eine solche Ungleichbehandlung ist jedoch kein sachlicher Grund ersichtlich. Der Behandelnde und seine Erfüllungsgehilfen sind deshalb als eine Einheit aufzufassen und der Erfüllungsgehilfe als ein Teil des Behandelnden zu qualifizieren. So handelt es sich beispielsweise auch im Datenschutzrecht bei Beschäftigten einer verantwortlichen Stelle, z.B. einer juristischen Person, die ebenfalls regelmäßig als deren Erfüllungsgehilfen zu qualifizieren sind, nicht um „Dritte", sofern sie im Rahmen ihrer dienstlichen Funktion tätig werden, sondern um einen Teil der verantwortlichen Stelle (siehe z.B. *Dammann*, in: Simitis, Bundesdatenschutzgesetz, § 3 Rn. 234 ff.).

[220] Siehe die Gesetzesbegründung zu § 630a Abs. 1 BGB in BT-Drs. 17/10488, S. 18.

[221] Siehe die Gesetzesbegründung zu den §§ 630a ff. BGB in BT-Drs. 17/10488, S. 18 ff.

delnden und der die „Behandlung Durchführenden" bzw. „Erfüllungsgehilfen" genannt werden, die das Einsichtsrecht des Patienten beschränken können.

Diese Wortwahl scheint der Gesetzgeber auch durchaus bewusst getroffen zu haben. So ergibt auch die historische Auslegung von § 630g Abs. 1 S. 1 BGB, dass es dem Willen des Gesetzgebers entsprach, dass nur die Rechte am Behandlungsvertrag unbeteiligter Dritter das Einsichtsrecht des Patienten in seine Krankenunterlagen beschränken können sollen, nicht jedoch die Rechte des Behandelnden bzw. seiner Erfüllungsgehilfen. Die im Gesetzentwurf der Bundesregierung vom 15.08.2012 enthaltene Fassung von § 630g Abs. 1 S. 1 BGB lautete noch:

> *„Dem Patienten ist auf Verlangen unverzüglich Einsicht in die ihn betreffende Patientenakte zu gewähren, soweit der Einsichtnahme nicht erhebliche therapeutische oder sonstige erhebliche Gründe entgegenstehen."*[222]

Folglich konnten dem Einsichtsrecht nach dieser Fassung als sonstige erhebliche Gründe auch die Rechte des Behandelnden und seiner Erfüllungsgehilfen entgegengehalten werden. Dies wurde vom Gesetzgeber in der Gesetzesbegründung zu § 630g Abs. 1 S. 1 BGB zumindest im Hinblick auf die Rechte des Behandelnden auch ausdrücklich so festgestellt.[223] Hiervon getrennt wurde in der Gesetzesbegründung erörtert, inwiefern die Rechte Dritter dem Einsichtsrecht des Patienten entgegengehalten werden können.[224]

Der Gesundheitsausschuss hat § 630g Abs. 1 S. 1 BGB im Verlauf des Gesetzgebungsverfahrens dann jedoch in die mittlerweile in Kraft getretene Fassung geändert, dass nur noch Rechte Dritter dem Einsichtsrecht des Patienten entgegengehalten werden können.[225] Diese Rechte Dritter wurden in der Begründung des ursprünglichen Gesetzesentwurfs aber gerade getrennt von den Rechten des Behandelnden erörtert, so dass hieraus durchaus abgeleitet werden kann, dass der Gesetzgeber die Rechte des Behandelnden nicht als Teil der Rechte Dritter auffasst. Als Begründung für die Änderung von § 630g Abs. 1 S. 1 BGB gab der Gesundheitsausschuss zudem an, dass durch die Änderung des Tatbestandsmerkmals noch deutlicher als bisher zum Ausdruck gebracht werden solle, dass die Ausschlussgründe eng gefasst seien.[226] Anschließend werden, wie schon in der Begründung des ursprünglichen Gesetzesentwurfs der Bundesregierung, die Rechte Dritter erörtert, die dem Einsichtsrecht des Patienten entgegengehalten werden können. Im Gegensatz zur

---

[222] Siehe BT-Drs. 17/10488, S. 6.
[223] Siehe Gesetzesbegründung zu § 630g Abs. 1 S. 1 BGB in BT-Drs. 17/10488, S. 27.
[224] Siehe Gesetzesbegründung zu § 630g Abs. 1 S. 1 BGB in BT-Drs. 17/10488, S. 27.
[225] Siehe BT-Drs. 17/11710, S. 13.
[226] Siehe die Gesetzesbegründung zu § 630g Abs. 1 S. 1 BGB in BT-Drs. 17/11710, S. 39.

Begründung des ursprünglichen Gesetzesentwurfs der Bundesregierung geht der Gesundheitsausschuss in seiner Begründung aber nicht mehr auf die Rechte des Behandelnden ein. Auch auf Rechte von etwaigen Erfüllungsgehilfen geht er nicht ein. Vielmehr stellt er ausschließlich Rechte von Personen als Rechte von Dritten dar, die nicht an dem Behandlungsvertrag beteiligt sind. Auch wenn der Gesetzgeber es bedauernswerter Weise an dieser Stelle leider unterlassen hat, ausdrücklich festzuhalten, dass durch die Änderung des § 630g Abs. 1 S. 1 BGB die Rechte des Behandelnden und seiner Erfüllungsgehilfen nicht mehr dem Einsichtsrecht des Patienten entgegengehalten werden können, lassen die genannten Indizien drauf schließen, dass der Gesetzgeber mit der Änderung von § 630g Abs. 1 S. 1 BGB das Ziel verfolgt hat, dass nur noch die Rechte nicht am Vertrag beteiligter Dritter, aber nicht mehr die Rechte des Behandelnden und seiner Erfüllungsgehilfen dem Einsichtsrecht des Patienten nach § 630g Abs. 1 S. 1 BGB entgegengehalten werden können.

Somit ist festzuhalten, dass sich sowohl aus der Auslegung des Wortlauts als auch nach der historischen Auslegung von § 630g Abs. 1 S. 1 BGB ergibt, dass die Rechte des Behandelnden und ggf. seiner Erfüllungsgehilfen dem Einsichtsrecht des Patienten nicht entgegengehalten werden können.[227] Diese Auffassung entspricht auch der Ansicht des Beauftragten der Bundesregierung für die Belange der Patientinnen und Patienten.[228]

3.2.4.2.2.2 Erhebliche Rechte Dritter i.S.d. § 630g Abs. 1 S. 1 BGB

Folglich stellt sich die Frage, unter welchen Umständen die Rechte Dritter im zuvor genannten Sinn das Einsichtsrecht von Patienten nach § 630g Abs. 1 S. 1 BGB einzuschränken vermögen. Dies ist wiederum durch Auslegung von § 630 Abs. 1 S. 1 BGB und insbesondere des Begriffs „erhebliche Rechte Dritter" zu ermitteln.

Die Gesetzesbegründung vermag insoweit nur eingeschränkt weiterzuhelfen. So führt der Gesetzgeber aus, dass die Persönlichkeitsrechte Dritter das Einsichtsrecht des Patienten begrenzen können und dass in diesen Fällen eine Abwägung zwischen dem Selbstbestimmungsrecht des Patienten und den berechtigten Interessen Dritter zu erfolgen habe.[229]

---

[227] Zur Verfassungsmäßigkeit von § 630g Abs. 1 S. 1 BGB siehe die Ausführungen unter den Ziffern 3.2.4.2.4 bis 3.2.4.2.6.
[228] So die schriftliche Auskunft des Beauftragten der Bundesregierung für die Belange der Patientinnen und Patienten vom 12.12.2012.
[229] So die Gesetzesbegründung zu § 630g Abs. 1 S. 1 BGB in BT-Drs. 17/10488, S. 27 und BT-Drs. 17/11710, S. 39.

Wie beim Begriff der „erheblichen therapeutischen Gründe" sind die Anforderungen der „erheblichen Rechte Dritter", die das Einsichtsrecht des Patienten in seine Krankenunterlagen beschränken können, mittels der verfassungskonformen Auslegung dieses unbestimmten Rechtsbegriffs zu ermitteln.[230] Die Grundrechte strahlen insoweit im Wege der mittelbaren Drittwirkung in das Privatrecht aus.[231]

In Krankenunterlagen können insbesondere Informationen über Familienangehörige des Patienten enthalten sein. Dies kann beispielsweise der Fall sein, wenn Eltern bei der Behandlung ihrer Kinder dem behandelnden Heilberufler auch Informationen geben, die sie selbst in ihrer Persönlichkeit betreffen. Diese Informationen unterliegen dann dem grundgesetzlichen Schutz durch das Allgemeine Persönlichkeitsrecht des Dritten nach Art. 2 Abs. 1 i.V.m. Art. 1 Abs. 1 GG, ggf. in seiner Ausprägung als informationelles Selbstbestimmungsrecht oder, sofern sie selbst auch als Patienten in Behandlung sind, als Selbstbestimmungsrecht des Patienten. Betreffen die in den Krankenunterlagen enthaltenen Informationen ausschließlich die Persönlichkeit des Dritten und sind diese Informationen nicht dafür erforderlich, dass der Einsicht verlangende Patient selbstbestimmt über seine Gesundheit verfügen kann, z.B. weil diese Informationen keine Angaben über seine Gesundheit enthalten, so erstreckt sich das Einsichtsrecht des Patienten nicht auch auf diese Teile seiner Krankenunterlagen, da insoweit der Schutz dieser Informationen durch das Allgemeine Persönlichkeitsrecht des Dritten nach Art. 2 Abs. 1 i.V.m. Art. 1 Abs. 1 GG dem Interesse des Patienten auf Einsicht vorgehen muss. So folgt das Einsichtsrecht des Patienten aus dessen durch Art. 2 Abs. 1 i.V.m. Art. 1 Abs. 1 GG geschütztem Recht, selbst über seine Behandlung bestimmen zu können.[232] Sofern Informationen zu diesem Zweck aber gar nicht erforderlich sind, ist dieses grundgesetzlich geschützte Selbstbestimmungsrecht gar nicht betroffen, weshalb das Allgemeine Persönlichkeitsrecht des Dritten nach Art. 2 Abs. 1 i.V.m. Art. 1 Abs. 1 GG das Einsichtsrecht des Patienten in seine Krankenunterlagen insoweit einschränkt.[233]

Betreffen die in den Krankenunterlagen enthaltenen Informationen hingegen einerseits die Persönlichkeit eines Dritten und sind die Informationen andererseits zugleich dafür erforderlich, dass der Patient über seine Gesundheit

---

[230] Siehe auch *Reuter/Hahn*, VuR 2012, 247 (256).
[231] So auch *Reuter/Hahn*, VuR 2012, 247 (255 f.); siehe zur mittelbaren Drittwirkung von Grundrechten im Rahmen von unbestimmten Rechtsbegriffen z.B. *Di Fabio*, in: Maunz/Dürig, Grundgesetz-Kommentar, Art. 2 Rn. 138 m.w.N.; siehe auch schon grundlegend BVerfGE 7, 198 (203 ff.).
[232] Siehe hierzu die Ausführungen unter Ziffer 3.2.4.1.
[233] Eine Möglichkeit zur Lösung dieser Problematik in der Praxis besteht darin, den Dritten um seine Einwilligung zur Einsichtnahme in die entsprechenden Teile der Krankenunterlagen durch den Patienten zu bitten.

informiert ist und über seine Behandlung frei und selbstbestimmt entscheiden kann, ist zwischen den beiden grundgesetzlich geschützten Rechten im Einzelfall abzuwägen. Regelmäßig dürfte in diesem Zusammenhang dem Einsichtsrecht des Patienten in seine Krankenunterlagen, welches aus dessen Selbstbestimmungsrecht nach Art. 2 Abs. 1 i.V.m. Art. 1 Abs. 1 GG folgt, der Vorzug zu geben sein. So ist die Einsicht in die ihn unmittelbar in seiner innersten Privatsphäre betreffenden Krankenunterlagen Voraussetzung dafür, dass der Patient informiert über seine weitere Behandlung entscheiden kann.[234] Von dieser Entscheidung kann z.B. das weitere körperliche Wohlbefinden des Patienten oder sogar dessen Leben abhängen. Folglich kommt dem sich aus dem Selbstbestimmungsrecht des Patienten ergebenden Einsichtsrecht regelmäßig ein hohes Gewicht zu. Demgegenüber müssen die Informationen den Dritten schon erheblich in seinem Allgemeinen Persönlichkeitsrecht nach Art. 2 Abs. 1 i.V.m. Art. 1 Abs. 1 GG betreffen, dass dieses Recht das Einsichtsrecht des Patienten im Einzelfall einzuschränken vermag. Eine Einschränkung des Einsichtsrechts darf in diesem Ausnahmefall auch nur so weit gehen, wie dies zum Schutz des Allgemeinen Persönlichkeitsrechts des Dritten erforderlich ist. Dies hat zur Folge, dass dem Patienten die Einsicht in seine Krankenunterlagen nur bezüglich der Informationen verwehrt werden darf, die die Persönlichkeit eines Dritten betreffen und bezüglich derer das Allgemeine Persönlichkeitsrecht des Dritten das Selbstbestimmungsrecht des Patienten überwiegt. Mit anderen Worten: Es ist für jede einzelne Information abzuwägen, ob im konkreten Einzelfall das Allgemeine Persönlichkeitsrecht des Dritten und somit der Schutz dieser Informationen vor der Einsicht des Patienten oder aber das Einsichtsrecht des Patienten, welches sich aus dessen Selbstbestimmungsrecht ergibt, überwiegt.[235] Eine pragmatische Lösung besteht darin, den betroffenen Dritten zu fragen, ob er seine Einwilligung dazu erteilt, dass der betroffene Patient auch Einsicht in die die Persönlichkeit des Dritten betreffenden Informationen nehmen darf. Erteilt der Dritte seine Einwilligung hierzu, tritt der Schutz dieser Informationen durch das Allgemeine Persönlichkeitsrecht hinter dem sich aus dem Selbstbestimmungsrecht des Patienten ergebenden Einsichtsrecht zurück und der Patient darf auch in die Teile der Krankenunterlagen Einsicht nehmen, die die Persönlichkeit des Dritten betreffen. Erteilt der Dritte hingegen keine Einwilligung sind – wie eben bereits beschrieben – das Selbstbestimmungsrecht des Patienten und das Allgemeine Persönlichkeitsrecht des Dritten im Einzelfall miteinander abzuwägen.

---

[234] Siehe hierzu auch BVerfG NJW 2006, 1116 (1118).
[235] Aufgrund der unüberschaubaren Vielzahl verschiedener Fallkonstellationen können an dieser Stelle keine konkreteren allgemeingültigen Aussagen zum Ergebnis dieser Abwägung im Einzelfall getätigt werden.

Problematisch stellt sich insbesondere die Situation dar, wenn in den Krankenunterlagen Daten enthalten sind, die nicht nur den Patienten selbst, sondern regelmäßig auch dessen unmittelbare Verwandte betreffen, wie z.B. genetische Daten oder Daten über Erbkrankheiten.[236] Auch in diesem Fall ist zwischen dem sich aus dem Selbstbestimmungsrecht des Patienten nach Art. 2 Abs. 1 i.V.m. Art. 1 Abs. 1 GG ergebenden Einsichtsrecht des Patienten und dem Allgemeinen Persönlichkeitsrecht nach Art. 2 Abs. 1 i.V.m. Art. 1 Abs. 1 GG des ebenfalls von den in den Krankenunterlagen enthaltenen Angaben betroffenen Verwandten im Einzelfall abzuwägen. Soweit das Allgemeine Persönlichkeitsrecht des Verwandten das Selbstbestimmungsrecht des Patienten überwiegt, wäre eine Einsichtnahme des Patienten in jene Teile seiner Krankenunterlagen nur mit der Zustimmung des Verwandten zulässig. Allerdings wird das Allgemeine Persönlichkeitsrecht des Verwandten das Einsichtsrecht des Patienten regelmäßig nicht einschränken können. Wie bereits ausgeführt, ist die Einsicht in die ihn unmittelbar in seiner innersten Privatsphäre betreffenden Krankenunterlagen Voraussetzung dafür, dass der Patient informiert über seine weitere Behandlung entscheiden kann.[237] Dies wäre dem Patienten aber in dem nicht unerheblichen Bereich der Erbkrankheiten versagt, wenn er nur mit Zustimmung des ebenfalls betroffenen Verwandten Einsicht in seine Krankenunterlagen nehmen könnte. Der Patient würde somit zum Objekt der Behandlung, wovor ihn sein Selbstbestimmungsrecht nach Art. 2 Abs. 1 i.V.m. Art. 1 Abs. 1 GG gerade schützen soll. Möchte der ebenfalls betroffene Verwandte nicht über eine Erbkrankheit, von der er ebenfalls betroffen sein könnte, Kenntnis erhalten, so ist es die Aufgabe des Einsicht nehmenden Patienten und nicht die des Einsicht gewährenden Heilberuflers, das Interesse des Verwandten zu beachten und ihn ggf. nicht über eine solche Erkrankung zu informieren. Nur in sehr eng begrenzten Ausnahmefällen[238] erscheint es somit denkbar, dass das Allgemeine Persönlichkeitsrecht eines ebenfalls betroffenen Verwandten im konkreten Einzelfall dem Selbstbestimmungsrecht des Patienten vorgeht und dieser folglich nur mit Zustimmung des Verwandten Einsicht in den sich auf eine derartige Erkrankung beziehenden Teil seiner Krankenunterlagen nehmen darf. Eine generelle Einschränkung des Einsichts-

---

[236] Zumindest im Fall von genetischen Daten besteht nach Angaben von *Weichert* nur zwischen Verwandten ersten Grades eine hinreichende Übereinstimmung, dass sich aus einem Gendatensatz nicht nur Aussagen über den Patienten selbst, sondern auch über den Verwandten entnehmen lassen (*Weichert*, DuD 2002, 133 (138); siehe hierzu auch *Forgó/Kollek/Arning/Krügel/Petersen*, Ethical and Legal Requirements for Transnational Genetic Research, Rn. 534 ff.) Auch dies ist jedoch im konkreten Einzelfall zu prüfen und hängt u.a. auch vom medizinischen und technischen Fortschritt ab.
[237] Siehe hierzu auch BVerfG NJW 2006, 1116 (1118).
[238] Zum Beispiel wenn die genetischen Daten oder die Angaben über Erbkrankheiten, die in den Krankenunterlagen enthalten sind, nicht vom Patienten selbst, sondern von einem Familienangehörigen stammen.

rechts des Patienten kommt in derartigen Fallkonstellationen jedenfalls nicht in Betracht.[239]

3.2.4.2.3 Zwischenergebnis

§ 630g Abs. 1 S. 1 BGB gewährt den Patienten also ein weitgehendes Einsichtsrecht in ihre Krankenunterlagen. Das Einsichtsrecht kann nach Inkrafttreten des Patientenrechtegesetzes nach dem ausdrücklichen Gesetzeswortlaut – wie soeben dargelegt - nur noch aufgrund von erheblichen therapeutischen Gründen sowie von erheblichen Rechten Dritter eingeschränkt werden, soweit diese dem Einsichtsrecht des Patienten entgegenstehen. Nicht zu berücksichtigen sind demzufolge die Rechte des behandelnden Heilberuflers. Dies stellt eine fundamentale Änderung gegenüber der bisherigen Rechtslage dar. Sowohl nach Ansicht des BGH als auch der herrschenden Ansicht in der juristischen Literatur, stand dem Patienten vor Inkrafttreten des Patientenrechtegesetzes kein Einsichtsrecht in seine Krankenunterlagen aus dem Behandlungsvertrag zu, wenn dem überwiegende Rechte des behandelnden Heilberuflers entgegenstanden, insbesondere dessen Persönlichkeitsrechte.[240] Auch das Bundesverfassungsgericht hat die Beschränkung des Einsichtsrechts des Patienten in seine Krankenunterlagen durch Rechte des behandelnden Heilberuflers ausdrücklich als verfassungsrechtlich unbedenklich erachtet.[241]

Da § 630g Abs. 1 S. 1 BGB nach einer entsprechenden Änderung des ursprünglichen Gesetzentwurfs durch den Gesundheitsausschuss wie bereits ausgeführt keine derartige Beschränkung des Einsichtsrechts von Patienten in ihre Krankenunterlagen (mehr) enthält, stellt sich die Frage, ob diese Vorschrift überhaupt verfassungsgemäß ist, wenn insbesondere der BGH eine derartige Beschränkung für verfassungsmäßig geboten hielt und das BVerfG diese Beschränkung zumindest für verfassungsrechtlich unbedenklich erachtete.[242]

Vor diesem Hintergrund wird im Folgenden untersucht, ob und inwiefern § 630g Abs. 1 und Abs. 2 BGB gegen das Grundgesetz verstößt, da insoweit

---

[239] So auch die Ergebnisse des *Bremer Diskussionsforums „Charta der Patientenrechte",* Patientenrechte – Einsicht und Information, S. 3, abrufbar unter http://www.datenschutz.bremen.de/sixcms/media.php/13/Patientenrechte.pdf (19.05.2013). Eine Einschränkung des Einsichtsrechts des Patienten kommt allerdings insoweit in Betracht, als dass in den Krankenunterlagen noch zusätzliche Informationen zu den ebenfalls betroffenen Familienangehörigen enthalten sind. Bezüglich dieser Informationen gelten die vorherigen Ausführungen unter dieser Ziffer.

[240] Siehe z.B. BGH NJW 1983, 328 (329); BGH NJW 1989, 764 (765); *Marburger,* in: Staudinger, Kommentar zum Bürgerlichen Gesetzbuch mit Einführungsgesetz und Nebengesetzen, § 810 Rn. 20; *Laufs,* NJW 1980, 1315 (1319); *Peter,* Das Recht auf Einsicht in Krankenunterlagen, S. 223 ff.

[241] BVerfG NJW 1999, 1777 (1777).

[242] Siehe z.B. BGH NJW 1983, 328 (329); BGH NJW 1989, 764 (765); BVerfG NJW 1999, 1777 (1777).

keine Einschränkung des Einsichtsrechts der Patienten in ihre Krankenunterlagen aufgrund entgegenstehender Rechte der behandelnden Heilberufler (mehr) vorgesehen ist.

3.2.4.2.4 Beschränkung des Einsichtsrechts auf objektive Befunde aufgrund des allgemeinen Persönlichkeitsrechts des Arztes?

Zunächst könnte § 630g Abs. 1 S. 1 BGB gegen Art. 2 Abs. 1 i.Vm. Art. 1 Abs. 1 GG verstoßen, indem die Vorschrift ungerechtfertigt in das durch diese Artikel geschützte allgemeine Persönlichkeitsrecht der behandelnden Heilberufler eingreift.

So sollte nach der bisherigen Rechtsprechung des BGH und der überwiegenden Ansicht in der juristischen Literatur das Recht des Patienten auf Einsicht in Aufzeichnungen über naturwissenschaftlich objektivierbare Befunde und Behandlungsfakten, die die Person des Patienten betreffen, beschränkt sein.[243] In subjektive Wertungen des Arztes sollte der Patient jedoch keine Einsicht nehmen dürfen.[244] Objektive Befunde und Berichte sind naturwissenschaftlich konkretisierbare Befunde und die Aufzeichnungen über Behandlungsmaßnahmen.[245] Hierunter fallen z.B. Angaben über die Medikation, Operationsberichte, Fieberkurven, EKG-Aufzeichnungen, Röntgenaufnahmen und Laborergebnisse.[246] Allerdings bereitet die Abgrenzung zu subjektiven Wertungen des behandelnden Arztes im Einzelfall durchaus Schwierigkeiten, so z.B. bei der Diagnose.[247]

---

[243] Siehe z.B. BGH NJW 1983, 328 (329); BGH NJW 1989, 764 (765); *Marburger*, in: Staudinger, Kommentar zum Bürgerlichen Gesetzbuch mit Einführungsgesetz und Nebengesetzen, § 810 Rn. 20; *Laufs*, NJW 1980, 1315 (1319); *Peter*, Das Recht auf Einsicht in Krankenunterlagen, S. 223 ff. Das Bundesverfassungsgericht hat diese Rechtsprechung als verfassungsrechtlich unbedenklich bezeichnet (vgl. BVerfG NJW 1999, 1777 (1777)). Im Folgenden wird auf das Persönlichkeitsrecht des Arztes abgestellt, da in Krankenunterlagen zu allervorderst Angaben enthalten sein können, die die Persönlichkeit eines Arztes betreffen. Die nachfolgenden Ausführungen gelten aber für andere Heilberufler entsprechend, wenn in den Krankenunterlagen des anderen Heilberuflers Angaben enthalten sind, die sich auf dessen Persönlichkeit beziehen.
[244] Siehe z.B. grundlegend BGH NJW 1983, 328 (330).
[245] BGH NJW 1983, 328.
[246] *Schlund*, in: Laufs/Kern, Handbuch des Arztrechts, § 56 Rn. 5; *Marburger*, in: Staudinger, Kommentar zum Bürgerlichen Gesetzbuch mit Einführungsgesetz und Nebengesetzen, § 810 Rn. 20.
[247] Für die Einordnung der Diagnose als objektiver Befund: *Lang*, Das Recht auf informationelle Selbstbestimmung und die ärztliche Schweigepflicht in der gesetzlichen Krankenversicherung, S. 141 f.; *Marburger*, in: Staudinger, Kommentar zum Bürgerlichen Gesetzbuch mit Einführungsgesetz und Nebengesetzen, § 810 Rn. 20; *Meier*, Der rechtliche Schutz patientenbezogener Gesundheitsdaten, S. 105 f. Offen gelassen, da Diagnosen auch auf subjektiven Wertungen des Arztes beruhen, von BGH NJW 1983, 328 ff.; *Nüßgens*, in: Ebenroth/Hesselberger/Rinne, FS Boujong, S. 831 (841 f.).

Begründet wurde die Beschränkung des Einsichtsrechts auf objektive Befunde vor allem damit, dass das Einsichtsrecht des Patienten nicht weiter reichen könne als die Aufklärungspflicht des Arztes[248] und der Patient an darüber hinausgehenden Aufzeichnungen kein berechtigtes Interesse habe. Die ärztliche Tätigkeit sei insbesondere durch das persönliche Engagement des Arztes geprägt, das auch zu einem Niederschlag personaler Komponenten in den die Behandlung betreffenden Aufzeichnungen führen könne. Aufgrund der deshalb zwangsläufig emotionellen Färbung der Krankenunterlagen, der in ihnen enthaltenen subjektiven Wertungen und auch wegen später aufgegebener Verdachtsdiagnosen müssten und dürften die Krankenunterlagen der Einsicht des Patienten entzogen werden.[249] Subjektive Wertungen des Arztes, persönliche Eindrücke oder Verdachtsdiagnosen wären dem Einsichtsrecht somit entzogen, da diese durch das Persönlichkeitsrecht des Arztes geschützt würden – für das § 242 BGB, aus dem sich der Einsichtsanspruch vor Inkrafttreten des Patientenrechtegesetzes ergab, ebenfalls als Einbruchstelle in die privatrechtliche Beziehung zwischen Arzt und Patient diente[250] - und dieses Recht des Arztes in diesem Fall dem Selbstbestimmungsrecht des Patienten und somit auch dessen Recht auf Einsicht vorgehen würde.[251]

3.2.4.2.4.1 Eingriff in das Allgemeine Persönlichkeitsrecht des Arztes nach Art. 2 Abs. 1 i.V.m. Art. 1 Abs. 1 GG durch § 630g BGB

Somit stellt sich vorliegend die Frage, ob § 630g Abs. 1 S. 1 BGB in den Schutzbereich des allgemeinen Persönlichkeitsrechts des behandelnden Arztes nach Art. 2 Abs. 1 i.V.m. Art. 1 Abs. 1 GG eingreift. Entgegen der bisher in der Rechtsprechung und der juristischen Literatur vertretenen Ansicht, kann nicht pauschal angenommen werden, dass jede subjektive Wertung eines Arztes durch dessen Persönlichkeitsrecht nach Art. 2 Abs. 1 i.V.m. Art. 1 Abs. 1 GG geschützt wird.[252] Nur sofern sie Wertungen der Art enthalten, dass sie Einblick in die Persönlichkeit des behandelnden Arztes geben, kann auch der Schutzbereich des allgemeinen Persönlichkeitsrechts nach Art. 2 Abs. 1 i.V.m. Art 1 Abs. 1 GG

---

[248] So z.B. *Marburger,* in: Staudinger, Kommentar zum Bürgerlichen Gesetzbuch mit Einführungsgesetz und Nebengesetzen, § 810 Rn. 20.

[249] BGH NJW 1983, S. 328 (329 f.).

[250] Siehe hierzu auch *Lang,* Das Recht auf informationelle Selbstbestimmung des Patienten und die ärztliche Schweigepflicht in der gesetzlichen Krankenversicherung, S. 142.

[251] *Peter,* Das Recht auf Einsicht in Krankenunterlagen, S. 223 ff.; *Marburger,* in; Staudinger, Kommentar zum Bürgerlichen Gesetzbuch mit Einführungsgesetz und Nebengesetzen, Vorbemerkungen zu §§ 809-811 Rn. 6; *Deutsch/Spickhoff,* Medizinrecht, Rn. 626.

[252] So z.B. auch BVerfG NJW 2006, 1116 (1119).

eröffnet sein.[253] Enthalten sie keine derartigen Wertungen, ist der Schutzbereich des allgemeinen Persönlichkeitsrechts des behandelnden Arztes hingegen nicht eröffnet, so dass § 630g Abs. 1 S. 1 BGB insoweit auch nicht gegen Art. 2 Abs. 1 i.V.m. Art 1 Abs. 1 GG verstößt.

Soweit die subjektiven Wertungen des Arztes allerdings einen Einblick in seine Persönlichkeit geben, liegt durchaus ein Eingriff in das allgemeine Persönlichkeitsrecht des Arztes nach Art. 2 Abs. 1 i.V.m. Art. 1 Abs. 1 GG vor, wenn der Patient hierin nach § 630g Abs. 1 S. 1 BGB auch ohne die Zustimmung des Arztes Einsicht erhält.[254]

3.2.4.2.4.2 Erforderlichkeit des Eingriffs

Somit stellt sich die Frage, ob dieser Eingriff verfassungsrechtlich gerechtfertigt ist. So ist das allgemeine Persönlichkeitsrecht nicht schrankenlos gewährleistet, sondern unterliegt dem Rechtfertigungstrias nach Art. 2 Abs. 1 HS 2 GG, wonach das allgemeine Persönlichkeitsrecht durch die Rechte Dritter, die verfassungsmäßige Ordnung und das Sittengesetz begrenzt wird.[255] Zur verfassungsmäßigen Ordnung zählen alle formell und materiell verfassungmäßigen Gesetze.[256] Das allgemeine Persönlichkeitsrecht unterliegt somit einem einfachen Gesetzesvorbehalt,[257] weshalb § 630g Abs. 1 S. 1 BGB das allgemeine Persönlichkeitsrecht des behandelnden Arztes insoweit einschränken könnte. Voraussetzung dafür ist aber wie bei jedem Grundrechtseingriff, dass der Eingriff verhältnismäßig ist, indem er einen legitimen Zweck verfolgt sowie geeignet, erforderlich und angemessen zur Erreichung dieses Zwecks ist.[258] Der mit dem Einsichtsrecht nach § 630g Abs. 1 S. 1 BGB verfolgte Zweck besteht darin, dem Patienten das Recht auf Einsichtnahme in seine Krankenunterlagen zu ermöglichen, so dass dieser weiß, wie mit seiner Gesundheit

---

[253] So wohl auch BVerfG NJW 2006, 1116 (1119).

[254] Vgl. für das Einsichtsrecht vor Inkrafttreten des Patientenrechtegesetzes z.B. BGH NJW 1983, 328 (329); *Lang*, Das Recht auf informationelle Selbstbestimmung des Patienten und die ärztliche Schweigepflicht in der gesetzlichen Krankenversicherung, S. 145; *Koenig-Ouvrier*, Hessisches Ärzteblatt 2005, 762; *Scheiwe*, KritV 81 (1998), 313 (320 f.); *Klatt*, JZ 2007, 95 (96), die allesamt der Ansicht sind, dass das allgemeine Persönlichkeitsrecht des Arztes nach Art. 2 Abs. 1 i.V.m. Art. 1 Abs. 1 GG das Selbstbestimmungsrecht des Patienten nach Art. 2 Abs. 1 i.V.m. Art. 1 Abs. 1 GG begrenzen kann, was aber voraussetzt, dass ein Einsichtsrecht in subjektive Wertungen, die Einblick in die Persönlichkeit des Arztes geben, überhaupt in das allgemeine Persönlichkeitsrecht des Arztes eingreift.

[255] Siehe z.B. *Di Fabio*, in: Maunz/Dürig, Grundgesetz-Kommentar, Art. 2 GG Rn. 133; *Jarass*, in: Jarass/Pieroth, Art. 2 GG Rn. 58.

[256] Siehe z.B. BVerfGE 96, 10 (21); 90, 145 (172); 103, 197 (215).

[257] *Di Fabio*, in: Maunz/Dürig, Grundgesetz-Kommentar, Art. 2 Rn. 133 m.w.N.

[258] Siehe z.B. *Di Fabio*, in: Maunz/Dürig, Grundgesetz-Kommentar, Art. 2 Rn. 133; *Jarass*, in: Jarass/Pieroth, Art. 2 GG Rn. 60.

umgegangen wurde, welche Daten sich dabei ergeben haben und wie die weitere Entwicklung eingeschätzt wird. § 630g Abs. 1 S. 1 BGB dient damit nach dem Willen des Gesetzgebers insbesondere der Umsetzung des grundrechtlich geschützten Selbstbestimmungsrechts des Patienten.[259] Zur Erreichung dieses legitimen Zwecks ist das Einsichtsrecht nach § 630g Abs. 1 S. 1 BGB auch geeignet, indem der gewünschte Erfolg zumindest gefördert wird.[260]

Fraglich ist allerdings, ob das weitgehende Einsichtsrecht des Patienten nach § 630g Abs. 1 S. 1 BGB, welches nicht durch Rechte des Behandelnden begrenzt wird, auch erforderlich ist. So darf eine Maßnahme nicht über das zur Verfolgung ihres Zwecks notwendige Maß hinausgehen. [261] Das Gebot ist verletzt, wenn das Ziel der staatlichen Maßnahme auch durch ein anderes, gleich wirksames Mittel erreicht werden kann, das das betreffende Grundrecht nicht oder deutlich weniger fühlbar einschränkt.[262] Als milderes Mittel käme vorliegend insbesondere in Betracht, eine Regelung mit in § 630g Abs. 1 S. 1 BGB aufzunehmen, nach der der Patient ausnahmsweise kein Recht auf Einsicht in die Teile seiner Krankenunterlagen hat, soweit das allgemeine Persönlichkeitsrecht des behandelnden Arztes dem entgegensteht. Eine solche Regelung hatte der Gesetzgeber in seinem ursprünglichen Entwurf von § 630g Abs. 1 S. 1 GG auch vorgesehen.[263] Allerdings hat der Gesundheitsausschuss den Gesetzesentwurf für § 630 Abs. 1 S. 1 BGB im Laufe des Gesetzgebungsverfahrens dann gerade dahingehend geändert, dass die Rechte des Behandelnden dem Einsichtsrecht des Patienten nicht mehr entgegengehalten werden können,[264] um noch deutlicher zum Ausdruck zu bringen, dass die Ausschlussgründe für das Recht auf Akteneinsicht eng gefasst sind.[265] Der Gesetzgeber hat ein solch weites Einsichtsrecht, welches nicht durch die Rechte des Behandelnden begrenzt wird, also ausdrücklich für erforderlich gehalten, um dem Patienten ein Einsichtsrecht in die vollständige Patientenakte zu verschaffen, ohne dass ihm Teile der Akte vorenthalten werden dürfen.[266] Insoweit ist zu beachten, dass der Gesetzgeber über eine so genannte Einschätzungsprärogative verfügt,[267] derzufolge er einen weiten Beurteilungsspielraum hat, ob eine Maßnahme erforderlich ist, um einen bestimmten Zweck zu erreichen.[268] Vor diesem Hintergrund kann ein Eingriff nur dann nicht erfor-

---

[259] Siehe Gesetzesbegründung zu § 630g Abs. 1 S. 1 BGB in BT-Drs. 17/10488, S. 26.
[260] Vgl. z.B. BVerfGE 96, 10 (23); 67, 157 (173); *Jarass*, in: Jarass/Pieroth, Art. 20 GG Rn. 84.
[261] Siehe z.B. BVerfGE 79, 179 (198); 100, 1 (28); *Jarass*, in: Jarass/Pieroth, Art. 20 GG Rn. 85.
[262] Siehe z.B. BVerfGE 67, 157 (177); 68, 193 (219); *Jarass*, in: Jarass/Pieroth, Art. 20 GG Rn. 85.
[263] Siehe BT-Drs. 17/10488, S. 6.
[264] Siehe hierzu die Ausführungen unter Ziffer 3.2.4.2.2.1.
[265] Siehe die Gesetzesbegründung zu § 630g Abs. 1 S. 1 BGB in BT-Drs. 17/11710, S. 39.
[266] Siehe die Gesetzesbegründung zu § 630g Abs. 1 S. 1 BGB in BT-Drs. 17/11710, S. 39.
[267] BVerfGE 102, 179 (218).
[268] Siehe z.B. *Jarass*, in: Jarass/Pieroth, Art. 20 GG Rn. 87 m.w.N.

derlich sein, wenn sicher ist, dass ein anderes, milderes Mittel das verfolgte Ziel gleich wirksam erreicht.[269] Vorliegend wäre ein Einsichtsrecht, welches durch das allgemeine Persönlichkeitsrecht des Behandelnden beschränkt wird, nicht gleich wirksam wie die nun in § 630g Abs. 1 S. 1 BGB statuierte Regelung. So würde ein Patient ggf. keine Einsicht in die Teile der Patientenakte erhalten, in denen subjektive Wertungen des Arztes enthalten sind, die Einblick in dessen Persönlichkeit geben, wenn die Rechte des Behandelnden dem Einsichtsrecht entgegengehalten werden könnten.[270] Doch betreffen auch diese subjektiven Wertungen den Patienten in seiner Gesundheit, so dass der mit § 630g Abs. 1 S. 1 BGB verfolgte Zweck, dem Patienten ein umfassendes Einsichtsrecht in seine Krankenunterlagen zu ermöglichen, so dass dieser weiß, wie mit seiner Gesundheit umgegangen wurde, welche Daten sich dabei ergeben haben und wie die weitere Entwicklung eingeschätzt wird, nicht gleich wirksam erreicht wird, wenn dem Patienten die Einsicht in bestimmte Teile seiner Krankenunterlagen aufgrund des allgmeinen Persönlichkeitsrechts des Arztes verwehrt werden könnte. Nach § 630g Abs. 1 S. 1 BGB kann der Patient nämlich auch in diese Teile Einsicht nehmen.

Des Weiteren bestünde auch eine gesteigerte Gefahr, dass ein Arzt die Einsicht in Teile der Patientenakte aus Gründen des Schutzes seines allgemeinen Persönlichkeitsrechts verweigert, obwohl objektiv betrachtet, solche Gründe gar nicht vorliegen. Da der behandelnde Arzt bei der Gewährung der Akteneinsicht zunächst selbst beurteilen müsste, ob seine Persönlichkeitsrechte dem Einsichtsrecht des Patienten entgegenstehen, und dementsprechend faktisch zunächst selbst über den Umfang des gewährten Einsichtsrechts entscheiden könnte,[271] wäre der Patient in diesen Fällen darauf angewiesen, sein Einsichtsrecht gerichtlich geltend zu machen. Auch aus diesem Grund wäre eine solche Regelung nicht gleich wirksam wie die in § 630g Abs. 1 S. 1 BGB statuierte Regelung. Somit ist festzuhalten, dass aufgrund der Beurteilung des Gesetzgebers, dass ein umfassendes Einsichtsrecht des Patienten in seine Krankenunterlagen ohne Berücksichtigung der Rechte des Behandelnden erforderlich zur Erreichung des mit § 630g Abs. 1 S. 1 BGB verfolgten Zwecks ist und der insoweit zu berücksichtigenden Einschätzungsprärogative des Gesetzgebers sowie aufgrund der nicht gleichen Wirksamkeit einer Regelung,

---

[269] BVerfGE 105, 17 (36); 30, 292 (319); *Jarass*, in: Jarass/Pieroth, Art. 20 GG Rn. 87.

[270] Inwiefern eine solche Regelung mit dem allgemeinen Persönlichkeitsrecht des Arztes nach Art. 2 Abs. 1 i.V.m. Art. 1 Abs. 1 GG vereinbar ist, ist im Rahmen der Angemessenheit und nicht im Rahmen der Erforderlichkeit zu prüfen.

[271] Siehe BGH NJW 1983, 328 (330); *Schlund*, in: Laufs/Kern, Handbuch des Arztrechts, § 56 Rn. 5; *Marburger*, in: Staudinger, Kommentar zum Bürgerlichen Gesetzbuch mit Einführungsgesetz und Nebengesetzen, § 810; vgl. *Scheiwe*, KritV 81 (1998), S. 313 (319 f.); *Bender*, Das postmortale Einsichtsrecht in Krankenunterlagen, S. 329 f.

die milder in das allgemeine Persönlichkeitsrecht des behandelnden Arztes eingreift, das in § 630g Abs. 1 S. 1 BGB normierte Einsichtsrecht erforderlich zur Erreichung des damit verfolgten Zwecks ist.

3.2.4.2.4.3 Angemessenheit des Eingriffs

Des Weiteren müsste der Eingriff in das allgemeine Persönlichkeitsrecht nach Art. 2 Abs. 1 i.V.m. Art. 1 Abs. 1 GG durch § 630g Abs. 1 S. 1 BGB auch angemessen zur Erreichung des mit der Regelung verfolgten Zwecks sein. Im Rahmen der Angemessenheit eines Eingriffs ist zu untersuchen, ob der Eingriff in angemessenem Verhältnis zu dem Gewicht und der Bedeutung des Grundrechts steht.[272] Mithin ist eine Abwägung zwischen dem Nutzen der Maßnahme einerseits und der Schwere und der Art des Eingriffs andererseits vorzunehmen.[273]

Im Rahmen der Angemessenheitsprüfung ist vorliegend insbesondere zu berücksichtigen, dass es sich bei den (hier untersuchten) subjektiven Wertungen des Arztes zwar durchaus um Aufzeichnungen handelt, die die Persönlichkeit des Arztes betreffen.[274] Doch ist andererseits völlig unstreitig, dass auch subjektive Bewertungen des Arztes, wie z.B. Verdachtsdiagnosen, den Patienten in seiner Privatsphäre betreffen,[275] so dass es das ebenfalls aus Art. 2 Abs. 1 i.V.m. Art. 1 Abs. 1 GG folgende Selbstbestimmungsrecht des Patienten gebietet, dem Patienten auch bezüglich dieser Teile seiner Krankenunterlagen ein Einsichtsrecht einzuräumen.[276] Das Einsichtsrecht in diese Teile der Krankenunterlagen berührt folglich nicht nur das allgemeine Persönlichkeitsrecht des Arztes nach Art. 2 Abs. 1 i.V.m. Art. 1 Abs. 1 GG, nach dem die (hier untersuchten) Teile der Krankenunterlagen dem Einsichtsrecht des Patienten zu entziehen wären, sondern auch das Selbstbestimmungsrecht des Patienten nach Art. 2 Abs. 1 i.V.m. Art. 1 Abs. 1 GG, weshalb zwischen diesen beiden kollidierenden Grundrechten im Wege der praktischen Konkordanz

---

[272] BVerfGE 67, 157 (173).
[273] Siehe *Grzeszick*, in: Maunz/Dürig, Grundgesetz-Kommentar, Art. 20 GG, Rn. 117; *Jarass*, in: Jarass/Pieroth, Art. 20 GG Rn. 86 f.
[274] BGH NJW 1983, 328 (329); *Koenig-Ouvrier*, Hessisches Ärzteblatt 2005, 762; *Klatt*, JZ 2007, 95 (96); *Lang*, Das Recht auf informationelle Selbstbestimmung des Patienten und die ärztliche Schweigepflicht in der gesetzlichen Krankenversicherung, S. 145.
[275] Siehe schon BVerfG NJW 1972, 1123 (1124).
[276] Siehe hierzu die Ausführungen unter Ziffer 3.2.4.1. Siehe auch BVerfG NJW 2006, 1116 (1116 ff.); BVerfG NJW 1999, S. 1777 (1777); *Di Fabio*, in: Maunz/Dürig, Grundgesetz-Kommentar, Art. 2 GG, Rn. 204, 139

abzuwägen und ein möglichst gerechter und schonender Ausgleich zu finden ist.[277]

Teilweise wird argumentiert, dass das Recht des Arztes höher zu gewichten sei, da vermieden werden müsse, dass der Arzt „heikle" Aufzeichnungen, wie erste ungesicherte Verdachtsdiagnosen oder subjektive Wertungen und Bemerkungen, zu deren Dokumentation er nicht verpflichtet sei, im Hinblick auf das Einsichtsrecht des Patienten künftig unterlässt.[278] Somit könnte das für die Arzt-Patienten-Beziehung notwendige Vertrauen verloren gehen, wenn der Arzt befürchten muss, dass Aufzeichnungen, die er lediglich für sich selbst anfertigen möchte, auch dem Patienten zur Kenntnis gelangen.[279]

Dieses Vertrauensargument lässt sich aber auch für die entgegengesetzte Auffassung anführen. Nicht nur der Arzt, sondern insbesondere der Patient muss dem Arzt, dem er immerhin seine Gesundheit anvertraut, vertrauen können. Gerade dieses Vertrauen kann dadurch gestört werden, wenn der Patient nicht Einblick in die gesamten Krankenunterlagen erhält. So kann der Patient beispielsweise nicht sicher sein, ob der Arzt nicht z.B. negative Bemerkungen über ihn oder seine Angehörigen aufgezeichnet hat, wenn er nicht Einblick in die vollständigen Aufzeichnungen des Arztes erhält. Das Vertrauen des Patienten in seinen Arzt würde hingegen gestärkt, wenn er wüsste, dass der Arzt nichts für sich zurückbehält, sondern ihr Verhältnis zueinander transparent und offen gestaltet. Dass das Einsichtsrecht typischerweise erst nach Abschluss einer konkreten Behandlung geltend gemacht wird, ändert daran nach hier vertretener Ansicht nichts. Gerade die Behandlung schwerer oder chronischer Krankheiten, bei denen das Vertrauen zum behandelnden Arzt besonders wichtig ist, kann sich über lange Zeiträume erstrecken, so dass auch nach einer konkreten Behandlung dem Vertrauen des Patienten in seinen Arzt eine wesentliche Bedeutung zukommt. Aber auch bei wiederholten einfachen Erkrankungen kann ein umfassendes Einsichtsrecht des Patienten, welches nach einer konkreten Behandlung wahrgenommen wird, zum Vertrauen des Patienten gegenüber seinem behandelnden Arzt im Hinblick auf spätere Behandlungen beitragen.

Gegen die Ansicht, derzufolge das Persönlichkeitsrecht des Arztes höher als das Selbstbestimmungsrecht der Patienten zu gewichten sei, spricht zudem, dass sie zu kaum handhabbaren Anwendungsschwierigkeiten führen würde.

---

[277] Siehe z.B. BVerwG NJW 2006, 77 (103); BVerfG NJW 1991, 1471 (1472 f.); *Jarass*, in: Jarass/Pieroth, GG, Einleitung Rn. 10.
[278] *Deutsch/Spickhoff*, Medizinrecht, Rn. 626.
[279] So z.B. BGH NJW 1983, 328 (329 f.); *Meier*, Der rechtliche Schutz patientenbezogener Gesundheitsdaten, S. 107 f.

So müsste dieser Auffassung zufolge zwischen objektiven Befunden und subjektiven Wertungen des Arztes, die dem Schutz von dessen Persönlichkeitsrecht unterliegen, unterschieden werden. Allerdings ist die konkrete Abgrenzung zwischen naturwissenschaftlich objektivierbaren Befunden bzw. Behandlungsfakten, die die Person des Patienten betreffen und subjektiven Wertungen und Bemerkungen in vielen Fällen unmöglich.[280] So ist umstritten, ob z.B. die Diagnose, Verdachtsdiagnosen und die Anamnese zu den naturwissenschaftlich objektivierbaren Befunden gehören.[281] Erschwerend käme für den Patienten noch hinzu, dass diese Abgrenzung grundsätzlich durch den Arzt getroffen würde und dieser somit entscheiden und kontrollieren könnte, in welche Aufzeichnungen der Patient Einsicht erhält, da er in diesem Fall berechtigt wäre, Aufzeichnungen zu verdecken, bzgl. derer (nach seiner Ansicht) kein Einsichtsrecht bestünde.[282] Dem Patienten bliebe dann nur noch die Wahl, auf Einsicht zu klagen oder die ggf. unberechtigte Einsichtsbeschränkung hinzunehmen.

Die Ansicht, nach der das Persönlichkeitsrecht des Arztes höher als das Selbstbestimmungsrecht der Patienten zu gewichten sei, vermag jedoch nicht nur aufgrund ihrer praktischen Umsetzungs- und Anwendungsschwierigkeiten nicht zu überzeugen. Vielmehr sprechen nach hier vertretener Ansicht auch die besseren rechtlichen Argumente dafür, dass das Selbstbestimmungsrecht der Patienten höher als das Persönlichkeitsrecht des Arztes zu gewichten ist.

Informationen über getätigte Diagnosen und die Anamnese sind für den Patienten von höchster Wichtigkeit, wenn er selbstbestimmt Entscheidungen zur weiteren Behandlung treffen oder zur Einholung einer zweiten Meinung einen anderen Arzt konsultieren möchte. Von einem medizinischen Laien kann nicht erwartet werden, dass er sich alle Einzelheiten merken kann, die ihm der Arzt im Rahmen der Aufklärung mitgeteilt hat, insbesondere wenn eine gewisse Zeit vergangen ist oder der Arzt medizinische Fachausdrücke benutzt hat. In vielen Fällen könnte der Patient den Behandlungsverlauf dann gar nicht mehr nachvollziehen oder nur schwer verstehen, wenn er nicht auch Einblick in die subjektiven Wertungen des Arztes erhält, insbesondere wenn hierunter auch die Anamnese oder Verdachtsdiagnosen fallen sollen.[283] Folglich besitzt der

---

[280] So z.B. auch *Scheiwe*, KritV 81 (1998), 313 (316 f.).

[281] Siehe die Darstellung der unterschiedlichen Ansichten in *Nüßgens,* in: Ebenroth/Hesselberger/Rinne, FS Boujong, S. 831 (841 ff.).

[282] BGH NJW 1983, 328 (330); *Schlund,* in: Laufs/Kern, Handbuch des Arztrechts, § 56 Rn. 5; *Marburger,* in: Staudinger, Kommentar zum Bürgerlichen Gesetzbuch mit Einführungsgesetz und Nebengesetzen, § 810 Rn. 20; *Fuchs,* ArztR 1996, 319 (322).

[283] *Peter*, Das Recht auf Einsicht in Krankenunterlagen, S. 227.

Patient ein hohes Interesse daran, auch in diesen Teil der Aufzeichnungen Einsicht nehmen zu können.

Auf der anderen Seite enthalten subjektive Wertungen des Arztes zwar häufig durch das Persönlichkeitsrecht des Arztes geschützte Angaben. Doch sind diese Angaben in aller Regel tätigkeits-, also berufsbezogen und fallen nicht in den absolut geschützten Privatbereich des behandelnden Arztes.[284] So gehört es wesensmäßig zur ärztlichen Tätigkeit, dass die Bewertung des Patienten Inhalt des ärztlichen Behandlungsauftrags ist.[285] Bei der subjektiven Bewertung des Patienten handelt es sich somit um einen Teil der Erfüllung der durch den Arzt dem Patienten gegenüber versprochenen Leistung. Das subjektive Element ist also notwendigerweise Teil der Berufsausübung des Arztes.[286] Zum Erscheinungsbild eines jeden menschenführenden Berufes und der daraus resultierenden Verantwortung gehört es, dass sich der den Beruf Ausübende dem Bewerteten gegenüber rechtfertigen muss.[287] Hierzu gehört auch, dass der Bewertete, in diesem Fall der Patient, überhaupt Einblick in die ihn betreffenden Bewertungen nehmen kann.

Während auf der einen Seite das Persönlichkeitsrecht des Arztes also nur im Hinblick auf im Rahmen seiner Berufsausübung getätigte Bewertungen betroffen ist, die zudem in aller Regel auf Grundlage der objektiven Methodik medizinischer Wissenschaft gewonnen werden,[288] betreffen die subjektiven Wertungen des Arztes den Patienten regelmäßig in seiner innersten Privatsphäre, nämlich seiner Gesundheit. Die vollständige Einsicht des Patienten auch in die subjektiven Wertungen des Arztes ist deshalb Voraussetzung dafür, dass der Patient diese ihn unmittelbar in seiner innersten Privatsphäre betreffenden Aufzeichnungen einsehen und somit eine selbstbestimmte Entscheidung im Hinblick auf seine Gesundheit, so z.B. über weitere Behandlungen, treffen kann.[289]

---

[284] BVerfG NJW 2006, 1116 (1119).
[285] *Peter*, Das Recht auf Einsicht in Krankenunterlagen, S. 228; *Hinne*, NJW 2005, 2270 (2272).
[286] *Peter*, Das Recht auf Einsicht in Krankenunterlagen, S. 226; *Hinne*, NJW 2005, 2270 (2272).
[287] *Peter*, Das Recht auf Einsicht in Krankenunterlagen, S. 228.
[288] *Peter*, Das Recht auf Einsicht in Krankenunterlagen, S. 225 f.
[289] Vgl. BVerfG NJW 2006, 1116 (1118); siehe auch *Hinne*, NJW 2005, 2270 (2272). Im Ergebnis so auch *Fuchs*, in: Bamberger/Roth, BeckOK BGB, § 611 Rn. 64; *Hess*, ZEV 2006, 479 (480). Auch das Bundesverfassungsgericht stellt seine bisherige Rechtsprechung, nach der die Beschränkung des Einsichtsrechts auf objektive Befunde verfassungsgemäß ist (siehe BVerfG NJW 1999, 1777 (1777), sofern eine Abwägung der widerstreitenden Interessen des Patienten und des Arztes es nicht doch ausnahmsweise zulässt, der Patient auch Einsicht in subjektive Bewertungen erhält, in einer neueren Entscheidung ausdrücklich in Frage. Insbesondere warf das Gericht die Frage unter Verweis auf *Hinne* (NJW 2005, 2270 ff.) auf, ob die bisherige Rechtsprechung einer Weiterentwicklung in dem Sinne bedürfe, als dass die Persönlichkeitsrechte des Patienten höher gewichtet werden müssen. Mangels Entscheidungserheblichkeit in dem zu beurteilenden Fall hat das Gericht die Beantwortung dieser Frage aber offen gelassen (siehe BVerfG NJW 2006, 1116 (1118)).

Für die Auffassung, dass das Selbstbestimmungsrecht des Patienten im vorliegenden Fall höher zu gewichten ist als das allgemeine Persönlichkeitsrecht des behandelnden Arztes, spricht zudem, dass der behandelnde Arzt es – wie bereits kurz erwähnt - selbst in der Hand hat, sich vor der Einsichtnahme des Patienten in Teile der Krankenunterlagen zu schützen, die Einblick in seine Persönlichkeit geben. So ist er nach § 630f Abs. 1 und 2 BGB nur zur Dokumentation von sämtlichen aus fachlicher Sicht für die derzeitige und künftige Behandlung wesentlichen Maßnahmen und deren Ergebnissen verpflichtet. Zur Dokumentation von subjektiven Wertungen ist der behandelnde Arzt nach § 630f BGB also nicht verpflichtet.[290] Somit hat er es in der Hand, die Dokumentation in den Akten ohne Beeinträchtigung eigener oder fremder Belange zu beschränken.[291] Mit anderen Worten: Möchte ein behandelnder Arzt nicht, dass ein Patient in seine subjektiven Wertungen Einsicht erhält, die Einblick in seine Persönlichkeit geben, kann er dies dadurch sicherstellen, dass er die Dokumentation derartiger Wertungen unterlässt, so dass der Patient auch keine Einsicht in diese Wertungen erhalten kann. Der behandelnde Arzt kann seine Persönlichkeit somit selbst vor ungewollten Einblicken durch seine Patienten schützen. Dass der behandelnde Arzt es vor diesem Hintergrund unterlässt, derartige subjektive Wertungen zu dokumentieren, ist insoweit hinzunehmen, da die Nachvollziehbarkeit der Behandlung und die Weiterbehandlung schon durch die nach § 630g Abs. 1 S. 1 BGB zu dokumentierenden Maßnahmen und Ergebnisse hinreichend gesichert ist.[292]

Diese Ausführungen gelten auch im Rahmen einer psychiatrischen Behandlung. Der Patient muss gerade in dieser Situation Einsicht in die nicht objektiven Informationen haben, weil psychologische Befunde noch näher am Kernbereich privater Lebensgestaltung stehen als andere medizinische Daten. Folglich besteht auch ein gesteigertes Kontrollinteresse des Betroffenen.[293] Erhielte der Patient keine umfassende Einsicht, würde der Wissensvorsprung der Ärzte zementiert, so dass keine wirksame Behandlungsfehlerkontrolle stattfinden könnte.[294]

Somit ist festzustellen, dass das umfassende Einsichtsrecht des Patienten in seine Krankenunterlagen nach § 630g Abs. 1 S. 1 BGB auch angemessen und damit verhältnismäßig ist. § 630g Abs. 1 S. 1 BGB verstößt demzufolge nicht

---

[290] Siehe hierzu auch die Ausführungen unter Ziffer 3.1.1.2.
[291] Siehe hierzu auch BVerfG NJW 2006, 1116 (1119).
[292] Siehe schon die Regelung in § 630f Abs. 2 BGB, wonach sämtliche aus fachlicher Sicht für die derzeitige und künftige Behandlung wesentlichen Maßnahmen und deren Ergebnisse aufzuzeichnen sind; siehe auch die Gesetzesbegründung zu § 630f BGB in BT-Drs. 17/10488, S. 25 f.
[293] BVerfG NJW 2006, 1116 ff.; *Klatt*, JZ 2007, 95 (97); *Fuchs*, in: Bamberger/Roth, BeckOK BGB, § 611 Rn. 64; a.A.: *Mielke*, in: Dauner-Lieb/Langen, BGB, § 810 Rn. 18;
[294] *Nüßgens*, in: Ebenroth/Hesselberger/Rinne, FS Boujong, S. 831 (845).

gegen Art. 2 Abs. 1 i.V.m. Art. 1 Abs. 1 GG, indem das Einsichtsrecht des Patienten in seine Krankenunterlagen nach § 630g Abs. 1 S. 1 GG nicht durch das allgemeine Persönlichkeitsrecht des behandelnden Arztes beschränkt wird. Daraus folgt, dass die Patienten einen Anspruch auf Einsicht in die vollständigen Krankenunterlagen, mitsamt den subjektiven Wertungen und Einschätzungen des Arztes, haben. Das Persönlichkeitsrecht des Arztes muss also hinter dem Selbstbestimmungsrecht des Patienten zurücktreten. Dieses Ergebnis ist auch prozessökonomisch. Der bisherigen Rechtsprechung des BGH folgend, mussten Patienten, um einen vollständigen Zugang zu ihren Krankenunterlagen zu erhalten, einen Prozess gegen den behandelnden Arzt anstrengen, da im Fall einer Klage auch vor Inkrafttreten des Patientenrechtegesetzes schon keine Beschränkungen des Einsichtsrechts aus Gründen des Schutzes des Persönlichkeitsrechts des Arztes bestanden.[295] Somit musste der Patient einen Arzt z.B. auch dann verklagen, wenn sich aus zurückgehaltenen Aufzeichnungen bereits vor Klageerhebung ergeben hätte, dass kein Behandlungsfehler vorlag, weil er nur auf diesem Weg Einsicht in die subjektiven Wertungen des Arztes erhalten konnte. Dies kann jedoch weder unter prozessökonomischen Aspekten noch im Interesse des Arztes und des Patienten erwünscht sein, so dass auch dieser Aspekt die hier vertretene Ansicht unterstützt, dass Patienten auch außerprozessual einen Anspruch auf Einsicht in die vollständigen Krankenunterlagen besitzen.[296]

3.2.4.2.5 Beschränkung des Einsichtsrechts auf Grund von Eigentumsrechten des Arztes?

Auch wenn § 630g Abs. 1 S. 1 BGB wie soeben geprüft nicht ungerechtfertigt in das allgemeine Persönlichkeitsrecht des behandelnden Arztes nach Art. 2 Abs. 1 i.V.m. Art. 1 Abs. 1 GG eingreift, könnte § 630g Abs. 1 S. 1 BGB dennoch gegen das Grundgesetz verstoßen. So stellt sich die Frage, ob § 630g Abs. 1 S. 1 GG gegen Art. 14 Abs. 1 GG verstößt, da das durch diese Norm gewährte Einsichtsrecht ungerechtfertigt in die Eigentumsrechte des Arztes bzw. des

---

[295] Siehe z.B. *Schlund*, in: Laufs/Kern, Handbuch des Arztrechts, § 56 Rn. 8 ff.; *Peter*, Das Recht auf Einsicht in Krankenunterlagen, S. 237 ff.; *Nüßgens*, in: Ebenroth/Hesselberger/Rinne, FS Boujong, S. 831 (845).
[296] So auch *Hinne*, NJW 2005, 2270 (2271 f.); *Mallmann*, in: Simon/Weiss, Zur Autonomie des Individuums, S. 237 (243); *Scheiwe*, KritV 81 (1998), 313 (317); *Deutsch*, AcP 192 (1992), 161 (171); wohl auch *Nüßgens*, in: Ebenroth/Hesselberger/Rinne, FS Boujong, S. 831 (845).

Krankenhausträgers[297] an den Krankenunterlagen nach § 903 BGB eingreifen könnte.[298]

3.2.4.2.5.1 Eigentum an den Krankenunterlagen

Es ist davon auszugehen, dass die „Rohstoffe" der Krankenunterlagen (Papier, Karteikarten, Datenträger etc.) im Eigentum des jeweils behandelnden Arztes bzw. bei der Behandlung des Patienten im Krankenhaus im Eigentum des jeweiligen Krankenhausträgers stehen.[299]

Fraglich ist jedoch, ob sich durch das Anfertigen der Dokumentation auf den „Rohstoffen" die Eigentümerschaft an den Krankenunterlagen ändert. Nach § 950 Abs. 1 S. 1 BGB erwirbt der Hersteller das Eigentum an einer neuen Sache, die er durch Verarbeitung herstellt. Als Verarbeitung im Sinne des § 950 Abs. 1 S. 1 BGB gelten nach § 950 Abs. 1 S. 2 BGB unter anderem auch das Schreiben, Zeichnen, Drucken und eine ähnliche Bearbeitung der Oberfläche. Erfolgt die Dokumentation durch den Arzt papiergebunden, findet durch das Beschreiben von Papier oder Karteikarten eine Verarbeitung i.S.d. § 950 BGB statt. Gleiches gilt, wenn Fotos angefertigt werden, da insoweit eine Oberflächenbearbeitung stattfindet.[300] Keine Verarbeitung i.S.d. § 950 BGB findet hingegen statt, wenn die Dokumentation elektronisch auf Datenträgern erfolgt, da insoweit keine Oberflächenbearbeitung erfolgt, weil das Ergebnis der Verarbeitung keine neue bewegliche Sache ist.[301]

Soweit bei der Erstellung der Krankenunterlagen eine Verarbeitung i.S.d. § 950 BGB erfolgt, ist der die Unterlagen erstellende Arzt als Hersteller i.S.d. § 950 Abs. 1 BGB zu qualifizieren.[302] Für den Krankenhausbereich ist bei stationärer Behandlung der jeweilige Krankenhausbetreiber als Hersteller i.S.d. § 950 Abs. 1 BGB anzusehen, sofern die Krankenunterlagen in den Kranken-

---

[297] Im Folgenden wird auf das Eigentumsrecht des Arztes bzw. des Krankenhausträgers abgestellt, da die weitaus meisten Krankenunterlagen von Ärzten bzw. Krankenhäusern vorgehalten werden. Die nachfolgenden Ausführungen gelten aber für andere Heilberufler entsprechend.

[298] Die Möglichkeit der Begrenzung des Einsichtsrechts durch Eigentumsrechte an Krankenunterlagen wurde vor dem Inkrafttreten des Patientenrechtegesetzes auch schon vom BGH aufgeworfen (siehe BGH NJW 1983, 328 (329).

[299] *Peter*, Das Recht auf Einsicht in Krankenunterlagen, S. 75; *Bender*, Das postmortale Einsichtsrecht in Krankenunterlagen, S. 179.

[300] Siehe z.B. *Wiegand*, in: Staudinger, BGB, § 950 Rn. 9; *Bender*, Das postmortale Einsichtsrecht in Krankenunterlagen, S. 180.

[301] Siehe z.B. *Kilian*, NJW 1992, 2313 (2314); *Füller*, in: Säcker/Rixecker, MüKo BGB, § 950 Rn. 4; *Wiegand*, in: Staudinger, BGB, § 950 Rn. 9.

[302] Siehe ausführlich hierzu *Bender*, Das postmortale Einsichtsrecht in Krankenunterlagen, S. 180 ff.; siehe auch *Schlund*, in: Laufs/Kern, Handbuch des Arztrechts, § 72 Rn. 8 m.w.N.; *Strutz*, in: Strutz/Mann, Praxis der HNO-Heilkunde, Kopf- und Halschirurgie, S. 1022 f.

hausbetrieb eingegliedert werden und zur Erleichterung der fortlaufenden Behandlung, insbesondere der Nachbehandlung, dienen. In diesem Fall werden die Krankenunterlagen durch den jeweiligen Arzt im Rahmen seiner dienstlichen Obliegenheiten für den Krankenhausträger hergestellt, weshalb dieser nach § 950 BGB das Eigentum an diesen Krankenunterlagen erwirbt.[303] Erstellt ein Arzt hingegen Krankenunterlagen nicht zu Zwecken der Eingliederung in den Krankenhausbetrieb, sondern zu privaten Forschungszwecken, so erfüllt der Arzt keine dienstlichen Obliegenheiten gegenüber dem Krankenhaus, weshalb in diesem Fall der erstellende Arzt bzw., sofern die Krankenunterlagen auf Weisung eines (Chef-)Arztes erstellt werden, der die Weisung erteilende Arzt als Hersteller i.S.d. § 950 anzusehen ist.[304] Auch im Fall einer ambulanten Behandlung durch einen Arzt im Krankenhaus ist der Chefarzt, der die Krankenunterlagen selbst erstellt oder auf dessen Weisung hin die Krankenunterlagen erstellt werden, als Hersteller i.S.d. § 950 BGB anzusehen,[305] da die ambulante Behandlung von Patienten nicht zu den Aufgaben eines Krankenhauses gehört und deshalb der Behandlungsvertrag auch direkt mit dem jeweiligen Chefarzt geschlossen wird.[306] Aus diesem Grunde erfüllt der Chefarzt insoweit keine ihm gegenüber dem Krankenhausträger obliegende Dienstpflicht.

3.2.4.2.5.2 Eingriff in den Schutzbereich von Art. 14 Abs. 1 GG durch § 630g BGB

Somit stellt sich die Frage, inwiefern § 630g Abs. 1 S. 1 BGB in das Eigentumsrecht des Arztes bzw. des Krankenhausträgers an den Krankenunterlagen i.S.d. Art. 14 Abs. 1 GG eingreift. Art. 14 Abs. 1 GG schützt jedes vom Gesetzgeber gewährte konkrete vermögenswerte Recht.[307]

---

[303] Siehe schon BGH NJW 1952, 661 (662); *Kindl*, in: Bamberger/Roth, BeckOK BGB, § 950 Rn. 11; *Bender*, Das postmortale Einsichtsrecht in Krankenunterlagen, S. 185 f.; *Lenkaitis*, Krankenunterlagen aus juristischer, insbesondere zivilrechtlicher Sicht, S. 54 ff.; *Schlund*, in: Laufs/Kern, Handbuch des Arztrechts, § 72 Rn. 10.

[304] BGH NJW 1952, 661 (662); BGH NJW 1991, 1480 (1483); *Strutz*, in: Strutz/Mann, Praxis der HNO-Heilkunde, Kopf- und Halschirurgie, S. 1022 f.; a.A. *Lippert*, der Universitätsprofessoren aufgrund ihrer forschenden Tätigkeit, die auch bei der stationären Behandlung von Patienten erfolge und nicht die Klinikträger ganz allgemein als Hersteller i.S.d. § 950 BGB ansieht (*Lippert*, NJW 1993, 769 (770)). Hiergegen spricht jedoch, dass im Rahmen der regulären stationären Behandlung die Behandlungs- und nicht die Forschungstätigkeit im Vordergrund steht (so auch BGH NJW 1991, 1480 (1483)).

[305] So auch *Bender*, Das postmortale Einsichtsrecht in Krankenunterlagen, S. 186.

[306] Siehe z.B. BGHZ 124, 128 (132); BGH NJW 1987, 2289 (2289 f.); *Bergmann*, in: Bergmann/Pauge/Steinmeyer, Gesamtes Medizinrecht, § 145 Rn. 14.

[307] Siehe z.B. BVerfGE 24, 367 (369); 53, 257 (290); *Jarass*, in: Jarass/Pieroth, GG, Art. 14 Rn. 7.

Hierunter fällt insbesondere das Eigentum an beweglichen Sachen nach bürgerlichem Recht.[308] Geschützt ist zum einen der Bestand in der Hand des Eigentümers (das Haben), zum anderen die Nutzung der Position (der Gebrauch) einschließlich der Veräußerung und der Verfügung.[309] Neben der positiven Freiheit erfasst die Eigentumsgarantie auch negativ die Freiheit, sein Eigentum nicht zu nutzen.[310] Somit schützt Art. 14 Abs. 1 GG auch das Recht des Arztes, Dritten sein Eigentum nicht zur Einsichtnahme zur Verfügung zu stellen.[311] Nach Art. 19 Abs. 3 GG können sich auch Krankenhausträger auf Art. 14 Abs. 1 GG berufen, sofern es sich bei ihnen um inländische juristische Personen des Privatrechts handelt.[312] Sind Krankenhäuser hingegen als juristische Personen des öffentlichen Rechts, z.B. als Anstalten oder als öffentlichrechtliche Stiftungen, oder als gemischt-wirtschaftliche Unternehmen organisiert, bei denen die öffentliche Hand zumindest eine Mehrheitsbeteiligung besitzt, die ihr die Möglichkeit verleiht, auf die Geschäftsführung entscheidenden Einfluss zu nehmen, können sie sich grundsätzlich nicht auf Art. 14 Abs. 1 GG berufen.[313]

Somit liegt zumindest gegenüber Ärzten und privaten Krankenhausträgern ein Eingriff in deren Eigentumsrecht i.S.d. Art. 14 Abs. 1 GG an den Krankenunterlagen vor, indem § 630g Abs. 1 S. 1 BGB dem Patienten ein gesetzliches Einsichtsrecht in diese Krankenunterlagen einräumt, der betroffene Arzt bzw. der private Krankenhausträger also insoweit nicht frei darüber entscheiden darf, wie er sein Eigentum nutzt.

3.2.4.2.5.3 § 630g BGB als Inhalts- und Schrankenbestimmung i.S.d. Art. 14 Abs. 1 GG

Folglich stellt sich die Frage, ob dieser Eingriff in das nach Art. 14 Abs. 1 GG geschützte Eigentumsrecht der Ärzte bzw. der privaten Krankenhausträger verfassungsrechtlich gerechtfertigt ist. Da die verfassungsrechtliche Rechtfertigung von Eingriffen in Art. 14 GG davon abhängt, ob es sich bei der Eigen-

---

[308] Siehe z.B. BVerfGE 70, 191 (199); *Axer*, in: Epping/Hillgruber, BeckOK GG, Art. 14 Rn. 48; *Jarass*, in: Jarass/Pieroth, GG, Art. 14 Rn. 8.
[309] *Axer*, in: Epping/Hillgruber, BeckOK GG, Art. 14 Rn. 64; *Jarass*, in: Jarass/Pieroth, GG, Art. 14 Rn. 18; vgl. auch BVerfGE 115, 97 (111).
[310] *Axer*, in: Epping/Hillgruber, BeckOK GG, Art. 14 Rn. 65.
[311] Vgl. z.B. auch BVerfG NJW 2010, 220 (220 f.).
[312] *Jarass*, in: Jarass/Pieroth, GG, Art. 14 Rn. 27; *Papier*, in: Maunz/Dürig, Grundgesetz-Kommentar, Art. 14 Rn. 217; *Axer*, in: Epping/Hillgruber, BeckOK GG, Art. 14 Rn. 37.
[313] Siehe *Papier*, in: Maunz/Dürig, GG-Kommentar, Art. 14 Rn. 206 ff.; *Jarass*, in: Jarass/Pieroth, GG, Art. 14 Rn. 27 f.; siehe speziell zu Krankenhäusern *Genzel/Degener-Hencke*, in: Laufs/Kern, Handbuch des Arztrechts, § 81 Rn. 4 ff.

tumsbeeinträchtigung um eine Inhalts- und Schrankenbestimmung oder um eine Enteignung handelt,[314] ist zunächst zu prüfen, in welche der genannten Kategorien § 630g Abs. 1 S. 1 BGB einzuordnen ist. Inhalts- und Schrankenbestimmungen i.S.d. Art. 14 Abs. 1 und 2 GG sind generelle und abstrakte Festlegungen von Rechten und Pflichten durch den Gesetzgeber hinsichtlich solcher Rechtsgüter, die als Eigentum geschützt werden.[315] Die Enteignung ist hingegen auf die vollständige oder teilweise Entziehung konkret subjektiver Eigentumspositionen i.S.d. Art. 14 Abs. 1 S. 1 GG zur Erfüllung bestimmter öffentlicher Aufgaben gerichtet.[316] Vorliegend ist § 630g Abs. 1 S. 1 BGB auf die Verschaffung eines Nutzungsrechts im Sinne einer Einsichtnahme gerichtet. Ansonsten verbleibt das Eigentum an den Krankenunterlagen bei dem jeweiligen Arzt bzw. Krankenhausträger, so dass es sich bei § 630g Abs. 1 S. 1 BGB um eine Inhalts- und Schrankenbestimmung handelt.

Hinsichtlich der verfassungsrechtlichen Rechtfertigung von Eingriffen in Art. 14 Abs. 1 GG durch Inhalts- und Schrankenbestimmungen gilt, dass diese durch Gesetz erfolgen und den Grundsatz der Verhältnismäßigkeit beachten müssen.[317]

3.2.4.2.5.4   Geeignetheit und Erforderlichkeit des Eingriffs

Fraglich ist also, ob der Eingriff in das Eigentumsrecht des Arztes bzw. des Krankenhausträgers nach Art. 14 Abs. 1 GG durch § 630g Abs. 1 S. 1 BGB verhältnismäßig ist. Wie unter Ziffer 3.2.4.2.4   bereits beschrieben, verfolgt § 630g Abs. 1 S. 1 BGB den legitimen Zweck, dem Patienten das Recht auf Einsichtnahme in seine Krankenunterlagen zu ermöglichen, so dass dieser weiß, wie mit seiner Gesundheit umgegangen wurde, welche Daten sich dabei ergeben haben und wie die weitere Entwicklung eingeschätzt wird, wodurch dessen grundrechtlich geschütztes Selbstbestimmungsrecht umgesetzt wird.[318] Zur Erreichung dieses legitimen Zwecks ist das Einsichtsrecht nach

---

[314] Siehe z.B. *Axer,* in: Epping/Hillgruber, BeckOK GG, Art. 14 Rn. 72. *Jarass* bildet noch eine dritte Gruppe, die so genannten sonstigen Eingriffe ohne Enteignungscharakter. Diese sollen im Gegensatz zu Inhalts- und Schrankenbestimmungen einen konkret-individuellen Charakter (so *Axer,* in: Epping/Hillgruber, BeckOK GG, Art. 14 Rn. 71) aufweisen und das Eigentum beeinträchtigen, ohne dieses jedoch zu entziehen (siehe *Jarass,* in: Jarass/Pieroth, GG, Art. 14 Rn. 49). Da § 630g Abs. 1 S. 1 BGB einen abstrakt-generellen Charakter aufweist, handelt es sich hierbei um keinen solchen sonstigen Eingriff, so dass im Folgenden auf die Unterschiede zu Inhalts- und Schrankenbestimmungen nicht näher eingegangen wird.
[315] BVerfGE 110, 1 (24 f.); *Axer,* in: Epping/Hillgruber, BeckOK GG, Art. 14 Rn. 72; *Jarass,* in: Jarass/Pieroth, GG, Art. 14 Rn. 36.
[316] BVerfGE 70, 191 (199 f.); 72, 66 (76); 102, 1 (15); *Jarass,* in: Jarass/Pieroth, GG, Art. 14 Rn. 70.
[317] Siehe z.B. *Jarass,* in: Jarass/Pieroth, GG, Art. 14 Rn. 37 und 38.
[318] Siehe Gesetzesbegründung zu § 630g Abs. 1 S. 1 BGB in BT-Drs. 17/10488, S. 26.

§ 630g Abs. 1 S. 1 BGB auch geeignet, indem der gewünschte Erfolg zumindest gefördert wird.[319] Ein milderes Mittel zur Erreichung des verfolgten Zwecks ist insoweit nicht ersichtlich. Denkbar wäre es zwar auch, dass der Arzt bzw. der Krankenhausträger dem Patienten die Informationen mündlich mitteilt, ohne diesem sein Eigentum zur Einsicht zur Verfügung stellen zu müssen. Doch könnte der Patient in diesem Fall nicht sicher sein, dass der Arzt bzw. Krankenhausträger ihm auch sämtliche aufgezeichneten Informationen, auf die sich sein Einsichtsrecht erstreckt, wahrheitsgemäß mitgeteilt hat, insbesondere wenn der behandelnde Arzt womöglich Fehler gemacht hat oder der Patient sich mittlerweile von einem anderen Arzt behandeln lässt. In diesem Zusammenhang ist insbesondere zu berücksichtigen, dass die Dokumentation neben ihrer Funktion als Gedächtnisstütze des behandelnden Arztes gerade auch dem Patienten zu dessen weiterer Behandlung und der Nachvollziehbarkeit medizinischer Maßnahmen dienen soll.[320] Da der Patient also im Fall einer mündlichen Information durch den behandelnden Arzt bzw. den Krankenhausträger – im Gegensatz zum Fall der Einsichtnahme – nicht wirksam kontrollieren könnte, ob die ihm gegebenen Informationen auch vollständig sind, ist die mündliche Information des Patienten durch den Arzt nicht gleich wirksam.[321] Folglich ist das Einsichtsrecht nach § 630g Abs. 1 S. 1 BGB auch erforderlich zur Erreichung des verfolgten Zwecks.

3.2.4.2.5.5   Angemessenheit des Eingriffs

Somit stellt sich die Frage, ob der Eingriff in Art. 14 Abs. 1 GG durch § 630g Abs. 1 S. 1 BGB in einem angemessenen Verhältnis zu dem Gewicht und der Bedeutung des Grundrechts steht.[322] Vorliegend ist zu beachten, dass der Einsichtsanspruch des Patienten in seine Krankenunterlagen aus dem Selbstbestimmungsrecht des Patienten gem. Art 2 Abs. 1 i.V.m. Art 1 Abs. 1 GG folgt, so dass dieser ebenfalls grundrechtlich geschützt ist, [323] weshalb zwischen diesen beiden kollidierenden Grundrechten im Wege der praktischen Konkordanz abzuwägen und ein möglichst gerechter und schonender Ausgleich zu finden ist.[324]

---

[319] Vgl. z.B. BVerfGE 96, 10 (23); 67, 157 (173); *Jarass*, in: Jarass/Pieroth, Art. 20 GG Rn. 84.
[320] Siehe hierzu auch die Ausführungen unter Ziffer 3.1.1.2.
[321] Vgl. z.B. LG Kiel RDG 2008, 200 (202); *Gehrlein*, NJW 2001, 1773 (2773).
[322] BVerfGE 67, 157 (173).
[323] Siehe hierzu die Ausführungen unter Ziffer 3.2.4.1.
[324] Siehe z.B. BVerwG NJW 2006, 77 (103); BVerfG NJW 1991, 1471 (1472 f.); *Jarass*, in: Jarass/Pieroth, GG, Einleitung Rn. 10.

Die Einsicht in die ihn unmittelbar in seiner innersten Privatsphäre betreffenden Krankenunterlagen ist Voraussetzung dafür, dass der Patient informiert über seine weitere Behandlung entscheiden kann, da nicht davon auszugehen ist, dass sich der Patient sämtliche ihm in einem ärztlichen Gespräch vermittelten Informationen merken konnte, zumal er als medizinischer Laie bestimmte Informationen gegebenenfalls überhaupt nicht verstanden hat, z.B. wenn der Arzt Fachausdrücke verwendet hat.[325] Es besteht somit ein hohes Interesse des Patienten auf Einsicht in diese Aufzeichnungen. Auf der anderen Seite wird die Eigentumsgarantie des Art. 14 Abs. 1 GG nicht wesentlich beeinträchtigt, wenn Patienten in Krankenunterlagen einsehen, die im Eigentum eines Arztes bzw. eines Krankenhausträgers stehen. Weder findet ein Substanzentzug noch eine Substanzbeschädigung des Eigentums des Arztes bzw. des Krankenhausträgers statt, da Patienten in diese Krankenunterlagen lediglich einsehen. Der Arzt bzw. der Krankenhausträger wird also nur für diese kurze Zeit in seinen durch Art. 14 Abs. 1 GG garantierten Nutzungsmöglichkeiten seines Eigentums eingeschränkt.

Hieraus folgt, dass aufgrund der eher unwesentlichen Beeinträchtigung von Art. 14 Abs. 1 GG im Fall der Einsichtnahme von Krankenunterlagen, die im Eigentum eines Arztes oder Krankenhausträgers stehen, das Selbstbestimmungsrecht der Patienten überwiegt. Somit ist der Eingriff in das Eigentum des behandelnden Arztes bzw. des Krankenhausträgers i.S.d. Art. 14 Abs. 1 GG durch das Einsichtsrecht des Patienten nach § 630g Abs. 1 S. 1 BGB verhältnismäßig und damit verfassungsrechtlich gerechtfertigt. Ein Verstoß gegen Art. 14 Abs. 1 GG liegt insoweit also nicht vor.

3.2.4.2.6 Beschränkung des Einsichtsrechts auf Grund von Urheber- und diesen verwandten Schutzrechten des Arztes?

§ 630g Abs. 1 S. 1 BGB könnte Art. 2 Abs. 1 i.V.m. Art. 1 Abs. 1 GG und Art. 14 Abs. 1 GG aber insoweit verletzen, als dass das durch diese Norm gewährte Einsichtsrecht ungerechtfertigt in die Urheberrechte bzw. verwandten

---

[325] Siehe hierzu auch BVerfG NJW 2006, 1116 (1118).

Schutzrechte des behandelnden Arztes[326] an den Krankenunterlagen eingreift.[327]

3.2.4.2.6.1 Schutz von Krankenunterlagen durch das Urheberrecht sowie durch verwandte Schutzrechte

In diesem Zusammenhang stellt sich zunächst die Frage, inwiefern Krankenunterlagen überhaupt durch das Urheberrecht geschützt werden.

Durch das Urheberrecht werden unter anderem Sprachwerke gem. § 2 Abs. 1 Nr. 1 UrhG und Darstellungen wissenschaftlicher und technischer Art gem. § 2 Abs. 1 Nr. 7 UrhG geschützt. Aus § 72 Abs. 1 UrhG folgt zudem das dem Urheberrecht verwandte Schutzrecht des Lichtbildschutzes. Auch in Krankenunterlagen können Werke bzw. Lichtbilder des behandelnden Arztes enthalten sein.

Urheberrechtlich geschützt sind gem. § 2 Abs. 2 UrhG nur persönliche geistige Schöpfungen. Hieraus folgt, dass ein Werk auf einer menschlich-gestalterischen Tätigkeit des Urhebers beruhen muss, damit es dem Schutz durch das Urheberrecht unterliegen kann.[328] Ferner muss in dem Werk auch ein gewisser Grad an Individualität des Urhebers zum Ausdruck kommen.[329] Nicht in den Schutzbereich des Urheberrechts fallen somit Angaben rein tatsächlicher Art. Soweit Krankenunterlagen also nur Angaben rein tatsächlicher Art enthalten, wie z.B. die Personalien des Patienten, Blutdruckwerte oder die Verordnung von Medikamenten, unterfallen diese Aufzeichnungen nicht dem Schutz durch das Urheberrecht.[330]

Aufzeichnungen und wissenschaftliche Ausarbeitungen des Arztes, in denen er sich vertieft mit dem Patienten und seinen Erkrankungen beschäftigt, so z.B. im Rahmen von medizinischen Gutachten, Arztbriefen und Verlegungsberichten, können hingegen ein hinreichendes Maß an Individualität aufweisen

---

[326] Im Folgenden wird auf das Persönlichkeits- und das Eigentumsrecht des Arztes abgestellt, da in den weitaus meisten Fällen Ärzte die Urheber von Krankenunterlagen sind. Die nachfolgenden Ausführungen gelten aber für andere Heilberufler entsprechend, wenn diese als Urheber zu betrachten sind.

[327] Die Möglichkeit der Begrenzung des Einsichtsrechts durch Urheberrechte an Krankenunterlagen wurde vor dem Inkrafttreten des Patientenrechtegesetzes auch schon vom BGH aufgeworfen (siehe BGH NJW 1983, 328 (329).

[328] Siehe z.B. *Loewenheim*, in: Schricker/Loewenheim, Urheberrecht, § 2 Rn. 11; *Wiebe*, in Spindler/Schuster, Recht der elektronischen Medien, § 2 UrhG Rn. 4 ff.

[329] Siehe z.B. *Loewenheim*, in: Schricker/Loewenheim, Urheberrecht, § 2 Rn. 23;

[330] *Lenkaitis*, Krankenunterlagen aus juristischer, insbesondere zivilrechtlicher Sicht, S. 63; *Lippert*, DMW 115 (1990), 1119 (1119).

und somit die Anforderungen des § 2 Abs. 2 UrhG erfüllen und als Sprachwerke i.S.d. § 2 Abs. 1 Nr. 1 UrhG geschützt werden.[331]

Aufzeichnungen des Arztes können aber nicht nur hinsichtlich ihres Inhaltes dem Schutz durch das Urheberrecht unterliegen, sondern gem. § 2 Abs. 1 Nr. 7 UrhG auch hinsichtlich ihrer Darstellung. So können beispielsweise auch medizinische Aufzeichnungen eine hinreichende Gestaltungshöhe i.S.d. § 2 Abs. 2 UrhG aufweisen, wenn der Arzt aus einer Vielzahl möglicher Arten der Aufbereitung medizinischer Daten eine Art der Aufbereitung auswählt und die Daten in den Krankenunterlagen entsprechend aufbereitet darstellt.[332] Dies kann auch für technische Aufzeichnungen gelten, die beispielsweise mittels eines Computers erstellt werden, wenn der Arzt hierbei steuernd und korrigierend eingreift, so z.B. im Fall von bildgebenden Verfahren.[333] Erfolgt keine solche Steuerung durch den Arzt, wie z.B. im Fall regelmäßig rein maschinell erstellter EKG-, EEG- oder Laboraufzeichnungen, wird die gem. § 2 Abs. 2 UrhG erforderliche Gestaltungshöhe hingegen in der Regel nicht erreicht werden.[334]

Auch in den Krankenunterlagen enthaltene Bilder, wie z.B. Befund- oder Röntgenbilder, können gem. § 2 Abs. 1 Nr. 7 oder § 2 Abs. 1 Nr. 5 UrhG dem Schutz durch das Urheberrecht bzw. gem. § 72 UrhG dem Lichtbildschutz unterfallen. Regelmäßig werden die in den Krankenunterlagen enthaltenen Bilder jedoch nicht die gem. § 2 Abs. 2 UrhG erforderliche Gestaltungshöhe erreichen, da sie der Vermittlung von Informationen über die dargestellte Person bzw. den dargestellten Gegenstand dienen. Deshalb geht es bei der Anfertigung der Bilder regelmäßig um eine möglichst genaue, wirklichkeitsgetreue Abbildung, die keinen Spielraum für individuelles Schaffen offen lässt.[335] Mangels Individualität fallen Bilder in Krankenunterlagen somit in der Regel nicht unter den Urheberrechtsschutz nach § 2 Abs. 1 Nr. 5 UrhG bzw. nach § 2 Abs. 1 Nr. 7 UrhG.[336] Als Lichtbilder unterliegen sie aber regelmäßig dem Schutz des § 72 Abs. 1 UrhG, der weder eine handwerkliche noch eine schöpferische Leistung voraussetzt.[337] Als Lichtbilder nach § 72 Abs. 1 UrhG werden dabei nicht nur Fotografien, sondern auch Erzeugnisse geschützt, die ähnlich wie Lichtbilder hergestellt werden, so z.B. Röntgenaufnahmen sowie durch

---

[331] Siehe *Lippert*, DMW 115 (1990), 1119 (1119 f.); vgl. auch BGH NJW 1952, 661 (662).
[332] So z.B. für medizinische Statistiken LG Frankfurt GRUR 1987, 168 f.
[333] So *Lippert*, DMW 115 (1990), 1119 (1120).
[334] Siehe *Lippert*, DMW 115 (1990), 1119 (1120).
[335] *Loewenheim*, in: Schricker/Loewenheim, Urheberrecht, § 2 Rn. 210 m.w.N. und Rn. 184.
[336] So auch *Lenkaitis*, Krankenunterlagen aus juristischer, insbesondere zivilrechtlicher Sicht, S. 64; *Lippert*, DMW 115 (1990), 1119 (1120).
[337] Lediglich in Abgrenzung zur ungeschützten Reproduktion wird ein Mindestmaß an geistiger Leistung verlangt (siehe *Vogel*, in: Schricker/Loewenheim, Urheberrecht, § 72 Rn. 10).

Infrarotstrahlen, durch Kernspin- und Computertomographie oder sonstige Strahlungstechniken hergestellte Abbildungen, die elektromagnetisch, chemisch oder digital festgelegt werden.[338]

3.2.4.2.6.2 Verletzung des durch Art. 2 Abs. 1 i.V.m. Art. 1 Abs. 1 GG geschützten Urheberpersönlichkeitsrechts

Somit stellt sich die Frage, ob das Einsichtsrecht des Patienten in seine Krankenunterlagen ungerechtfertigt in Art. 2 Abs. 1 i.V.m. Art. 1 Abs. 1 GG eingreift, indem der Urheber bzw. Lichtbildner[339] nicht selbst und frei entscheiden kann, ob und inwiefern die Krankenunterlagen veröffentlicht werden.

So schützt das Allgemeine Persönlichkeitsrecht nach Art. 2 Abs. 1 i.V.m. Art. 1 Abs. 1 GG auch das Urheberpersönlichkeitsrecht.[340]

Somit ist zu untersuchen, inwiefern das Einsichtnahmerecht des Patienten in die dem Urheberrecht bzw. dem Lichtbildschutz unterliegenden Teile der Krankenunterlagen das Recht des Urhebers auf Veröffentlichung gem. § 12 Abs. 1 UrhG berührt.[341]

3.2.4.2.6.2.1 Veröffentlichung von Krankenunterlagen i.S.d. § 12 Abs. 1 UrhG

Nach § 12 Abs. 1 UrhG hat der Urheber das Recht zu bestimmen, ob und wie sein Werk zu veröffentlichen ist. Wann eine Veröffentlichung i.S.d. § 12 Abs. 1 UrhG vorliegt, ist jedoch umstritten. Unumstritten ist aber zumindest, dass das Werk einer Mehrzahl an Mitgliedern der Öffentlichkeit zugänglich sein muss.[342] Umstritten ist aber nun, welche Personen zur Öffentlichkeit gehören. Teilweise wird vertreten, dass der Öffentlichkeitsbegriff im Urheberrecht ein-

---

[338] Siehe z.B. *Vogel*, in: Schricker/Loewenheim, Urheberrecht, § 72 Rn. 19 m.w.N.; *Lippert*, DMW 115 (1990), 1119 (1120).

[339] Im Folgenden wird zur besseren Übersichtlichkeit der Begriff „Urheber" auch für den Schöpfer von Lichtbildern i.S.d. § 72 Abs. 1 UrhG verwendet, der nach § 72 Abs. 2 UrhG als „Lichtbildner" zu bezeichnen ist.

[340] OLG Frankfurt ZUM-RD 1999, 379 (383); *Götting*, in: Loewenheim, Handbuch des Urheberrechts, § 3 Rn. 2; *Ahlberg*, in: Möhring/Nicolini, UrhG, Einleitung Rn. 14. A.A. *Metzger*, nach dem das Veröffentlichungsrecht zusätzlich noch durch Art. 14 Abs. 1 GG abgesichert wird, soweit diesem Recht im Einzelfall eine wirtschaftliche Bedeutung zukommt (*Metzger*, GRUR Int. 2003, S. 9 (14).

[341] Das Veröffentlichungsrecht nach § 12 Abs. 1 UrhG steht auch Lichtbildnern i.S.d. § 72 Abs. 2 UrhG zu (siehe z.B. *Vogel*, in: Schricker/Loewenheim, Urheberrecht, § 72 Rn. 32 m.w.N.)

[342] Siehe z.B. § 15 Abs. 3 S. 1 UrhG; OLG Frankfurt ZUM-RD 1999, 379 (381); *Katzenberger*, in: Schricker/Loewenheim, Urheberrecht, § 6 Rn. 11.

heitlich auszulegen und daher auch im Rahmen von § 12 Abs. 1 UrhG die Legaldefinition der „Öffentlichkeit" in § 15 Abs. 3 UrhG anwendbar sei.[343] Demnach gehört zur Öffentlichkeit jeder, der nicht mit demjenigen, der das Werk verwertet oder mit den anderen Personen, denen das Werk in unkörperlicher Form wahrnehmbar oder zugänglich gemacht wird, durch persönliche Beziehungen verbunden ist. Andererseits wird vertreten, dass der Öffentlichkeitsbegriff differenziert zu bestimmen sei. So liege entgegen § 15 Abs. 3 UrhG eine Veröffentlichung i.S.d. § 12 Abs. 1 UrhG noch nicht vor, wenn der Urheber sein Werk nur einem kleinen Kreis und nicht einer breiten Öffentlichkeit präsentieren wollte. Deshalb stelle z.B. das Testen eines Werkes im kleineren, von vornherein abgegrenzten Kreis keine Veröffentlichung i.S.d. § 12 Abs. 1 UrhG dar, auch wenn es sich bei dem Personenkreis nicht um durch persönliche Beziehungen verbundene Personen handele.[344]

Die differenzierende Ansicht ist überzeugend, da § 12 UrhG und § 15 Abs. 3 UrhG unterschiedliche Ziele verfolgen, weshalb auch der Öffentlichkeitsbegriff differenziert in Anlehnung an den Gesetzeszweck zu bestimmen ist. § 15 UrhG schützt die wirtschaftlichen Interessen des Urhebers,[345] so dass es für ihn vorteilhaft ist, wenn an den Begriff der Öffentlichkeit möglichst geringe Anforderungen gestellt werden, da in diesem Fall sein Verwertungsrecht der öffentlichen Wiedergabe nach § 15 Abs. 2 UrhG umfassender ist, als wenn an den Begriff der Öffentlichkeit hohe Anforderungen gestellt werden.[346] Im Gegensatz zu § 15 UrhG schützt § 12 UrhG die Persönlichkeit des Urhebers, der in seinen Werken seine Anschauungen und geistigen Vorstellungen preisgibt, weshalb der Schritt aus der Geheimsphäre in die Öffentlichkeit sehr bedeutsam ist und der Urheber darüber bestimmen können soll, ob er diesen Schritt machen will, wann er hierfür den geeigneten Zeitpunkt sieht, wo und insbesondere in welcher Form er sein Werk und damit sich in der Öffentlichkeit offenbaren will.[347] Da das Recht des Urhebers nach § 12 Abs. 1 UrhG mit der Erstveröffentlichung verbraucht ist, geht das Interesse des Urhebers im Rahmen von § 12 Abs. 1 UrhG dahin, dass hohe Anforderungen an den Öffentlichkeitsbegriff gestellt werden, um zu verhindern, dass mit der Veröffentlichung verbundene negative Folgen zu früh eintreten.[348] Dies wäre beispielsweise der

---

[343] So z.B. OLG Frankfurt ZUM 1996, 697 (701); LG Frankfurt GRUR 1987, 168 (169); *Kroitzsch*, in: Möhring/Nicolini, Urheberrechtsgesetz, § 12 Rn. 8.

[344] So z.B. *Dietz/Peukert*, in: Schricker/Loewenheim, Urheberrecht, § 12 Rn. 8; *Schulze*, in: Dreier/Schulze, UrhG, § 12 Rn. 5; *Bullinger*, in: Wandtke/Bullinger, UrhR, § 12 Rn. 7.

[345] Siehe z.B. *Schulze*, in: Dreier/Schulze, UrhG, § 15 Rn. 1.

[346] So auch *Dietz/Peukert*, in: Schricker/Loewenheim, Urheberrecht, § 12 Rn. 8; *Bullinger*, in: Wandtke/Bullinger, UrhR, § 12 Rn. 7; *Schulze*, in: Dreier/Schulze, UrhG, § 12 Rn. 5.

[347] Siehe z.B. *Schulze*, in: Dreier/Schulze, UrhG, § 12 Rn. 1.

[348] Siehe z.B. *Dietz/Peukert*, in: Schricker/Loewenheim, Urheberrecht, § 12 Rn. 8; *Bullinger*, in: Wandtke/Bullinger, UrhR, § 12 Rn. 7; *Schulze*, in: Dreier/Schulze, UrhG, § 12 Rn. 5.

Fall, wenn durch das Präsentieren eines Werkes zu Testzwecken in einem kleinen abgegrenzten Kreis, der aber persönlich nicht miteinander verbunden ist, das Veröffentlichungsrecht des Urhebers nach § 12 Abs. 1 UrhG bereits verbraucht wäre. Da also nur die Ansicht, die zwischen dem Öffentlichkeitsbegriff des § 15 Abs. 3 UrhG und dem des § 12 Abs. 1 UrhG unterscheidet, zu interessensgerechten Lösungen kommt, die der Schutzintention des Urheberrechts entsprechen, ist dieser Ansicht zu folgen. Demzufolge ist noch keine Öffentlichkeit gegeben, wenn der Urheber sein Werk nur einem kleinen abgegrenzten Kreis zugänglich macht, auch wenn es sich dabei nicht um durch persönliche Beziehungen verbundene Personen i.S.d. § 15 Abs. 3 UrhG handelt.[349]

3.2.4.2.6.2.2 Beeinträchtigung des Veröffentlichungsrechts gem. § 12 Abs. 1 UrhG durch § 630g BGB

Somit stellt sich nunmehr die Frage, ob das Einsichtsrecht des Patienten in seine Krankenunterlagen das Veröffentlichungsrecht des Arztes nach § 12 Abs. 1 UrhG verletzt. Nimmt der Patient alleine Einsicht in die ihn betreffenden Krankenunterlagen, so liegt keine Öffentlichkeit vor, da eine Veröffentlichung immer eine Mehrzahl von Personen voraussetzt, so dass die Einsichtnahme durch eine Person keine Veröffentlichung i.S.d. § 12 Abs. 1 UrhG darstellen kann.[350] Wird der Patient hingegen bei der Einsichtnahme in die Krankenunterlagen begleitet und können die Begleiter ebenfalls in die Krankenunterlagen einsehen, könnte es sich hingegen um eine Mehrzahl von Personen handeln, da zumindest teilweise vertreten wird, dass bereits zwei Personen eine solche Mehrzahl bilden können.[351] Doch ist in diesem Fall regelmäßig davon auszugehen, dass begleitende Personen zum Patienten durch persönliche Beziehungen verbunden sind, da Krankenunterlagen teilweise sehr intime und sensible Informationen enthalten, welche ein Patient regelmäßig keiner Person offenbaren würde, zu der er nicht durch persönliche Beziehungen verbunden ist. Auch in diesem Fall liegt somit keine Veröffentlichung i.S.d. § 12 Abs. 1 UrhG vor. Selbst wenn der Patient im Einzelfall mit den ihn begleitenden Personen nicht durch persönliche Beziehungen verbunden ist, würde es sich in diesem Fall immer noch um einen kleinen abgegrenzten Kreis han-

---

[349] So auch *Dietz/Peukert*, in: Schricker/Loewenheim, Urheberrecht, § 12 Rn. 8; *Bullinger*, in: Wandtke/Bullinger, UrhR, § 12 Rn. 7; *Schulze*, in: Dreier/Schulze, UrhG, § 12 Rn. 5.

[350] Siehe hierzu auch OLG Frankfurt ZUM-RD 1999, 379 (381).

[351] So z.B. *Heerma*, in: Wandtke/Bullinger, UrhR, § 15 Rn. 15 m.w.N.; a.A. im Hinblick auf § 12 Abs. 1 UrhG: *Katzenberger*, in: Schricker/Loewenheim, Urheberrecht, § 6 Rn. 11, der eine höhere Zahl fordert, die im Einzelfall zu bestimmen sei.

deln. Wie soeben ausgeführt, liegt nach hier vertretener Ansicht auch dann noch keine Veröffentlichung i.S.d. § 12 Abs. 1 UrhG vor, wenn ein Werk nur einem kleinen abgegrenzten Kreis zugänglich gemacht wird, auch wenn die zu diesem Kreis gehörenden Personen nicht durch persönliche Beziehungen miteinander verbunden sind.

Hieraus folgt, dass das Veröffentlichungsrecht des Urhebers nach § 12 Abs. 1 UrhG durch die Einsichtnahme des Patienten in Krankenunterlagen nach hier vertretener Ansicht nicht verletzt wird, da mit der Einsichtnahme keine Veröffentlichung i.S.d. § 12 Abs. 1 UrhG verbunden ist.[352] Folglich verstößt das Einsichtnahmerecht des Patienten in seine Krankenunterlagen auch insoweit nicht gegen Art. 2 Abs. 1 i.V.m. Art. 1 Abs. 1 GG.

3.2.4.2.6.2.3 Verfassungsrechtliche Rechtfertigung eines Eingriffs in Art. 2 Abs. 1 i.V.m. Art. 1 Abs. 1 GG durch § 630g BGB

Dieses Ergebnis gilt auch für den Fall, dass man zu dem Ergebnis kommen sollte, dass die Einsichtnahme des Patienten in Krankenunterlagen das Veröffentlichungsrecht des Urhebers gem. § 12 Abs. 1 UrhG verletzen würde (z.B. wenn man, dem einheitlichen Veröffentlichungsbegriff folgend, eine Veröffentlichung für den Fall annimmt, dass auch den Patienten begleitende Personen in die Krankenunterlagen einsehen können und diese Begleiter mit dem Patienten nicht durch persönliche Beziehungen verbunden sind) und insoweit ein Eingriff in Art. 2 Abs. 1 i.V.m. Art. 1 Abs. 1 GG vorliegt. Dieser Eingriff wäre jedenfalls verfassungsrechtlich gerechtfertigt, da § 630g Abs. 1 S. 1 BGB insoweit als Teil der verfassungsmäßigen Ordnung Art. 2 Abs. 1 i.V.m. Art. 1 Abs. 1 GG beschränkt.[353] Wie unter Ziffer 3.2.4.2.4.2 bereits ausgeführt, besteht der legitime Zweck von § 630g Abs. 1 S. 1 BGB darin, dem Patienten das Recht auf Einsichtnahme in seine Krankenunterlagen zu ermöglichen, so dass dieser weiß, wie mit seiner Gesundheit umgegangen wurde, welche Daten sich dabei ergeben haben und wie die weitere Entwicklung eingeschätzt wird, wodurch dessen grundrechtlich geschütztes Selbstbestimmungsrecht umgesetzt wird.[354] Zur Erreichung dieses legitimen Zwecks ist das Einsichtsrecht nach

---

[352] Handlungen des Patienten, die nach der Einsichtnahme erfolgen, können allerdings durchaus eine Veröffentlichung i.S.d. § 12 Abs. 1 UrhG darstellen. Da an dieser Stelle der Arbeit der Umfang der Einsichtsrechte von Patienten in Krankenunterlagen untersucht wird, werden Handlungen des Patienten nach erfolgter Einsichtnahme nicht weiter untersucht.

[353] Siehe zu den Schranken des allgemeinen Persönlichkeitsrechts nach Art. 2 Abs. 1 i.V.m. Art. 1 Abs. 1 GG die Ausführungen unter Ziffer 3.2.4.2.4.2.

[354] Siehe Gesetzesbegründung zu § 630g Abs. 1 S. 1 BGB in BT-Drs. 17/10488, S. 26.

§ 630g Abs. 1 S. 1 BGB auch geeignet, indem der gewünschte Erfolg zumindest gefördert wird.[355] Zur Erreichung dieses Zwecks ist die in § 630g Abs. 1 S. 1 BGB enthaltene Regelung zudem auch erforderlich, da hinsichtlich des Eingriffs in das grundrechtlich geschützte Urheberpersönlichkeitsrecht kein gleich wirksames, aber milderes Mittel zur Erreichung dieses Zwecks ersichtlich ist. Würde das Einsichtsrecht in die Teile der Krankenunterlagen ausgeschlossen, die dem Schutz durch das Urheber- oder eines verwandten Schutzrechts unterfallen, wäre der Patient nicht mehr so umfassend über seinen Gesundheitszustand informiert, wie dies der Fall ist, wenn er auch in diese Teile Einsicht nehmen darf. Ebenfalls wäre es nicht gleich wirksam, wenn nur der Patient und nicht auch Personen, die ihn begleiten, Einsicht in diese Teile der Krankenunterlagen nehmen dürften. So kann es z.B. zum besseren Verständnis der Informationen oder zur seelischen Unterstützung geradezu geboten sein, dass ein Begleiter zusammen mit dem Patienten in dessen Krankenunterlagen Einsicht nimmt. Ohne eine solche Möglichkeit bestünde die Gefahr, dass Patienten die Informationen aus den Krankenunterlagen gar nicht verstehen oder ihr Einsichtsrecht aus Unsicherheit oder Angst nicht wahrnehmen, weshalb das Einsichtsrecht i.S.d. § 630g Abs. 1 S. 1 BGB insbesondere auch vor dem Hintergrund der Einschätzungsprärogative des Gesetzgebers erforderlich zur Erreichung des verfolgten Zwecks ist.

Zudem würde der Eingriff in Art. 2 Abs. 1 i.V.m. Art. 1 Abs. 1 GG durch § 630g Abs. 1 S. 1 BGB insoweit auch in einem angemessenen Verhältnis zu dem mit der Regelung verfolgten Zweck stehen. Wiederum ist zu berücksichtigen, dass der Einsichtsanspruch des Patienten in seine Krankenunterlagen aus dem Selbstbestimmungsrecht des Patienten gem. Art 2 Abs. 1 i.V.m. Art 1 Abs. 1 GG folgt, so dass dieser ebenfalls grundrechtlich geschützt ist,[356] weshalb zwischen diesen beiden kollidierenden Grundrechten im Wege der praktischen Konkordanz abzuwägen und ein möglichst gerechter und schonender Ausgleich zu finden ist.[357]

Vorliegend überwiegt das Selbstbestimmungsrecht des Patienten das Allgemeine Persönlichkeitsrecht des Urhebers. Wie bereits beschrieben, ist die Einsicht in die ihn unmittelbar in seiner innersten Privatsphäre betreffenden Krankenunterlagen Voraussetzung dafür, dass der Patient informiert über seine weitere Behandlung entscheiden kann, da nicht davon auszugehen ist, dass sich der Patient sämtliche ihm in einem ärztlichen Gespräch vermittelten

---

[355] Vgl. z.B. BVerfGE 96, 10 (23); 67, 157 (173); *Jarass*, in: Jarass/Pieroth, Art. 20 GG Rn. 84.
[356] Siehe hierzu die Ausführungen unter Ziffer 3.2.4.1.
[357] Siehe z.B. BVerwG NJW 2006, 77 (103); BVerfG NJW 1991, 1471 (1472 f.); *Jarass*, in: Jarass/Pieroth, GG, Einleitung Rn. 10.

Informationen merken konnte, zumal er als medizinischer Laie bestimmte Informationen gegebenenfalls überhaupt nicht verstanden hat, so z.B. wenn der Arzt Fachausdrücke verwendet.[358] Es besteht somit ein hohes Interesse des Patienten auf Einsicht in diese Aufzeichnungen.

Auf der anderen Seite besteht zwar auch ein Interesse des Urhebers, frei über seine Werke zu entscheiden, in denen seine Persönlichkeit zum Ausdruck kommt. Doch ist hierbei zu beachten, dass der Arzt die urheberrechtlich geschützten Werke im Rahmen seiner beruflichen Tätigkeit erbringt. Dies ändert zwar nichts daran, dass er Urheber dieses Werkes ist und ihm die Urheberpersönlichkeitsrechte zustehen. Doch erstellt der Arzt die Dokumentation, in der die urheberrechtlich geschützten Krankenunterlagen enthalten sind, ganz wesentlich auch für den Patienten und nicht nur als Gedächtnisstütze für sich selbst und erfüllt hiermit eine Pflicht aus dem Behandlungsvertrag.[359] Mit diesem Sinn und Zweck wäre es jedoch unvereinbar, wenn der Arzt dann die Einsicht in die (zumindest auch) für den Patienten erstellten Unterlagen verweigern könnte.

Außerdem ist zu beachten, dass das Persönlichkeitsrecht des Arztes nur im Hinblick auf im Rahmen seiner Berufsausübung erschaffene persönliche geistige Schöpfungen betroffen ist, die zudem in aller Regel auf Grundlage der objektiven Methodik medizinischer Wissenschaft gewonnen werden.[360] Die in diesen Werken enthaltenen Daten betreffen den Patienten hingegen regelmäßig in seiner innersten Privatsphäre, nämlich seiner Gesundheit. Die vollständige Einsicht des Patienten in seine Krankenunterlagen ist Voraussetzung dafür, dass der Patient selbstbestimmte Entscheidungen im Hinblick auf seine Gesundheit, so z.B. über weitere Behandlungen, treffen kann.[361]

Hieraus folgt, dass das Selbstbestimmungsrecht der Patienten gem. Art. 2 Abs. 1 i.V.m. Art. 1 Abs. 1 GG das Persönlichkeitsrecht des Arztes nach Art. 2 Abs. 1 i.V.m. Art. 1 Abs. 1 GG überwiegt, so dass das Einsichtsrecht des Patienten nach § 630g Abs. 1 S. 1 BGB, das sich auch auf Teile von Krankenunterlagen erstreckt, die durch das Urheberpersönlichkeitsrecht geschützt werden, auch angemessen ist. Ein etwaiger Eingriff in Art. 2 Abs. 1 i.V.m. Art. 1 Abs. 1 GG durch § 630g Abs. 1 S. 1 BGB ist insoweit also verfassungsrechtlich gerechtfertigt. § 630g Abs. 1 S. 1 BGB verstößt damit nicht gegen Art. 2 Abs. 1 i.V.m. Art. 1 Abs. 1 GG, indem sich das in dieser Regelung statuierte Einsichts-

---

[358] Siehe hierzu auch BVerfG NJW 2006, 1116 (1118).
[359] Siehe hierzu die Ausführungen unter Ziffer 3.1.1.2.
[360] Vgl. *Peter*, Das Recht auf Einsicht in Krankenunterlagen, S. 225 f.
[361] Vgl. BVerfG NJW 2006, 1116 (1118); siehe auch *Hinne*, NJW 2005, 2270 (2272); *Fuchs*, in: Bamberger/Roth, BeckOK BGB, § 611 Rn. 64; *Hess*, ZEV 2006, 479 (480).

recht auch auf Teile von Krankenunterlagen erstreckt, die dem Schutz durch das Urheberpersönlichkeitsrecht unterfallen.

3.2.4.2.6.3 Verletzung des durch Art. 14 Abs. 1 GG geschützten Rechts auf Vervielfältigung

Allerdings könnte das Einsichtsrecht nach § 630g BGB das Eigentumsrecht des Urheberrechtsinhabers[362] gem. Art. 14 Abs. 1 GG verletzen, indem der Patient nach § 630g Abs. 2 S. 1 BGB das Recht erhält, gegen Erstattung der entsprechenden Kosten Abschriften von der Patientenakte zu erhalten.[363] Patienten können demnach nicht nur eine papiergebundene Abschrift ihrer Patientenakte verlangen, sondern sie haben auch einen Anspruch, elektronische Abschriften von ihrer Patientenakte zu erhalten.[364] Insoweit könnte das Einsichtsrecht des Patienten in seine Krankenunterlagen aber ungerechtfertigt in das Eigentumsrecht des Urheberrechtsinhabers gem. Art. 14 Abs. 1 GG eingreifen.

3.2.4.2.6.3.1 Eingriff in den Schutzbereich von Art. 14 Abs. 1 GG?

Wie unter Ziffer 3.2.4.2.5.2 bereits ausgeführt, schützt Art. 14 Abs. 1 GG[365] jedes vom Gesetzgeber gewährte konkrete vermögenswerte Recht.[366] Hierzu gehört auch das Vervielfältigungsrecht des Urheberrechtsinhabers als wirtschaftliches Verwertungsrecht nach § 16 UrhG.[367] Dieses ist nach § 15 Abs. 1 Nr. 1 UrhG ein ausschließliches Recht des Urhebers.[368] Es ist demzufolge das

---

[362] Zur besseren Übersichtlichkeit wird im Folgenden nicht zwischen dem „Urheberrechtsinhaber" und dem „Inhaber des Lichtbildschutzrechts" in Bezug auf Lichtbilder gem. § 72 Abs. 1 UrhG unterschieden. Der Begriff „Urheberrechtsinhaber" soll insoweit auch den „Inhaber des Lichtbildschutzrechts" mit umfassen.

[363] Vor Inkrafttreten des Patientenrechtegesetzes war es umstritten, ob der Arzt verpflichtet ist, diese Kopien für den Patienten auf dessen Kosten zu erstellen (so: LG München I GesR 2009, 201; *Schlund*, in: Laufs/Kern, Handbuch des Arztrechts, § 56 Rn. 6; *Deutsch/Spickhoff*, Medizinrecht, Rn. 630) oder ob dies die Aufgabe des Patienten selbst ist (so: *Gehrlein*, NJW 2001, 2773 (2773); *Peter*, Das Recht auf Einsicht in Krankenunterlagen, S. 246 f.).

[364] Siehe Gesetzesbegründung zu § 630 Abs. 2 S. 1 BGB in BT-Drs. 17/11710, S. 40.

[365] Auf Art. 14 Abs. 1 GG können sich sowohl natürliche Personen als auch alle juristischen Personen privaten Rechts, aber auch jede andere Personenvereinigung, die Inhaber einer Eigentumsposition ist (siehe z.B. *Jarass*, in: Jarass/Pieroth, GG, Art. 14 Rn. 27) berufen. Zu vom Staat geschaffenen Personen des Privatrechts siehe die Ausführungen unter Ziffer 3.2.4.2.5.2.

[366] Siehe z.B. BVerfGE 24, 367 (369); 53, 257 (290); *Jarass*, in: Jarass/Pieroth, GG, Art. 14 Rn. 7.

[367] Siehe z.B. BVerfG GRUR 1975, 485; *Loewenheim*, in: Schricker/Loewenheim, Urheberrecht, Einleitung Rn. 10; *Dreier*, in: Dreier/Schulze, UrhG, Einleitung Rn. 39.

[368] Das Vervielfältigungsrecht nach § 16 UrhG findet auch im Hinblick auf Lichtbilder gem. § 72 UrhG Anwendung (siehe z.B. *Schulze*, in: Dreier/Schulze, UrhG, § 72 Rn. 16 ff.).

alleinige Recht des Urhebers, über die entsprechende Nutzung seines Werkes, in diesem Fall über seine Vervielfältigung, zu entscheiden.[369] Indem § 630g Abs. 2 S. 1 BGB dem Patienten einen Anspruch verschafft, Abschriften und somit Vervielfältigungsstücke der Krankenunterlagen zu erhalten, also auch von Teilen, die dem Schutz durch das Urheberrecht bzw. durch den Lichtbildschutz unterliegen, kann der Urheberrechtsinhaber insoweit nicht frei über die Vervielfältigung seiner Werke bzw. Lichtbilder entscheiden, weshalb § 630g Abs. 2 S. 1 BGB in das durch Art. 14 Abs. 1 GG geschützte Eigentumsrecht des Urheberrechtsinhabers eingreifen könnte.

Insoweit ist aber zu beachten, dass Art. 14 Abs. 1 GG ein so genanntes normgeprägtes Grundrecht ist.[370] Dies bedeutet, dass sich der Schutzbereich von Art. 14 Abs. 1 GG aus der einfachen Gesetzgebung ergibt. Mit anderen Worten: Eigentum im Sinne des Art. 14 Abs. 1 GG ist alles, was das einfache Recht zu einem bestimmten Zeitpunkt als Eigentum definiert.[371] Hieraus folgt, dass eine das Eigentum beschränkende Regelung nur für bestehende Rechtspositionen einen Eigentumseingriff darstellt, wohingegen für künftig entstehende Eigentumspositionen der Schutzbereich zurückgenommen wird, so dass es insoweit an einem Eigentumseingriff fehlt.[372] Demzufolge würde i.S.d. Art. 14 Abs. 1 GG kein Eingriff in das Eigentumsrecht des Urheberrechtsinhabers erfolgen, wenn es sich bei der Vervielfältigung durch den Patienten um eine Vervielfältigung zum privaten Gebrauch i.S.d. § 53 Abs. 1 UrhG handeln würde, da diesbezüglich der Schutzbereich des Art. 14 Abs. 1 GG durch den Gesetzgeber zurückgenommen wurde.[373] Fertigt ein Patient also eine Abschrift seiner Krankenunterlagen zum privaten Gebrauch i.S.d. § 53 Abs. 1 UrhG an, z.B. als persönliche Erinnerung, bzw. lässt er diese gem. § 53 Abs. 1 S. 2 UrhG z.B. durch den behandelnden Arzt herstellen,[374] liegt insoweit also kein Eingriff in den Schutzbereich des Art. 14 Abs. 1 GG vor.

---

[369] Siehe z.B. *Heerma*, in:Wandtke/Bullinger, UrhR, § 15 Rn. 1 f. m.w.N.

[370] Siehe z.B. BVerfGE 112, 1 (20 f.); BVerfGE 74, 129 (148); *Jarass*, in: Jarass/Pieroth, GG, Art. 14 Rn. 21.

[371] Siehe z.B. *Axer*, in: Epping/Hillgruber, BeckOK GG, Art. 14 Rn. 9; *Papier*, in: Maunz/Dürig, Grundgesetz-Kommentar, Art. 14 Rn. 38; *Jarass*, in: Jarass/Pieroth, GG, Art. 14 Rn. 21.

[372] Siehe z.B. BVerfGE 58, 300 (336); *Jarass*, in: Jarass/Pieroth, GG, Art. 14 Rn. 21.

[373] Siehe zur Verfassungsmäßigkeit von § 53 UrhG z.B. *Dreier*, in: Dreier/Schulze, UrhG, Vor §§ 44a Rn. 10 ff.; *Melichar*, in: Lowenheim/Schricker, Urheberrecht, Vor §§ 44a ff. Rn. 1 ff.; siehe auch schon *Constantin*, GRUR 1970, 15 ff.

[374] Die Herstellung durch den behandelnden Arzt erfolgt im vorliegenden Fall auch unentgeltlich i.S.d. § 53 Abs. 1 S. 2 UrhG. Der Patient ist nach § 630g Abs. 2 S. 2 BGB nur verpflichtet, dem Behandelnden die entstandenen Kosten zu erstatten. Die Erstattung der reinen Unkosten bei der Herstellung, insbesondere der Materialkosten, führt jedoch nicht zur Entgeltlichkeit i.S.d. § 53 Abs. 1 S. 2 UrhG (siehe z.B. *Loewenheim*, in: Schricker/Loewenheim, Urheberrecht, § 53 Rn. 32 m.w.N.).

3.2.4.2.6.3.2 Verfassungsrechtliche Rechtfertigung eines Eingriffs in Art. 14 Abs. 1 GG

Fraglich bleibt jedoch, ob § 630g Abs. 2 BGB ungerechtfertigt in das Eigentumsrecht des Urheberrechtsinhabers gem. Art. 14 Abs. 1 GG eingreift, wenn die Voraussetzungen des § 53 Abs. 1 UrhG nicht vorliegen. Wie bei § 630g Abs. 1 UrhG[375] handelt es sich bei § 630g Abs. 2 UrhG um eine Inhalts- und Schrankenbestimmung, da die Regelung nicht auf die vollständige oder teilweise Entziehung konkret subjektiver Eigentumspositionen i.S.d. Art. 14 Abs. 1 S. 1 GG zur Erfüllung bestimmter öffentlicher Aufgaben gerichtet ist, was Voraussetzung für eine Enteignung i.S.d. Art. 14 Abs. 3 GG wäre.[376] Hinsichtlich der verfassungsrechtlichen Rechtfertigung von Eingriffen in Art. 14 Abs. 1 GG durch Inhalts- und Schrankenbestimmungen gilt, dass diese durch Gesetz erfolgen und den Grundsatz der Verhältnismäßigkeit beachten müssen.[377]

Fraglich ist also, ob der Eingriff in den Schutzbereich von Art. 14 Abs. 1 GG durch § 630g Abs. 2 BGB verhältnismäßig ist. Wie unter Ziffer 3.2.4.2.4.2 bereits ausgeführt, besteht der legitime Zweck von § 630g Abs. 1 S. 1 BGB darin, dem Patienten die Einsichtnahme in seine Krankenunterlagen zu ermöglichen, so dass dieser weiß, wie mit seiner Gesundheit umgegangen wurde, welche Daten sich dabei ergeben haben und wie die weitere Entwicklung eingeschätzt wird, wodurch dessen grundrechtlich geschütztes Selbstbestimmungsrecht umgesetzt wird.[378] Der Zweck von § 630g Abs. 2 BGB besteht vor diesem Hintergrund dann darin, sicherzustellen, dass der Patient auch tatsächlich Kenntnis vom Inhalt seiner Patientenakte nehmen kann, da er diesen bei bloßer Einsichtnahme ggf. nicht hinreichend erfassen kann, z.B. weil er nicht über ausreichende medizinische Kenntnisse verfügt, und dauerhaft auf diese Inhalte zugreifen kann, um die dauerhafte Kenntnis dieser Inhalte durch den Patienten zu gewährleisten.[379] Zur Erreichung dieses legitimen Zwecks ist das Einsichtsrecht nach § 630g Abs. 1 S. 1 BGB auch geeignet, indem der gewünschte Erfolg zumindest gefördert wird.[380] Ein gleich wirksames, aber milderes Mittel als das Recht des Patienten, Abschriften von der Patientenakte

---

[375] Siehe hierzu die Ausführungen unter Ziffer 3.2.4.2.5.3.
[376] BVerfGE 70, 191 (199 f.); 72, 66 (76); 102, 1 (15); *Jarass*, in: Jarass/Pieroth, GG, Art. 14 Rn. 70. Siehe zu den urheberrechtlichen Schrankenbestimmungen in den §§ 44a UrhG z.B. *Melichar*, in: Schricker/Loewenheim, Urheberrecht, Vor §§ 44a ff. Rn. 8 f.; *Berger*, ZUM 2006, 844 (848 ff.).
[377] Siehe z.B. *Jarass*, in: Jarass/Pieroth, GG, Art. 14 Rn. 37 und 38.
[378] Siehe Gesetzesbegründung zu § 630g Abs. 1 S. 1 BGB in BT-Drs. 17/10488, S. 26.
[379] Siehe die Gesetzesbegründung zu § 630g Abs. 2 BGB in BT-Drs. 17/10488, S. 27; vgl. auch *Katzenmeier*, in: Laufs/Katzenmeier/Lipp, Arztrecht, IX. B. Rn. 56; *Sauer*, in: Bach/Moser, Private Krankenversicherung, § 10 MB/KK Rn. 14.
[380] Vgl. z.B. BVerfGE 96, 10 (23); 67, 157 (173); *Jarass*, in: Jarass/Pieroth, Art. 20 GG Rn. 84.

zu verlangen, ist nicht ersichtlich. Könnte der Patient nur eine Abschrift bezüglich der Teile der Patientenakte verlangen, die nicht dem Vervielfältigungsrecht des Urheberrechtsinhabers nach § 16 UrhG unterliegen, wäre der Patient nicht mehr so umfassend über seinen Gesundheitszustand informiert, wie dies der Fall ist, wenn er auch in diese Teile Einsicht nehmen darf. Somit ist der Eingriff in den Schutzbereich von Art. 14 Abs. 1 GG auch erforderlich, insbesondere vor dem Hintergrund, dass der Gesetzgeber insoweit über eine Einschätzungsprärogative verfügt.[381]

Damit stellt sich die Frage, ob der Eingriff auch angemessen im Verhältnis zum angestrebten Zweck ist. Auch im Rahmen dieser Prüfung ist zu berücksichtigen, dass der Einsichtsanspruch des Patienten in seine Krankenunterlagen aus dem Selbstbestimmungsrecht des Patienten gem. Art 2 Abs. 1 i.V.m. Art 1 Abs. 1 GG folgt, so dass dieser ebenfalls grundrechtlich geschützt ist, [382] weshalb zwischen diesen beiden kollidierenden Grundrechten im Wege der praktischen Konkordanz abzuwägen und ein möglichst gerechter und schonender Ausgleich zu finden ist.[383]

Das Selbstbestimmungsrecht der Patienten gem. Art. 2 Abs. 1 i.V.m. Art. 1 Abs. 1 GG soll sicherstellen, dass diese im Rahmen der Behandlung nicht die Rolle eines bloßen Objekts zugewiesen bekommen.[384] Vielmehr soll der Patient selbstbestimmt über seine Behandlung entscheiden können.[385] Damit er dies kann, ist es erforderlich, dass der Patient Abschriften von seinen Krankenunterlagen erhält, da er sich ohne derartige Abschriften nicht an sämtliche in ihnen enthaltenen Informationen erinnern könnte. Dies gilt insbesondere auch für Kopien von Darstellungen, technischen Aufzeichnungen und Lichtbildern. Könnte der Patient hiervon keine Kopien erhalten, wäre er darauf beschränkt, die schriftlichen Aufzeichnungen und Interpretationen des behandelnden Heilberuflers, die nicht dem urheberrechtlichen Schutz (als Sprachwerk) unterliegen würden, zu kopieren, die aber regelmäßig nur Interpretationen des Heilberuflers z.B. hinsichtlich ermittelter Werte beinhalten. Eine Nachbehandlung oder eine Überprüfung von Behandlungsmaßnahmen wären insoweit ohne vorliegende objektive Informationen nicht mehr möglich. Ebenso wäre ein Patient nicht andauernd über seine eigene Gesundheit informiert, wenn er zwar Einsicht in seine Krankenunterlagen nehmen, aber

---

[381] BVerfGE 102, 179 (218).
[382] Siehe hierzu die Ausführungen unter Ziffer 3.2.4.1.
[383] Siehe z.B. BVerwG NJW 2006, 77 (103); BVerfG NJW 1991, 1471 (1472 f.); *Jarass*, in: Jarass/Pieroth, GG, Einleitung Rn. 10.
[384] BVerfG, Beschluss vom 18.11.2004 (Az. 1 BvR 2315/04), abrufbar unter: http://www.bverfg.de/entscheidungen/rk20041118_1bvr231504.html (19.05.2013).
[385] Siehe z.B. BVerfG NJW 2006, 1116 (1118); *Lang*, in: Epping/Hillgruber, BeckOK GG, Art. 2 Rn. 63; *Steiner*, in: Spickhoff, Medizinrecht, Art. 2 GG Rn. 13.

keine Abschriften hiervon zur „dauerhaften Gedankenstütze" erhalten könnte. Der Patient würde somit wiederum zum Objekt der Behandlung und könnte nicht frei und selbst über seine Gesundheit bestimmen, wenn der Urheberrechtsinhaber gem. § 16 UrhG alleine darüber entscheiden dürfte, ob dem Patienten auch dauerhaft die hierfür notwendigen Informationen zur Verfügung gestellt werden.

Auf der anderen Seite soll das Vervielfältigungsrecht nach § 16 UrhG gewährleisten, dass der Urheberrechtsinhaber eine angemessene Beteiligung dafür erhält, dass nach der Vervielfältigung des Originals ein Werkgenuss nicht nur durch das Original selbst, sondern auch durch dessen Vervielfältigungen erfolgt.[386] Diesbezüglich ist vorliegend zu berücksichtigen, dass der jeweilige Heilberufler die urheberrechtlich geschützten Werke in Ausübung seiner beruflichen Tätigkeit gegenüber dem Patienten erbracht hat. Für diese berufliche Tätigkeit erhält er auch eine Entlohnung. Somit ist der Urheber nicht auf eine weitere wirtschaftliche Beteiligung an der Verwertung des Werkes angewiesen, um seinen Lebensunterhalt zu verdienen, worin aber eine wesentliche Funktion des Urheberrechts besteht.[387]

Damit überwiegt im vorliegenden Fall das Selbstbestimmungsrecht des Patienten nach Art. 2 Abs. 1 GG i.V.m. Art. 1 Abs. 1 GG gegenüber dem Eigentumsrecht des Urheberrechtsinhabers gem. Art. 14 Abs. 1 GG. Wie bereits beschrieben, ist die Einsicht in die ihn unmittelbar in seiner innersten Privatsphäre betreffenden Krankenunterlagen und die dauerhafte Verfügbarkeit der in ihnen enthaltenen Informationen Voraussetzung dafür, dass der Patient informiert über seine weitere Behandlung entscheiden kann, da nicht davon auszugehen ist, dass er – ähnlich wie im Rahmen eines ärztlichen Gesprächs – sämtliche in den Krankenunterlagen enthaltenen Informationen beim Durchlesen der Unterlagen aufnehmen kann. So ist er als medizinischer Laie beim Durchlesen der Aufzeichnungen oft auch gar nicht in der Lage, bestimmte in den Krankenunterlagen enthaltene Informationen zu verstehen, so z.B. wenn der Arzt Fachausdrücke verwendet. Es besteht also ein hohes Interesse des Patienten, Kopien seiner Krankenunterlagen anzufertigen, weshalb die Interessen des Urheberrechtsinhabers insoweit hinter diesen Interessen des Patienten zurücktreten müssen.[388]

---

[386] Siehe z.B. *Schulze,* in: Dreier/Schulze, UrhG, § 16 Rn. 1; *Loewenheim*, in: Loewenheim/Schricker, Urheberrecht, § 16 Rn. 1.
[387] Siehe z.B. *Loewenheim*, in: Schricker/Loewenheim, Urheberrecht, Einleitung Rn. 13.
[388] Im Ergebnis so z.B. auch AG Essen, NJW-RR 1998, 262; *Terbille*, in: Terbille, Münchener Anwaltshandbuch Medizinrecht, § 1 Rn. 12; *Schlund*, in: Laufs/Kern, Handbuch des Arztrechts, § 56 Rn. 11.

Somit ist festzuhalten, dass der Eingriff in Art. 14 Abs. 1 GG durch § 630g Abs. 2 BGB auch angemessen und damit verhältnismäßig ist. Eine Verletzung von Art. 14 Abs. 1 GG liegt demzufolge nicht vor, da der Eingriff verfassungsrechtlich gerechtfertigt ist.

3.2.4.2.7 Zwischenergebnis

§ 630g Abs. 1 und 2 BGB verstoßen damit nicht gegen das Grundgesetz,[389] obwohl - im Gegensatz zur Situation vor Inkrafttreten des Patientenrechtegesetzes - keine Einschränkung des Einsichtsrechts der Patienten in ihre Krankenunterlagen aufgrund entgegenstehender Rechte der behandelnden Heilberufler (mehr) vorgesehen ist.

3.2.4.3   Einsichtsrecht gem. § 810 BGB

Ein Einsichtsrecht des Patienten in die ihn betreffenden Krankenunterlagen kann sich zudem aus § 810 BGB ergeben.[390] Danach kann derjenige, der ein

---

[389] Das Einsichtsrecht nach § 630g Abs. 1 und 2 BGB könnte zudem auch noch insofern in das Eigentumsrecht nach Art. 14 Abs. 1 GG eingreifen, als dass in den Krankenunterlagen auch Betriebs- und Geschäftsgeheimnisse enthalten sein oder die Krankenunterlagen in Datenbanken gespeichert und somit durch die sui generis Rechte gem. §§ 87a ff. UrhG geschützt werden könnten. Sowohl Geschäfts- und Betriebsgeheimnisse als auch die sui generis Rechte nach §§ 87a UrhG werden durch Art. 14 Abs. 1 GG geschützt. Betriebs- und Geschäftsgeheimnisse können zudem auch noch in den sachlichen Schutzbereich von Art. 12 Abs. 1 GG (Berufsfreiheit) fallen. Da diese Aspekte in der Praxis jedoch kaum Relevanz aufweisen, werden sie in dieser Arbeit nicht näher untersucht. Es ist jedoch auch diesbezüglich davon auszugehen, dass ein etwaiger Eingriff in diese Rechte durch § 630g Abs. 1 und Abs. 2 BGB jedenfalls verfassungsrechtlich gerechtfertigt wäre. So ist die Einsicht des Patienten in seine Krankenunterlagen erforderlich dafür, dass er sein ebenfalls verfassungsrechtlich geschütztes Selbstbestimmungsrecht gem. Art. 2 Abs. 1 i.V.m. Art. 1 Abs. 1 GG wahrnehmen kann. Ohne die Einsicht in seine vollständigen Krankenunterlagen könnte der Patient nicht selbstbestimmt über seine Gesundheit und seine Behandlung bestimmen. Es ist somit anzunehmen, dass das Selbstbestimmungsrecht des Patienten nach Art. 2 Abs. 1 GG i.V.m. Art. 1 Abs. 1 GG im Rahmen der praktischen Konkordanz gegenüber dem Eigentumsrecht gem. Art. 14 Abs. 1 GG sowie der Berufsfreiheit nach Art. 12 Abs. 1 GG überwiegt, da diese Rechte nur am Rand betroffen sind, weil sie den Berechtigten nicht entzogen werden, sondern dem Patienten durch § 630g Abs. 1 und 2 BGB nur ein Nutzungsrecht in Form eines Einsichtsrechts gewährt wird. So können Heilberufler sich insbesondere auch selbst schützen, indem sie keine Betriebs- und Geschäftsgeheimnisse mit in die Krankenunterlagen aufnehmen, da § 630f BGB sie regelmäßig nicht verpflichtet, solche Geheimnisse zu dokumentieren. Außerdem ist zu berücksichtigen, dass die Krankenunterlagen im Rahmen der beruflichen Tätigkeit der Heilberufler und zuvorderst gerade für den jeweiligen Patienten erstellt und gespeichert werden, der nun Einsicht in sie nehmen möchte. Somit ist davon auszugehen, dass das Einsichtsrecht des Patienten in seine Krankenunterlagen nach § 630g Abs. 1 und 2 BGB auch insoweit die Eigentumsgarantie nach Art. 14 Abs. 1 GG und die Berufsfreiheit nach Art. 12 Abs. 1 GG nicht verletzt.
[390] Das Einsichtsrecht nach § 810 BGB besteht neben anderen Einsichtsrechten, z.B. aus besonderen Rechtsverhältnissen (siehe z.B. BGH NJW 1971, 656; *Marburger*, in: Staudinger, Kommentar zum Bürgerlichen Gesetzbuch mit Einführungsgesetz und Nebengesetzen, Vorbemerkungen zu §§ 809-811 Rn. 3 m.w.N.).

rechtliches Interesse daran hat, eine in fremdem Besitz befindliche Urkunde einzusehen, von dem Besitzer die Gestattung der Einsicht verlangen, wenn [...] *„in der Urkunde ein zwischen ihm und einem anderen bestehendes Rechtsverhältnis beurkundet ist"* [...]. Der behandelnde Arzt ist zur Dokumentation der Krankengeschichte und Behandlung seiner Patienten verpflichtet (siehe die Ausführungen unter Ziffer 3.1.1.2). Der Inhalt der Krankenunterlagen ist somit eine detaillierte Darstellung der Leistungserfüllung des Arztes. Sie enthält eine objektive und unmittelbare rechtliche Beziehung zu dem zwischen Arzt und Patient bestehenden Rechtsverhältnis, so dass der Erstellung der Krankenunterlagen Beurkundungscharakter zukommt.[391] Nachdem mittlerweile unbestritten ist, dass die ärztliche Dokumentation nicht mehr eine reine (freiwillig erstellte) Gedächtnisstütze des Arztes ist, sondern im Interesse des Patienten eine Dokumentationspflicht besteht, handelt es sich bei ihr zudem um eine Urkunde i.S.d. § 810.[392] Allerdings umfasst der Urkundenbegriff i.S.d. § 810 BGB lediglich durch Niederschrift verkörperte Gedankenerklärungen, nicht jedoch Erklärungen, die auf technischen Trägern, wie z.B. Ton-, Datenträgern oder Mikrodokumentationen aufgezeichnet sind.[393]

Auf rechtserhebliche Erklärungen, die mittels technischer Träger aufgezeichnet sind, findet § 810 BGB allerdings analog Anwendung.[394] Die §§ 809 ff. BGB stammen aus einer Zeit, in der das konkret-gegenständliche Denken die Rechtsetzung beherrschte.[395] Bedingt durch den technologischen Fortschritt, insbesondere im Bereich der Informationstechnologie, werden im Rechtsleben in immer größerem Umfang Erklärungen mittels technischer Geräte aufgezeichnet und auch zum Beweis verwendet,[396] so dass die §§ 809 ff. BGB in

---

[391] *Peter*, Das Recht auf Einsicht in Krankenunterlagen, S. 126 f.; *Marburger*, in: Staudinger, Kommentar zum Bürgerlichen Gesetzbuch mit Einführungsgesetz und Nebengesetzen, § 810 Rn. 20; siehe auch schon grundlegend OLG Celle NJW 1978, 1200.
[392] *Peter*, Das Recht auf Einsicht in Krankenunterlagen, S. 127 ff.; *Marburger*, in: Staudinger, Kommentar zum Bürgerlichen Gesetzbuch mit Einführungsgesetz und Nebengesetzen, § 810 Rn. 20.
[393] *Habersack*, in: Säcker/Rixecker, MüKo BGB, § 810 Rn. 3; *Sprau*, in: Palandt, BGB, § 810 Rn. 1; *Gehrlein*, in: Bamberger/Roth, BeckOK BGB, § 810 Rn. 1.
[394] So auch *Marburger*, in: Staudinger, Kommentar zum Bürgerlichen Gesetzbuch mit Einführungsgesetz und Nebengesetzen, § 810 Rn. 8; *Saß*, Die Beschaffung von Informationen und Beweisen, S. 110 ff.; a.A. aber ohne nähere Begründung *Habersack*, in: Säcker/Rixecker, MüKo BGB, § 810 Rn. 3; *Sprau*, in: Palandt, BGB, § 810 Rn. 1; *Gehrlein*, in: Bamberger/Roth, BeckOK BGB, § 810 Rn. 1). Das OLG Karlsruhe geht insoweit sogar von einer direkten Anwendbarkeit von § 810 BGB aus (OLG Karlsruhe NZG 2001, 654 (655)). Die direkte Anwendbarkeit von § 810 BGB hinsichtlich auf technischen Trägern gespeicherter Erklärungen ist jedoch abzulehnen, da es sich bei diesen Erklärungen um keine Urkunden handelt. So ist schon aufgrund des Zusammenhangs von § 810 BGB mit §§ 422, 429 ZPO auf den Urkundenbegriff im Zivilprozessrecht zurückzugreifen (so auch *Habersack*, in: Säcker/ Rixecker, MüKo BGB, § 810 Rn. 3 m.w.N.). Dieser umfasst mangels Verkehrsfähigkeit keine Aufzeichnungen, die auf technischen Datenträgern gespeichert sind (siehe z.B. *Schreiber*, in: Rauscher/Krüger, MüKo ZPO, § 415 Rn. 7).
[395] *Paulus/Renner*, JuS 2004, 1051 (1053).
[396] *Marburger*, in: Staudinger, Kommentar zum Bürgerlichen Gesetzbuch mit Einführungsgesetz und Nebengesetzen, § 810 Rn. 8.

der heutigen Zeit nicht mehr passen[397] und eine planwidrige Regelungslücke vorliegt. Da das Interesse an der Einsicht in eine Erklärung unabhängig davon besteht, ob diese technisch oder schriftlich aufgezeichnet wurde und damit insoweit eine vergleichbare Interessenlage besteht, ist der Anwendungsbereich des § 810 BGB durch eine analoge Anwendung auch auf technisch aufgezeichnete Erklärungen zu erweitern.[398]

Soweit dieser Ansicht entgegengehalten wird, dass der Gesetzgeber mit § 810 BGB keine allgemeine Vorlagepflicht schaffen wollte,[399] ist das zwar zutreffend, doch führt die analoge Anwendung von § 810 BGB zu keiner solchen allgemeinen Vorlagepflicht, da die Vorlagepflicht nach § 810 BGB durch das Erfordernis eines rechtlichen Interesses an der Einsicht und der Beteiligung des Anspruchstellers an dem Rechtsverhältnis, das die technisch aufgezeichnete Erklärung betrifft,[400] hinreichend begrenzt wird.[401]

Somit ist festzuhalten, dass ein Patient nach § 810 BGB analog auch Einsicht in seine elektronischen Krankenunterlagen erhalten kann.

Wie bereits erwähnt, ist das Einsichtsrecht des Patienten nach § 810 BGB, im Gegensatz zum vertraglichen Einsichtsrecht, auf Fälle beschränkt, in denen der Patient ein rechtliches Interesse zur Einsicht geltend machen kann. Ein rechtliches Interesse setzt voraus, dass die Einsichtnahme der Förderung, Erhaltung oder Verteidigung einer rechtlich geschützten Position dienen soll.[402] Ein solches Interesse ist beispielsweise gegeben, wenn die Einsicht zur Überprüfung der Honorarrechnung, zur Durchsetzung eines Versicherungs- oder Rentenanspruchs oder wegen Verdachts eines Kunstfehlers verlangt wird.[403]

Somit stellt sich die Frage, ob der Umfang des Einsichtsrechts nach § 810 BGB gegebenenfalls weiter sein kann als der Umfang des Einsichtsrechts nach § 630g Abs. 1 S. 1 BGB, dem immerhin erhebliche therapeutische Gründe und erhebliche Rechte Dritter entgegengehalten werden können. Allerdings unterliegt auch das Einsichtsrecht nach § 810 BGB Einschränkungen. So beschränkt

---

[397] *Paulus/Renner*, JuS 2004, 1051 (1053); *Marburger*, in: Staudinger, Kommentar zum Bürgerlichen Gesetzbuch mit Einführungsgesetz und Nebengesetzen, § 810 Rn. 8.
[398] So auch *Marburger*, in: Staudinger, Kommentar zum Bürgerlichen Gesetzbuch mit Einführungsgesetz und Nebengesetzen, § 810 Rn. 8; *Saß*, Die Beschaffung von Informationen und Beweisen, S. 110 ff.
[399] So z.B. Stürner, Die Aufklärungspflicht der Parteien des Zivilprozesses, S. 343.
[400] *Marburger*, in: Staudinger, Kommentar zum Bürgerlichen Gesetzbuch mit Einführungsgesetz und Nebengesetzen, § 810 Rn. 12.
[401] *Marburger*, in: Staudinger, Kommentar zum Bürgerlichen Gesetzbuch mit Einführungsgesetz und Nebengesetzen, § 810 Rn. 8.
[402] Siehe schon BGH WM 1971, 565 (567).
[403] *Marburger*, in: Staudinger, Kommentar zum Bürgerlichen Gesetzbuch mit Einführungsgesetz und Nebengesetzen, § 810 Rn. 20.

der Grundsatz von Treu und Glauben nach § 242 BGB den Anspruch aus § 810 BGB.[404] Insbesondere können berechtigte Geheimhaltungsinteressen oder Betriebs- und Geschäftsgeheimnisse des zur Vorlage der Urkunde Verpflichteten den Anspruch nach § 810 BGB (inhaltlich) beschränken oder sogar ausschließen.[405] Verfolgt ein Patient das rechtliche Interesse, Einsicht in Urkunden zu nehmen, um sein Selbstbestimmungsrecht nach Art. 2 Abs. 1 i.V.m. Art. 1 Abs. 1 GG ausüben zu können, kann auf die Ausführungen zum Umfang des Einsichtsrechts nach § 630g Abs. 1 S. 1 BGB unter der Ziffer 3.2.4.2 verwiesen werden. Die den Anspruch des Patienten aus § 810 BGB begrenzende Norm des § 242 BGB dient insoweit als Einbruchstelle für die Grundrechte, die im Wege der mittelbaren Drittwirkung in das Privatrecht ausstrahlen.[406] In diesem Rahmen sind dann einerseits das Recht des Patienten auf Selbstbestimmung gem. Art. 2 Abs. 1 i.V.m. Art. 1 Abs. 1 GG[407] und andererseits die grundrechtlich geschützten Rechte des behandelnden Heilberuflers bzw. des Krankenhausträgers, das allgemeine Persönlichkeitsrecht nach Art. 2 Abs. 1 i.V.m. Art. 1 Abs. 1 GG sowie das Eigentumsrecht nach Art. 14 Abs. 1 GG, die Schutzpflicht gegenüber dem Patienten aus Art. 2 Abs. 1 i.V.m. Art. 1 Abs. 1 GG sowie die Rechte Dritter, insbesondere deren allgemeines Persönlichkeitsrecht nach Art. 2 Abs. 1 i.V.m. Art. 1 Abs. 1 GG zu berücksichtigen. Insoweit ist zwischen diesen jeweils kollidierenden Grundrechten im Wege der praktischen Konkordanz abzuwägen und ein möglichst gerechter und schonender Ausgleich zu finden.[408] Diesbezüglich kann auf die Ausführungen zu den jeweils kollidierenden Grundrechten unter der Ziffer 3.2.4.2 verwiesen werden. Die Abwägung zwischen den einzelnen Grundrechten gilt entsprechend im Rahmen des Einsichtsrechts nach § 810 BGB. Somit ist festzuhalten, dass der Einsichtsanspruch des Patienten in seine Krankenunterlagen nach § 810 BGB vom Umfang her nicht weiter geht, als sein Einsichtsanspruch nach § 630g Abs. 1 S. 1 BGB.

---

[404] *Marburger*, in: Staudinger, Kommentar zum Bürgerlichen Gesetzbuch mit Einführungsgesetz und Nebengesetzen, Vorbemerkung zu §§ 809-811 Rn. 5; *Sprau*, in: Palandt, § 810 Rn. 2 i.V.m. § 809 Rn. 11; *Habersack*, in: Säcker/Rixecker, MüKo BGB, § 810 Rn. 11; *Gehrlein*, in: Bamberger/Roth, BeckOK BGB, § 810 Rn. 5.

[405] *Marburger*, in: Staudinger, Kommentar zum Bürgerlichen Gesetzbuch mit Einführungsgesetz und Nebengesetzen, Vorbemerkung zu §§ 809-811 Rn. 5; *Sprau*, in: Palandt, § 810 Rn. 2 i.V.m. § 809 Rn. 11; siehe auch *Habersack*, in: Säcker/Rixecker, MüKo BGB, § 810 Rn. 11; *Gehrlein*, in: Bamberger/Roth, BeckOK BGB, § 810 Rn. 5.

[406] Siehe z.B. BVerfGE 77, 240 (253); *Quaas/Zuck*, Medizinrecht, § 2 Rn. 88; *Timme*, in: BeckOK BGB, § 14 WEG, Rn. 31; *Säcker*, in MüKo BGB, Einleitung Rn. 64; *Jarass*, in: Jarass/Pieroth, GG, Einleitung Rn. 10.

[407] Siehe hierzu die Ausführungen unter Ziffer 3.2.4.1.

[408] Siehe z.B. BVerfGE 77, 240 (253); *Quaas/Zuck*, Medizinrecht, § 2 Rn. 88; *Timme*, in: BeckOK BGB, § 14 WEG, Rn. 31; *Säcker*, in MüKo BGB, Einleitung Rn. 64; *Jarass*, in: Jarass/Pieroth, GG, Einleitung Rn. 10.

Allerdings kann der Patient im Rahmen von § 810 BGB durchaus auch andere rechtliche Interessen verfolgen. In diesem Fall ist auf Seiten des Patienten nicht dessen Selbstbestimmungsrecht gem. Art. 2 Abs. 1 i.V.m. Art. 1 Abs. 1 GG in die Interessenabwägung mit einzubeziehen, sondern dessen jeweiliges konkretes rechtliches Interesse. Da der Umfang des Einsichtsrechts also abhängig von dem im jeweiligen konkreten Einzelfall verfolgten rechtlichen Interesse des Patienten ist und es eine Vielzahl unterschiedlichster rechtlicher Interessen gibt, die ein Patient im Rahmen von § 810 BGB verfolgen kann, kann eine Untersuchung des im jeweiligen Einzelfall bestehenden Umfangs des Einsichtsrechts aus § 810 BGB an dieser Stelle nicht erfolgen. Verfolgt der Patient beispielsweise das rechtliche Interesse, eine Honorarrechnung zu überprüfen, kann sich das Einsichtsrecht nach § 810 BGB auf die Einsicht in diese Rechnung und die Krankenunterlagen beschränken, in denen die dort abgerechnete Behandlung aufgezeichnet ist, wohingegen darin enthaltene subjektive Wertungen des Arztes aufgrund dessen in diesem Fall höher zu gewichtenden Persönlichkeitsrechts nach Art. 2 Abs. 1 i.V.m. Art. 1 Abs. 1 GG nicht dem Einsichtsrecht nach § 810 BGB unterliegen können, wenn sie für die Überprüfung der Honorarrechnung irrelevant sind.

Vom Einsichtsrecht nach § 810 BGB ist auch das Recht des Patienten erfasst, Kopien von seinen Krankenunterlagen auf eigene Kosten zu erhalten bzw. selbst anzufertigen.[409]

3.2.4.4 Einsichtsrecht aus § 10 Abs. 1 der Musterberufsordnung-Ärzte

Ein Einsichtsrecht des Patienten folgt zudem aus § 10 Abs. 1 S. 1 MBO-Ä, also dem Standesrecht der Ärzte.[410] Danach müssen Ärzte auf Verlangen des Patienten Einsicht in die ihn betreffenden Krankenunterlagen gewähren. Allerdings findet sich in dieser Vorschrift die Einschränkung, dass von der Einsicht diejenigen Teile ausgenommen sind, die subjektive Eindrücke oder Wahrnehmungen der Ärztin oder des Arztes enthalten.[411] § 10 Abs. 2 S. 2 MBO-Ä gibt den Patienten zudem das Recht, auf ihre Kosten Kopien von den Krankenunterlagen zu verlangen, die dem Einsichtsrecht unterliegen.

---

[409] Siehe z.B. *Habersack*, in: Säcker/Rixecker, MüKo BGB, § 810 Rn. 16; *Gehrlein*, in: Bamberger/Roth, BeckOK BGB, § 810 Rn. 6.
[410] Die MBO-Ä entfaltet als Musterberufsordnung selbst keine rechtliche Wirkung. Sie muss vielmehr von den einzelnen Landesärztekammern als Satzung beschlossen werden. In Niedersachsen wurde § 10 Abs. 2 MBO-Ä wortgleich auf Grundlage der Ermächtigung in § 33 HKG in § 10 Abs. 2 der BO der Ärztekammer Niedersachsen umgesetzt.
[411] Zur Wirksamkeit dieser Beschränkung siehe die Ausführungen unter Ziffer 3.2.4.2.4.

3.2.4.5   Einsichtsrecht aus Art. 2 Abs. 1 i.V.m. Art. 1 Abs. 1 GG

Teilweise wurde in der Rechtsprechung und in der Literatur erörtert, ob sich ein Einsichtsanspruch auch direkt aus dem Recht auf informationelle Selbstbestimmung gem. Art. 2 Abs. 1 i.V.m. Art. 1 Abs. 1 GG ergibt. [412] Doch ist ein solcher Anspruch nach Art. 2 Abs. 1 i.V.m. Art. 1 Abs. 1 GG in der hier untersuchten Konstellation problematisch (und auch vor Inkrafttreten des Patientenrechtegesetzes bereits problematisch gewesen), da es sich bei den behandelnden Ärzten i.d.R. nicht um Grundrechtsverpflichtete i.S.d. Art. 1 Abs. 3 GG handelt.

Außerdem besitzt der Patient in den hier untersuchten Konstellationen bereits ausreichende einfachgesetzliche Ansprüche auf Einsicht in die Krankenunterlagen, so dass ein direkter Einsichtsanspruch aus Art. 2 Abs. 1 i.V.m. Art. 1 Abs. 1 GG nicht erforderlich ist. Einsichtsrechte in Krankenunterlagen, die in Krankenhäusern der Länder oder Kommunen geführt werden, können sich zudem noch aus landesrechtlichen Spezialregelungen ergeben.[413]

3.2.4.6   Röntgen-, Computertomogramm- und Kernspinaufnahmen

Hinsichtlich Röntgen-, Computertomogramm- und Kernspinaufnahmen besteht neben dem Einsichtsrecht des Patienten noch ein weitergehendes Herausgaberecht. So sind derartige Aufnahmen dem Patienten zumindest vorübergehend (z.B. zur Nachbehandlung oder für einen Prozess) gem. § 811 Abs. 1 S. 2 BGB analog auszuhändigen, um die Strahlenbelastung des Patienten zu vermindern.[414] Dieser Anspruch folgt auch aus einer Nebenpflicht des Behandlungsvertrages zwischen dem Patienten und dem jeweiligen Arzt[415]

---

[412] So durch *Klatt*, JZ 2007, 95 (96 f.), der aber zu keinem abschließenden Ergebnis gelangt. Auch das Bundesverfassungsgericht hat diese Frage aufgeworfen, aber mangels Entscheidungserheblichkeit in dem konkret zu entscheidenden Fall ausdrücklich offen gelassen (BVerfG NJW 2006, 1116 (1118)).
[413] Vgl. z.B. § 28 Abs. 3 Krankenhausgesetz des Landes Brandenburg i.V.m. § 7 Abs. 2 Nr. 2 der Krankenhausdatenschutzverordnung; § 5 Bremisches KrankenhausdatenschutzG; § 9 GesundheitsdatenschutzG Nordrhein-Westfalen. Soweit sich in diesen Gesetzen der Länder Einschränkungen des Einsichtsrechts auf objektive Befunde und Behandlungen befinden (z.B. § 9 Abs. 3 GesundheitsdatenschutzG Nordrhein-Westfalen), so verstoßen sie nach hier vertretener Auffassung gegen das Selbstbestimmungsrecht der Patienten (siehe die Ausführungen unter Ziffer 3.2.4.2.4). Zu den einzelnen Bestimmungen in Krankenhausgesetzen der Länder siehe *Scheiwe*, KritV 81 (1998), 313 (325 ff.).
[414] LG Kiel GesR 2007, 318 f.; LG München I MedR 2001, 524 f.; *Deutsch/Spickhoff*, Medizinrecht, Rn. 631.
[415] So auch *Deutsch/Spickhoff*, Medizinrecht, Rn. 631; LG Aachen NJW 1986, 1551.

und gilt auch für Aufnahmen in digitaler Form.[416] Für Röntgenaufnahmen, die auf elektronischen Datenträgern gespeichert sind, folgt die Herausgabepflicht zur Nachbehandlung durch andere Ärzte auch aus § 28 Abs. 6 S. 1 Röntgenverordnung.

3.2.4.7 Das datenschutzrechtliche Auskunftsrecht

Fraglich ist, ob die Patienten neben dem Einsichtsrecht auch noch ein Recht auf Auskunft auf Basis der Datenschutzgesetze haben. Dieses könnte sich gegenüber Ärzten und anderen Heilberuflern, bei denen es sich grundsätzlich um nicht-öffentliche Stellen gem. § 2 Abs. 4 BDSG handelt, aus § 34 Abs. 1 BDSG und gegenüber Krankenhäusern aus den für sie geltenden datenschutzrechtlichen Vorschriften ergeben.[417]

3.2.4.7.1 Anwendbarkeit des BDSG

Vor Inkrafttreten des Patientenrechtegesetzes und der gesetzlichen Statuierung des Einsichtsrechts in § 630g Abs. 1 S. 1 BGB war es unstreitig, dass den Patienten neben dem Einsichtsrecht in ihre Krankenunterlagen aus einer Nebenpflicht des Behandlungsvertrags und aus § 810 BGB diesbezüglich auch noch ein datenschutzrechtliches Auskunftsrecht zustand.[418]

So war die Anwendbarkeit der datenschutzrechtlichen Vorschriften vor der gesetzlichen Statuierung des Einsichtsrechts in § 630g Abs. 1 S. 1 BGB nicht nach § 1 Abs. 3 BDSG ausgeschlossen,[419] da es keine vorrangige Rechtsvorschrift des Bundes gab. Die Satzungen der Ärztekammern sind keine bundesrechtlichen Vorschriften, genauso wie nebenvertragliche Ansprüche auf Einsicht in die Unterlagen. Auch § 810 BGB geht den Vorschriften des BDSG nicht vor, weil eine dem BDSG gem. § 1 Abs. 3 BDSG vorgehende Vorschrift den

---

[416] So wohl auch *Deutsch/Spickhoff*, Medizinrecht, Rn. 631, die nicht zwischen der Form der angefertigten Aufnahme unterscheiden und nach denen die Urkundseigenschaft der Aufnahmen nicht Voraussetzung für den Herausgabeanspruch ist. Entscheidend soll vielmehr die Vermeidung von Strahlenbelastung sein, der der Patient ausgesetzt wird. Dieser Zweck ist unabhängig von der Speicherform der Aufnahme.

[417] Siehe hierzu die Ausführungen in Fußnote 19.

[418] Siehe z.B. *Dix*, in: Simitis, Bundesdatenschutzgesetz, § 34 Rn. 91, 94; *Deutsch/Spickhoff*, Medizinrecht, Rn. 625; *Scheiwe*, KritV 81 (1998), 313 (322).

[419] Gleiches gilt für die spezialgesetzlichen Regelungen für öffentliche Krankenhäuser, z.B. aus § 2 Abs. 6 NDSG, entsprechend.

Umgang mit personenbezogenen Daten regeln[420] und gerade den für den jeweiligen Regelungszusammenhang typischen Datenschutzproblemen Rechnung tragen muss.[421]

So besteht der Zweck von § 810 BGB nicht darin, dem Betroffenen aufgrund seines Rechts auf informationelle Selbstbestimmung Einsicht in die ihn betreffenden personenbezogenen Daten zu verschaffen. § 810 BGB dient vielmehr dem Schutz des rechtlichen Interesses eines Anspruchstellers. Wer feststellen will, ob ein Anspruch besteht und mit Erfolg gerichtlich geltend gemacht werden kann, ist häufig darauf angewiesen, vorher in eine Urkunde Einsicht nehmen zu können.[422] Genau dieses Recht soll dem Anspruchsteller durch § 810 BGB verschafft werden. Anknüpfungspunkt dieser Regelung ist somit nicht das informationelle Selbstbestimmungsrecht des Anspruchstellers, sondern dessen Interesse an der Förderung, Erhaltung oder Verteidigung einer Rechtsposition.[423] Folglich wurden die Auskunftsrechte des betroffenen Patienten nach § 34 Abs. 1 BDSG nicht durch § 810 BGB verdrängt.[424]

Nunmehr stellt sich allerdings die Frage, ob der Patient auch nach Inkrafttreten des Patientenrechtegesetzes und der Statuierung des Einsichtsrechts in § 630g Abs. 1 S. 1 BGB noch Inhaber von Auskunftsansprüchen aus § 34 Abs. 1 BDSG ist.[425] So könnte die Anwendbarkeit des BDSG nach § 1 Abs. 3 S. 1 BDSG ausgeschlossen sein, da nunmehr mit § 630g Abs. 1 S. 1 BGB eine Rechtsvorschrift des Bundes existiert, die insoweit Anwendungsvorrang genießen könnte. Voraussetzung des Anwendungsvorrangs nach § 1 Abs. 3 S. 1 BDSG ist das Vorliegen von Tatbestandskongruenz. Speziellere Normen gehen dem BDSG hiernach in ihrer Anwendbarkeit nur dann und nur insoweit vor, wie der Regelungsgegenstand deckungsgleich mit dem der BDSG-Norm ist.[426] Sie muss eindeutig Belange des Datenschutzrechts regeln.[427] Unerheblich ist hingegen, welche Rechtsvorschrift älter[428] oder strenger ist.[429] Werden bestimm-

---

[420] *Bergmann/Möhrle/Herb*, Datenschutzrecht, § 1 BDSG Rn. 24; *Schmidt*, in: Taeger/Gabel, Kommentar zum BDSG, § 1 Rn. 33.

[421] Siehe z.B. *Schaffland/Wiltfang*, BDSG, 5001 § 1 Rn. 34; *Gola/Schomerus*, BDSG, § 1 Rn. 24; *Dix*, in: Simitis, Bundesdatenschutzgesetz, § 1 Rn. 170.

[422] Siehe *Marburger*, in: Staudinger, Kommentar zum Bürgerlichen Gesetzbuch mit Einführungsgesetz und Nebengesetzen, Vorbemerkungen zu §§ 809-811, Rn. 1.

[423] *Habersack*, in: Säcker/Rixecker, MüKo BGB, § 810 Rn. 1.

[424] So auch *Dix*, in: Simitis, Bundesdatenschutzgesetz, § 34 Rn. 91, 94; *Deutsch/Spickhoff*, Medizinrecht, Rn. 625; *Scheiwe*, KritV 81 (1998), 313 (322).

[425] Die konkrete Anspruchsnorm ergibt sich aus dem im konkreten Fall geltenden Datenschutzrecht (siehe Fußnote 19).

[426] Siehe z.B. *Schmitz*, in: Taeger/Gabel, Kommentar zum BDSG, § 1 Rn. 33; *Gola/Schomerus*, BDSG, § 1 Rn. 24; *Plath*, in: Plath, BDSG, § 1 Rn. 36.

[427] *Plath*, in: Plath, BDSG, § 1 Rn. 36 m.w.N.

[428] *Dix*, in: Simitis, Bundesdatenschutzgesetz, § 1 Rn. 169; *Plath*, in: Plath, BDSG, § 1 Rn. 36.

te Sachverhalte durch die spezifische Regelung nicht erfasst, bleibt das BDSG insofern – lückenfüllend – anwendbar.[430]

Das Einsichtsrecht des Patienten in seine Krankenunterlagen nach § 630g Abs. 1 S. 1 BGB dient auch nach dem ausdrücklichen Willen des Gesetzgebers – im Gegensatz zum Einsichtsanspruch aus § 810 BGB - der Umsetzung seines Rechts auf informationelle Selbstbestimmung. So soll es einem Patienten durch das Einsichtsrecht nach § 630g Abs. 1 S. 1 BGB insbesondere ermöglicht werden, zu erfahren, welche Daten sich bei seiner Behandlung ergeben haben.[431] Das Einsichtsrecht nach § 630g Abs. 1 S. 1 BGB regelt also auch nach dem Willen des Gesetzgebers das Recht des Patienten zu erfahren, welche Daten über ihn und seine Gesundheit in seinen Krankenunterlagen enthalten sind und bezieht sich somit eindeutig auf Belange des Datenschutzrechts. Da § 630g BGB auch ausdrücklich (nur) die Einsichtnahme in Krankenunterlagen regelt, handelt es sich bei § 630g Abs. 1 S. 1 BGB gegenüber den datenschutzrechtlichen Auskunftsansprüchen nach § 34 Abs. 1 BDSG um die speziellere Norm, die § 34 Abs. 1 BDSG deshalb im Rahmen ihres Anwendungsbereichs nach § 1 Abs. 3 S. 1 BDSG verdrängt.

Insoweit ist das Einsichtsrecht des Patienten mit dem Einsichtsrecht des Arbeitnehmers in seine Personalakte nach § 83 Abs. 1 BetrVG vergleichbar. Zu den Personalakten gehören alle Unterlagen über die Person eines Arbeitnehmers, z.B. sein Arbeitsvertrag, Beurteilungen, Zeugnisse, Aufzeichnungen über Lohn- und Gehaltsveränderungen sowie Arbeitsausfälle wegen Krankheit, Unterlagen des Werkschutzes und abgeschlossene Ermittlungsakten in Disziplinarsachen.[432] § 83 Abs. 1 BetrVG gewährt dem Arbeitnehmer das Recht, Einsicht in die über ihn geführte Personalakte zu nehmen. Auch hinsichtlich des Einsichtsrechts in die Personalakte gilt, dass § 83 Abs. 1 BetrVG dem datenschutzrechtlichen Einsichtsrecht nach § 34 Abs. 1 BDSG gem. § 1 Abs. 3 S. 1 BDSG vorgeht, da § 83 Abs. 1 BetrVG als spezifische Regelung Belange des Datenschutzes regelt und ihr Regelungsgegenstand insoweit deckungsgleich mit dem datenschutzrechtlichen Auskunftsanspruch ist.[433] Allerdings geht § 83 Abs. 1 BetrVG dem datenschutzrechtlichen Auskunftsanspruch nach § 1 Abs. 3

---

[429] Siehe z.B. *Schmidt*, in: Taeger/Gabel, Kommentar zum BDSG, § 1 Rn. 33; *Plath*, in: Plath, BDSG, § 1 Rn. 36; *Gola/Schomerus*, BDSG, § 1 Rn. 24; *Weichert*, in: Däubler/Klebe/Wedde/Weichert, BDSG, § 1 Rn. 13; *Dix*, in: Simitis, Bundesdatenschutzgesetz, § 1 Rn. 172.

[430] *Weichert*, in: Däubler/Klebe/Wedde/Weichert, BDSG, § 1 Rn. 13; *Schmidt*, in: Taeger/Gabel, Kommentar zum BDSG, § 1 Rn. 33; *Gusy*, in: Wolff/Brink, BeckOK BDSG, § 1 Rn. 81.

[431] Siehe die Gesetzesbegründung zu § 630g Abs. 1 S. 1 BGB in BT-Drs. 17/10488, S. 26.

[432] Siehe z.B. *Dix*, in: Simitis, Bundesdatenschutzgesetz, § 34 Rn. 97; *Thüsing*, in: Richardi, BetrVG, § 83 Rn. 6.

[433] So z.B. auch *Fitting/Engels/Schmidt/Trebinger/Linsenmaier*, Betriebsverfassungsgesetz, § 83 Rn. 33; *Kania*, in: Dieterich/Hanau/Schaub, Erfurter Kommentar zum Arbeitsrecht, § 83 BetrVG Rn. 13; *Lakies*, in: Düwell, BetrVG, § 83 Rn. 27.

S. 1 BDSG nur insoweit vor, wie der Regelungsgegenstand von § 83 Abs. 1 BetrVG mit dem des § 34 Abs. 1 BDSG deckungsgleich ist.[434] Da § 83 Abs. 1 BetrVG nur die Einsicht in die Personalakte, im Gegensatz zu § 34 Abs. 1 BDSG jedoch nicht die Auskunft über die Herkunft und die Empfänger der Daten umfasst, bleibt § 34 Abs. 1 BDSG in Bezug auf diese Punkte anwendbar.[435] Mit anderen Worten: Bezüglich der Auskunft über die Herkunft von in Personalakten enthaltenen personenbezogenen Daten und deren Empfänger liegt keine Tatbestandskongruenz zwischen § 83 Abs. 1 BetrVG und § 34 Abs. 1 BDSG vor, so dass § 83 Abs. 1 BetrVG den datenschutzrechtlichen Auskunftsanspruch nach § 34 Abs. 1 BDSG insoweit gem. § 1 Abs. 3 S. 1 BDSG nicht verdrängt.

Dieses Ergebnis lässt sich auch auf das Verhältnis zwischen dem Einsichtsrecht in die Krankenunterlagen nach § 630g Abs. 1 S. 1 BGB und dem datenschutzrechtlichen Auskunftsanspruch nach § 34 Abs. 1 BDSG übertragen. Das Einsichtsrecht nach § 630g Abs. 1 S. 1 BGB bezieht sich nur auf die Einsicht in die vollständige Patientenakte. Sofern die Herkunft oder die Empfänger der in der Patientenakte enthaltenen personenbezogenen Daten nicht ohnehin bereits aus der Patientenakte hervorgehen – z.B. aus den Arztbriefen, die nach § 630f Abs. 2 S. 2 BGB mit in die Patientenakte aufzunehmen sind oder sie gem. § 630f Abs. 2 S. 1 BGB im Rahmen von für die derzeitige und künftige Behandlung wesentlichen Maßnahmen und deren Ergebnisse dokumentiert wurden - und der Patient diese Angaben bei Ausübung seines Einsichtsrechts nach § 630g Abs. 1 S. 1 BGB erfährt, kann der Patient deshalb nach § 34 Abs. 1 S. 1 Nr. 1 und 2 BDSG Auskunft über die Herkunft und die Empfänger seiner personenbezogenen Daten verlangen. Diesbezüglich liegt zwischen § 630g Abs. 1 S. 1 BGB und dem datenschutzrechtlichen Auskunftsanspruch nach § 34 Abs. 1 BDSG keine Tatbestandskongruenz vor, so dass der datenschutzrechtliche Auskunftsanspruch bezüglich der Auskunft über die Herkunft personenbezogener Daten und über deren Empfänger nicht gem. § 1 Abs. 3 S. 1 BDSG verdrängt wird. Hinsichtlich der Auskunft der über den Patienten in seiner Patientenakte gespeicherten personenbezogenen Daten geht das Einsichtsrecht des Patienten nach § 630g Abs. 1 S. 1 BGB dem datenschutzrechtlichen Auskunftsanspruch nach § 34 Abs. 1 BDSG aber – wie bereits ausgeführt- gem. § 1 Abs. 3 S. 1 BDSG vor. Gegenüber Apotheken kann das datenschutzrechtliche Auskunftsrecht aber auch weiterhin geltend gemacht werden, da - wie unter Ziffer 3.1.2 bereits ausgeführt – in diesem Verhältnis kein Behand-

---

[434] Siehe z.B. *Schmitz*, in: Taeger/Gabel, Kommentar zum BDSG, § 1 Rn. 33; *Gola/Schomerus*, BDSG, § 1 Rn. 24; *Plath*, in: Plath, BDSG, § 1 Rn. 36.
[435] So auch *Däubler*, in: Däubler/Klebe/Wedde/Weichert, BDSG, § 34 Rn. 55; *Dix*, in: Simitis, Bundesdatenschutzgesetz, § 34 Rn. 99.

lungsvertrag nach § 630a Abs. 1 BGB geschlossen wird, so dass § 630g BGB hier nicht anwendbar ist.

3.2.4.7.2 Verschlechterung der Rechte durch die Einführung von § 630g BGB?

Durch die gesetzliche Statuierung des Einsichtsrechts von Patienten in ihre Krankenunterlagen in § 630g Abs. 1 BGB und die daraus resultierende Nicht-anwendbarkeit der datenschutzrechtlichen Auskunftsansprüche nach § 34 Abs. 1 BDSG könnten sich die Rechte der Patienten – entgegen des Willens des Gesetzgebers, die Patienteninformationen zu stärken,[436] der auch schon im Gesetzesnamen zum Ausdruck kommt („Gesetz zur Verbesserung der Rechte der Patientinnen und Patienten") – allerdings verschlechtert haben. So wurde in der juristischen Literatur die Auffassung vertreten, dass der datenschutz-rechtliche Auskunftsanspruch des Patienten bezüglich der in Krankenunterla-gen über ihn gespeicherten personenbezogenen Daten keinen Einschränkun-gen aus therapeutischen Gründen unterlag.[437] Dies würde bedeuten, dass das „Gesetz zur Verbesserung der Rechte der Patientinnen und Patienten" im Hin-blick auf das Einsichtsrecht in die Krankenunterlagen keine Verbesserung, sondern eine Verschlechterung für die Patienten gebracht hätte. Aus diesem Grunde soll im Folgenden kurz untersucht werden, ob auch der datenschutz-rechtliche Auskunftsanspruch Einschränkungen aus therapeutischen Gründen unterlag oder ob sich die Rechte der Patienten durch die gesetzliche Statuie-rung von § 630g Abs. 1 S. 1 BGB verschlechtert haben.

Der Patient konnte vor Inkrafttreten des Patientenrechtegesetzes von seinem Arzt bzw. Krankenhaus[438] Auskunft darüber verlangen, welche Daten zu sei-ner Person bei ihnen gespeichert waren. Der Auskunftsanspruch nach § 34 Abs. 1 BDSG umfasste grundsätzlich alle bei der jeweiligen verantwortlichen

---

[436] Siehe die Gesetzesbegründung zum Patientenrechtegesetz in BT-Drs. 17/10488, S. 1.
[437] *Dix*, in: Simitis, Bundesdatenschutzgesetz, § 34 Rn. 94.
[438] Sofern § 34 Abs. 1 BDSG für das jeweilige Krankenhaus überhaupt gilt (siehe hierzu die Ausfüh-rungen in Fußnote 19).

Stelle gespeicherten personenbezogenen Daten[439] und damit auch subjektive Wertungen und Eindrücke über einen Patienten.[440] Dabei war es unerheblich, ob die Angaben über einen Patienten in automatisierten Dateien i.S.d. § 3 Abs. 2 S. 1 BDSG oder in einer anderen Datei gespeichert waren, da § 27 BDSG nur die Speicherung in einer Datei voraussetzt.[441] Somit unterlagen auch Behandlungsunterlagen, die aus Karteikarten und Krankenblättern bestanden, der Auskunftspflicht.[442]

Allerdings unterliegt auch das Auskunftsrecht nach dem BDSG gesetzlichen Einschränkungen. Gem. § 34 Abs. 7 i.V.m. § 33 Abs. 2 Nr. 3 BDSG besteht keine Auskunftspflicht, wenn die Daten nach einer Rechtsvorschrift oder ihrem Wesen nach, namentlich wegen des überwiegenden rechtlichen Interesses eines Dritten, geheimgehalten werden müssen. Eine Rechtsvorschrift, nach der diese Daten geheimgehalten werden müssen, existiert nicht, da auch die ärztliche Schweigepflicht nach § 203 Abs. 1 StGB im Verhältnis zum Patienten, den diese Daten betreffen, nicht gilt.

Medizinische Daten sind gegenüber dem Betroffenen auch grundsätzlich nicht ihrem Wesen nach geheim, so dass das Auskunftsrecht des Betroffenen nicht gem. § 34 Abs. 7 i.V.m. § 33 Abs. 2 Nr. 3 BDSG entfällt.[443] Ihrem Wesen nach geheim sind Daten, wenn der mit der Geheimhaltung verfolgte Zweck von der

---

[439] Siehe z.B. *Dix*, in: Simitis, Bundesdatenschutzgesetz, § 34 Rn. 15; *Mallmann*, in: Simitis, BDSG, § 19 Rn. 19. In einigen Vorschriften der Bundesländer ist der Umfang des Auskunftsrechts von Krankenhäusern allerdings begrenzt. § 9 Abs. 3 des Gesundheitsdatenschutzgesetzes Nordrhein-Westfalen beschränkt das Auskunftsrecht des Patienten gegenüber dem Krankenhaus dahingehend, dass subjektive Daten und Aufzeichnungen im Rahmen der Behandlung nach ärztlichem Ermessen zurückgehalten werden können. Auch das Bayerische Krankenhausgesetz enthält beispielsweise in Art. 27 Abs. 3 S. 4 eine Beschränkung für ärztliche Beurteilungen oder Wertungen. Eine derartige Beschränkung des Auskunftsrechts verstößt jedoch nach hier vertretener Ansicht gegen das Recht der Patienten auf informationelle Selbstbestimmung nach Art. 2 Abs. 1 i.V.m. Art. 1 Abs. 1 GG. Die Ausführungen zum Einsichtsrecht (siehe die Ausführungen unter Ziffer 3.2.4.2.4) gelten entsprechend.
[440] Siehe z.B. *Dix*, in: Simitis, Bundesdatenschutzgesetz, § 34 Rn. 93 ff.; *Mallmann*, in: Simon/Weiss, Zur Autonomie des Individuums, S. 237 (243); siehe auch *Gola/Schomerus*, BDSG, § 3 Rn. 6.
[441] *Scheiwe*, KritV 81 (1998), 313 (314).
[442] *Mallmann*, in: Simon/Weiss, Zur Autonomie des Individuums, 237 (243 f.). Siehe auch schon grundlegend: *Kilian*, in: Kilian/Porth, Juristische Probleme der Datenverarbeitung in der Medizin, S. 119 (125 f.).
[443] Siehe schon *Kilian*, in: Kilian/Porth, Juristische Probleme der Datenverarbeitung in der Medizin, S. 119 (127); *Mallmann*, in: Simon/Weiss, Zur Autonomie des Individuums, S. 237 (244); *Forgó*, in: Wolff/Brink, BeckOK BDSG, § 33 Rn. 56; *Gola/Schomerus*, BDSG, § 19 Rn. 28; *Dix*, in: Simitis, Bundesdatenschutzgesetz, § 33 Rn. 76; a.A. *Meier*, Der rechtliche Schutz patientenbezogener Gesundheitsdaten, S. 107 f., der die subjektiven Wertungen des Arztes als ihrem Wesen nach geheimhaltungsbedürftig ansieht, da sie geeignet sind, das Vertrauensverhältnis zwischen Arzt und Patient zu beeinträchtigen, insbesondere wenn der Arzt sich negativ über den Patienten geäußert hat. Diese Ansicht verkennt jedoch das überwiegende Interesse des Patienten zu erfahren, welche Daten über ihn beim jeweiligen Arzt gespeichert sind. Somit muss das Recht auf informationelle Selbstbestimmung des Arztes hinter dem des Patienten zurücktreten (vgl. die Ausführungen unter Ziffer 3.2.4.2.4). Außerdem können im Rahmen von § 33 Abs. 2 Nr. 3 BDSG lediglich Geheimhaltungsinteressen eines **Dritten** berücksichtigt werden (siehe z.B. *Dix*, in: Simitis, Bundesdatenschutzgesetz, § 34 Rn. 84).

Rechtsordnung als schutzbedürftig anerkannt ist und dieser Zweck durch die Auskunft in gravierender Weise beeinträchtigt würde.[444] Das Recht auf Selbstbestimmung und die personale Würde des Menschen nach Art. 2 Abs. 1 i.V.m. Art. 1 Abs. 1 GG gebieten es jedoch gerade, dass der Patient Auskunft über die ihn betreffenden Daten vom behandelnden Arzt bzw. Krankenhaus erhält.[445]

So hat es auch der Gesetzgeber explizit abgelehnt, therapeutische Privilegien zur Beschränkung des datenschutzrechtlichen Auskunftsanspruchs einzuräumen und vielmehr einen umfassenden Auskunftsanspruch als Grundlage für das Selbstbestimmungsrecht der Patienten anerkannt.[446] Besteht allerdings eine konkrete Gefahr, dass der betroffene Patient nach Erhalt der Auskunft Selbstmord begeht, sind die medizinischen Daten, auf Grund derer diese Gefahr besteht, ausnahmsweise als ihrem Wesen nach geheim zu qualifizieren. Wie unter Ziffer 3.2.4.2.1 bereits beschrieben, ist der behandelnde Arzt unter diesen Voraussetzungen berechtigt, die Einsicht des Patienten in die Krankenunterlagen in dem hierfür erforderlichen Maß einzuschränken. Diese Wertungen sind auf den datenschutzrechtlichen Auskunftsanspruch zu übertragen. Der mit der Geheimhaltung verfolgte Zweck besteht darin, den Patienten davor zu schützen, dass er Selbstmord begeht. Dieser Geheimhaltungszweck ist von der Rechtsordnung (Art. 2 Abs. 2 GG und Art. 2 Abs. 1 i.V.m. Art. 1 Abs. 1 GG) als schutzbedürftig anerkannt[447] und würde durch die Auskunftserteilung gravierend beeinträchtigt. Somit ist festzuhalten, dass die datenschutzrechtliche Auskunftspflicht nach § 34 Abs. 7 i.V.m. § 33 Abs. 2 Nr. 3 BDSG nur dann entfällt, wenn die konkrete Gefahr besteht, dass der betroffe-

---

[444] *Dix*, in: Simitis, Bundesdatenschutzgesetz, § 33 Rn. 75 i.V.m. *Mallmann*, in: Simitis, Bundesdatenschutzgesetz, § 19 Rn. 98.

[445] Siehe z.B. *Mallmann*, in: Simitis, Bundesdatenschutzgesetz, § 19 Rn. 100 m.w.N. Im Rahmen des Auskunftsanspruchs ist auf das Wesen der gespeicherten personenbezogenen Daten und nicht auf mit ihnen verbundene Meta-Daten abzustellen (*Dix*, in: Simitis, Bundesdatenschutzgesetz, § 33 Rn. 73 und § 34 Rn. 57).

[446] Siehe z.B. den Bericht des Innenausschusses des Deutschen Bundestages, BT-Drs. 7/5277, S. 7 sowie die Stellungnahme des Bundesrates und die Gegenäußerung der Bundesregierung, BT-Drs. 7/1027, S. 35 und 40. So auch Scheiwe, KritV 81 (1998), 313 (324); *Mallmann*, in: Simon/Weiss, Zur Autonomie des Individuums, S. 237 (244).

[447] Siehe die Ausführungen unter Ziffer 3.2.4.2.1. Aus den dortigen Ausführungen folgt zudem, dass sich aus den Art. 2 Abs. 2 GG und Art. 2 Abs. 1 i.V.m. Art. 1 Abs. 1 GG kein weitergehendes Geheimhaltungsrecht gem. § 33 Abs. 2 Nr. 3 BDSG aus den Art. 2 Abs. 2 GG ergibt.

ne Patient nach der Auskunft Selbstmord begeht.[448] Die Einschränkung des Auskunftsanspruchs bezieht sich in diesem Fall aber nur auf die Daten, durch die die konkrete Gefahr eines Selbstmords verursacht würde.[449]

Somit wurde auch das Auskunftsrecht des Patienten nach § 34 Abs. 1 BDSG hinsichtlich der in seinen Krankenunterlagen über ihn gespeicherten personenbezogenen Daten durch therapeutische Gründe eingeschränkt. Die Beschränkung des datenschutzrechtlichen Auskunftsanspruchs entsprach somit der nun in § 630g Abs. 1 S. 1 BGB enthaltenen Einschränkung des Einsichtsrechts aufgrund entgegenstehender erheblicher therapeutischer Gründe, so dass das Patientenrechtegesetz insoweit keine Verschlechterung der Rechte für die Patienten bewirkt hat.

Im Übrigen entsprechen auch die weiteren Einschränkungen des Einsichtsrechts nach § 630g Abs. 1 S. 1 BGB im Ergebnis den Einschränkungen des datenschutzrechtlichen Auskunftsrechts des Patienten, das dieser vor Inkrafttreten des Patientenrechtegesetzes nach § 34 Abs. 1 BDSG gegen den ihn behandelnden Arzt bzw. das Krankenhaus besaß. So konnte der Arzt bzw. das Krankenhaus - wie beim Einsichtsrecht nach § 630g Abs. 1 BGB und im Gegensatz zum Einsichtsanspruch des Patienten aus der Nebenpflicht des Behandlungsvertrags - dem datenschutzrechtlichen Auskunftsanspruch des Pa-

---

[448] So auch *Mallmann,* in: Simon/Weiss, Zur Autonomie des Individuums, S. 237 (246); *Mallmann,* in: Simitis, Bundesdatenschutzgesetz, § 19 Rn. 100; *Scheiwe,* KritV 81 (1998), 313 (324). Siehe auch BVerwG NJW 1989, 2960 (2960). Die in der Literatur vertretene Auffassung, nach der auch im Fall einer konkreten Gefahr eines Selbstmordes das Auskunftsrecht nicht eingeschränkt ist (*Dix,* in: Simitis, Bundesdatenschutzgesetz, § 34 Rn. 94), ist nach hier vertretener Ansicht zu weitgehend. So wird diese Auffassung mit der neueren Rechtsprechung des Bundesverfassungsgerichts begründet (Urteil vom 09.01.2006 – Az. 2 BvR 443/02, BVerfG NJW 2006, 1116 ff.), welche auch unter Ziffer 3.2.4.2.4.3 näher dargestellt wird (*Dix,* in: Simitis, Bundesdatenschutzgesetz, § 34 Rn. 94). Nach hier vertretener Ansicht folgt aus dieser Entscheidung, welche das Einsichtsrecht eines im Maßregelvollzug Untergebrachten zum Gegenstand hat, jedoch nicht, dass das vertragliche Einsichtsrecht bzw. das datenschutzrechtliche Auskunftsrecht im Falle der konkreten Gefahr eines Selbstmordes nicht beschränkt werden kann. Zwar betonte das Bundesverfassungsgericht in diesem Urteil die hohe Bedeutung des Einsichtsrechts für die grundrechtlich geschützte Selbstbestimmung des Patienten, doch bedeutet dies nicht, dass auch im Fall der konkreten Gefahr eines Selbstmordes ein solches Einsichtsrecht bestehen muss, insbesondere da die Schutzpflicht, aus der die Beschränkung des Einsichtsrechts folgt, sich ebenfalls aus den Grundrechten des Patienten herleitet (siehe die Ausführungen unter Ziffer 3.2.4.2.1). So hat das Bundesverfassungsgericht in diesem Urteil auch keine Aussage darüber getroffen, inwiefern eine solche Beschränkung des Einsichtsrechts (un-)zulässig sei. Zu restriktiv ist auch die Auffassung, nach der das Einsichtsrecht auch schon dann entfallen soll, wenn bloß eine Verschlimmerung des Leidens des Patienten droht (*Däubler,* in: Däubler/Klebe/Wedde/Weichert, BDSG, § 33 Rn. 32). Insoweit überwiegt jedoch das Interesse des Patienten auf Auskunft das Schutzinteresse (vgl. die Ausführungen unter Ziffer 3.2.4.2.1). So umfasst das Selbstbestimmungsrecht des Patienten insbesondere auch die Entscheidung, welchen Gefahren er sich aussetzen möchte (siehe z.B. BVerwG NJW 1989, 2960 f.; *Mallmann,* in: Simon/Weiss (Hrsg.): Zur Autonomie des Individuums, S. 237 (246); im Ergebnis so auch schon *Kilian,* in: Kilian/Porth, Juristische Probleme der Datenverarbeitung in der Medizin, S. 119 (127)).
[449] Vgl. *Dix,* in: Simitis, Bundesdatenschutzgesetz, § 34 Rn. 62.

tienten keine überwiegenden eigenen Persönlichkeitsrechte entgegenhalten. Der datenschutzrechtliche Auskunftsanspruch des Patienten in seine Krankenunterlagen war vom Umfang her also weiter als der Einsichtsanspruch aus der Nebenpflicht des Behandlungsvertrages.[450]

So können überwiegende eigene Interessen der verantwortlichen Stelle, also z.B. des behandelnden Arztes oder des Krankenhauses[451], auch im Rahmen des § 34 Abs. 7 i.V.m. § 33 Abs. 2 Nr. 3 BDSG nicht berücksichtigt werden, sondern lediglich die rechtlichen Interessen **Dritter**.[452] Dies folgt schon daraus, dass die verantwortliche Stelle im Fall eigener überwiegender Interessen auf eine Geheimhaltung verzichten könnte, weshalb die personenbezogenen Daten nicht geheimgehalten werden **müssen**.[453] Außerdem würden sonst die strengeren Voraussetzungen von § 33 Abs. 2 S. 1 Nr. 7 lit. b BDSG gegenstandslos, nach denen eine Ausnahme von der Benachrichtigungs- bzw. Auskunftspflicht besteht, wenn Daten für eigene Zwecke gespeichert sind und die Benachrichtigung bzw. Auskunft *„die Geschäftszwecke der verantwortlichen Stelle erheblich gefährden würden* [...]".[454] Somit konnten entgegenstehende Persönlichkeitsrechte des Arztes auch den datenschutzrechtlichen Auskunftsanspruch des Patienten bezüglich der in seinen Krankenunterlagen über ihn gespeicherten Daten nicht einschränken.[455]

Die Einsichtnahme in Krankenunterlagen stellte auch ganz regelmäßig keine erhebliche Gefährdung der Geschäftszwecke des Arztes bzw. des Krankenhauses i.S.d. § 33 Abs. 2 S. 1 Nr. 7 lit. b BDSG dar, so dass das Auskunftsrecht des Betroffenen auch nicht nach § 34 Abs. 7 BDSG ausgeschlossen war. So liegt eine erhebliche Gefährdung der Geschäftszwecke i.S.d. § 34 Abs. 7 i.V.m. § 33 Abs. 2 S. 1 Nr. 7 lit. B BDSG nur dann vor, wenn durch die Auskunft die Ge-

---

[450] Siehe z.B. *Scheiwe*, KritV 81 (1998), 313 (322 ff.); *Dix*, in: Simitis, Bundesdatenschutzgesetz, § 34 Rn. 94.

[451] Hierzu zählen auch die Interessen der bei dem Krankenhaus beschäftigten Ärzte, die im Rahmen ihrer dienstlichen Funktion Patienten behandeln, da die Ärzte als Teil der verantwortlichen Stelle, in diesem Fall also des Krankenhauses, zu qualifizieren sind (siehe z.B. *Dammann*, in: Simitis, Bundesdatenschutzgesetz, § 3 Rn. 234).

[452] Siehe z.B. *Forgó*, in: Wolff/Brink, BeckOK BDSG, § 33 Rn. 51; *Dix*, in: Simitis, Bundesdatenschutzgesetz, § 33 Rn. 84. Diese Einschränkung des Auskunftsanspruchs entspricht der nun in § 630g Abs. 1 S. 1 BGB vorgesehenen Einschränkung des Einsichtsrechts wegen entgegenstehender erheblicher Rechte Dritter (siehe hierzu die Ausführungen unter Ziffer 3.2.4.2.2).

[453] *Mallmann*, in: Simon/Weiss, Zur Autonomie des Individuums, S. 237 (244).

[454] *Mallmann*, in: Simon/Weiss, Zur Autonomie des Individuums, S. 237 (244 f.); *Dix*, in: Simitis, Bundesdatenschutzgesetz, § 33 Rn. 84; *Scheiwe*, KritV 81 (1998), 313 (324).

[455] So z.B. auch *Scheiwe*, KritV 81 (1998), 313 (324 f.); *Mallmann*, in: Simon/Weiss, Zur Autonomie des Individuums, S. 237 (244).

schäftszwecke der verantwortlichen Stelle insgesamt gefährdet sind.[456] Hierbei ist nicht nur auf die individuelle Rechtsbeziehung zwischen der verantwortlichen Stelle und dem Betroffenen abzustellen.[457] Soweit teilweise vertreten wird, dass bereits die Möglichkeit des Scheiterns einzelner Geschäfte ausreichend für das Vorliegen der in § 33 Abs. 2 Nr. 7 lit. b BDSG statuierten Voraussetzungen sein soll,[458] widerspricht dies schon dem Wortlaut des § 33 Abs. 2 Nr. 7 lit. b BDSG, wonach „*die* Geschäftszwecke der verantwortlichen Stelle"[459] erheblich gefährdet sein müssen.[460] Eine solche erhebliche Gefährdung der gesamten Geschäftszwecke des für die Datenverarbeitung verantwortlichen behandelnden Arztes bzw. des Krankenhauses bestand durch die Einsichtnahme in Krankenunterlagen jedoch nicht. So bestand zwar durchaus die Möglichkeit, dass der Betroffene nach Erhalt der Auskunft die Behandlung durch den jeweiligen Arzt bzw. durch das jeweilige Krankenhaus nicht fortsetzte. Doch stellte dies regelmäßig keine erhebliche Gefährdung für die Geschäftszwecke des Arztes bzw. des Krankenhauses, also ihrer wirtschaftlichen Betätigung[461] insgesamt dar, weil der Arzt bzw. das Krankenhaus noch über eine Vielzahl weiterer zu behandelnder Patienten verfügte.[462]

3.2.4.8 Einsichts- bzw. Auskunftsrecht aus den Informationsfreiheitsgesetzen

Ein Einsichts- und Auskunftsrecht in Krankenunterlagen bei Krankenhäusern in öffentlicher Trägerschaft kann sich auch aus den jeweils anwendbaren Informationsfreiheitsgesetzen des Bundes bzw. der Länder ergeben. So bestimmt z.B. § 3 Abs. 1 des Berliner Informationsfreiheitsgesetzes, dass jeder Mensch nach Maßgabe dieses Gesetzes gegenüber den in § 2 genannten öf-

---

[456] So z.B. auch *Dix*, in: Simitis, Bundesdatenschutzgesetz, § 33 Rn. 103; *Mallmann*, in: Simon/Weiss, Zur Autonomie des Individuums, S. 237 (244); wohl auch *Forgó*, in: Wolff/Brink, BeckOK BDSG, § 33 Rn. 71; zu weitgehend *Gola/Schomerus*, BDSG, § 33 Rn. 39, die fordern, dass Geschäfte dieser Art unmöglich werden müssen.

[457] Siehe z.B. *Forgó*, in: Wolff/Brink, BeckOK BDSG, § 33 Rn. 71 m.w.N.

[458] So z.B. *Dörr/Schmidt*, Neues Bundesdatenschutzgesetz, § 33 Rn. 29.

[459] Hervorhebungen durch den Autor.

[460] *Dix*, in: Simitis, Bundesdatenschutzgesetz, § 33 Rn. 102.

[461] *Dix*, in: Simitis, Bundesdatenschutzgesetz, § 33 Rn. 104.

[462] Im Ergebnis so auch *Mallmann*, in: Simon/Weiss, Zur Autonomie des Individuums, S. 237 (244). Selbst wenn eine solche Gefährdung in einem absoluten Ausnahmefall bestanden hätte, hätte nach § 34 Abs. 7 i.V.m. § 33 Abs. 2 S. 1 Nr. 7 lit. b BDSG noch eine Abwägung mit den Interessen des Patienten auf Auskunft erfolgen müssen. Da der Patient regelmäßig ein sehr hohes Interesse daran hat, Angaben über seinen Gesundheitszustand und seine Behandlung zu erfahren, um selbstbestimmt über seine Gesundheit entscheiden zu können, wäre die Interessenabwägung wohl regelmäßig zu Gunsten des Patienten ausgegangen, so dass er trotz einer erheblichen Gefährdung der Geschäftszwecke der verantwortlichen Stelle Auskunft über die in seinen Krankenunterlagen gespeicherten personenbezogenen Daten nach § 34 Abs. 1 BDSG hätte verlangen können.

fentlichen Stellen nach seiner Wahl ein Recht auf Einsicht in oder Auskunft über den Inhalt der von der öffentlichen Stelle geführten Akten hat. Da auch Krankenhausbetriebe des Landes Berlin zu den in § 2 Abs. 1 des Berliner Informationsfreiheitsgesetzes verpflichteten öffentlichen Stellen gehören, hat jeder Patient grundsätzlich das Recht, gem. § 3 Abs. 1 des Gesetzes nach seiner Wahl (§ 13) entweder Einsicht in diese Akte oder Auskunft über die in ihr gespeicherten Informationen zu erhalten. Ausnahmen finden sich in den §§ 5 ff., insbesondere zum Schutz von Amtsgeheimnissen, Geschäftsgeheimnissen und von personenbezogenen Daten. Wie bereits geschildert, unterliegen Krankenunterlagen zwar der Schweigeverpflichtung gem. § 203 StGB, doch gilt dies nicht gegenüber dem Patienten als Betroffenen. Zwar beziehen sich viele in den Krankenunterlagen gespeicherten Daten nicht nur auf den Patienten, sondern auch auf den behandelnden Arzt. Wie ebenfalls bereits ausgeführt, überwiegt in diesem Fall jedoch das Interesse des betroffenen Patienten auf Zugang zu den Informationen,[463] so dass Patienten grundsätzlich auch einen Anspruch auf Einsicht in bzw. Auskunft über sie betreffende Krankenunterlagen nach den jeweils anwendbaren Informationsfreiheitsgesetzen haben können.[464] Dieser Anspruch besteht dann zusätzlich zu etwaigen Ansprüchen aus § 630g Abs. 1 S. 1 BGB und § 810 BGB.[465]

3.3 Zwischenergebnis

Im deutschen Gesundheitssystem fällt eine ungeheure Vielzahl von medizinischen Informationen bei den unterschiedlichen beteiligten Akteuren an. Die oben vorgestellten rechtlichen Regelungen sollen dafür sorgen, dass diese dem Akteur zur Verfügung gestellt werden, der sie zur Leistungserbringung benötigt, ohne dass dabei die Rechte der übrigen beteiligten Akteure unverhältnismäßig beeinträchtigt werden. Außerdem sollen diese rechtlichen Regelungen für Transparenz im Gesundheitswesen sorgen. Als mündigem Bürger

---

[463] Siehe die Ausführungen unter Ziffer 3.2.4.2.4.

[464] Allerdings verfügt bisher nicht jedes Bundesland über ein Informationsfreiheitsgesetz. Derzeit verfügen lediglich Berlin, Brandenburg, Bremen, Hamburg, Mecklenburg-Vorpommern, Nordrhein-Westfalen, Rheinland-Pfalz, Saarland, Sachsen-Anhalt, Schleswig-Holstein und Thüringen über derartige Gesetze (Stand: Mai 2013).

[465] Dies gilt auch dann, wenn ein Informationsfreiheitsgesetz, wie z. B. das des Bundes, eine Regelung beinhaltet, dass Regelungen in anderen Rechtsvorschriften über den Zugang zu amtlichen Informationen, dem Informationszugangsanspruch aus dem Informationsfreiheitsgesetz vorgehen (siehe z.B. § 1 Abs. 3 IFG), da diese Regelungen nicht der Verwirklichung der Informationszugangsfreiheit dienen. Vorrangige Vorschriften z.B. i.S.d. § 1 Abs. 3 IFG müssen ein Zugangsrecht auf den gesamten vom fachgesetzlichen Anwendungsbereich erfassten Informationsbestand der informationsverpflichteten Stelle regeln und nicht wie § 630g Abs. 1 S. 1 BGB bzw. § 810 BGB nur einen Zugang zu den Informationen, die über die eigene Person gespeichert, bzw. die im Rahmen eines Rechtsverhältnisses, an dem diese Person beteiligt war, in Urkunden aufgenommen worden sind (siehe hierzu *Schoch*, Informationsfreiheitsgesetz, § 1 IFG Rn. 197).

sollen dem Patienten alle Informationen zur Verfügung gestellt werden, so dass er optimal über seinen Gesundheitszustand informiert ist, sich dementsprechend verhalten und andere Akteure im Rahmen des Gesundheitssystems darüber informieren kann, damit diese ihre Leistung gegenüber dem Patienten bestmöglich erbringen können. Die gesetzlichen Voraussetzungen für eine optimale Information aller Akteure im Gesundheitswesen sind somit auch derzeitig schon grundsätzlich vorhanden.

Die Realität im Gesundheitswesen unterscheidet sich jedoch deutlich von diesen angestrebten Zielen. Gegenwärtig ist die Informationsverteilung vor allem geprägt durch ihre faktische Zentrierung bei den Heilberuflern:

- **Inselwissen:** Medizinische Informationen sind bei vielen verschiedenen Akteuren im Gesundheitssystem verfügbar. Dies führt häufig dazu, dass der Akteur, der diese Informationen gerade benötigt, nicht über sie verfügen kann. Begibt sich Patient P beispielsweise bei Arzt B in Behandlung, so hat dieser gegenwärtig keinen Zugriff auf Informationen über P, die bei dem vorbehandelnden Arzt A gespeichert sind. P, der dem weiterbehandelnden Arzt B diese Informationen über sich vermitteln könnte, besitzt sie jedoch in vielen Fällen ebenfalls nicht, da er sie ggf. vergessen hat oder sie ihm von Arzt A nicht umfassend mitgeteilt wurden. Schlimmer ist sogar noch der Fall, dass P sich falsch erinnert und B falsche Informationen über seinen Gesundheitszustand vermittelt. Dies kann beispielsweise auch dadurch geschehen, dass A Fachbegriffe bei der Erläuterung benutzt und P ähnliche lateinische Fachausdrücke miteinander verwechselt hat. Die wenigsten Patienten dokumentieren ihre eigene Krankheitsgeschichte oder nehmen regelmäßig Einsicht in die sie betreffenden Krankenunterlagen bei allen behandelnden Ärzten bzw. verlangen Auskunft. Dies kann dazu führen, dass behandelnde Akteure im Gesundheitswesen nicht über die Informationen verfügen, die sie für eine sichere und optimale Behandlung benötigen, obwohl diese Informationen bei anderen Akteuren im Gesundheitswesen vorhanden sind, aber grundsätzlich bestehende Informationsrechte, insbesondere seitens der Patienten und Versicherten, nicht oder kaum genutzt werden. Finanziell, physisch und psychisch belastende Doppeluntersuchungen, unwirksame Behandlungen, unerwünschte Nebenwirkungen etc. drohen, die im Extremfall sogar lebensbedrohliche oder sogar tödliche Folgen haben können. Dieses Inselwissen hat auch zur Folge, dass Leistungen von Heilberuflern kaum von Kollegen kontrolliert werden können, da sie meist nicht über Informationen bezüglich vorausgegangener Behandlungen des Patienten durch Kollegen verfügen.

- *Sektorale Undurchlässigkeit:* Ein weiteres Problem der gegenwärtigen Informationsverteilung im Gesundheitswesen ist die sektorale Undurchlässigkeit. So existiert nicht nur innerhalb eines Sektors im Gesundheitswesen (z.B. Arzt, Krankenhaus, Apotheke, Rehabilitationseinrichtung etc.) ein Inselwissen, sondern es fließen auch nicht alle für eine optimale Behandlung des Patienten erforderlichen Informationen an Leistungserbringer eines anderen Sektors, z.B. von einem Krankenhaus an den nachbehandelnden Arzt oder von einem behandelnden Arzt an die Apotheke, die die Arzneimittelverordnung dispensiert. So kann es vorkommen, dass in einem Krankenhausentlassungsbrief, der dem weiterbehandelnden Arzt die dafür erforderlichen Informationen zukommen lassen soll, Informationen fehlen, die im Rahmen der Nachbehandlung noch wesentlich werden können. Zudem hat der behandelnde Arzt grundsätzlich keinen Zugriff auf die Krankenunterlagen seines Patienten im Krankenhaus. Die Situation unterscheidet sich insbesondere in diesem Punkt von der Problematik des Inselwissens innerhalb eines Sektors, als dass der Patient innerhalb eines Sektors (z.B. Arzt oder Krankenhaus) während eines Krankheitsfalls meist nur von einem Heilberufler behandelt wird. Sind bei der Behandlung eines Krankheitsfalls allerdings verschiedene Sektoren beteiligt, so ist der Patient für eine optimale Behandlung und schnellstmögliche Genesung auf die reibungslose Zusammenarbeit der beteiligten Akteure angewiesen.

- *Intransparenz:* Ein weiteres Merkmal der gegenwärtigen Informationsverteilung im Gesundheitswesen ist die Intransparenz. Patienten erhalten derzeit im Rahmen der Behandlung meistens nur mündliche Informationen über ihren Gesundheitszustand. Dabei besteht die Gefahr, dass Patienten die ihnen vermittelten Informationen nicht verstehen, z.B. aufgrund von Fachausdrücken, sich aber nicht trauen, beim behandelnden Arzt nachzufragen. Außerdem besteht die Gefahr, dass sie medizinische Fachinformationen falsch verstehen, z.B. aufgrund ähnlich klingender Wörter oder der missverständlichen Fachsprache generell. Teilweise kann es auch vorkommen, dass der behandelnde Arzt dem Patienten aus Zeitdruck nicht alle Informationen vermittelt, insbesondere solche Informationen, die für diesen speziellen Fall von untergeordneter Bedeutung sind, die aber bei späteren Erkrankungen durchaus große Wichtigkeit besitzen können.

Die Situation verschärft sich noch im Bereich der GKV, da Leistungserbringer direkt mit der Kassen(zahn)ärztlichen Vereinigung bzw. den Krankenkassen abrechnen. Die Versicherten erhalten grundsätzlich keinerlei Informationen über die abgerechneten Leistungen, so dass sie die Abrechnung weder kontrollieren noch als eine Art Dokumentation über die ärztlich festgestellten und abgerechneten Diagnosen benutzen können. Versicherte im Rahmen der GKV müssen selbst **aktiv** eine Patientenquittung oder Einsicht bzw. Auskunft in sie betreffende Unterlagen bei den beteiligten Akteuren verlangen, um weitere Informationen als die meist mündlichen Informationen des Arztes während der Behandlung zu erhalten. Versicherte im Rahmen der PKV erhalten zumindest eine Rechnung der Heilberufler, so dass sie deren erbrachte Leistungen (zumindest theoretisch) kontrollieren und die Rechnungen als Dokumentation über ihre Krankheiten benutzen können. Trotzdem müssen auch PKV-Versicherte selbst aktiv werden, um umfassende Informationen über ihren Gesundheitszustand bei den beteiligten Akteuren zu erhalten. Die Unkenntnis über den eigenen Gesundheitszustand führt dann auch dazu, dass sich der Bürger kaum gesundheitsbewusst und seinem Gesundheitszustand entsprechend verhalten sowie behandelnden Heilberuflern, aber auch privaten Versicherungsunternehmen im Rahmen der Risikoprüfung, vollständige und richtige Informationen über seinen Gesundheitszustand mitteilen kann. Eine (fachliche) Kontrolle der Qualität der Behandlung wird somit ebenfalls erschwert, da Patienten sich aufgrund ihrer Unkenntnis kaum mit kompetenten Dritten, wie anderen Ärzten oder Patientenberatungsstellen, über die durchgeführten Maßnahmen und Beratungen unterhalten können.

4 Prinzipal-Agent-Beziehungen im Gesundheitswesen

Auch in der Ökonomie, insbesondere in der Gesundheitsökonomie, ist die Informationsverteilung im Gesundheitswesen Gegenstand wissenschaftlicher Analysen und Modelle. Als analytisches Modell zur Beschreibung der Informationsverteilung wird dabei insbesondere die sogenannte *Prinzipal-Agent-Theorie* verwendet.[466] Sie ist neben der *Transaktionskostentheorie* und der *Theorie der Verfügungsrechte* ein wesentlicher Bestandteil der *Neuen Institutionenökonomik*, in deren Mittelpunkt die Analyse von Institutionen (z.B. Verfügungsrechte, Hierarchien, Verträge, Märkte) steht, in deren Rahmen der ökonomische Austausch vollzogen wird.[467] Im Folgenden wird die zuvor dargestellte gegenwärtige Verteilung medizinischer Informationen im deutschen Gesundheitswesen mittels dieses wirtschaftswissenschaftlichen Modells analysiert, um die wirtschaftlichen Konsequenzen der gegenwärtigen Verteilung medizinischer Informationen aufzuzeigen, welche maßgeblich durch die bestehenden rechtlichen Regelungen beeinflusst wird, bevor dann unter Ziffer 6.8.2 untersucht wird, inwiefern die elektronische Gesundheitskarte zum Abbau von Informationsasymmetrien und den hierdurch verursachten Kosten beitragen kann, da eines der vorrangig mit der elektronischen Gesundheitskarte verfolgten Ziele nach § 291a Abs. 1 SGB V die Verbesserung der Wirtschaftlichkeit der Behandlung ist.

4.1 Die Prinzipal-Agent-Theorie

Die von *Michael Jensen* und *William Meckling* begründete Prinzipal-Agent-Theorie[468] beschreibt das Verhältnis zwischen zwei Wirtschaftssubjekten: dem Auftraggeber (Prinzipal) und dem Beauftragten (Agent). Der Prinzipal erteilt dabei dem Agenten einen Auftrag, den dieser aufgrund seiner spezialisierten Handlungseigenschaften (z.B. aufgrund seiner Fachkenntnisse, Erfahrungen, seines Wissens oder der mehr verfügbaren Zeit) und mit einem gewissen Entscheidungsspielraum erfüllen soll.[469] Durch die spezialisierten

---

[466] So z.B. durch *Passon/Siegel*, in: Lauterbach/Lüngen/Schrappe, Gesundheitsökonomie, Management und Evidence-based Medicine, S. 112 ff.; *Schneider*, Theorie und Emperie der Arzt-Patient-Beziehung, S. 43 ff.; *ders.*, in: Burchert/Helbig, Gesundheitswirtschaft, S. 122 ff; *Schwartz*, Informations- und Anreizprobleme im Krankenhaussektor, S. 59 ff.; *Richter/Furubotn*, Neue Institutionenökonomik, S. 173 ff.; *Ebers/Gotsch*, in: Kieser/Ebers, Organisationstheorien, S. 258 ff.; *Fritsch*, Marktversagen und Wirtschaftspolitik, S. 247 ff.
[467] *Ebers/Gotsch*, in: Kieser/Ebers, Organisationstheorien, S. 247. Vgl. auch *Richter/Furubotn*, Neue Institutionenökonomik, S. 1 ff. und *Fleischer*, Informationsasymmetrie im Vertragsrecht, S. 132 f.
[468] *Jensen/Meckling*, Journal of Financial Economics Vol. 3 (1976), 305 ff.
[469] *Richter/Furubotn*, Neue Institutionenökonomik, S. 173 f.; *Ebers/Gotsch*, in: Kieser/Ebers, Organisationstheorien, S. 258 f.; *Fleischer*, Informationsasymmetrie im Vertragsrecht, S. 138 ff.

© Springer Fachmedien Wiesbaden GmbH, ein Teil von Springer Nature 2015
M. A. Arning, *Die elektronische Gesundheitskarte und die Verteilung von Informationen im deutschen Gesundheitswesen*, Edition KWV, https://doi.org/10.1007/978-3-658-23814-8_4

Handlungseigenschaften soll der Agent ein durch den Prinzipal gewünschtes optimales Ergebnis erreichen, das der Prinzipal, mangels der speziellen Handlungseigenschaften des Agenten, selbst nicht erreichen könnte.

Allerdings entsteht durch die Einräumung eines Entscheidungsspielraums das Problem, dass der Agent auch eigene Ziele zu Lasten des Prinzipals verfolgen kann. Je stärker die Interessen des Prinzipals und des Agenten voneinander abweichen und je weniger Informationen der Prinzipal über die Eigenschaften, die Absichten, die Handlungsmöglichkeiten und das faktische Leistungsverhalten des Agenten verfügt, desto größer ist für den Prinzipal das Risiko, dass der Agent nicht gemäß dem vereinbarten Auftrag handelt.[470]

Eine besonders große Gefahr, dass die Interessen des Prinzipals missbraucht werden, besteht immer dann, wenn der Prinzipal über die Eigenschaften oder Handlungen des Agenten unvollständig informiert ist, also eine *asymmetrische Informationsverteilung* zu Lasten des Prinzipals vorliegt.[471] Im Rahmen der Prinzipal-Agent-Theorie wird dabei zwischen drei verschiedenen Arten der asymmetrischen Informationsverteilung zwischen Prinzipal und Agent unterschieden: *„hidden action"* bzw. *„hidden information"*, *„hidden characteristics"* sowie *„hidden intentions"*.

- *„Hidden Action" bzw. „Hidden Information":* Als verborgenes Handeln (*hidden action*) wird eine Situation bezeichnet, in der der Prinzipal nach der Beauftragung des Agenten dessen Tätigkeit nicht unmittelbar beobachten kann.[472] Er kann lediglich ex post das Ergebnis feststellen. Ob dieses Ergebnis jedoch überhaupt auf die Handlungen des Agenten zurückzuführen ist oder in welchem Umfang Handlungen des Agenten dafür verantwortlich waren, kann der Prinzipal nicht beurteilen.[473] Somit besteht die Gefahr, dass der Agent unbemerkt zugesicherte Handlungen unterlässt oder zu unterlassende Handlungen vornimmt, die gegen das Interesse des Prinzipals verstoßen, insbesondere um dadurch den eigenen Nutzen zu erhöhen.[474] Der Agent kann so unbemerkt ein geringeres Leistungsniveau wählen oder auch Leistungen vortäuschen.[475]

---

[470] *Ebers/Gotsch,* in: Kieser/Ebers, Organisationstheorien, S. 259.
[471] *Fritsch,* Marktversagen und Wirtschaftspolitik, S. 258 f.; *Fleischer,* Informationsasymmetrie im Vertragsrecht, S. 138 f.; *Richter/Furubotn,* Neue Institutionenökonomik, S. 174.
[472] *Richter/Furubotn,* Neue Institutionenökonomik, S. 174.
[473] *Ebers/Gotsch,* in: Kieser/Ebers, Organisationstheorien, S. 264.
[474] *Fritsch,* Marktversagen und Wirtschaftspolitik, S. 258 ff.
[475] *Ebers/Gotsch,* in: Kieser/Ebers, Organisationstheorien, S. 264.

Eine ähnliche Situation kann durch verborgene Informationen (*hidden information*) entstehen. Dies ist immer dann der Fall, wenn der Prinzipal nach Vertragsschluss zwar die Handlungen des Agenten beobachten kann, aber aufgrund mangelnder Sachkenntnis über die Angemessenheit der Handlung im Unklaren bleibt.[476] Somit kann der Agent sein überlegenes Wissen wiederum zu seinem eigenen Vorteil ausnutzen, da der Prinzipal die Handlungen des Agenten mangels Fachwissen nicht beurteilen kann.[477] *Hidden action* und *hidden information* sind somit Unterformen des sogenannten *moral hazard*[478] (moralisches Risiko).[479]

- *„Hidden Characteristics":* Als verborgene Eigenschaften (*hidden characteristics*) wird eine Situation bezeichnet, in der der Prinzipal vor dem Vertragsschluss die Eigenschaften des Agenten nicht zuverlässig beurteilen kann, das Ergebnis aber wesentlich von den Eigenschaften des Agenten, z.B. dessen Produktivität, abhängt.[480] Hat der Prinzipal unvollständige Informationen über die Eigenschaften eines Agenten, besteht für den Prinzipal das Risiko einer Fehlauswahl, wohingegen der Agent durch eine unrealistische und täuschende Selbstdarstellung die Auswahl und die Auftragskonditionen zu seinem Vorteil beeinflussen kann.[481] Deshalb wird dieser Vorgang auch als *adverse selection* (nachteilige Auswahl) bezeichnet.[482]

- *„Hidden Intentions":* Als verborgene Absichten wird eine Situation bezeichnet, in der der Agent während der Vertragsumsetzung die Gelegenheit wahrnimmt, zuvor nicht mitgeteilte Absichten umzusetzen, die für den Prinzipal mit Nachteilen verbunden sind.[483] Eine derartige Situation kann einerseits dadurch entstehen, dass der Agent Vertragslücken oder fehlende juristische Durchsetzungsmöglichkeiten bestimmter Vertragsteile ausnutzt.[484] Andererseits kann ein Prinzipal für eine Transaktionsbeziehung derart in Vorleistung gegangen sein, dass er ir-

---

[476] *Fritsch*: Marktversagen und Wirtschaftspolitik, S. 260.

[477] *Ebers/Gotsch*, in: Kieser/Ebers, Organisationstheorien, S. 264.

[478] Der Begriff *moral hazard* ist ein aus der Versicherungstheorie entlehnter Begriff, der die Situation beschreibt, dass eine Marktseite nach Vertragsschluss transaktionsrelevante Fakten zu Lasten des Transaktionspartners verändern kann, ohne dass dies für die andere Marktseite erkennbar ist (siehe *Fritsch*, Marktversagen und Wirtschaftspolitik, S. 254; *Richter/Furubotn*, Neue Institutionenökonomik, S. 174).

[479] *Fleischer*, Informationsasymmetrie im Vertragsrecht, S. 138 f.; *Richter/Furubotn*, Neue Institutionenökonomik, S. 174; *Fritsch*, Marktversagen und Wirtschaftspolitik, S. 258.

[480] *Fritsch*, Marktversagen und Wirtschaftspolitik, S. 261.

[481] *Ebers/Gotsch*, in: Kieser/Ebers, Organisationstheorien, S. 263 f.

[482] *Fritsch*, Marktversagen und Wirtschaftspolitik, S. 249 ff.; *Richter/Furubotn*, Neue Institutionenökonomik, S. 175.

[483] *Ebers/Gotsch*, in: Kieser/Ebers, Organisationstheorien, S. 264.

[484] *Ebers/Gotsch*, in: Kieser/Ebers, Organisationstheorien, S. 264.

reversible Vorleistungen erbracht hat und sich deshalb nunmehr in einer Abhängigkeit zum Agenten befindet, auf dessen Leistungen er angewiesen ist.[485] Diese Abhängigkeitsposition kann wiederum vom Agenten ausgenutzt werden. Dieser Vorgang wird auch als *hold up* (Raubüberfall) bezeichnet.[486] Dem Prinzipal ist es jedoch vor der Vertragsbeziehung mit dem Agenten nicht bekannt, ob dieser verborgene Absichten hat und Abhängigkeitssituationen ggf. zu einem *hold up* ausnutzen würde, so dass auch die *hidden intentions* ein Fall asymmetrischer Informationsverteilung sind.

Aufgrund der *asymmetrischen Informationsverteilung* entstehen sogenannte *Agenturkosten*, die für eine finanziell effiziente Beziehung zwischen dem Prinzipal und dem Agenten möglichst gering gehalten werden müssen:

- *Vereinbarungskosten:* Kosten für die Vertragsverhandlungen und die Vertragsgestaltung für den Prinzipal und den Agenten,

- *Steuerungs- und Kontrollkosten:* Kosten des Prinzipals zur Beeinflussung, Beobachtung und Bewertung der Leistungen des Agenten,

- *Garantiekosten:* Kosten des Agenten aus seinem Garantieversprechen, nicht gegen die Interessen des Prinzipals zu handeln (z.B. Rechenschaftsberichte),

- *Residualkosten:* Differenz zwischen dem hypothetischen Gewinn, der dem Prinzipal bei einem optimalen Ergebnis zufiele, und dem Gewinn, der tatsächlich anfällt, wenn die Handlungen des Agenten das mögliche Nutzenmaximum des Prinzipals verfehlen.[487]

4.2 Die Beziehung zwischen dem Versicherten und dem Kostenträger

Das Gesundheitswesen ist geradezu geprägt durch Prinzipal-Agenten-Beziehungen der einzelnen Akteure zueinander. In einem ersten Schritt wird deshalb die Beziehung zwischen dem Versicherten und den Kostenträgern, also seiner Krankenkasse (im Bereich der GKV) bzw. seinem privaten Kran-

---

[485] *Fritsch*, Marktversagen und Wirtschaftspolitik, S. 262.

[486] *Fritsch*, Marktversagen und Wirtschaftspolitik, S. 256 f.; *Ebers/Gotsch*, in: Kieser/Ebers, Organisationstheorien, S. 264.

[487] *Jensen/Meckling*, Journal of Financial Economics Vol. 3 (1976), 305 (308); *Ebers/Gotsch*, in: Kieser/Ebers, Organisationstheorien, S. 262; *Richter/Furubotn*, Neue Institutionenökonomik, S. 176 f.; *Fleischer*, Informationsasymmetrie im Vertragsrecht, S. 139 f.

kenversicherungsunternehmen (im Bereich der PKV) vor dem Hintergrund der Prinzipal-Agent-Theorie untersucht und eingeordnet.

Möchte eine Person Mitglied einer Krankenkasse oder Versicherungsnehmer bei einem privaten Krankenversicherungsunternehmen werden, so kann die Krankenkasse bzw. die Krankenversicherung als Prinzipal das Krankheitsrisiko des Versicherten, der in diesem Fall als Agent agiert, vor Vertragsschluss nicht zuverlässig beurteilen. Der Versicherte kennt seinen eigenen Gesundheitszustand naturgemäß erheblich besser als die Krankenkasse bzw. die Krankenversicherung.[488] Die Kostenträger kennen hingegen lediglich durchschnittliche Erkrankungsrisiken.[489] Somit sind die Informationen asymmetrisch verteilt.[490] Beim Erkrankungsrisiko handelt es sich um *hidden characteristics* des potentiell Versicherten für die Kostenträger. Somit besteht die Gefahr einer *adverse selection* der Versicherten durch die Kostenträger, insbesondere weil der potentiell Versicherte durch eine geschönte und zu vorteilhafte Selbstdarstellung die Auswahl und die Auftragskonditionen zu seinem Vorteil beeinflussen kann.

Im Rahmen der GKV spielt diese Problematik keine Rolle, da Versicherungspflichtige gem. § 5 SGB V und Versicherungsberechtigte gem. § 9 SGB V das Recht gem. § 173 SGB V besitzen, sich die Krankenkasse, bei der sie versichert sein möchten, frei auszuwählen. Die Krankenkasse darf die Mitgliedschaft gem. § 175 Abs. 1 S. 2 SGB V nicht ablehnen. Außerdem erfolgt die Berechnung des Beitrags der Versicherten gem. § 226 ff. SGB V unabhängig vom individuellen Gesundheitszustand und folgt somit dem Solidarprinzip.

Im Rahmen der PKV besteht jedoch kein derartig risikounabhängiger Kontrahierungszwang, da die gesetzlichen Vorgaben des SGB V auf die private Krankenversicherung nicht anwendbar sind. Im System der privaten Krankenversicherung muss dieses Problem folglich mit anderen vertraglichen Mitteln gelöst werden. Die erste Maßnahme besteht im sogenannten *Signaling*. Demnach muss die besser informierte Stelle, also der Agent, zum Abbau des Informationsdefizits auf Seiten des Prinzipals, diesem benötigte Informationen bereitstellen.[491] Ein solches *Signaling* erfolgt im Rahmen der PKV durch die

---

[488] Siehe z.B. *Schneider*, in: Burchert/Hering, Gesundheitswirtschaft, S. 122 (129).
[489] *Fritsch*: Marktversagen und Wirtschaftspolitik, S. 261; *Schneider*: Theorie und Emperie der Arzt-Patient-Beziehung, S. 26 f.
[490] Die Krankenkasse bzw. das Krankenversicherungsunternehmen verfügt hingegen über im Vergleich zum Versicherten bessere Kenntnisse über die Vertragsgestaltung und die Vertragsdurchführung. Da die Arbeit jedoch die Verteilung medizinischer Informationen zum Gegenstand hat, wird im Folgenden auf Ausführungen über Informationsasymmetrien verzichtet, die sich nicht auf medizinische Informationen beziehen, wie z.B. auf die Analyse besserer Kenntnisse bei der Vertragsdurchführung.
[491] *Fritsch*, Marktversagen und Wirtschaftspolitik, S. 264 f.

Gesundheitsprüfung, in deren Rahmen der potentiell Versicherte seinem Versicherungsunternehmen alle für die Beurteilung des Versicherungsrisikos erforderlichen und gestellten Fragen wahrheitsgemäß beantworten muss (vgl. § 19 Abs. 1 VVG). Verletzt der potentiell Versicherte diese Anzeigepflicht, kann dies gem. § 194 Abs. 1 S. 2 VVG i.V.m. § 19 Abs. 2 ff. VVG zur Leistungsfreiheit des Versicherungsunternehmens oder sogar zur Kündigung bzw. zum Rücktritt des Versicherungsunternehmens vom Vertrag mit dem jeweiligen Versicherten führen. Je besser der potentiell Versicherte über seinen eigenen Gesundheitszustand informiert ist, desto wirksamer ist auch das *Signaling*, da viele Personen schon bereits nach kurzer Zeit vergessen, welche Krankheiten sie hatten. Insofern könnte die elektronische Gesundheitskarte dazu beitragen, das *Signaling* zu verbessern, indem potentiell Versicherte besser über ihren eigenen Gesundheitszustand informiert sind.

Eine weitere Maßnahme besteht im sogenannten *Screening*. In diesem Fall versucht der Prinzipal, Informationen über die Eigenschaften und das Verhalten des Agenten bei Dritten einzuholen.[492] Durch das Einholen der Informationen entstehen dem Prinzipal weitere Kosten, so dass diese Methode nur sinnvoll ist, solange die zu erwartenden Einsparungen die Beschaffungskosten für die Informationen übersteigen. Private Krankenversicherungsunternehmen setzen dieses Mittel ein, indem sie Informationen über einen potentiell Versicherten vor dem Vertragsabschluss zur Risikobeurteilung bei Dritten, z.B. bei Ärzten, Krankenhäusern oder anderen Versicherern, erheben (vgl. § 213 VVG).[493] Eine weitere sehr wirksame Möglichkeit, mit Hilfe derer das private Krankenversicherungsunternehmen ein solches *Screening* durchführen könnte, bestünde darin, diesem den Zugang zu im Rahmen der elektronischen Gesundheitskarte gespeicherten Daten zu erlauben. Hierdurch könnten die privaten Krankenversicherungsunternehmen das zu versichernde Risiko erheblich besser einschätzen, da sie umfassend über die Krankengeschichte eines potentiellen Versicherten informiert wären.

Auch nach Beginn der Mitgliedschaft in einer Krankenkasse bzw. nach dem Vertragsabschluss mit einem privaten Krankenversicherungsunternehmen besteht zwischen dem Versicherten und seinem Kostenträger eine Prinzipal-Agent-Beziehung. So kann der Versicherte als Agent nach dem Beginn der Krankenversicherung sein Verhalten ändern, was vom Kostenträger als Prin-

---

[492] *Fritsch*, Marktversagen und Wirtschaftspolitik, S. 263 f.
[493] Die private Krankenversicherung ist kein Bestandteil des Hinweis- und Informationssystems (HIS) der Versicherungswirtschaft zur Risiko- und Leistungsüberprüfung. Ausführlicher zu diesem System, siehe die Darstellung des *Unabhängigen Landeszentrums für Datenschutz Schleswig-Holstein*, Hinweis- und Informationssystem der Versicherungswirtschaft, abrufbar unter: https://www.datenschutz-zentrum.de/wirtschaft/20070703-his.htm (19.05.2013).

zipal nicht unmittelbar beobachtet werden kann, so dass *hidden actions* seitens des Versicherten vorliegen. Dadurch kann der Versicherte den Eintritt eines Schadensfalls und die damit verbundenen Kosten unmittelbar durch sein Verhalten beeinflussen. Insbesondere dadurch, dass dem Versicherten durch die Inanspruchnahme der Krankenversicherung grundsätzlich keine unmittelbaren zusätzlichen Kosten entstehen, besteht der Anreiz, die Leistungen der Versicherung im größtmöglichen Rahmen in Anspruch zu nehmen (*moral hazard*).[494] Auch Versicherte im Rahmen der PKV erhalten die Kosten, die ihnen durch eine Behandlung entstanden sind, nach dem Kostenerstattungsprinzip von ihrem jeweiligen privaten Krankenversicherungsunternehmen ersetzt. Lediglich in einem größeren zeitlichen Zusammenhang können Beitragssteigerungen die Folge sein.

Die größtmögliche Inanspruchnahme von Leistungen würde jedoch zu übermäßigen Belastungen der übrigen GKV-Mitglieder im Rahmen der Solidargemeinschaft und der privaten Krankenversicherungsunternehmen führen. Eine Lösung dieses Problems kann sowohl im Rahmen der GKV als auch der PKV in der *Harmonisierung der Interessenlagen* bestehen. Dies kann im Rahmen der Krankenversicherung insbesondere dadurch erreicht werden, dass dem Versicherten als Agent Anreize gesetzt werden, sich möglichst kostensparend zu verhalten, so dass seine Interessen mit denen der Kostenträger harmonisiert werden.

Im Rahmen der GKV wurde diese Maßnahme beispielsweise durch die sogenannte *Praxisgebühr* gem. § 28 Abs. 4 SGB V (a.F.) umgesetzt, nach der jeder Versicherte ab dem 18. Lebensjahr jedes Quartal für jede erste Inanspruchnahme eines an der ambulanten ärztlichen, zahnärztlichen oder psychotherapeutischen Versorgung teilnehmenden Leistungserbringers, die nicht auf Überweisung aus demselben Kalendervierteljahr erfolgte, den Betrag von 10 € (vgl. § 61 S. 2 SGB V (a.F.)) zu bezahlen hatte. Nahmen GKV-Versicherte also in einem Quartal keine Leistungen in Anspruch, so sparten sie diese Gebühr. Allerdings wurde die Praxisgebühr zum 01.01.2013 wieder abgeschafft, um die Beitragzahler insoweit finanziell zu entlasten.[495]

Im Rahmen der PKV und nunmehr auch im Rahmen der GKV werden zudem (günstigere) Tarife mit Selbstbehalt angeboten, bei denen der Versicherte die Kosten bis zu einer vereinbarten Höhe selbst übernehmen muss. Außerdem werden Tarife angeboten, bei denen Versicherte Beiträge zurückerhalten,

---

[494] *Schneider*, Theorie und Empirie in der Arzt-Patient-Beziehung, S. 30 f.
[495] Siehe z.B. *N.N.*, Koalition versucht Befreiungsschlag, Die Welt v. 05.11.2012, abrufbar unter: http://www.welt.de/newsticker/dpa_nt/infoline_nt/thema_nt/article110616706/Koalition-versucht-Befreiungsschlag.html (19.05.2013).

wenn sie keine oder nur bestimmte Leistungen (wie z.B. Früherkennungsleistungen, Impfungen etc.) wahrnehmen. Auch so entstehen Anreize für die Versicherten, sich möglichst gesundheitsbewusst und schadensmindernd zu verhalten.[496]

4.3 Die Beziehung zwischen dem Versicherten und dem Heilberufler

Auch die Beziehung zwischen dem Versicherten und seinem behandelnden Heilberufler ist eine Prinzipal-Agent-Beziehung.[497] Der Arzt behandelt als Agent den Patienten, der in diesem Fall als Prinzipal agiert, da der Arzt über das im Vergleich zum Patienten größere medizinische Wissen verfügt, weshalb sich der Patient ja auch in die Behandlung des Arztes begibt.[498] Doch auch der Patient verfügt in bestimmten Bereichen über ein größeres Wissen als der von ihm konsultierte Arzt, so z.B. über sein eigenes Verhalten (z.B. über sein behandlungsbegleitendes und gesundheitsrelevantes Verhalten) sowie über seine bisherige Krankengeschichte und die Symptome, weswegen er sich in ärztliche Behandlung gegeben hat. Somit verfügen sowohl der behandelnde Arzt als auch der jeweilige Patient in bestimmten Bereichen über das jeweils größere Wissen.[499]

Aufgrund des überlegenen medizinischen Wissens des Arztes können sowohl *hidden actions* durch den Arzt vorgenommen werden als auch *hidden information* auftreten. Der Arzt kann sowohl Handlungen vor dem Patienten verbergen als auch zugesicherte Handlungen unbemerkt unterlassen, so dass *hidden actions* vorliegen.[500] Zwar kann der Patient beobachten, welche Handlungen der Arzt an seinem Körper vornimmt, welche Diagnose er stellt und welche Therapiemaßnahmen er durchführt. Doch die Angemessenheit der Diagnose und der Therapiemaßnahmen kann der Patient i.d.R. nicht beurteilen, da der Arzt über größeres Fachwissen verfügt. Der Patient kann nur das Ergebnis feststellen, aber nicht beurteilen, ob dieser Erfolg durch die erfolgreiche Be-

---

[496] Siehe hierzu auch *Fritsch*, Marktversagen und Wirtschaftspolitik, S. 263. Allerdings muss bei der Gestaltung der Anreize beachtet werden, dass diese nicht sogar einen kostensteigernden Effekt haben, da Versicherte bei zu großen Anreizen beispielsweise Krankheiten „verschleppen" oder von einem Arztbesuch absehen könnten, um die Selbstbeteiligung zu sparen oder Rückzahlungen zu erhalten.
[497] Im Folgenden wird auf einen Arzt als Repräsentant der Heilberufler verwiesen, da er bezüglich der Informationsverteilung im Gesundheitswesen die wichtigste Rolle auf Seiten der Heilberufler einnimmt.
[498] *Arrow*, in: Pratt/Zeckhauser, Principals and Agents: The Structure of Business, S. 37 (38).
[499] So z.B. auch *Schneider*, Vierteljahreshefte zur Wirtschaftsforschung 71 (2002), 447 (448 ff.).
[500] *Fritsch*, Marktversagen und Wirtschaftspolitik, S. 259.

handlung durch den Arzt verursacht wurde. Folglich kann der Arzt seinen Wissensvorsprung zur eigenen Nutzenmaximierung einsetzen, ohne dass der Patient dies i.d.R. bemerken könnte.[501] Der Arzt befindet sich somit in einer (problematischen) Doppelrolle: Als Anbieter der medizinischen Leistungen sowie als Berater bezüglich der Entscheidung des Patienten über die nachgefragte Leistung.[502]

Fraglich ist, wie dieses moralische Risiko (*moral hazard*) in der Beziehung zwischen Patient und Arzt möglichst weitgehend ausgeschlossen werden kann. So könnte der Arzt zunächst durch *Signaling* versuchen, die Informationsasymmetrie abzubauen. Vor der Behandlung kann er dies beispielsweise durch den Aufbau von Reputation erreichen. Machen Prinzipale auf Märkten mit Qualitätsunkenntnis die Erfahrung, dass ein bestimmter Agent regelmäßig gute Qualität liefert, so tendieren Prinzipale dazu, dies auch für zukünftige Transaktionen zu erwarten.[503] Diese Erwartungshaltung können sich auch Ärzte zu Nutze machen, indem sie bei den ersten Behandlungen Vertrauen bei den Patienten aufbauen, so dass diese auch für zukünftige Behandlungen erwarten, dass der Arzt eine qualitativ hochwertige Behandlung durchführt. Für die erstmalige Auswahl eines Arztes können Patienten zudem Bewertungsportale im Internet[504] nutzen, über die Ärzte ebenfalls Reputation aufbauen können, indem sie eine aus Sicht der Patienten gute Behandlung erbringen und diese ihre Bewertung in ein entsprechendes Portal einstellen. Doch bestehen im Bereich des *Signaling* Probleme, da ein Patient, wie oben bereits dargestellt, aufgrund des unterlegenen Fachwissens kaum nachvollziehen kann, ob der Arzt eine qualitativ hochwertige Diagnose erstellt und eine optimale Behandlung durchgeführt hat. Der Patient kann meist nur feststellen, ob seine Beschwerden besser wurden. Doch auch wenn die Beschwerden nicht nachgelassen haben, kann der Arzt eine qualitativ hochwertige Diagnose erstellt und eine optimale Behandlung aus der Sicht der heutigen Medizin durchgeführt haben. Andersherum kann der Arzt eine qualitativ schlechte Leistung erbracht haben, obwohl die Beschwerden des Patienten trotzdem verschwunden sind. Da der Patient die Qualität der Leistungserbringung und die Kausalzusammenhänge mangels Fachwissen kaum beurteilen kann, lässt sich das Problem des moralischen Risikos im Rahmen der Arzt-Patienten-Beziehung nur unzureichend durch *Signaling* beheben.

---

[501] Siehe auch *Fritsch*, Marktversagen und Wirtschaftspolitik, S. 259 f.
[502] Siehe dazu *Breyer/Zweifel/Kifmann*, Gesundheitsökonomik, S. 353 ff.; *Schneider*, Theorie und Empirie der Arzt-Patient-Beziehung, S. 43.
[503] *Fritsch*, Marktversagen und Wirtschaftspolitik, S. 264 ff.
[504] Z.B. DocInsider, TOPMEDIC oder Bewertungsportale der Krankenkassen wie AOK-Gesundheitsnavigator.

Eine andere Möglichkeit zur Eindämmung dieses Risikos ist das *Screening*. So kann ein Patient beispielsweise die Diagnose eines Arztes durch einen zweiten Arzt überprüfen lassen. Allerdings hat das Screening in der Arzt-Patienten-Beziehung auch Grenzen. Der Patient muss sich dafür gegebenenfalls erneut untersuchen lassen, was unter Umständen zu großen gesundheitlichen Belastungen, z.B. in Form einer erneuten Untersuchung, führen kann, so dass er es lieber unterlässt, eine zweite ärztliche Meinung einzuholen.

Eine Lösung für das Problem des moralischen Risikos in der Arzt-Patienten-Beziehung könnte zudem die elektronische Gesundheitskarte darstellen, die im Folgenden noch ausführlich beschrieben wird. Nutzt der Patient beispielsweise auch die (geplante) elektronische Patientenakte gem. § 291a Abs. 3 S. 1 Nr. 4 SGB V, in der Daten über Befunde, Diagnosen, Therapiemaßnahmen, Behandlungsberichte sowie Impfungen für eine fall- und einrichtungsübergreifende Dokumentation über den Patienten gespeichert werden,[505] so könnte diese Transparenz insbesondere zwei Folgen haben. Der Patient und der Heilberufler haben nach Maßgabe von § 291a Abs. 4 S. 1 Nr. 2 SGB V i.V.m. § 291a Abs. 5 S. 1, 2 SGB V Zugang zur elektronischen Patientenakte.[506] Dies ermöglicht zunächst eine Überprüfung der durch den ersten Arzt durchgeführten Diagnose und ggf. der anschließenden Behandlung durch andere Ärzte. Diese bessere Überprüfbarkeit ärztlicher Leistungen durch Experten könnte wiederum dazu führen, dass die erstbehandelnden Ärzte besser bemüht sind, eine qualitativ hochwertige Leistung zu erbringen. Zwar kann der Patient auch jetzt schon, wie oben beschrieben, Einblick in seine Krankenunterlagen nehmen, diese aufzeichnen und einem zweiten Arzt zur Begutachtung vorlegen. Doch ist dieses Verfahren aufwändig und erfordert eine aktive Geltendmachung des Einsichtsrechts gegenüber dem erstbehandelnden Arzt, was für viele Patienten eine (moralische) Hürde darstellen könnte.[507] Somit könnte die elektronische Gesundheitskarte durch eine verbesserte Transparenz auch ein besseres *Screening* in der Arzt-Patienten-Beziehung ermöglichen und somit das Problem des moralischen Risikos zumindest begrenzen.[508]

Eine weitere Möglichkeit bestünde zudem darin, dass Patienten, die in der GKV versichert sind, auf jeden Fall und nicht nur auf Nachfrage eine Patien-

---

[505] Zur elektronischen Patientenakte siehe die Ausführungen unter Ziffer 6.3.3.7.

[506] Zum Zugriff auf Daten der eGK siehe die Ausführungen unter Ziffer 6.5.

[507] Die ärztlichen Leistungen können in der GKV auch im Rahmen der Abrechnung gem. § 106 f. SGB V durch die Kassenärztlichen Vereinigungen, die Krankenkassen und gem. § 275 f. SGB V ggf. i.V.m. § 17c Abs. 2 KHG durch den Medizinischen Dienst kontrolliert werden. Doch dient diese Überprüfung primär der Abrechnungskontrolle. Der Patient kann auf diesem Wege die ärztliche Leistung i.d.R. nicht kontrollieren.

[508] Zur besseren Transparenz und verbesserten Kontrollmöglichkeiten siehe die Ausführungen unter Ziffer 9.

tenquittung gem. § 305 Abs. 2 SGB V erhalten. Doch enthalten derartige Patientenquittungen, genau wie die Rechnungen der Heilberufler im Rahmen der PKV, nicht genug Daten, um die Qualität der ärztlichen Leistungen beurteilen zu können, so dass Patientenquittungen im Rahmen der GKV und Rechnungen im Rahmen der PKV keine wirksamen Mittel zum *Screening* darstellen.

Auf der anderen Seite verfügt aber auch der Patient in bestimmten Bereichen über ein größeres Wissen als der ihn behandelnde Arzt. So kennt der Patient in der Regel seine Krankengeschichte besser, insbesondere die Symptome, wegen derer er den Arzt aufgesucht hat, da sich ein Patient in Abhängigkeit seiner jeweiligen Erkrankung in der Regel von verschiedenen (Fach-)Ärzten behandeln lässt, so dass der jeweils behandelnde Arzt nicht vollständig über die Krankengeschichte seines Patienten informiert ist, auch wenn er ihn zuvor schon einmal behandelt hat. Außerdem verfügt der Patient über ein größeres Wissen bezüglich seines eigenen gesundheitsrelevanten Verhaltens als der behandelnde Arzt, z.B. ob er bestimmte (verschriebene) Arzneimittel eingenommen hat oder regelmäßig Alkohol konsumiert. Diese Informationen können jedoch auch für die Behandlung relevant sein. Insoweit handelt es sich um *hidden characteristics* des Patienten.[509]

Eine Möglichkeit diesen Risiken zu begegnen besteht im *Signaling*, wonach die besser informierte Stelle zum Abbau des Informationsdefizits der schlechter informierten Stelle die von dieser benötigten Informationen bereitstellen muss.[510] Ein solches Zurverfügungstellen von Informationen durch den Patienten geschieht bei der Behandlung im Rahmen der Anamnese (siehe Ziffer 3.1.1.1), in deren Verlauf der Patient (ggf. auch ein Angehöriger) dem behandelnden Arzt die subjektiv erinnerliche Vorgeschichte einer aktuellen Erkrankung mitteilt, was durch Krankheitsangaben aus dem Familienbuch (Familienanamnese) ergänzt werden kann.[511] Allerdings besteht insoweit das Problem, dass der Patient aufgrund seines fehlenden medizinischen Wissens und Sachverstands dem Arzt ggf. nicht die für die Behandlung notwendigen Informationen zur Verfügung stellen kann, weil er z.B. deren Bedeutung für die Behandlung nicht erkannt, sie vergessen oder – auch wenn sie ihm von einem zuvor behandelnden Arzt mitgeteilt wurden – sie nicht verstanden hat.[512] Dafür dass der Patient die ihn betreffenden medizinischen Informationen nicht vergisst, könnte die elektronische Gesundheitskarte eine Lösung bieten. Nutzt

---

509 *Passon/Siegel*, in: Lauterbach/Lüngen/Schrappe, Gesundheitsökonomie, Management und Evidence-based Medicine, S. 112 (127).
510 *Fritsch*, Marktversagen und Wirtschaftspolitik, S. 264 f.
511 *Kern*, in: Laufs/Kern, Handbuch des Arztrechts, § 46 Rn. 3; *Grüne/Schölmerich*, Anamnese, Untersuchung, Diagnostik, S. 16; *Dalicho*, Die allgemeinärztliche Untersuchung, S. 23.
512 *Schneider*, Vierteljahreshefte zur Wirtschaftsforschung 71 (2002), 447 (453).

der Patient beispielsweise die in Ziffer 6.3.3.7 noch näher erläuterte elektronische Patientenakte gem. § 291a Abs. 3 S. 1 Nr. 4 SGB V, könnte er seine dort dokumentierte Krankengeschichte vor oder während der Behandlung einsehen und diese medizinischen Informationen dann dem ihn behandelnden Arzt mitteilen. Doch ändert dies nichts daran, dass der Patient als medizinischer Laie die Bedeutung der in der elektronischen Patientenakte gespeicherten Informationen verkennen oder die Informationen gar nicht erst verstehen könnte.

Diesbezüglich könnte jedoch das *Screening* für Abhilfe schaffen, in dessen Rahmen die schlechter informierte Stelle Informationen über die Eigenschaften und das Verhalten der besser informierten Stelle bei Dritten einholt.[513] So kann der behandelnde Arzt Informationen über die Krankengeschichte bei vorbehandelnden Heilberuflern erfragen. Doch ist hierfür in der Regel die Einwilligung des Patienten und die Entbindung des vorbehandelnden Heilberuflers von der heilberuflichen Schweigepflicht nach § 203 Abs. 1 StGB erforderlich. Eine Lösung könnte wiederum die elektronische Gesundheitskarte bieten, wenn der behandelnde Arzt auf die in der elektronischen Patientenakte gespeicherte Krankengeschichte des Patienten zugreifen dürfte (siehe hierzu die Ausführungen unter Ziffer 6.8.2.2).

4.4 Die Beziehung zwischen dem Heilberufler und dem Kostenträger

In der Beziehung der Heilberufler zu den Kostenträgern sind die Informationen ebenfalls asymmetrisch verteilt. Im Rahmen der GKV hat jedes Mitglied gem. § 11 SGB V einen Anspruch gegen seine Krankenkasse auf Leistungen. Die Leistung wird jedoch i.d.R. nicht von den Krankenkassen selbst erbracht. Vielmehr bedient sich die Krankenkasse gem. § 2 Abs. 2 SGB V der Leistungserbringer zur Erfüllung ihrer Verpflichtungen. Der Leistungserbringer rechnet anschließend seine Leistungen gem. §§ 294 ff. SGB V direkt mit der jeweiligen Krankenkasse seines Patienten (ggf. über eine Kassen(zahn)ärztliche Vereinigung) ab.

Wie gerade oben beschrieben, kann der Patient die Leistungserbringung mangels Fachwissen oder aufgrund verborgener Handlungen des Leistungserbringers nicht hinreichend kontrollieren. Hinzu kommt, dass der Patient i.d.R. kein ausgeprägtes Interesse an einer möglichst effizienten und kostengünstigen Behandlung in der GKV besitzt, da die Höhe seiner Mitgliedsbeiträ-

---

[513] *Fritsch*, Marktversagen und Wirtschaftspolitik, S. 263 f.

ge nicht von den in Anspruch genommenen Leistungen abhängt und im Rahmen der GKV Selbstbehalte nur in sehr geringem Umfang (z.B. Zuzahlungen zu Medikamenten, Hilfs- und Verbandsmitteln etc.) existieren.[514] Der Leistungserbringer kann somit im gewissen Rahmen den Umfang der Leistungserbringung selbst festlegen. Folglich besitzt der Leistungserbringer als Agent im Verhältnis zum Kostenträger, der in diesem Fall als Prinzipal agiert, einen Informationsvorsprung, der in dem Gesundheitszustand des Patienten und den notwendigen Behandlungsmaßnahmen besteht.[515] Diese Informationsasymmetrie kann insbesondere zu *hidden actions* des Leistungserbringers führen, wenn dieser Leistungen abrechnet, die entweder gar nicht erbracht wurden oder nicht erforderlich waren.[516] Die Krankenkassen und die Kassenärztlichen Vereinigungen können die Leistungserbringung und die Abrechnungen der Leistungserbringer, schon allein aufgrund der Anzahl, lediglich unzureichend gem. § 106 und § 106a SGB V kontrollieren. Deshalb können den Kostenträgern große finanzielle Schäden entstehen.[517] Diese Kosten werden wiederum am Ende auf alle Kassenmitglieder umgelegt, da in der GKV das Solidaritätsprinzip gilt.

Eine Möglichkeit, dieses externe[518] moralische Risiko zu begrenzen, ist zunächst, den Patienten eine bessere Kontrolle der erbrachten und abgerechneten Leistungen zu ermöglichen. In diesem Zusammenhang wird auf die eben aufgezeigten Lösungsmöglichkeiten im Rahmen der Beziehung der Versicherten zu den Leistungserbringern verwiesen. Insbesondere könnte die elektronische Gesundheitskarte dazu beitragen, dass die Versicherten die erbrachten Leistungen besser kontrollieren können. Auch verpflichtende Patientenquittungen könnten diesem Zweck dienen.

Eine weitere Möglichkeit zur Begrenzung des externen moralischen Risikos im Verhältnis zwischen Leistungserbringer und Kostenträger könnte darin bestehen, die Interessen der Versicherten und der Kostenträger zu harmonisieren. Derzeit hat der einzelne Versicherte im Rahmen der GKV, wie bereits beschrieben, nur ein geringes Interesse an einer effizienten und kostengünsti-

---

[514] Etwas anderes kann bei Wahltarifen im Rahmen der GKV gelten.
[515] *Fritsch*, Marktversagen und Wirtschaftspolitik, S. 255 f.
[516] So z.B. bei Verstoß gegen das Wirtschaftlichkeitsgebot gem. § 12 SGB V im Rahmen der GKV. Siehe für die Darstellung von möglichen Abrechnungsbetrugskonstellationen von Ärzten: *Hancok*, Abrechnungsbetrug durch Vertragsärzte, S. 129 ff.
[517] Aus diesem Grunde wurde beispielsweise von der KKH ein spezielles (anonymes) Meldesystem eingerichtet: https://www.bkmssystem.net/bkwebanon/report/clientInfo?cin=118kkh&language =ger (19.05.2013).
[518] Es handelt sich bei den möglichen verborgenen Handlungen des Leistungserbringers um ein *externes* moralisches Risiko, da sich die Krankenkasse des externen Leistungserbringers bedient, um ihre gesetzlichen Verpflichtungen aus dem SGB V gegenüber ihren Mitgliedern zu erfüllen (siehe *Fritsch*, Marktversagen und Wirtschaftspolitik, S. 255 f.).

gen Leistungserbringung, da sein Mitgliedsbeitrag unabhängig von den in Anspruch genommenen Leistungen berechnet und erhöhte Kosten auf alle Krankenkassenmitglieder umgelegt werden. Durch die Einführung von Selbstbehalten auch im Rahmen der GKV oder von Anreizsystemen, wie z.B. Rückzahlungen bei Nichtinanspruchnahme der Krankenversicherung oder nur bis zu einer bestimmten Höhe, könnten zumindest mehr Versicherte dazu verleitet werden, auf eine kostengünstige Versorgung zu achten.[519]

Die wahrscheinlich wirksamste Methode, etwaigen Abrechnungsbetrug zu bekämpfen, wäre es, den Krankenkassen Zugriff auf die Anwendungen der elektronischen Gesundheitskarte nach § 291a SGB V zu gestatten. Hierdurch könnten sie im Wege des *Screenings* weitgehend überprüfen, welche Leistungen durch die Leistungserbringer wirklich erbracht wurden und aufgrund der Vielzahl über ihre Versicherten vorhandenen Datensätze sogar statistische Modelle zur automatischen Erkennung von Betrugsfällen entwickeln.

4.5 Zwischenergebnis

Wie die Analyse des deutschen Gesundheitswesens nach der Prinzipal-Agent-Theorie gezeigt hat, ist dieses gegenwärtig geradezu geprägt von Prinzipal-Agent-Beziehungen zwischen allen Beteiligten. Eine wirksame Methode, die dadurch vorhandenen Informationsasymmetrien und die hierdurch verursachten Kosten zu minimieren besteht insbesondere durch ein effektives *Screening*, also mit anderen Worten in einer besseren Überprüfung der dem jeweiligen Akteur zur Verfügung gestellten Informationen. Außerdem werden auch durch eine bessere Verfügbarkeit von Informationen für den Patienten selbst Informationsasymmetrien abgebaut und somit Agenturkosten eingespart, die das Gesundheitssystem gegenwärtig stark belasten. Hier könnte die elektronische Gesundheitskarte eine wichtige Rolle spielen, da sie – wie noch genau untersucht werden wird – einen besseren Zugriff auf medizinische Daten ermöglicht. Nach dem Ergebnis dieser wirtschaftlich geprägten Analyse der gegenwärtigen Informationsverteilung im deutschen Gesundheitswesen anhand der Prinzipal-Agent-Theorie wäre somit eine möglichst weitgehende Zugriffsmöglichkeit auf Daten im Rahmen der elektronischen Gesundheitskarte für sämtliche Akteure im Gesundheitswesen zu befürworten, um Informationsasymmetrien zwischen den einzelnen Akteuren abzubauen und unnötige Kosten zu reduzieren.

---

[519] Die Problematik derartiger Systeme besteht allerdings darin, dass sie nicht dazu führen dürfen, dass Versicherte, um Geld zu sparen, vom Arztbesuch absehen und dann noch schlimmer erkranken, was wiederum auch zu höheren Kosten führen würde.

Zweiter Teil: Die elektronische Gesundheitskarte

5 Die Vernetzung des deutschen Gesundheitswesens

Das deutsche Gesundheitswesen befindet sich derzeit in einem der größten Umbrüche seiner Geschichte: dem Einzug der Informationstechnologie. Diese kann sowohl den Heilberufler bei seiner Tätigkeit unterstützen, z.B. in Form von Expertensystemen, elektronischen Dokumentationen (von Patientendaten), Telekooperationen[520] (wie z.B. Televisite, Telekonsultation, Telebefundung und Telekonsil), Teleüberwachung der Patienten, aber auch durch eLearning-Plattformen,[521] Anwendungen zur Forschung und im Rahmen der Verwaltung der eigenen Praxis bzw. der Einrichtung.[522] Die Informationstechnologie unterstützt den Arzt somit vor allem bei der Verarbeitung von Patientendaten, der Kommunikation mit anderen Ärzten und dem Patienten, der Organisation seiner Praxis bzw. Einrichtung, Entscheidungen im Rahmen der Behandlung, der Fortbildung und der Überwachung von Patienten. Die Technik hilft dabei, die räumliche und zeitliche Trennung von Arzt und Patient oder mehreren Ärzten zu überwinden.[523]

Auch die Patienten können von dem Einsatz der Informationstechnologie im Gesundheitswesen profitieren. Zunächst können die mit dem Einsatz von IT für Ärzte verbundenen Vorteile zu einer Verbesserung der Versorgungsqualität führen, insbesondere z.B. durch Anwendungen der Teleüberwachung. Außerdem können die Patienten durch (zuverlässige und vertrauenswürdige) Online-Ressourcen[524] ihr medizinisches Wissen verbessern.[525]

Die Kostenträger wiederum profitieren ebenfalls von dem Einsatz der Informationstechnologie im Gesundheitswesen. Durch sie kann die Versorgung der Patienten durch Ärzte verbessert und auch effizienter gestaltet werden.

---

[520] Anwendungen der Telekooperation ermöglichen unter Nutzung von Anwendungen der Telekommunikation und der elektronischen Dokumentation sowie durch die Implementierung von elektronischen einrichtungsübergreifenden Geschäftsprozessen eine erhöhte gemeinsame Wertschöpfung, da die kooperative Zusammenarbeit der Versorgungsinstitutionen verbessert wird (siehe *Haas*, Gesundheitstelematik, S. 18).

[521] *Kallinowski/Mehrabi*, in: Jähn/Nagel, e-Health, S. 110 ff.

[522] Siehe zum Einsatz von IT in der Arztpraxis z.B.: *Mohr/Schall/Nerlich*, in: Jähn/Nagel, eHealth, S. 40 ff.

[523] *Haas*, Gesundheitstelematik, S. 8.

[524] Siehe z.B. *Jähn/Strehlow*, in: Jähn/Nagel, e-Health, S. 85 ff.; *Hebenstreit/Prümel-Philippsen*, in: Jähn/Nagel, e-Health, S. 91 ff.

[525] Siehe z.B. die Mitteilung der Kommission an den Rat, das Europäische Parlament, den Europäischen Wirtschafts- und Sozialausschuss und den Ausschuss der Regionen vom 30.04.2004: Elektronische Gesundheitsdienste – eine bessere Gesundheitsfürsorge für Europas Bürger: Aktionsplan für einen europäischen Raum der elektronischen Gesundheitsdienste, KOM (2004), 356, S. 8 f.

© Springer Fachmedien Wiesbaden GmbH, ein Teil von Springer Nature 2015
M. A. Arning, *Die elektronische Gesundheitskarte und die Verteilung von Informationen im deutschen Gesundheitswesen*, Edition KWV, https://doi.org/10.1007/978-3-658-23814-8_5

Außerdem werden durch die elektronische Datenverarbeitung die Verwaltungskosten gesenkt.[526]

Der Einsatz von Informationstechnologie im Gesundheitswesen verfolgt somit das Ziel, die medizinische Versorgung effektiver zu gestalten und qualitativ zu verbessern, sowie die Transparenz und Steuerungsmöglichkeiten der Behandlung durch den Patienten zu fördern.[527]

Eines der größten Projekte zum Einsatz von Informationstechnologie im Gesundheitswesen der Welt ist gemessen an der Anzahl der zu vernetzenden Akteure die elektronische Gesundheitskarte, die gem. § 291a Abs. 1 SGB V die Wirtschaftlichkeit, Qualität und Transparenz der Behandlung verbessern soll.[528] Fraglich ist jedoch, ob und in welchem Umfang die elektronische Gesundheitskarte dazu geeignet ist, die bestehenden Probleme im Hinblick auf die Informationsverteilung im deutschen Gesundheitswesen zu lösen. In diesem Kapitel werden dazu die rechtliche und die technische Konzeption der elektronischen Gesundheitskarte in Deutschland sowie der mit ihr verbundenen Komponenten dargestellt.

---

[526] *Haas*, Gesundheitstelematik, S. 13.

[527] *Haas*, Gesundheitstelematik, S. 29. Eine ausführliche Darstellung des ökonomischen Nutzens von IT-Anwendungen im Gesundheitswesen findet sich in *Schulenburg/Uber/Köhler/Andersen/Henke/Laaser/Allhoff*, Ökonomische Evaluation telemedizinischer Projekte und Anwendungen, S. 1 ff.

[528] Siehe z.B. *gematik GmbH*, Vernetzte Versorgung durch die Gesundheitskarte, abrufbar unter: http://www.gematik.de/cms/de/egk_2/egk_3.jsp (19.05.2013); *Gieseke*, Spahn zur E-Card: "Die Blockierer bestimmen das Tempo", abrufbar unter: http://www.aerztezeitung.de/praxis_wirtschaft/gesundheitskarte/article/810597/spahn-e-card-blockierer-bestimmen-tempo.html (19.05.2013).

6 Die elektronische Gesundheitskarte und die Telematikinfrastruktur im deutschen Gesundheitswesen

Das geplante Gesundheitstelematiksystem in Deutschland umfasst drei wesentliche Komponenten:

1. Elektronische Gesundheitskarte

2. Heilberufsausweis

3. Telematikinfrastruktur

Diese Komponenten werden im Folgenden dargestellt.

Die elektronische Gesundheitskarte wird durch §§ 291 Abs. 2a, 291a SGB V nur für alle im Rahmen der GKV Versicherten verpflichtend eingeführt, doch auch private Krankenversicherungsunternehmen können die elektronische Gesundheitskarte an ihre Versicherten ausgeben.[529] Allerdings sind die Unternehmen dazu nicht verpflichtet.[530] Es muss also sowohl bei der technischen Planung der einzelnen Komponenten als auch bei der rechtlichen Ausgestaltung sichergestellt werden, dass das Gesundheitstelematiksystem die teils unterschiedlichen Abläufe beider Versicherungssysteme berücksichtigt, insbesondere die verschiedenen Abrechnungssysteme. Als Folge des deutschen Gesundheitssystems und der Selbstverwaltung im Gesundheitswesen ergeben sich zudem Besonderheiten bei der Organisation und bei den Zuständigkeiten der technischen und rechtlichen Entwicklung des Gesundheitstelematiksystems, die sich insbesondere im Rahmen der Gesellschaft für Telematikanwendungen der Gesundheitskarte mbH (gematik) widerspiegeln, die von den Spitzenorganisationen des deutschen Gesundheitswesens gegründet wurde und gem. § 291b SGB V für die Einführung, Pflege und Weiterentwicklung der elektronischen Gesundheitskarte und ihrer Infrastruktur als Basis für Telematikanwendungen im Gesundheitswesen verantwortlich ist.[531]

6.1 Schritte zur Einführung der elektronischen Gesundheitskarte und der Telematikinfrastruktur

Die Idee, eine elektronische Gesundheitskarte und eine Telematikinfrastruktur einzuführen, existiert schon seit dem Ende des letzten Jahrtausends.

---

[529] Siehe dazu auch § 291a Abs. 1a SGB V.
[530] *Bales/Dierks/Holland/Müller*, Die elektronische Gesundheitskarte, B I § 291a Rn. 7.
[531] Siehe dazu die Darstellung der gematik unter Ziffer 6.7.

© Springer Fachmedien Wiesbaden GmbH, ein Teil von Springer Nature 2015
M. A. Arning, *Die elektronische Gesundheitskarte und die Verteilung von Informationen im deutschen Gesundheitswesen*, Edition KWV, https://doi.org/10.1007/978-3-658-23814-8_6

Nachdem sich in den Neunzigerjahren des letzten Jahrtausends bereits mehrere Studien mit dem Aufbau eines solchen Systems befasst und sich im Jahr 2002 auch die Politik sowie maßgebliche Verbände und Vertreter der Leistungserbringer und Kostenträger für den Aufbau eines Gesundheitstelematiksystems in Deutschland ausgesprochen hatten,[532] verabschiedete der Gesetzgeber im Jahr 2003 mit dem sogenannten Gesetz zur Modernisierung der gesetzlichen Krankenversicherung[533] die gesetzliche Grundlage für den Aufbau eines Gesundheitstelematiksystems in Deutschland. Insbesondere wurde das SGB V um § 291a ergänzt, der die Anwendungen der elektronischen Gesundheitskarte, den Zugriff auf die im Rahmen der elektronischen Gesundheitskarte gespeicherten Daten sowie den Aufbau der Telematikinfrastruktur regelt.[534]

Nachdem diese rechtliche Basis für die Einführung der elektronischen Gesundheitskarte und den Aufbau der Telematikinfrastruktur geschaffen war, erfolgte auch ein erster Schritt zur technischen Umsetzung der Pläne. So wurde Anfang des Jahres 2004 die sogenannte Rahmenarchitektur für das Gesundheitstelematiksystem vorgestellt,[535] in der grundsätzliche Anforderungen an die einzusetzenden technischen Komponenten festgelegt und Abläufe in den verschiedenen Einrichtungen des Gesundheitswesens beschrieben sowie Probleme und benötigte Schnittstellen identifiziert wurden.

Am 01. April 2004 wurde durch die Vertragspartner der Selbstverwaltung und privater Krankenversicherungen zudem ein Projektbüro mit dem Namen protego.net (= Projekt für Telematik der Gesundheitsorganisationen) gegründet, welches die Einführung der elektronischen Gesundheitskarte und die Umsetzung der gesetzlichen Verpflichtungen zur Aufgabe hatte. Durch das (zentrale) Projektbüro sollte zudem ein Auseinanderstreben verschiedener IT-Lösungen verhindert werden, indem es die Interessen der Politik sowie die von ihr gesetzten Rahmenbedingungen genauso bei der Konzeption der elektronischen Gesundheitskarte und dem Aufbau der Telematikinfrastruktur berücksichtigen sollte wie die Konzepte der Industrie.[536] Protego.net wurde am 11. Januar 2005 durch die Gesellschaft für Telematikanwendungen der Gesundheitskarte mbH (gematik) ersetzt, unter anderem, weil das Erfordernis,

---

[532] Siehe z.B. http://www.g-k-v.de/gkv/index.php?id=299 (19.05.2013); siehe auch TOP 7.2 des Ergebnisprotokolls der 75. Konferenz der für das Gesundheitswesen zuständigen Ministerinnen und Minister, Senatorinnen und Senatoren der Länder am 20./21.06.2002 in Düsseldorf, abrufbar unter: http://www.gmkonline.de/_beschluesse/Protokoll_75-GMK.pdf (19.05.2013).
[533] BGBl. I 2003, S. 2190 ff.
[534] Siehe dazu auch *Schug/Redders*, Bundesgesundheitsbl. 2005, 649 (649).
[535] *Bunz/Fanderl/Mersmann*, Telematikrahmenarchitektur für das Gesundheitswesen – Ein Überblick, Version 1.0 v. 22.03.2004, abrufbar unter: http://www.dkgev.de/pdf/370.pdf (19.05.2013).
[536] *Flügge*, Die elektronische Gesundheitskarte, S. 10.

dass Beschlüsse einstimmig getroffen werden mussten, die Beschlussfassung erheblich behinderte.[537] Nach § 291a Abs. 7 S. 2 SGB V obliegt es der gematik, die Telematikinfrastruktur in Deutschland zu errichten und zu betreiben.[538] Beschlüsse der gematik bedürfen (nur) einer Mehrheit von mindestens 67% der Stimmen in der Gesellschafterversammlung.[539]

Die relativ allgemein gehaltene Rahmenarchitektur bedurfte jedoch für die Einführung der elektronischen Gesundheitskarte und für den Aufbau einer interoperablen Telematikinfrastruktur einer Konkretisierung. Diese Konkretisierung erfolgte Anfang des Jahre 2005 durch die sogenannte Lösungsarchitektur.[540]

Am 28. Juni 2005 trat sodann das Gesetz zur Organisationsstruktur der Telematik im Gesundheitswesen in Kraft, durch das die gematik rechtlich verankert sowie ihre Struktur, Aufgaben und Arbeitsabläufe gesetzlich geregelt wurden.[541]

Nachdem es der gematik trotz der Herabsetzung der Mehrheitserfordernisse für Gesellschafterbeschlüsse nicht, wie vom Bundesministerium für Gesundheit und Soziale Sicherung (BMGS) gefordert, gelungen war, bis zum 31. August 2005 die für die Testphase der elektronischen Gesundheitskarte erforderlichen Beschlüsse zu fassen,[542] hat das BMGS gem. § 291b Abs. 4 S. 4 SGB V am 02. November 2005 zudem eine Rechtsverordnung über Testmaßnahmen für die Einführung der elektronischen Gesundheitskarte erlassen, welche den Ablauf und die Organisation der Testphase der Telematikinfrastruktur, der Komponenten und der Anwendungen regelt.

Somit konnte nach jahrelangen politischen, rechtlichen und technischen Vorarbeiten und Planungen endlich die praktische Erprobung der elektronischen Gesundheitskarte, einiger ihrer Anwendungen und einiger Komponenten beginnen. Nachdem am 15. Dezember 2005 die ersten Tests von Komponenten der zukünftigen Telematikinfrastruktur im Labor begonnen hatten, konnte am 22. Dezember 2006 dann der Start der ersten Feldtests in den Regionen Flensburg und Löbau-Zittau erfolgen. Innerhalb dieser Tests wurden mit ca. 10.000 Versicherten, verschiedenen Leistungserbringern und Kostenträgern unter realen Einsatzbedingungen und mit Echtdaten die Komponenten und

---

[537] *Schug/Redders*, Bundesgesundheitsbl. 2005, 649 (653 f.).
[538] Siehe auch § 3 Nr. 2 des Gesellschaftsvertrags der gematik gGmbH, zu finden z.B. in *Bales/Dierks/ Holland/Müller*, Die elektronische Gesundheitskarte, E I.
[539] Siehe § 7 Nr. 2 des Gesellschaftsvertrags der gematik gGmbH.
[540] Die Lösungsarchitektur ist online nicht mehr verfügbar.
[541] BGBl. I 2005, S. 1720 ff.
[542] *Bales/Dierks/Holland/Müller*, Die elektronische Gesundheitskarte, D I Rn. 1, S. 187.

Dienste der Telematikinfrastruktur auf ihre Einsetzbarkeit im Gesamtsystem getestet. Derartige Tests fanden außer in Flensburg und Löbau-Zittau auch noch in Bochum-Essen, Ingolstadt, Trier und Wolfsburg statt.[543]

Doch auch nach dem Start der Testphase erfolgten noch weitere Änderungen und Ergänzungen der rechtlichen Regelungen über die elektronische Gesundheitskarte, der mit ihr verbundenen Telematikinfrastruktur sowie der Organisation und den Aufgaben der gematik. Durch das Gesetz zur Stärkung des Wettbewerbs in der Gesetzlichen Krankenversicherung,[544] welches am 01. April 2007 in Kraft trat, wurden insbesondere gesetzliche Regelungen über die Zulassung von Komponenten durch die gematik, über den operativen Betrieb des Dienstes, über die Anwendbarkeit der Vorschriften des § 291a SGB V für Privatversicherte und über die Verteilung der Kosten für den Aufbau der Telematikinfrastruktur durch die gematik neu in das SGB V eingefügt bzw. bereits bestehende Vorschriften geändert.

Nach Abschluss der so genannten „10.000er-Tests" begann am 12. Dezember 2008 der Rollout der Kartenterminals in der so genannten „Durchstichregion" Nordrhein.[545] Auf die ursprünglich nach § 5 Abs. 6 der *Verordnung über Testmaßnahmen für die Einführung der elektronischen Gesundheitskarte* (a.F.)[546] geplanten „100.000er-Tests", bei denen die Testmaßnahmen auf ca. 100.000 Versicherte ausgeweitet werden sollten, wurde trotz einer Reihe von Problemen im Rahmen der „10.000er-Tests"[547] verzichtet.[548]

---

[543] Siehe z.B. *gematik GmbH*, Testregionen, abrufbar unter: http://www.gematik.de/cms/de/ gematik/partner/testregionen/testregionen_1.jsp (19.05.2013). Ausführliche Berichte aus den Testregionen befinden sich u.a. in *Hempel/Jäckel/Reum,* Telemedizinführer Deutschland 2006, S. 1 ff.

[544] BGBl. I 2007, S. 378 ff.

[545] Siehe z.B. *Borchers/Kuri*, Elektronische Gesundheitskarte: Jetzt geht's los …, Heise Online news v. 12.12.2008, abrufbar unter: http://www.heise.de/newsticker/meldung/Elektronische-Gesundheitskarte-Jetzt-geht-s-los-189350.html (19.05.2013).

[546] In der Fassung der Bekanntmachung vom 23. September 2009 (BGBl. I 2009, S. 3162 ff.).

[547] So wurde beispielsweise der Test der Speicherung von Notfalldaten auf der Gesundheitskarte Schleswig-Holstein in Flensburg von den teilnehmenden Flensburger Ärzten am 31.03.2008 ausgesetzt, weil bis zu 75% der Versuche fehlschlugen, den Notfalldatensatz auf der eGK zu speichern. Der Grund dafür war insbesondere, dass die teilnehmenden Patienten ihre PIN vergessen hatten oder es nicht schafften, diese innerhalb des vorgegebenen Zeitfensters einzugeben. Vgl. z.B. *Ärztekammer Schleswig-Holstein,* Elektronische Gesundheitskarte: Bartmann zeigt Verständnis für Testeinschränkung in Flensburg, Pressemitteilung v. 17.04.2008, abrufbar unter: http://www.aeksh.de/start/presse-_und_oeffentlichkeitsarbeit/pressemitteilungen/elektronische_gesundheitskarte_bartmann_zeigt_verstaendnis_fuer_testeinschraenkung_flensburg.html (19.05.2013) oder das Schreiben der Flensburger Testärzte vom 31.03.2008, abgedruckt in *Meissner/Bergeler*, Nordlicht 2008, Heft 4, S. 18 (19).

[548] Siehe z.B. *Borchers/Ziegler*, Elektronische Gesundheitskarte: 100.000er-Tests abgesagt, Heise Online news v. 16.08.2007, abrufbar unter: http://www.heise.de/newsticker/ meldung/94479 (19.05.2013) und *Neumann*, In einem Jahr kommt die Gesundheitskarte, Die Welt v. 17.08.2007, abrufbar unter: http://www.welt.de/welt_print/article1112601/In_einem_Jahr_kommt_die_Gesundheitskarte.html (19.05.2013).

Am 30. September 2009 startete der Basis-Rollout der elektronischen Gesundheitskarte.[549] Sie wurde aber nicht zeitgleich im gesamten Bundesgebiet für alle rund 80 Millionen Versicherten, 21.000 Apotheken, 123.000 niedergelassenen Ärzte, 65.000 Zahnärzte, 2.200 Krankenhäuser sowie 250 Krankenkassen[550] eingeführt, sondern nacheinander in verschiedenen Regionen. Die erste Region, in der die eGK eingeführt wurde und die auch als „Durchstichregion" bezeichnet wird, war die Region Nordrhein.[551] Allerdings wurde beim Rollout der eGK eine Migrationsstrategie verfolgt. So verfügt die eGK beim Basis-Rollout noch nicht über alle Anwendungen gem. § 291a Abs. 2 und 3 SGB V. Im Rahmen des Basis-Rollout verfügt die eGK lediglich über die (offline-) Anwendungen der Europäischen Krankenversichertenkarte und des Versichertenstammdatenmanagements und somit über nicht mehr Funktionen als die bisherige Krankenversichertenkarte.[552]

Im Unterschied zur alten Krankenversichertenkarte ist auf der Vorderseite der eGK lediglich das Foto des Versicherten abgedruckt. [553]

---

[549] Siehe z.B. *Borchers/Wilkens*, Elektronische Gesundheitskarte: Technischer Leiter tritt zurück, c't magazin v. 02.10.2009, abrufbar unter: http://www.heise.de/ct/meldung/Elektronische-Gesundheitskarte-Technischer-Leiter-tritt-zurueck-807716.html (19.05.2013).

[550] *Bales/Dierks/Holland/Müller*, Die elektronische Gesundheitskarte, A Rn. 1.

[551] *Borchers/Kuri*, Elektronische Gesundheitskarte: Nordrhein wird „Durchstichregion", Heise Online news v. 13.06.2008, abrufbar unter: http://www.heise.de/newsticker/meldung/109420 (19.05.2013). Siehe auch die Antwort der Bundesregierung auf die Kleine Anfrage mehrerer Abgeordneter der Partei Die Linke vom 17.12.2008, BT-Drs. 16/11411.

[552] *Borchers/Kuri*, Elektronische Gesundheitskarte: Rollout im Nachwahlkampf, Heise Online news v. 29.09.2009, abrufbar unter: http://www.heise.de/newsticker/meldung/Elektronische-Gesundheitskarte-Rollout-im-Nachwahlkampf-798105.html (19.05.2013).

[553] Die Einführung der eGK mitsamt den auf ihr gespeicherten Versichertenstammdaten nach § 291 Abs. 2 SGB V sowie eines Fotos verstößt nach zutreffender Ansicht des Sozialgerichts Düsseldorf nicht gegen das Recht auf informationelle Selbstbestimmung der betroffenen Versicherten gem. Art. 2 Abs. 1 i.V.m. Art. 1 Abs. 1 GG (siehe das Urteil des Sozialgerichts Düsseldorf vom 28.06.2012, Az. S 9 KR 111/09, ZD 2012, 532 ff.). Das Recht auf informationelle Selbstbestimmung gilt nicht uneingeschränkt. Vielmehr sind beispielsweise Eingriffe in dieses Recht im überwiegenden Allgemeininteresse gerechtfertigt (siehe BVerfGE 65, 43 f.). Die Verarbeitung der Versichertenstammdaten im Rahmen der eGK ist notwendig, damit der Versicherte gegenüber dem Arzt, von dem er sich behandeln lassen möchte, seine Berechtigung zum Erhalt von Leistungen im Rahmen der gesetzlichen Krankenversicherung nachweisen kann (siehe § 15 Abs. 2 SGB V). Eine solche Prüfung ist für das Funktionieren der gesetzlichen Krankenversicherung unabdingbar, da ansonsten Unberechtigte Leistungen von der gesetzlichen Krankenkasse beziehen könnten. Ein Bewilligungsverfahren, wie es beispielsweise in § 19 SGB IV vorgesehen ist, ist im Rahmen der gesetzlichen Krankenversicherung aufgrund der Langwierigkeit derartiger Verfahren keine taugliche Alternative (so auch SG Düsseldorf ZD 2012, 532 (533)). Somit erfolgt die Datenverarbeitung vorliegend im überwiegenden Allgemeininteresse, weshalb kein Verstoß gegen das Recht auf informationelle Selbstbestimmung der betroffenen Versicherten aus Art. 2 Abs. 1 i.V.m. Art. 1 Abs. 1 GG vorliegt. Gleiches gilt für die Verarbeitung des Fotos, da diese Verarbeitung zur Verhinderung des unbefugten Gebrauchs der eGK notwendig ist, indem der Leistungserbringer überprüfen kann, ob die Person, die Leistungen von ihm erhalten möchte, auch mit der nach der eGK hierzu berechtigten Person übereinstimmt (SG Düsseldorf ZD 2012, 532 (533); so auch Peter Schaar in *Kowalski*, Focus, Heft 24/2009, S. 15). Die vor der eGK eingesetzte Krankenversichertenkarte ohne Foto (ggf. in Verbindung mit einem Personalausweis) hat sich hierfür als nicht ausreichend bzw. impraktikabel erwiesen.

Nach dem Wechsel der Bundesregierung im Oktober 2009 einigte sich das Bundesgesundheitsministerium jedoch mit den Spitzenverbänden der Krankenkassen und Kassenärzte auf ein Moratorium, wonach das gesamte Projekt einer Bestandsaufnahme unterzogen werden sollte, um die weitere Umsetzung des eGK-Projekts neu planen und organisieren zu können.[554]

Diese Bestandsaufnahme wurde am 19. April 2010 abgeschlossen.[555] Als Ergebnis dieser Bestandsaufnahme einigten sich die Gesellschafter der gematik auf eine Neuausrichtung des eGK-Projekts. Hierzu führten sie das so genannte „Projektleitermodell" ein, wonach nur jeweils ein Gesellschafter für die Konzeption einer bestimmten Anwendung zuständig sein soll. Die beauftragten Gesellschafter bilden den Lenkungsausschuss, der den Verlauf der einzelnen Projekte koordinieren soll. Der Gesellschafterversammlung der gematik soll während des Projektverlaufs lediglich eine kontrollierende Funktion zukommen. Die beauftragten Gesellschafter müssen für die von ihnen jeweils zu konzeptionierende Anwendung zunächst ein Lastenheft erstellen, welches von den Gesellschaftern der gematik abgenommen werden muss. Anschließend erstellen die beauftragten Gesellschafter auf Basis des Lastenhefts ein Pflichtenheft für die jeweilige Anwendung. Bevor eine Anwendung dann endgültig in den Wirkbetrieb der eGK mit übernommen werden kann, muss diese Anwendung nach § 5 Abs. 3 der Verordnung über Testmaßnahmen für die Einführung der elektronischen Gesundheitskarte einem Feldtest unterzogen werden. Sollte eine Anwendung diese Testmaßnahmen erfolgreich bestanden haben, können die Gesellschafter der gematik den Rollout dieser Anwendung beschließen.[556]

Als erste Anwendungen der elektronischen Gesundheitskarte sollen nach dem Beschluss der Gesellschafter das Versichertenstammdatenmanagement nach § 291a Abs. 2 S. 1 i.V.m. § 291 Abs. 2 bis 2 lit. b SGB V, der Notfalldatensatz

---

[554] *Borchers/Kuri*, Elektronische Gesundheitskarte: Rollout im Nachwahlkampf, Heise Online news v. 29.09.2009, abrufbar unter: http://www.heise.de/newsticker/meldung/Elektronische-Gesundheitskarte- Rollout-im-Nachwahlkampf-798105.html (19.05.2013); *dies.*, Elektronische Gesundheitskarte: Abgespeckt bis aufs Gerippe, Heise Online news v. 19.11.2009, abrufbar unter: http://www.heise.de/newsticker/meldung/Elektronische-Gesundheitskarte-Abgespeckt-bis-aufs-Gerippe-863578.html (19.05.2013)

[555] Siehe *gematik GmbH*, Bestandsaufnahme für den Aufbau der Telematikinfrastruktur abgeschlossen – gematik-Gesellschafterversammlung trifft entscheidende Festlegungen zur Zukunft des eGK-Projektes, Pressemitteilung v. 20.04.2010, abrufbar unter: http://www.gematik.de/cms/de/header_navigation/presse/pressemitteilungen/archive/archiv.jsp (19.05.2013). Vgl. auch *Borchers/Kuri*, Elektronische Gesundheitskarte: finaler Neustart, Heise Online news v. 21.04.2010, abrufbar unter: http://www.heise.de/newsticker/meldung/Elektronische-Gesundheitskarte-finaler-Neustart-982568.html (19.05.2013).

[556] Siehe hierzu z.B. die Beschreibung des Projektleitermodells durch die Deutsche Krankenhausgesellschaft in *Deutsche Krankenhausgesellschaft,* Übersicht Gesundheitskarte, S. 9, abrufbar unter: http://www.dkgev.de/media/file/9371.RS135-11_Anlage-291a_Uebersicht.pdf (19.05.2013).

nach § 291a Abs. 3 S. 1 Nr. 1 SGB V sowie der elektronische Arztbrief nach § 291a Abs. 3 S. 1 Nr. 2 SGB V eingeführt werden.[557] Die zuvor vorrangig verfolgte Einführung des elektronischen Rezepts wurde hingegen zunächst zurückgestellt, da die zu diesem Zeitpunkt entwickelten technischen Lösungen noch nicht praxistauglich waren.[558]

Mit der Erstellung des Versichertenstammdatenmanagements beauftragte die gematik gem. § 291b Abs. 1 S. 4 SGB V den GKV-Spitzenverband, mit der Erstellung des Notfalldatensatzes die Bundesärztekammer und mit der Erstellung des elektronischen Arztbriefs die Kassenärztliche Bundesvereinigung.[559] Die dem eGK-System zugrunde liegende Basis-Telematikinfrastruktur soll zusammen vom GKV-Spitzenverband und der Kassenärztlichen Bundesvereinigung entwickelt werden.[560]

Am 01. August 2010 trat dann das „Gesetz zur Änderung krankenversicherungsrechtlicher und anderer Vorschriften" (GKV-Änderungsgesetz) in Kraft, durch das ein neuer Absatz 2b in § 291 SGB V eingeführt wurde.[561] Nach § 291 Abs. 2b S. 1 und 5 SGB V werden die gesetzlichen Krankenkassen verpflichtet, Online-Dienste einzuführen, mit denen die Leistungserbringer die Gültigkeit und die Aktualität der Versichertenstammdaten nach § 291 Abs. 1 und 2 SGB V bei den Krankenkassen online überprüfen und auf der elektronischen Gesundheitskarte aktualisieren können. Nach § 291 Abs. 2b S. 3 und 5 SGB V sind die an der vertragsärztlichen Versorgung teilnehmenden Ärzte, Einrichtungen und Zahnärzte verpflichtet, bei der erstmaligen Inanspruchnahme ihrer Leistungen durch einen Versicherten im Quartal die Leistungspflicht der Krankenkasse durch Nutzung der genannten Online-Dienste zu überprüfen, sobald diese Dienste zur Verfügung stehen. Das Ziel dieser Vorschrift besteht darin, die missbräuchliche Inanspruchnahme von Leistungen der gesetzlichen Krankenversicherung zu verhindern, indem durch diese Online-Prüfung fest-

---

[557] Siehe z.B. *Borchers/Kuri*, Elektronische Gesundheitskarte: finaler Neustart, Heise Online news v. 21.04.2010, abrufbar unter: http://www.heise.de/newsticker/meldung/Elektronische-Gesundheitskarte-finaler-Neustart-982568.html (19.05.2013).

[558] Siehe z.B. die Vorbemerkung zur Antwort der Bundesregierung auf die Kleine Anfrage v. 16. Mai 2011 in BT-Drs. 17/5838, S. 3.

[559] Siehe z.B. *gematik GmbH*, Bestandsaufnahme für den Aufbau der Telematikinfrastruktur abgeschlossen – gematik-Gesellschafterversammlung trifft entscheidende Festlegungen zur Zukunft des eGK-Projektes, Pressemitteilung v. 20.04.2010, abrufbar unter: http://www.gematik.de/cms/de/header_navigation/presse/pressemitteilungen/archive/archiv.jsp (19.05.2013); *Borchers/Kuri*, Elektronische Gesundheitskarte: finaler Neustart, Heise Online news v. 21.04.2010, abrufbar unter: http://www.heise.de/newsticker/meldung/Elektronische-Gesundheitskarte-finaler-Neustart-982568.html (19.05.2013).

[560] Siehe z.B. *gematik GmbH*, Bestandsaufnahme für den Aufbau der Telematikinfrastruktur abgeschlossen – gematik-Gesellschafterversammlung trifft entscheidende Festlegungen zur Zukunft des eGK-Projektes, Pressemitteilung v. 20.04.2010, abrufbar unter: http://www.gematik.de/cms/de/header_navigation/presse/pressemitteilungen/archive/archiv.jsp (19.05.2013).

[561] BGBl. I 2010, S. 983 ff.

gestellt werden kann, ob eine eGK immer noch gültig ist oder z.B. als gestohlen oder verloren gemeldet wurde.[562] Bis zur Einführung dieser Vorschrift stand den Krankenkassen die Einführung derartiger Online-Dienste nach § 291 Abs. 2 S. 1 SGB V frei.[563]

Am 01. Januar 2011 trat dann das Gesetz zur nachhaltigen und sozial ausgewogenen Finanzierung der Gesetzlichen Krankenversicherung (GKV-Finanzierungsgesetz) in Kraft.[564] Durch dieses Gesetz wurde ein Absatz 6 in § 4 SGB V eingefügt. Nach dieser neuen Regelung wurden Krankenkassen die (erstattungsfähigen) Verwaltungsausgaben um zwei Prozent gekürzt, wenn diese nicht mindestens zehn Prozent ihrer Mitglieder bis zum 31. Dezember 2011 mit einer elektronischen Gesundheitskarte ausgestattet hatten. Diese Regelung hatte das Ziel, die Krankenkassen zu einer raschen Einführung der eGK zu veranlassen, um die missbräuchliche Inanspruchnahme von Leistungen durch die alten Krankenversichertenkarten nach § 291 SGB V, die kein Foto des Versicherten aufwiesen und nicht zu einer Online-Prüfung des Versicherungsstatus geeignet waren, zeitnah zu erschweren.[565] Nach Auskunft der Bundesregierung sind mit einer Ausnahme sämtliche Krankenkassen dieser Verpflichtung nachgekommen.[566]

Am 25. Januar 2011 trat die Dritte Verordnung zur Änderung der Verordnung über Testmaßnahmen für die Einführung der elektronischen Gesundheitskarte (3. EGKTestVÄndV) in Kraft.[567] Die in der Verordnung enthaltenen Änderungen waren in Folge der Neuausrichtung des eGK-Projekts notwendig geworden und passten die vor dem Rollout einer Anwendung in den Wirkbetrieb durchzuführenden Testmaßnahmen an die neue Projektorganisation an.

Am 01. Oktober 2011 begann dann die bundesweite Ausgabe der elektronischen Gesundheitskarten durch die Krankenkassen an ihre Mitglieder.[568]

Mit In-Kraft-Treten des Gesetzes zur Verbesserung der Versorgungsstrukturen in der gesetzlichen Krankenversicherung (GKV-Versorgungsstrukturgesetz) am 01. Januar 2012 wurde bestimmt, dass die Krankenkassen bis zum 31. Dezember 2012 an mindestens 70 Prozent ihrer Mitglieder die eGK ausge-

---

[562] Siehe Begründung zu § 291 Abs. 2b SGB V in BT-Drs. 17/2170, S. 38 f.
[563] Siehe dazu auch *Kruse/Kruse*, WzS 2006, 129 (133); *Bales/Dierks/Holland/Müller*, Die elektronische Gesundheitskarte, B I § 291 Rn. 27 ff.
[564] BGBl. I 2010, S. 2309 ff.
[565] Siehe die Begründung zu § 4 Abs. 6 SGB V in BT-Drs. 17/3696, S. 44.
[566] Siehe die Antwort des Bundesministeriums für Gesundheit auf eine schriftliche Anfrage der Abgeordneten Birgitt Bender vom 01.06.2012 in BT-Drs. 17/9855, S. 35 f.
[567] BGBl. I 2011, S. 39.
[568] Siehe z.B. *Borchers/Wilkens*, Start der elektronischen Gesundheitskarte lässt viele Fragen offen, Heise Online news v. 29.09.2011, abrufbar unter: http://www.heise.de/newsticker/meldung/Start-der-Elektronischen-Gesundheitskarte-laesst-viele-Fragen-offen-1351395.html (19.05.2013).

geben haben müssen. Als Sanktion für das Nichterreichen dieser Marke ist in § 4 Abs. 6 S. 2 SGB V vorgesehen, dass die (erstattungsfähigen) Verwaltungsausgaben der gesetzlichen Krankenkassen für das Jahr 2013 auf dem Stand des Jahres 2012 eingefroren werden. Diese Regelung bezweckt die konsequente Fortsetzung der Ausgabe der eGK durch die Krankenkassen.[569] Nach Angaben des GKV-Spitzenverbandes haben die Krankenkassen die Vorgabe für die Ausgabequote in Höhe von 70 Prozent „im Durchschnitt" erfüllt.[570]

Im Februar 2012 beauftragte die gematik dann den Deutschen Apothekerverband e.V. mit der Erstellung einer weiteren Anwendung der eGK: der Arzneimitteltherapiesicherheitsprüfung i.S.d. § 291a Abs. 3 S. 1 Nr. 3 SGB V.[571]

Mit In-Kraft-Treten des Gesetzes zur Regelung der Entscheidungslösung im Transplantationsgesetz, demzufolge sämtliche Mitglieder der Krankenkassen sowie Versicherte im Rahmen der PKV zu ihrer Bereitschaft zur Organ- bzw. Gewebespende befragt werden sollen,[572] wurden die freiwilligen Anwendungen der elektronischen Gesundheitskarte um persönliche Erklärungen und Hinweise der Versicherten bezüglich ihrer Organ- und Gewebespendebereitschaft erweitert. Demzufolge muss die eGK nunmehr auch geeignet sein, Erklärungen der Versicherten zur Organ- und Gewebespende, Hinweise der Versicherten auf das Vorhandensein und den Aufbewahrungsort von Erklärungen zur Organ- und Gewebespende sowie Hinweise der Versicherten auf das Vorhandensein und den Aufbewahrungsort von Vorsorgevollmachten oder Patientenverfügungen nach § 1901a BGB zu unterstützen. Für diese neuen freiwilligen Anwendungen der eGK wurden in § 291a Abs. 5a SGB V zudem spezielle Zugriffsregelungen geschaffen, da insoweit die Besonderheit besteht, dass auf diese Erklärungen und Hinweise insbesondere auch dann zugegriffen werden muss, wenn der betroffene Versicherte bereits gestorben ist.[573]

Ende des Jahres 2013 soll der Aufbau der Telematikinfrastruktur der eGK nach den Planungen der gematik mit zwei Feldtests beginnen. Während dieser Tests sollen die Telematikinfrastruktur sowie die Anwendung „Versicher-

[569] Siehe die Begründung zu § 4 Abs. 6 S. 2 SGB V in BT-Drs. 17/8005, S. 103.

[570] *Muth*, Krankenkassen drohen ihren Versicherten, Der Tagesspiegel v. 28.01.2013, abrufbar unter: http://www.tagesspiegel.de/politik/elektronische-gesundheitskarte-krankenkassen-drohen-ihren-versicherten/7699976.html (19.05.2013).

[571] Siehe *Bundesvereinigung Deutscher Apothekerverbände*, Mehr Arzneimitteltherapiesicherheit durch Gesundheitskarte, Pressemitteilung v. 08.02.2012, abrufbar unter: http://www.abda.de/ 52+B6JmNIYXNoPWRlNTZhZjdlOTEmdHhfdHRuZXdzJTVCYmFja1BpZCU1RD0yNCZ0eF90dG5ld3Ml NUJ0dF9uZXdzJTVEPTE3NjY_.html (19.05.2013); *Rohrer*, Gesundheitskarte kommt in Apotheken, apotheke adhoc vom 08.02.2012, abrufbar unter: http://www.apotheke-adhoc.de/nachrichten/ apothekenpraxis/gesundheitskarte-kommt-in-apotheken (19.05.2013).

[572] BGBl. I 2012, S. 1504 ff.

[573] Siehe z.B. die Gesetzesbegründung zu § 291a Abs. 5a SGB V in BT-Drs. 17/9030, S. 18 f.

tenstammdatenmanagement" nach § 291 Abs. 2b SGB V[574] sowie der Basis-
dienst „Qualifizierte Elektronische Signatur" erprobt werden, mittels dessen
Heilberufler Dokumente mit ihren elektronischen Heilberufsausweisen qualifiziert elektronisch signieren können sollen.[575] Hierzu führt die gematik seit
dem Dezember 2011 ein Vergabeverfahren durch.[576]

Die wesentlichen Schritte zur Einführung der elektronischen Gesundheitskarte waren mithin:[577]

Datum	Ereignis
01. Januar 2004	Inkrafttreten des Gesetzes zur Modernisierung der gesetzlichen Krankenversicherung (GMG) • § 67 SGB V: Umstellung der papiergebundenen Kommunikation unter den Leistungserbringern auf elektronische Kommunikation • § 290 SGB V: Einführung einer dauerhaften Krankenversichertennummer • § 291 SGB V: Ausbau der Krankenversichertenkarte zur elektronischen Gesundheitskarte mit Foto, die auch zur elektronischen Signatur geeignet sein muss • § 291a SGB V: Infrastruktur und Anwendungen der elektronischen Gesundheitskarte, inkl. der Zugriffsbefugnisse und -regelungen unter Einbeziehung der elektronischen Heilberufsausweise • § 307 f. SGB V: Bußgeld- und Strafvorschriften
11. Januar 2005	Die gematik (Gesellschaft für Telematikanwendungen der Gesundheitskarte mbH) wird durch die Spitzenorganisationen der Selbstverwaltung gegründet

---

[574] Siehe hierzu auch die Ausführungen unter Ziffer 6.3.3.1.
[575] Siehe z.B. *Borchers/Wilkens*, Elektronische Gesundheitskarte: Leiser Ärger wird lauter, Heise online news v. 10.04.2013, abrufbar unter: http://www.heise.de/newsticker/meldung/Elektronische-Gesundheitskarte-Leiser-Aerger-wird-lauter-1838250.html (19.05.2013).
[576] Siehe z.B. *gematik GmbH*, Vergabeverfahren: Einführung der elektronischen Gesundheitskarte (eGK), Erprobung Online-Rollout (Stufe 1), abrufbar unter: http://www.gematik.de/cms/de/gematik/ausschreibungen/vergabeverfahrenonlinerolloutstufe1/vergabeverfahrenorstufe1.jsp (19.05.2013).
[577] Siehe hierzu auch: *Schug/Redders*, Bundesgesundheitsbl. 2005, 649 (651 f.).

Datum	Ereignis
30. März 2005	Inkrafttreten des Verwaltungsvereinfachungsgesetzes • Konkretisierung der Anforderungen an die Krankenversichertennummer • Konkretisierung der Zugriffsbefugnisse auf die elektronische Gesundheitskarte
28. Juni 2005	Inkrafttreten des Gesetzes zur Organisationsstruktur der Telematik im Gesundheitswesen • § 291b SGB V: Rechtliche Verankerung der gematik, Regelungen über die Organisation und Aufgaben der gematik • Bildung der Krankenversichertennummer aus der Rentenversicherungsnummer
28. Juni 2005	Inkrafttreten des Nutzungszuschlags-Gesetzes • Heilberufler können den Patienten für die Nutzung der elektronischen Gesundheitskarte nutzungsbezogene Zuschläge berechnen
09. November 2005	Inkrafttreten der Rechtsverordnung des Bundesministeriums vom 02. November 2005 über Testmaßnahmen für die Einführung der elektronischen Gesundheitskarte • Strukturierung, Ablauf und Organisation der Testphase der Telematikinfrastruktur, der Komponenten und Anwendungen
15. Dezember 2005	Beginn der Labortests der ersten Komponenten
03. Januar 2006	Bekanntgabe der acht Testregionen für die 10.000er-Tests

Datum	Ereignis
11. Oktober 2006	Inkrafttreten der Änderungsverordnung vom 02. Oktober 2006 über Testmaßnahmen für die Einführung der elektronischen Gesundheitskarte • Konkretisierung des technischen Betriebs während der Testmaßnahmen • Neufassung der zu testenden Anwendungen und Komponenten • Neufassung der Organisation der Testmaßnahmen • Regelung des Zulassungsverfahrens für Komponenten
22. Dezember 2006	Beginn der ersten Feldtests in den Regionen Flensburg und Löbau-Zittau
01. April 2007	Inkrafttreten des Gesetzes zur Stärkung des Wettbewerbs in der Gesetzlichen Krankenversicherung • Regelungen über die Anwendbarkeit von § 291a SGB V für Versicherte im Rahmen der Privaten Krankenversicherung • Zuweisung bisheriger Aufgaben der Spitzenverbände der Krankenkassen an den neu zu gründenden Spitzenverband Bund der Krankenkassen • Regelungen über die Kostenverteilung • Verpflichtung zur Zulassung von Komponenten und Diensten • Regelungen über den operativen Betrieb
12. Dezember 2008	Beginn des Rollouts der Kartenterminals in der Durchstichregion Nordrhein
01. Oktober 2009	Beginn des Rollouts der elektronischen Gesundheitskarten in der Durchstichregion Nordrhein

Datum	Ereignis
26. Oktober 2009	Vereinbarung eines Moratoriums mit Bestandsaufnahme hinsichtlich der Einführung der elektronischen Gesundheitskarte im Koalitionsvertrag der CDU, CSU und der FDP
19. April 2010	Abschluss der Bestandsaufnahme und Neuausrichtung der Einführung der elektronischen Gesundheitskarte • Vorrangige Einführung des (Online-) Versichertenstammdatenmanagements, des Notfalldatensatzes und des Datenaustauschs zwischen Ärzten (elektronischer Arztbrief) als Anwendungen gem. § 291a SGB V sowie Konzeption des Mehrwertdienstes „elektronische Fallakte" und der Basis-IT für das System der elektronischen Gesundheitskarte
01. August 2010	Inkrafttreten des Gesetzes zur Änderung krankenversicherungsrechtlicher und anderer Vorschriften (GKV-Änderungsgesetz) • Verpflichtung der Krankenkassen zum Angebot von Online-Diensten zur Überprüfung der Gültigkeit der Versichertenstammdaten nach § 291 Abs. 2 lit. b SGB V
01. Januar 2011	Inkrafttreten des Gesetzes zur nachhaltigen und sozial ausgewogenen Finanzierung der Gesetzlichen Krankenversicherung (GKV-Finanzierungsgesetz) • Kürzung der (erstattungsfähigen) Verwaltungsausgaben der Krankenkassen nach § 4 Abs. 6 SGB V, wenn diese nicht mindestens 10 Prozent ihrer Mitglieder bis zum 31. Dezember 2011 mit einer elektronischen Gesundheitskarte ausgestattet haben

Datum	Ereignis

25. Januar 2011 Inkrafttreten der Dritten Verordnung zur Änderung der Verordnung über Testmaßnahmen für die Einführung der elektronischen Gesundheitskarte (3.EGK TestVÄndV)

- Neuregelung der Testmaßnahmen für Anwendungen im Rahmen der elektronischen Gesundheitskarte
- Testung des (Online-) Versichertenstammdatenmanagements sowie des Notfalldatensatzes
- Einrichtung eines Schlichtungsverfahrens

01. Oktober 2011 Beginn der Ausgabe der elektronischen Gesundheitskarten durch die gesetzlichen Krankenkassen an ihre Mitglieder

01. Januar 2012 Inkrafttreten des Gesetzes zur Verbesserung der Versorgungsstrukturen in der gesetzlichen Krankenversicherung (GKV-Versorgungsstrukturgesetz)

- Einfrieren der (erstattungsfähigen) Verwaltungsausgaben der gesetzlichen Krankenkassen nach § 4 Abs. 6 S. 2 SGB V für das Jahr 2013 auf dem Stand des Jahres 2012, sofern die Krankenkassen die elektronische Gesundheitskarte bis zum 31. Dezember 2012 nicht an mindestens 70 Prozent ihrer Mitglieder ausgegeben haben

Februar 2012 Beauftragung des Deutschen Apothekerverbands e.V. mit der Entwicklung der Arzneimitteltherapiesicherheitsprüfung

01. November 2012 | Inkrafttreten des Gesetzes zur Regelung der Entscheidungslösung im Transplantationsgesetz

- Erweiterung der freiwilligen Anwendungen der elektronischen Gesundheitskarte um die Erklärungen der Versicherten zur Organ- und Gewebespende (§ 291a Abs. 3 S. 1 Nr. 7 SGB V), die Hinweise der Versicherten auf das Vorhandensein und den Aufbewahrungsort von Erklärungen zur Organ- und Gewebespende (§ 291a Abs. 3 S. 1 Nr. 8 SGB V) sowie die Hinweise der Versicherten auf das Vorhandensein und den Aufbewahrungsort von Vorsorgevollmachten oder Patientenverfügungen nach § 1901a BGB (§ 291a Abs. 3 S. 1 Nr. 9 SGB V)
- Statuierung spezieller Zugriffsregelungen auf diese Anwendungen (§ 291a Abs. 5a SGB V)

6.2 Die mit der Einführung der elektronischen Gesundheitskarte gem. § 291a Abs. 1 SGB V verfolgten Zwecke: Verbesserung von Wirtschaftlichkeit, Qualität und Transparenz der Behandlung

Die gesetzliche Aufgabe der elektronischen Gesundheitskarte ist es gem. § 291a Abs. 1 SGB V, die Wirtschaftlichkeit, Qualität und Transparenz der Behandlung zu verbessern. Dazu soll eine deutschlandweite Telematikinfrastruktur geschaffen werden, die in ihren Dimensionen und ihrer Komplexität zumindest europaweit einmalig ist: Über 80 Millionen Versicherte, 21.000 Apotheken, 123.000 niedergelassene Ärzte, 65.000 Zahnärzte, 2.200 Krankenhäuser sowie die gesetzlichen Krankenkassen und die privaten Krankenversicherungen sollen mittels der Telematikinfrastruktur sowie der dazugehörigen Komponenten miteinander verbunden werden.[578] Sämtliche Versicherte in Deutschland sind von diesem Projekt betroffen. Damit es realisiert werden kann, müssen völlig neuartige technische Infrastrukturen, neue Organisationsstrukturen und neue rechtliche Grundlagen geschaffen werden. Um

---

[578] Siehe *Bales/Holland*, in: Niederlag/Rienhoff/Lemke, Smart Cards in telemedizinischen Netzwerken, S. 25 (25).

diesen enormen Aufwand und die damit einhergehenden Kosten rechtfertigen zu können, müssen die mit der Einführung der elektronischen Gesundheitskarte verbundenen Ziele von großer Wichtigkeit sein, weshalb sie an dieser Stelle noch einmal detaillierter dargestellt werden sollen.

6.2.1 Verbesserung der Wirtschaftlichkeit der Behandlung

Ein Ziel der eGK besteht darin, die Wirtschaftlichkeit der Behandlung zu verbessern. Nach Überschüssen in den Jahren zuvor rutschten die Krankenkassen zu Beginn des Jahres 2008 in ein Defizit in Höhe von insgesamt 1,07 Milliarden Euro,[579] und das, obwohl in den Jahren zuvor die allgemeinen Beitragssätze für die gesetzlichen Krankenkassen im Durchschnitt von (bereinigt)[580] 13,32% auf 14,00% anstiegen.[581] Zudem wurden auch noch erstattungsfähige Leistungen gekürzt, wie z.B. beim Zahnersatz, bei selbstverschuldeten Krankheiten (z.B. als Folge von Tätowierungen oder Piercings) oder bei der Verordnung besonders kostenintensiver Arzneimittel (§ 73d SGB V a.F.).[582]

Doch nachhaltig gebessert hat sich die finanzielle Situation auch dadurch nicht. Trotz einer weiteren großen Reform der Finanzierung der GKV im Jahr 2009, die u.a. die Einführung des Gesundheitsfonds gem. § 271 SGB V[583] und eines einheitlichen Krankenkassenbeitrags in § 241 SGB V beinhaltete, mussten die ersten Krankenkassen bereits im Jahr 2010, also erst ein Jahr nach der Reform, Zusatzbeiträge von ihren Versicherten erheben, weil sie mit den ihnen aus dem Gesundheitsfonds zugewiesenen Mitteln ihre Ausgaben nicht mehr decken konnten.[584] Durch den wirtschaftlichen Aufschwung in Deutsch-

---

[579] Siehe *Bundesministerium für Gesundheit*, Finanzentwicklung der gesetzlichen Krankenversicherung - jahreszeitlich übliches Defizit im 1. Quartal 2008, Pressemitteilung v. 03.06.2008, abrufbar unter: http://www.bmg.bund.de/ministerium/presse/pressemitteilungen/2008-02/ finanzentwicklung-der-gesetzlichen-krankenversicherung.html (19.05.2013).

[580] Ab Juli 2005 wurde der allgemeine Beitragssatz gem. § 241 SGB V a.F. um 0,9% reduziert und ein zusätzlicher gesetzlicher Beitragssatz gem. § 241 a SGB V a.F. eingeführt, den nur der Versicherte, nicht jedoch sein Arbeitgeber bezahlen muss.

[581] Siehe *Gesundheitsberichterstattung des Bundes*, Entwicklung der Beitragssätze in der Sozialversicherung, abrufbar unter: http://www.gbe-bund.de/gbe10/ergebnisse.prc_tab?fid=8862&suchstring= &query_id=&sprache=D&fund_typ=TAB&methode=&vt=&verwandte=1&page_ret=0&seite=1&p_lfd_ nr=8&p_news=&p_sprachkz=D&p_uid=gast&p_aid=51632055&hlp_nr=2&p_janein=J (19.05.2013)

[582] Siehe z.B. *Kassenärztliche Vereinigung Berlin*, GKV-Wettbewerbsstärkungsgesetz - Die wichtigsten Änderungen im Überblick, abrufbar unter: http://www.kvberlin.de/20praxis/70themen/ gesundheitsreform/gesundheitsreform_2007_infoblatt.pdf (19.05.2013).

[583] Zur Funktionsweise des Gesundheitsfonds siehe *Bundesministerium für Gesundheit*, Gesundheitsfonds, abrufbar unter: http://www.bmg.bund.de/krankenversicherung/finanzierung/ gesundheitsfonds.html (19.05.2013).

[584] *N.N.*, DAK bittet Versicherte ab Februar zur Kasse, Spiegel Online v. 25.01.2010, abrufbar unter: http://www.spiegel.de/wirtschaft/soziales/neue-zusatzbeitraege-dak-bittet-versicherte-ab-februar-zur-kasse-a-673834.html (19.05.2013).

land verbesserte sich die Lage der gesetzlichen Krankenkassen zwar wieder erheblich, so dass viele dieser Krankenkassen den Zusatzbeitrag wieder abschaffen konnten.[585] Allerdings basiert die gute finanzielle Lage der gesetzlichen Krankenkassen – für das Jahr 2011 weisen die gesetzlichen Krankenkassen einen Gewinn von ca. 4,16 Milliarden Euro aus - [586] vor allem auf den aufgrund des allgemeinen wirtschaftlichen Aufschwungs gestiegenen Einnahmen der gesetzlichen Krankenkassen.[587] Die Ausgaben der gesetzlichen Krankenkassen stiegen auch im Jahr 2011 weiter auf einen neuen Höchstwert.[588] Diese Entwicklung setzte sich auch im Jahr 2012 fort. So erzielten die gesetzlichen Krankenkassen nach den vorläufigen Zahlen für das Jahr 2012 einen Überschuss in Höhe von ca. 5,01 Milliarden Euro. Doch auch die Ausgaben der gesetzlichen Krankenkassen stiegen in diesem Zeitraum auf einen neuen Höchstwert in Höhe von 184,5 Milliarden Euro.[589] Sobald die gute konjunkturelle Lage in Deutschland wieder nachlässt und es deshalb zu einer Verringerung der Einnahmen der gesetzlichen Krankenkassen kommt, ist wieder mit Defiziten bei ihnen zu rechnen.[590]

Insbesondere die demografische Entwicklung in Deutschland und die Ausgabenentwicklung im deutschen Gesundheitssystem werden die Finanzierungsschwierigkeiten der gesetzlichen Krankenversicherung noch verschärfen. Deshalb stellt es eine der wichtigsten Aufgaben der Politik dar, die gesetzliche Krankenversicherung an diese Anforderungen anzupassen.

Dies zeigte sich auch bereits im Bundestagswahlkampf 2005, als der Streit über die „Bürgerversicherung"[591] und die „Gesundheitsprämie"[592] eines der

---

[585] Siehe z.B. *N.N.*, Krankenkassen wollen Zusatzbeitrag abschaffen, Spiegel Online, abrufbar unter: http://www.spiegel.de/wirtschaft/soziales/gute-konjunktur-krankenkassen-wollen-zusatzbeitrag-abschaffen-a-802761.html (19.05.2013).
[586] Siehe das *Bundesministerium für Gesundheit*, Gesetzliche Krankenversicherung – Kennzahlen und Faustformeln, abrufbar unter: http://www.bmg.bund.de/fileadmin/dateien/Downloads/Statistiken/GKV/Kennzahlen_Daten/Kennzahlen_und_Faustformeln_Aug_2012.pdf (19.05.2013).
[587] Siehe z.B. *N.N.*, Krankenkassen fahren Milliarden-Überschuss ein, Spiegel Online v. 19.09.2011, abrufbar unter: http://www.spiegel.de/wirtschaft/soziales/wirtschaftsaufschwung-krankenkassen-fahren-milliarden-ueberschuss-ein-a-787081.html (19.05.2013).
[588] Siehe *Bundesministerium für Gesundheit*, Gesetzliche Krankenversicherung – Kennzahlen und Faustformeln, abrufbar unter: http://www.bmg.bund.de/fileadmin/dateien/Downloads/Statistiken/GKV/Kennzahlen_Daten/Kennzahlen_und_Faustformeln_Aug_2012.pdf (19.05.2013).
[589] Siehe die Angaben des *Bundesministeriums für Gesundheit*, Positive Lohn- und Beschäftigungsentwicklung stärkt Sozialsysteme - auch die gesetzliche Krankenversicherung erzielt 2012 Mehreinnahmen, Pressemitteilung v. 07.03.2013, abrufbar unter: http://www.bmg.bund.de/ministerium/presse/pressemitteilungen/2013-01/finanzentwicklung-in-der-gkv-2012.html (19.05.2013).
[590] Siehe z.B. *N.N.*, Krankenkassen fahren Milliarden-Überschuss ein, Spiegel Online v. 19.09.2011, abrufbar unter: http://www.spiegel.de/wirtschaft/soziales/wirtschaftsaufschwung-krankenkassen-fahren-milliarden-ueberschuss-ein-a-787081.html (19.05.2013).
[591] *Lauterbach*, in: Engelen-Kefer, Reformoption Bürgerversicherung, S. 48 ff.

zentralen Wahlkampfthemen war. Gleiches galt für den Bundestagswahlkampf im Jahr 2009.[593]

Die elektronische Gesundheitskarte soll durch die Verbesserung der Wirtschaftlichkeit der Behandlung dazu beitragen, die Kosten im deutschen Gesundheitssystem zu reduzieren und so die zukünftige Finanzierbarkeit unterstützen. Dies soll vor allem durch die Umstellung der Kommunikation auf die elektronische Form erreicht werden.[594] Durch die mit der eGK verbundenen Kostenreduzierung im Gesundheitswesen sollen sich auch die Kosten für den Aufbau und den Betrieb der Telematikinfrastruktur gegenfinanzieren lassen.[595]

6.2.2 Verbesserung der Qualität der Behandlung

Durch die elektronische Gesundheitskarte werden jedoch nicht nur wirtschaftliche Ziele verfolgt. Ein wesentliches Ziel besteht in der Verbesserung der Qualität der Behandlung. Dieses Ziel soll insbesondere durch eine verbesserte Zugänglichkeit von Informationen erreicht werden. Denn die Qualität der Versorgung ist heute nicht mehr nur eine Frage der technischen Möglichkeiten und der Kunstfertigkeit der Behandler, sondern auch davon abhängig, wie schnell, zuverlässig und sicher wichtige Informationen vorliegen und zwischen den Behandlern ausgetauscht werden können.[596]

So sterben in Deutschland nach konservativen Schätzungen z.B. jährlich über 10.000 Menschen durch unerwünschte Arzneimittelereignisse.[597] Durch eine

---

[592] Siehe die Beschreibung der *Christlich Demokratischen Union Deutschlands*, Das solidarische Gesundheitsprämien-Modell, abrufbar unter: http://www.iwh-halle.de/d/abteil/arbm/Broschueren/ CDU%20Gesundheitspraemienmodell.pdf (19.05.2013).
[593] Siehe z.B. *Lohre,* SPD fordert Bürgerversicherung, TAZ v. 10.03.2009, abrufbar unter: http://www.taz.de/!31540/ (19.05.2013).
[594] Siehe dazu auch *Paland,* Bedeutung und Funktionen der Gesundheitskarte, S. 8.
[595] Siehe hierzu die Ausführungen unter Ziffer 6.8.3. Die Ergebnisse der im Auftrag der gematik von der Unternehmensberatung *Booz Allen Hamilton* im Jahr 2006 erstellten Kosten-Nutzen-Analyse der Einrichtung einer Telematik-Infrastruktur im deutschen Gesundheitswesen werden von der Bundesregierung nicht geteilt und haben auch in der Gesellschafterversammlung der gematik keine Mehrheit gefunden (siehe BT-Drs. 16/5010, S. 6f.). In dieser Analyse war die Unternehmensberatung zu dem Ergebnis gekommen, dass die Gesamtinvestitionen (Investitions- und Betriebskosten) für die elektronische Gesundheitskarte in Deutschland mitsamt all ihrer geplanten Anwendungen in den ersten 5 Jahren zwischen 3,9 und 7,0 Mrd. € (S. 21) und in den ersten 10 Jahren zwischen 9,5 und 20,5 Mrd. € (S. 26) zuzüglich 585 Mio. € für die Anschaffung der elektronischen Gesundheitskarte selbst betragen würden (siehe *Booz Allen Hamilton GmbH,* Endbericht zur Kosten-Nutzen-Analyse der Einrichtung einer Telematik-Infrastruktur im deutschen Gesundheitswesen).
[596] Siehe z.B. *Bales,* Bundesgesundheitsbl. 2005, 727 (727 f.).
[597] *Bales,* Bundesgesundheitsbl. 2005, 727 (728); Bales/Dierks/Holland/Müller, Die elektronische Gesundheitskarte, A I Rn. 6 m.w.N.

verbesserte Bereitstellung von Informationen (z.B. Medikamentenhistorie, Allergien etc.) und die daraus resultierende bessere Vermeidbarkeit von unerwünschten Arzneimittelwirkungen könnten alleine in Deutschland mehrere Tausend Todesfälle pro Jahr verhindert werden.[598] Dies sollen die elektronische Gesundheitskarte und die mit ihr verbundene Telematikinfrastruktur gewährleisten.

Mittels der elektronischen Gesundheitskarte können Versicherte Heilberuflern insbesondere medizinische Daten, soweit sie für die Notfallversorgung erforderlich sind (§ 291a Abs. 3 Nr. 1 SGB V), Daten zur Prüfung der Arzneimitteltherapiesicherheit (§ 291a Abs. 3 Nr. 3 SGB V), Daten über Befunde, Diagnosen, Therapiemaßnahmen, Behandlungsberichte sowie Impfungen für eine fall- und einrichtungsübergreifende Dokumentation über den Patienten (elektronische Patientenakte, § 291a Abs. 3 Nr. 4 SGB V) und weitere für sie zur Verfügung gestellte Daten (elektronisches Patientenfach, § 291a Abs. 3 Nr. 5 SGB V) zugänglich machen.

Diese in Zukunft mittels der elektronischen Gesundheitskarte einfacher verfügbaren Informationen sollen den Heilberufler dabei unterstützen, seine Patienten qualitativ besser zu versorgen, da er durch die eGK mehr Informationen über die Medizinhistorie seines Patienten besitzt und diesen somit gezielter versorgen kann. Bisher bestehende Insellösungen, insbesondere innerhalb der einzelnen Sektoren (z.B. Krankenhäuser, Arztpraxen, Apotheken und Rehabilitationseinrichtungen), sollen durch die Telematikinfrastruktur zusammengeführt werden, damit die Patienten durch eine bessere Zusammenarbeit zwischen den einzelnen spezialisierten Heilberuflern besser und „wie aus einer Hand" versorgt werden können.[599] Zudem ist beabsichtigt, auf diese Weise überflüssige und zum Teil gesundheitsschädliche Doppeluntersuchungen (z.B. doppelte Röntgenuntersuchungen) und Parallelbehandlungen zu vermeiden und unerwünschte Arzneimittelwirkungen besser zu verhindern.[600] Die schnelle Verfügbarkeit von Notfalldaten, wie z.B. über chronische Erkrankungen und Allergien, kann zudem im Ernstfall lebensrettend sein. Außerdem soll sich der versorgende Heilberufler zukünftig nicht mehr auf die oft lückenhafte und falsche Erinnerung des jeweiligen Patienten verlassen müssen, wenn die Informationen direkt vom zuvor behandelnden Heilberufler im Rahmen der eGK gespeichert werden. Folglich ist beabsichtigt, durch die elektronische Ge-

---

[598] *Bales*, Bundesgesundheitsbl. 2005, 727 (728).
[599] Siehe die Studie des *Fraunhofer Instituts für Offene Kommunikationssysteme*, eHealth-Infrastrukturen, S. 3 f.; siehe auch *Lücke/Köhler*, DMW 2007, 448 (450).
[600] Siehe die Gesetzesbegründung zu § 291a SGB V in BT-Drs. 15/1525, S. 144.

sundheitskarte nicht nur die Quantität der für den Heilberufler zur Verfügung stehenden Informationen zu steigern, sondern auch deren Qualität.[601]

Die elektronische Gesundheitskarte soll somit nach den Plänen des Gesetzgebers *„entscheidend zur Verbesserung der Qualität der medizinischen Behandlung beitragen, da Gesundheitsdaten zum Zeitpunkt und am Ort der Behandlung durch die Patienten verfügbar gemacht werden können."*[602]

Mittelbar soll hierdurch dann auch die Wirtschaftlichkeit der Behandlung verbessert werden, insbesondere indem Fehlbehandlungen vermieden werden.[603] Zudem kann durch die eGK auch die Zeit verringert werden, die Heilberufler für die Erhebung und Zusammenstellung der für die Behandlung erforderlichen Informationen aufwenden müssen, woraufhin sie in der Folge dann auch mehr Versicherte behandeln können.[604]

6.2.3   Verbesserung der Transparenz der Behandlung

Das dritte Ziel der elektronischen Gesundheitskarte ist gem. § 291a Abs. 1 SGB V die Verbesserung der Transparenz der Behandlung. Dies bedeutet, dass neben der bereits beschriebenen verbesserten Transparenz für die Heilberufler über die medizinische Vorgeschichte des Patienten auch die Patienten selbst besser als bisher über ihren Gesundheitszustand und ihre Behandlung informiert werden sollen.[605] Das soll erreicht werden, indem die durch die Anwendungen der elektronischen Gesundheitskarte gesammelten und vernetzten Informationen nicht nur, wie eben beschrieben, den jeweils versorgenden Heilberuflern mit Einwilligung des Patienten zugänglich gemacht werden, sondern gem. § 291a Abs. 4 S. 2 SGB V auch dem jeweils betroffenen Patienten. Nutzt der Patient folglich die freiwilligen Anwendungen der elektronischen Gesundheitskarte, wie z.B. die Daten zur Arzneimitteltherapiesicherheitsprüfung oder die elektronische Patientenakte, so erhält er eine umfassende Dokumentation über seinen Gesundheitszustand, seine Behandlungen sowie über die ihm verschriebenen und von ihm selbst rezeptfrei erwor-

---

[601] Siehe dazu *Hänsch/Fleck*, Bundesgesundheitsbl. 2005, 755 (755); *Bales/Dierks/Holland/Müller*, Die elektronische Gesundheitskarte, A I Rn. 6; *Kruse/Kruse*, WzS 2006, 129 (134); vgl. auch *Bundesministerium für Gesundheit*, Die elektronische Gesundheitskarte, abrufbar unter: http://www.bmg.bund.de/krankenversicherung/elektronische-gesundheitskarte/allgemeine-informationen-egk.html (19.05.2013).
[602] Begründung zum Entwurf des GKV-Modernisierungsgesetzes vom 08.09.2003, BT-Drs. 15/1525, S. 145.
[603] *Scholz*, in: Rolfs/Giesen/Kreikebohm/Udsching, BeckOK Sozialrecht, § 291a Rn. 1.
[604] *Bales/Dierks/Holland/Müller*, Die elektronische Gesundheitskarte, A I Rn. 7.
[605] Siehe z.B. *Bales*, Bundesgesundheitsbl. 2005, 727 (728); *Flügge*, Die elektronische Gesundheitskarte, S. 24 f.; *Paland*, Bedeutung und Funktionen der Gesundheitskarte, S. 8 f.

benen Arzneimittel. Somit *„eröffnet die Gesundheitskarte den Patienten die Möglichkeit, einen besseren Überblick über ihren Gesundheitszustand zu erhalten."*[606]

Aufgrund der zumindest potentiell verbesserten Information des Patienten, kann sich dieser auch gesundheitsbewusster verhalten und effektiver als bisher an der eigenen Gesundung und Behandlung mitwirken.[607] Wenn ein Patient den Überblick darüber hat, welche Untersuchungen bei ihm bereits gemacht worden sind oder welche Arzneimittel er wann eingenommen hat, kann er sich zudem besser für oder gegen eine verordnete Maßnahme oder ein Arzneimittel entscheiden.[608] Die Informationen, die für den Patienten mittels der elektronischen Gesundheitskarte einfacher und umfassender zur Verfügung gestellt werden können, weisen dem Patienten somit im Entscheidungsprozess aber auch eine neue Verantwortung zu. Diese neue Verantwortung zeigt sich insbesondere darin, dass ihm die zumindest potentiell bessere Versorgung mit Informationen durch die elektronische Gesundheitskarte bessere Mitwirkungs- und Mitentscheidungsmöglichkeiten gibt, wenn es um die Wiederherstellung seiner Gesundheit geht („shared decision making").[609] Zwar muss die fachliche Interpretation der Informationen auch weiterhin regelmäßig durch den behandelnden Heilberufer erfolgen, da der Patient als medizinischer Laie nicht über die hierfür erforderlich Fachkenntnis verfügt. Doch gibt ihm eine verbesserte Informationslage immerhin die bessere Möglichkeit, sich selbständig Kenntnisse über die Bedeutung bestimmter ihn betreffender medizinischer Informationen anzueignen und diese Kenntnisse mit in die Entscheidung über seine weitere Behandlung einzubringen. Die Stärkung der Verantwortung des Patienten durch die verbesserte Bereitstellung von Informationen wird auch mit dem Begriff „Patient-Empowerment" beschrieben.[610]

Gleichzeitig soll durch die verbesserte Transparenz der Behandlung aber auch die Wirtschaftlichkeit der Behandlung verbessert werden, da der Patient sich

---

[606] Begründung zum Entwurf des GKV-Modernisierungsgesetzes vom 08.09.2003, BT-Drs. 15/1525, S. 145.
[607] *Bales/Dierks/Holland/Müller*, Die elektronische Gesundheitskarte, A I Rn. 8.
[608] *Wirtschafts- und sozialpolitisches Forschungs- und Beratungszentrum der Friedrich-Ebert-Stiftung, Abt. Wirtschaftspolitik*, Die elektronische Gesundheitskarte kommt, S. 10.
[609] *Zipperer*, in: Rebscher, Gesundheitsökonomie und Gesundheitspolitik, S. 723 (737).
[610] Siehe z.B. *Warda*, Bundesgesundheitsbl. 2005, 742 (744 ff.); *Hümmelink*, RVaktuell 2006, 54 (61); siehe auch schon *Grätzel von Grätz*, in: Grätzel von Grätz, Vernetzte Medizin: Patienten-Empowerment und Netzinfrastrukuren in der Medizin des 21. Jahrhunderts, S. 1 ff.

gesundheitsbewusster verhalten und effektiver an der eigenen Genesung und Behandlung mitwirken kann.[611]

6.2.4 Übergeordnetes Ziel: Verbesserung der Verfügbarkeit von Informationen

Das übergeordnete Ziel des elektronischen Gesundheitskartensystems ist folglich eine Verbesserung der Verfügbarkeit von Informationen im Gesundheitswesen. Nur dadurch können auch die mit ihr verfolgten medizinischen Ziele (Verbesserung der Qualität der Behandlung und Verbesserung der Transparenz der Behandlung) erreicht werden. Informationen über einen bestimmten Patienten, die bisher nur bei einzelnen versorgenden Heilberuflern oder nur bei den Patienten selbst verfügbar waren, werden durch die elektronische Gesundheitskarte und die mit ihr verbundene Telematikinfrastruktur vernetzt und zusammengeführt. Diese Informationen werden mit der elektronischen Gesundheitskarte als Schlüssel zum Zeitpunkt der Behandlung für den jeweils versorgenden Heilberufler abrufbar sein, damit dieser seine Behandlung optimieren kann. Gleiches gilt für den Patienten, der jederzeit auf seine über ihn gespeicherten Daten zugreifen, sich somit einfacher über seinen eigenen Gesundheitszustand informieren, sich dementsprechend verhalten und seine Behandlung besser steuern kann.

6.3 Die Konzeption der elektronischen Gesundheitskarte und ihre Anwendungen

Die elektronische Gesundheitskarte ist das Herzstück des Gesundheitstelematiksystems in Deutschland. Einerseits dient sie als Sichtausweis, aber andererseits können auf ihr, anders als bei der bisherigen Krankenversichertenkarte, auch medizinische Daten gespeichert werden. Ihre wichtigste Aufgabe besteht aber in der Funktion als Schlüssel zur Telematikinfrastruktur und zu den in dieser Infrastruktur gespeicherten (medizinischen) Daten.

---

[611] *Hümmelink*, RVaktuell 2006, 54 (62); *Bales/Dierks/Holland/Müller*, Die elektronische Gesundheitskarte, A I Rn. 8.

6.3.1 Die äußere Gestaltung und technische Konzeption

Auf der Vorderseite der 53,98 x 85,60 mm großen Karte befinden sich das einheitliche Logo der eGK als Erkennungsmerkmal, der Schriftzug „Gesundheitskarte", das Logo der Versicherung, bei der der eGK-Inhaber versichert ist, der Prozessor sowie die Bezeichnung „eGK" in Braille-Schrift. Zur Personalisierung befinden sich auf der Kartenvorderseite zudem noch der Name des Karteninhabers, der Name des Kartenherausgebers sowie die Versicherungs- und die Versichertennummer.[612] Zudem befindet sich auf der Vorderseite der eGK gem. § 291a Abs. 2 S. 1 SGB V i.V.m. § 291 Abs. 2 S. 1 HS 1 SGB V auch noch ein Foto des Versicherten, wodurch die unbefugte Verwendung der eGK verhindert werden soll. Hiervon gibt es allerdings zwei Aunahmen: Da sich bei Kindern unter fünfzehn Jahren das Gesicht teilweise noch erheblich wandelt und es deshalb bei der Überprüfung, ob das zu behandelnde Kind auch tatsächlich der berechtigte eGK-Inhaber ist, zu erheblichen Schwierigkeiten kommen kann und mithin eine nicht hinnehmbare Gefahr besteht, dass berechtigten eGK-Inhabern aufgrund dieser Schwierigkeiten unberechtigt Leistungen verwehrt werden, wird auf die eGK von Kindern unter fünfzehn Jahren nach § 291 Abs. 2 S. 1 HS 2 SGB V kein Foto mit aufgenommen. Dies gilt ebenso für Personen, die an der Erstellung des Fotos nicht mitwirken können, z.B. weil sie schwer pflegebedürftig sind.[613]

Auf der Rückseite der eGK befindet sich verpflichtend nur ein Feld für die Unterschrift des eGK-Inhabers (§ 291 Abs. 1 S. 2, Abs. 2 S. 1 SGB V) und die Erklärung, dass die eGK nicht übertragbar ist (§ 291 Abs. 1 S. 4 SGB V). Gem. § 291a Abs. 2 S. 1 Nr. 2 SGB V ist die elektronische Gesundheitskarte zudem so zu konzipieren, dass sie die europäische Krankenversichertenkarte mit beinhalten kann, mittels derer Versicherte medizinisch notwendige Behandlungen in Ländern des EWR und der Schweiz erhalten können. Dies bedeutet jedoch nicht, dass die eGK die europäische Krankenversicherungskarte auch tatsächlich beinhalten muss. So können die Kartenherausgeber grundsätzlich auch separate europäische Krankenversicherungskarten ausgeben.[614] Sofern die

---

[612] Siehe die Vorgaben der *gematik GmbH*, Die Spezifikationen der elektronischen Gesundheitskarte, Teil 3: Äußere Gestaltung, Version 2.1.0 v. 20.12.2007, Kapitel 3, abrufbar unter: http://www.gematik.de/cms/media/dokumente/release_0_5_3/release_0_5_3_egk/gematik_eGK_Spezifikation_Teil3_V2_1_0.pdf (19.05.2013).

[613] Siehe hierzu die Gesetzesbegründung zu § 291 Abs. 2 SGB V in BT-Drs. 15/4228, S. 27 f.; *gematik*, Fragen und Antworten zu Gesundheitskarte (eGK), abrufbar unter: https://www.gematik.de/cms/media/dokumente/pressematerialien/presseseminar2011/gematik_FAQ.pdf (19.05.2013).

[614] *Bales/Dierks/Holland/Müller*, Die elektronische Gesundheitskarte, B I § 291a Rn. 27. Siehe dazu auch die Vorgaben der *gematik GmbH*, Die Spezifikationen der elektronischen Gesundheitskarte, Teil 3: Äußere Gestaltung, Version 2.1.0 v. 20.12.2007, Kapitel 3.3, abrufbar unter: http://www.gematik.de/cms/media/dokumente/release_0_5_3/release_0_5_3_egk/gematik_eGK_Spezifikation_Teil3_V2_1_0.pdf (19.05.2013).

europäische Krankenversicherungskarte Teil der eGK sein soll, werden die Daten der Europäischen Krankenversicherungskarte (EHIC) auf die Rückseite der eGK aufgedruckt.[615] Karteninhaber, die im Rahmen der PKV versichert sind, erhalten die eGK ohne die EHIC-Daten, da für ihre Behandlung im Ausland und die Erstattung der Kosten diese Angaben nicht notwendig sind.[616] Gleiches gilt für Versicherte im Rahmen der GKV, die keine Berechtigung besitzen, die europäische Krankenversichertenkarte zu nutzen.[617]

Versicherte im Rahmen der GKV erhalten ihre eGK nach § 291 Abs. 1 S. 1, Abs. 2a SGB V durch die Krankenkasse, bei der sie Mitglied sind. Diese zieht die eGK dann nach § 291 Abs. 4 S. 1 SGB V auch wieder ein, wenn die Mitgliedschaft des Versicherten (und ggf. der nachwirkende Versicherungsschutz nach § 19 Abs. 2 und 3 SGB V) endet oder der Versicherte innerhalb des Systems der GKV zu einer anderen Krankenkasse wechselt.[618] In diesem Fall muss den Versicherten aber nach § 291 Abs. 4 S. 4 SGB V durch die Krankenkasse ermöglicht werden, dass der Versicherte die Daten aus den freiwilligen Anwendungen der eGK gem. § 291a Abs. 3 S. 1 SGB V auch nach dem Kartentausch weiter nutzen kann.

Im System der PKV kann die elektronische Gesundheitskarte von den jeweiligen Krankenversicherungsunternehmen ausgegeben werden, jedoch sind sie gesetzlich dazu, wie bereits beschrieben, nicht verpflichtet. Die eben dargestellten Vorschriften des § 291 Abs. 4 SGB V sind im Rahmen der PKV jedenfalls gem. § 291a Abs. 1a SGB V nicht anwendbar.

---

[615] Siehe die Vorgaben der *gematik GmbH*, Die Spezifikationen der elektronischen Gesundheitskarte, Teil 3: Äußere Gestaltung, Version 2.1.0 v. 20.12.2007, Kapitel 3.3, abrufbar unter: http://www.gematik.de/cms/media/dokumente/release_0_5_3/release_0_5_3_egk/gematik_eGK_Spezifikation_Teil3_V2_1_0.pdf (19.05.2013). Siehe auch *Speth/Koutses*, MedR 2005, 493 (493).

[616] Siehe dazu auch § 291a Abs. 1a S. 1 SGB V, der die europäische Krankenversichertenkarte nicht als Anwendung der eGK für Versicherte im Rahmen der PKV ausweist.

[617] Siehe die Vorgaben der *gematik GmbH*, Die Spezifikationen der elektronischen Gesundheitskarte, Teil 3: Äußere Gestaltung, Version 2.1.0 v. 20.12.2007 Kapitel 3.4, abrufbar unter: http://www.gematik.de/cms/media/dokumente/release_0_5_3/release_0_5_3_egk/gematik_eGK_Spezifikation_Teil3_V2_1_0.pdf (19.05.2013).

[618] *Michels*, in Becker/Kingreen, SGB V, § 291 Rn. 6. Nach § 291 Abs. 4 S. 2 SGB V besteht zumindest die Möglichkeit, dass der Spitzenverband „Bund der Krankenkassen" mit Genehmigung des Bundesministeriums für Gesundheit beschließen kann, dass die Versicherten ihre eGK weiternutzen können, wenn sie innerhalb des Systems der GKV die Krankenkasse wechseln. Dem steht jedoch entgegen, dass auf der eGK das Logo und der Name der Krankenkasse aufgebracht sind (siehe dazu auch *Bales/Dierks/Holland/Müller*, Die elektronische Gesundheitskarte, B I § 291 Rn. 46).

6.3.2 Die Informationspflichten der ausgebenden Krankenkassen

Die ausgebende Krankenkasse bzw. –versicherung muss die Versicherten nach Maßgabe von (§ 291a Abs. 1a S. 1 i.V.m.) § 291a Abs. 3 S. 3 SGB V über die eGK unterrichten. Hierbei muss die Krankenkasse darüber informieren, wie die eGK funktioniert und welche Art von Daten auf oder durch sie erhoben und verwendet werden. Diese Pflicht besteht, obwohl sie im Absatz über die freiwilligen Anwendungen normiert ist, auch hinsichtlich der Pflichtanwendungen gem. § 291a Abs. 2 S. 1 SGB V. Dies folgt aus dem Wortlaut von § 291a Abs. 3 S. 3 SGB V, der eine *„umfassende"* Unterrichtung fordert und aus der Gesetzessystematik, da die Anwendbarkeit der Sätze 4 und 5 ausdrücklich auf die freiwilligen Anwendungen der eGK beschränkt wird, wohingegen S. 3 diese Einschränkung nicht vornimmt.[619] Die ausgebenden Krankenkassen bzw. –versicherungen müssen ihre Versicherten in diesem Zusammenhang insbesondere über die Handhabung der technischen Autorisierung gem. § 291a Abs. 5 S. 2 SGB V, die Zugriffsbefugnisse der Leistungserbringer und die Verwendung von Daten, die mittels der eGK in peripheren Datennetzen gespeichert werden, informieren.[620]

Darüber hinaus besteht auch eine Informationspflicht der ausgebenden Krankenkassen bzw. –versicherungen gem. §§ 291a Abs. 2 S. 2, Abs. 3 S. 6 SGB V i.V.m. § 6c Abs. 1 BDSG.[621] Die Unterrichtung über die Funktionsweise der eGK gem. § 6c Abs. 1 Nr. 2 BDSG entspricht inhaltlich den Vorgaben des § 291a Abs. 3 S. 3 SGB V,[622] so dass die Krankenkassen bzw. –versicherungen zugleich ihre Verpflichtung gem. § 6c Abs. 1 Nr. 2 BDSG erfüllen, wenn sie ihre Versicherten ordnungsgemäß nach § 291a Abs. 3 S. 3 SGB V informieren.

Sobald für die in § 291a Abs. 5a S. 1 SGB V genannten Personen die technische Infrastruktur bereitsteht, mittels derer sie auf die im Rahmen der eGK gespeicherte Organ- und Gewebespendeerklärung nach § 291a Abs. 3 S. 1 Nr. 7 SGB V, auf die Hinweise über den Aufbewahrungsort einer solchen Erklärung gem. § 291a Abs. 3 S. 1 Nr. 8 SGB V sowie auf Hinweise über den Aufbewahrungsort von Vorsorgevollmachten oder Patientenverfügungen nach § 291a Abs. 3 S. 1 Nr. 9 SGB V zugreifen können, sind die Krankenkassen zudem ver-

---

[619] So auch *Hornung*, Die digitale Identität, S. 62 f. und *Bales/Dierks/Holland/Müller*, Die elektronische Gesundheitskarte, B I § 291a Rn. 53.

[620] Siehe hinsichtlich der inhaltlich identischen Informationspflichten gem. § 6c Abs. 1 Nr. 2 BDSG auch *Hornung*, Die digitale Identität, S. 268.

[621] Wird die eGK durch ein Krankenversicherungsunternehmen im Rahmen der PKV ausgegeben, verweist § 291a Abs. 1a S. 1 SGB V auf §§ 291a Abs. 2 S. 2, Abs. 3 S. 5 SGB V.

[622] So auch *Hornung*, Die digitale Identität, S. 264 f.; *Bales/Dierks/Holland/Müller*, Die elektronische Gesundheitskarte, B I § 291a Rn. 53.

pflichtet, die Versicherten gem. § 291a Abs. 5a S. 4 SGB V umfassend über die Möglichkeiten der Wahrnehmung ihrer Zugriffsrechte auf die in diesen Anwendungen gespeicherten Daten zu informieren.[623]

6.3.3 Die Anwendungen der elektronischen Gesundheitskarte

Bei den Anwendungen der eGK wird zwischen zwei verschiedenen Arten unterschieden: den sogenannten Pflichtanwendungen, die in § 291a Abs. 2 SGB V geregelt werden einerseits und den sogenannten freiwilligen Anwendungen nach § 291a Abs. 3 SGB V andererseits.

Als Pflichtanwendungen der eGK gibt § 291a Abs. 2 S. 1 SGB V vor:

- Vorhalten der Angaben nach § 291 Abs. 2 SGB V,

- Übermittlung ärztlicher Verordnungen in elektronischer und maschinell verwertbarer Form sowie

- Berechtigungsnachweis zur Inanspruchnahme von Leistungen in einem Mitgliedstaat der Europäischen Union, einem Vertragsstaat des Abkommens über den Europäischen Wirtschaftsraum oder der Schweiz.

Die freiwilligen Anwendungen der eGK sind nach § 291a S. 3 S. 1 SGB V:

- medizinische Daten, soweit sie für die Notfallversorgung erforderlich sind,

- Befunde, Diagnosen, Therapieempfehlungen sowie Behandlungsberichte in elektronischer und maschinell verwertbarer Form für eine einrichtungsübergreifende, fallbezogene Kooperation (elektronischer Arztbrief),

- Daten zur Prüfung der Arzneimitteltherapiesicherheit,

- Daten über Befunde, Diagnosen, Therapiemaßnahmen, Behandlungsberichte sowie Impfungen für eine fall- und einrichtungsübergreifende Dokumentation über den Patienten (elektronische Patientenakte),

- durch von Versicherten selbst oder für sie zur Verfügung gestellte Daten („Patientenfach"),

---

[623] Siehe auch die Gesetzesbegründung zu § 291a Abs. 5a SGB V in BT-Drs. 17/9030, S. 19.

- Daten über in Anspruch genommene Leistungen und deren vorläufige Kosten für die Versicherten (§ 305 Abs. 2 SGB V - Patientenquittung),

- Erklärungen der Versicherten zur Organ- und Gewebespende,

- Hinweise der Versicherten auf das Vorhandensein und den Aufbewahrungsort von Erklärungen zur Organ- und Gewebespende sowie

- Hinweise der Versicherten auf das Vorhandensein und den Aufbewahrungsort von Vorsorgevollmachten oder Patientenverfügungen nach § 1901a des Bürgerlichen Gesetzbuchs.

Der Unterschied zwischen den Pflicht- und den freiwilligen Anwendungen der eGK besteht darin, dass der Versicherte hinsichtlich der Pflichtanwendungen gem. § 291a Abs. 2 SGB V nicht frei entscheiden kann, ob er sie nutzen möchte. Sie werden vom Gesetzgeber vielmehr gesetzlich verpflichtend vorgegeben. Möchte ein Versicherter Leistungen im Rahmen der GKV wahrnehmen, so muss er dafür seine eGK vorlegen, um dem Leistungserbringer die Nutzung der Pflichtanwendungen zu ermöglichen.[624] Der Grund für die Verpflichtung zur Nutzung der administrativen Anwendungen (im Gegensatz zu den medizinischen freiwilligen Anwendungen) ist nach der Gesetzesbegründung, dass dies erforderlich sei, um die Versichertenstammdaten, das elektronische Rezept und die europäische Krankenversicherungskarte (wirtschaftlich sinnvoll) zu verwirklichen.[625]

Für Versicherte im Rahmen der PKV besteht lediglich für die Nutzung des elektronischen Rezepts gem. § 291a Abs. 1a S. 1 i.V.m. § 291a Abs. 2 S. 1 Nr. 1 SGB V kein Einwilligungserfordernis, da die eGK im Rahmen der PKV nicht über die europäische Krankenversichertenkarte gem. § 291a Abs. 2 S. 1 Nr. 2 SGB V verfügt. Außerdem verweist § 291a Abs. 1a S. 1 SGB V auch nicht auf die Anwendung der Versichertenstammdaten gem. § 291a Abs.2 i.V.m. § 291 Abs. 2 SGB V[626], so dass auch die Versichertenstammdaten im Rahmen der PKV keine gesetzliche Pflichtanwendung sind.

Über die Nutzung der freiwilligen Anwendungen der eGK gem. § 291a Abs. 3 S. 1 SGB V können die Versicherten sowohl im Rahmen der GKV als auch der PKV (§ 291a Abs. 1a S. 1 SGB V) frei entscheiden. Mithin setzt die Nutzung dieser freiwilligen Anwendungen gem. § 291a Abs. 3 S. 4 SGB V eine Einwilli-

---

[624] Siehe z.B. *Bales/Dierks/Holland/Müller,* Die elektronische Gesundheitskarte, B I § 291a Rn. 12 ff.
[625] Siehe die Begründung zu § 291a Abs. 2 SGB V in BT-Drs. 15/1525, S. 144.
[626] Die Versichertenstammdaten sind in ihrer Gesamtheit ohnehin nur für das System der GKV erforderlich. § 291a Abs. 1a SGB V verweist jedoch auch nicht auf nur einen Teil dieser Daten, so dass die eGK im Rahmen der PKV gem. den anwendbaren Vorgaben des § 291a SGB V nicht über einen Datensatz zum Versichertenmanagement verfügen muss.

gung des Versicherten voraus, die dieser vor der ersten Nutzung der jeweiligen Anwendung erteilen muss. Die Einwilligung muss mangels spezialgesetzlicher Regelung die Voraussetzungen des § 4a BDSG erfüllen und somit grundsätzlich schriftlich erfolgen. Sie muss gem. § 291a Abs. 3 S. 4 SGB V gegenüber dem Arzt, Zahnarzt, Psychotherapeuten oder Apotheker erklärt werden, bei dem die jeweilige freiwillige Anwendung das erste Mal verwendet werden soll. Dieser Leistungserbringer ist gem. § 4a Abs. 1 S. 2 BDSG verpflichtet, den Versicherten auf den vorgesehenen Zweck der Erhebung, Verarbeitung oder Nutzung sowie, soweit nach den Umständen des Einzelfalles erforderlich oder auf Verlangen, auf die Folgen der Verweigerung der Einwilligung hinzuweisen. Die Einwilligungserklärung des Versicherten muss sich gem. § 4a Abs. 3 BDSG auch ausdrücklich auf die Verarbeitung seiner jeweiligen medizinischen Daten beziehen, da diese besondere Arten von Daten i.S.d. § 3 Abs. 9 BDSG darstellen. Der jeweilige Leistungserbringer hat diese Einwilligungserklärung zudem gem. § 291a Abs. 3 S. 5 HS. 1 SGB V auf der eGK des Versicherten zu dokumentieren. Die Dokumentation auf der eGK kann nach § 291a Abs. 3 S. 5 HS. 1 SGB V alternativ auch durch eine Person erfolgen, die bei dem Leistungserbringer oder in einem Krankenhaus als berufsmäßiger Gehilfe oder zur Vorbereitung auf den Beruf tätig ist. Der Versicherte kann seine Einwilligung in die Verwendung freiwilliger Anwendungen der eGK gem. § 291a Abs. 3 S. 5 HS. 2 SGB V auf einzelne Anwendungen begrenzen und sie jederzeit ohne Angabe von Gründen widerrufen.

Für Anwendungen der eGK, die der Versicherte eigenständig, also ohne Hinzuziehung eines Heilberuflers, nutzen kann (das Patientenfach gem. § 291a Abs. 3 S. 1 Nr. 5 SGB V sowie die persönlichen Erklärungen und Hinweise gem. § 291a Abs. 3 S. 1 Nr. 7 bis 9 SGB V), statuiert § 291a Abs. 3 S. 6 SGB V eine Ausnahme von dem Einwilligungserfordernis nach § 291a Abs. 3 S. 4 SGB V, wenn Versicherte ohne Unterstützung der Leistungserbringer mit dem Erheben, Verarbeiten oder Nutzen dieser Daten begonnen haben. In diesem Fall ist keine zusätzliche Einwilligung des Versicherten gegenüber einem Leistungserbringer mehr erforderlich.[627] Insoweit lässt § 291a Abs. 3 S. 6 SGB V spezialgesetzlich eine konkludente Einwilligung des Versicherten zu.

Der Versicherte kann nach Maßgabe von § 291a Abs. 6 S. 1 SGB V zudem (alle) elektronischen Verordnungen sowie (alle) Daten, die im Rahmen der vom Versicherten genutzten freiwilligen Anwendungen gespeichert sind, löschen lassen. Die Daten, die im Rahmen der elektronischen Verordnung gem. § 291a Abs. 2 S. 1 Nr. 1 SGB V, des Patientenfachs nach § 291a Abs. 3 S. 1 Nr. 5 SGB V sowie in den persönlichen Erklärungen und Hinweisen des Versicherten nach

---

[627] Siehe die Gesetzesbegründung zu § 291a Abs. 3 S. 6 SGB V in BT-Drs. 17/9030, S. 18.

§ 291a Abs. 3 S. 1 Nr. 7 bis 9 SGB V gespeichert sind, darf der jeweilige Versicherte nach § 291a Abs. 6 S. 2 SGB V auch selbständig löschen, da er diese Anwendungen selbständig, also auch ohne Hinzuziehung eines Heilberuflers, nutzen kann.

Nach § 291 Abs. 2a S. 4 SGB V muss die eGK dem Versicherten zudem die Funktion bieten, mit ihr Daten oder Dokumente elektronisch zu signieren. Auch wenn das SGB V hierzu keine ausdrücklichen Vorgaben enthält, muss die eGK dem Versicherten die Möglichkeit bieten, eine qualifizierte elektronische Signatur auszustellen, damit dieser sämtliche Funktionen der eGK verwenden kann. So ist eine qualifizierte elektronische Signatur für das Patientenfach erforderlich, wenn der Versicherte gem. § 291a Abs. 5 S. 3 HS. 2 SGB V alleine darauf zugreifen und Dokumente einstellen möchte. § 291a Abs. 3 S. 2 SGB V gibt zudem vor, dass die Authentizität der Erklärung über die Organ- und Gewebespende nach § 291a Abs. 3 S. 1 Nr. 7 SGB V sichergestellt sein muss. Diese Regelung hat den Zweck, dass nachprüfbar sichergestellt wird, dass es sich um eine authentische, vom Versicherten selbst stammende Erklärung handelt und diese nicht unbefugt verändert worden ist.[628] Auch wenn die Regelung insoweit technikoffen ist und somit zumindest theoretisch auch andere technische Verfahren eingesetzt werden können, plant die Bundesärztekammer die in § 291a Abs. 3 S. 2 SGB V statuierte Vorgabe dadurch zu erfüllen, dass der jeweilige Versicherte diese Erklärung qualifiziert elektronisch signieren muss.[629] Die eGK wurde technisch vor diesem Hintergrund so konzipiert, dass sie, wenn gewünscht, bereits vor ihrer Ausgabe an den Versicherten mit den erforderlichen Zertifikaten, Schlüsseln und anderen erforderlichen Dateien für die Erstellung einer qualifizierten elektronischen Signatur ausgestattet werden kann. Allerdings ermöglicht die technische Konzeption auch das Nachladen der für die Erstellung von qualifizierten elektronischen Signaturen erforderlichen Dateien nach Ausgabe der eGK an den Versicherten.[630]

Neben den gesetzlich in § 291a Abs. 2 und 3 SGB V geregelten Anwendungen der eGK, kann das eGK-System aber auch für weitere Anwendungen genutzt werden, so genannte „Mehrwertdienste".[631] Mit anderen Worten: Die Aufzählung der Anwendungen in § 291a Abs. 2 und 3 SGB V ist nicht abschließend.

[628] Siehe die Gesetzesbegründung zu § 291a Abs. 3 S. 2 SGB V in BT-Drs. 17/9030, S.18.
[629] Siehe *Schenkel/Albert/Raptis*, Arbeitskonzept Notfalldatenmanagement, Version 1.05 v. 25.08.2011, S. 16, abrufbar unter: http://www.bundesaerztekammer.de/downloads/Arbeitskonzept _NFDM_1.05.pdf (19.05.2013).
[630] Siehe *gematik GmbH*, Spezifikationen der elektronischen Gesundheitskarte, Teil 2: Grundlegende Applikationen, Version 2.2.0 v. 25.03.2008, Kapitel 7, abrufbar unter: http://www.gematik.de/cms/media/dokumente/release_0_5_3/release_0_5_3_egk/gematik_eGK_ Spezifikation_Teil2_V2_2_0.pdf (19.05.2013).
[631] Siehe z.B. *Krüger-Brand*, Deutsches Ärzteblatt PRAXIS 2011, Heft 4, S. 4 ff.

Dies folgt aus der Formulierung „insbesondere" in § 291a Abs. 3 S. 1 SGB V.[632] Ein solcher Mehrwertdienst ist die „elektronische Fallakte", mit deren Erstellung die gematik die Deutsche Krankenhausgesellschaft im Juni 2010 beauftragt hat.[633] Das Projekt mit dem offiziellen Titel „Zugang/Migration von Gesundheitsdiensten als Mehrwertfachdienste in die Telematikinfrastruktur am Beispiel der elektronischen Fallakte" dient dazu, die Nutzbarkeit von bereits für die gesetzlichen Anwendungen der eGK bestehenden Komponenten und Dienste der Telematikinfrastruktur auch durch andere Dienste nachzuweisen, um damit die Wettbewerbsoffenheit der Telematikinfrastruktur zu demonstrieren. Hierfür soll ein konkreter, bereits existierender Dienst, die elektronische Fallakte, in das System der eGK integriert werden. Dadurch sollen Routinen für die Einbindung weiterer Dienste in das eGK-System entwickelt werden.[634] Die elektronische Fallakte soll den Austausch von medizinischen Informationen zu einem medizinischen Fall eines Patienten über Sektor- und Einrichtungsgrenzen hinweg ermöglichen.[635] Der Unterschied zu einer elektronischen Patientenakte nach § 291a Abs. 3 S. 1 Nr. 4 SGB V besteht also darin, dass die elektronische Fallakte nur den Austausch von medizinischen Informationen, die sich auf einen konkreten Fall beziehen, ermöglicht, wohingegen eine elektronische Patientenakte nach § 291a Abs. 3 S. 1 Nr. 4 SGB V (schon nach dem Wortlaut dieser Vorschrift) den fallübergreifenden Austausch von Informationen zum Gegenstand hat. Da es sich bei der elektronischen Fallakte um keine gesetzliche Anwendung der eGK nach § 291a SGB V handelt, wird im Folgenden nicht weiter auf die elektronische Fallakte eingegangen.

6.3.3.1 Versichertenstammdaten gem. §§ 291a Abs. 2 S. 1, 291 Abs. 2 SGB V

Nach § 291a Abs. 2 S. 1 SGB V muss die eGK zunächst die Versichertenstammdaten gem. § 291 Abs. 2 SGB V enthalten. Diese erste Pflichtanwendung der eGK ist somit eine von lediglich zwei Anwendungen, bei denen das Gesetz vorschreibt, dass die dafür benötigten Daten auf der eGK selbst gespeichert werden müssen. Die Versichertenstammdaten waren zum größten Teil auch

---

[632] So auch *Bales/Dierks/Holland/Müller*, Die elektronische Gesundheitskarte, B I § 291a Rn. 29.
[633] Siehe z.B. *Verein Elektronische Fallakte e.V.*, Elektronische FallAkte als erster Mehrwertdienst für Telematik-Infrastruktur gesetzt, Pressemitteilung v. 23.07.2010, abrufbar unter: http://www.fallakte. de/ presse/36-pm23072010efa-als-mwd (19.05.2013).
[634] *Deutsche Krankenhausgesellschaft*, Geschäftsbericht 2011, Berlin 2012, S. 36 f.
[635] Siehe die Beschreibung der elektronischen Fallakte vom *Verein elektronische Fallakte e.V.*, Die elektronische Fallakte, abrufbar unter: http://www.fallakte.de/ueber-efa (19.05.2013).

schon bisher in der Krankenversichertenkarte gespeichert. Die Versicherten-stammdaten gem. § 291 Abs. 2 SGB V sind:

- die Bezeichnung der ausstellenden Krankenkasse, einschließlich eines Kennzeichens für die Kassenärztliche Vereinigung, in deren Bezirk das Mitglied seinen Wohnsitz hat,

- der Familienname und Vorname des Versicherten,

- das Geburtsdatum,

- das Geschlecht,

- die Anschrift,

- die Krankenversichertennummer,

- der Versichertenstatus, für Versichertengruppen nach § 267 Abs. 2 Satz 4 SGB V (Versicherte, die an Disease-Management-Programmen teilnehmen) in einer verschlüsselten Form,

- der Zuzahlungsstatus,

- der Tag des Beginns des Versicherungsschutzes sowie

- bei befristeter Gültigkeit der Karte das Datum des Fristablaufs.

Diese Daten dienen insbesondere dem Berechtigungsnachweis (vgl. z.B. § 15 Abs. 2 SGB V), zur Verwaltungsvereinfachung, zur Erstellung von Dokumenten und zur Abrechnung von Leistungen im System der GKV.

Gegenüber den bisher ausgegebenen Krankenversichertenkarten wurden die Angaben über das Geschlecht und den Zuzahlungsstatus neu mit in die Versichertenstammdaten aufgenommen. Die zusätzliche Aufnahme der Geschlechtsangabe dient der besseren Bindung einer Karte an den jeweiligen Versicherten und somit zur Bekämpfung der unbefugten Nutzung der eGK, wohingegen die Aufnahme des Zuzahlungsstatus für die Realisierung des elektronischen Rezepts gem. § 291a Abs. 2 S. 1 Nr. 1 SGB V erforderlich ist.[636] Obwohl der Wortlaut des § 291 Abs. 2 SGB V ausdrücklich normiert, dass die Erweiterung der Krankenversichertenkarte um die Angaben zum Geschlecht und Zuzahlungsstatus bis spätestens zum 01. Januar 2006 zu erfolgen habe, erscheint es sowohl nach teleologischer als auch nach historischer und systematischer Auslegung naheliegend, dass die Krankenkassen zumindest die An-

---

[636] Siehe die Begründung zur Änderung von § 291 SGB V in BT-Drs. 15/1525, S. 143 f.

gabe zum Zuzahlungsstatus auch nach dem 01. Januar 2006 nicht in der Krankenversichertenkarte speichern müssen, bis diese durch die eGK ersetzt wird. So dient die Angabe zum Zuzahlungsstatus zur Realisierung des elektronischen Rezepts, wie auch der Gesetzgeber in der Gesetzesbegründung festgestellt hat. Die Ausstellung eines elektronischen Rezepts ist jedoch mit einer Krankenversichertenkarte gar nicht möglich, sondern kann erst nach Einführung der eGK erfolgen. Folglich muss entgegen des Wortlauts von § 291 Abs. 2 S. 1 SGB V auch nach dem 01. Januar 2006 der Zuzahlungsstatus nicht in der Krankenversichertenkarte gespeichert werden. Dies folgt auch aus der Gesetzessystematik. § 291a Abs. 1 SGB V schreibt die Einführung der eGK bis zum 1. Januar 2006 vor. In diesem Zusammenhang ist auch die Aussage in § 291 Abs. 2 S. 1 SGB V zu verstehen, dass die Angabe des Zuzahlungsstatus bis zu diesem Zeitpunkt zu erfolgen habe. Da aber die eGK bis zum heutigen Tag trotz der Bestimmung in § 291a Abs. 1 SGB V nicht vollständig eingeführt ist, sind die Krankenkassen auch nicht verpflichtet, die Angabe über den Zuzahlungsstatus mit in der Krankenversichertenkarte zu speichern.[637]

Darüber hinaus können gem. § 291 Abs. 2a S. 3 SGB V weitere administrative Daten in der eGK gespeichert werden, um Wahltarife nach § 53 SGB V und zusätzliche Vertragsverhältnisse, wie z.B. private Zusatzversicherungen, nachzuweisen oder das Ruhen von Ansprüchen gem. § 16 Abs. 3a SGB V anzuzeigen.

Die Versichertenstammdaten müssen nach § 291 Abs. 2b S. 1 SGB V nach Einführung der entsprechenden Anwendung der eGK durch die Krankenkassen bzw. –versicherungen online upgedatet werden können. Nach § 291 Abs. 2b S. 3 SGB V sind die an der vertragsärztlichen Versorgung teilnehmenden Ärzte, Einrichtungen und Zahnärzte dann verpflichtet, bei der erstmaligen Inanspruchnahme ihrer Leistungen durch einen Versicherten im Quartal die Leistungspflicht der Krankenkasse durch Nutzung der durch die Krankenkassen zur Verfügung gestellten Online-Dienste zu überprüfen. Mit Hilfe des Online-Abgleichs der Versichertenstammdaten können Daten auf der Gesundheitskarte aktualisiert werden, ohne dass ein Austausch der Karten zwingend erforderlich ist.[638]

---

[637] Gleiches gilt auch für das Aufdrucken eines Fotos auf die Krankenversichertenkarte (siehe *Bales/Dierks/Holland/Müller*, Die elektronische Gesundheitskarte, B I § 291 Rn. 13).
[638] Siehe *Bales/Schwanenflügel*, NJW 2012, 2475 (2477).

6.3.3.2 Elektronische Verordnungen gem. § 291a Abs. 2 S. 1 Nr. 1 SGB V

Die zweite Pflichtanwendung der eGK ist die ärztliche elektronische Verordnung gem. § 291a Abs. 2 S. 1 Nr. 1 SGB V. Diese Anwendung wird häufig auch als elektronisches Rezept bezeichnet.[639]

Der Begriff der ärztlichen Verordnung ist jedoch weiter und umfasst nicht nur Arzneimittelverordnungen, sondern alle in Anlage 2 zu den Bundesmantelverträgen aufgeführten Verordnungen,[640] z.B. Heil- und Hilfsmittelverordnungen, die Verordnung von Krankenhausbehandlungen (Einweisung) oder die Sehhilfenverordnung.

Ob auch die ärztliche Überweisung unter den Begriff der „ärztlichen Verordnung" i.S.d. § 291a Abs. 2 S. 1 Nr. 1 SGB V subsumiert werden kann, ist noch nicht abschließend geklärt. Die Klärung dieser Frage besitzt durchaus große wirtschaftliche Relevanz angesichts von 220 Millionen Überweisungen pro Jahr allein im ambulanten Bereich in Deutschland.[641] Nur wenn diese als ärztliche Verordnungen i.S.d. § 291a Abs. 2 S. 1 Nr. 1 SGB V betrachtet werden können, würde es sich um eine Pflichtanwendung der eGK handeln. Der Versicherte könnte also nicht frei entscheiden, ob er eine Überweisung elektronisch oder wie bisher in Papierform erhalten möchte.

Sowohl der von den Spitzenverbänden der Selbstverwaltung im Gesundheitswesen in Auftrag gegebene Plan zur Einführung des eRezepts, des eArztbriefs, der ePatientenakte und der Telematikinfrastruktur[642] als auch die von der gematik in Auftrag gegebene Kosten-Nutzen-Analyse der Einrichtung einer Telematik-Infrastruktur im deutschen Gesundheitswesen[643] gehen ohne nähere Begründung davon aus, dass die Überweisung (z.B. an einen Facharzt) eine ärztliche Verordnung i.S.d. § 291a Abs. 2 S. 1 Nr. 1 SGB V darstellt.

Diese Auffassung ist jedoch rechtlich nicht zutreffend. So ist die Überweisung keine Verordnung i.S.d. Begriffssystematik des SGB V, da im Rahmen von ärztlichen Verordnungen Leistungen anderer Leistungserbringer als Vertragsärzte oder Psychotherapeuten erbracht werden sollen. Bei einer Überweisung

[639] Siehe z.B. die Darstellung des BMG über das elektronische Rezept in *Bundesministerium für Gesundheit*, Informationen zum elektronischen Rezept, abrufbar unter: http://www.bkk24.de/typo3/fileadmin/Downloads/egk/rezept.pdf (19.05.2013) oder in der Literatur: *Förster*, A&R 2006, S. 268 f.
[640] *Bales/Dierks/Holland/Müller*, Die elektronische Gesundheitskarte, B I § 291a Rn. 18.
[641] *Booz Allen Hamilton GmbH*, Endbericht zur Kosten-Nutzen-Analyse der Einrichtung einer Telematik-Infrastruktur im deutschen Gesundheitswesen, S. 99.
[642] *IBM Deutschland GmbH/ORGA Kartensysteme GmbH*, Projektdokumentation - Planungsauftrag eRezept, eArztbrief, ePatientenakte und Telematikinfrastruktur, S. 79.
[643] *Booz Allen Hamilton GmbH*, Endbericht zur Kosten-Nutzen-Analyse der Einrichtung einer Telematik-Infrastruktur im deutschen Gesundheitswesen, S. 155.

sollen hingegen Leistungen von anderen Vertragsärzten bzw. von Psychotherapeuten erbracht werden, so dass die Überweisung keine Verordnung i.S.d. § 291a Abs. 2 S. 1 Nr. 1 SGB V darstellt. Überweisungen könnten mittels der eGK somit nur nur als Arztbriefe gem. § 291a Abs. 3 S. 1 Nr. 2 SGB V übermittelt werden.[644]

Aufgrund der großen inhaltlichen Überschneidung von der Verordnung der Krankenhausbehandlung, die zweifelsfrei eine ärztliche Verordnung i.S.d. § 291a Abs. 2 S. 1 Nr. 1 SGB V darstellt und der Überweisung an einen Facharzt, könnte es durchaus sinnvoll sein, diese beiden Fälle gleichsam als Verordnung und somit als Pflichtanwendung der eGK anzusehen. Doch würde dies eine entsprechende Gesetzesänderung erfordern.[645]

Nach § 291a Abs. 2 S. 1 Nr. 1 SGB V muss die eGK allerdings lediglich für elektronische Verordnungen geeignet sein. Mithin ist es auch zulässig, dass (bestimmte Arten von) Verordnungen auch auf andere Weise übermittelt werden können. Insbesondere selten gebrauchte Verordnungsarten können aus wirtschaftlichen Gründen somit auch zukünftig auf Papier ausgedruckt und in dieser Form übermittelt werden. Die Regelung, welche Verordnungsarten künftig elektronisch übermittelt werden sollen, muss in den jeweils für sie anwendbaren Spezialvorschriften erfolgen, z.B. in § 2 AMVV.

6.3.3.3 Die Europäische Krankenversichertenkarte gem. § 291a Abs. 2 S. 1 Nr. 2 SGB V

Nach § 291a Abs. 2 S. 1 Nr. 2 SGB V muss die eGK des Weiteren die europäische Krankenversichertenkarte unterstützen. Wie unter Ziffer 6.3.1 beschrieben, werden diese Angaben für Versicherte im Rahmen der GKV auf der Rückseite der eGK aufgedruckt. § 291a Abs. 2 S. 1 Nr. 2 SGB V ermöglicht aber auch die Speicherung dieser Daten auf der eGK oder mittels der eGK in der Telematikinfrastruktur, doch bedarf dies noch weiterer Regelungen über die europäische Krankenversichertenkarte auf europäischer Ebene.

---

[644] *Bales/Dierks/Holland/Müller*, Die elektronische Gesundheitskarte, B I § 291a Rn. 19.
[645] So auch die Vertreter der ersten Ansicht, die zur Klarstellung eine Gesetzesänderung fordern (siehe *Bales/Dierks/Holland/Müller*, Die elektronische Gesundheitskarte, B I § 291a Rn. 19).

6.3.3.4 Medizinische Daten für die Notfallversorgung gem. § 291a Abs. 3 S. 1 Nr. 1 SGB V

Nach § 291a Abs. 3 S. 1 Nr. 1 SGB V muss die eGK das Erheben, Verarbeiten und Nutzen von medizinischen Daten, soweit sie für die Notfallversorgung erforderlich sind, unterstützen. Da es sich aber um eine freiwillige Anwendung der eGK handelt, kann jeder Versicherte frei entscheiden, ob er diese nutzen möchte.

Medizinische Daten sind für die Notfallversorgung erforderlich, wenn sie bei der Versorgung eines Patienten zur Verhinderung schwerer gesundheitlicher Schäden unverzüglich zur Verfügung stehen müssen. Die Notfallversorgung ist nicht an einen bestimmten Ort gebunden und kann sowohl am Ort, wo der Notfall eingetreten ist (z.B. am Unfallort), aber auch im Krankenhaus, in ambulanten Einrichtungen oder an sonstigen Orten erfolgen.[646]

Nach dem von der Bundesärztekammer entwickelten Konzept für das Notfalldatenmanagement soll diese Anwendung zwei voneinander getrennte „Informationsblöcke" beinhalten, die getrennt voneinander genutzt werden können: die notfallrelevanten medizinischen Informationen einerseits und die persönlichen Erklärungen des Patienten andererseits.[647]

Im Rahmen der notfallrelevanten medizinischen Informationen sollen maximal 20 notfallrelevante Diagnosen gespeichert werden, die von der Bundesvereinigung der Arbeitsgemeinschaften der Notärzte Deutschlands (BAND), der Deutschen interdisziplinären Vereinigung für Intensiv- und Notfallmedizin (DIVI), der Deutschen Gesellschaft für Anästhesiologie und Intensivmedizin (DGAI) und vom Ausschuss "Notfall- / Katastrophenmedizin und Sanitätswesen" der BÄK (NKS) erarbeitet wurden.[648] Hierzu gehören z.B. Herzinsuffizienz, Organtransplantationen, aber auch Kontaktlinsen.[649] Zudem werden u.a. auch die Beschreibung der Diagnose, deren Zeitpunkt und die Feststellung dokumentiert, ob es sich um einen Fremdbefund handelt. Außerdem sollen bis zu 20 notfallrelevante Medikationen, mitsamt dem eingenommenen Medikament, dessen Wirkstoff, dessen Freisetzung (retardiert/nicht retar-

---

[646] Siehe *Bales/Dierks/Holland/Müller*, Die elektronische Gesundheitskarte, B I § 291a Rn. 32 ff.
[647] Siehe *Schenkel/Albert/Raptis*, Arbeitskonzept Notfalldatenmanagement, Version 1.05 v. 25.08.2011, S. 8, abrufbar unter: http://www.bundesaerztekammer.de/downloads/Arbeitskonzept _NFDM_1.05.pdf (19.05.2013).
[648] Siehe *Schenkel/Albert/Raptis*, Arbeitskonzept Notfalldatenmanagement, Version 1.05 v. 25.08.2011, S. 23 und 26, abrufbar unter: http://www.bundesaerztekammer.de/downloads/ Arbeitskonzept_NFDM_1.05.pdf (19.05.2013).
[649] Siehe die Festlegungen der *gematik GmbH*, Fachkonzept Daten für die Notfallversorgung, Version 1.5.0 v. 29.08.2008, Anlage A, abrufbar unter: http://www.gematik.de/cms/media/dokumente/ release_2_3_4/ release_2_3_4_fachanwendungen/gematik_NFD_Fachkonzept_V150.pdf (19.05.2013).

diert), das Dosierungsschema (einschließlich des Anwendungszeitraums, der Dosis und des Zeitrasters der Einnahme) sowie des Medikationsstatus (Akut-, Bedarfs- oder Dauermedikation) gespeichert werden können.[650] Dazu zählen z.B. Beta-Blocker, Antidepressiva und Insulin.[651]

Zusätzlich sollen noch bis zu 10 notfallrelevante Allergien und Unverträglichkeiten, Arzneimittelunverträglichkeiten, Reaktionen des Patienten sowie die Feststellung gespeichert werden können, ob es sich um einen Fremdbefund handelt. Darüber hinaus ist in dem Konzept vorgesehen, dass im Rahmen dieser Anwendung auch noch besondere Hinweise, wie z.B. bezüglich einer Schwangerschaft oder in Bezug auf Implantate, sowie zusätzliche medizinische Informationen auf Wunsch des Patienten (wie z.B. dessen Blutgruppe), Angaben über einen behandelnden Arzt, eine behandelnde Institution sowie über eine Person bzw. Institution, die im Notfall kontaktiert werden soll, gespeichert werden können. Zusätzlich soll auch noch das Datum der letzten Aktualisierung des Notfalldatensatzes sowie dessen Versionskennung und die Einverständniserklärung des Patienten zur Nutzung des Notfalldatensatzes im Rahmen dieser Anwendung gespeichert werden.[652]

In den persönlichen Erklärungen des Patienten können die Orte gespeichert werden, an denen eine vom Patienten abgegebene Organ- und Gewebespendenerklärung, Patientenverfügung i.S.d. § 1901a Abs. 1 S. 1 BGB und/oder Vorsorge-Vollmacht[653] aufbewahrt werden, sofern der jeweilige Patient eine solche Erklärung abgegeben hat. Da der Gesetzgeber die persönlichen Erklärungen des Versicherten seit dem 01. November 2012 nunmehr in § 291a Abs. 3 S. 1 Nr. 7 bis 9 SGB V speziell geregelt hat, erfolgt die Darstellung des Konzepts der Bundesärztekammer hinsichtlich dieser Erklärungen getrennt von den medizinischen Daten für die Notfallversorgung unter Ziffer 6.3.3.10.

Die Notfalldaten nach § 291a Abs. 3 S. 1 Nr. 1 SGB V sind gem. § 291a Abs. 3 S. 1 HS. 2 SGB V auf der eGK vorzuhalten und können somit mittels eines Le-

---

[650] Siehe *Schenkel/Albert/Raptis*, Arbeitskonzept Notfalldatenmanagement, Version 1.05 v. 25.08.2011, S. 23 f., abrufbar unter: http://www.bundesaerztekammer.de/downloads/ Arbeitskonzept_NFDM_ 1.05.pdf (19.05.2013).
[651] Siehe die Festlegungen der *gematik GmbH*, im Fachkonzept Daten für die Notfallversorgung, Version 1.5.0 v. 29.08.2008, Anlage A, abrufbar unter: http://www.gematik.de/cms/media/dokumente/ release_2_3_4/release_2_3_4_fachanwendungen/gematik_NFD_Fachkonzept_V150.pdf (19.05.2013).
[652] *Schenkel/Albert/Raptis*, Arbeitskonzept Notfalldatenmanagement, Version 1.05 v. 25.08.2011, S. 24 ff., abrufbar unter: http://www.bundesaerztekammer.de/downloads/Arbeitskonzept_NFDM _1.05.pdf (19.05.2013).
[653] Mit einer Vorsorge-Vollmacht kann eine Person eine andere Person für den Fall ihrer Geschäfts- und/oder Einwilligungsfähigkeit für bestimmte Bereiche bevollmächtigen, z.B. für gesundheitliche Angelegenheiten (siehe *Schenkel/Albert/Raptis*, Arbeitskonzept Notfalldatenmanagement, Version 1.05 v. 25.08.2011, S. 14; abrufbar unter: http://www.bundesaerztekammer.de/downloads/ Arbeitskonzept_NFDM_ 1.05.pdf (19.05.2013)).

segeräts ausgelesen werden.[654] § 291a Abs. 3. S. 1 HS. 2 SGB V erlaubt seinem Wortlaut nach aber auch die (zusätzliche) Speicherung der Notfalldaten in der Telematikinfrastruktur. Eine solche zusätzliche Speicherung ist auch im Konzept der Bundesärztekammer für das Notfalldatenmanagement vorgesehen, wenn der jeweilige Versicherte dies wünscht. So soll eine in der Telematikinfrastruktur gespeicherte Kopie des Notfalldatensatzes im Falle des Verlusts oder eines Tauschs der eGK nach technischer Autorisierung durch den Versicherten, z.B. mittels einer PIN, auf die neue eGK aufgespielt werden können, so dass dieser Datensatz nicht wieder neu erstellt werden muss.[655]

6.3.3.5 Der elektronische Arztbrief gem. § 291a Abs. 3 S. 1 Nr. 2 SGB V

Eine weitere freiwillige Anwendung der eGK ist der elektronische Arztbrief. Er beinhaltet gem. § 291a Abs. 3 S. 1 Nr. 2 SGB V Befunde, Diagnosen, Therapieempfehlungen sowie Behandlungsberichte in elektronischer und maschinell verwertbarer Form für eine einrichtungsübergreifende, fallbezogene Kooperation.[656] Der Adressat des Arztbriefes ist somit grundsätzlich bekannt. Derzeit werden in Deutschland pro Jahr ca. 220 Millionen Arzt- und 17 Millionen Entlassbriefe aus dem stationären Bereich ausgestellt.[657]

6.3.3.6 Arzneimitteltherapiesicherheitsprüfung gem. § 291a Abs. 3 S. 1 Nr. 3 SGB V

Eine weitere Anwendung, über deren Nutzung der Versicherte entscheiden kann, ist die Arzneimitteltherapiesicherheitsprüfung gem. § 291a Abs. 3 S. 1 Nr. 3 SGB V. Sie dient der Unterstützung der Ärzte und Apotheker und soll vor Wechselwirkungen und Unverträglichkeiten von Arzneimitteln schützen.[658] So sterben in Deutschland nach konservativen Schätzungen z.B. jährlich über 10.000 Menschen durch unerwünschte Arzneimittelereignisse.[659] Außerdem

---

[654] *Hein-Rusinek/Groß*, Dtsch. Ärztebl. 2008, S. A 78 ff.
[655] *Schenkel/Albert/Raptis*, Arbeitskonzept Notfalldatenmanagement, Version 1.05 v. 25.08.2011, S. 45 f., abrufbar unter: http://www.bundesaerztekammer.de/downloads/Arbeitskonzept_NFDM_ 1.05.pdf (19.05.2013).
[656] Siehe zur technischen Umsetzung auch *Heitmann*, PRAXIS 2006, Heft 3, S. 4 ff.
[657] Siehe die Angaben in *Booz Allen Hamilton GmbH*, Endbericht zur Kosten-Nutzen-Analyse der Einrichtung einer Telematik-Infrastruktur im deutschen Gesundheitswesen, S. 99.
[658] Siehe die Begründung zu § 291a Abs. 3 SGB V in BT-Drs. 15/1525, S. 144.
[659] *Bales*, Bundesgesundheitsbl. 2005, 727 (728).

ermöglicht die Arzneimitteltherapiesicherheitsprüfung eine umfassende und sektorübergreifend abgestimmte Arzneimittelbetreuung des Versicherten.[660]

Die Daten zur Prüfung der Arzneimitteltherapiesicherheit umfassen die Arzneimitteldokumentationsdaten sowie medizinische Individualparameter des Versicherten.[661] Dazu gehören unter anderem eine Verordnungsliste, die Namen der abgegebenen Arzneimittel (inkl. Wirkstoff, Dosierung etc.), Diagnosen des Versicherten, Unverträglichkeiten sowie die Nieren- und Leberfunktionen.[662] Auch in Selbstmedikation erworbene Arzneimittel können erfasst werden.[663]

Die Daten zur Prüfung der Arzneimitteltherapiesicherheit werden zunächst nur gespeichert, damit ein berechtigter Arzt, Apotheker, Versicherter etc. nach den in § 291a SGB V vorgeschriebenen Verfahren[664] Zugriff auf diese Daten nehmen und über die Gefahr von Wechselwirkungen bzw. Unverträglichkeiten entscheiden kann (ggf. mit Hilfe von Datenbanken, auf die er mittels seines Praxisverwaltungssystems zugreifen kann). Eine automatische Überprüfung durch ein Expertensystem ist derzeit (noch) nicht Bestandteil der Arzneimitteltherapiesicherheitsprüfung, kann allerdings nachträglich noch implementiert werden.[665]

6.3.3.7 Die elektronische Patientenakte gem. § 291a Abs. 3 S. 1 Nr. 4 SGB V

Die elektronische Patientenakte gem. § 291a Abs. 3 S. 1 Nr. 4 SGB V enthält Daten über Befunde, Diagnosen, Therapiemaßnahmen, Behandlungsberichte sowie Impfungen für eine fall- und einrichtungsübergreifende Dokumentation über den Patienten. Sie soll bei Leistungserbringern und Patienten verteilt anfallende klinische und gesundheitsbezogene Daten eines Menschen zusammenfassen und diese omnipräsent, unabhängig von Ort und Zeit, allen am Behandlungsprozess Beteiligten bedarfsgerecht präsentieren.[666]

---

[660] Siehe die detaillierte Darstellung von *Schaefer*, Bundesgesundheitsbl. 2005, 736 ff.
[661] Siehe zum geplanten Inhalt auch *Bales/Dierks/Holland/Müller*, Die elektronische Gesundheitskarte, B I § 291a Rn. 42.
[662] Siehe die Angaben bei *Booz Allen Hamilton GmbH*, Endbericht zur Kosten-Nutzen-Analyse der Einrichtung einer Telematik-Infrastruktur im deutschen Gesundheitswesen, S. 214 f.
[663] Siehe z.B. *Förster*, A&R 2006, 268 (269).
[664] Siehe die detaillierte Beschreibung unter Ziffer 6.5.
[665] *Booz Allen Hamilton GmbH*, Endbericht zur Kosten-Nutzen-Analyse der Einrichtung einer Telematik-Infrastruktur im deutschen Gesundheitswesen, S. 101.
[666] *Warda*, Bundesgesundheitsbl. 2005, 742 (742).

Die Bereitstellung und Nutzung von Daten über Untersuchungen (z.B. Röntgenaufnahmen) und Befunde dient dabei auch der Vermeidung von Doppeluntersuchungen und damit auch von zusätzlichen Belastungen der Versicherten.[667]

Für die elektronische Patientenakte i.S.d. § 291a Abs. 3 S. 1 Nr. 4 SGB V sind derzeit noch keine verbindlichen Spezifikationen oder Fachkonzepte verfügbar. Bezüglich des Inhalts der elektronischen Patientenakte wird aber davon ausgegangen, dass sie aus Sicht der an der Patientenversorgung beteiligten medizinischen Berufsgruppen alle für eine fach- und einrichtungsübergreifende Behandlung notwendigen Daten und Informationen enthalten kann, so z.B. Diagnosen (aktuelle und frühere), Allergien, Operationen, Medikationen, therapeutische Maßnahmen, Parameter zu Organfunktionen, Arztbriefe, OP-Berichte, Befunddergebnisse, Bilder (Röntgen-aufnahmen, CT-Bilder etc.), Videos (Endoskopie, OP etc.) und den Impfstatus.[668]

§ 291a Abs. 3 S. 1 Nr. 4 SGB V schreibt nicht vor, dass es nur eine (allumfassende) elektronische Patientenakte geben muss. So ist es nach dem Wortlaut dieser Vorschrift durchaus zulässig, dass es verschiedene elektronische Patientenakten gibt, in denen Daten über Befunde, Diagnosen, Therapiemaßnahmen, Behandlungsberichte sowie Impfungen für eine fall- und einrichtungsübergreifende Dokumentation über den Patienten gespeichert werden und die der jeweilige Patient sogar parallel nutzen kann, wenn diese z.B. über inhaltliche Schwerpunktsetzungen wie Diabetes oder Schwangerschaft verfügen.[669]

6.3.3.8   Das Patientenfach gem. § 291a Abs. 3 S. 1 Nr. 5 SGB V

Nach § 291a Abs. 3 S. 1 Nr. 5 SGB V muss die eGK weiterhin geeignet sein, das Erheben, Verarbeiten und Nutzen von Daten zu unterstützen, die durch die Versicherten selbst oder für sie zur Verfügung gestellt wurden. Im Rahmen dieser freiwilligen Anwendung der eGK kann der Versicherte Dokumente in

---

[667] Siehe die Begründung zu § 291a Abs. 3 SGB V in BT-Drs. 15/1525, S. 144.
[668] *Booz Allen Hamilton GmbH,* Endbericht zur Kosten-Nutzen-Analyse der Einrichtung einer Telematik-Infrastruktur im deutschen Gesundheitswesen, S. 244 f.
[669] Siehe *Fraunhofer ISST, Fraunhofer SIT, TMF e.V.,* Elektronische Patientenakte gemäß § 291a SGB V, S. 6. Auf die im Rahmen eines FuE-Projekts durch die genannten Projektpartner entwickelte Patientenakte wird im Rahmen dieser Arbeit nicht näher eingegangen, da es sich hierbei nicht um eine im Auftrag der gematik nach § 291b Abs. 1 S. 4 SGB V entwickelte elektronische Patientenakte nach § 291a Abs. 3 S. 1 Nr. 4 SGB V für das eGK-System, sondern um eine im Rahmen eines Forschungsprojekts entwickelte Patientenakte nach § 291a SGB V handelt.

eigener Verantwortung speichern.[670] Dies können z.B. (von Leistungserbringern zur Verfügung gestellte) Verlaufsprotokolle[671] über Blutzucker- oder Blutdruckwerte, Einträge in Schmerzskalen,[672] aber auch persönliche Erklärungen des Patienten sein.

6.3.3.9 Die Patientenquittung gem. § 291a Abs. 3 S. 1 Nr. 6 SGB V

Außerdem muss die eGK gem. § 291a Abs. 3 S. 1 Nr. 6 SGB V die freiwillige Anwendung der Patientenquittung unterstützen. Auch für diese Anwendung sind noch keine Spezifikationen oder Fachkonzepte von der gematik verfügbar. Die eGK muss geeignet sein, das Erheben, Verarbeiten und Nutzen von Daten über in Anspruch genommene Leistungen und deren vorläufige Kosten für die Versicherten (§ 305 Abs. 2 SGB V - Patientenquittung) zu unterstützen. Die Versicherten können sich durch derartige Patientenquittungen über die abgerechneten Leistungen und deren vorläufige Kosten informieren.[673] Dieses System dient somit auch der Kontrolle der Leistungserbringer und der von ihnen abgerechneten Leistungen.

Für Versicherte im Rahmen der PKV ist diese Anwendung nicht sinnvoll, da im PKV-System das Kostenerstattungsprinzip gilt.[674] Die hier Versicherten erhalten von dem behandelnden Leistungserbringer eine Rechnung, in der die erbrachten Leistungen aufgeführt sind und die sie anschließend zwecks Kostenerstattung bei ihrer Krankenversicherung einreichen können. Folglich ist der Versicherte im Rahmen der PKV auch ohne eine Patientenquittung über die abgerechneten Leistungen informiert und kann diese auch kontrollieren. § 305 Abs. 2 SGB V über Patientenquittungen ist zudem im Rahmen der PKV nicht anwendbar.

---

[670] *Bales/Dierks/Holland/Müller*, Die elektronische Gesundheitskarte, B I § 291a Rn. 45.
[671] So schon die Begründung zu § 291a Abs. 3 SGB V in BT-Drs. 15/1525, S. 144 f.
[672] *Booz Allen Hamilton GmbH*, Endbericht zur Kosten-Nutzen-Analyse der Einrichtung einer Telematik-Infrastruktur im deutschen Gesundheitswesen, S. 262. Siehe auch *Paland*, Bedeutung und Funktionen der Gesundheitskarte, S. 19.
[673] *Bales/Dierks/Holland/Müller*, Die elektronische Gesundheitskarte, B I § 291a Rn. 46.
[674] Siehe z.B. *Kulbe*, Die gesetzliche und private Krankenversicherung, S. 27

6.3.3.10 Die persönlichen Erklärungen der Versicherten gem. § 291a Abs. 3 S. 1 Nr. 7 bis 9 SGB V

Seit dem In-Kraft-Treten des Gesetzes zur Regelung der Entscheidungslösung im Transplantationsgesetz[675] muss die eGK zudem auch noch geeignet sein, das Erheben, Verarbeiten und Nutzen von Erklärungen der Versicherten zur Organ- und Gewebespende (§ 291a Abs. 3 S. 1 Nr. 7 SGB V), von Hinweisen der Versicherten auf das Vorhandensein und den Aufbewahrungsort von Erklärungen zur Organ- und Gewebespende (§ 291a Abs. 3 S. 1 Nr. 8 SGB V) sowie von Hinweisen der Versicherten auf das Vorhandensein und den Aufbewahrungsort von Vorsorgevollmachten oder Patientenverfügungen nach § 1901a BGB (§ 291a Abs. 3 S. 1 Nr. 9 SGB V) zu unterstützen.

Der Gesetzgeber hat mit der Ergänzung der freiwilligen Anwendungen um die persönlichen Erklärungen und Hinweise gem. § 291a Abs. 3 S. 1 Nr. 7 bis 9 SGB V auf ein Dilemma reagiert. So war es bereits seit einigen Jahren der politische Wunsch, Angaben über die Organspendenbereitschaft der Versicherten im Rahmen der eGK zu speichern.[676] Vor diesem Hintergrund hatte die Bundesärztekammer die Aufnahme von persönlichen Erklärungen und Hinweisen der Versicherten über ihre Bereitschaft zur Organ- und Gewebespende sowie von Hinweisen über Vorsorgevollmachten oder Patientenverfügungen bereits in ihrem Konzept für das Notfalldatenmanagement berücksichtigt.[677] Allerdings wäre die Speicherung persönlicher Erklärungen von Patienten oder von deren Aufbewahrungsort im Rahmen des Notfalldatenmanagements, wie die Bundesärztekammer es in ihrem Konzept zum Notfalldatenmanagement geplant hatte, nicht zulässig gewesen. Nach § 291a Abs. 3 S. 1 Nr. 1 SGB V umfasst diese Anwendung (lediglich) medizinische Daten, soweit sie für die Notfallversorgung erforderlich sind. Wie bereits ausgeführt, ist dies der Fall, wenn die medizinischen Daten bei der Versorgung eines Patienten zur Verhinderung schwerer gesundheitlicher Schäden unverzüglich zur Verfügung stehen müssen.[678] Es handelt sich hierbei um anamnestische Informationen, wie z.B. das Vorliegen von chronischen Erkrankungen, Allergien oder Unverträglichkeiten, die ein behandelnder Heilberufler für die schnelle und zielge-

---

[675] BGBl. I 2012, S. 1504 ff.

[676] So zum Beispiel der Wunsch der damaligen Bundesgesundheitsministerin Ulla Schmidt aus dem Jahr 2007 (siehe *Borchers/Kuri*, Gesundheitsministerin für Organspendefach auf der Gesundheitskarte, Heise online news v. 30.11.2007, abrufbar unter: http://www.heise.de/newsticker/meldung/ Gesundheitsministerin-fuer-Organspendefach-auf-der-Gesundheitskarte-201037.html (19.05.2013)).

[677] Siehe *Schenkel/Albert/Raptis*, Arbeitskonzept Notfalldatenmanagement, Version 1.05 v. 25.08.2011, S. 8 ff., abrufbar unter: http://www.bundesaerztekammer.de/downloads/ Arbeitskonzept_NFDM_ 1.05.pdf (19.05.2013).

[678] Siehe die Ausführungen unter Ziffer 6.3.3.4.

richtete Behandlung eines Patienten benötigt.[679] Persönliche Erklärungen, wie eine Patientenverfügung oder eine Vorsorge-Vollmacht, können zwar im Rahmen einer Behandlung durchaus von Bedeutung sein, z.B. im Hinblick auf die Fortsetzung lebenserhaltender Maßnahmen. Im Hinblick auf eine Organ- bzw. Gewebespende-Erklärung ist dies jedoch nicht ersichtlich. Zudem werden alle diese persönlichen Erklärungen nicht für die (akute) Notfallversorgung der Patienten benötigt. Dies zeigt sich auch schon daran, dass die Erklärungen erst an deren jeweiligem Aufbewahrungsort eingesehen werden müssen, solange sie noch nicht auf der eGK selbst gespeichert werden.

Außerdem können die persönlichen Erklärungen und Hinweise des Versicherten auch keinen (zulässigen) Mehrwertdienst im Rahmen des Notfalldatenmanagements darstellen. Der Gesetzgeber hat in § 291a Abs. 5 S. 2 SGB V geregelt, dass ein Zugriff auf die Notfalldaten keiner gesonderten Autorisierung (mittels Eingabe einer PIN) durch den Versicherten bedarf. Diese Ausnahme sollte nach dem ausdrücklichen Willen des Gesetzgebers ausschließlich für die Notfalldaten nach § 291a Abs. 3 S. 1 Nr. 1 SGB V und das elektronische Rezept nach § 291a Abs. 2 S. 1 Nr. 1 SGB V gelten.[680] Für das Patientenfach nach § 291a Abs. 3 S. 1 Nr. 5 SGB V, welches gerade für die Aufnahme von persönlichen Erklärungen des Patienten vorgesehen ist,[681] hat der Gesetzgeber diese Ausnahme nicht vorgesehen. Es wäre demzufolge eine Umgehung der Regelungen des § 291a Abs. 5 S. 2 SGB V, wenn das gesetzlich festgelegte Schutzniveau (§ 291a Abs. 5 S. 2 SGB V) einer gesetzlich geregelten Anwendung (des Patientenfachs nach § 291a Abs. 3 S. 1 Nr. 5 SGB V) dadurch unterlaufen werden könnte, dass diese Anwendung als Mehrwertdienst mit niedrigerem Schutzniveau eingeführt würde.[682]

Somit durften die genannten persönlichen Erklärungen in der Anwendung, die am besten dazu geeignet gewesen war, diese aufzunehmen, da hinsichtlich dieser Anwendung nach § 291a Abs. 5 S. 2 SGB V keine gesonderte Autorisierung für den Zugriff erforderlich ist, aufgrund der Beschränkung auf Notfalldaten nicht gespeichert werden. In der Anwendung der eGK, die für die Speicherung derartiger persönlicher Erklärungen eigentlich vorgesehen ist, dem Patientenfach nach § 291a Abs. 3 S. 1 Nr. 5 SGB V, ist die Speicherung aber nicht sinnvoll, da ein Zugriff auf diese Anwendung nach § 291a Abs. 5 S. 2 SGB V nur nach gesonderter Autorisierung durch den Patienten erfolgen darf,

---

[679] *Bales/Dierks/Holland/Müller*, Die elektronische Gesundheitskarte, B I § 291a Rn. 32.
[680] Siehe die Begründung zu § 291a Abs. 5 SGB V in BT-Drs. 15/1525, S. 145.
[681] Siehe die Begründung zu § 291a Abs. 3 S. 1 Nr. 5 SGB V in BT-Drs. 15/1525, S. 145. Siehe auch *Bales/Dierks/Holland/Müller*, Die elektronische Gesundheitskarte, B I § 291a Rn. 29.
[682] Siehe hierzu auch *Bales/Dierks/Holland/Müller*, Die elektronische Gesundheitskarte, B I § 291a Rn. 29 und 60 ff.

zu der er aber regelmäßig nicht mehr in der Lage ist, wenn auf diese Erklärungen zugegriffen werden soll. Auf dieses Dilemma hat der Gesetzgeber reagiert, indem er zum 01. November 2012 die genannten drei neuen Anwendungen der eGK in § 291a Abs. 3 S. 1 SGB V aufgenommen hat.[683]

Wie unter Ziffer 6.3.3.4 bereits beschrieben, hat die Bundesärztekammer im Rahmen ihres Konzepts für das Notfalldatenmanagement bereits ein Konzept für diese persönlichen Erklärungen des Versicherten entwickelt.[684] Unter anderem ist demnach geplant, Hinweise des Versicherten über den Ablageort von Organ- und Gewebespendeerklärungen, Vorsorgevollmachten und Patientenverfügungen sowie Angaben über den in der Vorsorgevollmacht genannten Betreuer aufzunehmen.[685] Die Organ- und Gewebespendeerklärung selbst soll nach den Planungen der Bundesärztekammer erst dann auf der eGK gespeichert werden, wenn mehr Speicherplatz auf ihr zur Verfügung steht[686] und die Patienten flächendeckend die technische Möglichkeit besitzen, diese Erklärungen qualifiziert zu signieren.[687]

Außerdem ist in dem Konzept der Bundesärztekammer für das Notfalldatenmanagement noch vorgesehen, dass eine Sicherungskopie auf Wunsch des jeweiligen Patienten in der Telematikinfrastruktur gespeichert werden kann. Diese soll im Falle des Verlusts oder eines Tauschs der eGK nach technischer Autorisierung durch den Versicherten, z.B. mittels einer PIN, auf die neue eGK aufgespielt werden können, so dass dieser Datensatz nicht wieder neu erstellt werden muss.[688]

---

[683] BGBl. I 2012, S. 1504 ff. Der Zugriff auf diese Erklärungen soll nach dem neu in § 291a SGB V einzufügenden Absatz 5a keine gesonderte Autorisierung erfordern.

[684] Siehe *Schenkel/Albert/Raptis*, Arbeitskonzept Notfalldatenmanagement, Version 1.05 v. 25.08.2011, S. 8 ff., abrufbar unter: http://www.bundesaerztekammer.de/downloads/ Arbeitskonzept_NFDM_1.05.pdf (19.05.2013).

[685] *Schenkel/Albert/Raptis*, Arbeitskonzept Notfalldatenmanagement, Version 1.05 v. 25.08.2011, S. 20 f., abrufbar unter: http://www.bundesaerztekammer.de/downloads/Arbeitskonzept_NFDM_ 1.05.pdf (19.05.2013).

[686] Dies soll im Jahr 2017 der Fall sein (siehe *Borchers/Briegleb*, Organspende-Status soll ab 2017 auf die Gesundheitskarte, Heise online news v. 25.05.2012, abrufbar unter: http://www.heise.de/ newsticker/meldung/Organspende-Status-soll-ab-2017-auf-die-Gesundheitskarte-1585039.html (19.05.2013).

[687] *Schenkel/Albert/Raptis*, Arbeitskonzept Notfalldatenmanagement, Version 1.05 v. 25.08.2011, S. 16, abrufbar unter: http://www.bundesaerztekammer.de/downloads/Arbeitskonzept_NFDM_ 1.05.pdf (19.05.2013).

[688] *Schenkel/Albert/Raptis*, Arbeitskonzept Notfalldatenmanagement, Version 1.05 v. 25.08.2011, S. 45 f., abrufbar unter: http://www.bundesaerztekammer.de/downloads/Arbeitskonzept_NFDM_ 1.05.pdf (19.05.2013).

6.4 Die Konzeption des elektronischen Heilberufsausweises

Der zweite wesentliche Bestandteil des deutschen Gesundheitstelematiksystems ist der elektronische Heilberufsausweis (HBA).[689] Jeder staatlich geprüfte Heilberufler gem. § 291a Abs. 4 S. 1 SGB V (z.B. Arzt, Apotheker oder Zahnarzt) wird einen derartigen Ausweis erhalten, um zusammen mit seinem jeweiligen Patienten dessen eGK und ihre Anwendungen verwenden zu können (vgl. § 291a Abs. 5 S. 3 SGB V und § 291a Abs. 5a S. 1 SGB V). Er ist somit, im Gegensatz zur eGK als elektronischer Ausweis des *Versicherten*, der elektronische Ausweis des *Leistungserbringers*.

6.4.1 Die Gestaltung des Heilberufsausweises

Der HBA ist eine Smart Card, mittels derer sich der Heilberufler für den Zugriff auf medizinische Daten des Versicherten authentifizieren, seine Rolle (z.B. als Arzt, Apotheker oder Zahnarzt) nachweisen, Daten verschlüsseln und qualifizierte elektronische Signaturen erzeugen kann.[690] Da der HBA auch als Berufsausweis dient, wird seine äußere Gestaltung nicht durch das SGB V, sondern durch das Berufsrecht in den Bundesländern geregelt.

6.4.2 Die Ausgabe der Heilberufsausweise

Der HBA wird durch die Stellen ausgegeben, die hierfür von den Bundesländern nach § 291a Abs. 5c S. 1 NR. 1 SGB V vorgegeben wurden. In der Regel sind dies die jeweiligen Berufskammern (siehe z.B. § 9 Abs. 1 S. 1 Nr. 10 HKG des Landes Niedersachsen), also z.B. die jeweilige Ärzte- oder Apothekerkammer, da es sich bei den HBA zuvorderst um Berufsausweise handelt. Um sicherzustellen, dass keine unberechtigten Personen einen HBA erhalten können, mittels dessen sie ggf. auf die sehr sensiblen, im Rahmen der eGK gespeicherten Gesundheitsdaten eines Versicherten zugreifen können, muss allerdings zuvor von einer zuständigen Stelle verifiziert werden, dass die Person auch tatsächlich zu einer der in § 291a Abs. 4 S. 1 SGB V genannten Personengruppen gehört. Die hierfür zuständigen Stellen werden gem. § 291a Abs. 5c S. 2 Nr. 2 SGB V ebenfalls von den Ländern bestimmt. Erlischt die Zugehörig-

---

[689] Teilweise wird auch die englische Bezeichnung des Ausweises *Health Professional Card (HPC)* gebraucht.

[690] Siehe *gematik GmbH*, Spezifikation des elektronischen Heilberufsausweises, Teil II: HPC - Anwendungen und Funktionen, Version 2.3.2 vom 05.08.2009, abrufbar unter: http://www.gematik. de/cms/media/dokumente/release_0_5_2/erg_nzung_wirkbetrieb_hba_smc/HPC_P2_HPC_V232_ Deutsch.pdf (19.05.2013).

keit zu dieser Gruppe, so muss die bestätigende Stelle gem. § 291a Abs. 5c S. 3 SGB V umgehend die Stelle benachrichtigen, die den HBA ausgegeben hat, damit diese die Authentifizierungsfunktion[691] des HBA sperrt. Der ehemalige Heilberufler kann daraufhin mit seinem gesperrten HBA nicht mehr auf Daten zugreifen, auf die er nur als approbierter Heilberufler zugreifen darf.

Komplizierter gestaltet sich hingegen die Ausgabe von Heilberufsausweisen an Leistungserbringer, für die keine Berufskammer existiert. In diesem Zusammenhang ergibt sich die Schwierigkeit, welche Stelle für die Ausgabe der Heilberufsausweise an nicht verkammerte Leistungserbringer zuständig ist und wer bestätigen soll, dass eine bestimmte Person berechtigt ist, einen der in § 291a Abs. 4 SGB V genannten Berufe auszuüben oder zu einer anderen Berufsgruppe gehört, die ebenso nach Abs. 4 auf die administrativen oder medizinischen Daten zugreifen darf. Diese Aufgaben sollen nach den Beschlüssen der 82. Gesundheitsministerkonferenz im Jahr 2009 durch eine zentrale Stelle für diese Berufe übernommen werden. Die Gesundheitsministerkonferenz hat in diesem Zusammenhang die Schaffung eines zentralen länderübergreifenden „Elektronischen Berufsregisters der Gesundheitsberufe" beschlossen, welches für die nicht verkammerten Berufe die Heilberufsausweise ausgibt und die Berufszugehörigkeit bestätigen soll.[692]

6.4.3 Die qualifizierte elektronische Signatur durch den elektronischen Heilberufsausweis

Eine wesentliche Aufgabe des HBA ist es, dem Heilberufler gem. § 291a Abs. 5 S. 3 SGB V und § 291a Abs. 5a S. 1 SGB V die qualifizierte elektronische Signierung von Dokumenten, wie dem elektronischen Rezept, zu ermöglichen. Die Pflicht, bestimmte Dokumente, wie die elektronische Arzneimittelverordnung, mit einer qualifizierten elektronischen Signatur zu versehen, folgt jedoch nicht aus § 291a SGB V, sondern aus den auf sie anwendbaren Spezialvorschriften, so z.B. für die elektronische Arzneimittelverordnung aus § 2 Abs. 1 Nr. 10 AMVV oder aus den von der gematik entwickelten Fachkonzepten für die eGK.

Der HBA ist somit zugleich auch eine sichere Signaturerstellungseinheit i.S.d. § 2 Nr. 10 SigG. Folglich bedarf es eines Zertifizierungsdiensteanbieters

---

[691] Die Authentifizierungsfunktion des HBA umfasst die Identifikation des Heilberuflers und die Berechtigungsprüfung (siehe z.B. *Haas*, Gesundheitstelematik, S. 254).
[692] Siehe *Gesundheitsministerkonferenz der Länder*, Errichtung eines länderübergreifenden elektronischen Berufsregisters für Gesundheitsberufe *(eGBR)*, abrufbar unter: http://www.gmkonline.de/ ?&nav=beschluesse_82&id=82_05.01 (19.05.2013).

gem. § 4 ff SigG, der für den jeweiligen Heilberufler ein qualifiziertes Zertifikat gem. § 7 SigG sowie die Signaturschlüssel gem. § 2 Nr. 4 und 5 SigG erstellt und diese auf dem HBA aufbringt. Auch wenn der Wortlaut der Heilberufs- und Kammergesetze davon spricht, dass es die Aufgabe der Kammern sei „ihren Kammermitgliedern elektronische Heilberufsausweise auszugeben"[693], bedeutet dies nicht, dass die Kammern selbst als Zertifizierungsdiensteanbieter auftreten müssen. Sie können sich vielmehr bei der Ausgabe der Heilberufsausweise bereits existierender Zertifizierungsdiensteanbieter bedienen. Dabei müssen aber stets die in der „Gemeinsamen Policy für die Ausgabe der HPC"[694] aufgestellten Richtlinien eingehalten werden.

6.4.4 Der Berufsausweis und Secure Module Cards

Zusätzlich zum HBA gibt es noch einen Berufsausweis. Der Berufsausweis gem. § 291a Abs. 5 S. 3 SGB V wird an Personen ausgegeben, die keine Heilberufler sind (z.B. Personal von Heilberuflern, wie medizinische Fachangestellte), die aber gem. § 291a Abs. 4 S. 1 Nr. 1 d, e SGB V i.V.m. § 291a Abs. 5 S. 3 SGB V auf die elektronischen Verordnungen eines Versicherten zugreifen dürfen.[695] Auch dieser Ausweis muss gem. § 291a Abs. 5 S. 3 SGB V über eine Möglichkeit zur sicheren Authentifizierung und über eine qualifizierte elektronische Signatur verfügen.

Des Weiteren sind auch Security Module Cards (SMC) geplant, die in zwei verschiedenen Ausführungen eingeführt werden: die SMC-A und die SMC-B. Diese Ausweise werden nicht an eine Person, sondern an eine Institution (z.B. Krankenhaus, Arztpraxis oder Apotheke) ausgegeben und können von den Mitarbeitern dieser Institution gemeinsam genutzt werden.[696] Die SMC dient der Umsetzung von § 291a Abs. 5 S. 4 SGB V, wonach zugriffsberechtigte Personen nach § 291a Abs. 4 S. 1 Nr. 1 lit. d (Gehilfenpersonal von Heilberuflern) und lit. e (sonstige Erbringer ärztlich verordneter Leistungen) sowie Nr. 2 Buchstabe d und e, die über keinen elektronischen Heilberufsausweis oder entsprechenden Berufsausweis verfügen, auf die Daten nach § 291a Abs. 2 S. 1

---

[693] Beispielsweise ist hier § 9 Abs. 1 S. 1 Nr. 10 HKG des Landes Niedersachsen aufgeführt.

[694] *Bundesapothekerkammer/Bundesärztekammer/Bundespsychotherapeutenkammer/Bundeszahnärztekammer/Kassenärztliche Bundesvereinigung*, Gemeinsame Policy für die Ausgabe der HPC, Version 1.0.0 v. 08.06.2009, abrufbar unter: http://www.bundesaerztekammer.de/downloads/CP_HPC_v1.0.0_19062009.pdf (19.05.2013).

[695] Siehe auch *Bales/Dierks/Holland/Müller*, Die elektronische Gesundheitskarte, B I § 291a Rn. 87.

[696] Siehe *gematik GmbH*, Spezifikation des elektronischen Heilberufsausweises, Teil III: SMC - Anwendungen und Funktionen, Version 2.3.2 vom 05.08.2009, abrufbar unter: http://www.gematik.de/cms/media/dokumente/release_0_5_2/erg_nzung_wirkbetrieb_hba_smc/HPC_P3_SMC_V232_Deutsch.pdf (19.05.2013).

Nr. 1 (elektronisches Rezept) und § 291a Abs. 3 S. 1 Nr. 1 bis 5 SGB V 'zugrei-fen dürfen, wenn sie hierfür von Personen autorisiert sind, die über einen elektronischen Heilberufsausweis oder entsprechenden Berufsausweis verfü-gen, und wenn nachprüfbar elektronisch protokolliert wird, wer auf die Daten zugegriffen hat und von welcher Person die zugreifende Person autorisiert wurde.[697] Unter diesen Voraussetzungen dürfen zudem nach § 291a Abs. 5a S.1 HS 2 SGB V i.V.m. § 291a Abs. 5 S. 4 SGB V auch zugriffsberechtigte Perso-nen nach § 291a Abs. 5a S. 1 Nr. 2 SGB V (Gehilfenpersonal von Heilberuflern) auf die persönlichen Erklärungen und Hinweise des Versicherten nach § 291a Abs. 3 S. 1 Nr. 7 bis 9 SGB V zugreifen. Mittels der SMC darf demzufolge nicht direkt auf die im Rahmen der eGK gespeicherten Daten zugegriffen werden, weshalb sie auch nicht die Möglichkeit der Erstellung einer qualifizierten elektronischen Signatur bietet.[698] Erst nach vorheriger „Freischaltung" durch einen Heilberufler kann mittels einer SMC gem. § 291a Abs. 5 S. 4 SGB V i.V.m. § 291a Abs. 4 SGB V auf die eGK eines Versicherten zugegriffen werden. Hier-für baut die SMC eine gesicherte Verbindung mit dem HBA des Heilberuflers auf und nutzt diesen HBA, insbesondere dessen Zugriffsrechte, fernbedient.[699] Gleichzeitig baut die SMC auch eine gesicherte Verbindung zu der eGK eines Versicherten auf, so dass auf diese zugegriffen werden kann.[700] Durch die SMC wird es somit ermöglicht, dass z.B. Mitarbeiter eines Leistungserbringers nach erfolgter Autorisierung durch den Heilberufler auf die eGK eines Versicherten zugreifen können. Sie erhalten also ein vom Heilberufler abgeleitetes Zugriffs-recht.

---

[697] Siehe z.B. *Bales/Dierks/Holland/Müller*, Die elektronische Gesundheitskarte, B I § 291a Rn. 103.

[698] Siehe *Goetz*, Bundesgesundheitsbl. 2005, 747 (749 f.).

[699] Siehe z.B. die Beschreibung der *gematik GmbH*, Spezifikation des elektronischen Heilberufsaus-weises, Teil III: SMC - Anwendungen und Funktionen, Version 2.3.2 vom 05.08.2009, abrufbar unter: http://www.gematik.de/cms/media/dokumente/release_0_5_2/erg_nzung_wirkbetrieb_hba_smc/HP C_P3_SMC_V232_Deutsch.pdf (19.05.2013), insbesondere S. 6 und 17. Die SMC-A könnte somit auch zur ferngesteuerten PIN-Eingabe durch den Heilberufler selbst dienen und somit die qualifizierte elektronische Signatur erleichtern oder im Rahmen von Stapel- und Komfortsignaturverfahren einge-setzt werden (siehe z.B. *gematik GmbH*, Konnektorspezifikation, Version 3.0.0 v. 15.09.2009, S. 39, abrufbar unter: http://www.bitkom.org/files/documents/gematik_KON_Konnektor_Spezifikation_ V3.0.0.pdf (19.05.2013). Siehe dazu auch *Bundesamt für Sicherheit in der Informationstechnik*, Techni-sche Richtlinie 03114 - Stapelsignaturen mit dem Heilberufsausweis, Version 2.0 v. 22.10.2007 über, abrufbar unter: https://www.bsi.bund.de/SharedDocs/Downloads/DE/BSI/Publikationen/ TechnischeRichtlinien/TR03114/BSI-TR-03114_pdf.pdf?_blob=publicationFile (19.05.2013)). Über die signaturrechtliche Zulässigkeit solcher Verfahren kann im Rahmen dieser Arbeit keine Aussage getroffen werden.

[700] Siehe z.B. die Beschreibung der *gematik GmbH*, Spezifikation des elektronischen Heilberufsaus-weises, Teil III: SMC - Anwendungen und Funktionen, Version 2.3.2 vom 05.08.2009, abrufbar unter: http://www.gematik.de/cms/media/dokumente/release_0_5_2/erg_nzung_wirkbetrieb_hba_smc/HP C_P3_SMC_V232_Deutsch.pdf (19.05.2013), insbesondere S. 6 und 17. Siehe auch *Schulz*, Gesundheits-telematik, S. 5.

Die zweite Variante der SMC, die SMC-B Karte, dient als Institutionskarte darüber hinaus auch zur Authentifikation und Identifikation der Institution gegenüber der Telematikinfrastruktur sowie zur Entschlüsselung von verschlüsselten Dokumenten, die an diese Institution und nicht an eine bestimmte Person adressiert sind. Dazu enthält die SMC-B Karte Zertifikate zum Rollennachweis (Apotheke, Arztpraxis etc.), zur Authentifizierung, zur Ver- und Entschlüsselung von Dokumenten sowie eine Organisationssignatur.[701] Da qualifizierte elektronische Signaturen gem. § 2 Nr. 3 i.V.m. Nr. 2 und Nr. 10 SigG und fortgeschrittene elektronische Signaturen gem. § 2 Nr. 2 i.V.m. Nr. 10 SigG nur natürlichen Personen zugeordnet werden können, handelt es sich bei dieser Organisationssignatur lediglich um eine einfache elektronische Signatur.

6.5 Die Regelung des Zugriffs auf Daten der elektronischen Gesundheitskarte gem. § 291a Abs. 4, 5 und 5a SGB V

Der Zugriff auf Daten der elektronischen Gesundheitskarte ist in § 291a Abs. 4, 5 und 5a SGB V geregelt. § 291a Abs. 4 SGB V gibt vor, welche Personen auf die im Rahmen der eGK gespeicherten Daten zugreifen dürfen. Das (technische) Verfahren des Zugriffs ist sodann in § 291a Abs. 5 und Abs. 5a SGB V geregelt.

6.5.1 Die Zugriffsberechtigung gem. § 291a Abs. 4 SGB V

Auf elektronische Verordnungen dürfen gem. § 291a Abs. 4 Nr. 1 SGB V zugreifen:

- Ärzte,

- Zahnärzte,

- Apotheker, Apothekerassistenten, Pharmazieingenieure, Apothekenassistenten,

---

[701] Siehe z.B. die Beschreibung der *gematik GmbH*, Glossar der Telematikinfrastruktur, Version 3.2.0 v. 25.01.2013, http://www.gematik.de/cms/media/dokumente/gematik_ZV_Glossar_V320.pdf (19.05.2013), sowie der *gematik GmbH*, Spezifikation des elektronischen Heilberufsausweises, Teil III: SMC - Anwendungen und Funktionen, Version 2.3.2 vom 05.08.2009, abrufbar unter: http://www.gematik.de/cms/media/dokumente/release_0_5_2/erg_nzung_wirkbetrieb_hba_smc/HPC_P3_SMC_V232_Deutsch.pdf (19.05.2013), insbesondere S. 6 und 17.

- Personen, die

  - bei den zuvor Genannten oder

  - in einem Krankenhaus

  als berufsmäßige Gehilfen oder zur Vorbereitung auf den Beruf tätig sind, soweit dies im Rahmen der von ihnen zulässigerweise zu erledigenden Tätigkeiten erforderlich ist und der Zugriff unter Aufsicht der zuvor Genannten erfolgt sowie

- sonstige Erbringer ärztlich verordneter Leistungen.

Auf die medizinischen Daten nach § 291a Abs. 3 S. 1 Nr. 1-5 SGB V (Notfalldaten, elektronischer Arztbrief, Arzneimitteltherapiesicherheitsprüfung, elektronische Patientenakte, Patientenfach) dürfen hingegen nur zugreifen:

- Ärzte,

- Zahnärzte,

- Apotheker, Apothekerassistenten, Pharmazieingenieure, Apothekenassistenten,

- Personen, die

  - bei den zuvor Genannten oder

  - in einem Krankenhaus

  als berufsmäßige Gehilfen oder zur Vorbereitung auf den Beruf tätig sind, soweit dies im Rahmen der von ihnen zulässigerweise zu erledigenden Tätigkeiten erforderlich ist und der Zugriff unter Aufsicht der zuvor Genannten erfolgt,

- auf Notfalldaten in Notfällen auch Angehörige eines anderen Heilberufs, der für die Berufsausübung oder die Führung der Berufsbezeichnung eine staatlich geregelte Ausbildung erfordert sowie

- Psychotherapeuten.

Alle diese Personen dürfen gem. § 291a Abs. 4 S. 1 SGB V aber nur dann auf die Daten der eGK zugreifen, wenn dies erforderlich ist, um den Versicherten zu versorgen. Entscheidend ist nach § 291a Abs. 4 S. 1 SGB V also, ob bestimmte Daten, auf die ein grundsätzlich berechtigter Heilberufler zugreifen möchte, auch objektiv für die Versorgung eines Versicherten, insbesondere also zur Behandlung des Versicherten, notwendig sind.[702] Ob ein Zugriff auf Daten der eGK zur Versorgung des Versicherten objektiv erforderlich ist, ist durch den jeweiligen Leistungserbringer im konkreten Einzelfall zu bestimmen, z.B. nach dem jeweiligen Krankheitsbild und den Vorerkrankungen des Versicherten sowie der jeweiligen Funktion des Leistungserbringers (Arzt, Apotheker etc.).[703]

Der betroffene Versicherte selbst darf gem. § 291a Abs. 4 S. 2 SGB V sowohl auf seine elektronischen Verordnungen gem. § 291a Abs. 2 S. 1 Nr. 1 SGB V und die EHIC-Daten nach § 291a Abs. 2 S. 1 Nr. 2 SGB V als auch auf seine medizinischen Daten, im Rahmen der freiwilligen Anwendungen der eGK nach § 291a Abs. 3 S. 1 SGB V gespeicherten Daten zugreifen. Er darf somit als einziger auf die Patientenquittung nach § 291a Abs. 3 S. 1 Nr. 6 SGB V zugreifen, da diese Daten nur der Information des Patienten und nicht dessen medizinischer Versorgung dienen.

6.5.2 Die Zugriffsberechtigung gem. § 291a Abs. 5a S. 1 SGB V

Für die zum Zugriff auf die persönlichen Erklärungen und Hinweise des Versicherten Berechtigten enthält § 291a Abs. 5a SGB V besondere Regelungen, da nur ein gegenüber § 291a Abs. 4 SGB V beschränkter Personenkreis auf diese Daten zugreifen können soll.[704] Auf die persönlichen Erklärungen und Hinweise des Versicherten nach § 291a Abs. 3 S. 1 Nr. 7 bis 9 SGB V dürfen nach § 291a Abs. 5a S. 1 SGB V zugreifen:

- Ärzte sowie

- Personen, die

  - bei Ärzten oder

  - in einem Krankenhaus

  als berufsmäßige Gehilfen oder zur Vorbereitung auf den Beruf tätig sind, soweit dies im Rahmen der von ihnen zulässigerweise zu erledigenden Tätigkeiten erforderlich ist und der Zugriff unter Aufsicht eines Arztes erfolgt.

---

[702] *Bales/Dierks/Holland/Müller*, Die elektronische Gesundheitskarte, B I § 291a Rn. 66.
[703] *Hornung*, Die digitale Identität, S. 224 f.
[704] Siehe die Gesetzesbegründung zu § 291a Abs. 5a SGB V in BT-Drs. 17/9030, S. 18.

Diese Personen dürfen gem. § 291a Abs. 5a S. 1 SGB V nur auf die in diesen Anwendungen der eGK gespeicherten Daten zugreifen, wenn dies zur Versorgung der Versicherten selbst oder potentieller Organ- bzw. Gewebeempfänger erforderlich ist.[705]

Die Versicherten dürfen nach § 291a Abs. 5a S. 4 SGB V auf die in diesen Anwendungen gespeicherten Daten zugreifen.

6.5.3 Die Sanktionierung des unberechtigten Zugriffs in §§ 307, 307b SGB V

Der unberechtigte Zugriff auf im Rahmen der eGK gespeicherte Daten wird durch §§ 307, 307b SGB V sanktioniert. So ist es nach § 307b Abs. 1 SGB V strafbar, wenn eine Person auf Daten der eGK zugreift, ohne hierzu nach § 291a Abs. 4 S. 1 oder Abs. 5a S. 1 HS 1 oder Abs. 1 S. 2 SGB V berechtigt zu sein. Ein solch unbefugter Zugriff kann nach § 307b Abs. 1 SGB V mit Freiheitsstrafe von höchstens einem Jahr oder mit Geldstrafe geahndet werden.[706] Sofern der Täter sogar beabsichtigt, sich oder einen Anderen zu bereichern oder einen Anderen zu schädigen, ist eine solche Handlung mit einer Freiheitsstrafe von maximal drei Jahren bedroht.

Zudem sanktioniert § 307 Abs. 1 SGB V bereits Handlungen, die im Vorfeld eines unberechtigten Zugriffs erfolgen, indem er Verstöße gegen § 291a Abs. 8 S. 1 SGB V als Ordnungswidrigkeit qualifiziert, die mit einer Geldbuße in Höhe von bis zu EUR 50.000 belegt werden kann. § 291a Abs. 8 S. 1 SGB V gibt vor, dass von dem betroffenen Versicherten nicht verlangt werden darf zu erlauben, dass Zugriffe auf ihre im Rahmen der eGK gespeicherten Daten entgegen den gesetzlichen Vorgaben für den zugriffsberechtigten Personenkreis und den Zugriffszwecken nach § 291a Abs. 4 und 5a SGB V erfolgen. Bereits eine Vereinbarung hierüber mit einem Versicherten ist nach § 291a Abs. 8 S. 1 HS 2 SGB V unzulässig und mithin nach § 134 BGB nichtig.[707] Hierdurch soll

---

[705] Der Gesetzgeber nennt in § 291a Abs. 5a S. 1 SGB V den Zweck der Versorgung und nicht wie in § 291a Abs. 4 S. 1 SGB V den Zweck der Versorgung der Versicherten, weshalb § 291a Abs. 5a S. 1 SGB V auch den Zugriff zu Zwecken der Versorgung potentieller Organ- bzw. Gewebeempfänger zulässt. Siehe hierzu auch die Gesetzesbegründung zu § 291a Abs. 5a SGB V in BT-Drs. 17/9030, S. 18. Zum Begriff der Versorgung siehe die Ausführungen unter Ziffer 6.5.1.
[706] Stellt ein Leistungserbringer erst nachdem er auf Daten der eGK zugegriffen hat fest, dass der Zugriff objektiv nicht für die Versorgung des Versicherten erforderlich war, so ist der objektive Tatbestand des § 307b Abs. 1 SGB V zwar erfüllt, doch handelt der Leistungserbringer insoweit i.d.R. nicht vorsätzlich. Außerdem liegt im Hinblick auf den Zugriff eine Einwilligung des betroffenen Versicherten vor (siehe Ziffer 6.5.4), die jedenfalls rechtfertigend wirkt (siehe *Hornung*, in: Hänlein/Kruse/Schneider, Sozialgesetzbuch V, § 307b Rn. 2).
[707] *Scholz*, in: Rolfs/Giesen/Kreikebohm/Udsching, BeckOK Sozialrecht, § 291a Rn. 11.

verhindert werden, dass die eGK entgegen den Vorgaben aus § 291a Abs. 4 S. 1 und Abs. 5a S. 1 und S. 2 SGB V verwendet wird.[708]

§ 291a Abs. 8 S. 2 SGB V statuiert zudem, dass Versicherte nicht bevorzugt oder benachteiligt werden dürfen, weil sie einen Zugriff erlaubt bzw. nicht erlaubt haben.

6.5.4   Das Verfahren des Zugriffs nach § 291a Abs. 5 SGB V

§ 291 Abs. 5 SGB V regelt in einem zweiten Schritt das Verfahren, wie die berechtigten Personen auf die Daten der eGK zugreifen dürfen, die im Rahmen der elektronischen Verordnung nach § 291a Abs. 2 S. 1 Nr. 1 SGB V und in den freiwilligen Anwendungen der eGK nach § 291a Abs. 3 S. 1 Nr. 1 bis 6 SGB V gespeichert sind. Für das Verfahren des Zugriffs auf persönliche Erklärungen und Hinweise des Versicherten nach § 291a Abs. 3 S. 1 Nr. 7 bis 9 SGB V enthält § 291a Abs. 5a SGB V spezielle Regelungen.[709]

Nach § 291a Abs. 5 S. 1 SGB V muss der Versicherte für jeden Zugriff auf seine medizinischen Daten nach § 291a Abs. 3 S. 1 SGB V sein Einverständnis erklären. Um in der alltäglichen Praxis sicherzustellen, dass ein berechtigter Heilberufler auch tatsächlich nur mit dem Einverständnis des Versicherten und keine unberechtigte Person auf Daten des Versicherten zugreift, gibt § 291a Abs. 5 S. 2 SGB V vor, dass durch technische Vorkehrungen sicherzustellen ist, dass nur dann auf Daten im Rahmen der Anwendungen nach § 291a Abs. 3 S. 1 Nr. 2 bis Nr. 6 SGB V zugegriffen werden kann, wenn der Versicherte dies (technisch) autorisiert hat. Dies kann beispielsweise dadurch geschehen, dass der Versicherte eine PIN eingeben muss, bevor auf seine eGK-Daten zugegriffen werden kann. Ein derartiges Erfordernis besteht mithin nicht für die Pflichtanwendungen des § 291a Abs. 2 S. 1 SGB V und für die medizinischen Daten für die Notfallversorgung gem. § 291a Abs. 3 S. 1 Nr. 1 SGB V, da auf diese Daten häufig in den Momenten zugegriffen werden muss, in denen der Versicherte nicht mehr in der Lage ist, sein Einverständnis z.B. mittels PIN-Eingabe auszudrücken. Dieses Verfahren konkretisiert somit das Einwilligungserfordernis seitens der Versicherten für die Nutzung der freiwilligen Anwendungen der eGK und schützt dieses durch technische Mittel.[710] Die Einverständniserklärung durch den Versicherten nach § 291a Abs. 5 S. 1 SGB V

---

[708] So die Gesetzesbegründung zu § 291a Abs. 8 SGB V in BT-Drs. 15/1525, S. 145 und in BT-Drs. 17/9030, S. 19.
[709] Siehe die Ausführungen unter Ziffer 6.5.5.
[710] Siehe auch *Weichert*, DuD 2004, 391 (399); *Hornung*, Die digitale Identität, S. 221 (223). So auch die Gesetzesbegründung zu § 291a Abs. 5 SGB V in: BT-Drs. 15/1525, S. 145.

muss nicht die strengen inhaltlichen Anforderungen und Formerfordernisse wie eine Einwilligung nach § 4a BDSG erfüllen.[711] Die Einwilligung i.S.d. § 4a BDSG in die Nutzung bestimmter Anwendungen der eGK muss nach § 291a Abs. 3 S. 4 SGB V bereits vor der ersten Verwendung der jeweiligen Anwendung erklärt werden und hat die strengen Anforderungen des § 4a BDSG einzuhalten. Dass die Einverständniserklärung i.S.d. § 291a Abs. 5 S. 1 SGB V nicht dieselben strengen Voraussetzungen erfüllen muss, folgt auch aus dem Wortlaut von § 291a Abs. 3 und Abs. 5 SGB V. Während § 291a Abs. 3 S. 4 SGB V ausdrücklich eine „Einwilligung" verlangt, fordert § 291a Abs. 5 S. 1 SGB V ein „Einverständnis". Durch diese Wortwahl hat auch der Gesetzgeber klar zum Ausdruck gebracht, dass die Einverständniserklärung nach § 291a Abs. 5 S. 1 SGB V nicht denselben strengen Voraussetzungen unterliegen soll, wie die Einwilligung nach § 291a Abs. 3 S. 4 SGB V i.V.m. § 4a BDSG, so dass auch ein mutmaßliches Einverständnis ausreichend ist, um die Anforderungen des § 291a Abs. 5 S. 1 SGB V zu erfüllen.[712]

Das Einverständnis i.S.d. § 291a Abs. 5 S. 1 SGB V zum Auslesen des Notfalldatensatzes in einem Notfall ist bereits in der Einwilligung nach § 291a Abs. 3 S. 4 SGB V in die Speicherung der Notfalldaten enthalten.[713] Jedenfalls liegt beim Zugriff auf die Notfalldaten in Notfällen, in denen der Versicherte bewusstlos ist und sein Einverständnis nicht mehr ausdrücken kann, ein mutmaßliches Einverständnis zur Nutzung dieser Daten vor, sofern im Einzelfall keine entgegenstehenden Anhaltspunkte vorliegen. Sobald der Versicherte wieder in der Lage ist, darf der Heilberufler nur noch mit der ausdrücklichen Zustimmung des Versicherten auf die Daten zugreifen.[714]

Für alle Zugriffe auf die Daten der eGK gilt nach § 291a Abs. 5 S. 3 SGB V (mit Ausnahme des Zugriffs auf die persönlichen Erklärungen des Versicherten)[715] grundsätzlich das sogenannte „Zwei-Karten-Prinzip". Um auf auf die elektronische Verordnung nach § 291a Abs. 2 S. 1 Nr. 1 SGB V als auch auf die freiwilligen Anwendungen nach § 291a Abs. 3 S. 1 Nr. 1 bis Nr. 6 SGB V zugreifen zu können, wird demzufolge sowohl die elektronische Gesundheitskarte des Versicherten als auch ein elektronischer Heilberufsausweis benötigt. Mit anderen Worten: Auf die meisten im Rahmen der eGK gespeicherten Daten kann nicht mittels der eGK oder des HBA allein zugegriffen werden; hierfür sind vielmehr beide Karten zusammen erforderlich. Aus diesem Zwei-Karten-

---

[711] So auch *Weichert*, DuD 2004, 391 (399); *Hornung*, Die digitale Identität, S. 221 (223). So auch die Gesetzesbegründung zu § 291a Abs. 5 SGB V in: BT-Drs. 15/1525, S. 145.
[712] Siehe *Weichert*, NJW 2004, 391 (399); *Hornung*, Die digitale Identität, S. 223; *Bales/Dierks/Holland/Müller*, Die elektronische Gesundheitskarte, B I § 291a Rn. 83
[713] So auch *Hornung*, Die digitale Identität, S. 223.
[714] Siehe dazu *Bales/Dierks/Holland/Müller*, Die elektronische Gesundheitskarte, B I § 291a Rn. 83.
[715] Siehe hierzu die Ausführungen unter Ziffer 6.5.5

Prinzip nach § 291a Abs. 5 S. 3 SGB V folgt zudem, dass sowohl der Heilberufler als auch der betroffene Versicherte zeitgleich ihren HBA bzw. ihre eGK
einsetzen müssen, damit sie auf die im Rahmen der eGK des Versicherten gespeicherten Daten zugreifen können.[716] Somit wird das Risiko des unberechtigten Zugriffs auf die eGK stark begrenzt, da nur Heilberufler einen HBA erhalten. Außerdem kann durch die Bindung des HBA an einen bestimmten
Heilberufler und die im HBA gespeicherten Authentifizierungsschlüssel nach-
vollzogen werden, wer auf bestimmte Daten des Versicherten zugegriffen hat.

Auf elektronische Verordnungen gem. § 291a Abs. 2 S. 1 Nr. 1 SGB V darf jedoch gem. § 291a Abs. 5 S. 3 SGB V auch zusammen mit einem Berufsausweis
zugegriffen werden.

Des Weiteren dürfen nach § 291a Abs. 4 S. 1 Nr. 1 lit. d und e SGB V berechtigte Personen (z.B. berufsmäßige Gehilfen), die über keinen HBA oder Berufsausweis verfügen, gem. § 291a Abs. 5 S. 4 SGB V auch dann auf elektronische
Verordnungen zugreifen, wenn sie hierfür von Personen autorisiert sind, die
über einen elektronischen Heilberufsausweis oder einen entsprechenden Berufsausweis verfügen, und wenn nachprüfbar elektronisch protokolliert wird,
wer auf die Daten zugegriffen hat und von wem die zugreifende Person ermächtigt wurde. Berechtigte Personen nach § 291a Abs. 4 S. 1 Nr. 2 lit. d und e
SGB V (wiederum z.B. berufsmäßige Gehilfen) dürfen unter den gleichen Voraussetzungen gem. § 291a Abs. 5 S. 4 SGB V sogar auf alle medizinischen Daten der eGK eines Versicherten mit Ausnahme der Patientenquittung zugreifen. In diesem Zusammenhang kann die SMC-A eine wichtige Rolle spielen,
mittels derer Heilberufler andere Personen autorisieren können, auf die eGK
eines Versicherten zugreifen zu dürfen. Allerdings muss in diesem Zusammenhang sichergestellt werden, dass die Protokollierungspflicht erfüllt wird.

---

[716] So z.B. auch *Scholz*, in: Rolfs/Giesen/Kreikebohm/Udsching, BeckOK Sozialrecht, § 291a Rn. 12;
Gundermann, Dtsch. Ärztebl. 2008, A 268 (A 269). Diskutiert wird in diesem Zusammenhang, ob der
Heilberufler und der Patient während des Zugriffs und der zeitgleichen Verwendung physisch an
einem Ort sein müssen (siehe z.B. *Bales/Dierks/Holland/Müller*, Die elektronische Gesundheitskarte,
B I § 291a Rn. 98). Sofern hierfür technische Lösungen gefunden werden, bei denen ausgeschlossen
ist, dass der betroffene Versicherte in eine Drucksituation geraten kann, seine Zustimmung zum Zugriff auf seine im Rahmen der eGK gespeicherten Daten zu geben und keine Gefahr des unbefugten
Zugriffs (auch durch Heilberufler) besteht, ist dies zulässig, da § 291a Abs. 5 S. 3 SGB V für den Zugriff
auf Daten im Rahmen der eGK lediglich die Vorgabe macht, dass beide Karten zeitgleich eingesetzt
werden müssen, nicht jedoch, dass sich beide Karteninhaber physisch am selben Ort befinden müssen. Die genannten Einschränkungen für den Fall, dass der Heilberufler und der betroffene Versicherte sich physisch nicht am gleichen Ort befinden, folgen aus dem Zweck des Zwei-Karten-Prinzips, das
statuiert wurde, um verbotenen Zugriff zu verhindern und um den betroffenen Versicherten vor
Zwangssituationen zu beschützen, in denen er, wenn er alleine Zugriff auf seine Daten erhalten könnte, zum Zugriff auf diese Daten genötigt werden könnte (siehe z.B. *Bales/Dierks/Holland/Müller*, Die
elektronische Gesundheitskarte, B I § 291a Rn. 98 f.; *Hornung*, Die digitale Identität, S. 240 f.).

Diese Aufgabe kann beispielsweise auch vom Praxisverwaltungssystem (PVS) des Heilberuflers übernommen werden.[717]

Eine Ausnahme von den bisher beschriebenen Zugriffsregelungen wird noch in § 291a Abs. 5 S. 5 SGB V statuiert. Demzufolge kann der Zugriff auf Daten nach § 291a Abs. 2 S. 1 Nr. 1 SGB V (elektronische Verordnung) mittels der eGK als Ausnahme vom Zwei-Karten-Prinzip auch ohne einen HBA oder Berufsausweis erfolgen, wenn die Versicherten dies im Einzelfall technisch (z.B. durch Eingabe einer PIN) erlauben. Durch diese Regelung soll es Versicherten insbesondere ermöglicht werden, Arzneimittel über das Internet zu bestellen.[718] Zudem kann der Versicherte durch dieses Verfahren selbständig auf seine elektronischen Verordnungen zugreifen.

6.5.5 Das Verfahren des Zugriffs nach § 291a Abs. 5a SGB V

Für das Verfahren des Zugriffs auf die persönlichen Erklärungen und Hinweise des Versicherten nach § 291a Abs. 3 S. 1 Nr. 7 bis 9 SGB V enthält § 291a Abs. 5a SGB V wiederum spezielle Regelungen, insbesondere weil bei diesen Anwendungen dem Umstand Rechnung zu tragen ist, dass der Versicherte zum Zeitpunkt des Zugriffs bereits verstorben ist oder sich zumindest in einem Zustand befindet, in dem er einen Zugriff von Ärzten oder ihrem Gehilfenpersonal nicht mehr (technisch) erlauben kann.[719]

Nach § 291a Abs. 5a S. 1 HS 2 i.V.m. § 291a Abs. 5 S. 1 SGB V dürfen Ärzte und bei ihnen bzw. Krankenhäusern angestelltes Gehilfenpersonal grundsätzlich nur mit dem Einverständnis des betroffenen Versicherten auf die in diesen Anwendungen gespeicherten Daten zugreifen. Von der Einverständnisvoraussetzung enthält § 291a Abs. 5a S. 2 SGB V aber Ausnahmen. Auf die Organspende- bzw. Gewebespende-Erklärung bzw. die Hinweise über ihren Aufbewahrungsort (§ 291a Abs. 3 S. 1 Nr. 7 und 8 SGB V) darf gem. § 291a Abs. 5a S. 2 Nr. 1 SGB V ohne Einverständnis des betroffenen Versicherten zugegriffen werden, wenn dessen Tod nach § 3 Abs. 1 S. 1 Nr. 2 TPG festgestellt wurde und es zur Klärung erforderlich ist, ob die verstorbene Person in die Entnahme von Organen oder Gewebe eingewilligt hat. Wie unter Ziffer 6.5.4 bereits beschrieben, soll das Einverständnis lediglich dem (technischen) Schutz der Einwilligung nach § 291a Abs. 3 S. 4 SGB V im Einzelfall dienen, so dass datenschutzrechtlich auch ein Verzicht auf diese Absicherung möglich ist, wenn die

---

[717] Siehe dazu *Bales/Dierks/Holland/Müller*, Die elektronische Gesundheitskarte, B I § 291a Rn. 103.
[718] Siehe die Begründung zu § 291a Abs. 5 SGB V in BT-Drs. 15/1525, S. 145.
[719] Siehe die Gesetzesbegründung zu § 291a Abs. 5a SGB V in BT-Drs. 17/9030, S. 18.

Einwilligung diesbezüglich hinreichend informiert und bestimmt erfolgte. Hinzu kommt, dass vor dem Zugriff auf diese Erklärungen der Tod des Versicherten festgestellt worden sein muss, so dass zum Zeitpunkt des Zugriffs das Datenschutzrecht keine Anwendung mehr findet. Dies folgt daraus, dass auch das Recht auf informationelle Selbstbestimmung gem. Art. 2 Abs. 1 i.V.m. Art. 1 Abs. 1 GG, aus dem sich das Datenschutzrecht herleitet, nicht die personenbezogenen Daten Verstorbener schützt. Zwar gilt Art. 1 Abs. 1 GG grundsätzlich auch noch postmortal, doch erlischt der Schutz des Art. 2 Abs. 1 GG mit dem Tod, so dass auch der Schutz des Betroffenen durch das Datenschutzrecht mit dessen Tod endet.[720]

Der Zugriff auf die Hinweise über den Aufbewahrungsort von Vorsorgevollmachten oder Patientenverfügungen ist nach § 291a Abs. 5a S. 2 Nr. 2 SGB V ohne das Einverständnis des Versicherten erlaubt, sofern eine ärztlich indizierte Maßnahme unmittelbar bevorsteht und die betroffene Person nicht fähig ist, in die Maßnahme einzuwilligen. Auch für diesen Anwendungsfall gilt, dass es datenschutzrechtlich bei einer hinreichend bestimmten Einwilligungserklärung nach § 291a Abs. 3 S. 4 SGB V keines Schutzes im Einzelfall bedarf, zumal wenn der Versicherte sich in einem gesundheitlichen Zustand befindet, in dem er keine Einwilligung in eine ärztliche Maßnahme erteilen kann.[721]

Hinsichtlich der technischen Freischaltung des Zugriffs durch den Versicherten (z.B. durch Eingabe einer PIN) unterscheidet § 291a Abs. 5a S. 3 SGB V nach den einzelnen Zugriffsarten und den einzelnen Anwendungen. Möchten die in § 291a Abs. 5a S. 1 genannten Personen die persönliche Erklärung des Versicherten zur Organ- und Gewebespende nach § 291a Abs. 3 S. 1 Nr. 7 SGB V speichern, verändern, sperren oder löschen (schreibender Zugriff), muss der Versicherte dies technisch autorisieren. Möchten diese Personen hingegen die persönliche Erklärung des Versicherten nur lesen oder auf die Hinweise des Versicherten nach § 291a Abs. 3 S. 1 Nr. 8 und 9 SGB V zugreifen, muss der Versicherte dies nicht technisch autorisieren. Der Grund für die Unterscheidung zwischen lesendem und schreibendem Zugriff auf die Organ- und Gewebespendeerklärung des Versicherten besteht darin, dass auf techni-

---

[720] So auch *Dammann*, in: Simitis, Bundesdatenschutzgesetz, § 3 Rn. 17; *Buchner*, in: Taeger/Gabel, Kommentar zum BDSG, § 3 Rn. 9; a.A. *Bergmann/Möhrle/Herb*, Datenschutzrecht, § 3 BDSG Rn. 5 ff.
[721] Allerdings besteht insoweit ein Widerspruch mit den gesetzlichen Regelungen in § 291a Abs. 5 S. 1 SGB V in Bezug auf den Notfalldatensatz. Auch in dieser Situation kann der Versicherte ggf. sein Einverständnis nicht erklären, weil er beispielsweise bewusstlos ist. In diesem Fall ist aber – wie unter Ziffer 6.5.4 bereits ausgeführt – vom Vorliegen eines mutmaßlichen Einverständnisses auszugehen bzw. von einer inzidenten Einverständniserklärung im Rahmen der Einwilligung zur Nutzung dieser Anwendung. Insofern hätte es näher gelegen, den Zugriff auf die Vorsorgevollmacht oder die Patientenverfügung sowie den Zugriff auf die Notfalldaten einheitlich zu regeln.

scher Ebene nicht unterschieden werden kann, ob der Versicherte in der Lage ist, einen Zugriff technisch zu autorisieren. Da Ärzte und ihr Gehilfenpersonal auf diese Erklärung aber insbesondere dann lesend zugreifen müssen, wenn der Versicherte bereits gestorben ist, kann für diesen lesenden Zugriff nicht vorgesehen werden, dass der Versicherte diesen technisch autorisieren muss.[722]

Für den schreibenden Zugriff ist es hingegen zum Schutz vor unbefugter Verwendung von Daten erforderlich, dass der Versicherte diesen technisch autorisiert, zumal der Versicherte bei der Abgabe einer solchen Erklärung auch geistig noch in der Lage sein muss, einen solchen Zugriff technisch zu autorisieren.[723] Für den Zugriff auf die Hinweise des Versicherten nach § 291a Abs. 3 S. 1 Nr. 8 und 9 SGB V ist dies wiederum nicht erforderlich, da die Organ- und Gewebespendeerklärung sowie die Vorsorgevollmacht bzw. Patientenverfügung in diesen Fällen in Papierform vorgehalten werden und sie somit durch den zugreifenden Leistungserbringer nicht im Rahmen seines Zugriffs auf die in diesen Anwendungen gespeicherten Daten unbefugt geändert werden können.[724]

Nach § 291a Abs. 5a S. 1 SGB V gilt auch für den Zugriff durch Ärzte und ihr Gehilfenpersonal auf die persönlichen Erklärungen und Hinweise des Versicherten nach § 291a Abs. 3 S. 1 Nr. 7 bis 9 SGB V das so genannte *2-Karten-Prinzip*.[725] Nach § 291a Abs. 5a S. 4 SGB V dürfen aber auch die Versicherten selbständig auf die in diesen Anwendungen gespeicherten Daten zugreifen, also ohne dass hierfür ein HBA vorliegen muss, da es sich bei diesen Daten um ihre persönlichen Erklärungen handelt.[726]

6.5.6   Das Beschlagnahmeverbot gem. § 97 StPO

Infolge der Vernetzung des deutschen Gesundheitssystems durch die elektronische Gesundheitskarte musste auch das Beschlagnahmeverbot gem. § 97 StPO angepasst werden, damit die im Rahmen der eGK gespeicherten Daten unabhängig von ihrem Speicherort vor einer Beschlagnahme nach §§ 94 ff. StPO geschützt sind.[727] Ansonsten wäre eine Beschlagnahme der im Rahmen der eGK gespeicherten Daten nach § 97 Abs. 1 StPO nicht untersagt gewesen,

---

[722] Siehe die Gesetzesbegründung zu § 291a Abs. 5a SGB V in BT-Drs. 17/9030, S. 18.
[723] Siehe die Gesetzesbegründung zu § 291a Abs. 5a SGB V in BT-Drs. 17/9030, S. 18.
[724] Siehe die Gesetzesbegründung zu § 291a Abs. 5a SGB V in BT-Drs. 17/9030, S. 18.
[725] Siehe hierzu die Ausführungen unter Ziffer 6.5.4.
[726] Siehe die Gesetzesbegründung zu § 291a Abs. 5a SGB V in BT-Drs. 17/9030, S. 18.
[727] Siehe die Gesetzesbegründung zu § 97 StPO in BT-Drs. 15/1525, S. 167 f.

wenn diese auf der eGK selbst bzw. einem anderen dezentralen Speichermedium, welches sich im Gewahrsam des (tatverdächtigen) Versicherten befindet, oder in der Telematikinfrastruktur bei einem Fachdienstebetreiber gespeichert gewesen wären. So ist nach § 97 Abs. 2 StPO eine Beschlagnahme grundsätzlich (nur) dann unzulässig, soweit sich die betroffenen Gegenstände im Gewahrsam eines Zeugnisverweigerungsberechtigten befinden, also z.B. eines Arztes gem. § 53 Abs. 1 Nr. 3 StPO. Gewahrsam ist die tatsächliche, vom Willen getragene Sachherrschaft.[728] Da sich ein Gewahrsam aber nur auf körperliche Gegenstände beziehen kann, Daten aber selbst keine körperlichen Gegenstände sind, ist insoweit auf den Gewahrsam am Datenträger abzustellen, auf dem diese Daten gespeichert sind.[729] Bezüglich der eGK ist der Versicherte Gewahrsamsinhaber. Hinsichtlich der auf einem Server in der Telematikinfrastruktur gespeicherten Daten, ist der Inhaber des Gewahrsams am jeweiligen Server Gewahrsamsinhaber.

Sowohl der Versicherte selbst als auch der Betreiber eines Servers in der Telematikinfrastruktur sind jedoch – im Gegensatz zu einem Arzt, Apotheker, Zahnarzt – nicht gem. § 53 Abs. 1 StPO zur Verweigerung des Zeugnisses berechtigt, wenn sich Ermittlungen gegen den Versicherten selbst richten. Insoweit wäre also der Beschlagnahmeschutz zu Lasten der Versicherten verkürzt worden, sofern Daten im Rahmen der eGK nicht mehr ausschließlich bei einer zur Verweigerung des Zeugnisses berechtigten Person, wie einem Arzt oder einem Apotheker, gespeichert werden, sondern auch auf der eGK und in der Telematikinfrastruktur. Die Anpassung des § 97 Abs. 2 StPO sollte deshalb verhindern, dass die Einführung der eGK zu einer Verschlechterung der Rechtsstellung der Versicherten führt.[730] Andernfalls wäre eine Beschlagnahme dieser Daten nach §§ 94 Abs. 2, 98 StPO zulässig gewesen, indem entweder der Datenträger selbst beschlagnahmt worden wäre oder die Daten auf einen anderen Datenträger kopiert worden wären.[731] Anschließend hätten die Ermittlungsbehörden die Daten unter den Voraussetzungen des § 110 StPO durchsehen dürfen.[732] Zwar sollen sämtliche medizinischen Daten im Rahmen der Telematikinfrastruktur verschlüsselt werden (siehe die Ausführungen unter Ziffer 6.6), so dass insoweit ein technischer Schutz vor der Kenntnisnahme der Ermittlungsbehörden bestanden hätte, doch wären die Ermitt-

---

[728] Siehe z.B. *Hartmann*, in: Dölling/Duttge/Rössner, Gesamtes Strafrecht, § 97 StPO Rn. 5.

[729] *Obenhaus*, NJW 2010, 651 (653); *Hermeler*, Rechtliche Rahmenbedingungen der Telemedizin, S. 128; *Bales/Dierks/Holland/Müller*, Die elektronische Gesundheitskarte, B III § 97 Rn. 4.

[730] Siehe die Begründung zur Änderung des § 97 StPO in BT-Drs. 15/1525, S. 167.

[731] Siehe z.B. *Bales/Dierks/Holland/Müller*, Die elektronische Gesundheitskarte, B III § 97 Rn. 2.

[732] Siehe zu den einzelnen Voraussetzungen z.B. *Hartmann*, in: Dölling/Duttge/Rössner, Gesamtes Strafrecht, § 110 StPO Rn. 3 m.w.N.; *Nack*, in: Hannich, Karlsruher Kommentar zur StPO § 110 Rn. 2.

lungsbehörden unter den Voraussetzungen des § 105 StPO berechtigt gewesen, einen Zugriffsschutz sowie die Verschlüsselung zu überwinden.[733]

Durch die Anpassung des § 97 StPO besteht nunmehr ein umfassender Beschlagnahmeschutz für eGK-Daten, unabhängig von deren Speicherort.[734]

6.6 Die Telematikinfrastruktur

Für die Vernetzung, Bereitstellung und Übermittlung der Daten im Rahmen der eGK muss zudem eine völlig neuartige Telematikinfrastruktur in Deutschland entwickelt und aufgebaut werden.[735] Die Telematikinfrastruktur besteht gem. § 291a Abs. 7 S. 1 SGB V aus der für die Einführung und Anwendung der eGK erforderlichen interoperablen und kompatiblen Informations-, Kommunikations- und Sicherheitsinfrastruktur. Die Konzeption und Entwicklung der Telematikinfrastruktur obliegt dabei gem. § 291a Abs. 7 S. 2 i.V.m. § 291b SGB V grundsätzlich der gematik.[736]

Die Arbeiten an der Telematikinfrastruktur waren durchaus bereits weit gediehen, als die Gesellschafter der gematik im Rahmen der Neuausrichtung des eGK-Projekts ab dem Herbst 2009 aus Gründen der Effizienz und der Reduzierung der Komplexität eine Überarbeitung dieser bereits geplanten Telematikinfrastruktur beschlossen.[737] Nach dem Abschluss der Bestandsaufnahme sollen die Kassenärztliche Bundesvereinigung und der GKV Spitzenverband eine Basis-Telematikinfrastruktur entwickeln, auf die die einzelnen Fachanwendungen, wie z.B. der Notfalldatensatz nach § 291a Abs. 3 S. 1 Nr. 1 SGB V oder die elektronische Patientenakte nach § 291a Abs. 3 S. 1 Nr. 4 SGB V, aufgesetzt werden sollen. Für die technische Konzeption der einzelnen Fachan-

---

[733] *Obenhaus*, NJW 2010, 651 (652 f.); *Hegmann*, in: Graf, Beck-OK StPO § 105 Rn. 20 f. Der beschuldigte Versicherte ist aufgrund des Nemo-tenetur-Prinzips aber nicht zur Herausgabe etwaiger Passwörter oder Schlüssel verpflichtet (siehe z.B. *Cornelius*, in: Leupold/Glossner, Münchener Anwaltshandbuch IT-Recht, Teil 10 I Rn. 406; *Obenhaus*, NJW 2010, 651 (652 f.)).

[734] Siehe die Begründung zu Art. 30 in BT-Drs. 15/1525, S. 167 f. Der Begriff des „Dienstleisters" ist umfassend zu verstehen und bezieht sich nicht nur auf unabhängige Betreiber, die ein komplettes Speicher- und Nutzungsmanagement anbieten, sondern auch auf deren Unterauftragnehmer, auf Anbieter, die kleine Verarbeitungen lediglich im Rahmen ihrer sonstigen Tätigkeit miterledigen, sowie auf die Betreiber der zugrundeliegenden technischen Infrastruktur (*Hornung*, Die digitale Identität, S. 235).

[735] Die Telematikinfrastruktur kann im Rahmen dieser Arbeit nur vereinfacht dargestellt werden. Die technischen Spezifikationen für die Komponenten und Dienste der Telematikinfrastruktur umfassen mehrere tausend Seiten, so dass alle Einzelheiten den Umfang dieser Arbeit sprengen würden.

[736] Ausführlicher unter Ziffer 6.7.

[737] Siehe z.B. *gematik GmbH*, Bestandsaufnahme für den Aufbau der Telematikinfrastruktur abgeschlossen – gematik-Gesellschafterversammlung trifft entscheidende Festlegungen zur Zukunft des eGK-Projektes, Pressemitteilung v. 20.04.2010, abrufbar unter: http://www.gematik.de/cms/de/header_navigation/presse/pressemitteilungen/archive/archiv.jsp (19.05.2013).

wendungen sollen die mit deren Erstellung beauftragten Gesellschafter der gematik zuständig sein, so dass die einzelnen Telematikinfrastrukturen der jeweiligen Anwendungen der eGK durchaus in einem gewissen von der Basis-Telematikinfrastruktur vorgegebenen Rahmen voneinander abweichen können.

Wie die Telematikinfrastruktur im Detail aufgebaut sein wird, ist derzeit noch nicht abzusehen, da sowohl die Arbeiten an der Basis-Telematikinfrastruktur, als auch an den jeweiligen Fachanwendungen noch andauern bzw. noch nicht begonnen haben. So führt die gematik z.B. gerade erst ein Vergabeverfahren zum Aufbau der Basis-Telematikinfrastruktur einschließlich des Aufbaus der Anwendung „Versichertenstammdatenmanagement" nach § 291 Abs. 2b SGB V sowie des Basisdienstes „Qualifizierte Elektronische Signatur" durch, mittels dessen Heilberufler Dokumente mit ihren elektronischen Heilberufsausweisen qualifiziert elektronisch signieren können sollen. Hierzu hat die gematik einen Anforderungskatalog erstellt, den die sich an dem Verfahren beteiligenden Unternehmen technisch umzusetzen haben.[738] Der grundlegende Aufbau der Telematikinfrastruktur wird wie folgt aussehen:

6.6.1 Konzeption der Telematikinfrastruktur

Zur Telematikinfrastruktur gehören zunächst spezielle Kartenlesegeräte für die (neuen) elektronischen Ausweise der beteiligten Personen, also für den HBA des Heilberuflers und die eGK des Versicherten.[739] Möchte der Heilberufler auf Daten des Versicherten zugreifen, die im Rahmen von freiwilligen Anwendungen der eGK gem. § 291a Abs. 3 S. 1 SGB V gespeichert wurden,[740] ist es zudem erforderlich, dass sich der Versicherte durch die Eingabe seiner PIN

---

[738] Siehe z.B. *Borchers/Kuri*, Elektronische Gesundheitskarte: Anforderungskatalog für Testläufe fertig, Heise Online v. 09.11.2012, abrufbar unter: http://www.heise.de/newsticker/meldung/ Elektronische-Gesundheitskarte-Anforderungskatalog-fuer-Testlaeufe-fertig-1747019.html (19.05.2013). Der Anforderungskatalog ist abrufbar unter: http://www.gematik.de/cms/de/ spezifikation/ invorbereitung/releases_in_vorbereitung.jsp (19.05.2013).
[739] Dieses Kartenterminal muss im stationären Einsatz der Spezifikation eHealth-Kartenterminal (siehe *gematik GmbH*, Spezifikation eHealth-Kartenterminal, Version 2.6.0 v. 26.03.2008, abrufbar unter: http://www.gematik.de/cms/media/dokumente/release_0_5_3/release_0_5_3_dezentrale_ komponenten/gematik_KT_eHealth_Kartenterminal_V2_6_0.pdf (19.05.2013)) entsprechen, die maßgeblich auf Vorarbeiten der SICCT Arbeitsgruppe unter dem Dach von TeleTrusT erarbeitet wurde (siehe *TeleTrust Deutschland e.V.*, SICCT Secure Interoperable ChipCard Terminal, Version 1.20 v. 19.11.2007, abrufbar unter: http://www.teletrust.de/uploads/media/SICCT-Spezifikation-120.pdf (19.05.2013)).
[740] Dies gilt gem. § 291a Abs. 5 S. 2 SGB V nicht für die Notfalldaten gem. §291a Abs. 3 S. 1 Nr. 1 SGB V. Auf die Patientenquittung gem. § 291a Abs. 3 S. 1 Nr. 6 SGB V dürfen nach § 291a Abs. 4 SGB V ohnehin nur die Versicherten selbst zugreifen. Zur Autorisierung des Zugriffs auf die persönlichen Erklärungen und Hinweise des Versicherten siehe die Ausführungen unter Ziffer 6.5.5.

in das Gerät authentifiziert und den Zugriff des Heilberuflers gem. § 291a Abs. 5 S. 2 SGB V autorisiert.[741]

Der Zugriff auf die Daten der eGK erfolgt dann über den sogenannten „Konnektor".[742] Der Konnektor ist, wie z.B. das Kartenterminal, eine dezentrale Komponente der Telematikinfrastruktur und muss somit bei jedem Heilberufler, der Zugriff auf die Daten der eGK nehmen möchte, vorhanden sein. Mittels dieser Konnektoren werden der Zugriff der Primärsysteme (z.B. PVS, AVS oder KIS) zur Telematikinfrastruktur gesteuert und Zugriffe auf die Karten-

---

[741] Der Versicherte ist gem. § 291a Abs. 5 S. 2 SGB V verpflichtet, den einzelnen konkreten Zugriff unmittelbar zu authorisieren (so auch *Schneider*, in: Krauskopf, Soziale Krankenversicherung, Pflegeversicherung, § 291a SGB V Rn. 63; *Hornung*, Die digitale Identität, S. 213; *Weichert*, DuD 2004, 391 (399)). Hiermit ist nicht vereinbar, dass ein Versicherter z.B. einen Heilberufler bevollmächtigt, ohne eine derartige Authorisierung im konkreten Einzelfall auf seine eGK-Daten zuzugreifen, z.B. indem eGK-Daten im Rahmen der später unter dieser Ziffer noch beschriebenen asymmetrischen Verschlüsselung einmal mit dem öffentlichen Schlüssel der eGK des Versicherten verschlüsselt werden und somit nur mit dem privaten Schlüssel der eGK wieder entschlüsselt werden können, und ein zweiter identischer Datensatz nach Authorisierung i.S.d. § 291a Abs. 5 S. 2 SGB V mit dem öffentlichen Schlüssel eines oder mehrerer HBA verschlüsselt wird und der Inhaber des jeweiligen HBA zu einem späteren Zeitpunkt ohne erneute Authorisierung durch den betroffenen Versicherten auf diese Daten zugreifen und mittels seines privaten Schlüssels auch wieder entschlüsseln kann (so z.B. aber vorgesehen im Ticket-Konzept der gematik, welches bis zur Neuausrichtung des eGK-Projekts verfolgt wurde. Zur genauen technischen Funktionsweise siehe: *gematik*, Spezifikation Ticketservice, Version 1.4.0, abrufbar unter: http://www.gematik.de/cms/media/dokumente/release_2_3_4/release_2_3_4_ architektur/gematik_GA_Ticketservice_V140.pdf). Zwar mag eine solche Authorisierung noch mit dem Wortlaut von § 291a Abs. 5 S. 2 SGB V vereinbar sein, doch besteht gerade der Sinn und Zweck von § 291a Abs. 5 S. 3 SGB V darin, dass der Versicherte den Zugriff unmittelbar authorisieren muss (so auch *Hornung*, Die digitale Identität, S. 213). Auch in der Gesetzesbegründung zu § 291a Abs. 5 S. 3 SGB V wird eine solche Bevollmächtigungsmöglichkeit nicht erwähnt. Vielmehr werden nur die verschiedenen (unmittelbaren) Authorisierungsmöglichkeiten durch PIN oder biometrische Merkmale genannt. Zudem stellen die Zugriffsregelungen aufgrund der hohen Missbrauchsgefahr und der besonders sensiblen eGK-Daten einen so wesentlichen Bestandteil des eGK-Systems dar, dass diese schon aus dem grundgesetzlich vorgegebenen Bestimmtheitsgebot heraus genau gesetzlich beschrieben werden müssen, zumal insoweit das Grundrecht des Versicherten auf informationelle Selbstbestimmung betroffen ist (*Hornung*, Die digitale Identität, S. 213). Derartige Zugriffsverfahren sind in § 291a Abs. 5 SGB V aber nicht geregelt. Sollten dennoch derartige Zugriffsverfahren eingeführt werden, würde der Zugriff auf eGK-Daten gemäß diesen Verfahren gegen § 291a Abs. 5 S. 2 SGB V verstoßen. So ist dann die Einführung eines solchen Zugriffsverfahrens derzeit auch nicht geplant (telefonische Auskunft des Bundesgesundheitsministeriums, der Kassenärztlichen Bundesvereinigung (KBV) und der Bundesärztekammer vom 14.12.2012), weshalb im Folgenden auf diese Verfahren nicht näher eingegangen wird. Sollten derartige Verfahren entgegen der hier vertretenen Ansicht für mit § 291a Abs. 5 S. 2 SGB V vereinbar gehalten und eingeführt werden, würden sich im Hinblick auf die der Beschreibung der Telematikinfrastruktur folgenden Ausführungen in der Arbeit aber ohnehin keine Änderungen ergeben.

[742] Nur für den Zugriff auf die nicht so schützenswerten Versichertenstammdaten ist kein Konnektor notwendig. Siehe *gematik GmbH*, Gesamtarchitektur der eGK, Version 1.3.0 v. 18.03.2008, S. 29, abrufbar unter: http://www.gematik.de/cms/media/dokumente/release_0_5_3/release_0_5_3_ architektur_1/gematik_GA_Gesamtarchitektur_V1_3_0.pdf (19.05.2013).

terminals und die sich darin befindlichen Heilberufsausweise bzw. elektronischen Gesundheitskarten durchgeführt.[743]

Hat also ein Heilberufler in seinem Primärsystem (z.B. seinem PVS) Daten erstellt, die im Rahmen einer Anwendung der eGK gespeichert werden sollen, werden diese Daten vom Rechner des Heilberuflers an den Konnektor geschickt.[744]

Die medizinischen Daten im Rahmen der freiwilligen Anwendungen, mit Ausnahme der Notfalldaten gem. § 291a Abs. 3 S. 1 Nr. 1 SGB V, der persönlichen Erklärungen nach § 291a Abs. 3 S. 1 Nr. 7 bis 9 SGB V und ggf. auch der eVerordnungen, können aufgrund des zu geringen Speicherplatzes nicht auf der eGK selbst gespeichert werden. Folglich müssen diese Daten auf externen Speichermedien gespeichert werden. Hat ein behandelnder Arzt also beispielsweise mit Hilfe seines PVS einen Eintrag für die elektronische Patientenakte des Versicherten erstellt, so muss dieser Datensatz anschließend in der ePA des Versicherten auf einem externen Speichermedium gespeichert werden.

Bis zur Neuausrichtung des eGK-Projekts im Jahr 2009 war geplant, diese Daten auf Servern innerhalb der Telematikinfrastruktur zu speichern.[745] Nach der Neuausrichtung des eGK-Projekts wurden die hierfür ausgearbeiteten Konzepte allerdings mit einem Moratorium versehen,[746] so dass derzeit noch nicht entschieden ist, auf welchen externen Speichermedien die eGK-Daten gespeichert werden.[747] Eine Möglichkeit besteht darin, dass die eGK-Daten auf (verschiedenen) Servern in der Telematikinfrastruktur gespeichert wer-

---

[743] Siehe *gematik GmbH*, Gesamtarchitektur der eGK, Version 1.3.0 v. 18.03.2008, S. 28, abrufbar unter: http://www.gematik.de/cms/media/dokumente/release_0_5_3/release_0_5_3_architektur_1/gematik_GA_Gesamtarchitektur_V1_3_0.pdf (19.05.2013).

[744] Siehe z.B. *gematik GmbH*, whitepaper Sicherheit, S. 20.

[745] Siehe z.B. *gematik GmbH*, whitepaper Sicherheit, S. 26 ff., *Bales/Dierks/Holland/Müller*, Die elektronische Gesundheitskarte, B I § 291a Rn. 47 ff.

[746] Siehe hierzu die Ausführungen unter Ziffer 6.6; siehe z.B. auch *Borchers/Kuri*, Elektronische Gesundheitskarte: Abgespeckt bis auf das Gerippe, Heise Online news v. 19.11.2009, abrufbar unter http://www.heise.de/newsticker/meldung/Elektronische-Gesundheitskarte-Abgespeckt-bis-aufs-Gerippe-863578.html (19.05.2013); *Borchers/Kuri*, Elektronische Gesundheitskarte: Moratorium oder Mors Ultima, Heise Online news v. 20.11.2009, abrufbar unter: http://www.heise.de/newsticker/meldung/Elektronische-Gesundheitskarte-Moratorium-oder-Mors-Ultima-864885.html (19.05.2013).

[747] Ggf. kann das verwendete externe Speichermedium auch zwischen den einzelnen Anwendungen der eGK variieren.

den.[748] Eine weitere Möglichkeit bestünde nach Angaben von am eGK-Projekt Beteiligten aber auch darin, eGK-Daten - zumindest alternativ zur Speicherung auf (verschiedenen) Servern in der Telematikinfrastruktur - auf Datenträgern, die sich in der Hand der jeweiligen Versicherten befinden (z.B. auf USB-Sticks oder auf einer erweiterten eGK) zu speichern.[749] Außerdem könnten die eGK-Daten auch noch dezentral bei den jeweiligen Leistungserbringern auf Servern gespeichert werden, die die Daten erstellt und in das eGK-System eingestellt haben.[750]

Für die Speicherung auf den externen Speichermedien wird der Datensatz gem. § 291a Abs. 2 und Abs. 3 SGB V versichertenindividuell verschlüsselt.[751] Im Rahmen der elektronischen Gesundheitskarte soll ein hybrides Verschlüsselungsverfahren eingesetzt werden, welches die Vorteile der symmetrischen und der asymmetrischen Verschlüsselung kombiniert. Die Daten werden zunächst im Konnektor durch einen zufällig generierten symmetrischen Geheimschlüssel verschlüsselt, so dass die Daten des Versicherten nicht mehr gelesen und nur mit dessen Hilfe wieder entschlüsselt werden können.[752] Nur der symmetrische Geheimschlüssel wird anschließend aus Kapazitätsgründen mit dem öffentlichen asymmetrischen Schlüssel des Versicherten verschlüsselt, der in der eGK des Versicherten gespeichert ist und vom Konnektor ausgelesen werden kann.[753] Der geheime symmetrische Schlüssel, der für die Entschlüsselung der medizinischen Daten des Versicherten benötigt wird, kann nunmehr selbst nur noch durch den geheimen privaten Schlüssel des

---

[748] So z.B. *Muth*, Elektronische Gesundheitskarte: Krankenkassen drohen ihren Versicherten, Der Tagesspiegel v. 28.01.2013, abrufbar unter: http://www.tagesspiegel.de/politik/elektronische-gesundheitskarte-was-soll-die-neue-karte-bringen/7699976-2.html (19.05.2013); so auch die telefonische Auskunft der Kassenärztlichen Vereinigung Bayerns, des Bundesministeriums für Gesundheit, der Kassenärztlichen Bundesvereinigung und des Fraunhofer-Instituts für Offene Kommunikationssysteme v. 14.12.2013; siehe auch *Bales/Schwanenflügel*, NJW 2012, 2475 (2478); *Hornung*, in: Hänlein/Kruse/Schuler, Sozialgesetzbuch V, § 291a Rn. 7.
[749] Dies entspricht auch einer Forderung des Deutschen Ärztetags aus dem Jahr 2008 (siehe z.B. *Borchers/Wilkens*, Ärzte lehnen Einführung der elektronischen Gesundheitskarte ab, Heise Online news v. 22.05.2008, abrufbar unter http://www.heise.de/newsticker/meldung/aerzte-lehnen-Einfuehrung-der-elektronischen-Gesundheitskarte-ab-209513.html (19.05.2013)).
[750] Eine solche Speicherung ist derzeit nach telefonischer Auskunft des Fraunhofer-Instituts für Software- und Systemtechnik ISST v. 14.12.2012 für die elektronische Fallakte angedacht.
[751] So z.B. die Auskunft des Bundesministeriums für Gesundheit v. 12.12.2012. Siehe auch *gematik GmbH*, Viel mehr als eine neue Krankenversichertenkarte, abrufbar unter: http://www.gematik.de/cms/de/egk_2/ egk_3/egk_2.jsp (19.05.2013) und *gematik GmbH*, Informationsbroschüre Erprobung Online-Rollout (Stufe 1), S. 18 sowie in *gematik GmbH*, Übergreifendes Sicherheitskonzept der Telematikinfrastruktur, Version 2.2.0 v. 10.03.2008, S. 39, abrufbar unter: http://www.gematik.de/cms/media/dokumente/release_0_5_3/release_0_5_3_datenschutz/gematik_DS_Sicherheitskonzept_V2_2_0.pdf (19.05.2013).
[752] Siehe z.B. *gematik GmbH*, whitepaper Sicherheit, S. 20.
[753] Siehe *gematik GmbH*, Übergreifendes Sicherheitskonzept der Telematikinfrastruktur, Version 2.2.0 v. 10.03.2008, S. 47 f.; abrufbar unter: http://www.gematik.de/cms/media/dokumente/release_0_5_3/release_0_5_3_datenschutz/gematik_DS_Sicherheitskonzept_V2_2_0.pdf (19.05.2013) und *gematik GmbH*, whitepaper Sicherheit, S. 20 f.

Versicherten entschlüsselt werden, der in einem technisch gegen unbefugten Zugriff gesicherten Container seiner eGK gespeichert ist und von außen nicht ausgelesen werden kann.[754] Die Entschlüsselung des verschlüsselten geheimen symmetrischen Schlüssels kann somit nur in der eGK des Versicherten und nach dessen PIN-Eingabe geschehen.[755]

Mit Hilfe des Konnektors, des Kartenterminals und des HBA des Heilberuflers wird der Datensatz zudem auch noch qualifiziert elektronisch signiert, wenn dies gesetzlich oder in den Fachkonzepten für die jeweilige Anwendung der eGK gefordert wird.[756]

Anschließend bündelt der Konnektor die symmetrisch verschlüsselten Daten, den asymmetrisch verschlüsselten symmetrischen Schlüssel sowie ggf. den durch den Heilberufler qualifiziert elektronisch signierten Hashwert der medizinischen Daten sowie das dazugehörige Zertifikat des Heilberuflers in einem digitalen Ordner.[757]

Danach können diese Daten in die zentrale Telematikinfrastruktur übergeben werden, wenn sie auf Servern in der Telematikinfrastruktur gespeichert werden sollen.[758] Dazu werden die verschlüsselten Daten mit einer Ordnungskennzahl versehen und über einen verschlüsselten Kanal zu einem so genannten Intermediär gesendet. Dieser leitet die Daten daraufhin transportverschlüsselt an den jeweiligen Fachdienst weiter, z.B. an die vom Versicherten genutzte elektronische Patientenakte gem. § 291a Abs. 3 S. 1 Nr. 4 SGB V, in dem die Daten dann gespeichert werden.

Möchte nun ein Heilberufler Daten eines seiner Patienten, die zu dessen Behandlung erforderlich sind, von den externen Speichermedien abrufen, so müssen beide ihre jeweiligen Karten in das Kartenterminal einstecken und der Patient muss den Abruf der Daten durch Eingabe seiner PIN autorisieren. Anschließend können die gewünschten Daten anhand ihrer Ordnungskennzahl lokalisiert und abgerufen werden.

Nunmehr müssen die verschlüsselten Daten noch entschlüsselt werden. Dazu wird der asymmetrisch verschlüsselte Schlüssel vom Konnektor an die eGK

---

[754] Siehe *gematik GmbH*, whitepaper Sicherheit, S. 18. Ein Zugriff ist nach dem Zwei-Karten-Prinzip nur zusammen mit einem HBA möglich.
[755] Siehe z.B. *gematik GmbH*, Übergreifendes Sicherheitskonzept der Telematikinfrastruktur, Version 2.2.0 v. 10.03.2008, S. 47 f., abrufbar unter: http://www.gematik.de/cms/media/dokumente/release_0_5_3/release_0_5_3_datenschutz/gematik_DS_Sicherheitskonzept_V2_2_0.pdf (19.05.2013).
[756] *gematik GmbH*, whitepaper Sicherheit, S. 20.
[757] *gematik GmbH*, whitepaper Sicherheit, S. 21.
[758] Werden hingegen dezentrale Speichermedien in der Hand der Patienten oder Server bei den Leistungserbringern, die die jeweiligen Daten erstellt haben, als externe Speichermedien verwendet, erfolgt die Speicherung der Daten an eben jenem Ort.

des Versicherten weitergeleitet, auf der dieser sodann mit dem privaten Schlüssel des Versicherten dechiffriert wird. Dieser dechiffrierte symmetrische Schlüssel wird daraufhin wieder zurück an den Konnektor übermittelt. In der Folge dechiffriert der Konnektor sodann die symmetrisch verschlüsselten medizinischen Daten des Versicherten mit Hilfe dieses Schlüssels.[759] Soweit die medizinischen Daten zudem mit einer qualifizierten elektronischen Signatur versehen waren, stellt der Konnektor durch Prüfung der zu diesem Datensatz gehörenden qualifizierten elektronischen Signatur außerdem die Integrität und Authentizität der entschlüsselten Daten fest. Anschließend schickt der Konnektor die Daten an das Primärsystem des Heilberuflers (z.B. PVS oder KIS), so dass sich der Heilberufler die abgerufenen Daten des Versicherten ansehen kann.[760]

Sobald auf Daten der eGK zugegriffen wird, wird dies automatisiert aufgezeichnet. Dieses Erfordernis folgt aus § 291a Abs. 6 S. 3 SGB V, der die Protokollierungspflicht mindestens für die letzten 50 Zugriffe statuiert. Auf die gespeicherten Protokolldaten darf gem. § 291a Abs. 6 S. 3 f. SGB V nur der Versicherte zugreifen. [761] Dieser kann somit alle Zugriffe auf seine Daten im Rahmen der eGK kontrollieren und hat so zumindest die Möglichkeit, etwaigen Missbrauch zu entdecken. Bei einem entsprechenden Verdacht kann er dann die zuständige Datenschutzaufsichtsbehörde bzw. die Staatsanwaltschaft informieren. Durch die Protokollierung kann der Versicherte allerdings nicht nachvollziehen, warum ein Heilberufler auf die entsprechenden Daten zugegriffen und was er nach dem Zugriff mit ihnen gemacht hat, wenn er sie z.B. in sein Primärsystem (Patientenverwaltungssystem, Apothekenverwaltungssystem, Krankenhausinformationssystem etc.) übernommen hat. Hierfür muss der Versicherte bei dem jeweiligen Heilberufler nachfragen oder seine Einsichts- bzw. Auskunftsansprüche ggü. dem jeweiligen Heilberufler geltend machen.[762] Insoweit kann der Versicherte durch dieses Protokollierungs-Verfahren zuvorderst einen gänzlich ohne seine Einwilligung erfolgten Zugriff feststellen, sofern er sich überhaupt die Mühe macht, die Zugriffe auf die eGK anhand der Protokolldaten zu kontrollieren.

---

759 *gematik GmbH,* whitepaper Sicherheit, S. 21.
760 *gematik GmbH,* whitepaper Sicherheit, S. 21.
761 Siehe zu den rechtlichen Vorgaben auch *Bales/Dierks/Holland/Müller,* Die elektronische Gesundheitskarte, B I § 291a Rn. 126 ff.
762 Allerdings kann der Versicherte auch vor der Einführung der eGK nicht technisch kontrollieren, was ein Heilberufler mit den im Primärsystem des Heilberuflers über ihn gespeicherten Daten macht. Auch hier muss er bei dem jeweiligen Heilberufler nachfragen bzw. seinen datenschutzrechtlichen Auskunftsanspruch geltend machen. Nach Einführung der eGK stehen einem Heilberufler aber (potentiell) erheblich mehr Daten über einen Versicherten zur Verfügung, so dass diese Problematik an Bedeutung gewinnt.

6.6.2 eKioske und Versicherter@home

Versicherte können auf die über sie im Rahmen der eGK gespeicherten Daten i.d.R. nur zusammen mit einem Heilberufler zugreifen, wie bereits oben beschrieben, da für den Zugriff auf diese Daten gem. § 291a Abs. 5 S. 3 SGB V grundsätzlich sowohl die elektronische Gesundheitskarte des Versicherten als auch ein elektronischer Heilberufsausweis benötigt werden. Auf Daten, die nicht diesem „Zwei-Karten-Prinzip" unterliegen, auf die der Versicherte also auch ohne einen HBA zugreifen darf, kann dieser alleine mit Hilfe sogenannter „eKioske" oder mittels des sogenannten „Versicherter@home"-Verfahrens zugreifen. Der Begriff *eKiosk* bezeichnet Umgebungen, in denen der Versicherte autark, also ohne die Anwesenheit eines Heilberuflers, agieren kann und die durch Dritte (d.h. Akteure des Gesundheitswesens) unentgeltlich bereitgestellt werden.[763] Dies kann beispielsweise ein Selbstbedienungskartenterminal sein, welches bei Leistungserbringern oder in öffentlich zugänglichen Räumen aufgestellt ist.[764] Die Krankenkassen bzw. Krankenversicherungsunternehmen können mittels dieser eKioske zugleich ihre Pflicht gem. § 6c Abs. 2 BDSG erfüllen, die infrastrukturellen Voraussetzungen zu schaffen, damit die Versicherten ihr Auskunftsrecht wahrnehmen können.[765]

Im Rahmen des Versicherter@home-Verfahrens wird es den Versicherten ermöglicht, sogar mittels ihrer Heim-PCs auf diese Daten zuzugreifen, wenn die Geräte über die dafür notwendige technische Ausstattung (wie z.B. Kartenterminal für die eGK und die entsprechende Softwareumgebung) verfügen.[766] Mittels dieser Verfahren können Versicherte insbesondere folgende Aktionen ohne die Unterstützung durch einen Heilberufler ausführen:

- Einsichtnahme in die Protokolle nach § 291a Abs. 6 S. 2 SGB V,

- Anzeige der Versichertenstammdaten (ggf. inklusive Aktualisierung),

- Verwalten von eVerordnungen (u. a. Verbergen, Ansehen, Löschen),

- Freiwillige Anwendungen verwalten (u. a. Aktivieren/Deaktivieren),

---

[763] Siehe z.B. die Definition der gematik für den Begriff „eKiosk" in *gematik GmbH*, Glossar der Telematikinfrastruktur, Version 3.1.0 v. 18.08.2011, abrufbar unter: http://www.gematik.de/cms/media/dokumente/gematik_ZV_Glossar_V310.pdf (19.05.2013).
[764] *Gematik GmbH*, Übergreifendes Sicherheitskonzept der gematik, Version 2.3.0 v. 17.07.2008, S. 143, abrufbar unter: http://www.gematik.de/cms/media/dokumente/release_0_5_3/release_0_5_3_datenschutz/gematik_DS_Sicherheitskonzept_V2_2_0.pdf (19.05.2013).
[765] *Scholz*, in Simitis, Bundesdatenschutzgesetz, § 6c Rn. 50; *Hornung*, DuD 2004, 15 (20).
[766] *Gematik GmbH*, Übergreifendes Sicherheitskonzept der gematik, Version 2.3.0 v. 17.07.2008, S. 143, abrufbar unter: http://www.gematik.de/cms/media/dokumente/release_0_5_3/release_0_5_3_datenschutz/gematik_DS_Sicherheitskonzept_V2_2_0.pdf (19.05.2013).

- Zugriffscodes der eGK verwalten (z.B. PIN ändern) sowie

- Berechtigungen verwalten (u. a. Vergabe, Ansicht und Entzug von Berechtigungen für Heilberufler).[767]

Nach dem In-Kraft-Treten des Gesetzes zur Regelung der Entscheidungslösung im Transplantationsgesetz[768] am 01. November 2012 sind die Krankenkassen gem. § 291a Abs. 5a S. 5 SGB V zudem verpflichtet, die technische Infrastruktur für den Zugriff der Versicherten auf ihre persönlichen Erklärungen und Hinweise nach § 291a Abs. 3 S. 1 Nr. 7 bis 9 SGB V zur Verfügung zu stellen. Auch diese Verpflichtung können die Krankenkassen durch die Bereitstellung von *„eKiosken"* oder eines Versicherter@home-Verfahrens erfüllen.[769]

6.7 Die Aufgaben der gematik beim Aufbau der Telematikinfrastruktur

Die entscheidende Organisation beim Aufbau des deutschen Gesundheitstelematiksystems in Deutschland ist die gematik (= Gesellschaft für Telematikanwendungen der Gesundheitskarte mbH). So obliegt es nach § 291a Abs. 7 S. 1 SGB V dem Spitzenverband Bund der Krankenkassen, der Kassenärztlichen Bundesvereinigung, der Kassenzahnärztlichen Bundesvereinigung, der Bundesärztekammer, der Bundeszahnärztekammer, der Deutschen Krankenhausgesellschaft sowie der für die Wahrnehmung der wirtschaftlichen Interessen gebildeten maßgeblichen Spitzenorganisation der Apotheker auf Bundesebene die für die Einführung und Anwendung der elektronischen Gesundheitskarte erforderliche Telematikinfrastruktur aufzubauen. Für diese Aufgabe der genannten Spitzenorganisationen bildet die gematik nach § 291a Abs. 7 S. 2 SGB V den organisatorischen Rahmen.

Die Organisation und die Aufgaben der gematik werden zuvorderst in § 291b SGB V geregelt. So entfallen nach § 291b Abs. 2 Nr. 1 S. 1 SGB V die Geschäftsanteile der gematik zu 50 Prozent auf den Spitzenverband Bund der Krankenkassen und zu 50 Prozent auf die in § 291a Abs. 7 S. 1 SGB V genannten Spitzenorganisationen der Leistungserbringer. Mithin sind die Geschäftsanteile zwischen den Kostenträgern und den Leistungserbringern im Rahmen der GKV paritätisch aufgeteilt. Diese Aufteilung bliebe auch dann gewahrt, wenn

---

[767] *Gematik GmbH*, Übergreifendes Datenschutzkonzept der gematik, Version 0.9.0 v. 01.07.2008, S. 84 f., abrufbar unter: http://www.gematik.de/cms/de/spezifikation/abgekuendigte_releases/release_2_3_4/release_2_3_4_datenschutz/datenschutz/release_2_3_4_datenschutzkonzept .jsp (19.05.2013).
[768] BGBl. I 2912, S. 1504 ff.
[769] Siehe hierzu auch die Gesetzesbegründung zu § 291a Abs. 5a SGB V in BT-Drs. 17/9030, S.19.

die Gesellschafter der gematik nach Maßgabe des § 291b Abs. 2 Nr. 1 S. 3 SGB V beschließen sollten, dass weitere Spitzenorganisationen der Leistungserbringer auf Bundesebene oder der Verband der Privaten Krankenversicherung der gematik beitreten sollen, da in diesem Fall gem. § 291b Abs. 2 Nr. 1 S. 3 HS 2 SGB V die Geschäftsanteile innerhalb der Gruppen der Kostenträger und Leistungserbringer entsprechend angepasst werden müssen.

Nach § 291a Abs. 7 S. 2 SGB V obliegt es der gematik, die Telematikinfrastruktur in Deutschland zu errichten und zu betreiben. Hierzu hat die gematik gem. § 291a Abs. 7 S. 2 SGB V auch eine entsprechende Regelungskompetenz.[770] Sie hat gem. § 291b Abs. 1 S. 1 Nr. 1 SGB V die technischen Vorgaben (z.B. die Spezifikationen der eGK) einschließlich eines Sicherheitskonzepts zu erstellen sowie die im Rahmen des Gesundheitstelematiksystems zu verarbeitenden Datensätze gem. § 291b Abs. 1 S. 1 Nr. 2 SGB V festzulegen. Außerdem muss die gematik gem. § 291b Abs. 1 SGB V die notwendigen Test- und Zertifizierungsmaßnahmen sicherstellen. Folglich ist es auch ihre Aufgabe, dass im Rahmen der Testphase alle für diese Tests erforderlichen Komponenten zur Verfügung stehen.[771] Durch die Zertifizierungsmaßnahmen muss die gematik sicherstellen, dass die Komponenten der Telematikinfrastruktur, die von verschiedenen Herstellern entwickelt wurden, auch tatsächlich ihren Vorgaben entsprechen.

Nach § 291b Abs. 1a S. 1 SGB V müssen alle Komponenten und Dienste der Telematikinfrastruktur, die von verschiedenen Herstellern entwickelt wurden, von der gematik zugelassen werden. Dies gilt somit z.B. für die eGK, Karterterminals und Konnektoren, nicht jedoch für Praxisverwaltungssysteme, Krankenhausinformationssysteme und Apothekensoftwaresysteme.[772] Die gematik prüft sowohl die Funktionsfähigkeit als auch die Interoperabilität der Komponenten bzw. der Dienste gem. § 291b Abs. 1a S. 3 SGB V. Die Prüfung der Sicherheit erfolgt gem. § 291a Abs. 1a S. 4 SGB V nach den Vorgaben des Bundesamtes für Sicherheit in der Informationstechnik. Besteht eine Komponente bzw. ein Dienst alle Prüfungen, so muss sie bzw. er von der gematik gem. § 291a Abs. 1a S. 2 SGB V zugelassen werden.

Die gematik darf gem. § 291b Abs. 1b S. 2 SGB V keine operativen Betriebsleistungen im Rahmen der Telematikinfrastruktur erbringen. Bis Ende des Jahres

---

[770] *Scholz* in Rolfs/Giesen/Kreikebohm/Udsching, BeckOK Sozialrecht, § 291a SGB V Rn. 14. Zur Reform des § 291b SGB V vor dem Hintergrund der Europäischen Richtlinie 90/338/EWG über den Wettbewerb auf dem Markt für Telekommunikationsdienste und deren Fortschreibung in der Richtlinie 2002/77/EG und der dadurch verursachten Stärkung des Wettbewerbs im E-Health-Sektor siehe *Schütz*, MMR 2009, 666 ff.
[771] *Bales/Dierks/Holland/Müller,* Die elektronische Gesundheitskarte, B I § 291b Rn. 11.
[772] *Bales/Holland/Pellens,* GesR 2008, 9 (11 f.).

2008 durfte die gematik, oder ein von ihr Beauftragter, dafür noch Aufträge an am Markt tätige Anbieter vergeben gem. § 291b Abs. 1b S. 2-4 SGB V. Seit dem 01. Januar 2009 muss die gematik oder der von ihr Beauftragte jedoch ggf. auch andere Anbieter zur Durchführung des operativen Betriebs der Komponenten, Dienste und Schnittstellen der Telematikinfrastruktur unter bestimmten Voraussetzungen (Funktionsfähigkeit, Interoperabilität, Sicherheit, Verfügbarkeit und Sicherheit der Betriebsleistung und Verpflichtung zur Einhaltung der Betriebsrahmenbedingungen) zulassen.[773]

Die gematik muss die ihr zugewiesenen Aufgaben aber nicht selbst erbringen. Vielmehr kann sie nach § 291b Abs. 1 S. 4 SGB V auch ihre Gesellschafter oder Dritte mit der Erbringung von Teilaufgaben beauftragen, wie dies auch im Rahmen der Neuausrichtung des eGK-Projekts durch die Beauftragung von Gesellschaftern mit der Erstellung von Anwendungen der eGK erfolgt ist.[774] Nach § 291b Abs. 1 S. 4 HS. 2 SGB V bleibt die gematik aber auch in diesem Fall für die Kompatibilität und das notwendige Sicherheitsniveau der Telematikinfrastruktur verantwortlich.

Die gematik trifft die Zulassungsentscheidungen als Beliehene und agiert insoweit als Behörde i.S.v. § 1 Abs. 2 SGB X, weshalb sie die Zulassungsentscheidungen sowohl als Verwaltungsakt gem. § 31 SGB X erlassen als auch als öffentlich-rechtlichen Vertrag gem. § 53 SGB X ausgestalten kann.[775]

Mit dem In-Kraft-Treten des Gesetzes zur Regelung der Entscheidungslösung im Transplantationsgesetz[776] wurde der gematik gem. § 291a Abs. 5b SGB V zudem auch noch die Aufgabe übertragen, Verfahren zu entwickeln, dass die Versicherten ihre persönlichen Erklärungen und Hinweise nach § 291a Abs. 3 S. 1 Nr. 7 bis 9 SGB V verwalten können.

Gegen Beschlüsse der gematik, die die Telematikinfrastruktur betreffen und die gegen Gesetze oder sonstiges Recht verstoßen, hat das Bundesministerium für Gesundheit gem. § 291b Abs. 4 S. 1 SGB V ein Beanstandungsrecht. Fasst die gematik nicht innerhalb einer vom Bundesministerium für Gesundheit gesetzten Frist die erforderlichen Beschlüsse oder werden Beanstandungen nicht innerhalb einer solchen Frist behoben, kann das Bundesgesundheitsministerium sogar gem. § 291b Abs. 4 S. 4 SGB V im Benehmen mit den

---

[773] Siehe dazu auch *Bales/Holland/Pellens*, GesR 2008, 9 (10).
[774] Siehe z.B. *gematik GmbH*, Bestandsaufnahme für den Aufbau der Telematikinfrastruktur abgeschlossen – gematik-Gesellschafterversammlung trifft entscheidende Festlegungen zur Zukunft des eGK-Projektes, Pressemitteilung v. 20.04.2010, abrufbar unter: http://www.gematik.de/cms/de/ header_navigation/ presse/pressemitteilungen/archive/archiv.jsp (19.05.2013); siehe auch *Bales/Dierks/Holland/Müller*, Die elektronische Gesundheitskarte, B I § 291b Rn. 19 ff.
[775] Siehe dazu ausführlich *Bales/Holland/Pellens*, GesR 2008, 9 (12 f.)
[776] BGBl. I 2012, S. 1504 ff.

zuständigen obersten Landesbehörden eine Rechtsverordnung über die jeweils betroffenen Inhalte erlassen. Von diesem Recht hat das Ministerium z.B. durch die Verordnung über Testmaßnahmen für die Einführung der elektronischen Gesundheitskarte Gebrauch gemacht.[777]

6.8 Die wirtschaftliche Bedeutung des Gesundheitstelematiksystems in Deutschland

Die elektronische Gesundheitskarte und das Gesundheitstelematiksystem besitzen eine große wirtschaftliche Bedeutung für das gesamte Gesundheitssystem in Deutschland. Hohen Kosten für die Entwicklung und Einführung des Systems stehen zumindest nach den Erwartungen der Bundesregierung, Vertretern von Industrie und Unternehmensberatungen sowie einigen Gesundheitsökonomen hohe Einsparungen gegenüber.

6.8.1 Die Kosten für den Aufbau und den Betrieb der Telematikinfrastruktur

Bisher sind alleine bei der gematik für den Aufbau der Telematikinfrastruktur (inkl. Kosten für die Tests, Gutachten, Mitarbeiter etc.) Kosten in Höhe von 26 Mio. Euro im Jahr 2006, 40 Mio. Euro im Jahr 2007 und geschätzten 70,4 Mio. Euro im Jahr 2008 entstanden.[778] Bis zum September 2011 sollen sich die Kosten für die gematik, die bereits ausgegebenen elektronischen Gesundheitskarten und Heilberufsausweise sowie für die Kartenlesegeräte nach Presseangaben auf ca. 600 Millionen Euro summiert haben.[779]

Die Bundesregierung bezifferte die Kosten für den einmaligen Aufbau der Telematikinfrastruktur im Jahr 2008 auf bis zu 1,4 Mrd. Euro.[780] Hierbei bezog sie sich auf den von den Firmen IBM Business Consulting Services und ORGA Kartensysteme GmbH durchgeführten Planungsauftrag aus dem Jahr 2004, in

---

[777] BGBl. I 2005, S. 3128 ff.

[778] Siehe die Antwort der Bundesregierung zu Frage 31 der Kleinen Anfrage vom 03. März 2008 in BT-Drs. 16/8334, S. 9.

[779] Siehe *N.N.*, Neue Gesundheitskarte macht den Praxis-Test, Zeit Online vom 28.09.2011, abrufbar unter: http://www.zeit.de/wirtschaft/2011-09/gesundheitskarte-krankenkasse-Aerzte (19.05.2013).

[780] Siehe die Antwort der Bundesregierung auf Frage 6 der Kleinen Anfrage v. 03. März 2008, in BT-Drs. 16/8334, S. 3 i.V.m. der Antwort der Bundesregierung auf die Fragen 14 und 15 der Kleinen Anfrage v. 12.04.2007 in BT-Drs. 16/5010, S. 6.

dem Kosten in Höhe von 1,4 Mrd. Euro ermittelt wurden.[781] Die Kosten für den laufenden Betrieb der Telematikinfrastruktur würden demzufolge zwischen 120,0 bis 147,9 Mio. Euro pro Jahr betragen. Die den Krankenkassen für die Ausgabe und Produktion der elektronischen Gesundheitskarten entstehenden Kosten werden im Rahmen des Planungsauftrages auf maximal 669 Mio. Euro beziffert. Hinsichtlich der Kosten für Schulungen und Installationen bei den Leistungserbringern weist der Planungsauftrag einen Wert von insgesamt 89,5 Mio. Euro aus, der bereits in den Gesamtkosten für den Aufbau der Telematikinfrastruktur enthalten ist.[782]

Im Jahr 2009 ermittelte die Unternehmensberatung Booz & Company im Auftrag der gematik Kosten zwischen 2,4 Mrd. und 5,4 Mrd. Euro für die Einführung der eGK. Diese Studie fand jedoch nicht die Zustimmung sämtlicher Gesellschafter der gematik.[783]

Auf eine kleine Anfrage mehrerer Bundestagsabgeordneter sowie der Fraktion „Die Linke" teilte die Bundesregierung im Jahr 2011 mit, dass trotz der Neuausrichtung der Einführung der eGK kein Bedarf bestünde, Kosten und Nutzen der eGK erneut überprüfen zu lassen, da sowohl der Planungsauftrag aus dem Jahr 2004 als auch die Studie der Unternehmensberatung Booz & Company aus dem Jahr 2009 zu dem Ergebnis gekommen seien, dass die Kosten für den Aufbau der Telematikinfrastruktur durch die mittels der Anwendungen der eGK zu erzielenden Einsparungen refinanziert werden könnten. Diese Grundaussage ist nach Ansicht der Bundesregierung auch nach Neuausrichtung der Einführung der eGK weiterhin gültig.[784]

---

[781] *IBM Deutschland GmbH/ORGA Kartensysteme GmbH,* Projektdokumentation - Planungsauftrag eRezept, eArztbrief, ePatientenakte und Telematikinfrastruktur, S. 16f.

[782] Siehe die Antwort der Bundesregierung auf Frage 6 der Kleinen Anfrage v. 03. März 2008 in BT-Drs. 16/8334, S. 3 i.V.m. der Antwort der Bundesregierung auf die Fragen 14 und 15 der Kleinen Anfrage v. 12.04.2007 in BT-Drs. 16/5010, S. 6. Die Berechnungen der Unternehmensberatung Booz Allen Hamilton, wonach die Einführung der eGK Kosten in Höhe von 9,5 – 13,6 Milliarden Euro verursachen wird, wurden von der Bundesregierung und von der Mehrheit in der Gesellschafterversammlung der gematik nicht geteilt (siehe die Antwort auf Frage 16 der Kleinen Anfrage v. 12.04.2007 in BT-Drs. 16/5010, S. 6 f.).

[783] Siehe *Borchers/Wilkens,* Elektronische Gesundheitskarte: Regierung bleibt bei Kostenprognose von 2009, Heise Online news v. 20.05.2011, abrufbar unter: http://www.heise.de/newsticker/meldung/Elektronische-Gesundheitskarte-Regierung-bleibt-bei-Kostenprognose-von-2009-1247031.html (19.05.2013).

[784] Siehe die Antwort der Bundesregierung zu Frage 1 der Kleinen Anfrage vom 16.05.2011 in BT-Drs. 17/5838, S. 3.

6.8.2 Einsparungen durch Abbau von Informationsasymmetrien

Die eGK und die Telematikinfrastruktur verursachen jedoch nicht nur hohe Kosten; so könnte die elektronische Gesundheitskarte zunächst in entscheidendem Maße dazu beitragen, derzeit im Gesundheitssystem bestehende Informationsasymmetrien abzubauen und die dadurch entstehenden Agenturkosten zu minimieren.

6.8.2.1 Abbau von Informationsasymmetrien im Verhältnis zwischen dem Versicherten und dem Kostenträger

Im Verhältnis zwischen dem Versicherten und dem privaten Kostenträger könnte die elektronische Gesundheitskarte dazu beitragen, die versteckten Eigenschaften (*hidden characteristics)* des Versicherten zu minimieren. Die *hidden characteristics* bestehen in diesem Fall im Gesundheitszustand des Versicherten, den das private Versicherungsunternehmen nicht genau einschätzen kann. Wie unter Ziffer 4.1 bereits dargestellt, kann das Risiko von *hidden characteristics* durch die Methoden des *Signaling* (Bereitstellung von Informationen durch die besser informierte Stelle) sowie des *Screenings* (Einholung von Informationen durch die schlechter informierte Stelle) begrenzt werden. Die elektronische Gesundheitskarte könnte privaten Versicherungsunternehmen insbesondere die Möglichkeit des *Screenings* eröffnen. In der elektronischen Patientenakte können potentiell sämtliche (Vor-)Erkrankungen des jeweiligen Versicherten gespeichert werden. Erhielten die privaten Versicherungsunternehmen Zugriff auf diese elektronische Patientenakte, könnten sie ihr Versicherungsrisiko erheblich besser als derzeit einschätzen. Sie wären umfassender über den Gesundheitszustand ihres potentiellen Versicherungsnehmers unterrichtet, je umfassender die elektronische Patientenakte vom Versicherungsnehmer gepflegt würde. Die privaten Versicherungsunternehmen könnten die Risikoprämien für ihre potentiellen Versicherungsnehmer individueller als bisher berechnen, so dass der einzelne Versicherte nicht auch noch für das Durchschnittsrisiko der übrigen in seinem privaten Krankenversicherungsunternehmen Versicherten bezahlen müsste. Es könnte somit also durchaus auch im wirtschaftlichen Interesse des Versicherten liegen, dass private Krankenversicherungsunternehmen Zugriff auf die im Rahmen der elektronischen Gesundheitskarte gespeicherten Daten erhielten. Im Rahmen der gesetzlichen Krankenversicherung spielt dieses Szenario (noch) keine Rolle, da sich der Beitrag im Rahmen der GKV nicht nach dem persönlichen Risiko und dem Umfang der Leistungen, sondern nach dem Einkommen des Versicherten richtet.

Allerdings wären für die Rechtmäßigkeit dieses Zugriffs durch private Krankenversicherungsunternehmen entweder die Einwilligung des jeweiligen Versicherten oder eine gesetzliche Erlaubnis notwendig. Der Gesetzgeber hat sich jedoch durch die Ausgestaltung der Zugriffsregelungen in § 291a Abs. 4 und 5 SGB V dafür entschieden, dass private Krankenversicherungsunternehmen keinen Zugriff auf die im Rahmen der elektronischen Gesundheitskarte gespeicherten Informationen erhalten sollen. In § 291a Abs. 8 SGB V wird darüber hinaus auch statuiert, dass private Krankenversicherungsunternehmen von ihren (potentiellen) Kunden nicht verlangen oder mit ihnen vereinbaren dürfen, dass diese ihnen einen Zugriff auf die im Rahmen der elektronischen Gesundheitskarte gespeicherten Informationen einräumen. Die Kunden dürfen deswegen gem. § 291a Abs. 8 S. 2 SGB V auch nicht benachteiligt werden. Ein Verstoß hiergegen ist in §§ 307, 307b SGB V sogar unter Strafe gestellt.[785] Der Gesetzgeber hat sich damit gegen die wirtschaftlichen Vorteile für private Krankenversicherungsunternehmen und deren (potentielle) Versicherte entschieden und dem Schutz der Versicherten sowie ihrer im Rahmen der elektronischen Gesundheitskarte gespeicherten Daten und somit dem Schutz des Arzt-Patienten-Verhältnisses generell Vorrang eingeräumt.

Das Zugriffsverbot kann in diesem Zusammenhang auch nicht durch die Einholung einer Einwilligung des Versicherten gem. § 4a BDSG umgangen werden, da eine solche Einwilligung des (potentiellen) Kunden gegenüber dem privaten Krankenversicherungsunternehmen in der Praxis wohl kaum freiwillig erfolgen würde, was aber Voraussetzung für die Wirksamkeit einer Einwilligung gem. § 4a BDSG ist.[786] § 291a Abs. 8 SGB V dient gerade dem Schutz des Betroffenen und soll verhindern, dass im Rahmen der eGK gespeicherte Daten auf Grundlage einer Einwilligung des betroffenen Versicherten verarbeitet werden, die nicht auf dessen freier Entscheidung beruht.[787]

Da private Krankenversicherungsunternehmen und gesetzliche Krankenkassen keinen Zugriff auf die im Rahmen der elektronischen Gesundheitskarte gespeicherten Daten haben, können sie auch nicht im Wege des *Screenings* das sogenannte moralische Risiko (*moral hazard*) kontrollieren, also den Anreiz, die Leistungen der Versicherungen über das erforderliche Maß hinaus im größtmöglichen Rahmen in Anspruch zu nehmen.

---

[785] Siehe ausführlicher zur Strafbarkeit *Borchers*, Die Einführung der elektronischen Gesundheitskarte in das deutsche Gesundheitswesen, S. 222 ff.
[786] Siehe z.B. *Simitis*, in: Simitis, Bundesdatenschutzgesetz, § 4a Rn. 62 ff.; *Gola/Schomerus*, BDSG, § 4a Rn. 19 ff.
[787] *Bales/Dierks/Holland/Müller*, Die elektronische Gesundheitskarte, B I § 291a Rn. 163.

Allerdings ist der einzelne Versicherte durch die im Rahmen der elektronischen Gesundheitskarte gespeicherten Daten zumindest potentiell erheblich besser über seinen eigenen Gesundheitszustand informiert. Diese Informationen kann er dem privaten Krankenversicherungsunternehmen im Wege des so genannten *Signaling* zur Verfügung stellen, was zum Abbau von Informationsasymmetrien beiträgt. Das geschieht bei der privaten Krankenversicherung im Rahmen der Gesundheitsprüfung vor Abschluss eines Krankenversicherungsvertrages (vgl. § 213 VVG). Weil ein potentieller Versicherungsnehmer durch die elektronische Gesundheitskarte besser über seinen Gesundheitszustand informiert ist, kann er dem Versicherungsunternehmen auch umfassendere und detailliertere Daten zur Verfügung stellen, da er nicht mehr nur auf sein Gedächtnis und auf das Einholen von Informationen bei behandelnden Heilberuflern angewiesen ist. In der Theorie könnte der potentiell Versicherte also auch gegenwärtig schon die gleichen Informationen seinem Krankenversicherungsunternehmen gegenüber angeben. Ohne auf (falsche) Erinnerungen und (unvollständige) Informationseinholung angewiesen zu sein, wird das *Signaling* jedoch präziser und umfassender, so dass durch die elektronische Gesundheitskarte das Risiko der *hidden characteristics* eines Versicherten für die privaten Versicherungsunternehmen sinkt. Die elektronische Gesundheitskarte trägt somit dazu bei, dass die Agenturkosten zwischen privaten Krankenversicherungsunternehmen und ihren Versicherten sinken.

6.8.2.2 Abbau von Informationsasymmetrien im Verhältnis zwischen dem Versicherten und dem Heilberufler

Auch im Verhältnis zwischen Versichertem und dem jeweiligen Heilberufler werden durch die elektronische Gesundheitskarte Informationsasymmetrien abgebaut und somit Agenturkosten minimiert. Gegenwärtig kann der Versicherte kaum kontrollieren, ob die Diagnose eines Heilberuflers korrekt und die sich daran anschließenden Therapiemaßnahmen angemessen waren. Eine Heilung kann beispielsweise auch ohne oder trotz Behandlungsmaßnahmen eines Heilberuflers erfolgen. Es können, wie bereits unter Ziffer 4.3 beschrieben, *hidden actions* und *hidden information* auf Seiten des Heilberuflers auftreten. Dem Patienten fehlt zumeist die notwendige Fachkenntnis, um die Behandlung des Heilberuflers beurteilen zu können. Dies ändert sich zwar auch durch die elektronische Gesundheitskarte nicht. Trägt jedoch ein Heilberufler die Anamnese und den Befund sowie die Therapiemaßnahmen in die elektronische Patientenakte ein, so kann der fachunkundige Patient bei einem weiteren fachkundigen Heilberufler nachfragen, ob die getroffene Diagnose korrekt und die Therapiemaßnahmen angemessen sind und waren. Die elektronische

Gesundheitskarte ermöglicht somit eine verbesserte Kontrolle der Heilberufler untereinander. Diese verbesserte Kontrollmöglichkeit der Heilberufler im
Wege des *Screening* begrenzt *hidden actions* der Heilberufler und baut *hidden
information* der Heilberufler ab, indem der Patient noch eine fachliche Zweitmeinung einholen kann. Dafür sind nunmehr auch grundsätzlich keine anstrengenden und kostenintensiven Doppeluntersuchungen mehr notwendig.

Durch diese verbesserte Kontrollmöglichkeit könnte jedoch das sensible Verhältnis zwischen Heilberufler und Patient beeinträchtigt werden. Wenn ein
Heilberufler fürchten muss, ständig von Kollegen kontrolliert zu werden, die
eventuell selbst falsche Diagnosen treffen, könnte er versucht sein, nur noch
sehr sichere Diagnosen zu treffen und herkömmliche Behandlungsmethoden
anzuwenden, da er es nicht riskieren möchte, einen Patienten wegen einer
angeblich falschen Diagnose oder angeblich falscher Behandlungsmethoden
zu verlieren. Auch das Vertrauen in das fachliche Können des Heilberuflers,
welches wichtiger Bestandteil der Gesundung eines Patienten ist, könnte
dadurch verloren gehen. Doch ist dieser Ansatz verkürzt. Auch das Bild der
Heilberufler wandelt sich von dem „Gott in Weiß" hin zu einem Dienstleister,
der sich an den gängigen Kriterien zur Leistungsbestimmung messen lassen
muss.[788] Ein aufgeklärter und mündiger Patient erwartet von seinem Heilberufler nicht Unfehlbarkeit, sondern Gesundung oder zumindest eine optimale
Behandlung. Ein guter Heilberufler profitiert somit von der besseren Kontrolle durch Kollegen, wenn diese die Diagnosen bestätigen und die Therapiemaßnahmen für angemessen erachten. Durch die verbesserte Transparenz im
Gesundheitswesen entstehen somit sogar Chancen für eine Verbesserung des
Vertrauensverhältnisses zwischen Heilberufler und Patient. Denn nicht durch
Verschweigen, sondern durch Offenheit entsteht Vertrauen.

Des Weiteren ändern sich auch die Beziehungen zwischen Heilberuflern und
Patienten. War früher noch das Verhältnis eines Patienten zu einem Heilberufler prägend, verändert sich dieses Verhältnis mehr zu einem Verhältnis
zwischen einem Patienten und der „Organisation Gesundheitswesen". Nicht
mehr die Einzelbeziehung zu einem bestimmten Heilberufler steht im Vordergrund, sondern die Beziehung zu den Heilberuflern in ihrer Gesamtheit. Patienten besuchen immer mehr verschiedene Spezialisten als einen generellen
Hausarzt und holen sich bei Unzufriedenheit mit einem Heilberufler oder zur
Absicherung von Diagnosen und Therapien immer häufiger Zweitmeinungen

---

[788] Siehe z.B. den Schlussbericht der *Enquete-Kommission „Recht und Ethik der modernen Medizin"*,
S. 201 f.; *Hinne*, NJW 2005, 2270 (2271); *Nüßgens*, in: Ebenroth/Hesselberger/Rinne, FS Boujong,
S. 831 (845).

ein.[789] Das Vertrauen in der Beziehung zwischen Patient und der „Organisation Gesundheitswesen" hängt jedoch nicht so stark von der Unfehlbarkeit eines Heilberuflers ab, wie das Vertrauen in der Einzelbeziehung zwischen Patient und einem Heilberufler. Das Vertrauen des Patienten zur „Organisation Gesundheitswesen" hängt vielmehr von dem Gesundungserfolg im Sinne des Erfolges verschiedener Dienstleistungen ab. Folglich dürfte die Möglichkeit gegenseitiger Kontrolle der Heilberufler untereinander das Vertrauen der Patienten in die „Organisation Gesundheitswesen" eher stärken, da sie dadurch das Gefühl bekommen, besser behandelt und schneller wieder gesund zu werden. Die elektronische Gesundheitskarte bietet somit die Chance, entgegen der häufig hervorgebrachten Kritik,[790] das Vertrauen in die „Organisation Gesundheitswesen" zu stärken.

Zusammenfassend ist festzuhalten, dass die elektronische Gesundheitskarte durch die verbesserten Kontrollmöglichkeiten der Heilberufler untereinander (*Screening*) die Agenturkosten minimiert, ohne dabei, nach hier vertretener Ansicht, das Vertrauen zwischen den Heilberuflern und den Patienten zu beeinträchtigen. Das Vertrauen wird, im Gegenteil, nach hier vertretener Auffassung gestärkt, da nicht mehr die Einzelbeziehung zwischen Heilberufler und Patient, sondern die Beziehung zwischen Patient und der „Organisation Gesundheitswesen" generell im Vordergrund steht.

Durch die verbesserten Kontrollmöglichkeiten der Heilberufler untereinander werden zudem auch Agenturkosten reduziert, die durch die Informationsasymmetrie zwischen Leistungserbringer und Kostenträger hervorgerufen werden. Andere Heilberufler können anhand der Aufzeichnungen in der elektronischen Patientenakte eines Versicherten die bisher erfolgten Diagnosen und Behandlungsmethoden besser als zum heutigen Zeitpunkt kontrollieren. Aufgrund dieser Kontrollmöglichkeit werden Leistungserbringer weniger *hidden actions* vornehmen, die nicht der Gesundung des Patienten dienen, aber trotzdem gegenüber den Kostenträgern abgewickelt werden. Dies spart Kosten bei den Kostenträgern. Außerdem werden durch die Aufzeichnungen in den elektronischen Patientenakten kostspielige Mehrfachuntersuchungen vermieden, so dass die elektronische Gesundheitskarte auch zur Kostenreduktion im Verhältnis zwischen Leistungserbringern und Kostenträgern beiträgt.

---

[789] Siehe z.B. die Marktforschungsanalyse von *Beier/Bannenberg*, planung & analyse 2007, Heft 4, S. 31 ff.; Schlussbericht der *Enquete-Kommission „Recht und Ethik der modernen Medizin"*, S. 201 f.
[790] Siehe z.B. die Initiative „Stoppt die e-Card" unter http://www.patientennet.de/stoppt-die-eCard/ (19.05.2013); *Groß*, Dtsch. Ärztebl. 2006, A 3469 ff.

Auch hinsichtlich des Falls, in dem der jeweilige Versicherte gegenüber dem ihn behandelnden Heilberufler ein größeres Wissen besitzt, trägt die elektronische Gesundheitskarte zum Abbau von Informationsasymmetrien bei, indem sie Heilberufler dabei unterstützt, *hidden characteristics* der von ihnen zu behandelnden Versicherten zu erkennen. Dies geschieht insbesondere dadurch, dass die eGK die Bereitstellung von Informationen durch den Versicherten selbst im Wege des *Signaling* vereinfacht, indem Versicherte selbst auf die über sie im Rahmen der eGK gespeicherten Informationen zugreifen, sich diese vergegenwärtigen und dann den Heilberuflern zur Verfügung stellen können. Außerdem können Heilberufler auch selbst auf die über einen Versicherten im Rahmen der eGK gespeicherten Informationen zugreifen, sofern dieser dem jeweiligen Heilberufler den Zugriff gestattet. Auf diese Weise kann der fachkundige Heilberufler im Wege des *Screenings* selbst die für seine Behandlung notwendigen und im Rahmen der eGK verfügbaren Informationen über den Versicherten erheben. Dies hat insbesondere den Vorteil, dass der Heilberufler als medizinisch Fachkundiger die im Rahmen der eGK gespeicherten Informationen verstehen und ihre Bedeutung für die Behandlung erkennen kann. Durch den Abbau von *hidden characteristics* des Versicherten kann eine gezieltere und erfolgversprechendere Behandlung erfolgen, so dass Behandlungskosten eingespart werden können.

Somit ist festzuhalten, dass die elektronische Gesundheitskarte dabei helfen kann, Informationsasymmetrien in den Verhältnissen der Patienten, Leistungserbringer und Kostenträger untereinander abzubauen und dadurch hervorgerufene Agenturkosten zu reduzieren.

6.8.3 Berechnung der Kosteneinsparungen

Die durch die elektronische Gesundheitskarte hervorgerufenen Einsparungen im Gesundheitssystem waren Gegenstand vieler, sich teilweise widersprechenden ökonomischen Untersuchungen. Die Plausibilität der Berechnungen kann an dieser Stelle nicht untersucht werden, da dies den Rahmen der vorliegenden Arbeit sprengen würde.

Allein durch die Aufnahme des Zuzahlungsstatus in die online upgedateten Versicherungsstammdaten sollen Einsparungen in Höhe von jährlich 250 Mio. Euro erzielt werden.[791] Die Arzneimitteltherapiesicherheitsprüfung soll Ein-

---

[791] Siehe *Lux*, Bundesgesundheitsbl. 2005, 640 (641 f.).

sparungen in Höhe von ca. 500 Mio. Euro pro Jahr[792] erzielen.[793] Die durch die elektronische Patientenakte zu erzielenden Ersparnisse lassen sich nicht seriös einschätzen, doch könnten sie bis zu 7 Mrd. Euro pro Jahr betragen.[794] Die wirtschaftliche Bedeutung der eGK geht jedoch über die Einsparmöglichkeit durch den Einsatz ihrer Anwendungen (ePA, eVerordnungen etc.) noch hinaus. So kann beispielsweise die Auswertung von anonymisierten Daten der eGK die Transparenz des Gesundheitswesens unterstützen und eine erheblich effizientere Steuerung der Mittel innerhalb dieses Systems ermöglichen.[795]

Außerdem kann die Telematikinfrastruktur, die (fast) alle Teilnehmer des Gesundheitswesens miteinander vernetzt, zukünftig auch für andere telemedizinische Anwendungen außerhalb der eGK genutzt werden. Insbesondere Anwendungen, bei denen Bilder übertragen werden, wie bei der Telepathologie[796] oder der Teleradiologie[797], können von den neuen Kommunikationsmöglichkeiten über die Telematikinfrastruktur profitieren und ggf. zu einer verbesserten Versorgung der Patienten und zu weiteren Einsparungen im Gesundheitswesen führen.[798]

---

[792] So die Berechnungen des Bundesverbands Informationswirtschaft, Telekommunikation und neue Medien e.V. (BITKOM), wonach die Arzneimitteltherapiesicherheitsprüfung zu Einsparungen von bis zu 500 Mio. Euro pro Jahr führen soll (siehe *Fuest*, Kassen bezeichnen neue Gesundheitskarte als Flop, Die Welt vom 28.03.2011, abrufbar unter: http://www.welt.de/wirtschaft/article12991945/Kassen-bezeichnen-neue-Gesundheitskarte-als-Flop.html (19.05.2013)). Die Bundesregierung konnte diese Angaben nicht bestätigen (siehe die Antwort der Bundesregierung auf Frage 28 der Kleinen Anfrage vom 16.05.2011 in BT-Drs. 17/5838, S. 11 f.).

[793] Etwa jeder dritte Behandlungsfehler in der hausärztlichen Versorgung geht auf einen Fehler bei der Arzneimitteltherapie zurück. Ein bis zwei Prozent aller Krankenhauspatienten kommen wegen eines Medikationsfehlers in die Klinik (siehe *Rögener*, Gekritzel auf Rezept, Süddeutsche Online v. 04.12.2007, abrufbar unter: www.sueddeutsche.de/wissen/arzneimittelsicherheit-gekritzel-auf-dem-rezept-1.790352 (19.05.2013)).

[794] Siehe *Debold&Lux Beratungsgesellschaft für Informationssysteme und Organisation im Gesundheitswesen mbH*, Nutzenbetrachtung zu den Effekten einer Elektronischen Patientenakte, S. 3 ff.

[795] Siehe *Zipperer*, in: Rebscher, Gesundheitsökonomie und Gesundheitspolitik, S. 723 (731 f.).

[796] Übertragung von Bildern von Gewebeproben zum Zweck einer Diagnosefindung.

[797] Übertragung von Bildern aus der Radiologie zum Zweck einer Diagnosefindung.

[798] Siehe *Pfeiffer*, in: Rebscher, Gesundheitsökonomie und Gesundheitspolitik, S. 741 (752 f.).

Dritter Teil: Rechtliche Bewertung der neuen (faktischen) Informationsverteilung durch die elektronische Gesundheitskarte

7 Neue (faktische) Verteilung medizinischer Informationen im deutschen Gesundheitswesen durch die elektronische Gesundheitskarte

Die elektronische Gesundheitskarte verändert die faktische Verteilung medizinischer Informationen im Gesundheitswesen fundamental. Dabei ist jedoch zwischen den für die Abrechnung erforderlichen medizinischen Informationen einerseits und Informationen zur Behandlung eines Patienten durch Heilberufler und zum besseren Verständnis der Versicherten hinsichtlich ihres Gesundheitszustands andererseits zu unterscheiden. Die elektronische Gesundheitskarte ändert an der Informationsverteilung im Rahmen des Abrechnungsprozesses weder bei der GKV noch bei der PKV etwas.[799]

Durch das System der elektronischen Gesundheitskarte ändern sich lediglich die Verteilung von medizinischen Informationen zur Behandlung eines Patienten durch einen Heilberufler sowie die Zugriffsmöglichkeiten des Patienten zu diesen Informationen zum besseren Verständnis des eigenen Gesundheitszustands. Dritte, wie zum Beispiel Krankenkassen oder Krankenversicherungsunternehmen, erhalten keinen Zugriff auf die im Rahmen der elektronischen Gesundheitskarte gespeicherten Daten, weshalb sich für Dritte die Informationsverteilung im Gesundheitswesen nicht ändert, sofern sich alle Beteiligten, wie z.B. Heilberufler, die Betreiber der Telematikinfrastruktur, aber auch die Dritten selbst normkonform verhalten.

Es ist wichtig zu beachten, dass der Versicherte auch ohne das System der elektronischen Gesundheitskarte sämtliche der in diesem System gespeicherten Informationen besitzt oder erhalten kann. Durch die Aufklärungspflicht der Heilberufler, das Recht des Versicherten auf Einsicht in die Dokumentation und ggf. die datenschutzrechtlichen Auskunftsrechte der Versicherten können diese auch derzeit schon alle Informationen erhalten, die im Rahmen der elektronischen Gesundheitskarte gespeichert werden sollen. Idealerweise könnten die Versicherten somit auch alle diese Informationen an die sie behandelnden oder versorgenden Heilberufler weitergeben. Doch ist die Erinne-

---

[799] Zwar sind Änderungen im Abrechnungsprozess durch die elektronische Gesundheitskarte zu erwarten, insbesondere durch die Einführung des elektronischen Rezepts. So könnten Apotheken zukünftig auf die Zwischenschaltung von Apothekenrechenzentren verzichten und die elektronischen Rezeptdatensätze direkt an die Krankenkassen weiterleiten. An den für Apotheken und Krankenkassen verfügbaren Informationen ändert dies jedoch nichts.

© Springer Fachmedien Wiesbaden GmbH, ein Teil von Springer Nature 2015
M. A. Arning, *Die elektronische Gesundheitskarte und die Verteilung von Informationen im deutschen Gesundheitswesen*, Edition KWV, https://doi.org/10.1007/978-3-658-23814-8_7

rung der Versicherten, wie bereits beschrieben, oft lücken- und fehlerhaft. Außerdem erkennen sie als medizinische Laien oft die Bedeutung einer Information für die gegenwärtige Behandlung nicht. An dieser Stelle ist jedoch wichtig festzuhalten, dass die elektronische Gesundheitskarte nicht dazu führt, dass ein Heilberufler oder ein Versicherter mehr Informationen erhalten kann als bisher ohnehin schon. In einer idealen Welt würde die elektronische Gesundheitskarte die Informationsverteilung im Gesundheitswesen also nicht verändern, sondern nur die Datenflüsse im Gesundheitssystem.

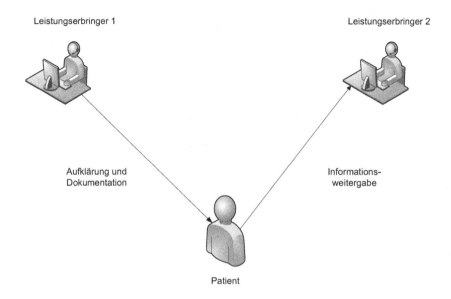

Abbildung 1: Informationsverteilung in der Heilberufler-Patienten-Beziehung vor der Vernetzung des Gesundheitswesens

Die elektronische Gesundheitskarte verbessert somit lediglich die einfachere und zuverlässigere Verfügbarkeit der medizinischen Informationen über einen Versicherten. Dieses System setzt nicht voraus, dass ein Versicherter sämtliche Informationen eines Heilberuflers im Rahmen von dessen Aufklärung speichert (sei es im Gedächtnis oder in Aufzeichnungen), sämtliche Informationen über seine Behandlung aufzeichnet oder seine Einsichtsrechte in die Dokumentation ausübt. Entscheidet sich ein Versicherter dazu, die Anwendungen der elektronischen Gesundheitskarte zu nutzen, beispielsweise die elektronische Patientenakte und die Arzneimitteltherapiesicherheitsprüfung, werden diese Informationen automatisch durch den Heilberufler im Rahmen der elektronischen Gesundheitskarte gespeichert.

Somit erzeugt die elektronische Gesundheitskarte zuvorderst Konsequenzen hinsichtlich der für Heilberufler und den jeweiligen Versicherten tatsächlich verfügbaren Informationen. Nutzen Versicherte die elektronische Patientenakte oder andere Anwendungen der elektronischen Gesundheitskarte und geben dem Heilberufler Zugriff darauf, verfügt dieser über eine größere Vielzahl von medizinischen Informationen von den jeweiligen Versicherten. Er hat mittels dieses Systems Zugriff auf Informationen, die andere Heilberufler und der Versicherte selbst dort abgespeichert haben, ohne auf die (oft fehlerhafte) Erinnerung des Versicherten angewiesen zu sein.

Dies führt jedoch auch dazu, dass zukünftig quantitativ mehr Informationen bei den jeweiligen Heilberuflern gespeichert werden, denn die elektronische Gesundheitskarte entbindet die Heilberufler nicht von ihrer Dokumentationspflicht. Gestattet der Versicherte einem ihn behandelnden Heilberufler den Zugriff auf die über ihn im Rahmen der eGK gespeicherten Informationen, so ist dieser verpflichtet, die für die weitere Behandlung relevanten Informationen, die andere Heilberufler dort gespeichert haben, auch in seiner eigenen Dokumentation zu speichern.[800] Erheblich größere Datenbestände bei den einzelnen Heilberuflern sind die Folge. Dies ist umso bedenklicher, weil § 291a SGB V lediglich strenge Schutzvorkehrungen für das System der elektronischen Gesundheitskarte etabliert, nicht jedoch für IT-Systeme, die von den Heilberuflern eingesetzt werden. Für diese gelten die allgemeinen datenschutz- und datensicherheitsrechtlichen Vorschriften, z.B. die des BDSG. Die Datenschutz- und Datensicherheitsstandards sind im Rahmen der eGK gem. § 291a und b SGB V jedoch weitaus höher. Während im Rahmen der eGK nur von der gematik zugelassene und auf ihre Sicherheit hin überprüfte Komponenten eingesetzt werden dürfen, unterliegen die Komponenten, die der jeweilige Heilberufler zur Dokumentation einsetzt, keinem Zulassungserfordernis durch die gematik.[801] Im Gegensatz zur Speicherung von medizinischen Daten im Rahmen der Telematikinfrastruktur, zum Beispiel in der elektronischen Patientenakte, ist somit technisch nicht unbedingt sichergestellt,

---

[800] Siehe z.B. *Bales/Dierks/Holland/Müller*, Die elektronische Gesundheitskarte, B I Vor §§ 291 ff. Rn. 5.

[801] Auch das PVS (bzw. AVS oder KIS), welches die medizinischen Daten für die Verarbeitung im Rahmen der eGK vorbereitet, muss von der gematik nicht zugelassen werden. Allerdings bietet die gematik an, diese Systeme zu testen, um einen fehlerfreien Ablauf sicherzustellen (siehe z.B. *gematik GmbH*, Verfahrensbeschreibung, Freigabe von Primärsystemen in der Telematikinfrastruktur (AVS, KIS, PVS), Version 1.2.2 v. 26.11.2008, http://www.gematik.de/cms/media/de/dokumente/ zulassung/zulassungsverfahren primrsystem26112008.pdf (19.05.2013). Das PVS muss weiterhin gem. § 295 Abs. 4 SGB V im Rahmen der GKV von der KBV zertifiziert werden.

dass die beim Heilberufler gespeicherten Dokumentationsdaten in verschlüsselter Form gespeichert werden und auf sie nur nach Autorisierung durch den Betroffenen zugegriffen werden kann.

Mittelbar wirkt sich die elektronische Gesundheitskarte jedoch auch auf die für private Krankenversicherungsunternehmen und die Medizinischen Dienste der Krankenkassen verfügbaren Informationen aus. Sie entbindet den Heilberufler nicht von seiner Dokumentationspflicht. In dieser Dokumentation muss der Heilberufler alle Informationen speichern, die erforderlich sind, um die Behandlung nachvollziehbar zu machen (siehe die Ausführungen unter Ziffer 3.1.1.2). Dienten folglich Informationen als Grundlage der Behandlung, die der Heilberufler durch den Zugriff auf Informationen des Patienten, die im Rahmen der elektronischen Gesundheitskarte gespeichert sind, erlangt hat, so muss er auch diese Informationen im Rahmen seiner Dokumentation abspeichern. Diese aus dem System der elektronischen Gesundheitskarte abgerufenen Informationen über einen Versicherten bilden einen Teil der Anamnese. Die bei den Heilberuflern gespeicherten umfassenderen Datenbestände können die privaten Krankenversicherungsunternehmen nunmehr unter den Voraussetzungen des § 213 VVG erheben. Sie können somit quantitativ mehr Informationen erhalten, weil ein Heilberufler zukünftig bei sich zentral mehr Informationen über einen Versicherten gespeichert hat. Bisher waren diese Informationen zumindest faktisch nur bei den unterschiedlichen, den Versicherten behandelnden Leistungsträgern verteilt gespeichert, weil der Versicherte nicht alle theoretisch für ihn verfügbaren relevanten Informationen dem jeweiligen Heilberufler mitgeteilt hat, von dem das Versicherungsunternehmen Auskunft begehrt. Gleiches gilt für die Erhebung von medizinischen Daten durch den Medizinischen Dienst der Krankenkassen nach §§ 275 ff. SGB V.

Die entscheidende Neuerung bei der Informationsverteilung im deutschen Gesundheitssystem durch die eGK ist also die Vernetzung der Informationen über einen bestimmten Versicherten und die daraus resultierende bessere Zugänglichmachung für autorisierte Heilberufler und den Versicherten selbst. Es entstehen durch dieses System nicht quantitativ mehr unterschiedliche Informationen über einen Versicherten. Allerdings können die bisher faktisch nur bei einem Heilberufler verfügbaren Informationen nunmehr nach erfolgter Einwilligung des Versicherten auch im Rahmen der eGK und bei anderen Heilberuflern (wenn diese Informationen für deren Dokumentation erforderlich sind) gespeichert werden. Dieselben Informationen, die bisher auch schon über einen Versicherten existierten, können durch die eGK einfacher als bisher zusammengeführt und bei mehreren unterschiedlichen Stellen gespeichert werden. Das System der eGK führt somit an sich nicht zu neuen Informationen über einen Versicherten, sondern lediglich zu einer vermehrten Speicherung der ohnehin schon theoretisch verfügbaren Informationen.

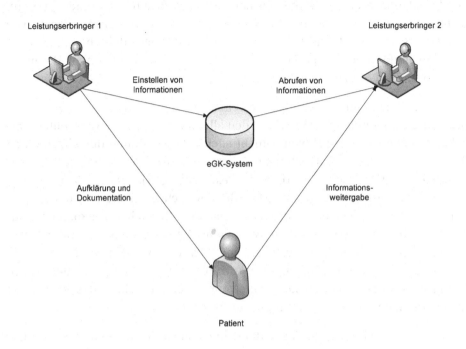

Abbildung 2: Informationsverteilung in der Heilberufler-Patienten-Beziehung nach der Vernetzung des Gesundheitswesens

Durch die Vernetzung der medizinischen Informationen entstehen, wie bereits beschrieben, Chancen, die medizinische Behandlung der Versicherten qualitativ zu verbessern, wirtschaftlicher und transparenter zu gestalten. Allerdings stellt die Vernetzung dieser höchst sensiblen Daten das Datenschutzrecht vor große Herausforderungen.[802] Durch die Vernetzung können in einem der sensibelsten Bereiche der Privatsphäre umfassende Profile über die Versicherten entstehen. Derartige Profile können selbstverständlich Begehrlichkeiten erwecken, z.B. bei Versicherungsunternehmen oder zukünftigen Arbeitgebern. Zwar sollen diese Gefahren, wie unter Ziffer 6.5 und Ziffer 6.6

---

[802] Die Vernetzung von medizinischen Informationen wirft auch sehr bedeutende und schwierige rechtliche Fragen hinsichtlich der Haftung für die Zuverlässigkeit, Sicherheit und Verfügbarkeit des Systems sowie des Inhalts der gespeicherten Daten und deren Nutzung auf. Diese Fragestellungen sind jedoch derart komplex, dass sie den Rahmen dieser Arbeit sprengen würden.

beschrieben, bereits durch die technische Ausgestaltung der elektronischen Gesundheitskarte verhindert werden, so z.B. durch die Verschlüsselung von medizinischen Daten und das Zwei-Karten-Prinzip. Doch ein optimaler Schutz der Privatsphäre der Versicherten kann nur durch ein Zusammenspiel von technischen und rechtlichen Schutzmaßnahmen erreicht werden. Technische Schutzmaßnahmen alleine könnten Lücken aufweisen oder umgangen werden. Ein umfassender rechtlicher Schutz dieser höchst sensiblen Daten ist somit zwingend erforderlich.[803]

Die rechtlichen Schutzregelungen bestehen derzeit vor allem aus den besonderen Regelungen des § 291a SGB V, den allgemeinen sozialdatenschutzrechtlichen Regelungen, der Schweigepflicht nach § 203 StGB und den allgemeinen datenschutzrechtlichen Regelungen (nach dem BDSG oder den jeweils anwendbaren datenschutzrechtlichen Bestimmungen). Diese Vorschriften stammen mit Ausnahme des § 291a SGB V jedoch aus Zeiten, in denen eine derart umfassende Vernetzung in solch sensiblen Bereichen wie dem Gesundheitssystem noch nicht absehbar war. Vielmehr wurde das Gesundheitssystem von Einzelbeziehungen zwischen einem Patienten und einem Heilberufler bestimmt. Es ist somit fraglich, ob diese Regelungen auch unter den neuen technischen Gegebenheiten noch einen umfassenden Schutz des Rechts auf informationelle Selbstbestimmung garantieren.

Die durch die elektronische Gesundheitskarte eingeführte Vernetzung im Gesundheitswesen betrifft dabei zuvorderst die Vernetzung zwischen den Heilberuflern, die die wahrscheinlich sensibelsten Daten überhaupt verarbeiten: Daten über die Gesundheit ihrer Patienten. Die Anbindung der Krankenkassen und Krankenversicherungsunternehmen, insbesondere zu Abrechnungszwecken, ist nicht das vorrangige Ziel der elektronischen Gesundheitskarte, so dass sich diese Arbeit im Folgenden auf die rechtlichen Probleme der Vernetzung der Heilberufler konzentriert.

---

[803] So auch die Forderung von *Pitschas*, NZS 2009, 177 (180).

8 Die „Organisation Gesundheitswesen"

Wie dargestellt wurde, ist die elektronische Gesundheitskarte ein wichtiger, wenn nicht der wichtigste Faktor für die Vernetzung im Gesundheitswesen. Die Beziehungen innerhalb des Gesundheitssystems ändern sich weg von Einzelbeziehungen hin zu einem komplexen Vernetzungssystem. Somit müssen sich auch das Recht und insbesondere der Schutz der Patientenrechte weiterentwickeln, weg vom Schutz der Einzelbeziehungen zwischen Heilberufler und Patient, hin zu einem Schutz des Patienten gegenüber diesem vernetzten System und der Außenwelt. Die Aufgabe des Rechts bleibt dabei unverändert. Unbefugte sollen keinen Zugriff auf Informationen über den jeweiligen Patienten haben, wohingegen Befugte einfach und unkompliziert die für sie notwendigen Informationen erhalten sollen. Der Patient muss aber nach dem Konzept der informationellen Selbstbestimmung als *„Herr seiner Daten"* den gesamten Prozess überblicken und steuern können.[804] Dafür ist jedoch zunächst erforderlich, die Beziehung des Patienten zu den Heilberuflern anhand eines bereits bekannten Modells neu zu fassen. Wie die nachfolgende Untersuchung zeigen wird, muss das Gesundheitssystem aus Sicht des Patienten in seiner Gesamtheit als Organisation gefasst werden.

8.1 Der Begriff „Organisation"

Das Wort *Organisation* leitet sich ab vom griechischen Begriff όργανον, der auf Deutsch übersetzt „Werkzeug" bedeutet. In der mittelalterlichen lateinischen Sprache entwickelte sich aus dem Begriff όργανον das Substantiv *organisatio*, welches auf Deutsch „Beschaffenheit" oder „Gestaltung" bedeutet.[805] Die Auffassung des Begriffs „Organisation" ist in der deutschen Wissenschaft nicht einheitlich. Es gibt verschiedenste Bedeutungsansätze innerhalb der einzelnen Wissenschaftsdisziplinen. Der für diese Arbeit zugrunde gelegte Bedeutungsansatz des Begriffs „Organisation" ist an einen Organisationsbegriff aus der Ökonomie angelehnt, da es sich beim Gesundheitssystem und dem Verhältnis zwischen Patient und eben diesem System zuallererst um eine wirtschaftliche Beziehung handelt.

Unter dem Begriff „Organisation" soll im Folgenden ein Aneinanderreihen und Verknüpfen von Interaktionsprozessen, ein Zusammenspiel von unterschiedlichen Prozessen, aus denen schließlich habitualisierte Routinen und Netz-

---

[804] Siehe z.B. BVerfGE 65, 1 (41 ff.).
[805] Siehe zur etymologischen Herkunft des Begriffs „Organisation" die Darstellung von *Deeg/Weibler*, Die Integration von Individuum und Organisation, S. 24 ff.

© Springer Fachmedien Wiesbaden GmbH, ein Teil von Springer Nature 2015
M. A. Arning, *Die elektronische Gesundheitskarte und die Verteilung von Informationen im deutschen Gesundheitswesen*, Edition KWV, https://doi.org/10.1007/978-3-658-23814-8_8

werke von Handlungen hervorgehen, verstanden werden.[806] Eine Organisation ist somit eine identifizierbare soziale Einheit, welche mittels koordinierter Aktivitäten und Beziehungen zwischen Mitgliedern und Gegenständen bestimmte Ziele verfolgt.[807] Eine Organisation weist nach dem hier vertretenen Begriffsansatz somit vor allem zwei Merkmale auf:

1. Es werden eine Mehrzahl von Personen und ihre Handlungen (Aktivitäten) betrachtet.

2. Die Personen und ihre Handlungen verbindet die Ausrichtung auf ein gemeinsames Ziel; dadurch hat innerhalb des Systems das Handeln einer Person potentiell Einfluss auf das Handeln anderer Personen.[808]

Das Gesundheitswesen stellt aus Sicht des einzelnen Patienten eine solche Organisation in der Beziehung zu ihm dar. Mehrere (spezialisierte) Heilberufler behandeln einen Patienten. Dabei verbindet die behandelnden Heilberufler das gemeinsame Ziel, die Gesundheit des jeweiligen Patienten zu erhalten bzw. wiederherzustellen. Die Diagnose und die Behandlung durch einen Heilberufler haben dabei auch zumindest potentiell Einfluss auf die weitergehende Behandlung des gleichen Patienten durch weitere Heilberufler. Dieses gemeinschaftliche Handeln von Heilberuflern zur Behandlung von Patienten wird mit der fortschreitenden Vernetzung des Gesundheitssystems essentiell verstärkt. Durch die elektronische Gesundheitskarte werden die Heilberufler in Deutschland entscheidend miteinander vernetzt. Nutzt ein Patient die elektronische Patientenakte und erlaubt er dem jeweiligen Heilberufler den Zugriff darauf, so erhält dieser umfassende Informationen über vorangegangene Erkrankungen des Patienten sowie vorangegangene Diagnosen und Behandlungen durch andere Heilberufler. Patienten können sektor- und heilberuflerübergreifend abgestimmt behandelt werden. Heilberufler können vorangegangene Befunde und Erfahrungen anderer Heilberufler bei der Behandlung nutzen, gegebenenfalls sich allerdings dabei auch auf vorangegangene falsche Diagnosen stützen. Durch die Vernetzung des deutschen Gesundheitssystems mittels der elektronischen Gesundheitskarte werden die Zusammenarbeit von Heilberuflern und die abgestimmte Behandlung eines Patienten prägend für dieses System. Nicht mehr die Einzelbeziehungen zwischen einem Patienten und mehreren Heilberuflern sind nunmehr charakteristisch für das System, sondern die Beziehung des Patienten zu den behandelnden Heilberuf-

---

[806] Siehe z.B. das Interview mit Karl E. Weick in *Frese/Graumann/Theuvsen*, Grundlagen der Organisation, S. 21.
[807] *Hunt*, The restless organisation, S. 4; *Weick*, Der Prozess des Organisierens, S. 11.
[808] Siehe auch *Frese/Graumann/Theuvsen*, Grundlagen der Organisation, S. 20.

lern in ihrer Gesamtheit, die als „Organisation Gesundheitswesen" agieren, um die Gesundheit des Patienten zu erhalten bzw. wiederherzustellen.

Auch der Patient selbst ist Mitglied dieser Organisation, denn auch er arbeitet zusammen mit den Heilberuflern am gemeinsamen Ziel mit: der Erhaltung bzw. Wiederherstellung seiner Gesundheit.

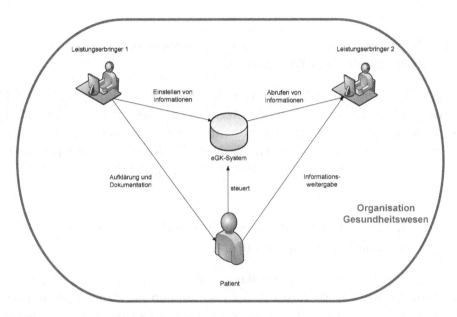

Abbildung 3: Die "Organisation Gesundheitswesen"

Fraglich ist jedoch, ob die gegenwärtigen rechtlichen Regelungen zum Schutz der Patientenrechte, insbesondere zum Schutz des Rechts auf informationelle Selbstbestimmung, diese Entwicklung bereits abbilden und den notwendigen Schutz auch im Hinblick auf ein vernetztes Gesundheitssystem garantieren. Andernfalls müssten gesetzliche Regelungen ergänzt bzw. bestehende rechtliche Regelungen ersetzt werden, um diesen Schutz auch im Zeitalter eines vernetzten Gesundheitssystems sicherzustellen. Denn der wirksame Schutz der Patientenrechte, insbesondere im Hinblick auf die informationelle Selbstbestimmung, ist unabdingbare Voraussetzung für das Vertrauen der Patienten in ihrer Beziehung zur „Organisation Gesundheitswesen". Dieses Vertrauen wiederum ist selbst unabdingbare Voraussetzung, um das Ziel dieser Beziehung zu erreichen: die Gesundung oder die Gesunderhaltung des Patienten. Nur wenn der Patient der „Organisation Gesundheitswesen" in ihrer Gesamtheit vertraut, gibt er umfassend Auskunft über seine Beschwerden. Nur dann vertraut er auch den jeweils behandelnden Heilberuflern und hält sich an deren Behandlungsplan und nur dann findet der Patient auch psychologische Unterstützung in dieser Beziehung, die er für den Heilungserfolg braucht.

Im Folgenden soll nun, zunächst theoretisch, untersucht werden, ob das Recht der Patienten auf informationelle Selbstbestimmung im Hinblick auf die neu entstandene „Organisation Gesundheitswesen" ausreichend geschützt ist.

8.2 Der Schutz der informationellen Selbstbestimmung im Rahmen einer Organisation

Ausgangspunkt für die sich dann anschließende konkrete Untersuchung, ob die derzeit bestehenden gesetzlichen Regelungen einen ausreichenden Schutz der informationellen Selbstbestimmung der Patienten gewährleisten, ist zunächst die theoretische Analyse, wie sich das Recht auf informationelle Selbstbestimmung im Rahmen von Organisationen generell schützen lässt.

8.2.1 Der Schutz der informationellen Selbstbestimmung innerhalb der Organisation

Die Organisation schafft Zuständigkeiten, also normative Größen im Sinne einer Rollenaufteilung.[809] Aus der Organisation und der damit verbundenen Rollenaufteilung erwächst der Anspruch eines Mitglieds der Organisation auf Information. Das Mitglied der Organisation muss sämtliche Informationen erhalten, die in dessen jeweiliger Funktion gebraucht werden, aber auch nur diese.[810] Aus der Rollenverteilung folgt weiterhin, dass das Mitglied nur die Informationen erhalten darf, die in Ausübung von dessen Funktion erforderlich sind. Die ideale Informationsverteilung innerhalb einer Organisation besteht also darin, dem jeweiligen Mitglied (nur) die für dessen Funktion erforderlichen Informationen zur Verfügung zu stellen.[811] Mehr Informationen soll dieses Mitglied zum besseren Schutz des Rechts auf informationelle Selbstbestimmung des Betroffenen nicht erhalten.[812] Außerdem kann das Mitglied der

---

[809] *Druey*, Information als Gegenstand des Rechts, S. 143.
[810] *Druey*, Information als Gegenstand des Rechts, S. 144.
[811]*Lutter*, Information und Vertraulichkeit im Aufsichtsrat, S. 29; siehe auch *Druey*, Information als Gegenstand des Rechts, S. 144.
[812] Vgl. hierzu auch *Druey*, Information als Gegenstand des Rechts, S. 309.

Organisation nur dann effizient arbeiten, wenn es nicht auch mit (für das jeweilige Mitglied) unwichtigen Informationen belastet wird.[813]

Für den einzelnen Heilberufler bedeutet dies, dass er idealerweise als Mitglied der „Organisation Gesundheitswesen" nur jene Informationen über einen Patienten erhalten sollte, die er für die jeweilige Behandlung auch wirklich benötigt. Weitere Informationen würden die Effizienz seiner Arbeit behindern sowie die informationelle Selbstbestimmung des Patienten beeinträchtigen.

8.2.2 Der „organisierende Patient"

Innerhalb einer Organisation muss es zudem eine Instanz geben, die die Informationsströme lenkt, die also festlegt, welches Organisationsmitglied über welche Informationen verfügen können soll.[814] Die technische Konzeption und die Regelungen in § 291a SGB V haben diese Aufgabe dem Patienten selbst auferlegt. Er bestimmt, welcher Heilberufler Zugriff zu welchen Informationen erhalten soll, welche Informationen gespeichert werden, ob überhaupt Informationen in den freiwilligen Anwendungen der elektronischen Gesundheitskarte gespeichert werden. Mit der Zuweisung dieser Rolle durch die technische und rechtliche Ausgestaltung der elektronischen Gesundheitskarte ist gesichert, dass der Patient auch innerhalb der „Organisation Gesundheitswesen" der „Herr seiner Daten" bleibt.

Diese Rolle birgt jedoch auch Risiken für die Effizienz der Organisation, da der Patient in den überaus meisten Fällen gar nicht fachlich beurteilen kann, welcher Heilberufler welche Informationen für seine Behandlung benötigt. Der Patient kann deshalb allen Heilberuflern den vollen Zugriff auf seine elektronische Patientenakte einräumen, so dass diese zu viele Informationen erhalten und sich die für sie relevanten Informationen selbst heraussuchen müssen. Andererseits kann der Patient, beispielsweise aus Angst vor Verletzungen seiner Privatsphäre, aus Scham oder aus bloßer Unkenntnis, Heilberuflern (unabsichtlich) erforderliche Informationen vorenthalten, indem er ihnen keinen Zugriff auf diese einräumt oder die elektronische Patientenakte gar nicht nutzt. Das ist der Preis für die Entscheidung, dass der Patient – auch vor dem Hintergrund der staatlichen Schutzpflicht für die informationelle Selbstbestimmung des Einzelnen - „Herr seiner Daten" bleiben soll.

---

[813] Vgl. auch *Druey*, Information als Gegenstand des Rechts, S. 145 f.
[814] *Druey*, Information als Gegenstand des Rechts, S. 145.

Die Aufgabe der Organisation ist es somit, durch ihr Wesen als Informations-verarbeitungsgebilde das Optimum für ihre Handlungsziele herauszuholen.[815] Jede Interaktion, die sie veranlasst, steht unter diesem Handlungszweck.[816] Kann die Organisation die Informationen nicht mehr steuern, so hört sie auf zu existieren.

8.2.3 Unterorganisationen

Die „Organisation Gesundheitswesen" besteht zudem aus verschiedenen (Un-ter-) Organisationen. So bilden zum Beispiel Krankenhäuser oder Praxisge-meinschaften ebenfalls Organisationen nach dem hier vertretenen Verständ-nis. Die Ziele der (Unter-)Organisationen müssen nicht immer identisch mit dem Ziel der „Organisation Gesundheitswesen" sein. Auch die Mitglieder die-ser Organisationen können durchaus noch weitere, unterschiedliche Ziele ver-folgen, der Patient beispielsweise seine Behandlung um jeden Preis, das Krankenhaus die Einhaltung des Budgetplans oder der Arzt die Maximierung seines Einkommens. Dies liegt jedoch im Wesen der Organisation, da der Or-ganisierende, in diesem Fall also der Patient, nur ein übergeordnetes Ziel fest-legen kann.[817] Zum Schutz des Rechts auf informationelle Selbstbestimmung des organisierenden Patienten ist die Organisation so auszugestalten, dass Unterorganisationen ihre Ziele nicht entgegen den Interessen des Patienten durchsetzen können. Dies wird im Rahmen der elektronischen Gesundheits-karte jedoch dadurch erschwert, dass der Patient grundsätzlich nur zusam-men mit einem Heilberufler im Wege des Zwei-Karten-Prinzips auf seine in den Anwendungen der eGK gespeicherten Informationen zugreifen kann.[818] Die Unterinteressen des Heilberuflers, der dem Patienten z.B. den Einblick in seine Patientenakte ermöglicht, müssen nicht identisch mit den Interessen des Patienten sein, der immerhin für die Informationsverteilung in der Orga-nisation verantwortlich ist. Wenn aber ausgerechnet ein Heilberufler, der ei-gene (Unter-)Interessen verfolgen könnte, dem Patienten die in der elektroni-schen Patientenakte gespeicherten Daten fachlich erklärt, so kann es passie-ren, dass der Patient nicht unabhängig genug informiert wird, um bestmöglich über die Verteilung der Informationen entscheiden zu können. Die Lösung dieses Problems könnte zunächst in der kostspieligen und zeitintensiven Ein-holung einer heilberuflichen Zweitmeinung bestehen. Eine bessere Alternati-

---

[815] *Druey,* Information als Gegenstand des Rechts, S. 147.
[816] *Druey,* Information als Gegenstand des Rechts, S. 159 f.
[817]*Luhmann,* Zweckbegriff und Systemrationalität, S. 121 ff.; *Druey,* Information als Gegenstand des Rechts, S. 284 f.
[818] Siehe hierzu auch die Ausführungen unter den Ziffern 6.5.4 und 6.5.5.

ve bestünde aber in der Integration eines unabhängigen Mittlers in das System der elektronischen Gesundheitskarte, der unabhängig und ohne Verfolgung eigener wirtschaftlicher Interessen den Patienten Auskunft über die in der elektronischen Patientenakte gespeicherten Informationen geben könnte.[819] Eine derartige Mittlerperson ist derzeit aber im System der elektronischen Gesundheitskarte nicht vorgesehen.[820]

8.2.4 Das Einbringen von Informationen durch Mitglieder der Organisation

Auf der anderen Seite sind die Mitglieder der Organisation verpflichtet, Informationen, die sie erhalten, in die Organisation einzubringen, wenn sie deren Zweck dienen.[821] Heilberufler müssen beispielsweise ihre fachlichen Informationen zur Heilung von Krankheiten in die Organisation einbringen. Folglich erhält eine Organisation sowohl externe Informationen, sie generiert Informationen aus der Zusammenarbeit der Mitglieder, aber die einzelnen Organisationsmitglieder erstellen auch autonom Informationen in Bezug auf das Handlungsziel der Organisation. Es ist dabei die Aufgabe ihrer Mitglieder, der Organisation alle relevanten Informationen, aber auch nur diese, selbständig zur Verfügung zu stellen.[822] Über die Verteilung dieser Ansammlung von Informationen kann dann der Organisierende, in diesem Fall also der Patient, entscheiden. Eine selbständige Kommunikation zwischen Mitgliedern der Organisation hinsichtlich des konkreten Handlungsziels der Organisation, der Gesundung bzw. Gesunderhaltung eines bestimmten Patienten, darf nur mit Erlaubnis des Organisierenden bzw. aufgrund rechtlicher Informationszuweisungen stattfinden, da andernfalls der Organisierende die Verteilung der Informationen nicht mehr steuern könnte. Dies wäre jedoch das Ende der Organisation. Eine effiziente und durch den Organisierenden gesteuerte Zielerreichung würde unmöglich.[823] Außerdem würde das Recht des organisierenden Patienten auf informationelle Selbstbestimmung beeinträchtigt, wenn zwei Organisationsmitglieder ohne Erlaubnis konkret kommunizieren würden. Das notwendige Vertrauen innerhalb der Organisation würde zerstört. Kommunikation über die Behandlung einer Krankheit mit bestimmten Symptomen im Allgemeinen, also in anonymisierter Form, bleibt davon unberührt und kann auch ohne Erlaubnis des Organisierenden innerhalb der Organisati-

---

[819] Siehe dazu auch *Druey*, Information als Gegenstand des Rechts, S. 285 f.
[820] Siehe hierzu die Ausführungen unter Ziffer 0.
[821] *Druey*, Information als Gegenstand des Rechts, S. 287 f.
[822] Vgl. hierzu auch *Druey*, Information als Gegenstand des Rechts, S. 291.
[823] Vgl. hierzu auch *Druey*, Information als Gegenstand des Rechts, S. 291 f.

on stattfinden, ohne deren Ziele zu gefährden.[824] Im Gegenteil: Allgemeine Kommunikation innerhalb einer Organisation kann dazu führen, dass deren Ziele schneller und besser erreicht werden.

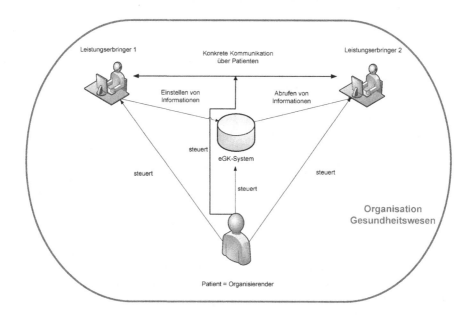

Abbildung 4: **Die Steuerung der Informationsverteilung in der "Organisation Gesundheitswesen" durch den „organisierenden Patienten"**

8.2.5   Der Schutz der Organisation nach außen

Die interne Funktion, über die Informationsverteilung zu entscheiden, muss darüber hinaus aber auch die Befugnis beinhalten, zu entscheiden, was davon aus der Organisation hinaus nach außen tritt, also Stellen zur Verfügung gestellt wird, die nicht Teil der Organisation sind.[825] Jede Organisation hat eine „Haut". Die Informationsordnung, die vom Organisierenden bestimmt wird, muss vorgeben, welche Informationen aus dieser Organisation nach außen dringen dürfen.[826] Jedes Mitglied ist deshalb verpflichtet, keine konkreten nicht-anonymisierten Informationen an Personen oder Stellen außerhalb der

---

[824] Vgl. hierzu auch *Druey*, Information als Gegenstand des Rechts, S. 292.
[825] *Druey*, Information als Gegenstand des Rechts, S. 147 f.
[826] *Druey*, Information als Gegenstand des Rechts, S. 282, 299.

Organisation zu geben, es sei denn, dass der Organisierende das Organisationsmitglied dazu ermächtigt hat. Organisationsmitglieder können intern ihre Meinung äußern, ob bestimmte Informationen an externe Stellen gegeben werden sollen. Die endgültige Entscheidung darüber muss jedoch beim Organisierenden bleiben. Das bedeutet in diesem Fall, dass kein Heilberufler ohne Erlaubnis des Organisierenden oder durch Gesetz eine konkrete, nicht anonymisierte Information, die den Patienten betrifft, an eine externe Stelle geben darf. Selbstverständlich können Heilberufler dem Patienten den Ratschlag erteilen, bestimmte Informationen über seinen Gesundheitszustand an externe Stellen zu geben, wie z.B. die Familie oder andere Heilberufler, die bisher noch nicht an der Behandlung des Patienten beteiligt waren. Die endgültige Entscheidung darüber muss jedoch beim Patienten verbleiben. Er entscheidet auch über die Informationsverteilung aus der „Organisation Gesundheitswesen" hinaus nach außen. Der Patient entscheidet umfassend und allein, ob, wann und auf welchem Weg eine Information aus der Organisation hinaus nach außen dringen soll. Eine Ausnahme besteht nur dann, wenn höherrangige Interessen dadurch gefährdet würden, so zum Beispiel die Bekämpfung der Ausbreitung von Seuchen. In diesem Fall müssen bestimmte Krankheiten auch weiterhin an die zuständigen Behörden gemeldet werden dürfen.[827]

---

[827] Siehe z.B. §§ 6, 7 Infektionsschutzgesetz.

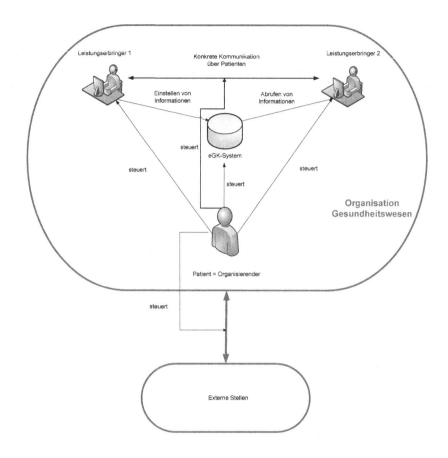

Abbildung 5: Die Steuerung der Informationsverteilung durch den „organisierenden Patienten" nach außen

Nach außen muss die Organisation deshalb durch Geheimhaltungsvorschriften geschützt werden. Ein Geheimhaltungsgebot ist für sie Existenzbedingung.[828] Andernfalls könnte der Organisierende nicht mehr entscheiden, welche Informationen wann und auf welche Art und Weise an bestimmte externe Stellen weitergegeben werden. Es handelt sich mithin um eine Geheimhaltungspflicht mit Vorbehalt der Offenlegung im Einzelfall.[829] Der Organisator dient dabei auch als Kontaktmann der Organisation nach außen, es sei denn, ein Organisationsmitglied ist im Einzelfall dazu ermächtigt. In unserem Fall wird die Geheimhaltung der „Organisation Gesundheitswesen" durch vertrag-

---

[828] *Druey*, Information als Gegenstand des Rechts, S. 299.
[829] *Druey*, Information als Gegenstand des Rechts, S. 299.

liche Regelungen, den Sozialdatenschutz, allgemeine datenschutzrechtliche Regelungen sowie die heilberufliche Schweigepflicht geschützt. Außerdem wird das System der elektronischen Gesundheitskarte durch die technischen Maßnahmen gem. §§ 291a, 291, 291b SGB V geschützt. Ob dieser rechtliche Schutz i.V.m. technischen Schutzmaßnahmen jedoch ausreichend ist, wird unter Ziffer 10.1 und Ziffer 10.2 detailliert untersucht.

Auch die Kommunikation von außen mit der Organisation darf nur über den Organisierenden geschehen. Anfragen über Informationen mit Bezug auf den Organisierenden dürfen nur an diesen selbst gestellt werden bzw. müssen, wenn sie an Organisationsmitglieder gestellt werden, sofort an den Organisierenden weitergeleitet werden. Wollen beispielsweise private Krankenversicherungsunternehmen Informationen über den Gesundheitszustand eines potentiellen Versicherungsnehmers zur Risikoabschätzung oder Überprüfung der Leistungspflicht einholen, so müssen sie zunächst den Patienten fragen. Dieser kann dann selbst Auskunft geben oder ihn behandelnde Heilberufler ermächtigen, dem jeweiligen privaten Krankenversicherungsunternehmen direkt Auskunft zu geben. Wendet sich das Krankenversicherungsunternehmen unmittelbar an den Heilberufler, ohne den Patienten vorher um Erlaubnis gefragt zu haben, ist der Heilberufler verpflichtet, die Anfrage des Unternehmens zunächst an den Patienten weiterzuleiten. Erst nach dessen Erlaubnis darf der Heilberufler dann Auskunft geben. Weigert sich der Patient Auskunft zu geben oder einen Heilberufler zur Auskunft zu ermächtigen, steht es dem privaten Krankenversicherungsunternehmen im Wege der Privatautonomie selbstverständlich frei, einen Vertragsschluss abzulehnen.

Der einzelne Heilberufler gibt jedoch immer nur in seinem eigenen Namen Auskunft und nicht für die „Organisation Gesundheitswesen" in ihrer Gesamtheit. Ein behandelnder Urologe darf beispielsweise nicht Auskunft über den neurologischen Gesundheitszustand des Patienten geben, obwohl er diese Informationen gegebenenfalls aus der elektronischen Patientenakte entnehmen könnte. Ein Heilberufler darf also nur innerhalb seiner Zuständigkeit in der Organisation Auskunft geben und nicht über Bereiche, die in den Zuständigkeitsbereich eines anderen Heilberuflers fallen.[830]

---

[830] *Druey*, Information als Gegenstand des Rechts, S. 302 ff.

8.2.6 Zusammenfassung

Zusammenfassend ist somit festzuhalten, dass die ideale Informationsverteilung in einer Organisation insbesondere aus drei Komponenten besteht:

1. Der Organisator steuert die Informationsverteilung innerhalb der Organisation, den Informationsfluss nach außen und die Annahme von Informationen von außen.

2. Jedes Mitglied der Organisation muss (nur) die für seine Funktion erforderlichen Informationen erhalten und diese geheim halten.

3. Die internen Informationen der Organisation müssen wirksam nach außen geschützt werden.

In diesem Fall besteht auch in einem vernetzten Gesundheitssystem keine Gefahr für das Recht des Patienten auf informationelle Selbstbestimmung. Er selbst bleibt „Herr seiner Daten" und entscheidet sowohl innerhalb der „Organisation Gesundheitswesen" als auch hinsichtlich des Informationsflusses aus der Organisation hinaus nach außen, wer wann welche Informationen über ihn erhält. Das für die Behandlung erforderliche Vertrauen gegenüber dem einzelnen Heilberufler und dem vernetzten System bliebe so erhalten. Fraglich ist jedoch, ob die gegenwärtige rechtliche und technische Ausgestaltung des Gesundheitssystems diese drei Säulen hinreichend abbildet. Dies wird im Folgenden untersucht.

9 Die Information des „organisierenden Patienten"

Zunächst müsste der organisierende Patient autonom über die Informationsverteilung entscheiden können. Dazu muss er über sämtliche relevanten Informationen, die seinen Gesundheitszustand betreffen, verfügen können, unerheblich davon, ob diese Informationen aus der Organisation selbst oder von außerhalb stammen. Nur dann kann er die ihn betreffenden Informationen optimal steuern. Dies birgt zwar, wie bereits beschrieben, das Risiko, dass der organisierende Patient zu viele Informationen erhält, doch anders ist er nicht in der Lage, über deren Verteilung zu entscheiden. Durch ein Übermaß an Informationen entstehen zwar Effizienzeinbußen in der Organisation, allerdings sind diese im Hinblick auf das Ziel, die optimale Steuerung der Informationen durch den organisierenden Patienten, hinzunehmen.

9.1 Transparenz durch den Zugriff des Patienten auf Informationen im Rahmen der elektronischen Gesundheitskarte?

Es stellt sich daher die Frage, ob der Patient durch die Ausgestaltung der elektronischen Gesundheitskarte überhaupt sämtliche Informationen erhält oder ob diesbezüglich noch Anpassungsbedarf besteht. Mit anderen Worten: Wird im Rahmen der elektronischen Gesundheitskarte eine Transparenz erreicht, dass der Patient umfassend und besser über seine Gesundheit und in Anspruch genommene Behandlungen informiert ist als vor Einführung der eGK und damit auch überhaupt erst in die Lage versetzt wird, selbstautonom über die im Rahmen seiner eGK gespeicherten Informationen zu verfügen? Die Verbesserung der Transparenz stellt immerhin eines der drei Hauptziele der elektronischen Gesundheitskarte dar (siehe Ziffer 6.2.3).

Der Patient erhält alleine keinen Zugriff auf die Daten, die im Rahmen der elektronischen Gesundheitskarte gespeichert werden. Nur zusammen mit einem HBA, also zusammen mit einem Heilberufler, kann der Patient in Übereinstimmung mit dem Zwei-Karten-Prinzip auf die ihn betreffenden Daten der elektronischen Gesundheitskarte zugreifen. Auch an den eingerichteten Patientenkiosken oder im Wege eines PIN@home-Verfahrens kann er lediglich auf gespeicherte Versichertenstammdaten und Verordnungen zugreifen (vgl. § 291a Abs. 5 S. 5 SGB V), die persönlichen Erklärungen des Versicherten gem. § 291a Abs. 3 S. 1 Nr. 7-9 SGB V (vgl. § 291a Abs. 5s A. 4 SGB V) und die von ihm genutzten freiwilligen Anwendungen aktivieren bzw. deaktivieren.[831] Möchte er auf Daten zugreifen, die im Rahmen der freiwilligen Anwendungen

---

[831] Siehe *Bales/Dierks/Holland/Müller*, Die elektronische Gesundheitskarte, B I § 291a Rn. 99.

© Springer Fachmedien Wiesbaden GmbH, ein Teil von Springer Nature 2015
M. A. Arning, *Die elektronische Gesundheitskarte und die Verteilung von Informationen im deutschen Gesundheitswesen*, Edition KWV, https://doi.org/10.1007/978-3-658-23814-8_9

der elektronischen Gesundheitskarte gem. § 291a Abs. 3 S. 1 Nr. 1-4 und Nr. 6 SGB V gespeichert sind, so kann er dies gem. § 291a Abs. 5 S. 3 SGB V nur zusammen mit einem HBA, also einem Heilberufler, erreichen. Aber insbesondere diese Daten könnten für eine bessere Information des Patienten sorgen. So enthält z.B. die elektronische Patientenakte gem. § 291a Abs. 3 S. 1 Nr. 3 SGB V sämtliche Daten über Befunde, Diagnosen, Therapiemaßnahmen, Behandlungsberichte sowie Impfungen für eine fall- und einrichtungsübergreifende Dokumentation des Patienten.

Das Zwei-Karten-Prinzip wurde deshalb eingeführt, um den Versicherten besser vor Begehrlichkeiten, z.B. von Versicherungsunternehmen, zu schützen, die gerne umfassend über den Gesundheitszustand des Versicherten informiert wären, bevor sie ihn einstellen oder mit ihm beispielsweise eine Kranken-, Berufsunfähigkeits- oder Lebensversicherung abschließen.[832] Könnte der Versicherte alleine auf diese Daten zugreifen, wäre er stark unter Druck zu setzen, nach § 291a Abs. 4 SGB V nicht berechtigten Stellen trotzdem Zugang zu diesen Daten zu verschaffen.[833] § 291a Abs. 8 S. 1 SGB V verbietet, um den Versicherten diesbezüglich noch besser zu schützen, bereits das Verlangen einer Genehmigung zum Zugriff auf diese Daten. §§ 307, 307b SGB V stellen den unbefugten Zugang zu den Daten und das Verlangen nach einer diesbezüglichen Genehmigung dann auch unter Strafe.

Dieser hohe Schutz geht jedoch auf Kosten der Transparenz. Der Patient kann nicht einfach an seinen Computer oder zu einem aufgestellten eKiosk gehen und die über ihn gespeicherten Informationen einsehen. Er muss jedes Mal zu einem Heilberufler gehen und zusammen mit ihm die über ihn gespeicherten Daten abrufen. Dies stellt sowohl für den Patienten als auch für die Heilberufler eine große Belastung dar.

Der Heilberufler muss zukünftig zusammen mit den Patienten Informationen aus dem System der eGK abrufen, auch wenn diese gar nicht für eine aktuelle Behandlung dienen, sondern der Patient sich nur über seinen Gesundheitszustand informieren möchte. Der Heilberufler wird somit auch zu einem Informationsdienstleister und zur Auskunftsstelle im Rahmen der elektronischen Gesundheitskarte. Zeit, die ansonsten für die Behandlung der Patienten zur Verfügung stünde, geht für diese Aufgabe verloren. Außerdem ist noch unklar, inwiefern der Heilberufler für diese Tätigkeit vergütet wird. Denn er erhält mit der gegenwärtigen Konzeption der elektronischen Gesundheitskarte eine neue, zusätzliche Aufgabe, die selbstverständlich auch vergütet werden muss. Einen gesonderten Posten, z.B. im Rahmen der GOÄ, stellt diese Tätigkeit zum

---

[832] Siehe die Gesetzesbegründung zu § 291a Abs. 5 SGB V in BT-Drs. 15/1525, S. 145.
[833] *Bales/Dierks/Holland/Müller*, Die elektronische Gesundheitskarte, B I § 291a Rn. 99.

derzeitigen Zeitpunkt noch nicht dar. Auch dies dürfte zu den Akzeptanzproblemen auf Seiten der Heilberufler beitragen. Es kommen neue, mitunter zeitintensive Aufgaben auf sie zu, was zur Folge hat, dass die Zeit nicht mehr zur Behandlung von Patienten zur Verfügung steht, ohne dass bisher konkret geregelt wurde, wie diese Leistung vergütet werden soll.

Trotzdem bleibt festzuhalten, dass die Information über den eigenen Gesundheitszustand für die Patienten von großer Wichtigkeit ist. Andernfalls können sie sich nicht ihrem Gesundheitszustand entsprechend verhalten und gesundheitsbewusst leben. Außerdem müssen sie, wie bereits beschrieben, über sämtliche sie betreffenden Gesundheitsinformationen Kenntnis haben, damit sie diese innerhalb und außerhalb der „Organisation Gesundheitswesen" verteilen können. Genau dies könnte sich nach der gegenwärtigen Konzeption der elektronischen Gesundheitskarte als sehr schwierig erweisen. Der Patient muss zu einem Heilberufler gehen und dort gegebenenfalls lange warten. Der Heilberufler wiederum, der zusammen mit dem Patienten dann die Informationen aus dem System der eGK abruft, könnte bei dieser Tätigkeit relativ unmotiviert sein, da die hierzu benötigte Zeit nicht der Behandlung seiner Patienten dient, mit der er mehr Geld verdienen dürfte, auch wenn die Regelung der Vergütung für Beratungen im Zusammenhang mit der eGK noch nicht abzusehen ist. Außerdem dürfte ein Heilberufler regelmäßig mehr Interesse an der Behandlung von Patienten haben als dem Patienten nur Auskunft über gespeicherte Informationen zu geben. Ein Vorteil der Konstruktion ist aber, dass der Heilberufler mit seinem Fachwissen dem in der Regel fachunkundigen Patienten die Bedeutung der abgerufenen Informationen erklären kann. Dies nimmt jedoch weitere Zeit in Anspruch. Aber nur wenn der Patient die Bedeutung der Informationen kennt, kann er optimal über ihre Verteilung entscheiden. Da er als fachunkundiger Laie diese Bedeutung alleine jedoch in vielen Fällen nicht erkennen kann, ist er auf die Unterstützung und das Fachwissen von Experten angewiesen. Der Heilberufler muss den Patienten somit nach gegenwärtiger Konstruktion nicht nur beim Abrufen der Informationen unterstützen, sondern ihm auch deren Bedeutung erklären und ihn dabei beraten, ob er bestimmte freiwillige Anwendungen der eGK nach § 291a Abs. 3 SGB V benutzen, welche Informationen er darin über sich aufnehmen und wem er diese Informationen zugänglich machen sollte. Die Rolle des Heilberuflers würde sich somit weiter verändern. Die Tätigkeit der Behandlung würde an Bedeutung verlieren, die beratende und unterstützende Tätigkeit an Bedeutung gewinnen. Dabei ist allerdings fraglich, ob die Anzahl der Heilberuflerbesuche in dem Ausmaß abnimmt, wie die beratende Tätigkeit zunehmen würde. Somit droht eine Überbeanspruchung der Heilberufler.

Außerdem könnte die gegenwärtige Konstruktion der elektronischen Gesundheitskarte dazu führen, dass Patienten diesen schwierigen Weg der Informationsbeschaffung scheuen und eben nicht extra zum Heilberufler gehen und dort warten, um dann gegebenenfalls einem genervten Heilberufler gegenüber zu sitzen oder sich in diesen Situationen nicht ausführlich genug beraten lassen zu können, was die über sie gespeicherten Informationen bedeuten.

Ohne dieses Wissen können die Patienten allerdings auch nicht optimal über die Verteilung der Informationen entscheiden, denn das setzt das Wissen über ihre Bedeutung voraus. Dies könnte dazu führen, dass Patienten aus Angst um ihre Daten die medizinisch durchaus sinnvollen freiwilligen Anwendungen der elektronischen Gesundheitskarte nach § 291a Abs. 3 SGB V gar nicht oder nur eingeschränkt nutzen. Die genau entgegengesetzte Folge könnte sein, dass Patienten sich überfordert fühlen und sämtliche Anwendungen der eGK nutzen und allen Heilberuflern sämtliche gespeicherten Informationen zugänglich machen, weil sie die Bedeutung der Informationen nicht kennen und deshalb Angst haben, eventuell eine bedeutende Information aus Unkenntnis zu verheimlichen. Die Folge des Zwei-Karten-Prinzips, mit der ein besonders hoher Schutz des Rechts auf informationelle Selbstbestimmung erreicht werden soll, könnte somit zur Folge haben, dass Patienten die Verteilung ihrer Informationen nicht mehr genau steuern können, weil der Zugriff auf diese zu schwierig ist. Benutzen die Patienten die elektronische Gesundheitskarte gar nicht, mag zwar ihr informationelles Selbstbestimmungsrecht geschützt sein, doch geht ihnen medizinischer (und auch wirtschaftlicher) Nutzen verloren. Benutzen die Patienten daraufhin sämtliche Anwendungen der eGK und geben allen Heilberuflern Zugriff auf alle diese Daten, so könnte zwar der medizinische und wirtschaftliche Nutzen der eGK ausgeschöpft werden, doch wäre der Patient nicht mehr „Herr seiner Daten", wenn deren umfassende Nutzung nicht mehr auf einer freien Willensentscheidung wegen Überforderung beruht. Das Ziel der elektronischen Gesundheitskarte, die Verbesserung der Transparenz im Gesundheitswesen, wird damit nur eingeschränkt erreicht.

Folglich besteht an dieser Konzeption Änderungsbedarf. Die Anforderungen sind dabei klar: Der Patient muss selbst autonom als „Herr seiner Daten" über die ihn betreffenden Informationen bestimmen können, allerdings muss er auch einfacher als bisher auf diese Informationen zugreifen können, ohne dass dabei der Schutz vor missbräuchlicher Benutzung der eGK beeinträchtigt wird.

9.2 Lösungsvorschlag: Patienteninformationscenter als Mittler

Die Problematik des praktikablen Zugriffs des Versicherten auf seine im Rahmen der eGK gespeicherten Daten ist den bei der eGK beteiligten Akteuren durchaus bewusst. Die Bundesärztekammer schlägt als Lösung die Einrichtung so genannter Umgebungen zur Wahrnehmung der Versichertenrechte vor. Eine solche Umgebung soll in Einrichtungen des Gesundheitswesens (Arztpraxis, Apotheke, Krankenhaus etc.) eingerichtet werden, in denen ein Heilberufler zusammen mit dem Versicherten nach dem Zwei-Karten-Prinzip auf die im Rahmen der eGK gespeicherten Daten des Versicherten nach §§ 291a Abs. 4 und 5 SGB V zugreifen kann. Nachdem der Heilberufler den Zugang des Versicherten zu dessen Daten im Rahmen der eGK durch seinen HBA und die Eingabe seiner PIN ermöglicht hat, muss der Heilberufler nicht mehr anwesend sein, während der Versicherte auf seine Daten zugreift.[834] Allerdings besteht in diesem Fall dann das Problem, dass der Versicherte zwar auf seine im Rahmen der eGK gespeicherten Daten zugreifen, diese als medizinischer Laie aber in vielen Fällen gar nicht verstehen kann, da er insoweit auf fachliche Unterstützung angewiesen ist, diese aber nicht bekommt, wenn der Heilberufler beim Zugriff auf die Daten nicht zugegen ist.

Das Fraunhofer-Institut für Software- und Systemtechnik ISST, das Fraunhofer-Institut für Sichere Informationstechnologie SIT sowie die TMF – Technologie- und Methodenplattform für die vernetzte medizinische Forschung e.V. schlagen hingegen vor, dass der Versicherte alleine auf seine im Rahmen der eGK gespeicherten Daten zugreifen können soll.[835] Dies würde zwar eine umfassende Zugriffsmöglichkeit des Versicherten zur Folge haben, doch bestünde wiederum das Problem, dass der Versicherte die ihm zur Verfügung gestellten Informationen nicht alleine interpretieren kann, da ihm insoweit das medizinische Fachwissen fehlt. Außerdem hat der Gesetzgeber das Zwei-Karten-Prinzip bewusst in § 291a Abs. 5 S. 3 SGB V eingeführt, um einen verbotenen Zugriff auf die im Rahmen der eGK gespeicherten Daten durch unbefugte Personen zu verhindern.[836] Zwar ist ein solcher Zugriff nach § 291a Abs. 4 bzw. Abs. 5a i.V.m. Abs. 8 SGB V rechtlich ohnehin untersagt und strafrechtlich nach § 307 Abs. 1 und § 307b SGB V sanktioniert, doch würde es insoweit ohne das Zwei-Karten-Prinzip an einem entsprechenden technischen Schutz dieser Untersagung fehlen, was den technischen Schutz der im Rahmen der eGK gespeicherten Daten ganz generell abschwächen würde. Eine

---

[834]*Schenkel/Albert/Raptis*, Arbeitskonzept Notfalldatenmanagement, Version 1.05 v. 25.08.2011, S. 13, abrufbar unter: http://www.bundesaerztekammer.de/downloads/Arbeitskonzept_NFDM _1.05.pdf (19.05.2013).
[835] *Fraunhofer ISST, Fraunhofer SIT, TMF e.V.*, Elektronische Patientenakte gemäß § 291a SGB V, S. 8 ff.
[836] Siehe die Begründung zu § 291a Abs. 5 SGB V in BT-Drs. 15/1525, S. 145.

solche Lösung wäre aber ohnehin erst nach einer entsprechenden Änderung des § 291a Abs. 5 S. 3 SGB V zulässig.[837] Soweit in der Literatur ein lesender Zugriff des betroffenen Versicherten auch ohne HBA für zulässig erachtet wird, da aus § 291a Abs. 4 S. 2 SGB V das Recht des Versicherten folge, auf seine Daten im Rahmen der eGK zuzugreifen,[838] werden unzulässigerweise die rechtlichen Befugnisse des Versicherten, die in § 291a Abs.4 S. 2 SGB V geregelt sind und die technische Ausgestaltung des Zugriffs und die hierbei vorgesehenen Schutzmaßnahmen vermischt, die in § 291a Abs. 5 S. 3 SGB V geregelt sind.[839] Dieses Ergebnis folgt auch aus dem Umkehrschluss von § 291a Abs. 5 S. 3 HS 2 SGB V, in dem ausdrücklich normiert ist, dass der betroffene Versicherte auch allein mittels einer eigenen Signaturkarte, die über eine qualifizierte elektronische Signatur verfügt, auf sein Patientenfach nach § 291a Abs. 3 S. 1 Nr. 5 SGB V zugreifen darf.[840] Diese Regelung wäre jedoch nicht erforderlich gewesen, wenn der betroffene Versicherte ohnehin auf sämtliche Anwendungen der eGK alleine, also ohne einen HBA, zugreifen darf. Somit folgt aus dem Umkehrschluss von § 291a Abs. 5 S. 3 HS 2 SGB V, dass der Patient nicht allein auf die übrigen Anwendungen der eGK zugreifen darf.[841] Zwar wäre es durchaus vorstellbar, dass der betroffene Versicherte z.B. die Inhalte seiner elektronischen Patientenakte nach § 291a Abs. 3 S. 1 Nr. 4 SGB V auch in sein Patientenfach gem. § 291a Abs. 3 S. 1 Nr. 5 SGB V einstellen lässt, so dass er dann gem. § 291a Abs. 5 S. 3 HS. 2 SGB V alleine, ohne einen HBA, auf das Patientenfach und damit auch die Inhalte seiner elektronischen Patientenakte zugreifen könnte. Doch würde dies eine unzulässige Umgehung des durch den Gesetzgeber in § 291a Abs. 5 S. 3 SGB V statuierten Zwei-Karten-Prinzips darstellen, demzufolge ein Versicherter eben nur zusammen mit einem Heilberufler und nicht auf die in den übrigen Anwendungen gespeicherten Daten zugreifen können soll. Außerdem würde durch die alleinige Einsichtsmöglichkeit des Versicherten nicht nur die Gefahr eines unberechtigten Zugriffs bestehen, die der Gesetzgeber durch das Zwei-Karten-Prinzip ausdrücklich ausschließen wollte.[842] Vielmehr würde auch nicht das Problem gelöst, dass der Versicherte die ihm dann zur Verfügung stehenden Informationen aufgrund seines fehlenden medizinischen Fachwissens nicht interpretieren könnte.

Eine Lösung für die unter Ziffer 9.1 beschriebene Problematik, die nicht die mit den zuvor genannten Lösungsvorschlägen verbundenen Schwachstellen

---

[837] Siehe hierzu auch die Ausführungen unter Ziffer 6.5.4.
[838] *Schneider*, in: Krauskopf, Soziale Krankenversicherung, Pflegeversicherung, § 291a SGB V Rn. 58 ff.
[839] *Hornung*, in Hänlein/Kruse/Schuler, Sozialgesetzbuch V, § 291a Rn. 11.
[840] *Hornung*, Die digitale Identität, S. 298.
[841] *Hornung*, Die digitale Identität, S. 298.
[842] Siehe die Gesetzesbegründung zu § 291a Abs. 5 SGB V in BT-Drs. 15/1525, S. 145.

bzw. Nachteile aufweist, könnte die Einschaltung eines Mittlers sein, also einer Stelle, die die Betreiber der eGK-Telematikinfrastruktur und die Heilberufler mit den Patienten verbindet. Ein solcher Mittler könnten Patienteninformationscenter sein. Diese Patienteninformationscenter wären unabhängige Stellen, die den Patienten Auskunft über ihre im Rahmen der eGK gespeicherten Informationen erteilen und beim Umgang mit diesen beraten würden. Die Mitarbeiter dieser Stellen müssten ausreichend Fachwissen besitzen, um Patienten medizinische Fachbegriffe und Krankheiten allgemein zu erklären. Keinesfalls sollen sie Patienten behandeln. Dies muss, schon rechtlich gesehen, das Privileg der Heilberufler bleiben. Die Mitarbeiter der Patienteninformationscenter sollen den Patienten lediglich Auskunft über die gespeicherten Informationen im Rahmen der eGK geben und ihnen die generelle Bedeutung dieser Informationen erklären. Der Ablauf würde dann folgendermaßen sein:

Ein Patient möchte wissen, welche Informationen über seinen Gesundheitszustand im Rahmen der eGK gespeichert sind, denn er will über seinen Gesundheitszustand genau Bescheid wissen und sich seinem Gesundheitszustand entsprechend verhalten. Deshalb geht er zu einem neu einzurichtenden Patienteninformationscenter. Der Mitarbeiter dort verfügt über einen speziellen Ausweis, ähnlich dem Heilberufsausweis. Zusammen mit diesem Ausweis kann der Patient mit seiner eGK auf die über ihn im Rahmen der eGK gespeicherten Informationen zugreifen. Das Zwei-Karten-Prinzip bliebe also auch bei dieser Konzeption erhalten. Nunmehr kann der Patient die angezeigten Informationen durchlesen. Versteht er bestimmte Fachausdrücke nicht oder hat er allgemeine Fragen zu Krankheiten, so kann der Mitarbeiter des Patienteninformationscenters ihm dabei helfen. Fragen des Patienten, ob eine bestimmte Therapie für ihn vielleicht besser wäre, darf der Mitarbeiter hingegen nicht beantworten. Dies muss dem zuständigen Heilberufler vorbehalten bleiben. Der Mitarbeiter kann aber durch sein Fachwissen verhindern, dass der Patient bestimmte Informationen gar nicht oder falsch versteht. Durch die Hilfe und das Fachwissen des Mitarbeiters kann der Patient somit die Bedeutung dieser Informationen richtig erfassen und wird damit überhaupt erst in die Lage versetzt, autonom und frei über die Verteilung dieser Informationen zu entscheiden. Auch dabei könnte ihn der Mitarbeiter unterstützen, so z.B. über Vor- und Nachteile der Anwendungen der eGK informieren und den Patienten bei der Einrichtung der Anwendungen unterstützen. Die Mitarbeiter erhielten allerdings nur einen lesenden Zugriff auf diese Daten, denn sie dienen rein der Auskunft und Beratung.

Somit wäre es nicht mehr die alleinige Aufgabe der Heilberufler, die Patienten über die sie betreffenden Informationen im Rahmen der eGK zu informieren und Auskunft zu geben; mithin würden sie durch diese Gestaltung entlastet.

Der Patient könnte sich also in Ruhe, ohne dafür extra zum Heilberufler gehen zu müssen, über seine gespeicherten Informationen im Rahmen der elektronischen Gesundheitskarte informieren und sich diese von fachkundigen Mitarbeitern des Patienteninformationscenters erklären lassen. Es ist zu erwarten, dass diese Konzeption aufgrund ihrer Unkompliziertheit von den Patienten erheblich öfter genutzt wird, als dass sie sich umfassend bei einem Heilberufler beraten lassen würden. Somit trägt diese vorgeschlagene Konzeption dazu bei, dass Informationsasymmetrien weiter abgebaut werden, da Patienten besser über ihren Gesundheitszustand informiert sind. Dadurch würden Agenturkosten abgebaut.

Allerdings würde die vorgeschlagene Konzeption weitere Kosten im Rahmen der elektronischen Gesundheitskarte verursachen. Die Patienteninformationscenter müssten eingerichtet und Fachpersonal eingestellt und bezahlt werden. Diese Kosten könnten gegebenenfalls aus den erwarteten Einsparungen in Folge der Einführung der eGK finanziert werden.[843]

Außerdem könnte beispielsweise in § 291a SGB V statuiert werden, dass sich die Patienten durch Entrichtung angemessener Gebühren für die Auskunft an den Kosten beteiligen. Dies wäre gem. Art. 12 lit. a der Datenschutzrichtlinie 95/46/EG auch zulässig. Doch ist von der Erhebung einer solchen Gebühr abzuraten. Eines der Ziele der elektronischen Gesundheitskarte ist gem. § 291a Abs. 1 SGB V die Verbesserung der Transparenz der Behandlung. Folglich sollte dieses Ziel nicht konterkariert werden, indem dafür Gebühren erhoben werden, dass der Patient sich einfacher und umfassender über seinen Gesundheitszustand informieren kann, die Behandlung also transparenter wird. Die Einrichtung von Patienteninformationscentern würde genau diese Transparenz bringen, die die derzeitige Konzeption vermissen lässt: Der Patient muss sich einfacher, genauer und umfassender über seinen Gesundheitszustand und die erfolgten Behandlungen informieren können.

Die (zusätzlichen) Kosten sind der Preis für die politische und ethische Entscheidung, die Transparenz der Behandlung zu verbessern. Zwar dürften die Betreiber der Telematikinfrastruktur am Ende die Kosten für die Informationscenter auf die Patienten abwälzen. Doch sollten diese Kosten nicht in voller Höhe bei den Patienten ankommen, denn die Betreiber wollen die lukrativen Aufträge zur Errichtung dieser Infrastruktur erhalten. Außerdem verur-

---

[843] Siehe hierzu die Ausführungen unter Ziffer 6.8.

sacht ein besser informierter Patient geringere Kosten, da er sich gesundheitsbewusster verhalten kann, so dass weitere Kosten eingespart werden. Diese Einsparungen kommen wiederum letztendlich ebenfalls den Patienten zugute. Die hier vorgeschlagene Lösung bildet zudem auch genau die optimale Informationsverteilung in der „Organisation Gesundheitswesen" ab. Der organisierende Patient kann einfach sämtliche Informationen über seinen Gesundheitszustand und die Behandlungen erfahren. Die Mitarbeiter des Patienteninformationscenters erklären ihm mit ihrer Fachkenntnis die Bedeutung dieser Informationen. Somit wird der Patient erst durch diese neue Konzeption endgültig in die Lage versetzt, autonom und frei über die Verteilung seiner Informationen entscheiden zu können. Er wird endgültig zum „Herr seiner Daten".

Dies umfasst selbstverständlich auch das Recht des Patienten, dass er einem Heilberufler bestimmte Informationen nicht zur Verfügung stellt, aber das erfolgt eben nicht aus Unkenntnis, sondern aufgrund der freien Willensentscheidung des Patienten. Das birgt zwar das Risiko eines nicht optimalen Behandlungsergebnisses, aber auch darüber kann der Patient frei entscheiden.

Der Schutz vor unbefugtem Zugriff wäre bei dieser Lösung mit der bisherigen Konzeption vergleichbar. Das Zwei-Karten-Prinzip bliebe gewahrt. Die Patienteninformationscenter müssten zudem unabhängig sein und dürften sich nicht in bestimmten Räumlichkeiten, z.B. bei einer Krankenversicherung, befinden. Durch das Zwei-Karten-Prinzip bliebe gewährleistet, dass der Patient nicht in Drucksituationen kommt und eine Stelle von ihm Zugang zu den über ihn im Rahmen der eGK gespeicherten Informationen verlangen kann.

Die Zugriffsbefugnisse des § 291a SGB V wären allerdings anzupassen, denn auch Mitarbeiter dieser Patienteninformationscenter müssten mit ihrem speziellen Ausweis auf diese Daten zugreifen können. Ein neuer § 291a Abs. 4 S. 3 SGB V müsste eingefügt werden:

„Mitarbeiter von unabhängigen Patientenberatungsstellen dürfen zum Zwecke der Auskunftserteilung an Versicherte auf Daten nach Abs. 2 S. 1 und Abs. 3 S. 1 Nr. 1 bis 6 zugreifen."

Außerdem müsste in § 291a Abs. 5 SGB V zwischen S. 3 und S. 4 noch ein neuer Satz eingefügt werden:

„Der Zugriff durch Mitarbeiter von unabhängigen Patientenberatungsstellen auf Daten nach Abs. 2 S. 1 und nach Abs. 3 S. 1 mittels der elektronischen Gesundheitskarte darf nur in Verbindung mit einem elektronischen Beratungsstellenmitarbeiterausweis erfolgen."

Die gesetzliche Statuierung dieser unabhängigen Patientenberatungsstellen könnte in § 291a Abs. 5d SGB V erfolgen:

> *„Zum Zwecke der Auskunft für Patienten über nach Abs. 2 S. 1 und Abs. 3 S. 1 über sie gespeicherte Daten, werden unabhängige Patientenberatungscenter eingerichtet. Die Kosten hierfür tragen die Betreiber der Komponenten, Dienste und Schnittstellen der Telematikinfrastruktur nach § 291b Abs. 1 b. An die Mitarbeiter werden elektronische Beratungsstellenmitarbeiterausweise ausgegeben."*

Somit würden die Daten der Patienten dem gleichen hohen Schutzniveau unterliegen, welches auch bei der gegenwärtigen Konzeption gegeben ist.

Ein Nachteil der vorgeschlagenen Lösung ist allerdings, dass die Mitarbeiter des Patienteninformationscenters, im Gegensatz zu Heilberuflern, nicht der heilberuflichen Schweigepflicht nach § 203 StGB unterliegen würden. Für einen optimalen rechtlichen Schutz müsste deshalb auch die heilberufliche Schweigepflicht gem. § 203 StGB angepasst werden.[844]

Diese Lösung bildet genau die optimale Informationsverteilung in der „Organisation Gesundheitswesen" ab. Der organisierende Patient kann die Verteilung effektiv und selbstbestimmt steuern. Die Lösung würde dabei zudem einen großen Schritt im Hinblick auf eines der Ziele der elektronischen Gesundheitskarte darstellen: Die Verbesserung der Transparenz der Behandlung i.S.d. § 291a SGB V. Gleichzeitig bliebe bei dieser Konstruktion der Schutz vor einer missbräuchlichen Verwendung unverändert hoch.

---

[844] Siehe dazu die Ausführungen unter Ziffer 10.2.3.7.3.

10 Der Schutz der „Organisation Gesundheitswesen"

Des Weiteren müssten auch die Informationen der Organisation entsprechend den Vorgaben des Organisationsmodells nach innen vor Mitgliedern, die bestimmte Informationen nicht erhalten sollen und nach außen vor Dritten geschützt werden. Dies muss sowohl durch rechtliche als auch durch technische Mittel erfolgen. Dieser Schutz wird insbesondere durch drei verschiedene Regelungskomplexe erreicht: den Sozialdatenschutz, allgemeine datenschutzrechtliche Regelungen und die heilberufliche Schweigepflicht.

10.1 Absicherung durch den (Sozial-)Datenschutz

Die Sozialgesetzbücher statuieren an verschiedenen Stellen rechtliche Vorgaben für den Schutz des Rechts der Versicherten auf informationelle Selbstbestimmung innerhalb der gesetzlichen Krankenversicherung.

10.1.1 Die technische Absicherung der elektronischen Gesundheitskarte

10.1.1.1 Die Vorgaben aus § 291a SGB V

Zunächst enthält, wie bereits beschrieben,[845] § 291a SGB V verschiedene Vorgaben für die elektronische Gesundheitskarte, wie beispielsweise rechtliche Zugriffsregelungen, die technisch durch die Eingabe von PINs und das Zwei-Karten-Prinzip geschützt werden. Auch die Möglichkeit anhand der qualifizierten elektronischen Signatur zu verifizieren, ob Dokumente im Rahmen der eGK authentisch und unverfälscht sind, dient zumindest mittelbar auch dem Schutz des Rechts des Patienten auf informationelle Selbstbestimmung, da so sichergestellt werden kann, dass nur authentische und unveränderte Dokumente des berechtigten Heilberuflers im Rahmen der elektronischen Gesundheitskarte gespeichert werden. In § 291b SGB V wird zudem statuiert, dass durch die Zulassung und technische Zertifizierung von Komponenten der technischen Infrastruktur der elektronischen Gesundheitskarte nur sichere Produkte im Rahmen der elektronischen Gesundheitskarte eingesetzt werden, die besonders gegen Angriffe von außen gesichert sind. Die Konzeption der Telematikinfrastruktur sieht zudem vor, dass sämtliche Gesundheitsdaten innerhalb der Telematikinfrastruktur verschlüsselt werden und durch die

---

[845] Siehe die Ausführungen unter Ziffer 6.5.

© Springer Fachmedien Wiesbaden GmbH, ein Teil von Springer Nature 2015
M. A. Arning, *Die elektronische Gesundheitskarte und die Verteilung von Informationen im deutschen Gesundheitswesen*, Edition KWV, https://doi.org/10.1007/978-3-658-23814-8_10

PKI-Infrastruktur nur durch den berechtigten Patienten wieder entschlüsselt werden können.[846]

Folglich ist zumindest technisch sichergestellt, dass von außen nicht auf die Daten zugegriffen werden kann. Ein Angreifer verfügt nicht über die eGK des Versicherten, auf der zur Identifizierung zudem auch noch ein Foto aufgebracht ist, welches bei den Heilberuflern mit dem sich Ausweisenden verglichen werden muss. Nur bei Besitzern eines HBA ist aufgrund des Zwei-Karten-Prinzips ein Abruf von Gesundheitsdaten aus der eGK technisch möglich. Außerdem besitzt der Angreifer die PIN der eGK nicht, die aber zur Initialisierung der Karte benötigt wird. Erst wenn ein Angreifer über die gültige (und nicht als gestohlen gemeldete) eGK eines Versicherten und die dazugehörige PIN verfügt und sich trotz des abweichenden Fotos mit Hilfe eines Heilberuflers Zugang zur Telematikinfrastruktur verschafft, könnte er auf die über einen Patienten im Rahmen der eGK gespeicherten Gesundheitsdaten zugreifen.

10.1.1.2 Verbesserung der technischen Absicherung durch den Einsatz biometrischer Verfahren

Diese technische Absicherung ist fast als optimal zu bezeichnen. Eine Verbesserung würde jedoch noch in der engeren Bindung der eGK an deren Inhaber durch die Verwendung biometrischer Merkmale an Stelle einer PIN bestehen. Ein Szenario, wie oben geschildert, würde gänzlich ausgeschlossen. Müsste der Angreifer an Stelle einer PIN zur Authentisierung beispielsweise seinen Fingerabdruck verwenden, so würde das System sofort feststellen, dass es sich nicht um den Karteninhaber handelt und den Zugang zu den im Rahmen der eGK gespeicherten Informationen sperren. Deshalb wäre es sehr zu begrüßen, wenn die Authentisierung des Karteninhabers nicht mehr durch die Eingabe einer PIN erfolgen würde, sondern durch biometrische Verfahren wie z.B. die Fingerabdruckerkennung.[847] Dies hätte zudem den Vorteil, dass eGK-Inhaber sich nicht mehr die PIN merken müssten, was zu größeren Schwierigkeiten insbesondere bei kranken und älteren Menschen führt. Allerdings müsste dieses Verfahren technisch möglichst noch weiterentwickelt werden. Eine umfassende Studie des BSI wies nach, dass bei einer Falschakzeptanzrate

---

[846] Siehe hierzu die Ausführungen unter Ziffer 6.6.

[847] Eine detaillierte Darstellung des Verfahrens findet sich beim *Bundesamt für Sicherheit in der Informationstechnik*, Fingerabdruckerkennung, abrufbar unter: https://www.bsi.bund.de/cae/servlet/contentblob/486360/publicationFile/27961/Fingerabdruckerkennung_pdf.pdf (19.05.2013).

(FAR) von 0,001% die Falschrückweisungsrate (FRR) bei ca. 1:50 liegt.[848] Dies bedeutet, dass, statistisch gesehen, nur bei jedem 1000. Versuch ein Angreifer fälschlicherweise als berechtigt anerkannt würde, wohingegen ein Berechtigter bei jedem 50. Versuch fälschlicherweise zurückgewiesen würde und sich erneut mittels seines Fingerabdrucks ausweisen müsste. Die Sicherheit ist durch die niedrige FAR somit sehr hoch und die Einbuße an Bedienungskomfort durch die relativ hohe FRR wird dadurch relativiert, dass man sich auch beim Eingeben der PIN vertippen kann, so dass man diese erneut eingeben muss. Allerdings müssten die Kartenlesegeräte entsprechend konzipiert sein, dass sie für diese biometrischen Verfahren geeignet sind. Die Spezifikationen der eGK müssten dementsprechend geändert und die Fingerabdrücke aller Versicherten erhoben und auf den elektronischen Gesundheitskarten gespeichert werden, woraufhin natürlich die zwischengespeicherten Fingerabrücke wieder gelöscht werden müssten. Dazu wäre es sinnvoll, in § 291 Abs. 2 SGB V eine Nr. 11 einzufügen:

11. elektronisches Abbild der Fingerabdrücke.

Außerdem sollte meines Erachtens eine Vorschrift, § 291c, angelehnt an § 6a PassG, in das SGB V mit aufgenommen werden:

(1) Die Datenübermittlung von den Krankenkassen an den Hersteller der elektronischen Gesundheitskarte zum Zweck deren Herstellung erfolgt durch Datenübertragung. Die Datenübertragung kann auch über Vermittlungsstellen erfolgen. Die beteiligten Stellen haben dem jeweiligen Stand der Technik entsprechende Maßnahmen zur Sicherstellung von Datenschutz und Datensicherheit zu treffen, die insbesondere die Vertraulichkeit und Unversehrtheit der Daten sowie die Feststellbarkeit der übermittelnden Stelle gewährleisten; im Fall der Nutzung allgemein zugänglicher Netze sind dem jeweiligen Stand der Technik entsprechende Verschlüsselungsverfahren anzuwenden.

(2) Zur elektronischen Erfassung des Lichtbildes und der Fingerabdrücke, deren Qualitätssicherung sowie zur Übermittlung der Daten nach § 291 Abs. 2 von der Krankenkasse an den Hersteller der elektronischen Gesundheitskarte dürfen ausschließlich solche technischen Systeme und Bestandteile eingesetzt werden, die den Anforderungen der Rechtsverordnung nach Absatz 3 entsprechen. Die Einhaltung der Anforderungen ist vom Bundesamt für Sicherheit in der Informationstechnik festzustellen.

---

[848] Siehe den öffentlichen Abschlussbericht des *Bundesamts für Sicherheit in der Informationstechnik*, Evaluierung biometrischer Systeme Fingerabdrucktechnologien – BioFinger, Version 1.1, abrufbar unter: https://www.bsi.bund.de/SharedDocs/Downloads/DE/BSI/Publikationen/Studien/BioFinger/BioFinger_I_I_pdf.pdf?_blob=publicationFile, S. 2 f. (19.05.2013).

(3) Die Bundesregierung wird ermächtigt, durch Rechtsverordnung, die der Zustimmung des Bundesrates bedarf, Regelungen zu treffen über das Verfahren und die technischen Anforderungen für die Erfassung und Qualitätssicherung des Lichtbildes und der Fingerabdrücke, die Reihenfolge der zu speichernden Fingerabdrücke bei Fehlen eines Zeigefingers, ungenügender Qualität des Fingerabdrucks oder Verletzungen der Fingerkuppe sowie die Form und die Einzelheiten über das Verfahren der Übermittlung sämtlicher Daten nach § 291 Abs. 2 von den Krankenkassen an den Hersteller der elektronischen Gesundheitskarte. Die Rechtsverordnung regelt auch die Einzelheiten über das Prüfverfahren nach Absatz 2 Satz 2.

(4) Das bei den Krankenkassen zwecks Herstellung der elektronischen Gesundheitskarte gespeicherte Lichtbild sowie die gespeicherten Abbilder der Fingerabdrücke sind bei den Krankenkassen unverzüglich nach der Übermittlung an den Hersteller der elektronischen Gesundheitskarte zu löschen. Die bei dem Hersteller der elektronischen Gesundheitskarte zwecks Herstellung der elektronischen Gesundheitskarte gespeicherten Daten nach § 291 Abs. 2 sind unverzüglich nach Herstellung der elektronischen Gesundheitskarte zu löschen.

Für Menschen ohne (geeignete) Finger sollte als Back-up-Verfahren das PIN-Verfahren beibehalten werden. Auch soll der Fingerabdruck nicht zur Auslösung der qualifizierten elektronischen Signatur dienen, da die Umsetzung der Vorgaben des SigG und der SiGV an biometrische Auslöseverfahren derzeit praktisch noch unmöglich ist.[849]

10.1.1.3 Technische Sicherheit von Speichermedien

Weiterhin könnte sich ein Angriff auch auf die Speichermedien richten, auf denen die im Rahmen des eGK-Systems vorgehaltenen Daten gespeichert sind. Wie unter Ziffer 6.6.1 bereits beschrieben, ist derzeit noch nicht entschieden, auf welchen Datenträgern diese Daten gespeichert werden sollen. Am wahrscheinlichsten ist es allerdings, dass die eGK-Daten auf (verschiedenen) Ser-

---

[849] Siehe dazu die Studie von *Arning*, Die elektronische Signatur im Rahmen der elektronischen Gesundheitskarte; *Hornung*, Die digitale Identität, S. 333 ff.

vern in der Telematikinfrastruktur gespeichert werden.[850] Eine weitere Möglichkeit bestünde nach Angaben von am eGK-Projekt Beteiligten aber auch darin, eGK-Daten - zumindest alternativ zur Speicherung auf Servern in der Telematikinfrastruktur - auf Datenträgern, die sich in der Hand der jeweiligen Versicherten befinden (z.B. USB-Sticks) zu speichern. Außerdem könnten die eGK-Daten auch noch dezentral bei den jeweiligen Leistungserbringern auf Servern gespeichert werden, die die Daten erstellt und in das eGK-System eingestellt haben.[851] Im Detail kann die technische Sicherheit der im Rahmen der eGK gespeicherten Daten erst beurteilt werden, wenn die einzelnen technischen Verfahren spezifiziert wurden. Doch lassen sich auch bereits derzeit schon generelle Aussagen zur technischen Sicherheit dieser drei verschiedenen Speichersysteme treffen:

Werden die eGK-Daten auf Servern in der Telematikinfrastruktur gespeichert, besteht ein besonderes Risiko darin, dass diese Server, auf denen dann immerhin eine Vielzahl höchst sensibler Gesundheitsdaten über Versicherte gespeichert sind, zu einem attraktiven Ziel für Kriminelle werden.[852] Dieses Risiko lässt sich jedoch durch die technische Ausgestaltung der Telematikinfrastruktur minimieren. Zunächst dürfte es nicht einen zentralen Server für alle Versicherten geben. Auch sollten nicht alle Daten eines Versicherten zentral auf einem Server gespeichert werden. Vielmehr müssten die eGK-Daten – wie in den bisherigen Planungen der gematik auch vorgesehen – auf verschiedenen (Dienste-)Server vorgehalten werden, so dass es zu keiner zentralen Datensammlung über einen bestimmten Versicherten kommt.[853] Aus § 291b Abs. 1 ff. SGB V folgt zudem, dass diese Daten auch noch besonders gegen Angriffe gesichert sein müssen. Außerdem sollten alle Gesundheitsdaten des Versicherten nur stark und versichertenindividuell verschlüsselt auf Servern innerhalb der Telematikinfrastruktur gespeichert werden.[854] Selbst wenn also

---

[850] So z.B. *Muth*, Elektronische Gesundheitskarte: Krankenkassen drohen ihren Versicherten, Der Tagesspiegel v. 28.01.2013, abrufbar unter: http://www.tagesspiegel.de/politik/elektronische-gesundheitskarte -was-soll-die-neue-karte-bringen/7699976-2.html (19.05.2013); so auch die telefonische Auskunft der Kassenärztlichen Vereinigung Bayerns, des Bundesministeriums für Gesundheit, der Kassenärztlichen Bundesvereinigung und des Fraunhofer-Instituts für Offene Kommunikationssysteme v. 14.12.2013; siehe auch *Bales/Schwanenflügel*, NJW 2012, 2475 (2478); *Hornung*, in: Hänlein/Kruse/Schuler, Sozialgesetzbuch V, § 291a Rn. 7.
[851] So z.B. die telefonische Auskunft der Kassenärztlichen Bundesvereinigung, der Kassenärztlichen Vereinigung Bayerns und des Fraunhofer-Instituts für Offene Kommunikationssysteme v. 14.12.2012.
[852] Siehe auch *Gesellschaft für Informatik e.V.*, Thesen der Gesellschaft für Informatik zur elektronischen Gesundheitskarte, S. 2; siehe auch *Hornung*, Die digitale Identität, S. 215.
[853] Siehe dazu die Ausführungen unter Ziffer 6.6; siehe hierzu auch *Hornung*, Die digitale Identität, S. 215 f.
[854] Siehe z.B. die Vorgaben des *Bundesamts für Sicherheit in der Informationstechnik*, Technische Richtlinie für eCard-Projekte der Bundesregierung BSI TR-3116, S. 6 f., abrufbar unter: https://www.bsi.bund.de/SharedDocs/Downloads/DE/BSI/Publikationen/TechnischeRichtlinien/ TR03116/BSI-TR-03116.pdf?_blob=publicationFile (19.05.2013).

ein erfolgreicher Angriff auf einen Server stattfinden würde, könnte der Angreifer nur versichertenindividuell verschlüsselte Daten erhalten. Dies bedeutet, dass der Angreifer, wenn er es schafft, die Verschlüsselung eines Datensatzes zu überwinden, nicht auch die übrigen Datensätze mit dem für die Entschlüsselung des einen Datensatzes verwendeten Schlüssels entschlüsseln kann, so dass es hinsichtlich der Vertraulichkeit der Daten faktisch unerheblich ist, ob die Daten auf vielen verschiedenen Servern in der Telematikinfrastruktur oder auf dezentralen Speichermedien in der Hand des Versicherten gespeichert werden.[855] Die Verschlüsselung soll zudem auch immer wieder an den neuesten Stand der Technik angepasst werden.[856] Diese technische Absicherung kann somit als optimal bezeichnet werden.[857] Zudem hätte die Speicherung von eGK-Daten auf verschiedenen Servern in der Telematikinfrastruktur den Vorteil, dass – im Gegensatz zu dezentralen Speichermedien in der Hand von Patienten - ein fast unbegrenzter Speicherplatz zur Verfügung stehen würde.

Der Vorteil einer Speicherung der Daten auf dezentralen Speichermedien in der Hand von Patienten (z.B. auf USB-Sticks oder der eGK) besteht hingegen darin, dass diese den Datenträger physisch kontrollieren können und nicht auf die Sicherheit von Servern angewiesen sind.[858] Außerdem könnten derartige dezentrale Speichermedien für potentielle Angreifer ein weniger lohnenswertes Angriffsziel darstellen, da sie zunächst einmal in den Besitz des Speichermediums kommen müssten und dann auch nur die Daten eines Versicherten erhalten würden. Auf einem Server werden hingegen regelmäßig die Daten einer Vielzahl von Versicherten gespeichert sein, weshalb ein Angriff auf solche Server, der regelmäßig auch nicht die Besitzverschaffung von Servern erfordert, lohnenswerter erscheinen könnte.

Allerdings würde dem Versicherten durch die Speicherung seiner Daten auf dezentralen Speichermedien eine große Verantwortung zugewiesen, da er selbst für die physische Sicherheit des Mediums sorgen müsste. Außerdem müsste der jeweilige Versicherte ggf. auch dafür Sorge tragen, dass die technische Sicherheit der auf seinem dezentralen Datenträger gespeicherten Daten dem technischen Fortschritt angepasst wird, so z.B. der Zugriffsschutz und die

---

[855] Siehe *Weichert*, Stellungnahme zur elektronischen Gesundheitskarte anlässlich der öffentlichen Anhörung des Gesundheitsausschusses am 25. Mai 2009, abrufbar unter: https://www.datenschutzzentrum.de/medizin/gesundheitskarte/20090525-weichert-stellungnahme-egk.htm (19.05.2013); *Hornung*, Die digitale Identität, S. 216.

[856] Siehe dazu ausführlich die Darstellung unter Ziffer 10.1.3.2.5.7.1.

[857] Vgl. beispielsweise auch die Aussagen des Bundesbeauftragten für den Datenschutz und die Informationsfreiheit Peter Schaar am 13. Mai 2009 auf der interdisziplinären Tagung „Die Elektronische Gesundheitskarte – mehr Transparenz im Gesundheitswesen [?!] in Hannover (zitiert in *Krüger-Brand*, Dtsch. Ärztebl. 2009, 251).

[858] Siehe z.B. *Hornung*, Die digitale Identität, S. 216.

Verschlüsselung. Dies könnte jedoch insbesondere ältere und technikunerfahrene Versicherte überfordern. Im Gegensatz dazu können Sicherheitsupdates bei online an die Telematikinfrastruktur angebundenen Servern innerhalb von kürzester Zeit automatisch installiert werden. Bei dezentralen Speichermedien müsste hingegen der Versicherte selbst Updates installieren bzw. installieren lassen oder die Updates könnten erst bei der nächsten Verbindung mit der Telematikinfrastruktur erfolgen. [859] Auch für einen Austausch der Speichermedien und den Transfer der Daten müsste der Versicherte regelmäßig die entsprechenden Maßnahmen selbst einleiten. So haben auch das *Fraunhofer Institut für Offene Kommunikationssysteme* und die *gematik* das Konzept der Bundesärztekammer für die Verwendung von USB-Sticks als externe Datenträger kritisch bewertet, da IT-Laien nicht in der Lage wären, dieser Verantwortung nachzukommen.[860] Werden eGK-Daten hingegen auf einer im Hinblick auf den Speicherplatz erweiterten eGK gespeichert, wäre immerhin sichergestellt, dass die technischen Sicherungsmaßnahmen zumindest im Rahmen des Austauschs der eGK, der bei der derzeit verwendeten Generation 1 der eGK nach fünf Jahren erfolgen soll,[861] an den Stand der Technik angepasst werden, ohne dass der Versicherte hierzu die entsprechenden Maßnahmen veranlassen müsste.[862]

Des Weiteren besteht eine Problematik bei dezentralen Speichermedien in der Hand von Patienten darin, dass diese Speichermedien mitsamt den auf ihnen enthaltenen Daten relativ leicht abhanden kommen oder kaputt gehen können. Der Versicherte müsste daraufhin sämtliche Daten erneut durch die Heilberufler einstellen lassen, was einen erheblichen Aufwand bedeuten würde. Andernfalls könnte eine technische Lösung zum Datenerhalt noch darin bestehen, dass eine Sicherungskopie der auf dem dezentralen Speichermedium gespeicherten Daten auf einem Rechner des Versicherten, eines Heilberuf-

---

[859] *Weichert*, Stellungnahme zur elektronischen Gesundheitskarte anlässlich der öffentlichen Anhörung des Gesundheitsausschusses am 25. Mai 2009, abrufbar unter: https://www.datenschutzzentrum.de/medizin/gesundheitskarte/20090525-weichert-stellungnahme-egk.htm (19.05.2013).

[860] Siehe *Fraunhofer-Institut für Offene Kommunikationssysteme/gematik GmbH*, Untersuchung zur Forderung nach Tests mit zusätzlichen dezentralen Speichermedien, S. 5.

[861] Siehe z.B. *Borchers/Wilkens*, Generation 2 der elektronischen Gesundheitskarte will Gedächtnis schonen, Heise online news v. 26.10.2012, abrufbar unter: http://www.heise.de/newsticker/meldung/Generation-2-der-elektronischen-Gesundheitskarte-will-Gedaechtnis-schonen-1737404.html (19.05.2013); siehe auch *gematik GmbH*, Viel mehr als eine neue Krankenversichertenkarte, abrufbar unter: http://www.gematik.de/cms/de/egk_2/egk_3/egk_2.jsp (19.05.2013).

[862] Aus diesem Grunde empfehlen das *Fraunhofer-Institut für Offene Kommunikationssysteme* und die *gematik* auch, die Verwendung einer erweiterten eGK weiter zu untersuchen und nicht die ihr von der Bundesärztekammer vorgelegten Konzepte zur Speicherung von Daten auf USB-Sticks (siehe *Fraunhofer-Institut für Offene Kommunikationssysteme/gematik GmbH*, Untersuchung zur Forderung nach Tests mit zusätzlichen dezentralen Speichermedien, S. 71).

lers oder eines Serverbetreibers hinterlegt wird.[863] Die Speicherung von Sicherungskopien auf Servern würde jedoch wiederum zu Sammlungen von Daten auf Servern führen, deren Verhinderung gerade der Zweck der Verwendung von dezentralen Speichermedien ist. Werden Sicherungskopien hingegen beim Versicherten selbst oder bei Heilberuflern gespeichert, so besteht die Gefahr, dass die Datenträger beim Versicherten bzw. beim Heilberufler, auf denen die Sicherungskopien hinterlegt sind, nicht adäquat gesichert sind und Angreifer auf diese Sicherungskopien zugreifen können. Werden Daten auf Servern in der Telematikinfrastruktur gespeichert, bestünde die Gefahr des Datenverlustes hingegen insbesondere darin, dass der Versicherte seine eGK und damit seinen Zugangsschlüssel zu seinen Daten verliert, da davon auszugehen ist, dass die auf Servern gespeicherten Daten z.B. durch Sicherungskopien vor Datenverlust geschützt wären. Um einen Datenverlust durch eine verloren gegangene eGK zu verhindern, könnte jedoch z.B. ein Verfahren eingeführt werden, bei dem der Versicherte seinen privaten Schlüssel in Teilen bei zwei verschiedenen Trusted Third Parties hinterlegt, die im Fall des Verlustes der eGK zusammengesetzt und auf einer neuen eGK aufgebracht werden könnten. So könnte der jeweilige Versicherte wieder auf seine auf (verschiedenen) Servern in der Telematikinfrastruktur gespeicherten Daten zugreifen.[864]

Kommt einem Versicherten ein dezentrales Speichermedium abhanden, besteht zudem die Gefahr, dass es in den Besitz eines Angreifers gelangt. Für einen Angreifer kann es sich aber einfacher gestalten, auf die auf einem solchen dezentralen Speichermedium gespeicherten Daten zuzugreifen als auf Daten, die auf (verschiedenen) Servern in der Telematikinfrastruktur gespeichert sind. So können die verwendeten Verschlüsselungsalgorithmen und Zugangssicherungen nach dem Abhandenkommen des Speichermediums – im Gegensatz zum Fall der Speicherung auf (verschiedenen) Servern in der Telematikinfrastruktur - nicht mehr an den Stand der Technik angepasst werden, weshalb die im Rahmen des dezentralen Speichermediums getroffenen Sicherheitsmaßnahmen (mit Zeitablauf) unsicher werden können.[865] Außerdem könnte ein Angreifer in diesem Fall ggf. auf die gesamten eGK-Daten eines Versicherten zugreifen, wohingegen die Daten eines Versicherten im Fall der

---

[863] So ist z.B. auch im Konzept der Bundesärztekammer für den Notfalldatensatz nach § 291a Abs. 3 S. 1 Nr. 1 SGB V und die persönlichen Erklärungen des Versicherten nach § 291a Abs. 3 S. 1 Nr. 7 bis 9 SGB V vorgesehen, dass auf Wunsch des Versicherten eine Sicherungskopie dieser Datensätze in der Telematikinfrastruktur gespeichert wird (siehe *Schenkel/Albert/Raptis*, Arbeitskonzept Notfalldatenmanagement, Version 1.05 v. 25.08.2011, S. 45 f., abrufbar unter: http://www.bundesaerztekammer.de/downloads/Arbeitskonzept_NFDM_1.05.pdf (19.05.2013)).
[864] Siehe hierzu z.B. auch *Hornung*, Die digitale Identität, S. 217.
[865] Siehe auch *Fraunhofer-Institut für Offene Kommunikationssysteme/gematik GmbH*, Untersuchung zur Forderung nach Tests mit zusätzlichen dezentralen Speichermedien, S. 66 f.

Speicherung der Daten auf dezentalen Servern in der Telematikinfrastruktur auf mehreren Servern verteilt gespeichert werden könnten.

Werden die eGK-Daten auf Servern bei den Leistungserbringern gespeichert, die die jeweiligen Daten erstellt haben, werden regelmäßig auch nicht sämtliche eGK-Daten eines Versicherten auf einem einzigen Speichermedium – in diesem Fall auf einem Server - vorgehalten, da sie bei unterschiedlichen Leistungserbringern anfallen, so dass bei einem Angriff auf einen solchen Server ebenfalls nicht die Gefahr bestünde, dass dem Angreifer sämtliche im Rahmen der eGK gespeicherten Daten eines Versicherten bekannt würden. Allerdings wären auf solchen Servern die Daten von vielen Versicherten gespeichert, so dass die Server durchaus zu einem lohnenswerten Angriffsziel werden könnten. Dies gilt insbesondere vor dem Hintergrund, dass nicht sämtliche Leistungserbringer in der Lage sein werden, einen solchen Server sicher zu betreiben und zu administrieren. Immerhin müssen die Server an die Telematikinfrastruktur angebunden sein, damit andere Heilberufler und Versicherte auf diese Daten zugreifen können. Mag das Rechenzentrum eines Krankenhauses personell und technisch noch dazu in der Lage sein, seine Server entsprechend zu sichern, dass keine Unberechtigten auf die auf ihnen gespeicherten Daten zugreifen können, ist dies insbesondere vor dem Hintergrund der Sensitivität der verarbeiteten Gesundheitsdaten und den damit verbundenen Begehrlichkeiten für kleine Heilberuflerpraxen praktisch unmöglich.[866] So besteht die Gefahr, dass aufgrund unzureichender technischer Sicherung dieser Server gespeicherte Daten verloren gehen, Angreifer auf Daten aufgrund nicht rechtzeitig durchgeführter Sicherheitsupdates zugreifen können oder Daten aufgrund von Datenpannen in den Verkehr gelangen. Vor diesem Hintergrund kommt die Speicherung von Daten eines Versicherten insbesondere für Anwendungen der eGK bzw. unter Nutzung der Telematikinfrastruktur in Betracht, bei denen Heilberuflern Daten von einem Krankenhaus zur Verfügung gestellt werden, so z.B. im Rahmen der elektronischen Fallakte.[867] Ansonsten könnte es ggf. noch in Betracht kommen, dass Heilberufler, die nicht in der Lage sind, solche Server zu betreiben, externe Rechenzentren, z.B. von Krankenhäusern, damit beauftragen, dies für sie zu erledigen. Die Rechenzentren könnten solche Server zwar wohl durchaus sicher betreiben und administrieren, doch würde dies wiederum zu konzentrierten Datensammlungen führen,

---

[866] *Gesellschaft für Informatik e.V.*, Thesen der Gesellschaft für Informatik zur elektronischen Gesundheitskarte, S. 2. So auch die telefonische Auskunft des Fraunhofer-Instituts für Software- und Systemtechnik ISST v. 14.12.2012.
[867] Siehe hierzu die Ausführungen unter Ziffer 6.3.3. Eine solche Speicherung ist derzeit nach telefonischer Auskunft des Fraunhofer-Instituts für Software- und Systemtechnik ISST v. 14.12.2012 für die elektronische Fallakte auch angedacht.

die ja gerade durch die Speicherung der Daten bei den jeweiligen Leistungs-erbringern verhindert werden sollen.

Somit ist festzuhalten, dass grundsätzlich alle der vorgestellten Speichersysteme für den Einsatz im Rahmen der eGK oder zumindest für bestimmte Anwendungen geeignet sind, aber mit sämtlichen Speichersystemen spezielle Vor- und Nachteile verbunden sind, die sich je nach der Anwendung der eGK bzw. der Telematikinfrastruktur, in deren Rahmen sie ggf. verwendet werden, unterschiedlich auswirken können. Vor diesem Hintergrund lässt sich keine allgemeingültige Aussage darüber treffen, welches Speichermedium im Hinblick auf die technische Sicherheit generell am besten für sämtliche Anwendungen im Rahmen der eGK geeignet ist, zumal dies auch maßgeblich von der konkreten Spezifikation des jeweiligen Speichersystems abhängt. Mithin erscheint es empfehlenswert, dass den Versicherten (ggf. auch für die einzelnen Anwendungen der eGK) unterschiedliche Speichersysteme für ihre Daten angeboten werden, aus denen sie sich dann das System auswählen können, welches sie verwenden möchten.[868]

10.1.2 Die technische Absicherung der Datenverarbeitung in Heilberuflerpraxen

10.1.2.1 Die Vorgaben aus dem Bundesdatenschutzgesetz

Die beschriebene technische Absicherung gilt allerdings nur für das System der elektronischen Gesundheitskarte. Die §§ 291a f. SGB V enthalten keinerlei Vorschriften darüber, wie die Informationen über die Patienten in der jeweiligen Praxis des Heilberuflers verarbeitet werden müssen. Wie bereits dargestellt, werden zukünftig, z.B. im Rahmen der Dokumentation, erheblich mehr Informationen über einen Patienten bei dem Heilberufler selbst gespeichert werden, da er durch das vernetzte Gesundheitswesen erheblich mehr Informationen über den Patienten erhält, die er bei dessen Behandlung berücksichtigen und damit auch in der Dokumentation speichern muss. Die elektronische Gesundheitskarte hat somit, wie bereits unter Ziffer 7 beschrieben, zur Folge, dass auch in den Heilberuflerpraxen erheblich mehr sensible Gesundheitsdaten verarbeitet werden. Für diese gelten im Hinblick auf die technische Absicherung ihrer Datenverarbeitungssysteme mangels spezialgesetzlicher

---

[868] So auch die Empfehlung des *Fraunhofer-Instituts für Offene Kommunikationssysteme* und der *gematik* in *Fraunhofer-Institut für Offene Kommunikationssysteme/gematik GmbH*, Untersuchung zur Forderung nach Tests mit zusätzlichen dezentralen Speichermedien, S. 6; vgl. auch *Hornung*, Die digitale Identität, S. 213 f. m.w.N.

Regelungen im SGB V die allgemeinen für die verarbeitende Stelle anwendbaren datenschutzrechtlichen Regelungen.[869] Da es den Umfang dieser Arbeit sprengen würde, die Vorgaben jeder ggf. anwendbaren Vorschrift zu untersuchen, wird im Folgenden (nur) auf die Vorschriften des BDSG eingegangen, welche im Fall von niedergelassenen Heilberuflern insoweit regelmäßig anwendbar sind.[870]

Die technische Absicherung der Datenverarbeitungssysteme innerhalb der Praxen der Heilberufler ist in § 9 BDSG und der Anlage zu § 9 S. 1 BDSG geregelt. Nach § 9 S. 1 BDSG sind Stellen, die personenbezogene Daten erheben, verarbeiten oder nutzen, verpflichtet, die technischen und organisatorischen Maßnahmen zu treffen, die erforderlich sind, um die Ausführung der Vorschriften dieses Gesetzes, insbesondere die in der Anlage zu diesem Gesetz genannten Anforderungen, zu gewährleisten. Erforderlich sind gem. § 9 S. 2 BDSG allerdings nur jene Maßnahmen, bei denen ihr Aufwand in einem angemessenen Verhältnis zu dem angestrebten Schutzzweck steht. Da es sich in dem hier vorliegenden Fall um Gesundheitsdaten und somit um eine besondere Art von personenbezogenen Daten gem. § 3 Abs. 9 BDSG handelt, sind die Anforderungen an die technischen Schutzmaßnahmen wegen der hohen Schutzbedürftigkeit der Daten als relativ hoch anzusetzen.

Da die gesetzlichen Vorgaben aus § 9 BDSG sowie der Anlage zu § 9 S. 1 BDSG sehr abstrakt sind, weil sie auf eine Vielzahl unterschiedlicher Fallkonstellationen anwendbar sind, haben die Bundesärztekammer und die Kassenärztliche Bundesvereinigung diese abstrakten gesetzlichen Vorgaben im Hinblick auf den Einsatz von IT in Arztpraxen hin konkretisiert und Empfehlungen zur ärztlichen Schweigepflicht, zum Datenschutz und zur Datenverarbeitung in der Arztpraxis erstellt.[871] Diese Empfehlungen enthalten auch eine technische Anlage, in der die Einführung bestimmter technischer Sicherheitsmaßnahmen bei der Verarbeitung von Patientendaten empfohlen wird.[872] Die Empfehlungen sind jedoch nicht rechtlich bindend. Mit anderen Worten: Ein Heilberufler muss die gesetzlichen Vorgaben aus § 9 BDSG i.V.m. der Anlage zu § 9 S. 1 BDSG beachten. Erfüllt er diese Vorgaben auf andere Weise als durch die Umsetzung der Empfehlungen der Bundesärztekammer und der Kassenärztli-

---

[869] Siehe Fußnote 19.

[870] Siehe z.B. *Bundesärztekammer/Kassenärztliche Bundesvereinigung*, Empfehlungen zur ärztlichen Schweigepflicht, Datenschutz und Datenverarbeitung in der Arztpraxis, Dtsch. Ärztebl. 2008, S. A 1026; *Dix*, in: Simitis; Bundesdatenschutzgesetz, § 1 Rn. 187.

[871] *Bundesärztekammer/Kassenärztliche Bundesvereinigung*, Empfehlungen zur ärztlichen Schweigepflicht, Datenschutz und Datenverarbeitung in der Arztpraxis, Dtsch. Ärztebl. 2008, S. A 1026.

[872] Zwar beziehen sich die Empfehlungen auf Arztpraxen, doch können diese Empfehlungen auch hinsichtlich der beim Einsatz von IT in Apotheken und anderen Heilberuflerpraxen, in denen Gesundheitsdaten verarbeitet werden, zu treffenden Sicherheitsmaßnahmen herangezogen werden.

chen Bundesvereinigung, hat er insoweit sämtliche ihm obliegenden datenschutzrechtlichen Pflichten in Bezug auf die Vorhaltung technischer Sicherungsmaßnahmen dennoch erfüllt.

10.1.2.2 Die Einbeziehung der Datenverarbeitung in den Heilberuflerpraxen in das System der elektronischen Gesundheitskarte

Die Vorgaben des § 9 i.V.m. der Anlage zu § 9 S. 1 BDSG garantieren jedoch
nicht das gleiche hohe technische Schutzniveau wie das technische Schutzniveau aus §§ 291a f. SGB V und den technischen Spezifikationen der elektronischen Gesundheitskarte, da § 9 BDSG i.V.m. der Anlage zu § 9 S. 1 BDSG ein
relationales Schutzkonzept in Abhängigkeit vom jeweils angestrebten Schutzzweck enthält. Zwar können die nach § 9 BDSG zu treffenden Maßnahmen
damit sogar über die Vorgaben des § 291a SGB V hinausgehen, doch bleiben
zumindest die Empfehlungen der Bundesärztekammer zur ärztlichen Schweigepflicht, zum Datenschutz und zur Datensicherheit in der Arztpraxis und der
Kassenärztlichen Bundesvereinigung in Teilen hinter dem Schutzniveau des
§ 291a SGB V zurück.

So sollen z.B. sämtliche Daten im Rahmen der Telematikinfrastruktur hybrid
verschlüsselt werden. In einer Heilberuflerpraxis werden die (Dokumentati-
ons-) Daten über einen Patienten hingegen i.d.R. auch zentral auf einem Server oder auf einer Festplatte gespeichert. Eine Verschlüsselung dieser Daten
ist durch § 9 i.V.m. der Anlage zu § 9 S. 1 BDSG nicht ausdrücklich vorgeschrieben. Auch in der Technischen Anlage der Empfehlungen der Bundesärztekammer und der Kassenärztlichen Bundesvereinigung zur ärztlichen
Schweigepflicht, zum Datenschutz und zur Datensicherheit in der Arztpraxis
wird der Einsatz von symmetrischen Verschlüsselungsverfahren nur empfohlen, deren Stärke zudem hinter den im Rahmen der eGK eingesetzten symmetrischen Verschlüsselungsverfahren zurückbleibt.[873] Symmetrische Verschlüsselungsverfahren sind zudem unsicherer als das bei der eGK eingesetzte hybride Verschlüsselungssystem. Eine Verpflichtung der Ärzte enthalten
diese Empfehlungen zudem nicht.

Des Weiteren müssen die Heilberuflerpraxen wegen des elektronischen Ge-
sundheitskarten-Systems nunmehr an das Internet angebunden werden. Die
Verbindung eines Primärsystems wie dem Patientenverwaltungssystem mit

---

[873] Siehe die Technische Anlage zu den Empfehlungen zur ärztlichen Schweigepflicht, Datenschutz
und Datenverarbeitung in der Arztpraxis, Dtsch. Ärztebl. 2008, Heft 19, 1 (7).

dem Internet birgt weitere Sicherheitsrisiken. Die von Heilberuflern lokal eingesetzten Firewalls und Antivirenprogramme dürften nicht den im Rahmen des eGK-Systems eingesetzten entsprechen. Deshalb wäre es ratsam, dass Datenverarbeitungsanlagen, auf denen weniger stark als im eGK-System verschlüsselte Gesundheitsdaten gespeichert werden und die weniger gegen Angriffe von außen gesichert sind, gar nicht mit dem Internet verbunden werden und eine technische Trennung der Datenverarbeitungsanlagen für die Verbindung mit dem eGK-System und für die Speicherung der Daten in der Praxis selbst erfolgt. Dies dürfte in der alltäglichen Praxis jedoch oft nur mit kaum vertretbarem Aufwand umzusetzen zu sein.[874]

Deshalb wäre es aus datenschutzrechtlichen Gesichtspunkten empfehlenswert, dass die im Rahmen der Telematikinfrastruktur vorgesehenen technischen Schutzmaßnahmen auch im Hinblick auf die Speicherung der Gesundheitsdaten beim Heilberufler, z.B. zu Dokumentationszwecken, verbindlich vorgegeben würden. Denn zur Zeit könnte das für potentielle Angreifer lohnenswertere Ziel die Praxis des Heilberuflers sein, weil sich dort vollständige und ggf. nicht so stark wie im Rahmen des Systems der elektronischen Gesundheitskarte gesicherte Datensätze über die Patienten befinden.[875]

Auch für den Heilberufler würde eine solche verbindliche Vorgabe Vorteile mit sich bringen. Er müsste sich nicht mehr der Gefahr aussetzen, gegen § 9 i.V.m. der Anlage zu § 9 S. 1 BDSG zu verstoßen und sich gegebenenfalls schadensersatzpflichtig zu machen. Die Vorgaben aus § 9 BDSG würden durch die Nutzung des technischen Systems der eGK automatisch erfüllt.[876]

---

[874] Eine Trennung von IT-Systemen, die zum Zwecke des Zugangs zur Telematikinfrastruktur an das Internet angeschlossen sind und IT-Systemen, auf denen der Heilberufler lokal seine Patientendaten gespeichert hat, wird sich in vielen Fällen kaum bewerkstelligen lassen und wäre zudem auch mit nicht unbeträchtlichen Kosten verbunden, zumal der Heilberufler beispielsweise Angaben aus der ePA, die er seiner Behandlung zu Grunde gelegt hat, auch in die Dokumentation der Behandlung mit aufnehmen müsste. Falls diese Systeme voneinander getrennt sind, wäre er gegebenenfalls gezwungen, diese Informationen manuell in seine Dokumentation einzutragen.
[875] So sind z.B. in der Vergangenheit vertrauliche Patientendaten in die Öffentlichkeit gelangt und konnten teilweise sogar aus dem Internet frei abgerufen werden; siehe z.B. *Claus*, Die Welt v. 15.12.2012, abrufbar unter: http://www.welt.de/print/die_welt/politik/article112034834/Die-grosse-Datenunsicherheit.html (19.05.2013); *Classen*, Express v. 09.02.2009, abrufbar unter: http://www.express.de/duesseldorf/1064-patienten-befunde-auf-usb-stick-daten-panne--jetzt-ermittelt-die-polizei,2858,807090.html (19.05.2013). Siehe z.B. auch den Datenschutzskandal im November 2011, als in Schleswig-Holstein ca. 4000 elektronische Akten mit Daten über Patienten, die sich in psychiatrischer Behandlung befanden, frei über das Internet einsehbar waren (*Biermann*, 4.000 Psychiatrie-Akten offen im Netz, in: Zeit Online vom 04.11.2011, abrufbar unter: http://www.zeit.de/digital/datenschutz/2011-11/datenschutz-psychiatrie-krankenakten (19.05.2013).
[876] Die Vorgaben des § 291a SGB V wären in diesem Fall nicht anwendbar. Es soll lediglich die technische Infrastruktur der eGK zur besseren Absicherung der beim Heilberufler gespeicherten Daten genutzt werden. Die rechtlichen Vorgaben des BDSG blieben unverändert.

Gesundheitsdaten über einen Patienten könnten nicht nur im System der eGK, sondern auch beim Heilberufler hybrid verschlüsselt gespeichert werden. Auch weitere technische Komponenten der Telematikinfrastruktur, wie z.B. Firewalls, könnten bei der Speicherung von Patientendaten beim Heilberufler verwendet werden.[877] Dafür wäre es möglich, die ohnehin vorhandenen Komponenten der Telematikinfrastruktur zu nutzen. Dies würde Heilberuflern zudem den Vorteil bringen, dass sie sicher sein können, dass diese Komponenten sicher sind und ihre Aufgabe zuverlässig erfüllen, da sämtliche Komponenten der Telematikinfrastruktur gem. § 291b Abs. 1a S. 1 und 2 SGB V von der gematik und dem Bundesamt für Sicherheit in der Informationstechnik zugelassen bzw. im Hinblick auf ihre Sicherheit zertifiziert werden müssen. Die Nutzung der Komponenten würde für die Heilberufler auch keine nennenswerten zusätzlichen Kosten bedeuten, da sie ohnehin Zahlungen von den Kostenträgern für die für das eGK-System notwendigen Komponenten bekommen. Sie hätten sogar den Vorteil der Rechtssicherheit, nicht wegen Datenschutzverstößen haftbar gemacht zu werden.

Außerdem könnten sie ihren Patienten den bestmöglichen Schutz ihrer Daten garantieren und so deren Vertrauen stärken, sämtliche sensiblen Daten zur besseren Behandlung zu offenbaren. Auf diesem Wege könnte die „Organisation Gesundheitswesen" auch optimal nach außen abgesichert werden.

10.1.3 Der rechtliche Schutz der „Organisation Gesundheitswesen"

Nunmehr stellt sich die Frage, ob die „Organisation Gesundheitswesen" auch rechtlich hinreichend abgesichert ist. Ein wesentlicher Bestandteil dieser Organisation ist das System der elektronischen Gesundheitskarte. Der Versicherte kann zunächst die Verteilung seiner Informationen innerhalb der Organisation dadurch steuern, dass er frei und jederzeit widerrufbar über die Verwendung der freiwilligen Anwendungen der elektronischen Gesundheitskarte gem. § 291 Abs. 3 SGB V entscheiden kann. Somit lässt ihm die rechtliche Ausgestaltung der elektronischen Gesundheitskarte die Wahl bezüglich der Anwendungen, die die sensibelsten Daten enthalten, insbesondere zur Nutzung der elektronischen Patientenakte nach § 291a Abs. 3 Nr. 4 SGB V. Der Patient ist lediglich verpflichtet, die Anwendungen gem. § 291a Abs. 2 SGB V,

---

[877] Das Zwei-Karten-Prinzip kann im Rahmen der Speicherung von Patientendaten beim Heilberufler hingegen nicht eingesetzt werden, da der Heilberufler darauf angewiesen ist, auch ohne den Betroffenen auf die Daten zugreifen zu können, z.B. im Fall von Arzthaftungsprozessen (vgl. auch *Hornung*, Die digitale Identität, S. 215).

also derzeit als elektronische Anwendungen das Versichertenstammdaten-management und das elektronische Rezept, zu benutzen. Diese Ausnahmen sind zur Sicherstellung der ordnungsgemäßen Abläufe innerhalb des Gesundheitssystems erforderlich. Ohne den Nachweis der Versicherung kann eine Behandlung nicht erfolgen und ohne den Nachweis einer Verschreibung darf ein Rezept nicht dispensiert werden. Die verpflichtende Nutzung dieser Anwendungen dient somit einem höherrangigen Ziel und müsste somit hingenommen werden, auch wenn hierdurch das Recht der Versicherten auf informationelle Selbstbestimmung berührt wird. Gleiche Anwendungen existieren zudem derzeit im offline-Betrieb hinsichtlich der Versichertenstammdaten (auf der herkömmlichen Krankenversichertenkarte) und als papiergebundenes Rezept. Neu ist somit nur die elektronische Speicherung und Übermittlung. Folglich entsteht durch diese für das Gesamtsystem notwendigen Anwendungen keine weitergehende Beeinträchtigung des Rechts der Versicherten auf informationelle Selbstbestimmung als derzeit, wenn dieser neue Übertragungsweg optimal abgesichert ist.

Ein weiterer wichtiger Punkt des rechtlichen Schutzes der „Organisation Gesundheitswesen" ist die Regelung der Zugriffsbefugnisse. Die Zugriffsbefugnis auf Daten aus dem System der elektronischen Gesundheitskarte ist in § 291a Abs. 4, 5 und 5a SGB V klar geregelt. Nur der Versicherte selbst, Heilberufler und in einigen Fällen ihre Angestellten dürfen in Zusammenarbeit und mit Erlaubnis des Versicherten auf dessen Daten im Rahmen der eGK zugreifen. Die Berechtigten dürfen die Informationen gem. § 291a Abs. 4 S. 1 SGB V auch nur dann erhalten, wenn diese notwendig sind, um den Versicherten zu versorgen. Diese Regelung wird durch das Zwei-Karten-Prinzip auch technisch geschützt.[878] Nach § 291a Abs. 5a S. 1 SGB V ist der Zugriff auf die persönlichen Erklärungen des Versicherten auch zulässig, wenn er zur Versorgung eines (potentiellen) Organ- bzw. Gewebeempfängers erforderlich ist.

Im Rahmen der technischen Konzeption der eGK sollte zudem auch noch die Möglichkeit vorgesehen werden, dass der Versicherte technisch durch die Einrichtung von Berechtigungen festlegen kann, welcher Heilberufler auf welche Daten innerhalb einer Anwendung Zugriff bekommen soll, so dass ein Versicherter z.B. nicht nur generell bestimmen kann, ob ein Heilberufler Zugriff auf die gesamte ePA i.S.d. § 291a Abs. 3 S. 1 Nr. 4 SGB V erhält. Vielmehr muss ein Versicherter als Ausfluss seines Selbstbestimmungsrechts einem Heilberufler auch nur manche Daten aus einer Anwendung zur Verfügung stellen können, z.B. weil er nicht möchte, dass ein bestimmter Heilberufler

---

[878] Siehe die Ausführungen unter Ziffer 6.5.

eine bestimmte Information über ihn erhält. [879] Dies entspricht auch genau den Anforderungen an die „Organisation Gesundheitswesen", nach denen der organisierende Patient steuern können muss, welche Informationen der jeweilige Heilberufler als Mitglied der „Organisation Gesundheitswesen" zur Erfüllung seiner Aufgaben erhalten soll.

Somit ist festzuhalten, dass nur Mitglieder der Organisation Informationen aus dem System der elektronischen Gesundheitskarte erhalten können. Externe haben keinen direkten Zugriff auf das System. Der Versicherte kann ihnen lediglich die Informationen, die er selbst aus diesem System bezogen hat, mitteilen. Die Ausgestaltung der elektronischen Gesundheitskarte in § 291a SGB V entspricht damit zunächst einmal genau den Vorgaben des Organisationsmodells: Nur Mitglieder der Organisation dürfen, gesteuert durch den Organisierenden, die für die Erreichung des Organisationsziels erforderlichen Informationen erhalten.

10.1.3.1 Der „Zugriff" auf Daten der elektronischen Gesundheitskarte

Außerdem wird der Zugriff auf Daten im Rahmen der elektronischen Gesundheitskarte durch die Ordnungswidrigkeits- und Strafvorschriften in §§ 307 Abs. 1 (i.V.m. § 291a Abs. 8 S. 1), 307b SGB V rechtlich geschützt. Sie sanktionieren jeweils den Zugriff auf gespeicherte Daten im Rahmen der elektronischen Gesundheitskarte. Dabei bleibt aber zunächst unklar, was unter dem Begriff *Zugriff* zu verstehen ist. Dieser Begriff ist dem Sozial- und allgemeinen Datenschutzrecht zunächst fremd. Regelmäßig wird von der Erhebung, Verarbeitung und Nutzung von Daten gesprochen.[880] Somit muss die Bedeutung dieser Vorschriften durch Auslegung ermittelt werden. Problematisch ist in diesem Zusammenhang insbesondere die Frage, ob auch ein „Zugriff" auf verschlüsselte Daten in den Schutzbereich der §§ 307 Abs. 1 (i.V.m. § 291a Abs. 8 S. 1), 307b SGB V fällt. Denn die Daten über die Patienten sollen in der Telematikinfrastruktur hybrid verschlüsselt verwendet werden. Fraglich ist also, ob ein „Zugriff" nur auf entschlüsselte Daten strafbar ist oder ob auch ein „Zugriff" auf die sich im System der eGK befindlichen verschlüsselten Daten eine Strafbarkeit auslöst.

Zunächst muss also das Wort „Zugriff" ausgelegt werden. Das Wort „Zugriff" besitzt verschiedene Bedeutungen, je nachdem in welchem Zusammenhang es

---

[879] Siehe hierzu *Hornung*, Die digitale Identität, S. 368 ff.
[880] Siehe z.B. § 3 Abs. 2 ff. BDSG; 35 Abs. 1 SGB I.

verwendet wird. Im Fall der §§ 307, 307b SGB V soll ein „Zugriff" auf ein informationstechnisches System sanktioniert werden, so dass sich die Bedeutung des Begriffs „Zugriff" im Rahmen der §§ 307, 307b SGB V aus dessen Bedeutung auf dem Gebiet der Informatik ergeben könnte. Die Informatik definiert den Zugriff auf einen Speicher als eine Operation auf einer Speicherzelle, die aus zwei Schritten besteht: Erstens, der Lokalisierung der Speicherzelle und zweitens, dem Lesen der gespeicherten Information (lesender Zugriff) oder dem Schreiben neuer bzw. veränderter Informationen (schreibender Zugriff).[881] Diese Definition lässt noch keine Rückschlüsse darauf zu, ob ein „Zugriff" nur auf entschlüsselte oder auch auf verschlüsselte Daten möglich ist. Zwar enthalten verschlüsselte Daten im Bereich des eGK-Systems zunächst keine inhaltlichen Informationen (über den Gesundheitszustand des Patienten) für den Betrachter, da er aufgrund der Verschlüsselung der Daten deren Informationsgehalt nicht entnehmen kann. Kann er die Daten jedoch entschlüsseln, so ist ihm der Informationsgehalt zugänglich. Die hier vorliegende Definition gibt jedoch keinen Aufschluss darüber, ob der Betrachter der Daten auch tatsächlich den inhaltlichen Informationsgehalt wahrnehmen können muss oder ob es ausreichend ist, dass er die verschlüsselte Information lokalisieren und diese im verschlüsselten Zustand lesen bzw. verändern kann. Die informatische Definition des Begriffs „Zugriff" führt an dieser Stelle somit nicht weiter.

Auch das BDSG verwendet den Begriff „Zugriff" an einer Stelle. So fordert die Anlage zu § 9 S. 1 BDSG in Nr. 3 eine Zugriffskontrolle. In diesem Zusammenhang wird der Begriff „Zugriff" als Zugang zu den personenbezogenen Daten zum Zwecke ihrer Verwendung interpretiert. „Zugriff" umfasst also jede Aktivität in Bezug auf die gespeicherten Daten, die den Informationswert verfügbar macht, insbesondere dessen Kenntnisnahme oder Nutzung ermöglicht.[882] Diese Interpretation besagt damit eindeutig, dass ein Zugriff nur auf personenbezogene Daten möglich ist. Dies ist auch insoweit schlüssig, als dass das BDSG nur auf personenbezogene Daten anwendbar ist (vgl. § 1 Abs. 1 BDSG). Somit kann dieses Gesetz auch nur Regelungen bezüglich des Umgangs mit personenbezogenen Daten statuieren. Wenn das BDSG dann den Begriff des „Zugriffs" verwendet, so muss sich dieser Vorgang von der Systematik her notwendigerweise auf personenbezogene Daten beziehen.

Fraglich ist jedoch, ob dies auch für die Verwendung des Begriffs „Zugriff" im Rahmen der §§ 307 Abs. 1 (i.V.m. § 291a Abs. 8 S. 1), 307b SGB V gilt.

---

[881] *Rembold/Levi*, Einführung in die Informatik, S. 435.
[882] *Ernestus*, in: Simitis, Bundesdatenschutzgesetz, § 9 Rn. 103.

Die Gesetzesbegründung zu § 307 SGB V besagt, dass durch diese Vorschrift bereits Handlungen erfasst werden sollen, die im Vorfeld eines verbotenen Zugriffs auf die Daten anzusiedeln sind.[883] Daraus folgt, dass die bloße Genehmigung des Zugriffs noch keinen Zugriff i.S.d. §§ 307 Abs. 1 (i.V.m. § 291a Abs. 8 S. 1), 307b SGB darstellen soll. Folglich verlangt der Gesetzgeber, dass eine konkrete Aktivität mit den gespeicherten Daten erfolgen müsse. Diese Konkretisierung hilft jedoch hinsichtlich der Frage, ob die Daten sich dafür in einem entschlüsselten Zustand befinden müssen, nicht weiter.

Somit stellt sich die Frage nach dem Sinn und Zweck dieser Regelungen. Die Vorschriften der §§ 307, 307b SGB V sollen die Patienten umfänglich vor dem verbotenen Zugriff auf ihre Daten schützen und einen solchen Zugriff strafrechtlich sanktionieren.[884] Deshalb wird dieser Begriff in der juristischen Literatur teilweise dahingehend ausgelegt, dass der „Zugriff auf Daten" eine datenbezogene Handlung darstellen müsse, die ein der Verarbeitung und Nutzung notwendigerweise vorgeschalteter Vorbereitungsakt sei, also das Gebrauchen einer Zugangsmöglichkeit zu den Daten auf einem Datenträger; dabei würden auch Daten in verschlüsselter Form ein taugliches Tatobjekt sein, da ansonsten die verschlüsselten Daten der eGK auf den Servern nicht vor unbefugtem Zugriff durch Dritte geschützt wären.[885]

---

[883] Siehe die Begründung zu § 307 SGB V in BT-Drs. 15/1525, S. 151.
[884] Siehe die Gesetzesbegründungen zu §§ 291a Abs. 8, 307, 307a SGB V in BT-Drs. 15/1525, S. 145 und 151. § 307a SGB V wurde durch das GKV-Änderungsgesetz zu § 307b SGB V (siehe GKV-Änderungsgesetz, BGBl. I 2010, S. 983 (986)).
[885] *Borchers*, Die Einführung der elektronischen Gesundheitskarte in das deutsche Gesundheitswesen, S. 226. So wohl auch *Hornung*, in Hänlein/Kruse/Schuler, Sozialgesetzbuch V, § 307 Rn. 2, der insoweit auf *Borchers* verweist.

Andererseits wird vertreten, dass der Begriff „Zugreifen" nur jeden daten-schutzrechtlich relevanten Umgang mit Daten erfasse.[886] Eine Unterscheidung zwischen den aus dem Datenschutzrecht bekannten Begriffen des Erhebens, Verarbeitens und Nutzens, die konkrete Formen des Zugriffs darstellen wür-den, sei nicht getroffen worden, da § 291a Abs. 4 SGB V, auf den sich §§ 307, 307b SGB V beziehen, in erster Linie den zugriffsberechtigten Personenkreis

---

[886] *Bales/Dierks/Holland/Müller*, Die elektronische Gesundheitskarte, B I § 307a Rn. 1 i.V.m. § 291a Rn. 65. § 307a SGB V wurde durch das GKV-Änderungsgesetz zu § 307b SGB V (siehe GKV-Änderungsgesetz, BGBl. I 2010, S. 983 (986)). So wohl auch *Peters*, nach dem § 307b SGB V der Struk-tur von §§ 43 f. BDSG und §§ 85 f. SGB X folge, wofür er als Begründung insbesondere die Gesetzesbe-gründung zu § 307a SGB V a.F. heranzieht (*Peters*, in Leitherer, Kasseler Kommentar zum Sozialversi-cherungsrecht, § 307b SGB V Rn. 3). Die genannten Vorschriften des BDSG und des SGB X beziehen sich ausschließlich auf den Umgang mit personenbezogenen Daten, so dass daraus gefolgert werden kann, dass sich nach Ansicht von *Peters* auch § 307b SGB V nur auf den Umgang mit personenbezo-genen Daten beziehe, da § 307b SGB V der Struktur der genannten Vorschriften des BDSG und des SGB X folge. Auch *Scholz* ist wohl der Ansicht, dass nur ein datenschutzrechtlich erheblicher Umgang mit eGK-Daten durch § 307b SGB V sanktioniert werde, da § 307b SGB V nach Ansicht von *Scholz* die Missachtung des datenschutzrechtlichen Gebots sanktioniere, nur erforderliche Daten zu erheben. Ob die (erhobenen) Daten dann weiter verarbeitet oder genutzt würden, sei nach Ansicht von *Scholz* für einen Zugriff i.S.d. § 307b SGB V unerheblich (*Scholz* in Rolfs/Giesen/Kreikebohm/Udsching, BeckOK Sozialrecht, § 307b SGB V Rn. 2). Soweit darüber hinaus sogar die Kenntnisnahme der eGK-Daten durch eine im konkreten Fall nicht zugriffsberechtigte Person für erforderlich gehalten wird, dass ein Zugriff i.S.d. § 307b SGB V vorliegt (*Scholz* in Rolfs/Giesen/Kreikebohm/Udsching, BeckOK Sozial-recht, § 307b SGB V Rn. 2), ist dies nach hier vertretener Ansicht zu weitgehend und findet in § 307b SGB V keine gesetzliche Grundlage. Vielmehr soll § 307b SGB V auch nach dem Willen des Gesetzge-bers der Struktur von §§ 43 f. BDSG und §§ 85 f. SGB X und damit den allgemeinen datenschutzrecht-lichen Regelungen folgen. Im allgemeinen Datenschutzrecht ist die Kenntnisnahme von personenbe-zogenen Daten grundsätzlich nicht erforderlich, damit die datenschutzrechtlichen Vorschriften An-wendung finden. Da die §§ 43 f. BDSG und §§ 85 f. SGB X an die Verletzung dieser datenschutzrechtli-chen Vorschriften anknüpfen und eine solche Verletzung auch vorliegen kann, wenn die jeweilige Stelle keine Kenntnis von den Daten genommen hat, sanktionieren die §§ 43 f. BDSG und §§ 85 f. SGB X auch Verletzungen beim Umgang mit personenbezogenen Daten, bei dem die jeweilige Stelle keine Kenntnis von den Daten genommen hat. Da § 307 und § 307b SGB V auch nach dem ausdrückli-chen Willen des Gesetzgebers aber eben der Struktur der §§ 43 f. BDSG und §§ 85 f. SGB X folgen sol-len und für eine Sanktionierung nach diesen Vorschriften die Kenntnisnahme der Daten nicht erfor-derlich ist, ist hieraus zu folgern, dass der Gesetzgeber auch im Fall der § 307 und § 307b SGB V eine Kenntnisnahme der Daten nicht für erforderlich hält, damit ein „Zugriff" auf eGK-Daten im Sinne die-ser Vorschriften vorliegt. So muss eine Stelle z.B. Daten nicht zur Kenntnis nehmen, damit eine Erhe-bung i.S.d. § 3 Abs. 3 BDSG vorliegt, da es insoweit ausreichend ist, wenn sie Verfügung über diese begründet (siehe z.B. *Dammann*, in: Simitis, Bundesdatenschutzgesetz, § 3 Rn. 102). Eine nach § 43 Abs. 2 Nr. 1 BDSG sanktionierte unbefugte Erhebung von Daten könnte somit also auch ohne Kennt-nisnahme der Daten durch die erhebende Stelle vorliegen. Folgt man der oben genannten Ansicht, würden in einem solchen Fall die Voraussetzungen des § 307b Abs. 1 SGB V mangels Kenntnisnahme der Daten hingegen nicht erfüllt sein, so dass in diesem Fall keine strafbare Handlung der erhebenden Stelle nach § 307b Abs. 1 SGB V vorläge. Dies ist aber nach hier vertretener Ansicht mit dem aus-drücklich erklärten Willen des Gesetzgebers unvereinbar, wonach das Sanktionsniveau durch § 307b SGB V erhöht werden soll. Außerdem würde der Schutz der eGK-Daten durch § 307 und § 307b SGB V unangemessen verkürzt, wenn eine Kenntnisnahme der eGK-Daten dafür erforderlich wäre, dass eine nach § 307 bzw. § 307b SGB V untersagte und sanktionierte Handlung vorliegt. So könnte sich die jeweilige Stelle einem etwaigen Bußgeld nach § 307 SGB V oder einer Strafe nach § 307b SGB V dadurch entziehen, dass sie keine Kenntnis von den jeweiligen eGK-Daten nimmt, auf die sie zugreifen kann. Da der Nachweis einer tatsächlichen Kenntnisnahme durch eine Stelle aber nur in den wenigsten Fällen gelingen dürfte, entstünde ein nicht hinzunehmendes Dunkelfeld.

regele.[887] Für diese Ansicht spricht wohl auch die Gesetzesbegründung zu § 307a SGB V a.F., der durch das GKV-Änderungsgesetz zu § 307b SGB V wurde.[888] In dieser Begründung führt der Gesetzgeber ausdrücklich aus, dass §§ 307 und 307a SGB V a.F. der grundlegenden Struktur der allgemeinen Regelungen der §§ 43 f. BDSG und § 85 f. SGB X folgen würden, jedoch das Sanktionsniveau erhöht würde. Die §§ 43 f. BDSG und §§ 85 f. SGB X beziehen sich auf den Umgang mit personenbezogenen Daten. Wenn nun der Gesetzgeber in der Gesetzesbegründung ausdrücklich ausführt, dass § 307 und § 307a SGB V a.F. der grundlegenden Struktur der allgemeinen Vorschriften des BDSG bzw. des SGB X folgen sollen, das Sanktionsniveau jedoch erhöht werde, kann insoweit durchaus gefolgert werden, dass wohl auch der Gesetzgeber in Bezug auf § 307 und § 307b SGB V davon ausgeht, dass der „Zugriff" i.S. dieser Vorschriften einen datenschutzrechtlich relevanten Umgang mit den eGK-Daten erfordert. So deutet das Wort „erhöhen" darauf hin, dass an ein bereits sanktioniertes Verhalten angeknüpft und die Sanktion für dieses Verhalten eben erhöht werden soll. Hätte der Gesetzgeber gewollt, ein zuvor unsanktioniertes Verhalten zu sanktionieren, wäre dies eher eine „Ausweitung" und nicht eine „Erhöhung" des Sanktionsniveaus gewesen. So wird durch § 307b Abs. 1 SGB V dann auch der unbefugte Zugriff auf eGK-Daten unter Strafe gestellt, wohingegen § 43 Abs. 2 Nr. 1 BDSG bzw. § 85 Abs. 2 Nr. 1 SGB X das unbefugte Erheben und Verwenden von Daten nur als Ordnungswidrigkeit qualifiziert.[889]

10.1.3.2 Der Personenbezug der im Rahmen der elektronischen Gesundheitskarte gespeicherten Daten

Folgt man der Ansicht, dass der Begriff des „Zugreifens" i.S.d. § 307b SGB V nur jeden datenschutzrechtlich relevanten Umgang mit Daten erfasse, stellt sich also die Frage, ob auch der Zugriff auf die im Rahmen der eGK verschlüsselt verarbeiteten Daten datenschutzrechtlich relevant ist und somit durch § 307 und § 307b SGB V sanktioniert wird. Dazu müsste es sich bei den im Rahmen der elektronischen Gesundheitskarte verarbeiteten Daten um personenbezogene Daten handeln.

Für nicht-öffentliche Stellen bestimmt sich der Personenbezug von Daten grundsätzlich nach § 3 Abs. 1 BDSG, da für sie nach § 1 Abs. 2 Nr. 3 BDSG i.d.R.

---

[887] *Bales/Dierks/Holland/Müller*, Die elektronische Gesundheitskarte, B I § 307a Rn. 1 i.V.m. § 291a Rn. 65.
[888] Siehe GKV-Änderungsgesetz, BGBl. I 2010, S. 983 (986).
[889] *Bales/Dierks/Holland/Müller*, Die elektronische Gesundheitskarte, B I § 307a Rn. 1.

das BDSG gilt.[890] Für Leistungsträger nach § 35 Abs. 1 SGB I bestimmt sich der Personenbezug der Daten hingegen nach § 67 Abs. 1 SGB X, sofern die betroffenen Daten Sozialdaten i.S.d. § 67 Abs. 1 SGB X sind. Sozialdaten sind nach § 67 Abs. 1 S. 1 SGB X Einzelangaben über persönliche oder sachliche Verhältnisse einer bestimmten oder bestimmbaren natürlichen Person (Betroffener), die von einer in § 35 SGB I genannten Stelle im Hinblick auf ihre Aufgaben nach diesem Gesetzbuch erhoben, verarbeitet oder genutzt werden. Der Sozialdatenschutz im zweiten Kapitel des SGB X geht den allgemeinen Regeln des BDSG insoweit gem. § 1 Abs. 3 BDSG vor, so dass das BDSG nur subsidiär Anwendung findet.[891] Leistungsträger im Rahmen der gesetzlichen Krankenversicherung sind nach § 21 Abs. 2 SGB I die Orts-, Betriebs- und Innungskrankenkassen, die landwirtschaftlichen Krankenkassen, die Deutsche Rentenversicherung Knappschaft-Bahn-See und die Ersatzkassen. Ferner findet der Sozialdatenschutz nach § 67 Abs. 1 S. 1 SGB X auch auf die in § 35 Abs. 1 S. 4 SGB I genannten Stellen Anwendung (u.a. auf die Verbände der Leistungsträger, die Arbeitsgemeinschaften der Leistungsträger und ihre Verbände, die Datenstelle der Träger der Rentenversicherung, die in diesem Gesetzbuch genannten öffentlich-rechtlichen Vereinigungen, gemeinsame Servicestellen, Integrationsfachdienste und die Künstlersozialkasse). Handelt es sich bei den betroffenen Daten hingegen nicht um Sozialdaten i.S.d. § 67 Abs. 1 S. 1 SGB X, ist der Personenbezug auch für die Leistungsträger nach § 3 Abs. 1 BDSG bzw. dem allgemeinen auf den jeweiligen Leistungsträger anwendbaren Datenschutzrecht zu bestimmen, da das Sozialdatenschutzrecht in diesem Fall nicht anwendbar ist.[892] Folglich ist der Personenbezug der Daten, auf die zugegriffen werden soll, vorliegend in Abhängigkeit von der Stelle und dem Zweck des Zugriffs entweder nach § 3 Abs. 1 BDSG oder nach § 67 Abs. 1 S. 1 SGB X zu bestimmen.

Hinsichtlich der Frage, wann Daten i.S.d. § 3 Abs. 1 BDSG und Sozialdaten i.S.d. § 67 Abs. 1 S. 1 SGB X personenbezogen sind, bestehen zwischen diesen beiden Normen allerdings keine Unterschiede. Mit anderen Worten: Im Rahmen der Bestimmung, ob Daten personenbezogen sind, ist es unerheblich, ob es sich bei den betroffenen Daten um Daten i.S.d. § 3 Abs. 1 BDSG oder um Sozi-

---

[890] Wie in Fußnote 19 bereits beschrieben, können auch für den Datenumgang durch nicht-öffentliche Stellen ggf. besondere Datenschutzgesetze gelten. Auf diese Gesetze wird im Folgenden nicht weiter eingegangen, da dies den Umfang dieser Arbeit sprengen würde.

[891] Siehe z.B. *Seidel*, in: Diering/Timme/Waschull, Sozialgesetzbuch X, Vor. §§ 67 bis 85a Rn. 6; *Binne*, NZS 1995, 97 (98); *Bieresborn*, in: von Wulffen, SGB X, Vor. §§ 67 bis 85a Rn. 18.

[892] Zum Beispiel in Bezug auf die Verarbeitung von Mitarbeiterdaten. Siehe z.B. *Bieresborn*, in: von Wulffen, SGB X, § 67 Rn. 11; *Binne*, NZS 1995, 97 (98); *Seidel*, in: Diering/Timme/Waschull, Sozialgesetzbuch X, § 67 Rn. 6.

aldaten nach § 67 Abs. 1 S. 1 SGB X handelt.[893] Insoweit ist auch der Wortlaut dieser beiden Vorschriften identisch. Ferner dienen sowohl das BDSG als auch das Zweite Kapitel des SGB X dem Schutz des Rechts auf informationelle Selbstbestimmung gem. Art. 2 Abs. 1 i.V.m. Art. 1 Abs. 1 GG.[894] Zudem dienen sowohl das BDSG als auch das Zweite Kapitel des SGB X der Umsetzung der Datenschutzrichtlinie 95/46/EG,[895] so dass bei beiden Gesetzen im Wege der richtlinienkonformen Auslegung die Definition des personenbezogenen Datums in Art. 2 lit. a der Datenschutzrichtlinie 95/46/EG zu beachten ist. Im Folgenden wird angesichts dessen auf eine getrennte Darstellung der Prüfung des Personenbezugs i.S.d. § 3 Abs. 1 BDSG und des Personenbezugs i.S.d. § 67 Abs. 1 S. 1 SGB X verzichtet.

Personenbezogene Daten sind sowohl nach § 3 Abs. 1 BDSG als auch nach § 67 Abs. 1 S. 1 SGB X Einzelangaben über persönliche oder sachliche Verhältnisse einer bestimmten oder bestimmbaren natürlichen Person (Betroffener).

Ob die im Rahmen der elektronischen Gesundheitskarte verarbeiteten verschlüsselten Daten personenbezogen sind, ist jedoch umstritten. Teilweise wird in der juristischen Literatur die Auffassung vertreten, dass sicher verschlüsselte Daten grundsätzlich wie pseudonyme Daten behandelt werden müssen.[896] Da der Personenbezug von Daten relativ und es daher möglich sei, dass dieselben Daten für eine Stelle personenbezogen sind, wohingegen sie dies für eine andere Stelle nicht sind, müsse im Rahmen von verschlüsselten Daten unterschieden werden, ob die datenverarbeitende Stelle diese Daten entschlüsseln kann. Verfüge eine Stelle beispielsweise über den Entschlüsselungscode oder könne diese Stelle die verschlüsselten Daten auf andere Weise entschlüsseln, so handele es sich bei den verschlüsselten Daten um personenbezogene Daten. Verfüge diese Stelle nicht über den Entschlüsselungscode und könne sie die verschlüsselten Daten auch nicht auf andere Art und Weise entschlüsseln, so handele es sich für diese Stelle hingegen um nicht personenbezogene Daten.[897] Bei dieser Einordnung bestehen zwischen den Vertretern dieser Auffassung jedoch Unterschiede. So werden sicher verschlüsselte Daten teilweise nicht als Einzelangaben i.S.d. § 67 Abs. 1 SGB X bzw. § 3 Abs. 1

---

[893] So z.B. auch *Seidel*, in: Diering/Timme/Waschull, Sozialgesetzbuch X, § 67 Rn. 2; *Bieresborn*, in: von Wulffen, SGB X, § 67 Rn. 3.

[894] *Simitis*, in: Simitis, Bundesdatenschutzgesetz, § 1 Rn. 23 ff.; *Gola/Schomerus*, BDSG, § 1 Rn. 6 ff.; *Bieresborn*, in: von Wulffen, SGB X, Vor. §§ 67 – 85a Rn. 1 ff.; *Seidel*, in: Diering/Timme/Waschull, Sozialgesetzbuch X, Vor. §§ 67 – 85a Rn. 2 ff.

[895] *Gola/Schomerus*, BDSG, Einleitung Rn. 10 ff.; *Bieresborn*, in: von Wulffen, SGB X, Vor. §§ 67 – 85a Rn. 14 ff.; *Seidel*, in: Diering/Timme/Waschull, Sozialgesetzbuch X, Vor. §§ 67 – 85a Rn. 9.

[896] Siehe z.B. Siehe *Hornung*, Die digitale Identität, S. 145; *Dammann*, in: Simitis, Bundesdatenschutzgesetz, § 3 Rn. 36 f.

[897] Siehe *Hornung*, Die digitale Identität, S. 145; *Dammann*, in: Simitis, Bundesdatenschutzgesetz, § 3 Rn. 36 f.

BDSG aufgefasst, da solche Daten für die verarbeitende Stelle inhaltlich keinen Sinn ergeben würden, so dass nicht nur der Personenbezug von Daten, sondern auch der Begriff der Einzelangabe relativ sei.[898] Andererseits wird die Ansicht vertreten, dass es sich bei sicher verschlüsselten Daten zwar um Daten handele, aber um anonyme Daten i.S.d. § 67 Abs. 8 SGB X bzw. § 3 Abs. 6 BDSG.[899]

Andere Autoren in der juristischen Literatur vertreten demgegenüber die Auffassung, dass auch verschlüsselte Daten personenbezogene Daten i.S.d. § 67 Abs. 1 SGB X bzw. § 3 Abs. 1 BDSG darstellen würden.[900] Teilweise wird diese Ansicht damit begründet, dass es mit hoher und zunehmender Rechnerkapazität sowie hohem Zeitaufwand theoretisch möglich sei, die verschlüsselten Daten wieder zu entschlüsseln.[901] Andererseits wird diese Auffassung auch damit begründet, dass verschlüsselte Daten jederzeit wieder lesbar gemacht werden könnten, entweder durch den Schlüsselinhaber oder durch einen Dritten, der die Daten unbefugt entschlüsselt.[902]

Diese bisher in der datenschutzrechtlichen Literatur nicht ausreichend diskutierte Frage bedarf einer eingehenden Untersuchung.

10.1.3.2.1 Einzelangaben

Fraglich ist zunächst, ob die im Rahmen der elektronischen Gesundheitskarte verschlüsselten Daten überhaupt Einzelangaben i.S.d. § 67 Abs. 1 SGB X bzw. § 3 Abs. 1 BDSG sind.

Einzelangaben umfassen jede Information. Diese kann Gegenstand einer Mitteilung sein und dient dann der Vermittlung von Kenntnis an den Empfänger, oder sie wird aufbewahrt, dient also dem Verfügbarhalten von Kenntnis. Notwendig ist ein finales, auf Vermittlung oder Aufbewahrung gerichtetes Element.[903] Auf die konkrete Semantik und Pragmatik der Information kommt es nicht an.[904] Allerdings muss sich die Information, in Abgrenzung zu einem nicht dem Datenschutzrecht unterliegenden Sachdatum, auf eine Person und

---

[898] *Hornung*, Die digitale Identität, S. 145.
[899] *Dammann*, in: Simitis, Bundesdatenschutzgesetz, § 3 Rn. 36 f.
[900] Siehe z.B. *Hermeler*, Rechtliche Rahmenbedingungen der Telemedizin, S. 168 i.V.m. 152 ff.; *Schild*, in: Wolff/Brink, BeckOK BDSG, § 3 Rn. 107.
[901] *Hermeler*, Rechtliche Rahmenbedingungen der Telemedizin, S. 168 i.V.m. 152 ff.
[902] *Schild*, in: Wolff/Brink, BeckOK BDSG, § 3 Rn. 107.
[903] Siehe z.B. *Gola/Schomerus*, BDSG, § 3 Rn. 3; *Dammann*, in: Simitis, Bundesdatenschutzgesetz, § 3 Rn. 5.
[904] Siehe *Dammann*, in: Simitis, Bundesdatenschutzgesetz, § 3 Rn. 6.

nicht auf eine Sache beziehen.[905] Zwar kann eine verarbeitende Stelle den Inhalt der verschlüsselten Daten nicht wahrnehmen, wenn sie diese nicht entschlüsseln kann. Darauf kommt es jedoch nach hier vertretener Ansicht an dieser Stelle nicht an. Das Ziel des Merkmals „Einzelangabe" ist es, Daten über eine Person von Sammeldaten und Sachdaten abzugrenzen, da diese nicht dem Datenschutzrecht unterfallen sollen. Nur Daten, die im Zusammenhang mit einer Person verarbeitet werden, sollen dem Datenschutzrecht unterliegen.[906] Dies folgt auch schon aus dem Wort „Einzelangabe", das ein aktives Element, das Angeben einer Information durch eine Person enthält und somit die Verbindung einer Information zu einer Person hervorhebt.[907] Es ist nicht das Ziel dieses Merkmals, nur diejenigen Daten unter Schutz zu stellen, deren Inhalt von der verarbeitenden Stelle unmittelbar zur Kenntnis genommen werden kann. Folglich muss im Rahmen dieses Merkmals geprüft werden, ob die Informationen in unverschlüsselter Form „Einzelangaben" i.S.d. § 67 Abs. 1 SGB X bzw. § 3 Abs. 1 BDSG darstellen. Erst im Rahmen der Prüfung des Merkmals der „Bestimmtheit" bzw. „Bestimmbarkeit" der betroffenen Person ist nach hier vertretener Auffassung zu prüfen, ob die datenverarbeitende Stelle einen Personenbezug vornehmen kann.[908] Stellen die verschlüsselten Daten in ihrer entschlüsselten Form schon keine „Einzelangaben" dar, ist es datenschutzrechtlich unerheblich, ob sie verschlüsselt sind oder nicht, da sie nicht in den Anwendungsbereich der Datenschutzgesetze fallen.

Diese Auffassung wird auch durch die Datenschutzrichtlinie 95/46/EG unterstützt. Art. 2 lit. a der Richtlinie definiert „personenbezogene Daten" als alle Informationen über eine bestimmte oder bestimmbare natürliche Person ("betroffene Person"). Die Richtlinie benutzt dabei nicht den Begriff „Einzelangaben", sondern an dessen Stelle den Begriff „Informationen". Der Begriff der „Einzelangabe" muss sich folglich im Rahmen der richtlinienkonformen Auslegung an dem Begriff der „Information" gem. Art. 2 lit. a der Datenschutzrichtlinie 95/46/EG orientieren. Diese Vorschrift soll alle Informationen erfassen, die mit einer natürlichen Person in Verbindung gebracht werden kön-

---

[905] *Forgó/Krügel*, MMR 2010, 17 (20 ff.); siehe auch *Dammann*, in: Simitis, Bundesdatenschutzgesetz, § 3 Rn. 5 ff.

[906] *Forgó/Krügel*, MMR 2010, 17 (21).

[907] *Forgó/Krügel*, MMR 2010, 17 (21) m.w.N. Verschlüsselte Informationen können aber eben über die Entschlüsselung mit der Person in Verbindung gebracht werden.

[908] Es ist mithin eine Frage des Aufwands, ob ein Personenbezug vorgenommen werden kann oder nicht. Dieser ist im Rahmen der „Bestimmbarkeit" zu prüfen (so auch *Dammann*, in: Simitis, Bundesdatenschutzgesetz, § 3 Rn. 36; *Hermeler*, Rechtliche Rahmenbedingungen der Telemedizin, S. 168 i.V.m. 152 ff.; *Wagner/Blaufuß*, BB 2012, 1751 (1751)); *Schild* fasst verschlüsselte Daten als pseudonymisierte Daten auf (*Schild*, in Wolff/Brink, BeckOK BDSG, § 3 Rn. 107). Pseudonyme sind als Einzelangaben i.S.d. § 3 Abs. 1 BDSG zu betrachten, da sie unentbehrlich sind, um den Personenbezug herzustellen, indem sie Daten mit einer Person verknüpfen, weshalb sie logisch zwingend zu den personenbezogenen Daten gehören (*Dammann*, in Simitis, Bundesdatenschutzgesetz, § 3 Rn. 10).

nen.[909] Sie enthält keine Hinweise darüber, dass die Informationen auch in einer Form vorliegen müssen, dass die verarbeitende Stelle ihren Inhalt unmittelbar zur Kenntnis nehmen können muss. Auch die Richtlinie sieht somit den Sinn dieses Merkmals darin, dass nur die Informationen unter ihrem Schutz stehen sollen, die mit einer Person in Verbindung gebracht werden können, egal in welcher Form.[910]

Diese Argumentation wird auch durch die Ausführungen der Artikel-29-Datenschutzgruppe in ihrer Stellungnahme 4/2007 zum Begriff „personenbezogene Daten" unterstützt. Nach Ansicht der Gruppe verlange der Ausdruck „alle Informationen" eine weite Auslegung und schließe alle Aussagen über eine Person ein, egal welche Art der Information sie vermitteln und in welcher Form sie vorliegen.[911]

Somit folgt auch aus der Datenschutzrichtlinie 95/46/EG, nach der sich das SGB X und das BDSG richten müssen, dass das Merkmal der Einzelangabe dazu dient, schutzwürdige Informationen bzw. Angaben über eine Person abzugrenzen von Sach- und Sammeldaten, die nicht dem Schutz des Datenschutzrechts unterliegen sollen. Auf den Inhalt der Informationen kommt es an dieser Stelle also nur dahingehend an, ob sie sich in unverschlüsselter Form auf eine Person beziehen, nicht jedoch, ob die verarbeitende Stelle die Informationen inhaltlich zur Kenntnis nehmen kann.

Also müssten sich die im Rahmen der elektronischen Gesundheitskarte gespeicherten Informationen zunächst auf eine Person beziehen. Dies ist bei im Rahmen der eGK gespeicherten Informationen in unverschlüsselter Form gegeben, da sie sich auf die Person des Versicherten beziehen. Sie enthalten z.B. Informationen über Behandlungen eines Patienten. Somit stellen die über einen Versicherten im Rahmen der elektronischen Gesundheitskarte gespeicherten Daten Einzelangaben i.S.d. § 67 Abs. 1 SGB X bzw. § 3 Abs. 1 BDSG dar.

10.1.3.2.2 Über ein persönliches oder sachliches Verhältnis

Des Weiteren müssen diese Daten gem. § 67 Abs. 1 SGB X bzw. § 3 Abs. 1 BDSG Aussagen über ein „persönliches oder sachliches Verhältnis" einer Person enthalten. Es muss sich also um Daten handeln, die Informationen über

---

[909] *Ehmann/Helfrich*, EG-Datenschutzrichtlinie, Art. 2 Rn. 17.
[910] Verschlüsselte Informationen können aber eben über die Entschlüsselung mit der Person in Verbindung gebracht werden.
[911] *Artikel-29-Datenschutz-Gruppe*, Stellungnahme 4/2007 zum Begriff „personenbezogene Daten" v. 20.6.2007, S. 7 f., abrufbar unter: http://ec.europa.eu/justice_home/fsj/privacy/docs/wpdocs/2007/wp136_de.pdf (19.05.2013).

eine Person selbst oder über einen auf sie beziehbaren Sachverhalt enthalten.[912] Die im Rahmen der elektronischen Gesundheitskarte gespeicherten Informationen enthalten eine Vielzahl von Aussagen über den Versicherten, z.B. über dessen Gesundheitszustand oder welche Arzneimittel er verschrieben bekommen hat, so dass auch dieses Merkmal erfüllt ist.

Somit ist als Ergebnis festzuhalten, dass es sich bei den im Rahmen der elektronischen Gesundheitskarte gespeicherten Daten um Einzelangaben über persönliche oder sachliche Verhältnisse des Versicherten handelt.

10.1.3.2.3 Die Bestimmtheit der betroffenen Person

Nunmehr stellt sich die Frage, ob der betroffene Versicherte, über den Informationen im Rahmen der elektronischen Gesundheitskarte gespeichert sind, anhand der verarbeiteten Daten bestimmt werden kann.

Eine Person ist bestimmt, wenn die Daten mit dem Namen der Person verbunden sind oder sich aus dem Inhalt bzw. dem Zusammenhang der Bezug unmittelbar herstellen lässt.[913] Auf welche Weise die Bezugsperson identifiziert und der Bezug hergestellt wird, ist dabei irrelevant.[914] Personenbezogene Daten liegen bereits schon dann vor, wenn die Bezugsperson durch Verwendung zusätzlicher Informationen bestimmbar ist.

Im Rahmen der elektronischen Gesundheitskarte sollen Gesundheitsdaten nach dem derzeitigen Stand der Planungen in der Telematikinfrastruktur nur in verschlüsselter Form verarbeitet werden. Die datenverarbeitenden Stellen haben somit Kenntnis von den Daten in verschlüsselter Form und ggf. von der mit einem Datensatz verbundenen Ordnungskennzahl, mittels derer die zu einem Versicherten gespeicherten Daten aufgefunden und abgerufen werden können. Als Ordnungskennzahl könnte z.B., wie vor der Neuausrichtung des eGK-Projekts beabsichtigt, der unveränderliche Teil der Krankenversichertennummer verwendet werden. Von dem Inhalt der verschlüsselten Daten haben sie zunächst keine positive Kenntnis, da diese aufgrund des Zwei-

---

[912] *Gola/Schomerus*, BDSG, § 3 Rn. 5, die allerdings auf den Betroffenen und nicht auf eine Person abstellen. Ein Betroffener muss jedoch identifizierbar sein. Ob eine Person identifizierbar ist, ist jedoch erst im Rahmen des folgenden Merkmals der „Bestimmbarkeit" zu prüfen. Folglich dürfen diese beiden Merkmale nicht vermengt werden, so dass im Rahmen des Merkmals des „persönlichen oder sachlichen Verhältnisses" von einer Person und noch nicht von einem Betroffenen gesprochen werden muss. Siehe auch *Forgó/Krügel*, MMR 2010, 17 (22) m.w.N.
[913] Siehe z.B. *Roßnagel/Scholz*, MMR 2000, 721 (722 f.); *Gola/Schomerus*, BDSG, § 3 Rn. 10; *Dammann*, in: Simitis, Bundesdatenschutzgesetz, § 3 Rn. 22.
[914] *Dammann*, in: Simitis, Bundesdatenschutzgesetz, § 3 Rn. 22; *Roßnagel/Scholz*, MMR 2000, 721 (723).

Karten-Prinzips nur durch die eGK des Versicherten zusammen mit einem HBA entschlüsselt werden können.

Allerdings sollte nach der ursprünglichen Planung der eGK vor der Neuausrichtung des Projekts jeder im Rahmen der elektronischen Gesundheitskarte gespeicherte Datensatz auch Metadaten enthalten. Diese Metadaten sollten unter anderem die Signatur des Versicherten mitsamt eines Zertifikats enthalten, in welchem auch der Name des jeweiligen Versicherten stehen sollte.[915] Anhand dieser Metadaten wäre die Bezugsperson dieses verschlüsselten Datensatzes für jeden zu bestimmen gewesen, der Zugriff auf ihn hat. Außerdem sollten die Metadaten auch die Signatur und das dazugehörige Zertifikat des Heilberuflers enthalten, der diesen Datensatz erstellt hat.[916] Für einige Services, wie z.B. den Versichertenstammdatendienst, war jedoch geplant, die Signatur des Heilberuflers zu anonymisieren und durch die Signatur des Intermediärs zu ersetzen, so dass die Identität des Heilberuflers, der diesen Datensatz erstellt hat, nicht mehr bestimmbar gewesen wäre. Die Rolle des ausstellenden Heilberuflers, z.B. als Arzt oder Apotheker, sollte jedoch auch nach der Anonymisierung in den Metadaten gespeichert bleiben.[917] Somit hätte derjenige, der Zugriff auf diese Metadaten hat, die Information erhalten, dass ein bestimmter Versicherter die elektronische Gesundheitskarte benutzt, dass Informationen über ihn in den Anwendungen der eGK gespeichert sind und dass er bei einem Arzt, Apotheker oder einem sonstigen Heilberufler war, wenn nur die Rolle des Heilberuflers in den Metadaten gespeichert ist. Dies ist bereits ausreichend, um diese gespeicherten Metadaten als personenbezogen zu qualifizieren. Bei anderen Services sollte darüber hinaus der Name des Heilberuflers nicht anonymisiert in den Metadaten gespeichert werden, so dass derjenige, der auf diese Metadaten zugreifen kann, sogar die Information erhalten hätte, dass ein bestimmter Patient bei einem bestimmten Heilberufler war.

Folglich wären diese im Rahmen der elektronischen Gesundheitskarte gespeicherten Metadaten als personenbezogen für jede diese Daten verarbeitende Stelle zu qualifizieren, insbesondere also für die Betreiber der Telematikinfra-

---

[915] Siehe *gematik GmbH*, Gesamtarchitektur der elektronischen Gesundheitskarte v.1.7.0., S. 122 und 140, abrufbar unter: http://www.gematik.de/cms/media/dokumente/release_0_5_3/release_0_5_3_architek-tur_1/gematik_GA_Gesamtarchitektur_V1_3_0.pdf (19.05.2013).

[916] *gematik GmbH*, whitepaper Sicherheit, S. 21 f.; Siehe auch *gematik GmbH*, Gesamtarchitektur der elektronischen Gesundheitskarte v.1.7.0., S. 111, abrufbar unter: http://www.gematik.de/cms/media/dokumente/release_0_5_3/release_0_5_3_architektur_1/gematik_GA_Gesamtarchitektur_V1_3_0.pdf (19.05.2013).

[917] Siehe *gematik GmbH*, Gesamtarchitektur der elektronischen Gesundheitskarte v.1.7.0., S. 111 f., 140 und 300, abrufbar unter: http://www.gematik.de/cms/media/dokumente/release_0_5_3/release_0_5_3_architektur_1/gematik_GA_Gesamtarchitektur_V1_3_0.pdf (19.05.2013).

struktur, die die einzelnen Komponenten der Telematikinfrastruktur betreiben, mit denen die Daten der Versicherten verarbeitet werden.

Sofern die einzelnen Anwendungen auch nach der Neuausrichtung des Projekts der elektronischen Gesundheitskarte weiter derartige Metadaten zusammen mit den verschlüsselten Gesundheitsdaten speichern, würden personenbezogene Daten über eine bestimmte Person verarbeitet, so dass der Anwendungsbereich der Datenschutzgesetze eröffnet wäre.

Hiervon zu trennen sind jedoch die verschlüsselt gespeicherten medizinischen Daten. Sofern diese mit personenbezogenen Metadaten verknüpft werden, folgt hieraus nicht automatisch, dass auch die verschlüsselten medizinischen Daten personenbezogen sein müssen, da es sich insoweit um andere Daten handelt, die andere, von den Metadaten zu trennende Einzelangaben über persönliche oder sachliche Verhältnisse enthalten.

10.1.3.2.4 Die Bestimmbarkeit der betroffenen Person durch das den verschlüsselten medizinischen Daten zugewiesene Ordnungsmerkmal

Ein Personenbezug der verschlüsselten medizinischen Daten könnte sich aber daraus ergeben, dass die Bezugsperson aufgrund des den gespeicherten Daten zugewiesenen Ordnungsmerkmals *bestimmbar* sein könnte. Im eGK-System gespeicherte Daten müssen einer Person eindeutig zugeordnet sein, wenn diese Daten (nur) von dieser Person wieder aufgerufen werden können sollen. Hierzu sollen die im Rahmen der eGK gespeicherten Daten mit einem Ordnungsmerkmal verknüpft werden.[918] Vor der Neuausrichtung des eGK-Projekts war es geplant, den verschlüsselt gespeicherten Daten (außer der eVerordnung) als Ordnungsmerkmal den unveränderbaren Teil der Krankenversichertennummer des jeweiligen Versicherten zuzuweisen. Der unveränderbare Teil der Krankenversichertennummer wird z.B. von der „Vertrauensstelle Krankenversichertennummer" errechnet[919] und ist grundsätzlich, außer dieser Stelle, nur dem Versicherten selbst, seinen behandelnden Heilberuflern, den abrechnenden Kassenärztlichen Vereinigungen sowie der gesetzlichen Krankenkasse bzw. der privaten Krankenversicherung bekannt. Über die Zuordnungsregel, welcher unveränderbare Teil der Krankenversicherungsnummer einem bestimmten Versicherten zugeordnet ist, verfügen somit nur

---

[918] Siehe die Ausführungen unter Ziffer 6.6.
[919] Siehe https://kvnummer.gkvnet.de/ (19.05.2013).

der betroffene Versicherte, die ihn behandelnden Heilberufler sowie die Krankenkasse, bei der der Versicherte Mitglied ist.[920]

Dieses Ordnungsmerkmal kann auch nach der Neuausrichtung des eGK-Projekts noch zum Einsatz kommen. Möglich ist allerdings auch, dass der jeweilige Betreiber einer Anwendung ein eigenes Ordnungsmerkmal generiert oder durch Dritte, wie eine Trusted Third Party, generieren lässt und dieses auf der eGK des Versicherten speichert.[921]

Anhand dieses mit den verschlüsselten Daten verknüpften Ordnungsmerkmals könnte nun über die jeweilige Zuordnungsregel die Person bestimmt werden, für die dieses Ordnungsmerkmal generiert wurde und die die verschlüsselten medizinischen Daten betreffen. Selbst wenn dies der jeweiligen Stelle möglich wäre, würde es jedoch allenfalls dazu führen, dass dieses Ordnungsmerkmal zu einem personenbezogenen Datum würde, wobei es im Einzelfall durchaus fraglich wäre, ob allein die Zuordnung eines Ordnungsmerkmals zu einer bestimmten Person eine Einzelangabe über persönliche oder sachliche Verhältnisse darstellen würde. Die verschlüsselten Daten selbst würden hierdurch jedoch nicht zu personenbezogenen Daten, da sie von dem Ordnungsmerkmal zu unterscheidende Einzelangaben enthalten und es sich folglich um andere Daten handelt. Durch die Verknüpfung der medizinischen Daten mit dem Ordnungsmerkmal folgt nicht, dass diese in den medizinischen Daten enthaltenen Einzelangaben einer Person zugeordnet werden können.

10.1.3.2.5 Die Bestimmbarkeit der betroffenen Person wegen möglicher Entschlüsselung der im Rahmen der elektronischen Gesundheitskarte gespeicherten Daten

Fraglich ist also, ob es sich bei den verschlüsselten Daten selbst um Einzelangaben über eine bestimmbare natürliche Person i.S.d. § 67 Abs. 1 SGB X bzw. § 3 Abs. 1 BDSG handelt.

Ganz generell ist eine Person bestimmbar, wenn die Daten zwar nicht mit dem Namen des Betroffenen verbunden sind oder sich der Bezug zu einer Person unmittelbar aus dem Inhalt bzw. dem Zusammenhang der Daten herstellen lässt, aber die betroffene Person anhand von zusätzlichen Kenntnissen, Mit-

---

[920] Der Vertrauensstelle ist die Zuordnung nicht bekannt, da sie niemals den Namen des Versicherten erhält, siehe *Vertrauensstelle Krankenversichertennummer*, Die Vertrauensstelle – Herzstück des Verfahrens, abrufbar unter: https://kvnummer.gkvnet.de/%28S%28rc3rr1n45hdozi55teqdk3js%29%29/pubpages/ver-trauensstelle.aspx (19.05.2013).
[921] Siehe die Ausführungen unter Ziffer 6.6.

teln und Möglichkeiten bestimmt werden kann.[922] Welche zusätzlichen Kenntnisse, Mittel und Möglichkeiten im Hinblick auf die Bestimmbarkeit des Betroffenen zu berücksichtigen sind, ist im Einzelnen höchst umstritten und wird in der Folge untersucht.

Die erste Voraussetzung dafür, dass verschlüsselte Daten überhaupt personenbezogen sein können, ist selbstverständlich, dass bei Kenntnis des Inhalts dieser verschlüsselten Daten die Bezugsperson zumindest bestimmbar sein müsste, so dass es sich bei den entschlüsselten Daten um personenbezogene Daten handelt. Sind die entschlüsselten Daten hingegen nicht als personenbezogen zu qualifizieren, können sie auch im verschlüsselten Zustand nicht personenbezogen sein.

Die zweite Voraussetzung, damit die im Rahmen der eGK verschlüsselt gespeicherten Daten als personenbezogen qualifiziert werden können, besteht darin, dass die Daten entschlüsselt und der Inhalt dieser Daten zur Kenntnis genommen werden kann.

10.1.3.2.5.1 Faktische Bestimmbarkeit

Nicht als personenbezogen sind Daten zu qualifizieren, deren Bezugsperson nicht bestimmbar ist. Somit stellt sich die Frage, wann die Bezugsperson nicht mehr bestimmbar i.S.d. § 3 Abs. 1 BDSG bzw. § 67 Abs. 1 S. 1 SGB X ist.

Eine Bezugsperson ist jedenfalls dann nicht mehr bestimmbar, wenn es absolut, also auch theoretisch, ausgeschlossen ist, dass die Bezugsperson identifiziert werden kann. In diesem Fall handelt es sich um anonyme, nicht personenbezogene Daten i.S.d. § 3 Abs. 6 BDSG bzw. § 67 Abs. 8 SGB X.[923] In diesem Fall besteht keine Gefahr für das Persönlichkeitsrecht der (ursprünglich) betroffenen Person, da keine Verbindung zwischen ihr und den Daten (mehr) hergestellt werden kann. Infolgedessen bedürfen diese Daten keines Schutzes durch datenschutzrechtliche Gesetze, weshalb das BDSG und das SGB X auf anonyme Daten nicht anwendbar sind.

Sowohl das BDSG als auch das SGB X ziehen die Grenze zwischen anonymen nicht personenbezogenen Daten und personenbezogenen Daten aber nicht erst an der Stelle, wenn eine Identifizierung des Betroffenen auch theoretisch ausgeschlossen ist. Nach § 3 Abs. 6 BDSG bzw. § 67 Abs. 8 SGB X sind Daten

---

[922] *Gola/Schomerus*, BDSG, § 3 Rn. 10; *Redeker*, IT-Recht, Rn. 932; zum Begriff "bestimmbar" i.S.d. Art. 2 lit. a der Datenschutzrichtlinie 95/46/EG siehe auch *Forgó/Kollek/Arning/Krügel/Petersen*, Ethical and Legal Requirements for Transnational Genetic Research, Rn. 250 f.
[923] *Dammann*, in: Simitis, Bundesdatenschutzgesetz, § 3 Rn. 23.

bereits dann als anonym zu qualifizieren, wenn diese nur mit einem unverhältnismäßig großen Aufwand an Zeit, Kosten und Arbeitskraft einer bestimmten oder bestimmbaren natürlichen Person zugeordnet werden können. In diesem Fall ist es also nicht absolut, sondern nur praktisch ausgeschlossen, dass die betroffene Person bestimmt werden kann. Ein gewisses Restrisiko, dass der Betroffene identifiziert wird, verbleibt somit. Allerdings muss dieses nach den gesetzlichen Vorgaben aus § 3 Abs. 6 BDSG bzw. § 67 Abs. 1 S. 1 SGB X so gering sein, dass es praktisch irrelevant erscheint.[924] Es handelt sich demzufolge um faktisch anonyme Daten.[925] Hieraus folgt im Umkehrschluss, dass eine Person i.S.d. § 3 Abs. 1 BDSG bzw. § 67 Abs. 1 S. 1 SGB X nicht mehr bestimmbar ist, wenn die Identifizierung der Bezugsperson nur mit einem unverhältnismäßig großen Aufwand an Zeit, Kosten und Arbeitskraft möglich ist.

10.1.3.2.5.2 Vereinbarkeit mit der Datenschutzrichtlinie 95/46/EG

Allerdings könnte dies gegen geltendes europäisches Recht verstoßen.[926] Denn der bereits mehrfach zitierte Erwägungsgrund (26) der Datenschutzrichtlinie 95/46/EG enthält in S. 3 und 4 die Bestimmung, dass die Schutzprinzipien keine Anwendung auf Daten finden, *„die derart anonymisiert sind, dass die betroffene Person **nicht mehr identifizierbar** ist. Die Verhaltensregeln im Sinne des Artikels 27 [der Richtlinie] können ein nützliches Instrument sein, mit dem angegeben wird, wie sich die Daten in einer Form anonymisieren und aufbewahren lassen, die die **Identifizierung der betroffenen Person unmöglich macht.*"[927]

Diese Ausführungen könnten dafür sprechen, dass nach europäischem Recht nur solche Daten als anonym angesehen und aus dem Anwendungsbereich der Datenschutzgesetze ausgenommen werden dürfen, die vollständig und dauerhaft anonymisiert sind und ein Personenbezug unter keinen Umständen mehr herstellbar ist. Faktisch anonymisierte Daten würden demnach in den Anwendungsbereich der Datenschutzrichtlinie 95/46/EG fallen, so dass die

---

[924] *Dammann*, in: Simitis, Bundesdatenschutzgesetz, § 3 Rn. 23; *Redeker*, IT-Recht, Rn. 932.
[925] BVerfG, DVBl. 1987, 1207 (1208 ff.); *Arning/Forgó/Krügel*, DuD 2006, 700 (702); *Metschke/Wellbrock*, Datenschutz in Wissenschaft und Forschung, S. 20 ff., *Roßnagel/Scholz*, MMR 2000, 721 (724); *Wellbrock*, MedR 2003, 77 (78); *Schaar*, Datenschutz im Internet, Rn. 160.
[926] Siehe hierzu auch *Forgó/Kollek/Arning/Krügel/Petersen*, Ethical and Legal Requirements for Transnational Genetic Research, Rn. 412 ff.
[927] Hervorhebungen durch den Autor.

deutsche Umsetzung z.B. in § 3 Abs. 6 BDSG bzw. § 67 Abs. 8 SGB X fehlerhaft sein könnte.

Doch Erwägungsgründe einer Richtlinie besitzen selbst keinen normativen Gehalt. Folglich kann die Datenschutzrichtlinie 95/46/EG und insbesondere die Reichweite des Begriffs „personenbezogene Daten" auch anders interpretiert werden als es die Erwägungsgründe nahelegen.

Für die Auslegung, dass faktisch anonyme Daten mit unter den Begriff „personenbezogene Daten" und damit in den Anwendungsbereich der Richtlinie fallen sollen, spricht aber, dass der ursprüngliche Entwurf der Kommission für die Datenschutzrichtlinie in Art. 2 lit. b eine Definition des Anonymisierens enthielt. Nach dieser sollte unter dem Begriff „Anonymisieren" ein Verfahren verstanden werden, das ein Verändern personenbezogener Daten der Art beinhaltete, *„dass die darin enthaltenen Angaben nicht mehr oder nur mit einem unverhältnismäßig großen Aufwand an Arbeitskraft, Kosten und Zeit einer bestimmten oder bestimmbaren natürlichen Person zugeordnet werden können"*.[928] Diese Definition entsprach also der heutigen deutschen Umsetzung des Begriffs „Anonymisieren" und etablierte auch auf europäischer Ebene faktisch anonyme Daten, die nicht in den Anwendungsbereich der Datenschutzrichtlinie 95/46/EG fallen sollten.

Doch nach Widerstand und einem Änderungsantrag im Europäischen Parlament[929] und Bedenken im Wirtschafts- und Sozialausschuss gegen den „unverhältnismäßig großen Aufwand" im Rahmen dieser Definition, wurde davon Abstand genommen, den Begriff des „Anonymisierens" in der Datenschutzrichtlinie 95/46/EG zu definieren. Der Wirtschafts- und Sozialausschuss kritisierte in seiner Stellungnahme insbesondere, dass im Bereich der EDV der Begriff des „unverhältnismäßig großen Aufwands" fehl am Platz sei. Denn was heute noch mit einem unverhältnismäßig großen Aufwand verbunden sei, könne bereits binnen kurzer Zeit ohne große Schwierigkeiten zu bewältigen sein. Die Begriffsbestimmung des „Anonymisierens" wäre deshalb in nicht hinnehmbarer Weise von der technischen Entwicklung abhängig.[930]

Da der Begriff des „Anonymisierens" mitsamt des „unverhältnismäßig großen Aufwands" in der letztendlich verabschiedeten Richtlinie dann nicht mehr enthalten war, könnte man davon ausgehen, dass nur vollständig und dauerhaft anonymisierte Daten, die keinerlei Personenbezug aufweisen, von dem

---

[928] ABl. EG C 1990/277/3 ff. (5); *Ehmann/Helfrich*, EG-Datenschutzrichtlinie, Art. 2 Rn. 23.

[929] ABl. EG C 1992/94/173 (176).

[930] ABl. EG C 1991/159/38 (40); siehe auch *Ehmann/Helfrich*, EG-Datenschutzrichtlinie, Art. 2 Rn. 25 f.

Anwendungsbereich der Richtlinie ausgenommen sein sollen. Die deutsche Umsetzung in den Datenschutzgesetzen wäre demnach fehlerhaft.

Doch auf der anderen Seite wurde die Definition des „Anonymisierens" komplett aus dem Richtlinienentwurf gestrichen und nicht nur der „unverhältnismäßig große Aufwand", so dass es wahrscheinlicher erscheint, dass der europäische Gesetzgeber damals keine endgültige Entscheidung bezüglich dieser Frage treffen wollte.

Im Jahr 2003 hat sich die Europäische Kommission dann erneut zu dieser Problematik geäußert.[931] So hat die Kommission in diesem Jahr ihren Bericht nach Art. 33 der Datenschutzrichtlinie 95/46/EG zur Umsetzung dieser Richtlinie in den Mitgliedstaaten veröffentlicht, sich hierbei aber nicht auf die Überprüfung der Umsetzungsmaßnahmen beschränkt, sondern einen öffentlichen Meinungsaustausch hierüber mit einer Reihe von Stakeholdern initiiert.[932] Eines der Hauptergebnisse der Überprüfung der Datenschutzrichtlinie 95/46/EG bestand darin, dass die Datenschutzrichtlinie pragmatisch ausgelegt werden müsse.[933] Als besonders interessant bezeichnete die Kommission dabei einen Beitrag des European Privacy Officers Forum (EPOF), z. B. seine Forderung nach einer vernünftigen Auslegung von Begriffen wie „anonyme Daten" oder „sensible Daten".[934] In eben diesem Beitrag vertritt EPOF die Ansicht, dass es unverhältnismäßig sei, ein Datum nur dann als nicht personenbezogen anzusehen, wenn feststünde, dass es keine denkbare Möglichkeit zur De-Anonymisierung gebe, unabhängig davon, wie wahrscheinlich dies sei. Hierbei würde jedoch der in Erwägungsgrund 26 zur Datenschutzrichtlinie 95/46/EG verankerte „Vernünftigkeitstest" übersehen, nach dem bei der Entscheidung, ob eine Person bestimmbar ist, (nur) alle Mittel berücksichtigt werden sollten, *„die vernünftigerweise entweder von dem Verantwortlichen für die Verarbeitung oder von einem Dritten eingesetzt werden könnten, um die betreffende Person zu bestimmen."*[935] Als Lösung für die nach Ansicht des EPOF im Hinblick auf den Begriff der „personenbezogenen" bzw. „anonymen" Daten oftmals zu strenge Umsetzung der Datenschutzrichtlinie durch die Mitgliedstaaten, schlug EPOF deshalb vor, eine Definition von „anonymen Daten" neu mit in die Datenschutzrichtlinie 95/46/EG aufzunehmen, die an § 3 Abs. 6 BDSG angelehnt werden solle, in dem – wie soeben gezeigt – das Konzept von

---

[931] Siehe hierzu auch *Dammann*, in: Simitis, Bundesdatenschutzgesetz, § 3 Rn. 26; *Arning/Forgó/Krügel*, DuD 2006, 700 (702); *Forgó/Kollek/Arning/Krügel/Petersen*, Ethical and Legal Requirements for Transnational Genetic Research, Rn. 415.
[932] Kommission der Europäischen Gemeinschaften, KOM (2003) 265, S. 3.
[933] Kommission der Europäischen Gemeinschaften, KOM (2003) 265, S. 16.
[934] Kommission der Europäischen Gemeinschaften, KOM (2003) 265, S. 16.
[935] Hervorhebung durch den Autor.

faktisch anonymen Daten verankert ist.[936] Dadurch zeigt sich, dass auch die Kommission der Ansicht ist, dass faktisch anonyme Daten, die nur mit unverhältnismäßig großem Aufwand an Zeit, Kosten und Arbeitskraft einer bestimmten Person zugeordnet werden können, nicht unter den Begriff „personenbezogene Daten" und somit auch nicht in den Anwendungsbereich der Datenschutzgesetze fallen sollen.[937]

Diese Auffassung wird auch von der Artikel-29-Datenschutzgruppe unterstützt.[938] Auch sie setzt mit ihrer Argumentation zu dem bereits mehrfach angeführten Erwägungsgrund (26) der Datenschutzrichtlinie 95/46/EG an, der in S. 2 bestimmt, dass bei der Entscheidung, ob eine Person bestimmbar ist, [nur] alle Mittel berücksichtigt werden sollten, „*die **vernünftigerweise** entweder von dem Verantwortlichen für die Verarbeitung oder von einem Dritten eingesetzt werden könnten, um die betreffende Person zu bestimmen.*"[939] Ob ein Mittel „vernünftigerweise" eingesetzt wird, bemisst sich nach Ansicht der Artikel-29-Datenschutzgruppe anhand sämtlicher hiermit zusammenhängenden maßgeblichen Umstände, auch aus dem Umfeld der Verarbeitung und der datenverarbeitenden Stelle. Dazu würden z.B. die Kosten zählen, aber auch der beabsichtigte Zweck, die Strukturierung der Verarbeitung, der von der datenverarbeitenden Stelle erwartete Vorteil, die auf dem Spiel stehenden Interessen für die Personen sowie die Gefahr organisatorischer Dysfunktionen (z. B. Verletzung von Geheimhaltungspflichten) und technischer Fehler.[940] Wenn „alle Mittel berücksichtigt werden, die vernünftigerweise entweder von dem Verantwortlichen für die Verarbeitung oder von einem Dritten eingesetzt werden könnten" und die Möglichkeit zur Bestimmung der Person nicht oder nur in der Theorie bestünde, sei die Person nicht als „bestimmbar" anzusehen, und die Informationen könnten nicht als „personenbezogene Daten" betrachtet werden.[941]

---

[936] *European Privacy Officers Forum*: Comments on Review of the EU Data Protection Directive (Directive 95/46/EC), S. 5; http://ec.europa.eu/justice/policies/privacy/docs/lawreport/paper/epof_en.pdf (19.05. 2013).

[937] So z.B. auch *Dammann*, in: Simitis, Bundesdatenschutzgesetz, § 3 Rn. 26; *Arning/Forgó/Krügel*, DuD 2006, 700 (702).

[938] *Artikel-29-Datenschutzgruppe*, Stellungnahme 4/2007 zum Begriff „personenbezogene Daten", S. 17 f., abrufbar unter: http://ec.europa.eu/justice/policies/privacy/docs/wpdocs/2007/wp136_de.pdf (19.05.2013); siehe hierzu auch *Forgó/Kollek/Arning/Krügel/Petersen*, Ethical and Legal Requirements for Transnational Genetic Research, Rn. 415.

[939] Hervorhebung durch den Autor.

[940] *Artikel-29-Datenschutzgruppe*, Stellungnahme 4/2007 zum Begriff „personenbezogene Daten", S. 18, abrufbar unter: http://ec.europa.eu/justice/policies/privacy/docs/wpdocs/2007/wp136_de.pdf (19.05.2013).

[941] *Artikel-29-Datenschutzgruppe*: Stellungnahme 4/2007 zum Begriff „personenbezogene Daten", S. 17, abrufbar unter: http://ec.europa.eu/justice/policies/privacy/docs/wpdocs/2007/wp136_de.pdf (19.05.2013).

Somit ist auch die Artikel-29-Datenschutzgruppe der Auffassung, dass es faktisch anonyme Daten gibt, die nicht in den Anwendungsbereich der Datenschutzrichtlinie 95/46/EG fallen, obwohl sie nicht vollständig und dauerhaft anonymisiert sind. Auch sie stellt bei der Bestimmung dieser Datenkategorie auf die Verhältnismäßigkeit des Aufwands ab.

Daraus ergibt sich, dass auch auf europäischer Ebene die Existenz von faktisch anonymen Daten und deren Nichteinbeziehung in den Schutzbereich der Datenschutzrichtlinie 95/46/EG mittlerweile anerkannt ist.[942] Die deutsche Umsetzung dieser Vorschrift z.B. in § 67 Abs. 8 SGB X und § 3 Abs. 6 BDSG ist folglich mit den europäischen Vorgaben in der Datenschutzrichtlinie 95/46/EG vereinbar. Daten, die nicht mehr oder nur mit einem unverhältnismäßig großen Aufwand an Zeit, Kosten und Arbeitskraft einer bestimmten oder bestimmbaren natürlichen Person zugeordnet werden können, sind somit als faktisch anonym anzusehen, die nicht in den Anwendungsbereich der Datenschutzgesetze fallen.

10.1.3.2.5.3 Die Zurechnung von Zusatzwissen

Es ist als Zwischenergebnis festzuhalten, dass Daten auch dann als personenbezogen zu qualifizieren sind, wenn die Bezugsperson der Daten zwar nicht durch die Daten allein (eindeutig) identifiziert werden kann, jedoch mit Hilfe anderer Kenntnisse und Möglichkeiten.[943] Die Frage, ob Daten der Bezugsperson zugeordnet werden können, hängt also entscheidend davon ab, was über die Bezugsperson bereits bekannt ist und in welchem Umfang dieses Wissen der datenverarbeitenden Stelle bei der Bestimmung, ob es sich bei den zu verarbeitenden Daten um personenbezogene Daten handelt, zugerechnet werden können.[944]

10.1.3.2.5.4 Eigenes Wissen der datenverarbeitenden Stelle

Wissen, über das eine datenverarbeitende Stelle verfügt, ist dieser stets zuzurechnen, egal ob dieses Wissen legal erworben wurde oder nicht. Unerheblich

---

[942] So auch *Arning/Forgó/Krügel*, DuD 2006, 700 (702); *Forgó/Kollek/Arning/Krügel/Petersen*, Ethical and Legal Requirements for Transnational Genetic Research, Rn. 418.

[943] Siehe z.B. *Buchner*, in: Taeger/Gabel, Kommentar zum BDSG, § 3 Rn. 11 ff; *Weichert*, in: Däubler/Klebe/Wedde/Weichert, BDSG, § 3 Rn. 13 ff.; *Dammann*, in: Simitis, Bundesdatenschutzgesetz, § 3 Rn. 23 ff.; *Gola/Schomerus*, BDSG, § 3 Rn. 10; *Roßnagel/Scholz*, MMR 2000, 721 (723).

[944] *Dammann*, in: Simitis, Bundesdatenschutzgesetz, § 3 Rn. 26. Siehe z.B. auch *Redeker*, IT-Recht, Rn. 934 ff; *Gola/Schomerus*, BDSG, § 3 Rn. 44.

ist auch die (mangelnde) Absicht der datenverarbeitenden Stelle, ob sie dieses Zusatzwissen zur Identifizierung der Bezugsperson nutzen möchte. Daraus ergibt sich: Verfügt die datenverarbeitende Stelle selbst tatsächlich über Zusatzwissen, mit Hilfe dessen sie die Bezugsperson identifizieren könnte, so handelt es sich für sie um personenbezogene Daten, weil die Bezugsperson für sie bestimmbar ist.[945] Unstreitig ist weiterhin, dass der datenverarbeitenden Stelle auch solches Wissen zugerechnet werden muss, über welches sie zwar tatsächlich nicht selbst verfügt, aber über welches sie mit nicht unverhältnismäßigem Aufwand verfügen könnte,[946] z.B. weil sie es sich aus allgemein zugänglichen Quellen, wie z.B. dem Internet oder öffentlichen Publikationen, besorgen könnte.[947]

Dies entspricht auch dem Sinn und Zweck des Datenschutzrechts, welcher nach § 1 Abs. 1 BDSG darin besteht, den Einzelnen davor zu schützen, dass er durch den Umgang mit seinen personenbezogenen Daten in seinem Persönlichkeitsrecht beeinträchtigt wird. Sofern die datenverarbeitende Stelle selbst über das erforderliche Zusatzwissen zur Identifizierung des Betroffenen verfügt oder darüber verfügen kann, weil es z.B. im Internet frei verfügbar ist, könnte nicht kontrolliert werden, ob eine Stelle die von ihr zu verarbeitenden Daten mit dem einfach verfügbaren Zusatzwissen zusammenführt oder nicht, auch wenn die datenverarbeitende Stelle aussagt, dass sie eine solche Zusammenführung nicht beabsichtige. Ein wirksamer Schutz des Betroffenen durch das Datenschutzrecht wäre nicht mehr gegeben, wenn insoweit die subjektive Verwendungsabsicht der datenverarbeitenden Stelle über den Personenbezug von Daten entscheiden würde. Hierfür spricht auch die Systematik des Datenschutzrechts. § 3 Abs. 8 BDSG und § 67 Abs. 8 SGB X definieren den Begriff „Anonymisieren" als *das Verändern personenbezogener Daten derart, dass die Einzelangaben über persönliche oder sachliche Verhältnisse nicht mehr oder nur mit einem unverhältnismäßig großen Aufwand an Zeit, Kosten und Arbeitskraft einer bestimmten oder bestimmbaren natürlichen Person zugeordnet werden können.* Der Gesetzgeber knüpft den Vorgang des Anonymisierens somit an die objektiven Faktoren Zeit, Kosten und Arbeit, nicht jedoch an subjektive Absichten der datenverarbeitenden Stelle.[948]

---

[945] So auch *Voigt*, MMR 2009, 377 (380); *Gola/Schomerus*, BDSG, § 3 Rn. 44; *Arning/Forgó/Krügel*, DuD 2006, 700 (703); *Dammann*, in Simitis, Bundesdatenschutzgesetz, § 3 Rn. 26. *Forgó/Kollek/ Arning/Krügel/Petersen*, Ethical and Legal Requirements for Transnational Genetic Research, Rn. 424.
[946] Siehe z.B. *Voigt*, MMR 2009, 377 (379); *Dammann*, in: Simitis, Bundesdatenschutzgesetz, § 3 Rn. 26; *Gola/Schomerus*, BDSG, § 3 Rn. 10.
[947] Siehe z.B. *Dammann*, in: Simitis, Bundesdatenschutzgesetz, § 3 Rn. 31.; *Forgó/Kollek/Arning/ Krügel/Petersen*, Ethical and Legal Requirements for Transnational Genetic Research, Rn. 438.
[948] Siehe z.B. *Karg*, ZD 2012, 255 (257).

Das entspricht darüber hinaus auch den Vorgaben aus der Datenschutzrichtlinie 95/46/EG. Nach Erwägungsgrund 26 der Richtlinie sollen bei der Entscheidung, ob eine Person bestimmbar ist, *alle Mittel berücksichtigt werden, die vernünftigerweise entweder von dem Verantwortlichen für die Verarbeitung oder von einem Dritten eingesetzt werden könnten, um die betreffende Person zu bestimmen.* Auch der Erwägungsgrund 26 der Datenschutzrichtlinie 95/46/EG knüpft somit an objektive Kriterien an und nicht an subjektive Absichten der datenverarbeitenden Stelle.[949] Sofern Zusatzwissen bei der datenverarbeitenden Stelle selbst vorhanden oder sie dieses mit verhältnismäßigem Aufwand erhalten kann, handelt es sich um ein Mittel, welches die datenverantwortliche Stelle vernünftigerweise einsetzen könnte, um die betreffende Person zu bestimmen, so dass dieses Zusatzwissen bei der Entscheidung, ob die Bezugsperson bestimmbar ist, zu berücksichtigen ist.[950]

Somit ist festzuhalten, dass Zusatzwissen, über welches die datenverarbeitende Stelle selbst verfügt oder über welches sie mit verhältnismäßigem Aufwand verfügen kann, der datenverarbeitenden Stelle im Rahmen der Prüfung, ob sie die Bezugsperson der von ihr zu verarbeitenden Daten bestimmen kann, zuzurechnen ist. Mit anderen Worten: Verfügt die datenverarbeitende Stelle selbst über das erforderliche Zusatzwissen, um die Bezugsperson von Daten zu identifizieren, oder kann sie dieses Zusatzwissen mit verhältnismäßigem Aufwand erhalten, sind diese Daten für die datenverarbeitende Stelle als personenbezogen zu qualifizieren.[951]

10.1.3.2.5.5 Die Zurechnung von illegal zu beschaffendem Zusatzwissen

Umstritten ist aber, welches Zusatzwissen der datenverarbeitenden Stelle darüber hinaus noch zugerechnet werden muss. Teilweise wird vertreten, dass ihr auch solches Wissen zugerechnet werden müsse, das sie sich nur illegal beschaffen könnte.[952] Andererseits wird die Zurechnung von illegal zu beschaffendem Zusatzwissen abgelehnt, da der deutsche Gesetzgeber bei der

---

[949] Siehe z.B. *Forgó/Krügel*, MMR 2010, 17 (18).
[950] Vgl. *Forgó/Kollek/Arning/Krügel/Petersen*, Ethical and Legal Requirements for Transnational Genetic Research, Rn. 441
[951] So z.B. auch *Dammann,* in: Simitis, Bundesdatenschutzgesetz, § 3 Rn. 23 ff.; *Gola/Schomerus,* BDSG, § 3 Rn. 10; *Arning/Forgó/Krügel*, DuD 2006, 700 (705); *Forgó/Kollek/Arning/Krügel/Petersen*, Ethical and Legal Requirements for Transnational Genetic Research, Rn. 441.
[952] So z.B. *Weichert,* in: Däubler/Klebe/Wedde/Weichert, BDSG, § 3 Rn. 15; *ders.,* VuR 2009, 323 (326); *Redeker*, IT-Recht, Rn. 935; AG Berlin-Mitte ZUM 2008, 83 (83). Auch *Dammann* vertritt die Ansicht, dass die Möglichkeit eines nicht ganz unwahrscheinlichen illegalen Handelns nicht ignoriert werden kann (siehe *Dammann,* in: Simitis, Bundesdatenschutzgesetz, § 3 Rn. 28).

Definition des Begriffs der „personenbezogenen Daten" nicht den illegal handelnden Datenverarbeiter als Leitbild zu Grunde gelegt habe. Vielmehr habe der Gesetzgeber den legal handelnden Normadressaten als Regelfall zu Grunde gelegt und nur für den Ausnahmefall eines Verstoßes bestimmte Rechtsfolgen vorgesehen, weshalb der datenverarbeitenden Stelle auch bei der Entscheidung, ob es sich um personenbezogene Daten i.S.d. § 3 Abs. 1 BDSG bzw. § 67 Abs.1 S. 1 SGB X handelt, nicht ein Rechtsbruch unterstellt werden dürfe.[953] Rechtswidrige Handlungen sollen nach den zu Grunde liegenden (Straf-) Gesetzen geahndet werden und nicht durch die Ausweitung des Begriffs des personenbezogenen Datums.[954] Des Weiteren wird argumentiert, dass die theoretisch mögliche, aber illegale Möglichkeit der Identifizierung einer Person nicht ausreichend sei, damit die Bezugsperson bestimmbar i.S.d. § 3 Abs. 1 BDSG würde, da es sich bei einer illegalen Handlung nicht um eine normale Methode handeln würde, die mit unverhältnismäßig großem Aufwand durchgeführt werden könne.[955] Im Hinblick auf den Erwägungsgrund 26 der Datenschutzrichtlinie 95/46/EG wird zudem darauf hingewiesen, dass es sich bei illegalen Methoden nicht um Mittel handeln würde, die die datenverarbeitende Stelle *vernünftigerweise* einsetzen könnte, um eine betreffende Person zu bestimmen.[956]

Der Ansicht, dass Zusatzwissen, über welches die datenverarbeitende Stelle nur illegal verfügen könnte, dieser Stelle unter keinen Umständen zuzurechnen sei, ist jedoch nicht zu folgen. Dies folgt schon aus dem Wortlaut von § 3 Abs. 6 BDSG bzw. § 67 Abs. 8 SGB X. Demnach ist in der Prüfung, ob die Bezugsperson bestimmbar ist und somit personenbezogene Daten oder anonyme Daten vorliegen, darauf abzustellen, ob die betreffenden Daten nur mit unverhältnismäßig großem Aufwand an Zeit, Kosten und Arbeitskraft einer bestimmten oder bestimmbaren natürlichen Person zugeordnet werden können. Aus dem Wortlaut dieser Vorschrift lässt sich aber nicht entnehmen, dass im Rahmen dieser Prüfung ausschließlich auf legale Mittel abzustellen ist. Entscheidend ist nach dem Wortlaut dieser Norm ausschließlich, ob sich der Personenbezug nur mit einem unverhältnismäßigen Aufwand herstellen lässt. Ob eine illegale Handlung einen unverhältnismäßigen Aufwand darstellt, ist jedoch im Einzelfall zu prüfen und kann nicht pauschal unterstellt werden.[957]

---

[953] So z.B. *Meyerdierks*, MMR 2009, 8 (11 f.); *Arning/Forgó/Krügel*, DuD 2006, 700 (704). Siehe auch *Saeltzer*, DuD 2004, 218 (220); *Krüger/Maucher*, MMR 2011, 433 (437 f.); AG München, ZUM-RD 2009, 413 (414).

[954] So z.B. *Krüger/Maucher*, MMR 2011, 433 (438).

[955] So das AG München ZUM-RD 2009, 413 (414).

[956] So z.B. *Meyerdierks*, MMR 2009, 8 (12); *Lundevall Unger/Tranvik*, ZD-Aktuell 2012, 03004.

[957] So auch *Dammann*, in: Simitis, Bundesdatenschutzgesetz, § 3 Rn. 28; *Redeker*, IT-Recht, Rn. 935.

Auch aus dem Sinn und Zweck des Datenschutzrechts folgt, dass Zusatzwissen, auf welches die datenverarbeitende Stelle nur illegal zugreifen kann, nicht von vornherein dieser nicht zugerechnet werden darf. Nach § 1 Abs. 1 BDSG besteht der Zweck des BDSG darin, den Einzelnen davor zu schützen, dass er durch den Umgang mit seinen personenbezogenen Daten in seinem Persönlichkeitsrecht beeinträchtigt wird. Dies folgt auch aus dem Recht auf informationelle Selbstbestimmung, demzufolge der Betroffene darüber entscheiden können soll, welche Stelle etwas zu welchem Zeitpunkt über ihn erfährt.[958] Anknüpfungspunkt für den Schutz von Daten durch die datenschutzrechtlichen Gesetze ist die mit der Verarbeitung personenbezogener Daten verbundene Beeinträchtigung des Persönlichkeitsrechts in dessen Ausprägung als Recht auf informationelle Selbstbestimmung des Betroffenen.[959] Die Unterscheidung zwischen personenbezogenen und nicht personenbezogenen, mithin anonymen Daten entscheidet darüber, ob Daten vor dem Hintergrund der mit der Datenverarbeitung für diese grundgesetzlich geschützten Rechte verbundenen Gefahren durch die jeweils anwendbaren Datenschutzgesetze geschützt werden. Im Rahmen der Prüfung, ob die Bezugsperson bestimmter Daten mit verhältnismäßigem Aufwand bestimmbar ist oder ob es sich bei diesen Daten um faktisch anonyme Daten handelt, da die Identifizierung nur mit unverhältnismäßigem Aufwand möglich ist, wird deshalb letztendlich untersucht, wie wahrscheinlich es ist, dass eine Bezugsperson identifiziert und ihr Persönlichkeitsrecht in der Ausprägung als Recht auf informationelle Selbstbestimmung beeinträchtigt wird.[960] Nur wenn das Risiko der Identifizierung der Bezugsperson unverhältnismäßig, also praktisch irrelevant ist, soll der Betroffene nach § 3 Abs. 6 BDSG bzw. § 67 Abs. 8 SGB X keines Schutzes durch die Datenschutzgesetze mehr bedürfen. Allein die Einführung von strafrechtlichen Normen durch den Gesetzgeber, z.B. im StGB, zeigt jedoch, dass durchaus eine Wahrscheinlichkeit besteht, dass rechtswidrige Handlungen begangen werden, da ansonsten derartige strafrechtliche Normen überflüssig wären oder höchstens zur Abschreckung dienen würden. Da also praktisch nicht ausgeschlossen werden kann, dass datenverarbeitende Stellen auch rechtswidrige Handlungen begehen, darf diese Möglichkeit bei der Prüfung der Wahrscheinlichkeit, ob eine Bezugsperson identifiziert wird, nicht von vornherein pauschal ausgeschlossen werden. Vielmehr ist im konkreten Einzelfall zu prüfen, ob mit der illegalen Handlung ein im Hinblick auf den Wert der zu erlangenden Information[961] unverhältnismäßiger Aufwand an

---

[958] Siehe BVerfGE 65, 1 (42 ff.).
[959] *Gola/Schomerus*, BDSG, § 1 Rn. 6; *Simitis*, in: Simitis, Bundesdatenschutzgesetz, § 1 Rn. 25.
[960] Siehe z.B. *Roßnagel/Scholz*, MMR 2000, 721 (724); *Dammann*, in: Simitis, Bundesdatenschutzgesetz, § 3 Rn. 23.
[961] *Roßnagel/Scholz*, MMR 2000, 721 (724).

Zeit, Kosten und Arbeitskraft verbunden ist. Hieraus folgt, dass Zusatzwissen nicht allein deshalb einer datenverarbeitenden Stelle nicht zugerechnet werden darf, weil es sich um für sie illegal verfügbares Zusatzwissen handelt. Nur so wird der Sinn und Zweck der Datenschutzgesetze gewahrt.[962]

Fraglich ist allerdings, ob dieses Ergebnis mit dem Erwägungsgrund 26 der Datenschutzrichtlinie 95/46/EG vereinbar ist. Der Erwägungsgrund besagt, dass bei der Entscheidung, ob eine Person bestimmbar ist, alle Mittel berücksichtigt werden sollten, *die **vernünftigerweise** entweder von dem Verantwortlichen für die Verarbeitung oder von einem Dritten eingesetzt werden könnten, um die betreffende Person zu bestimmen.*[963] Vertreter, die die Zurechnung von Zusatzwissen ablehnen, welches für die jeweilige datenverarbeitende Stelle nur illegal verfügbar ist, argumentieren dann auch, dass eine datenverarbeitende Stelle vernünftigerweise keine illegalen Mittel einsetzen würde.[964] Diese Argumentation vermag jedoch nicht zu überzeugen. Der Wortlaut des Erwägungsgrundes gibt diese Einschränkung jedenfalls nicht zwingend vor. Anknüpfungspunkt für den Ausschluss illegaler Mittel bei der Entscheidung, ob eine Person bestimmbar ist, kann lediglich das Merkmal „vernünftigerweise" sein.

Fraglich ist deshalb, welche Mittel eine datenverarbeitende Stelle „vernünftigerweise" i.S.d. Erwägungsgrundes 26 der Datenschutzrichtlinie 95/46/EG einsetzen würde. Ob ein Mittel „vernünftigerweise" eingesetzt wird, bemisst sich nach Ansicht der Artikel-29-Datenschutzgruppe anhand sämtlicher hiermit zusammenhängenden maßgeblichen Umstände, auch aus dem Umfeld der Verarbeitung und der datenverarbeitenden Stelle.[965] Dazu zählen nach Ansicht der *Artikel-29-Datenschutzgruppe* u.a. die Kosten der Identifizierung, der beabsichtigte Zweck, die Strukturierung der Verarbeitung, der von dem für die Verarbeitung Verantwortlichen erwartete Vorteil, die auf dem Spiel stehenden Interessen für die Personen sowie die Gefahr organisatorischer Dysfunktionen (z.B. Verletzung von Geheimhaltungspflichten) sowie technische Fehler.[966] Auch die Risiken externer Hackerangriffe oder die Verletzung einer beruflichen Schweigepflicht sollen nach Ansicht der *Artikel-29-Datenschutzgruppe* bei der Frage mit einzubeziehen sein, ob die betroffene

---

[962] Im Ergebnis so auch AG Berlin-Mitte ZUM 2008, 83 (83); *Karg,* MMR-Aktuell 2011, Ausgabe 6, 315811.
[963] Hervorhebung durch den Autor.
[964] So z.B. *Meyerdierks,* MMR 2009, 8 (12); *Lundevall Unger/Tranvik,* ZD-Aktuell 2012, 03004.
[965] *Artikel-29-Datenschutzgruppe,* Stellungnahme 4/2007 zum Begriff „personenbezogene Daten", S. 17 f., abrufbar unter: http://ec.europa.eu/justice/policies/privacy/docs/wpdocs/2007/wp136_de.pdf (19.05. 2013).
[966] *Artikel-29-Datenschutzgruppe,* Stellungnahme 4/2007 zum Begriff „personenbezogene Daten", S. 18, abrufbar unter: http://ec.europa.eu/justice/policies/privacy/docs/wpdocs/2007/wp136_de.pdf (19.05. 2013).

Person bestimmbar ist.[967] Die *Artikel-29-Datenschutzgruppe* ist folglich der Ansicht, dass auch illegale Mittel bei der Entscheidung zu berücksichtigen sind, ob eine Person bestimmbar ist.

Dieser Auffassung ist vor dem Hintergrund des mit der Datenschutzrichtlinie 95/46/EG verfolgten Sinn und Zweck zuzustimmen, der nach Art. 1 Abs. 1 der Richtlinie insbesondere darin besteht, dass die Mitgliedstaaten den Schutz der Grundrechte und Grundfreiheiten, insbesondere die Privatsphäre natürlicher Personen, bei der Verarbeitung personenbezogener Daten nach Maßgabe der Datenschutzrichtlinie 95/46/EG gewährleisten. Ein solcher Schutz kann – wie bereits im Hinblick auf die nationalen deutschen Regelungen ausgeführt – aber nur dann effektiv gewährleistet werden, wenn illegal verfügbares Zusatzwissen bei der Entscheidung, ob eine Person bestimmbar ist, nicht von vornherein pauschal ausgeschlossen wird, da auch nicht pauschal ausgeschlossen werden kann, dass eine datenverarbeitende Stelle auch auf solches Zusatzwissen zugreift.

Somit folgt auch aus dem Erwägungsgrund 26 der Datenschutzrichtlinie 95/46/EG, dass einer datenverarbeitenden Stelle auch Zusatzwissen, welches für sie nur illegal verfügbar ist, zugerechnet werden kann. Allerdings ist im konkreten Einzelfall zu prüfen, ob mit der illegalen Handlung ein im Hinblick auf den Wert der zu erlangenden Information[968] unverhältnismäßiger Aufwand verbunden ist.

10.1.3.2.5.6 Die Zurechnung von Mitteln Dritter

Des Weiteren ist es in der juristischen Literatur sowie in der Rechtsprechung hochgradig umstritten, ob der datenverarbeitenden Stelle nur eigenes Zusatzwissen, welches sie selbst hat oder über welches sie verfügen kann, bei der Entscheidung, ob eine Person bestimmbar ist, zugerechnet werden kann oder auch die Mittel Dritter.

Dabei werden hierzu vor allem zwei verschiedene Theorien vertreten: die absolute und die relative Theorie der Bestimmbarkeit einer Bezugsperson.

Nach der relativen Theorie der Bestimmbarkeit eines Betroffenen soll eine Person lediglich dann bestimmbar sein, wenn die konkrete datenverarbeitende Stelle über das notwendige Zusatzwissen verfügt, um die betroffene Person

---

[967] *Artikel-29-Datenschutzgruppe*, Stellungnahme 4/2007 zum Begriff „personenbezogene Daten", S. 22, abrufbar unter: http://ec.europa.eu/justice/policies/privacy/docs/wpdocs/2007/wp136_de.pdf (19.05.2013).
[968] *Roßnagel/Scholz*, MMR 2000, 721 (724).

zu bestimmen.[969] Daraus folgt, dass der Personenbezug nach dieser Theorie relativ ist. Denn jede Stelle verfügt selbst über völlig unterschiedliches Zusatzwissen, mittels dessen sie den Betroffenen ggf. identifizieren kann. Dieselben Daten können nach dieser Ansicht also für eine Stelle personenbezogen sein (mit allen sich daraus ergebenden Konsequenzen), wohingegen sie für eine andere Stelle nicht personenbezogen sind und das Datenschutzrecht nicht anwendbar ist.[970] Begründet wird diese Ansicht insbesondere damit, dass eben nur die jeweilige die Daten verarbeitende Stelle - und kein Dritter - die Daten besitzt, die mit etwaigem Zusatzwissen einer Person zugeordnet werden können, weshalb auch nur das Wissen, über welches diese Stelle verfügt oder ohne übermäßigen Aufwand verfügen könnte, bei der Bestimmung, ob Daten personenbezogen sind, berücksichtigt werden dürfe.[971] Insbesondere sei der Betroffene durch diese relative Ansicht auch nicht schutzlos gestellt, da, wenn ein Empfänger diese Daten erhalten würde, der das notwendige Zusatzwissen zur Identifizierung des Betroffenen besitze, dies einen datenschutzrechtlich relevanten Vorgang darstellen würde. So würde eine Übermittlung i.S.d. § 3 Abs. 4 Nr. 3 BDSG vorliegen, wenn eine Stelle für sie nicht personenbezogene Daten an einen Dritten kommuniziert, der in der Lage ist, den Personenbezug herzustellen.[972] Somit wären die Daten bei der Verarbeitung durch die Stellen, die die betroffene Person bestimmen können, durch das Datenschutzrecht geschützt, wohingegen ein Schutz dieser Daten bei der Verarbeitung durch Stellen, die die betroffene Person nicht identifizieren können, nicht notwendig sei und den Schutzbereich des Datenschutzrechts zu weit ausdehnen würde.[973]

Des Weiteren wird als Argument für diese relative Theorie des Personenbezugs vorgebracht, dass § 30 BDSG die geschäftsmäßige Datenerhebung und – speicherung zum Zweck der Übermittlung in anonymisierter Form erlaube. Mithin liege § 30 BDSG das Verständnis von der Relativität des Personenbezugs zugrunde, wenn § 30 BDSG eine Übermittlung „anonymisierter" Daten

---

[969] So z.B. *Redeker*, IT-Recht, Rn. 933 ff.; *Eckhardt*, K&R 2008, 602 (603); *Meyerdierks*, MMR 2009, 8 (13); *Gola/Schomerus*, BDSG, § 3 Rn. 10; *Roßnagel/Scholz*, MMR 2000, 721 (723); *Krüger/Maucher*, MMR 2011, 433 (436 ff.); *Dammann*, in: Simitis, Bundesdatenschutzgesetz, § 3 Rn. 33; AG München ZUM 2008, 83 (83); LG Wuppertal MMR 2011, 65; OLG Hamburg MMR 2011, 281.

[970] So z.B. *Roßnagel/Scholz*, MMR 2000, 721 (723); *Dammann,* in: Simitis, Bundesdatenschutzgesetz, § 3 Rn. 32 ff.; *Gola/Schomerus*, BDSG, § 3 Rn. 10.

[971] So z.B. *Redeker*, IT-Recht, Rn. 935.

[972] So z.B. *Krüger/Maucher*, MMR 2011, 433 (437). Für die übermittelnde Stelle ist es jedoch oftmals unmöglich zu beurteilen, welcher Empfänger in der Lage ist, den Personenbezug herzustellen und welcher nicht. Um keinen Verstoß gegen die Datenschutzvorschriften zu riskieren, ist die übermittelnde Stelle in diesen Fällen faktisch gezwungen davon auszugehen, dass der Empfänger dazu in der Lage ist und deshalb die datenschutzrechtlichen Vorgaben an eine Übermittlung beachten muss (siehe hierzu *Venzke*, ZD 2011, 114 (117)).

[973] So z.B. *Krüger/Maucher*, MMR 2011, 433 (436).

erlaube, auch wenn die übermittelnde Stelle eben diese „anonymisierten" Daten dem Betroffenen immer noch zuordnen könne. Dies sei nur auf Basis der relativen Theorie des Personenbezugs zu erklären, wenn die Daten für eine Stelle – hier den Empfänger - anonym und für eine andere – hier die übermittelnde Stelle - personenbezogen sein können.[974]

Außerdem wird zugunsten der relativen Theorie des Personenbezugs noch argumentiert, dass – wenn der verantwortlichen Stelle auch die Mittel Dritter zugerechnet würden – dies zu nicht-praktikablen Ergebnissen im Hinblick auf das Auskunftsrecht des Betroffenen gem. § 34 Abs. 1 BDSG führen würde. So wäre es einer verantwortlichen Stelle praktisch unmöglich, einem Auskunftsverlangen des Betroffenen nachzukommen, wenn sie die ihn betreffenden Daten gar nicht identifizieren kann, weil sie die dafür erforderlichen Mittel selbst nicht hat und auch nicht bekommen kann, die Daten aufgrund des Vorhandenseins von Mitteln Dritter gleichwohl als personenbezogen qualifiziert werden.[975]

Diese Auffassung ist jedoch vor dem Hintergrund des europäischen Rechts und des Sinn und Zwecks des Datenschutzrechts abzulehnen. Auch das Wissen Dritter muss der datenverarbeitenden Stelle unter bestimmten Voraussetzungen zugerechnet werden.[976] Dies ergibt sich zunächst aus dem bereits mehrfach zitierten Erwägungsgrund (26) der Datenschutzrichtlinie 95/46/EG. Demnach sollten bei der Entscheidung, ob eine Person bestimmbar ist, *„alle Mittel berücksichtigt werden, die vernünftigerweise entweder von dem Verantwortlichen für die Verarbeitung **oder von einem Dritten** eingesetzt werden könnten, um die betreffende Person zu bestimmen".*[977] Auf europäischer Ebene wird somit durchaus auch das Wissen und die Mittel Dritter der datenverarbeitenden Stelle zugerechnet, woran sich auch die Auslegung des Begriffs der „Bestimmbarkeit" im deutschen Recht orientieren muss.

Auch der Telos des Datenschutzrechts unterstützt diese Auslegung. Sinn und Zweck des Datenschutzrechts ist es gem. § 1 Abs. 1 BDSG, das Persönlichkeitsrecht des Betroffenen zu schützen. Die Persönlichkeit des Einzelnen wird aber nicht nur in dem Fall beeinträchtigt, dass die datenverarbeitende Stelle selbst den Einzelnen identifizieren kann. Dies ist auch der Fall, wenn ein Dritter die-

---

[974] Siehe *Meyerdierks*, MMR 2009, 8 (10).
[975] Siehe *Meyerdierks*, MMR 2009, 8 (12 f.).
[976] So z.B. auch *Schaar*, Datenschutz im Internet, Rn. 153; *Arning/Forgó/Krügel*, DuD 2006, 700 (704 f.); *Metschke/Wellbrock*, Datenschutz in Wissenschaft und Forschung, S. 21; *Forgó/Kollek/Arning/Krügel/Petersen*, Ethical and Legal Requirements for Transnational Genetic Research, Rn. 441; so nun im Gegensatz zur Vorlauflage auch *Dammann*, in: Simitis, Bundesdatenschutzgesetz, § 3 Rn. 26; *Buchner*, in: Taeger/Gabel, Kommentar zu BDSG, § 3 Rn. 13.
[977] Hervorhebung durch den Autor.

se Verbindung zwischen den Daten und der Bezugsperson herstellt. Würde man die Mittel Dritter der datenverarbeitenden Stelle nicht zurechnen und könnte sie selbst die Bezugsperson mit ihren eigenen oder für sie verfügbaren Mitteln nicht identifizieren, würde es sich in diesem Fall nach der hier abgelehnten Auffassung nicht um personenbezogene Daten handeln. Sofern ein Empfänger über keine Mittel verfügt oder verfügen könnte, mit Hilfe derer er den Betroffenen identifizieren könnte (andernfalls würde auch nach der relativen Theorie des Personenbezugs eine datenschutzrechtlich relevante Übermittlung vorliegen), dürfte die datenverarbeitende Stelle die für sie nicht personenbezogenen Daten z.B. auch an einen solchen Empfänger ins Ausland kommunizieren. In diesem Fall würden die Daten nicht mehr bundesdeutschem und ggf. auch nicht mehr europäischem Datenschutzrecht unterliegen. Die Dritten, die die Daten erhalten haben, könnten daraufhin diese Daten nach den Vorgaben der jeweils auf sie anwendbaren ausländischen Datenschutzgesetze (sofern vorhanden) verarbeiten und somit ggf. ins Internet stellen. Andere Dritte, die über die für die Identifizierung erforderlichen Mittel verfügen, könnten nun auf diese Daten zugreifen und die Bezugsperson identifizieren. Auch in diesem Fall wäre das Persönlichkeitsrecht des Betroffenen beeinträchtigt. Mithin muss das Datenschutzrecht vor dieser Situation Schutz bieten und die Mittel von Dritten der datenverarbeitenden Stelle zurechnen.[978]

Die absolute Theorie der Bestimmbarkeit eines Betroffenen besagt dann auch, dass eine Person für eine datenverarbeitende Stelle bestimmbar ist, wenn entweder der verarbeitenden Stelle oder irgendeinem anderen Dritten Mittel zur Verfügung stehen, mit Hilfe dessen der Betroffene bestimmt werden kann.[979] Begründet wird diese Ansicht vor allem mit dem Wortlaut von § 3 Abs. 1 BDSG, der auf eine objektive Betrachtungsweise der faktischen Möglichkeiten der Personenbestimmung und nicht auf die subjektive Position ei-

---

[978] Siehe auch AG Berlin-Mitte K&R 2007, 600 ff; *Schaar*, Datenschutz im Internet, Rn. 63; *Weichert*, in: Däubler/Klebe/Wedde/Weichert, BDSG, § 3 Rn. 13; *Arning/Forgó/Krügel*, DuD 2006, 700 (704); *Forgó/Kollek/Arning/Krügel/Petersen*, Ethical and Legal Requirements for Transnational Genetic Research, Rn. 443 f.

[979] So z.B. *Weichert*, in: Däubler/Klebe/Wedde/Weichert, BDSG, § 3 Rn. 15; *Scheja/Haag*, in: Leupold/Glossner, Münchener Anwaltshandbuch IT-Recht, Teil 4 Rn. 39; *Weichert*, VuR 2009, 323 (326); *Pahlen-Brandt*, K&R 2008, 288 (291); *Sachs*, CR 2010, 547 (549); AG Berlin-Mitte K&R 2007, 600 ff.; VG Wiesbaden MMR 2009, 428 ff. Vgl. auch *Bundesbeauftragter für den Datenschutz und die Informationsfreiheit*: Tätigkeitsbericht zum Datenschutz für die Jahre 2007 und 2008, S. 96; *Oberste Aufsichtsbehörden für den Datenschutz im nicht-öffentlichen Bereich*, Datenschutzkonforme Ausgestaltung von Analyseverfahren zur Reichweitenmessung bei Internet-Angeboten, Beschluss vom 26./27.11.2009, abrufbar unter: http://www.bfdi.bund.de/SharedDocs/Publikationen/Entschliessungssammlung/DuesseldorferKreis/Nov09Reichweitenmessung.pdf?_blob=publicationFile (19.05.2013); *Artikel-29-Datenschutzgruppe*: Stellungnahme 4/2007 zum Begriff „personenbezogene Daten", S. 19, abrufbar unter: http://ec.europa.eu/justice/policies/privacy/docs/wpdocs/2007/wp136_de.pdf (19.05.2013); *Artikel-29-Datenschutzgruppe*: Stellungnahme 1/2008 zu Datenschutzfragen im Zusammenhang mit Suchmaschinen, S. 9, abrufbar unter: http://ec.europa.eu/justice/policies/privacy/docs/wpdocs/2008/wp148_de.pdf (19.05.2013).

ner datenverarbeitenden Stelle abstelle.[980] Außerdem könne nur durch ein solch absolutes Verständnis der Bestimmbarkeit einer Person der Betroffene wirksam in seinen Grundrechten geschützt werden, da sonst, wenn nur auf die für die verarbeitende Stelle verfügbaren Mittel abgestellt würde, Schutzlücken entstünden, wenn die datenverarbeitende Stelle die jeweiligen Daten verarbeiten könnte, ohne datenschutzrechtliche Regelungen zu beachten und diese dadurch in die Hände Dritter gelangen können, die über entsprechendes Zusatzwissen zur Identifizierung des Betroffenen verfügen.[981] Somit würde die absolute Theorie am besten dem Sinn und Zweck des Datenschutzrechts entsprechen, welches gem. § 1 Abs. 1 BDSG den Einzelnen davor schützen soll, dass er durch den Umgang mit seinen personenbezogenen Daten in seinem Persönlichkeitsrecht beeinträchtigt wird.[982]

Allerdings ist auch die absolute Theorie des Personenbezugs abzulehnen, da sie den Schutzbereich der Datenschutzgesetze zu weit ausdehnt, indem der datenverarbeitenden Stelle letztendlich das gesamte „Weltwissen" zugerechnet würde.[983] Da aber zumindest theoretisch jedes nicht vollständig anonymisierte Datum mit irgendwo auf der Welt vorhandenem Wissen wieder dem Betroffenen zugeordnet werden kann, müsste nach dieser Theorie faktisch jedes nicht vollständig anonyme Datum als personenbezogenes Datum behandelt werden, schon allein um keinen Datenschutzverstoß zu riskieren, falls irgendwo auf der Welt ein Dritter vielleicht doch über die zur Identifizierung der Bezugsperson erforderlichen Mittel verfügt. Dies würde jedoch nicht dem Zweck des Datenschutzrechts entsprechen, das z.B. gem. § 1 Abs. 1 BDSG den Einzelnen davor schützen soll, dass er durch den Umgang mit seinen personenbezogenen Daten in seinem Persönlichkeitsrecht beeinträchtigt wird. Soweit eine solche Beeinträchtigung nicht vorliegt, sollen Daten aber zumindest aus datenschutzrechtlicher Sicht frei verarbeitet werden können.[984]

Die absolute Theorie des Personenbezugs muss deshalb restriktiv angewendet und unter eine Bedingung gestellt werden. Nur wenn Dritte auch Zugriff auf die zu verarbeitenden Daten haben, müssen deren Mittel der datenverarbeitenden Stelle zugerechnet werden. Diese restriktive Auffassung entspricht auch dem Sinn und Zweck des Datenschutzrechts. Immer dann, wenn die datenverarbeitende Stelle die Bezugsperson nicht mit eigenen oder für sie verfügbaren Mitteln bestimmen kann und Dritte, die zwar über die dafür not-

---

[980] So z.B. *Scheja/Haag,* in: Leupold/Glossner, Münchener Anwaltshandbuch IT-Recht, Teil 4 Rn. 39.
[981] Siehe z.B. *Schaar,* Datenschutz im Internet, Rn. 174.
[982] So z.B. *Pahlen-Brandt,* K&R 2008, 288.
[983] *Voigt,* MMR 2009, 377 (379).
[984] So auch *Voigt,* MMR 2009, 377 (379); *Arning/Forgó/Krügel,* DuD 2006, 700 (705).; *Buchner,* in: Taeger/Gabel, Kommentar zum BDSG, § 3 Rn. 13; *Forgó/Kollek/Arning/Krügel/Petersen,* Ethical and Legal Requirements for Transnational Genetic Research, Rn. 447.

wendigen Mittel verfügen, nicht aber über Zugriff auf diese Daten verfügen, wird das Persönlichkeitsrecht der Bezugsperson nicht beeinträchtigt. Weder die datenverarbeitende Stelle noch der Dritte können dann die Bezugsperson bestimmen.[985]

Außerdem entspricht diese restriktive Auffassung auch dem europäischen Recht. Denn der Erwägungsgrund (26) der Datenschutzrichtlinie 95/46/EG bestimmt, dass bei der Entscheidung, ob eine Person bestimmbar ist, [nur] alle Mittel berücksichtigt werden sollten, *„die **vernünftigerweise** entweder von dem Verantwortlichen für die Verarbeitung oder von einem Dritten eingesetzt werden könnten, um die betreffende Person zu bestimmen"*. Ein Dritter setzt vernünftigerweise keine Mittel zur Bestimmung von Bezugspersonen ein, wenn er gar keinen Zugriff auf die der Person zugeordneten Daten hat.[986]

Im Ergebnis ist somit festzuhalten, dass der datenverarbeitenden Stelle sämtliches Zusatzwissen, über welches sie tatsächlich verfügt oder verfügen könnte sowie die Mittel Dritter zugerechnet werden, wenn diese Zugriff auf die zu verarbeitenden Daten haben.[987] Dies bedeutet, dass, solange Dritte keinen Zugriff auf die Daten bekommen, der datenverarbeitenden Stelle nur ihr eigenes tatsächliches und das für sie mit verhältnismäßigem Aufwand verfügbare Zusatzwissen zugerechnet werden kann, nicht jedoch das Zusatzwissen Dritter. Sobald die datenverarbeitende Stelle die zu verarbeitenden Daten jedoch veröffentlicht oder Dritten den Zugriff auf sie gestattet, müssen die Mittel dieser Dritten der datenverarbeitenden Stelle zugerechnet werden. Auch in diesem Fall kann sie nicht wissen, über welche Mittel diese Dritten verfügen und ob sie die Bezugsperson identifizieren können. Also muss die datenverarbeitende Stelle, um einer etwaigen Haftung bzw. Strafe zu entgehen, davon ausgehen, dass diese Dritten die Bezugsperson identifizieren können und die zu verarbeitenden Daten als personenbezogene Daten behandeln, wenn eine Identifizierung der Person nicht völlig ausgeschlossen ist.

---

[985] So auch *Voigt*, MMR 2009, 377 (379); *Arning/Forgó/Krügel*, DuD 2006, 700 (705); *Forgó/Kollek/Arning/ Krügel/Petersen*, Ethical and Legal Requirements for Transnational Genetic Research, Rn. 447.

[986] *Forgó/Kollek/Arning/Krügel/Petersen*, Ethical and Legal Requirements for Transnational Genetic Research, Rn. 450; *Arning/Forgó/Krügel*, DuD 2006, 700 (705).

[987] So auch *Arning/Forgó/Krügel*, DuD 2006, 700 (704 f.); *Forgó/Kollek/Arning/Krügel/Petersen*, Ethical and Legal Requirements for Transnational Genetic Research, Rn. 450; siehe auch *Metschke/Wellbrock*, Datenschutz in Wissenschaft und Forschung, S. 21, die nur das Wissen von „potenziellen Angreifern" der datenverarbeitenden Stelle zurechnen.

10.1.3.2.5.7 Anwendung auf die im Rahmen der elektronischen Gesundheitskarte auf Servern der Fachdienstebetreiber gespeicherten Daten

Fraglich ist nunmehr, ob die verschlüsselten Daten im Rahmen der elektronischen Gesundheitskarte als personenbezogen oder als faktisch anonym zu qualifizieren sind. Mit anderen Worten: Können die im Rahmen der elektronischen Gesundheitskarte verschlüsselt verarbeiteten Daten von der datenverarbeitenden Stelle oder einem Dritten vernünftigerweise mit einem verhältnismäßig großen Aufwand an Zeit, Kosten und Arbeitskraft einer bestimmten oder bestimmbaren Person zugeordnet werden? Die erste Voraussetzung dafür ist, dass diese verschlüsselt gespeicherten Daten entschlüsselt werden können. Die zweite Voraussetzung ist, dass die entschlüsselten Daten einer bestimmten oder bestimmbaren Person zugeordnet werden können.

Auf die im Rahmen der eGK verschlüsselt gespeicherten Daten können einerseits die Betreiber der jeweiligen Fachdienste zugreifen, auf deren Servern die verschlüsselten Daten gespeichert sind. Andererseits besteht auch die Möglichkeit, dass andere Dritte auf diese verschlüsselten Daten zugreifen können, wenn diese z.B. in Folge eines Datenlecks oder in Folge eines Hackingangriffs im Internet verfügbar gemacht werden. Werden die Daten auf Servern der Leistungserbringer gespeichert, die die jeweiligen Daten erstellt haben, können ggf. auch diese Leistungserbringer auf die bei ihnen gespeicherten Daten zugreifen.

Im Folgenden wird deshalb untersucht, ob die Fachdienstebetreiber, die die (verschiedenen) Server in der Telematikinfrastruktur betreiben, auf denen – soweit diese technische Lösung gewählt werden sollte - eGK-Daten speichert werden, die Leistungserbringer, auf deren Servern im Fall einer dezentralen Speicherung von Daten bei den Leistungserbringern eGK-Daten gespeichert sind und Dritte die im Rahmen der eGK verschlüsselt gespeicherten Daten mit einem verhältnismäßig großen Aufwand an Zeit, Kosten und Arbeitskraft entschlüsseln und dem Betroffenen zuordnen können bzw. ihnen Mittel Dritter zuzurechnen sind, mittels derer die eGK-Daten entschlüsselt und dem Betroffenen zugeordnet werden können.[988] Der besseren Übersichtlichkeit halber erfolgt die Untersuchung für Dritte, die Fachdienstebetreiber und die Leistungserbringer getrennt voneinander.

So stellt sich nunmehr die Frage, ob die jeweilige datenverarbeitende Stelle oder ein Dritter die verschlüsselten Daten vernünftigerweise mit einem verhältnismäßig großen Aufwand an Zeit, Kosten und Arbeitskraft entschlüsseln kann.

10.1.3.2.5.7.1 Personenbezug der im Rahmen der eGK (verschlüsselt) verarbeiteten Daten für Dritte

Zunächst wird untersucht, ob die im Rahmen der eGK (verschlüsselt) verarbeiteten Daten für Dritte, d.h. nicht an der bestimmungsgemäßen Verarbeitung von Daten im Rahmen der eGK Beteiligte, als personenbezogen zu qualifizieren sind, wenn sie z.B. in Folge von so genannten Datenpannen oder von Hackingangriffen auf derartige Daten zugreifen können.

Im ersten Schritt ist hierbei zu prüfen, ob diese anderen Dritten die betroffene Person mit eigenen Mitteln bestimmen können.

Im Rahmen der eGK sollen die Daten hybrid verschlüsselt werden. Dazu werden sehr sichere Verschlüsselungsverfahren eingesetzt. Derzeit ist geplant, das asymmetrische Verschlüsselungsverfahren RSA und dabei für den privaten Schlüssel des Versicherten eine Länge von 2048 Bit zu wählen.[989] Dieses

---

[988] Werden eGK-Daten auf dezentralen Speichermedien in der Hand von Versicherten gespeichert und können diese auf ihre dort gespeicherten Daten zugreifen, so liegt keine Verletzung von § 307 und § 307b SGB V vor, da die Versicherten nach § 291a Abs. 4 S. 2 SGB V berechtigt sind, auf diese Daten zuzugreifen. Da also unabhängig davon, ob die auf dem dezentralen Speichermedium in seiner Hand gespeicherten eGK-Daten für den jeweiligen Versicherten als personenbezogen zu qualifizieren sind oder nicht, eine Strafbarkeit bzw. eine Haftung des Versicherten bei einem Zugriff auf seine Daten nach § 307 und § 307b SGB V ausscheidet, wird im Folgenden unter dieser Ziffer 10.1.3.2.5.7 nicht untersucht, ob die auf dem dezentralen Speichermedium in seiner Hand gespeicherten eGK-Daten für den jeweiligen Versicherten als personenbezogen zu qualifizieren sind oder nicht. Siehe aber hierzu die ausführliche Untersuchung dieser Frage unter Ziffer 10.1.3.4. Im Übrigen handelt es sich bei dem Versicherten um den „organisierenden Patienten" im Rahmen der „Organisation Gesundheitswesen". Da an dieser Stelle aber die Absicherung der „Organisation Gesundheitswesen" nach außen untersucht wird, wäre eine Darstellung dieser Problematik an dieser Stelle auch aus diesem Grund entbehrlich.

[989] *gematik GmbH*, whitepaper Sicherheit, S. 17 f; *Gandt*, Die Welt v. 04.06.2012, abrufbar unter: http://www.welt.de/wirtschaft/webwelt/article106373397/Was-hinter-der-E-Gesundheitskarte-steckt.html (19.05.2013). Die elektronischen Gesundheitskarten der 2. Generation sollen ab dem Jahr 2017/2018 sogar technisch bereits geeignet sein, einen privaten Schlüssel mit einer Länge von 3072 Bit zu verwenden (siehe *gematik GmbH*, Spezifikation des Card Operating Systems, Version 3.0.0 v. 20.09.2012, S. 2, abrufbar unter: http://gematik.de/cms/media/dokumente/kartengeneration2specs/gematik_CARD_Spezifikation_COS_V3_0_0.pdf (19.05.2013)).

Verfahren gilt heute als sicher. Dennoch ist vorgesehen, dieses Verschlüsselungsverfahren durch die Verwendung von elliptischen Kurven zu ersetzen, was nochmals eine erhöhte Sicherheit verspricht.[990]

Bisher ist es Informatikern erst gelungen, Dokumente, die mit einem RSA-768- Schlüssel verschlüsselt waren, wieder zu entschlüsseln. Dazu verwendeten die Forscher einen Computernetzwerkverbund. Auf einem derzeit dem Stand der Technik entsprechenden Computer alleine hätte die Entschlüsselung ca. 2.000 Jahre gedauert.[991] Dies könnte dafür sprechen, dass Dritte, die über keinen Schlüssel zur Entschlüsselung der im Rahmen der eGK gespeicherten Daten verfügen, diese nicht mit einem verhältnismäßigen Aufwand an Zeit, Kosten und Arbeitskraft entschlüsseln und dem Betroffenen zuordnen können.

Doch ist die Qualifizierung als „faktisch anonyme Daten", wie schon der Europäische Wirtschafts- und Sozialausschuss richtigerweise hervorgehoben hat, von der technischen Entwicklung abhängig.[992] Die Artikel-29-Datenschutzgruppe führt dazu in ihrer Stellungnahme zum Begriff „personenbezogene Daten" aus, dass bei dieser Qualifizierung außer den Kosten auch der beabsichtigte Zweck, die Strukturierung der Verarbeitung, der von dem für die Verarbeitung Verantwortlichen erwartete Vorteil, die auf dem Spiel stehenden Interessen für die Personen sowie die Gefahr organisatorischer Dysfunktionen (z. B. Verletzung von Geheimhaltungspflichten) und technischer Fehler ebenfalls Berücksichtigung finden sollten. Dabei handele es sich um eine dynamische Prüfung, die den Stand der Technik zum Zeitpunkt der Verarbeitung und die Entwicklungsmöglichkeiten in dem Zeitraum berücksichtigen sollte, für den die Daten verarbeitet werden.[993]

Entscheidend dabei ist, dass also nicht nur die (technischen) Möglichkeiten, die heute zur Verfügung stehen, berücksichtigt werden müssen, sondern alle technischen Möglichkeiten, die während der Verarbeitungsdauer der Daten zur Verfügung stehen werden. Folglich ist also eine Zukunftsprognose zu treffen.[994] Hierbei ist zu berücksichtigen, dass die eingesetzten Verschlüsselungsalgorithmen schon ein paar Jahre „alt" sein können, wenn die Daten in die

---

[990] *gematik GmbH*, whitepaper Sicherheit, S. 17.
[991] Vgl. *N.N.*, 768-Bit-Schlüssel geknackt, TAZ v. 08.01.2010, abrufbar unter: http://www.taz.de/!46456/ (19.05.2013).
[992] Siehe ABl. EG C 1991/159/38 (40).
[993] *Artikel-29-Datenschutzgruppe*, Stellungnahme 4/2007 zum Begriff „personenbezogene Daten", S. 18, abrufbar unter: http://ec.europa.eu/justice/policies/privacy/docs/wpdocs/2007/wp136_de.pdf (19.05.2013).
[994] Siehe auch *Hermeler*, Rechtliche Rahmenbedingungen der Telemedizin, S. 155; *Stiemerling/Hartung*, CR 2012, 60 (65).

Hände des Dritten gelangen, so dass sich die Zeitspanne, bis die Verschlüsselungsalgorithmen unsicher werden, entsprechend verkürzt.

Gelangen die Daten in die Hände eines Dritten, kann dieser die Daten sein ganzes Leben lang verarbeiten. Auch wenn es sich bei den Dritten um ein Unternehmen handelt, kann dieses Unternehmen die eGK-Daten für viele Jahrzehnte verarbeiten. Alle technischen Mittel, die in diesem Zeitraum zwecks Entschlüsselung zur Verfügung stehen werden, müssen folglich berücksichtigt werden. Innerhalb eines solch langen Zeitraums ist sicher zu erwarten, dass auch der 2048-Bit-RSA-Schlüssel überwunden werden kann. Im Jahr 1999 konnte erstmalig ein RSA-512-Schlüssel, im Jahr 2005 erstmalig ein RSA-663 und im Jahr 2010 dann erstmalig ein RSA-768-Schlüssel überwunden werden.[995] Aufgrund der fortschreitenden Technik und der zunehmenden Rechenleistung von Computern ist zu erwarten, dass auch RSA-2048-Schlüssel innerhalb eines Menschenlebens überwunden werden können.[996] Nur aus diesem Grund ist auch zu verstehen, weshalb die RSA-2048-Schlüssel in Zukunft durch elliptische Kurven ersetzt werden sollen. Jedes derzeit verfügbare Verschlüsselungssystem wird in der Zukunft mit dem Fortschreiten der Technik und der erhöhten Rechenleistung von Computern überwunden werden können. Aus diesem Grunde trifft auch das BSI für die im Rahmen der eGK eingesetzten Schlüssel nur Aussagen zu deren Sicherheit, die sich auf die nächsten sieben Jahre beziehen, da sich nur über diesen Zeitraum verlässliche Aussagen über die Sicherheit von Schlüsseln machen lassen würden.[997] Die Verschlüsselung kann also nur technische Sicherheit auf Zeit gewährleisten.[998]

Allerdings könnte diese technische Sicherheit auch für die Dauer eines ganzen Menschenlebens hergestellt werden, indem die verschlüsselt gespeicherten Daten neu und besser verschlüsselt werden, bevor der Schlüssel, mit dem sie

---

[995] Vgl. *N.N.,* 768-Bit-Schlüssel geknackt, TAZ v. 08.01.2010, abrufbar unter: http://www.taz.de/ !46456/ (19.05.2013)

[996] Vgl. hierzu auch die Ausführungen der Gesellschaft für Informatik, die in einer Stellungnahme zur eGK (unabhängig vom verwendeten Verschlüsselungsalgorithmus) feststellt, dass die im Rahmen der vorgesehenen Speicherdauer mehrfach mit sichereren Verschlüsselungsalgorithmen neu verschlüsselt werden müssen und eine sichere Speicherung im Internet trotz Verschlüsselung nicht möglich sei (siehe *Gesellschaft für Informatik e.V.,* Thesen der Gesellschaft für Informatik zur elektronischen Gesundheitskarte, S. 1 f.).

[997] Siehe *Bundesamt für Sicherheit in der Informationstechnik,* Technische Richtlinie für eCard-Projekte der Bundesregierung BSI TR-3116, S. 6 f., abrufbar unter: https://www.bsi.bund.de/ SharedDocs/Downloads/DE/BSI/Publikationen/TechnischeRichtlinien/TR03116/BSI-TR03116.pdf? _blob=publicationFile (19.05. 2013).

[998] Wenn sichergestellt ist, dass ein Dritter die Daten nur kurzzeitig verarbeitet und dann löscht sowie die Daten nicht an Dritte kommuniziert, könnte der Personenbezug der Daten für den Dritten entfallen, da weder er noch ein Empfänger in diesem Fall die Daten entschlüsseln und dem Betroffenen zuordnen könnten (siehe hierzu die Ausführungen unter den Ziffern 10.1.3.2.5.7.2.1 und 10.1.3.2.5.7.2.2).

bisher verschlüsselt waren, unsicher wird.[999] Dies ist technisch zwar zutreffend, doch kann dieses Argument bei der rechtlichen Beurteilung des Personenbezugs verschlüsselt im Rahmen der eGK gespeicherter Daten für andere Dritte von keiner Bedeutung sein. So kann eine Neuverschlüsselung von Daten bei Dritten, die keine Fachdienstebetreiber im Rahmen der eGK sind und eGK-Daten z.B. in Folge von Datenpannen oder Hackingangriffen erhalten haben, einfach nicht sichergestellt werden. Sobald die im Rahmen der eGK gespeicherten Daten dieses System verlassen haben und Dritten beispielsweise über das Internet zugänglich sind, werden sie technisch dauerhaft nur durch den zum Zeitpunkt der Speicherung der Daten im System der eGK verwendeten Schlüssel geschützt. Somit ist im Rahmen der Prüfung der Entschlüsselungsmöglichkeit der verschlüsselt im Rahmen der eGK gespeicherten Daten durch andere Dritte auf die Verschlüsselung abzustellen, die zum Zeitpunkt der Speicherung der Daten im System der eGK eingesetzt wurde, wohingegen etwaige regulär im System der eGK vorgesehenen Neuverschlüsselungen nicht beachtet werden können.[1000]

Somit ist als Zwischenergebnis festzuhalten, dass Dritte die verschlüsselten eGK-Daten vernünftigerweise mit verhältnismäßigem Aufwand an Zeit, Kosten und Arbeitskraft entschlüsseln können, da sicher zu erwarten ist, dass die bei der eGK eingesetzten Verschlüsselungsmechanismen in der Zukunft überwunden werden können, zumal die eGK-Daten einen hohen wirtschaftlichen Wert besitzen.[1001]

Allerdings stellt sich die Frage, ob sich an dieser rechtlichen Beurteilung dadurch etwas ändert, dass die Entschlüsselung dieser Daten nach § 202a Abs.1 StGB („Ausspähen von Daten") strafbar sein könnte. Demnach wird mit Freiheitsstrafe bis zu drei Jahren oder mit Geldstrafe bestraft, wer unbefugt sich oder einem anderen Zugang zu Daten, die nicht für ihn bestimmt und die

---

[999] Die Neuverschlüsselung wird auch von der gematik vorgesehen. So ist es vorgesehen, dass die eGK der ersten Generation nur eine Gültigkeitsdauer von fünf Jahren hat und sie danach durch die zweite Generation der eGK ausgetauscht werden soll, die über stärkere Verschlüsselungsmethoden verfügen soll (siehe z.B. *Borchers/Wilkens*, Generation 2 der elektronischen Gesundheitskarte will Gedächtnis schonen, Heise online news v. 26.10.2012, abrufbar unter: http://www.heise.de/ newsticker/meldung/Generation-2-der-elektronischen-Gesundheitskarte-will-Gedaechtnis-schonen-1737404.html (19.05.2013); siehe auch *gematik GmbH*, Viel mehr als eine neue Krankenversicherten-karte, abrufbar unter: http://www.gematik.de/ cms/de/egk_2/egk_3/egk_2.jsp (19.05.2013).
[1000] Siehe hierzu auch die Darstellung der Problematik durch das Institut für Internet-Sicherheit der Westfälischen Hochschule von *N.N.*, Die elektronische Gesundheitskarte, abrufbar unter: https://www.internet-sicherheit.de/service/tipps-zur-sicherheit/glaeserner-mensch/elektronische-gesundheitskarte/ (19.05.2013).
[1001] Wenn sichergestellt ist, dass ein Dritter die Daten nur kurzzeitig verarbeitet und dann löscht sowie die Daten nicht an Dritte kommuniziert, könnte der Personenbezug der Daten für den Dritten entfallen, da weder er noch ein Empfänger in diesem Fall die Daten entschlüsseln und dem Betroffenen zuordnen könnten (siehe hierzu die Ausführungen unter den Ziffern 10.1.3.2.5.7.2.1 und 10.1.3.2.5.7.2.2).

gegen unberechtigten Zugang besonders gesichert sind, unter Überwindung der Zugangssicherung verschafft. Eine Zugangssicherung i.S.d. § 202a Abs. 1 StGB stellt auch die Verschlüsselung der Daten dar.[1002] Entschlüsselt ein Dritter nun die verschlüsselten Daten und verschafft sich Kenntnis vom Inhalt, liegt ein strafbewehrtes Ausspähen von Daten i.S.d. § 202a Abs. 1 StGB vor, wenn diese Daten nicht für den Dritten bestimmt sind.[1003] Daten sind für einen Täter nicht bestimmt, wenn sie nach dem Willen des (formell) Berechtigten zum Zeitpunkt der Tathandlung nicht in den Herrschaftsbereich des Täters gelangen sollen.[1004] Im Rahmen der eGK ist der Versicherte hinsichtlich der ihn betreffenden Daten verfügungsberechtigt.[1005] Entschlüsselt ein Dritter also entgegen dem Willen des berechtigten Versicherten im Rahmen der eGK verschlüsselt gespeicherte Daten und nimmt diese zur Kenntnis, stellt dies eine Straftat nach § 202a Abs. 1 StGB dar. Da davon auszugehen ist, dass die Kenntnisnahme von eGK-Daten durch einen Dritten entgegen dem Willen des betroffenen Versicherten erfolgt, ist eine Zuordnung der eGK-Daten zu einer Person durch einen Dritten (zumindest im Anwendungsbereich des StGB) nur möglich, wenn der Dritte eine Straftat begeht. Mithin ist die Entschlüsselung dieser Daten durch einen Dritten regelmäßig illegal.

Doch ist der datenverarbeitenden Stelle bei der Frage, ob ein Datum personenbezogen ist oder nicht, wie unter Ziffer 10.1.3.2.5.5 bereits ausführlich dargestellt, auch nur illegal zu beschaffendes Zusatzwissen zuzurechnen, wenn mit der illegalen Handlung kein unverhältnismäßiger Aufwand verbunden ist. Wie bereits beschrieben, werden die verschlüsselten eGK-Daten aufgrund des technischen Fortschritts mit relativ geringem Aufwand entschlüsselt werden können, so dass mit der illegalen Handlung kein unverhältnismäßiger Aufwand verbunden ist. Dies gilt insbesondere auch vor dem Hintergrund, dass die im Rahmen der eGK gespeicherten Informationen einen hohen Wert darstellen, so z.B. für Arbeitgeber, Versicherungen und Pharmaunternehmen. In diesem Zusammenhang ist auch zu beachten, dass es regelmäßig kaum feststellbar ist, dass ein Dritter Daten entschlüsselt und zur Kenntnis genommen hat, weshalb nur ein begrenztes Strafverfolgungsrisiko besteht.

[1002] Siehe z.B. *Weidemann*, in: Heintschel-Heinegg, BeckOK StGB, § 202a Rn. 13; *Lenckner/Eisele*, in: Schönke/Schröder, Strafgesetzbuch, § 202a Rn. 8; *Kargl*, in: Kindhäuser/Neumann/Paeffgen, Strafgesetzbuch, § 202a Rn. 10; siehe speziell für die elektronische Gesundheitskarte *Borchers*, Die Einführung der elektronischen Gesundheitskarte in das deutsche Gesundheitswesen, S. 156 ff.

[1003] Siehe hierzu ausführlich *Borchers*, Die Einführung der elektronischen Gesundheitskarte in das deutsche Gesundheitswesen, S. 165 ff.

[1004] *Kargl*, in: Kindhäuser/Neumann/Paeffgen, Strafgesetzbuch, § 202a Rn. 7; *Kühl*, in: Lackner/Kühl, StGB, § 202a Rn. 3; *Weidemann*, in: Heintschel-Heinegg, BeckOK StGB, § 202a Rn. 7.

[1005] *Borchers*, Die Einführung der elektronischen Gesundheitskarte in das deutsche Gesundheitswesen, S. 173 ff.; *Weidemann*, in: Heintschel-Heinegg, BeckOK StGB, § 202a Rn. 10.2. Dies folgt auch bereits aus § 291a Abs. 5 SGB V.

Außerdem statuiert § 202a Abs. 1 StGB nur eine Strafbarkeit für das Ausspähen von Daten im Anwendungsbereich des StGB.[1006] Falls ein Dritter also eGK-Daten im Ausland entschlüsselt und Kenntnis von ihnen nimmt, kann es somit durchaus sein, dass diese Handlung nach den auf diesen Fall anwendbaren (ausländischen) Gesetzen nicht strafbar ist, so dass es sich bei der Entschlüsselung insoweit um kein illegales Zusatzwissen handeln würde.

Als Ergebnis ist somit festzuhalten, dass Dritte verschlüsselte eGK-Daten vernünftigerweise und mit verhältnismäßigem Aufwand an Zeit, Kosten und Arbeitskraft entschlüsseln können, da sicher zu erwarten ist, dass die bei der eGK eingesetzten Verschlüsselungsmechanismen in der Zukunft überwunden werden können.

Fraglich ist jedoch, ob die Dritten die entschlüsselten Daten auch einer bestimmten Person zuordnen können.

Die wahrscheinlichste Möglichkeit, Daten, die aufgrund ihrer Größe nicht auf der eGK selbst gespeichert werden können, im Rahmen des eGK-Systems vorzuhalten, besteht wie unter Ziffer 6.6.1 bereits ausgeführt darin, diese auf (verschiedenen) Servern in der Telematikinfrastruktur zu speichern. Also würden bei dieser Lösung die eGK-Daten zwar auf Servern gespeichert, doch nicht sämtliche Daten auf einem, sondern getrennt auf mehreren Servern, die allesamt in die Telematikinfrastruktur eingebunden sind. Zudem wird überlegt, z.B. Adressdaten des Versicherten getrennt von den Gesundheitsdaten zu speichern.[1007] Würde also ein verschlüsselter Datensatz entschlüsselt, der Gesundheitsdaten eines Versicherten enthält, wären in diesem Datensatz nicht zugleich die Adressdaten gespeichert. Doch kann der Gesundheitsdatensatz natürlich trotzdem den Namen des Versicherten enthalten. Insbesondere bei Laborbefunden und Röntgenaufnahmen kann der Name des Versicherten auf den Befund- bzw. Röntgenbildern abgedruckt sein, um eine Zuordnung zum Patienten zu ermöglichen. Werden diese Bilder dann z.B. in die elektronische Patientenakte eingestellt, ist der betroffene Patient aus diesem Datensatz heraus bestimmt, auch wenn seine Adressdaten getrennt davon gespeichert sind. Zudem kann der Arzt den Namen des Versicherten oder von Angehörigen in der elektronischen Patientenakte selbstverständlich trotzdem in seinen Einträgen erwähnen.

Auch beim Notfalldatensatz kann dies der Fall sein. Er enthält viele charakteristische Merkmale des Versicherten, wie z.B. Vorerkrankungen und ggf. auch

---

[1006] Allerdings verpflichtet die Convention on Cybercrime des Europarats die teilnehmenden Staaten in Art. 2 zum Schutz der Integrität von Computersystemen.
[1007] Siehe z.B. *gematik GmbH,* whitepaper Sicherheit, S. 12.

eine Kontaktadresse, wer im Notfall zu verständigen ist. Aus diesen Daten heraus kann der betroffene Versicherte zumindest bestimmbar sein.

Die Ausführungen gelten entsprechend, wenn die eGK-Daten auf dezentralen Speichermedien in der Hand der Versicherten oder auf Servern bei den jeweiligen Leistungserbringern gespeichert werden.

Da also entschlüsselte eGK-Daten zumindest personenbezogene Angaben enthalten können, hat dies zur Konsequenz, dass der Dritte faktisch gezwungen ist davon auszugehen, dass sämtliche verschlüsselten eGK-Daten als personenbezogen zu qualifizieren sind.[1008] So ist es für ihn – schon aufgrund der Verschlüsselung - unmöglich zu beurteilen, welche (verschlüsselten) Daten personenbezogene Angaben enthalten und welche nicht. Um keinen Verstoß gegen die Datenschutzvorschriften zu riskieren, ist der Dritte mithin faktisch gezwungen davon auszugehen, dass sämtliche im Rahmen der eGK veschlüsselt gespeicherten Daten als personenbezogen i.S.d. § 67 Abs. 1 SGB X bzw. § 3 Abs. 1 BDSG zu qualifizieren sind.[1009]

Dieses Ergebnis entspricht auch dem Sinn und Zweck des Datenschutzrechts, der nach § 1 Abs. 1 BDSG darin besteht, den Einzelnen davor zu schützen, dass er durch den Umgang mit seinen personenbezogenen Daten in seinem Persönlichkeitsrecht beeinträchtigt wird. Auch eine starke technische Verschlüsselung von Daten kann nur technische Sicherheit auf Zeit gewährleisten. Werden verschlüsselte eGK-Daten aber nicht von vornherein als personenbezogene Daten qualifiziert, unterliegen diese nicht dem Schutz der Datenschutzgesetze und können zumindest theoretisch an Dritte in der gesamten Welt kommuniziert werden. Wird die Verschlüsselung dann aber nach einer gewissen Zeit unsicher und vermag keine technische Sicherheit mehr zu vermitteln, würden diese Daten zwar ab diesem Zeitpunkt als personenbezogene Daten qualifiziert werden müssen und in den Anwendungsbereich der Datenschutz-

---

[1008] Wenn sichergestellt ist, dass ein Dritter die Daten nur kurzzeitig verarbeitet und nicht an Dritte kommuniziert, könnte der Personenbezug der Daten für den Dritten entfallen, da weder er noch ein Empfänger in diesem Fall die Daten entschlüsseln und dem Betroffenen zuordnen könnten (siehe hierzu die Ausführungen unter den Ziffern 10.1.3.2.5.7.2.1 und 10.1.3.2.5.7.2.2).

[1009] Auch *Hermeler* sieht verschlüsselte personenbezogene Daten als personenbezogen i.S.d. BDSG an (siehe *Hermeler*, Rechtliche Rahmenbedingungen der Telemedizin, S. 152 ff.). *Wagner* und *Blaufuß* sehen verschlüsselte personenbezogene Daten als personenbezogen i.S.d. BDSG an, wenn – wie hier der Versicherte – eine Stelle die Daten wieder entschlüsseln kann (siehe *Wagner/Blaufuß*, BB 2012, 1751 (1751)). Im Ergebnis ebenso *Schild*, in Wolff/Brink, BeckOK BDSG, § 3 Rn. 107. Für andere verschlüsselte Daten soll an dieser Stelle keine Aussage getroffen werden, da die Verhältnismäßigkeit immer eine Prüfung des Zwecks, für den diese Daten verwendet werden sollen und des sich daraus resultierenden Wertes dieser Daten erfordert. Bei weniger sensiblen Daten zum Beispiel dürfte der Wert geringer sein, so dass auch nur weniger Mittel eingesetzt würden, um diese zu entschlüsseln. Deshalb muss jeder Fall einzeln geprüft werden.

gesetze fallen.[1010] Doch können sich die eGK-Daten zu diesem Zeitpunkt bereits unkontrolliert in der gesamten Welt befinden, zum Teil sogar in Ländern mit nur sehr niedrigem Datenschutzniveau oder ohne Datenschutzgesetzgebung. Ein effektiver Schutz dieser Daten wäre zu dem Zeitpunkt nicht mehr möglich. Um den Einzelnen davor zu schützen, dass er durch den Umgang mit seinen personenbezogenen Daten in seinem Persönlichkeitsrecht beeinträchtigt wird, muss der Schutz verschlüsselter Daten somit vorher ansetzen, indem bei der Bestimmung, ob ein Personenbezug der Daten vorliegt, auf sämtliche technischen Möglichkeiten abgestellt wird, die während der Verarbeitungsdauer der Daten zur Verfügung stehen werden.[1011] Selbst wenn das Ergebnis dieser Zukunftsprognose sein sollte, dass eine Entschlüsselung durch Dritte während der Verarbeitungsdauer möglich ist, bedeutet das nicht, dass diese Daten unter keinen Umständen verarbeitet werden dürfen. Die verantwortliche Stelle müsste für die Verarbeitung der Daten nur die entsprechenden Datenschutzgesetze beachten. Bei der Verschlüsselung würde es sich dann um eine technisch-organisatorische Sicherheitsmaßnahme i.S.d. § 9 S. 1 BDSG handeln. Somit entspricht das hier vertretene Ergebnis gerade auch dem Sinn und Zweck des Datenschutzrechts.

10.1.3.2.5.7.2 Personenbezug der im Rahmen der eGK (verschlüsselt) verarbeiteten Daten für Fachdienstebetreiber

Außerdem werden im Rahmen des eGK-Systems auch die Betreiber der jeweiligen Fachdienste, wie z.B. der elektronischen Patientenakte, auf die verschlüsselten eGK-Daten zugreifen können, z.B. wenn diese auf ihren Servern gespeichert werden, von denen sie durch den Versicherten in Zusammenarbeit mit dem behandelnden Heilberufler wieder abgerufen werden können.

Somit stellt sich die Frage, ob die verschlüsselten eGK-Daten auch für die Fachdienstebetreiber als personenbezogen zu qualifizieren sind.

Wie unter Ziffer 10.1.3.2.5.6 bereits ausführlich dargestellt, sind Daten, aus deren Inhalt der Betroffene nicht unmittelbar hervorgeht, als personenbezogen zu qualifizieren, wenn entweder die datenverarbeitende Stelle den Betroffenen mittels des für sie verfügbaren Zusatzwissens identifizieren kann oder Dritte mittels des für sie verfügbaren Zusatzwissens den Betroffenen bestimmen können und sie Zugriff auf die zu verarbeitenden Daten haben.

[1010] *Dammann*, in: Simitis, Bundesdatenschutzgesetz, § 3 Rn. 36.
[1011] So auch die *Artikel-29-Datenschutzgruppe*, Stellungnahme 4/2007 zum Begriff „personenbezogene Daten", S. 18, abrufbar unter: http://ec.europa.eu/justice/policies/privacy/docs/wpdocs/2007/wp136_de.pdf (19.05.2013).

Andersherum ausgedrückt: Wenn weder die datenverarbeitende Stelle noch Dritte mittels des für sie verfügbaren Zusatzwissens den Betroffenen identifizieren können oder nur Dritte über das hierfür notwendige Zusatzwissen verfügen, aber keinen Zugriff auf die Daten haben, sind die Daten für die datenverarbeitende Stelle als nicht personenbezogen zu qualifizieren.

10.1.3.2.5.7.2.1 Herstellung des Personenbezugs durch eigene Mittel des Fachdienstebetreibers?

Es stellt sich somit wiederum zunächst die Frage, ob die Fachdienstebetreiber die Person, auf die sich die verschlüsselten Daten beziehen, mit eigenen Mitteln identifizieren können, wofür sie die Daten entschlüsseln müssen. Wie unter Ziffer 10.1.3.2.5.7.1 für andere Dritte bereits ausführlich beschrieben, bietet die Verschlüsselung nur Sicherheit auf Zeit und wird im Laufe eines Menschenlebens, für dessen Dauer die eGK-Daten grundsätzlich verarbeitet werden, gebrochen werden können, so dass auch die Fachdienstebetreiber die verschlüsselten Daten mit verhältnismäßigem Aufwand entschlüsseln könnten.

Eine Entschlüsselung der Daten durch die Fachdienstebetreiber wäre jedoch dann nicht möglich, wenn die Daten, bevor die eingesetzte Verschlüsselungsmethode bzw. -stärke unsicher wird, mit einer stärkeren, dem technischen Fortschritt angepassten Verschlüsselungsmethode neu verschlüsselt werden oder sie im jeweiligen Fachdienst gelöscht werden und der jeweilige Fachdienstebetreiber keinen Zugriff mehr auf diese verschlüsselten Daten hat, bevor die eingesetzte Verschlüsselungsmethode unsicher wird. In diesem Fall hat der Fachdienstebetreiber keine Möglichkeit mehr, die im System der eGK verschlüsselt gespeicherten Daten zu entschlüsseln.

Der Unterschied zu den anderen Dritten besteht hinsichtlich der Fachdienstebetreiber darin, dass bei verschlüsselten Daten innerhalb des eGK-Systems, auf die der Fachdienstebetreiber zugreifen kann, sichergestellt werden kann, dass sämtliche Daten neu verschlüsselt bzw. gelöscht werden, bevor die eingesetzte Verschlüsselung unsicher wird, da die Daten in diesem Fall nicht (unkontrolliert) auf der ganzen Welt bei den verschiedensten Stellen vorhanden sind bzw. potentiell vorhanden sein können.[1012]

[1012] Wenn ein Fachdienstebetreiber auf unsicher verschlüsselte Daten zugreifen kann, die z.B. in Folge einer Datenpanne oder eines Hackingangriffs frei im Internet verfügbar sind, so gelten für die Fachdienstebetreiber in Bezug auf diese Daten die Ausführungen im Hinblick auf den Zugriff durch Dritte unter Ziffer 10.1.3.2.5.7.1 entsprechend.

Wenn diese Bedingungen erfüllt sind, kann der jeweilige Fachdienstebetreiber die Person, auf die sich die verschlüsselten eGK-Daten beziehen, nicht mehr durch für ihn selbst verfügbares Zusatzwissen identifizieren.

10.1.3.2.5.7.2.2 Herstellung des Personenbezugs mit zurechenbaren Mitteln Dritter

Allerdings ist dem Fachdienstebetreiber auch das für Dritte verfügbare Zusatzwissen zuzurechnen, wenn diese Dritten Zugriff auf die verschlüsselten Daten haben. Erhalten Dritte Zugriff auf die vom jeweiligen Fachdienstebetreiber gespeicherten Daten, so könnten ggf. diese Dritten die verschlüsselten Daten entschlüsseln, einsehen und den Betroffenen identifizieren, weshalb die verschlüsselten Daten auch für die Fachdienstebetreiber personenbezogen sein könnten. Sofern nicht sichergestellt ist, dass die Daten, auf die diese Dritten Zugriff haben, auch stärker und dem technischen Fortschritt angepasst neu verschlüsselt bzw. gelöscht werden, bevor die eingesetzte Verschlüsselung unsicher wird, ist hinsichtlich der Bestimmung des Personenbezugs der verschlüsselten Daten auf die Verschlüsselung abzustellen, mit der die Daten ursprünglich verschlüsselt wurden und die im Laufe der geplanten Verarbeitungsdauer der Daten unsicher werden wird. Da bei der Bestimmung des Personenbezugs, wie unter Ziffer 10.1.3.2.5.7.1 bereits beschrieben, sämtliche technischen Möglichkeiten, die während der Verarbeitungsdauer der Daten zur Verfügung stehen werden, zu berücksichtigen sind und die im Rahmen der elektronischen Gesundheitskarte verarbeiteten Daten ein ganzes Menschenleben lang verarbeitet werden sollen, könnten die Dritten, die auf verschlüsselte eGK-Daten im Rahmen eines Fachdienstes zugreifen können, diese dann unsicher verschlüsselten Daten während ihrer Verarbeitungsdauer entschlüsseln.[1013] Dies hätte zur Folge, dass diese Daten auch für den Fachdienstebetreiber als personenbezogen zu qualifizieren wären.

Damit die durch die Fachdienstebetreiber im Rahmen des eGK-Systems verarbeiteten Daten für sie als nicht personenbezogen qualifiziert werden können, ist es somit zusätzlich erforderlich, dass keine Dritten Zugriff auf diese Daten erhalten oder es sichergestellt ist, dass die Daten, auf die Dritte zugreifen können, ebenfalls sicher und dem technischen Fortschritt angepasst neu verschlüsselt bzw. gelöscht werden, bevor die eingesetzte Verschlüsselungsmethode unsicher wird.[1014]

[1013] Siehe die entsprechenden Ausführungen unter Ziffer 10.1.3.2.5.7.1.
[1014] Für diese Dritten gelten dann die Ausführungen unter Ziffer 10.1.3.2.5.7.2 entsprechend.

Sofern also (1.) die in einem Fachdienst verschlüsselt gespeicherten eGK-Daten sicher und dem technischen Fortschritt angepasst neu verschlüsselt oder gelöscht werden, bevor die eingesetzte Verschlüsselungsmethode unsicher wird und (2.) Dritte keinen Zugriff auf diese Daten erhalten oder sichergestellt ist, dass auch die Daten, auf die diese Dritten zugreifen können, sicher und dem technischen Fortschritt angepasst neu verschlüsselt oder gelöscht werden, bevor die eingesetzte Verschlüsselungsmethode unsicher wird, könnten diese Daten für den jeweiligen Fachdienstebetreiber als nicht personenbezogen zu qualifizieren sein, da in diesem Fall weder der Fachdienstebetreiber selbst noch ein Dritter, der Zugriff auf diese Daten hat, die Person mit verhältnismäßig großem Aufwand an Zeit, Kosten und Arbeitskraft identifizieren können, auf die sich diese Daten beziehen.

10.1.3.2.5.7.2.3 Herstellung des Personenbezugs mit zurechenbaren Mitteln des Versicherten in dessen Funktion als Betroffener?

Allerdings kann der Fachdienstebetreiber nicht den Zugriff sämtlicher außenstehender Personen auf die in dem von ihm betriebenen Fachdienst verarbeiteten verschlüsselten Daten untersagen. So müssen nach § 291a Abs. 4, 5 und 5a SGB V die dort genannten Personen, insbesondere der jeweilige Versicherte und Heilberufler, auf die im jeweiligen Fachdienst gespeicherten Daten zugreifen können. Somit stellt sich die Frage, ob diese Zugriffsmöglichkeit Auswirkungen darauf hat, ob die verschlüsselt im eGK-System verarbeiteten Daten für den Fachdienstebetreiber als personen- oder als nicht-personenbezogen zu qualifizieren sind, da diesem das für Dritte verfügbare Zusatzwissen zugerechnet werden muss, wenn diese Zugriff auf die in dem jeweiligen Fachdienst verschlüsselt verarbeiteten Daten haben.

Entscheidend ist also die Frage, ob durch den Zugriff auf eGK-Daten nach § 291a Abs. 4, 5 und 5a SGB V Dritte auf die verschlüsselt im jeweiligen Fachdienst gespeicherten Daten zugreifen können. Nach § 291a Abs. 4 S. 2 SGB V dürfen die Versicherten – aufgrund des 2-Karten-Prinzips gem. § 291a Abs. 5 S. 3 SGB V allerdings regelmäßig nur zusammen mit einem Heilberufler - auf die sie betreffenden und im Rahmen des eGK-Systems gespeicherten Daten zugreifen. Ihre eGK wird zudem nach den derzeitigen Planungen für die (ordnungsgemäße) Entschlüsselung der verschlüsselt bei den Fachdienstebetreibern gespeicherten Daten benötigt. Fraglich ist aber, ob Betroffene als „Dritte" anzusehen sind, deren Zusatzwissen dem Fachdienstebetreiber zuzurechnen wäre.

10.1.3.2.5.7.2.3.1 Der Betroffene als „Dritter" im Sinne des Erwägungsgrundes 26 der Datenschutzrichtlinie 95/46/EG?

Der Wortlaut des Erwägungsgrundes 26 der Datenschutzrichtlinie 95/46/EG könnte dafür sprechen, dass das Zusatzwissen der Versicherten dem Fachdienstebetreiber nicht zuzurechnen ist, da es sich bei den Versicherten in Bezug auf die sie betreffenden Daten um Betroffene i.S.d. Art. 2 lit. a der Richtlinie 95/46/EG handelt. Nach Art. 2 lit. f der Richtlinie 95/46/EG ist ein „Dritter" die natürliche oder juristische Person, Behörde, Einrichtung oder jede andere Stelle, außer der betroffenen Person, dem für die Verarbeitung Verantwortlichen, dem Auftragsverarbeiter und den Personen, die unter der unmittelbaren Verantwortung des für die Verarbeitung Verantwortlichen oder des Auftragsverarbeiters befugt sind, die Daten zu verarbeiten. Der Betroffene selbst ist nach der Legaldefinition gem. Art. 2 lit. f der Richtlinie 95/46/EG somit kein „Dritter" im Sinne der Richtlinie. Da der Erwägungsgrund 26 der Datenschutzrichtlinie 95/46/EG aber statuiert, dass bei der Entscheidung, ob eine Person bestimmbar ist, alle Mittel berücksichtigt werden sollten, „*die vernünftigerweise entweder von dem Verantwortlichen für die Verarbeitung oder von einem **Dritten** eingesetzt werden könnten, um die betreffende Person zu bestimmen*",[1015] könnte das Zusatzwissen der Betroffenen demzufolge nach Erwägungsgrund 26 der Datenschutzrichtlinie 95/46/EG nicht zu berücksichtigen sein.

Allerdings unterscheidet sich der Wortlaut von Erwägungsgrund 26 der Datenschutzrichtlinie in der deutschen Fassung einerseits und der englischen und französischen Fassung andererseits. Nach der deutschen Fassung von Erwägungsgrund 26 sollten, wie bereits zuvor beschrieben, alle Mittel berücksichtigt werden, die vernünftigerweise entweder von dem Verantwortlichen für die Verarbeitung oder von einem *Dritten* eingesetzt werden könnten, um die betreffende Person zu bestimmen. Die englische Fassung des Erwägungsgrunds 26 besagt hingegen: [...] "*whereas, to determine whether a person is identifiable, account should be taken of all the means likely reasonably to be used either by the controller or by any other person to identify the said person;*" [...]. In der englischen Fassung der Datenschutzrichtlinie 95/46/EG wird also im Gegensatz zur deutschen Fassung nicht auf die Mittel eines Dritten i.S.d. Art. 2 lit f. der Richtlinie 95/46/EG abgestellt, der in der englischen Fassung der Richtlinie gem. Art. 2 lit. f. 95/46/EC als „*third party*" bezeichnet

---

1015 Hervorhebung durch den Autor.

wird, sondern auf jede andere Person als die verantwortliche Stelle. Genauso
verhält es sich auch in der französischen Fassung der Datenschutzrichtlinie
95/46/EG. In dieser lautet der besagte Erwägungsgrund 26: [...] *„que, pour
déterminer si une personne est identifiable, il convient de considérer l'ensemble
des moyens susceptibles d'être raisonnablement mis en oeuvre, soit par le res-
ponsable du traitement, soit par une autre personne, pour identifier ladite personne"* [...]. Auch in der französischen Fassung der Datenschutzrichtlinie wird
somit nicht auf den Dritten i.S.d. Art. 2 lit. f der Datenschutzrichtlinie
95/46/EG, der nach Art. 2 lit. f der französischen Fassung der Datenschutzrichtlinie 95/46/CE als *„tiers"* bezeichnet wird, sondern auf jede andere Person als die verantwortliche Stelle abgestellt. Der Wortlaut der Datenschutzrichtlinie 95/46/EG ist somit innerhalb der EU uneinheitlich. Nach dem Wortlaut der englischen und der französischen Fassung müssten somit nach dem
Erwägungsgrund 26 der Datenschutzrichtlinie im Gegensatz zum Wortlaut
der deutschen Fassung dieses Erwägungsgrundes auch die Mittel des Betroffenen selbst bei der Entscheidung über die Bestimmbarkeit des Betroffenen mit berücksichtigt werden. Somit kann durch Auslegung des Wortlauts
von Erwägungsgrund 26 der Datenschutzrichtlinie 95/46/EG nicht eindeutig
ermittelt werden, ob im Rahmen der Bestimmbarkeit einer Person nur die
Mittel der verantwortlichen Stelle selbst und Dritter oder auch die Mittel der
betroffenen Person zu berücksichtigen sind.[1016]

10.1.3.2.5.7.2.3.2 Einbeziehung der Mittel des Betroffenen aufgrund des Sinn und Zwecks des Erwägungsgrundes 26 der Datenschutzrichtlinie 95/46/EG?

Damit stellt sich die Frage, ob aus dem Sinn und Zweck des Erwägungsgrundes 26 der Datenschutzrichtlinie 95/46/EG geschlossen werden kann, ob die
Mittel des Betroffenen selbst bei Bestimmbarkeit der betroffenen Person zu
berücksichtigen sind oder nicht. Der Erwägungsgrund 26 der Datenschutzrichtlinie 95/46/EG stellt klar, unter welchen Umständen eine betroffene Person bestimmbar im Sinne der Datenschutzrichtlinie sein soll. Somit bestimmt
der Erwägungsgrund indirekt über die Anwendbarkeit der Datenschutzrichtlinie 95/46/EG, die nach ihrem Art. 1 nur auf personenbezogene Daten anwendbar ist. Damit personenbezogene Daten i.S.d. Datenschutzrichtlinie vor-

---

[1016] Im Rahmen der Auslegung des Wortlauts sind die verschiedenen verbindlichen Sprachfassungen
einer Richtlinie gleichermaßen zu beachten (siehe z.B. *Pfeiffer*, in: Grabitz/Hilf, Das Recht der Europäischen Union, Teil A.5, Vorbemerkungen vor Art. 1 Rn. 20).

liegen, muss die Person nach Art 2 lit. a der Datenschutzrichtlinie 95/46/EG, auf die sich die Daten beziehen, zumindestens bestimmbar sein. Mit anderen Worten: Ist eine Person, auf die sich bestimmte Informationen beziehen, nach dem Erwägungsgrund 26 bestimmbar, ist die Datenschutzrichtlinie 95/46/EG anwendbar und die entsprechenden Daten fallen unter ihren Schutz, wohingegen die Datenschutzrichtlinie 95/46/EG keine Anwendung findet, wenn die Bezugsperson nach dem Erwägungsgrund 26 nicht bestimmbar ist, so dass die entsprechenden Daten keines Schutzes durch die Datenschutzrichtlinie 95/46/EG bedürfen. Vor diesem Hintergrund stellt sich somit die Frage, ob Daten, deren Bezugsperson nur unter Einbeziehung der Mittel des Betroffenen bestimmt werden kann, nach dem Sinn und Zweck der Datenschutzrichtlinie 95/46/EG unter ihren Schutz fallen sollen, so dass die Mittel des Betroffenen bei der Entscheidung über die Bestimmbarkeit der betroffenen Person zu berücksichtigen wären oder ob sie deren Schutz nicht bedürfen, so dass die Mittel des Betroffenen bei der genannten Entscheidung nicht zu berücksichtigen wären.

Die Datenschutzrichtlinie 95/46/EG bezweckt nach Art. 1 Abs. 1 und Erwägungsgrund 10 der Richtlinie den Schutz der Grundrechte und Grundfreiheiten und insbesondere den Schutz der Privatsphäre natürlicher Personen bei der Verarbeitung personenbezogener Daten. Bezüglich des Schutzes der Privatsphäre nimmt der Erwägungsgrund 10 der Datenschutzrichtlinie 95/46/EG ausdrücklich auf Art. 8 EMRK Bezug. Diese Vorschrift gewährt jeder Person das Recht auf Achtung des Privat- und Familienlebens und schützt somit das Recht der Person auf Identität und Entwicklung.[1017] Gemeint ist hiermit eine geschützte Sphäre, in der eine Person ihr Leben nach ihrer Wahl lebt sowie ihre Persönlichkeit entwickeln und Beziehungen zu anderen Menschen aufnehmen kann.[1018] Insoweit ist auch der Schutz personenbezogener Daten Teil der Privatsphäre.[1019] Ein Recht auf informationelle Selbstbestimmung – welches dem Recht auf informationelle Selbstbestimmung gem. Art. 2 Abs. 1 i.V.m. Art. 1 Abs. 1 GG vergleichbar wäre - gewährt Art. 8 EMRK hingegen nicht.[1020]

Wenn sichergestellt ist, dass nur der Betroffene selbst sich bestimmte Daten zuordnen kann, ein Dritter aber nicht, kann der Betroffene ein Leben nach seiner Wahl leben, sich vollkommen frei entfalten und Beziehungen zu ande-

---

[1017] EGMR, NJW 2003, 2145.

[1018] Siehe hierzu *Meyer-Ladewig*, in: Meyer-Ladewig, Europäische Menschenrechtskonvention, Art. 8 Rn. 7 m.w.N.

[1019] Siehe z.B. *Meyer-Ladewig*, in: Meyer-Ladewig, Europäische Menschenrechtskonvention, Art. 8 Rn. 40.

[1020] Siehe ausführlich hierzu *Siemen*, Datenschutz als europäisches Grundrecht, S. 130 ff.; *Albers*, Informationelle Selbstbestimmung, S. 297.

ren Menschen aufbauen, da kein Außenstehender die jeweiligen Daten mit ihm in Verbindung bringen kann. Somit besteht in diesem Fall keine Gefahr für seine Privatsphäre. Damit könnte der Sinn und Zweck der Datenschutzrichtlinie 95/46/EG gegen die Einbeziehung der eigenen Mittel des Betroffenen bei der Frage der Bestimmbarkeit der betroffenen Person gemäß dem Erwägungsgrund 26 der Datenschutzrichtlinie 95/46/EG sprechen.

Nach Art. 1 Abs. 1 der Datenschutzrichtlinie 95/46/EG und deren Erwägungsgrund 10 bezweckt die Datenschutzrichtlinie aber zudem auch noch den Schutz der Grundrechte. Somit stellt sich die Frage, ob es Art. 8 („*Schutz personenbezogener Daten*") oder Art. 7 der Grundrechte-Charta („*Achtung des Privat- und Familienlebens*") gebieten, dass auch die eigenen Mittel des Betroffenen bei der Entscheidung über die Bestimmbarkeit der betroffenen Person berücksichtigt werden. Art. 8 Abs. 1 der Grundrechte-Charta gewährt jeder Person das Recht auf Schutz der sie betreffenden personenbezogenen Daten. Der Begriff „personenbezogene Daten" nimmt hierbei auf die in Art. 2 lit.a der Datenschutzrichtlinie 95/46/EG enthaltene Bedeutung des Begriffs Bezug.[1021] Insoweit hilft Art. 8 Abs. 1 der Grundrechte-Charta bei der Bestimmung eben dieses Begriffs nicht weiter. Hierbei könnte allerdings der Zweck von Art. 8 Abs. 1 Grundrechte-Charta weiterhelfen. Dieser besteht darin, den Einzelnen vor einer unzulässigen Verarbeitung seiner Daten zu schützen.[1022] Doch auch insoweit vermag Art. 8 Abs. 1 der Grundrechte-Charta bei der Frage, ob eigene Mittel des Betroffenen bei der Entscheidung über die Bestimmbarkeit der betroffenen Person zu berücksichtigen sind, nicht weiterzuhelfen, da dieser Schutzzweck das Vorliegen von personenbezogenen Daten voraussetzt. Hinsichtlich der Frage, wann derartige Daten nach Maßgabe von Art. 8 Abs. 1 der Grundrechte-Charta vorliegen, ergeben sich aus diesem Schutzzweck hingegen keine Rückschlüsse. Allerdings schützt Art. 8 Abs. 1 der Grundrechte-Charta – im Gegensatz zu Art. 8 EMRK – auch das informationelle Selbstbestimmungsrecht des Betroffenen.[1023] Wenn nur der Betroffene selbst sich Daten zuordnen kann, ein Dritter aber nicht, ist das informationelle Selbstbestimmungsrecht des Betroffenen i.S.d. Art. 8 Abs. 1 der Grundrechte-Charta jedoch nicht berührt, wenn Dritte diese Daten verarbeiten. So schützt das informationelle Selbstbestimmungsrecht nach Art. 8 Abs. 1 der Grundrechte-Charta Betroffene im Sinne der Gewährleistung einer inneren Entfal-

---

[1021] Siehe z.B. *Siemen*, Datenschutz als europäisches Grundrecht, S. 281 m.w.N; *Jarass*, in: Jarass, Charta EU-Grundrechte, Art. 8 Rn. 5; *Kingreen*, in: Calliess/Ruffert, EUV/AEUV, Art. 8 GRC Rn. 9.
[1022] *Siemen*, Datenschutz als europäisches Grundrecht, S. 282.
[1023] Siehe z.B. *Kingreen*, in: Calliess/Ruffert, EUV/AEUV, Art. 8 GRC Rn. 1; *Bernsdorff*, in: Meyer, Charta der Grundrechte der Europäischen Union, Art. 8 Rn. 13 f.; *Schneider*, in: Wolff/Brink, BeckOK BDSG, Syst. B Rn. 20.

tungsfreiheit.[1024] Diese ist jedoch nicht berührt, wenn kein Dritter, sondern nur der Betroffene selbst, bestimmte Informationen mit dem Betroffenen in Verbindung bringen kann. Vielmehr kann sich der Betroffene in diesem Fall völlig frei und selbstbestimmt verhalten und entfalten.[1025] Somit gebietet es auch der Sinn und Zweck von Art. 8 Abs. 1 der Grundrechte-Charta nicht, dass die eigenen Mittel des Betroffenen bei der Entscheidung über die Bestimmbarkeit der betroffenen Person berücksichtigt werden.

Gleiches gilt auch im Hinblick auf Art. 7 der Grundrechte-Charta. Nach dieser Vorschrift hat jede Person u.a. das Recht auf Achtung ihres Privatlebens. Mit dem Privatleben schützt das Grundrecht die freie Entscheidung des Einzelnen über seine persönliche Lebensführung sowie darüber, ob er diese zum Gegenstand öffentlicher Kenntnis und Erörterung macht. Hierzu gehören insbesondere das Recht des Einzelnen auf Selbstbestimmung, Selbstbewahrung und Selbstdarstellung.[1026] Sofern nur der Betroffene selbst sich Daten zuordnen kann, ist die freie Entscheidung des Einzelnen über seine persönliche Lebensführung und insbesondere die Entscheidung, ob er diese zum Gegenstand öffentlicher Kenntnis und Erörterung macht, nicht berührt, wenn diese Daten durch Dritte verarbeitet werden, aber kein außenstehender Dritter diese Daten mit dem Betroffenen in Verbindung bringen kann.

Somit ist als Ergebnis der Auslegung des Erwägungsgrunds 26 der Datenschutzrichtlinie 95/46/EG festzuhalten, dass gute Gründe gegen die Einbeziehung der eigenen Mittel des Betroffenen bei der Entscheidung über die Bestimmbarkeit einer betroffenen Person nach Maßgabe des Erwägungsgrundes 26 der Datenschutzrichtlinie 95/46/EG sprechen.

Da die Datenschutzrichtlinie 95/46/EG nicht auf eine Mindestharmonisierung der nationalen Rechtsvorschriften innerhalb der EU beschränkt ist, sondern zu einer grundsätzlich umfassenden Harmonisierung dieser Vorschriften führt,[1027] sprechen somit gute Argumente dafür, dass auch im Rahmen von § 3 Abs. 1 BDSG bzw. § 67 Abs. 1 SGB X die eigenen Mittel des Betroffenen bei der Entscheidung über die Bestimmbarkeit der betroffenen Person nicht zu berücksichtigen sind. Demzufolge wären auch den Fachdienstebetreibern die eigenen Mittel des Betroffenen im Rahmen der Bestimmbarkeit eines Betroffenen nicht zuzurechnen.

[1024] *Schneider*, in: Wolff/Brink, BeckOK BDSG, Syst. B Rn. 20 m.w.N.
[1025] Siehe hierzu auch die folgenden, weitergehenden Ausführungen zum informationellen Selbstbestimmungsrecht des Betroffenen gem. Art. 2 Abs. 1 i.V.m. Art. 1 Abs. 1 GG.
[1026] Siehe ausführlich hierzu *Kingreen*, in: Calliess/Ruffert, EUV/AEUV, Art. 7 Rn. 3 ff.; *Knecht*, in: Schwarze/Becker/Hatje/Schoo, EU-Kommentar, Art. 7 GRC Rn. 7; *Jarass*, in: Jarass, Charta EU-Grundrechte, Art. 7 Rn. 6 ff.
[1027] EuGH, DuD 2003, 244.

10.1.3.2.5.7.2.3.3 Einbeziehung der Mittel des Betroffenen in Folge der teleologischen Auslegung von § 3 Abs. 1 BDSG bzw. § 67 Abs. 1 SGB X?

Dieses Ergebnis folgt auch aus der teleologischen Auslegung von § 3 Abs. 1 BDSG bzw. § 67 Abs. 1 SGB X. [1028] Sowohl § 3 Abs. 1 BDSG als auch § 67 Abs. 1 SGB X bestimmen wie der Erwägungsgrund 26 der Datenschutzrichtlinie 95/46/EG indirekt über die Anwendbarkeit des BDSG bzw. der §§ 67 ff. SGB X, da das BDSG und die §§ 67 ff. SGB X nur auf personenbezogene Daten anwendbar sind, also auf Daten, deren Bezugsperson zumindest bestimmbar ist. Somit stellt sich die Frage, ob Daten, deren Bezugsperson nur unter Einbeziehung der Mittel des Betroffenen bestimmt werden kann, nach dem Sinn und Zweck des BDSG bzw. des Zweiten Kapitels des SGB X unter den Schutz der genannten Vorschriften fallen sollen, so dass die Mittel des Betroffenen bei der Entscheidung über die Bestimmbarkeit der betroffenen Person zu berücksichtigen wären oder ob sie deren Schutz nicht bedürfen, so dass die Mittel des Betroffenen bei der genannten Entscheidung nicht zu berücksichtigen wären.

Sowohl das BDSG als auch das Zweite Kapitel des SGB X dienen dem Schutz des Rechts auf informationelle Selbstbestimmung gem. Art. 2 Abs. 1 i.V.m. Art. 1 Abs. 1 GG.[1029] Dieses Recht schützt das Recht des Betroffenen, grundsätzlich selbst über die Preisgabe und Verwendung seiner persönlichen Daten zu bestimmen.[1030] Wer nicht wisse, welche Informationen ein Kommunikationspartner über ihn besitzt, könne die Konsequenzen seines Verhaltens ebenso wie die Reaktionen seiner Kommunikationspartner nicht mehr verlässlich einschätzen und mit zunehmender Unsicherheit nicht mehr selbstbestimmt Entscheidungen treffen oder planen.[1031] Dies beeinträchtige nicht nur die individuellen Entfaltungschancen des Einzelnen, sondern gefährde auch die Funktionsfähigkeit eines auf die Handlungs- und Mitwirkungsfähigkeit seiner Bürger begründeten freiheitlichen demokratischen Gemeinwesens.[1032] Wenn jedoch nur der Betroffene selbst Informationen mit sich in Verbindung brin-

---

[1028] Auf das Verhältnis zwischen europäischem Recht und dem Grundgesetz wird an dieser Stelle nicht eingegangen, da dies nur erheblich wäre, wenn insoweit ein Konflikt vorliegen würde.
[1029] *Simitis*, in: Simitis, Bundesdatenschutzgesetz, § 1 Rn. 23 ff.; *Gola/Schomerus*, BDSG, § 1 Rn. 6 ff.; *Bieresborn*, in: von Wulffen, SGB X, Vor. §§ 67 – 85a Rn. 1 ff.; *Seidel*, in: Diering/Timme/Waschull, Sozialgesetzbuch X, Vor. §§ 67 – 85a Rn. 2 ff.
[1030] BVerfGE 65, 1 (43); *Taeger/Schmidt*, in: Taeger/Gabel, Kommentar zum BDSG, Einführung Rn. 15; *Gola/Schomerus*, BDSG, § 1 Rn. 7; *Di Fabio*, in: Maunz/Dürig, Grundgesetz-Kommentar, Art. 2 Rn. 175.
[1031] BVerfGE 65, 1 (43); *Simitis*, in: Simitis, Bundesdatenschutzgesetz, Einleitung Rn. 30.
[1032] BVerfGE 65, 1 (43); *Simitis*, in: Simitis, Bundesdatenschutzgesetz, Einleitung Rn. 30.

gen kann, aber kein außenstehender Dritter, besteht insoweit keine Gefahr, dass der Betroffene nicht mehr selbstbestimmt entscheiden oder planen kann, da mögliche Kommunikationspartner insoweit nichts über ihn wissen.

Besteht hingegen die Möglichkeit, dass eventuelle Kommunikationspartner bestimmte Informationen dem Betroffenen zuordnen könnten, so dass der Betroffene nicht mehr wissen kann, wer was wann über ihn weiß, da die Kommunikationspartner den Betroffenen mit verhältnismäßig großem Aufwand an Zeit, Kosten und Arbeitskraft bestimmen können, wären diese Daten für die verantwortliche Stelle als personenbezogen zu qualifizieren, da Mittel Dritter nach Maßgabe der in Ziffer 10.1.3.2.5.6 ausführlich dargestellten Voraussetzungen der verantwortlichen Stelle zuzurechnen wären. Mit anderen Worten: Besteht die Gefahr, dass ein (potentieller) Kommunikationspartner mit verhältnismäßig großem Aufwand an Zeit, Kosten und Arbeitskraft personenbezogene Daten eines Betroffenen erfährt, finden die Datenschutzgesetze Anwendung und schützen den Betroffenen in seinem Recht auf informationelle Selbstbestimmung. Besteht hingegen keine Gefahr, dass (potentiellen) Kommunikationspartnern personenbezogene Daten preisgegeben werden, da nur der Betroffene selbst diese Daten mit sich in Verbindung bringen kann, sind die Datenschutzgesetze auch nicht erforderlich, um das Recht des Betroffenen auf informationelle Selbstbestimmung zu schützen. Hieraus folgt, dass auch die teleologische Auslegung von § 3 Abs. 1 BDSG bzw. § 67 Abs. 1 SGB X gegen die Einbeziehung der eigenen Mittel des Betroffenen bei der Entscheidung über die Bestimmbarkeit der betroffenen Person spricht.

10.1.3.2.5.7.2.3.4 Zwischenergebnis

Sowohl aus der richtlinienkonformen als auch aus der teleologischen Auslegung von § 3 Abs. 1 BDSG bzw. § 67 Abs. 1 SGB X folgt damit, dass eigene Mittel des Betroffenen bei der Entscheidung über die Bestimmbarkeit der betroffenen Person nicht zu berücksichtigen sind. Zum Ausgangspunkt der Prüfung zurückkommend bedeutet dies, dass die Mittel des betroffenen Versicherten dem jeweiligen Fachdienstebetreiber nicht zuzurechnen sind.

10.1.3.2.5.7.2.4 Herstellung des Personenbezugs durch zurechenbare Mittel des Versicherten in dessen Funktion als Dritter?

Allerdings ist davon auszugehen, dass im Rahmen der Anwendungen der eGK, die ein Versicherter nutzt, nicht nur Daten über den Versicherten selbst, sondern auch Daten über andere Personen, z.B. über die behandelnden Heilberuf-ler[1033] oder Familienangehörige (so z.B. die Erbkrankheit des Vaters oder der Mutter der Versicherten oder über Eltern im Fall von minderjährigen Versi-cherten[1034]) enthalten sein können. Beziehen sich die im Rahmen der eGK ge-speicherten Daten auf andere Personen als den Versicherten, sind insoweit diese und nicht der Versicherte als Betroffene i.S.d. § 3 Abs. 1 BDSG bzw. § 67 Abs. 1 SGB X zu qualifizieren.[1035] Werden z.B. Informationen über eine Erb-krankheit eines Familienangehörigen in der eGK gespeichert, kann es aber durchaus auch sein, dass sowohl der Familienangehörige als auch der Versi-cherte als Betroffene i.S.d. § 3 Abs. 1 BDSG zu qualifizieren sind.[1036] Der jewei-lige Versicherte ist hingegen im Hinblick auf diese personenbezogenen Daten als Dritter i.S.d. § 3 Abs. 8 S. 2 BDSG bzw. § 67 Abs. 10 S. 2 SGB X anzusehen. In diesem Fall sprechen nach hier vertretener Ansicht aber gute Gründe dafür, dem Fachdienstebetreiber auch die Mittel des Versicherten zuzurechnen, ob-wohl er in diesem Fall auch als Betroffener zu qualifizieren ist. Nur ist er eben in diesem Fall nicht der alleinige Betroffene. Für diesen Fall sind die Ausfüh-rungen unter Ziffer 10.1.3.2.5.7.2.3 in Bezug auf die Berücksichtigung von Mit-teln des Betroffenen bei der Entscheidung über die Bestimmbarkeit des Be-troffenen nicht übertragbar. So ist in diesem Fall eben nicht gesichert, dass nur der Betroffene sich selbst Daten zuordnen kann. Vielmehr kann in diesem Fall der Betroffene 1 dem Betroffenen 2 Daten zuordnen. Insoweit ist aber dann das Recht des Betroffenen 2 auf informationelle Selbstbestimmung be-troffen. Die Verarbeitung der Daten durch den Betroffenen gleicht hier der Verarbeitung durch einen Dritten, da eben Daten verarbeitet werden, die (auch) eine andere Person betreffen. Somit sprechen vor dem Hintergrund des Sinn und Zwecks der Datenschutzrichtlinie 95/46/EG und des Rechts auf informationelle Selbstbestimmung nach Art. 2 Abs. 1 i.V.m. Art. 1 Abs. 1 GG nach hier vertretener Ansicht gute Gründe dafür, dass dem Fachdienstebe-treiber auch die Mittel in seiner Eigenschaft als ein Betroffener zuzurechnen sind.

[1033] Dies ist schon deshalb erforderlich, um feststellen zu können, welcher Heilberufler bestimmte Daten in das eGK-System eingestellt hat.

[1034] Auch der Gesetzgeber geht bei der Dokumentation i.S.d. § 630f BGB davon aus, dass im Fall von minderjährigen Patienten Angaben über ihre Eltern oder andere Erziehungsberechtigte enthalten sein können, da er gerade vor diesem Hintergrund in § 630g Abs. 1 S. 1 BGB eine Ausnahme vom Ein-sichtsrecht in die Dokumentation statuiert hat (siehe hierzu die Ausführungen unter Ziffer 3.2.4.2.2).

[1035] Siehe zum Arzt-Patienten-Verhältnis auch die Ausführungen von *Dammann*, in: Simitis, Bundes-datenschutzgesetz, § 3 Rn. 41 ff., insbesondere Rn. 44.

[1036] Siehe z.B. *Dammann*, in Simitis: Bundesdatenschutzgesetz, § 3 Rn. 43 f.; vgl. aber auch *Forgó/Kollek/Arning/Krügel/Petersen*, Ethical and Legal Requirements for Transnational Genetic Research, Rn. 534 ff.

Da der Versicherte gem. § 291a Abs. 4 S. 2 SGB V und § 291a Abs. 5a S. 3 SGB V auf die Daten zugreifen kann, die sich auf Dritte bzw. andere Betroffene beziehen, und mit seiner eGK als Schlüssel zudem auch über die Mittel verfügt, diese verschlüsselt beim Fachdienstebetreiber gespeicherten Daten zu entschlüsseln, einzusehen und dem Betroffenen zuzuordnen,[1037] kann der Versicherte die Bezugspersonen mit einem verhältnismäßig großen Aufwand an Zeit, Kosten und Arbeitskraft bestimmen. Diese Mittel wird der Versicherte auch vernünftigerweise einsetzen. So ist es gerade der Zweck der eGK, dass der Versicherte (nach § 291a Abs. 5 S. 2 SGB V ggf. zusammen mit einem Heilberufler) auf die in den von ihm genutzten Anwendungen der eGK gespeicherten Daten zugreifen kann.[1038] Diese Mittel des Dritten – des Versicherten – sind nach dem Erwägungsgrund 26 der Datenschutzrichtlinie 95/46/EG und der richtlinienkonformen Auslegung von § 3 Abs. 1 BDSG bzw. § 67 Abs. 1 SGB X dem jeweiligen Fachdienstebetreiber zuzurechnen.[1039] Dasselbe gilt nach hier vertretener Ansicht - wie soeben ausgeführt -, wenn der Versicherte Betroffener ist, die Daten aber zugleich auch eine andere Person betreffen.

Somit sind diese Daten für den Fachdienstebetreiber als personenbezogen zu qualifizieren. Dies hat mithin zur Konsequenz, dass der Fachdienstebetreiber faktisch gezwungen ist davon auszugehen, dass sämtliche von ihm gespeicherten Daten als personenbezogen zu qualifizieren sind. So ist es für ihn – schon aufgrund der Verschlüsselung - unmöglich zu beurteilen, welche der von ihm gespeicherten Daten Angaben über andere Personen als den Versicherten enthalten, auf die der Versicherte in seiner Eigenschaft als Dritter bzw. als „auch Betroffener" zugreifen und die er nach Entschlüsselung mit seiner eGK einsehen sowie den (anderen) Betroffenen zuordnen kann, weshalb diese Daten für den Fachdienstebetreiber gem. § 3 Abs. 1 BDSG bzw. § 67 Abs. 1 SGB X als personenbezogen zu qualifizieren sind. Um keinen Verstoß gegen die Datenschutzvorschriften zu riskieren, ist der Fachdienstebetreiber mithin faktisch gezwungen davon auszugehen, dass sämtliche von ihm gespeicherten Daten als personenbezogen zu qualifizieren sind.[1040]

[1037] Es ist insoweit davon auszugehen, dass der Name des (anderen) Betroffenen auch gespeichert ist.
[1038] Siehe hierzu auch die Ausführungen unter den Ziffern 6.2.4 und 6.2.2.
[1039] Siehe hierzu die Ausführungen unter Ziffer 10.1.3.2.5.6.
[1040] Siehe hierzu auch die Ausführungen unter Ziffer 10.1.3.2.5.6.

10.1.3.2.5.7.2.5 Herstellung des Personenbezugs durch zurechenbare Mittel der Heilberufler?

Allerdings könnten nicht nur die Daten, die sich auf andere Personen als den Versicherten, sondern auch die Daten, die sich auf den Versicherten selbst beziehen, nach § 3 Abs. 1 BDSG bzw. § 67 Abs. 1 SGB X für den jeweiligen Fachdienstebetreiber, bei dem sie gespeichert sind, als personenbezogen zu qualifizieren sein. So können nicht nur die Versicherten selbst auf die im Rahmen der eGK über sie gespeicherten Daten zugreifen. Nach § 291a Abs. 4 S. 1 und Abs. 5a S. 1 SGB V dürfen auch die in diesen Normen genannten Heilberufler zum Zwecke der Versorgung auf diese Daten zugreifen. Bei diesen Personen handelt es sich im Hinblick auf die Daten über den Versicherten, im Gegensatz zu dem Versicherten als Betroffenen, um Dritte i.S.d. § 3 Abs. 8 S. 2 BDSG (bzw. § 67 Abs. 10 S. 2 SGB X). Somit müssten die für sie verfügbaren Mittel dem Fachdienstebetreiber zugerechnet werden. Allerdings stellt sich die Frage, ob diese Dritten Zugang zu den verschlüsselt im Rahmen der eGK über einen Versicherten gespeicherten Daten haben. Denn nur in diesem Fall wären ihre Mittel den Fachdienstebetreibern zuzurechnen (siehe die Ausführungen unter Ziffer 10.1.3.2.5.6). So können diese Dritten gem. § 291a Abs. 5 S. 3 SGB V auf die in § 291a Abs. 3 Satz 1 Nr. 2 bis 6 SGB V genannten Anwendungen nur dann zugreifen, wenn ihnen der Versicherte dies technisch ermöglicht hat, z.B. durch die Eingabe seiner PIN. Gleiches gilt nach der technischen Konzeption für den online gespeicherten Notfalldatensatz gem. § 291a Abs. 3 S. 1 Nr. 1 SGB V (siehe Ziffer 6.3.3.4) und für die online gespeicherte Kopie der persönlichen Erklärungen und Hinweise des Versicherten gem. § 291a Abs. 3 S. 1 Nr. 7 bis 9 SGB V (siehe Ziffer 6.3.3.10). Auf das elektronische Rezept nach § 291a Abs. 2 S. 1 Nr. 1 SGB V können die Heilberufler hingegen auch alleine zugreifen. Mit Ausnahme des Zugriffs auf das elektronische Rezept nach § 291a Abs. 2 S. 1 Nr. 1 SGB V und auf das Patientenfach nach § 291a Abs. 3 S. 1 Nr. 5 SGB V gilt zudem das *„Zwei-Karten-Prinzip"*, nach dem der Heilberufler nur nach Vorlage der eGK durch den Versicherten auf die im Rahmen der eGK gespeicherten eGK-Daten zugreifen darf und ohne die er die verschlüsselt gespeicherten Daten auch gar nicht entschlüsseln könnte. Hieraus könnte geschlossen werden, dass die in § 291a Abs. 4 S. 1 und Abs. 5a S. 1 SGB V genannten Heilberufler keinen Zugang zu den bei den Fachdienstebetreibern gespeicherten Daten haben, weshalb diesen die Mittel der Heilberufler in Übereinstimmung mit Erwägungsgrund 26 der Datenschutzrichtlinie 95/46/EG auch nicht zugerechnet werden dürften.

Hiergegen spricht jedoch, dass das gesamte System der elektronischen Gesundheitskarte gerade darauf angelegt ist, dass die Heilberufler auf die im Rahmen der eGK in der Telematikinfrastruktur gespeicherten Daten zugreifen können.[1041] So regelt § 291a Abs. 4 S. 1 und Abs. 5a S. 1 SGB V gerade den Zugriff dieser Heilberufler auf die im Rahmen der eGK gespeicherten Daten. Versicherte werden die freiwilligen Anwendungen der eGK gerade deshalb benutzen, damit die sie behandelnden Heilberufler Zugang zu den über sie im Rahmen der eGK gespeicherten Daten bekommen, so dass die Heilberufler sie auf Basis dieser verbesserten Informationslage besser behandeln können.[1042] So sind es faktisch gerade die Heilberufler, die die Daten aussuchen, auf die sie zugreifen, da der Versicherte gar nicht beurteilen kann, welche Daten für seine Versorgung erforderlich sind.[1043] Das „Zwei-Karten-Prinzip" und die Eingabe einer PIN stellen somit keine Hindernisse in der Qualität dar, dass mit einem Zugriff von Heilberuflern auf die im Rahmen der eGK gespeicherten Daten nicht zu rechnen sei.[1044] Ganz im Gegenteil: Sind Daten über einen Versicherten im Rahmen der eGK in der Telematikinfrastruktur gespeichert, so ist es der Regelfall, dass dieser Versicherte seine eGK zur Verfügung stellt und zumindest einigen ausgewählte Heilberufler erlaubt, zur besseren Versorgung auf diese Daten zuzugreifen, sie zu entschlüsseln und einzusehen. Verstärkt wird dies sogar noch dadurch, dass der Versicherte - mit Ausnahme des elektronischen Rezepts nach § 291a Abs. 2 S. 1 Nr. 1 SGB V, des Patientenfachs nach § 291a Abs. 3 S. 1 Nr. 5 SGB V sowie der persönlichen Erklärungen nach § 291a Abs. 3 S. 1 Nr. 7 bis 9 SGB V – nicht alleine auf seine im Rahmen der eGK gespeicherten Daten zugreifen darf. Auch dies ist eine Folge des „Zwei-Karten-Prinzips" gem. § 291a Abs. 5 S. 3 SGB V. Um selbst Einblick auf seine im Rahmen der eGK gespeicherten Daten nehmen zu können, ist der Versicherte also darauf angewiesen, dass ein Heilberufler ihn hierbei unterstützt. Somit haben Heilberufler also nicht nur dann Zugang zu im Rahmen der eGK über einen Versicherten gespeicherten Daten, wenn dieser dem Heilberufler den Zugriff zu Versorgungszwecken erlaubt, sondern auch wenn der Versicherte (nur) selbst in diese Daten einsehen möchte und hierfür gem. § 291a Abs. 5 S. 3 SGB V auf die Zusammenarbeit mit einem Heilberufler angewiesen ist. Mit anderen Worten: Werden eGK-Daten eines Versicherten bei Fachdienstebetreibern gespeichert, ist der Versicherte faktisch gezwungen, Heilberuflern Zugriff auf diese Daten zu gewähren, wenn diese Daten zur Einsicht oder zur Behandlung genutzt werden sollen.

Faktisch können also regelmäßig Dritte auf die im Rahmen der Telematikinfrastruktur verschlüsselt gespeicherten Daten der Versicherten zugreifen,

---

[1041] Siehe hierzu die Ausführungen unter Ziffer 6.2.
[1042] Siehe hierzu auch die Ausführungen unter Ziffer 6.2.2.
[1043] Siehe z.B. *Weichert*, DuD 2004, 391 (393).
[1044] In diesem Fall rechnet auch *Dammann* das Zusatzwissen zu, siehe *Dammann*, in: Simitis, Bundesdatenschutzgesetz, § 3 Rn. 27.

diese entschlüsseln und einsehen.[1045] Es ist somit nach der bestimmungsgemäßen Nutzung des eGK-Systems damit zu rechnen, dass Dritte, in diesem Fall Heilberufler, auf die über einen Versicherten im Rahmen des eGK-Systems gespeicherten Daten zugreifen, diese einsehen und dem betroffenen Versicherten, dem von ihnen zu behandelnden Patienten, zuordnen können. Damit ist festzuhalten, dass typischerweise Dritte Zugang zu den beim jeweiligen Fachdienstebetreiber gespeicherten Daten haben, die über die notwendigen Mittel verfügen, um diese verschlüsselt gespeicherten Daten einzusehen und einem bestimmten Versicherten zuordnen zu können. Somit sind die Mittel dieser Dritten auch den jeweiligen Fachdienstebetreibern zuzurechnen, weshalb die von ihnen verschlüsselt verarbeiteten Daten auch für sie als personenbezogen zu qualifizieren sind.[1046]

Dieses Ergebnis entspricht im Übrigen auch der Ansicht der *Artikel-29-Datenschutzgruppe*. Diese hatte in Bezug auf pseudonymisierte Daten[1047] von Patienten im Rahmen von pharmazeutischen Forschungsprojekten ausgeführt, dass Daten auch dann für das forschende Pharmaunternehmen als personenbezogen zu qualifizieren seien, wenn dieses selbst nicht über die Zuordnungsliste verfügt, mit Hilfe derer die Pseudonyme einem Patienten zugeordnet werden können, sondern nur die Prüfer bzw. Ärzte in den jeweiligen Krankenhäusern, in denen die Patienten behandelt werden. In diesem Fall habe das Pharmaunternehmen die Mittel bereitgestellt und die organisatorischen Maßnahmen so gestaltet, dass eine Identifizierung von Personen nicht nur erfolgen kann, sondern unter bestimmten Umständen erfolgen müsse, so dass die Identifizierung somit in den Zwecken und Mitteln für die Verarbei-

---

[1045] Nach Ansicht von *Bales, Dierks, Holland* und *Müller* ist es zudem zulässig, dass der Versicherte Vertreter bevollmächtigen könne, für ihn Zugriff auf seine eGK-Daten zu nehmen. Gleiches gelte für gesetzliche Vertreter des Versicherten. Der Umfang der Vertretungsmacht ergebe sich dabei aus dem allgemeinen Zivilrecht, so dass es einer Regelung in §§ 291a SGB V zu den Zugriffsrechten nicht bedürfe. Die Freischaltung der eGK des Vertretenen durch den Vertreter sei dann nur Teil der Ausübung des ihm zustehenden Rechts *(Bales/Dierks/Holland/Müller*, Die elektronische Gesundheitskarte, B I § 291a Rn. 80).

[1046] Im Ergebnis so auch *Hermeler*, die verschlüsselte personenbezogene Daten sogar stets als personenbezogen i.S.d. BDSG ansieht (siehe *Hermeler*, Rechtliche Rahmenbedingungen der Telemedizin, S. 152 ff.) und *Wagner* sowie *Blaufuß*, die verschlüsselte personenbezogene Daten als personenbezogen i.S.d. BDSG ansehen, wenn – wie hier – eine Stelle die Daten wieder entschlüsseln kann, ohne dass diese wohl auf die verschlüsselten Daten zugreifen können muss (siehe *Wagner/Blaufuß*, BB 2012, 1751 (1751)). So auch *Schild*, in Wolff/Brink, BeckOK BDSG, § 3 Rn. 107.

[1047] Die *Artikel-29-Datenschutzgruppe* spricht zwar von „verschlüsselten Daten", doch versteht sie unter diesem Begriff nicht die technische Verschlüsselung von Daten durch Algorithmen, sondern die Ersetzung der die eine Person identifizierenden Merkmale durch einen Code, der getrennt von den Daten aufbewahrt wird und die Zuordnung der Daten zu der betroffenen Person wieder ermöglicht *(Artikel-29-Datenschutzgruppe*, Stellungnahme 4/2007 zum Begriff „personenbezogene Daten", S. 21, abrufbar unter: http://ec.europa.eu/justice/policies/privacy/docs/wpdocs/2007/wp136_de.pdf (19.05.2013)). Dies entspricht nach der in dieser Arbeit verwendeten Terminolologie dem Begriff der „pseudonymisierten Daten".

tung fest verankert sei. Somit seien die im Rahmen des Forschungsprojekts durch das Pharmaunternehmen verarbeiteten Daten als personenbezogen anzusehen.[1048] Im vorliegenden Fall hat der Fachdienstebetreiber ebenfalls die Mittel für die im Rahmen der eGK bei sich gespeicherten Daten zur Verfügung gestellt. Zudem haben die Fachdienstebetreiber die organisatorischen Maßnahmen – schon vor dem Hintergrund von § 291a Abs. 4 und 5a SGB V – so gestaltet, dass eine Identifizierung der betroffenen Personen nicht nur erfolgen kann, sondern erfolgen muss, so dass auch im vorliegenden Fall die Identifizierung des Patienten und ggf. noch weiterer Betroffener in den Zwecken und Mitteln für die Verarbeitung fest verankert ist, so dass der vorliegende Fall mit dem von der *Artikel-29-Datenschutzgruppe* behandelten Fall durchaus vergleichbar ist.

Überträgt man demzufolge die Wertung der *Artikel-29-Datenschutzgruppe* auf den vorliegenden Fall, ist festzustellen, dass die von den Fachdiensteanbietern verarbeiteten Daten für diese als personenbezogen zu qualifizieren sind.[1049]

[1048] *Artikel-29-Datenschutzgruppe*, Stellungnahme 4/2007 zum Begriff „personenbezogene Daten", S. 22 f., abrufbar unter: http://ec.europa.eu/justice/policies/privacy/docs/wpdocs/2007/wp136_de.pdf (19.05. 2013).

[1049] Zu diesem Ergebnis würde man im Übrigen auch in den Fällen kommen, in denen die eGK-Daten entgegen den derzeitigen Planungen unverschlüsselt auf den Servern gespeichert oder durch den Fachdienstebetreiber verschlüsselt und auf den Servern gespeichert werden. Im Fall der unverschlüsselten Speicherung könnte der Fachdienstebetreiber den betroffenen Versicherten anhand der in den gespeicherten eGK-Daten enthaltenen Informationen bestimmen (siehe hierzu die Ausführungen unter Ziffer 10.1.3.2.5.7.1). Sollte dies nicht möglich sein, würde es sich nach den unter dieser Ziffer 10.1.3.2.5.7.2 dargestellten Grundsätzen dennoch für den Fachdienstebetreiber um personenbezogene Daten handeln, da Dritte (Heilberufler und im Hinblick auf nicht sie selbst, sondern z.B. Heilberufler oder (auch) Familienangehörige betreffende Daten auch die jeweiligen Versicherten) auf die bei den Fachdienstebetreibern gespeicherten Daten zugreifen, diese entschlüsseln und dem jeweiligen Betroffenen zuordnen können. Diese Mittel sind den jeweiligen Fachdienstebetreibern nach den unter dieser Ziffer 10.1.3.2.5.7.2 dargelegten Grundsätzen zuzurechnen, insbesondere da die Zuordnung der von ihm gespeicherten Daten zum Betroffenen gerade Sinn und Zweck der Verarbeitung ist. Insoweit ist es unerheblich, ob die Daten verschlüsselt gespeichert werden oder nicht. Werden die eGK-Daten durch den Fachdienstebetreiber verschlüsselt, verfügt er entweder über den Schlüssel, um diese Daten zu entschlüsseln, oder er könnte durch ein Matching des (noch) unverschlüsselten Datensatzes mit dem von ihm anschließend verschlüsselten Datensatz feststellen, auf wen sich die verschlüsselten Daten beziehen und welchen Inhalt sie haben. Selbst wenn dies technisch im Einzelfall nicht möglich sein sollte, wären die Daten nach den gerade unter dieser Ziffer 10.1.3.2.5.7.2 dargelegten Grundsätzen für den Fachdienstebetreiber als personenbezogen zu qualifizieren, da Dritte (Heilberufler und im Hinblick auf nicht sie selbst, sondern z.B. Heilberufler oder (auch) Familienangehörige betreffende Daten, auch die jeweiligen Versicherten) auf die bei den Fachdienstebetreibern gespeicherten Daten zugreifen, diese entschlüsseln und sie dem jeweiligen Betroffenen zuordnen können. Diese Mittel sind dem jeweiligen Fachdienstebetreiber nach den unter dieser Ziffer 10.1.3.2.5.7.2 dargelegten Grundsätzen zuzurechnen, insbesondere da die Zuordnung der von ihm gespeicherten Daten zum Betroffenen gerade Sinn und Zweck der Verarbeitung ist. Insoweit ist es unerheblich, ob die Verschlüsselung durch den Heilberufler und den Versicherten oder durch die Fachdienstebetreiber selbst erfolgt oder die Daten gar nicht verschlüsselt werden.

10.1.3.2.5.7.3 Personenbezug der im Rahmen der eGK (verschlüsselt) verarbeiteten Daten für Leistungserbringer bei Speicherung der Daten auf ihren Servern

Es besteht jedoch auch die Möglichkeit, dass eGK-Daten nicht (nur) durch Fachdienstebetreiber auf Servern in der Telematikinfrastruktur gespeichert werden. Vielmehr ist es - wie unter Ziffer 6.6 bereits ausgeführt wurde - auch nicht ausgeschlossen, dass die eGK-Daten auf Servern bei den jeweiligen Leistungserbringern gespeichert werden, von denen die jeweiligen eGK-Daten in das eGK-System eingestellt werden.[1050] In diesem Fall werden auch die Leistungserbringer auf eGK-Daten zugreifen können, wenn diese auf ihren Servern gespeichert werden, von denen sie durch den Versicherten in Zusammenarbeit mit dem jeweils behandelnden Heilberufler wieder abgerufen werden können.

Somit stellt sich die Frage, ob die (verschlüsselt) gespeicherten eGK-Daten auch für die jeweiligen Leistungserbringer, die die Daten speichern, als personenbezogen zu qualifizieren sind, wenn sie auf diese zugreifen.[1051]

Wenn die eGK-Daten, entgegen den derzeitigen Planungen, unverschlüsselt bei den jeweiligen Leistungserbringern gespeichert werden sollten, können diese den Betroffenen anhand der in den gespeicherten eGK-Daten enthaltenen Informationen bestimmen (siehe hierzu die Ausführungen unter Ziffer 10.1.3.2.5.7.1). Werden die eGK-Daten hingegen verschlüsselt auf den jeweiligen Servern bei den Leistungserbringern gespeichert, sind diese Daten - wie unter Ziffer 10.1.3.2.5.6 bereits ausführlich dargestellt - als personenbezogen zu qualifizieren, wenn entweder die datenverarbeitende Stelle oder Dritte den Betroffenen mittels der für sie verfügbaren Mittel bestimmen können und sie Zugriff auf die zu verarbeitenden Daten haben. Anders ausgedrückt: Wenn weder die datenverarbeitende Stelle noch Dritte mittels der für sie verfügbaren Mittel den Betroffenen bestimmen können oder nur Dritte über die hierfür notwendigen Mittel verfügen, aber keinen Zugriff auf die Daten haben,

---

[1050] Zur technischen Sicherheit der Speicherung von eGK-Daten auf Servern bei den jeweiligen Leistungserbringern siehe die Ausführungen unter Ziffer 10.1.1.3.

[1051] Der Zugriff von Leistungserbringern auf eGK-Daten zur Versorgung der Versicherten ist in § 291a Abs. 4, 5 und 5a SGB V geregelt und wird unter der Ziffer 6.5 ausführlich beschrieben. Ein solcher Zugriff ist nach dem ausdrücklichen Wortlaut von § 307 SGB V i.V.m. § 291a Abs. 8 SGB V sowie von § 307b SGB V zulässig und wird an dieser Stelle dann nicht weiter problematisiert. Außerdem wird an dieser Stelle der rechtliche Schutz der „Organisation Gesundheitswesen" nach außen untersucht. Der Zugriff auf eGK-Daten durch Leistungserbringer zur Versorgung des Versicherten erfolgt jedoch innerhalb der „Organisation Gesundheitswesen", so dass eine Problematisierung des Zugriffs durch Leistungserbringer zu diesem Zweck im Übrigen an dieser Stelle auch aus diesem Grund unterbleiben kann. Zum Zugriff von Leistungserbringern auf eGK-Daten zur Versorgung des Versicherten siehe die detaillierten Ausführungen unter Ziffer 6.5.

sind die Daten für die datenverarbeitende Stelle als nicht personenbezogen zu qualifizieren.

Werden die eGK-Daten durch den jeweiligen Leistungserbringer zusammen mit dem betroffenen Versicherten (oder alleine durch den jeweiligen Leistungserbringer) verschlüsselt, könnte der Leistungserbringer durch einen Abgleich des (noch) unverschlüsselten Datensatzes mit dem anschließend verschlüsselten und von ihm gespeicherten Datensatz feststellen, auf wen sich die verschlüsselten Daten beziehen und welchen Inhalt sie haben. Auf diese Weise würde der Leistungserbringer selbst über Mittel verfügen, mittels derer er die verschlüsselt bei ihm gespeicherten eGK-Daten eines Versicherten mit verhältnismäßigem Aufwand an Zeit, Kosten und Arbeitskraft einem Versicherten zuordnen könnte.[1052]

Selbst wenn dies technisch im Einzelfall nicht möglich sein sollte, wären die auf Servern beim Leistungserbringer gespeicherten eGK-Daten für diesen nach den unter Ziffer 10.1.3.2.5.7.2 dargelegten Grundsätzen für den jeweiligen Leistungserbringer als personenbezogen zu qualifizieren. So gelten die unter Ziffer 10.1.3.2.5.7.2 dargelegten Ausführungen im Hinblick auf den Personenbezug von eGK-Daten für Fachdienstebetreiber, auf deren Servern die Daten gespeichert sind, für Leistungserbringer entsprechend, wenn die eGK-Daten auf den Servern der Leistungserbringer gespeichert sind:

Zum einen verfügen die Versicherten selbst über Mittel, mit denen sie die Personen bestimmen können, auf die sich die im Rahmen ihrer eGK gespeicherten Daten beziehen. Zwar sind wie unter Ziffer 10.1.3.2.5.7.2.3 bereits ausgeführt, die Mittel des Betroffenen bei der Entscheidung, ob die datenverarbeitende Stelle den Betroffenen bestimmen kann, nicht zu berücksichtigen. Allerdings ist – wie dort auch bereits beschrieben - davon auszugehen, dass im Rahmen der Anwendungen der eGK, die ein Versicherter nutzt, nicht nur Daten über den Versicherten selbst, sondern auch Daten über andere Personen, z.B. über die behandelnden Heilberufler[1053] oder Familienangehörige (so z.B. über Erberkrankungen von Familienangehörigen oder über Eltern im Fall von minderjährigen Versicherten[1054]), enthalten sein können. Bezüglich dieser Daten ist der jeweilige Versicherte als Dritter zu qualifizieren, dessen Mittel –

[1052] Vgl. zu genetischen Daten auch *Forgó/Kollek/Arning/Krügel/Petersen*, Ethical and Legal Requirements for Transnational Genetic Research, Rn. 495.

[1053] Dies ist schon deshalb erforderlich, um feststellen zu können, welcher Heilberufler bestimmte Daten in das eGK-System eingestellt hat.

[1054] Auch der Gesetzgeber geht bei der Dokumentation i.S.d. § 630f BGB davon aus, dass im Fall von minderjährigen Patienten Angaben über ihre Eltern oder andere Erziehungsberechtigte enthalten sein können, da er gerade vor diesem Hintergrund in § 630g Abs. 1 S. 1 BGB eine Ausnahme vom Einsichtsrecht in die Dokumentation statuiert hat (siehe hierzu die Ausführungen unter Ziffer 3.2.4.2.2).

wie unter Ziffer 10.1.3.2.5.6 bereits ausgeführt - bei der Entscheidung, ob die datenverarbeitende Stelle den Betroffenen bestimmen kann, zu berücksichtigen sind. Das Gleiche gilt, wenn der Versicherte und eine andere Person als Betroffene zu qualifizieren sind. Auch in diesem Fall sind die Mittel des Versicherten – wie unter Ziffer 10.1.3.2.5.7.2.4 beschrieben – dem Leistungserbringer zuzurechnen. Da der Versicherte gem. § 291a Abs. 4 S. 2 SGB V und § 291a Abs. 5a S. 3 SGB V auf diese Daten zugreifen, (diese ggf. verschlüsselt beim Leistungserbringer gespeicherten Daten mit seiner eGK entschlüsseln), inhaltlich einsehen und dem (anderen) Betroffenen zuordnen kann, verfügt der Versicherte über Mittel, mittels derer er den (anderen) Betroffenen mit verhältnismäßigem Aufwand an Zeit, Kosten und Arbeitskraft bestimmen kann. Diese Mittel wird der Versicherte auch vernünftigerweise einsetzen, da es gerade der Zweck der eGK ist, dass der Versicherte (nach § 291a Abs. 5 S. 2 SGB V ggf. zusammen mit einem Heilberufler) auf die in den von ihm genutzten Anwendungen der eGK gespeicherten Daten zugreifen kann.[1055] Dies hat mithin zur Konsequenz, dass der Leistungserbringer – wie unter Ziffer 10.1.3.2.5.7.2.4 für Fachdiensteanbieter bereits ausgeführt - faktisch gezwungen ist davon auszugehen, dass sämtliche von ihm gespeicherten Daten als personenbezogen zu qualifizieren sind, da es für ihn unmöglich ist zu beurteilen, welche der von ihm gespeicherten Daten derartige Angaben enthalten und welche nicht.

Zum anderen können – wie unter Ziffer 10.1.3.2.5.7.2.5 bereits ausgeführt – auch die Heilberufler auf die im Rahmen der eGK eines Versicherten gespeicherten Daten zugreifen. Dieser ist auch bezüglich der Daten, die sich auf den Versicherten selbst beziehen, als Dritter i.S.d. § 3 Abs. 8 S. 2 BDSG zu qualifizieren, deren Mittel – wie unter Ziffer 10.1.3.2.5.6 bereits beschrieben – bei der Entscheidung, ob die datenverarbeitende Stelle einen Betroffenen bestimmen kann, zu berücksichtigen sind.[1056] Dies gilt – wie unter Ziffer 10.1.3.2.5.7.2.5 ausgeführt – auch dann, wenn er aufgrund des Zwei-Karten-Prinzips nach § 291a Abs. 5 S. 3 SGB V nur zusammen mit dem jeweiligen Versicherten auf die eGK-Daten zugreifen und diese einsehen kann, da es gerade Sinn und Zweck der Verarbeitung ist, dass die Heilberufler auf die im Rahmen des eGK-Systems gespeicherten Daten zugreifen können.[1057] Sind Daten über einen Versicherten im Rahmen der eGK auf Servern bei den Leistungserbrin-

---

[1055] Siehe hierzu auch die Ausführungen unter Ziffer 6.2.4.
[1056] Wenn der Heilberufler auf seinem eigenen Server gespeicherte eGK-Daten des Versicherten abruft, die der Heilberufler z.B. bei einer vorangegangenen Behandlung in das eGK-System eingestellt hat, handelt es sich um eigene Mittel des Heilberuflers, die wie unter Ziffer 10.1.3.2.5.4 ausgeführt, bei der Entscheidung über die Bestimmbarkeit einer betroffenen Person für den Heilberufler zu berücksichtigen sind.
[1057] Siehe hierzu die Ausführungen unter Ziffer 6.2.

gern gespeichert, von denen der Versicherte behandelt wurde, so ist es gerade der Regelfall, dass dieser Versicherte seine eGK zur Verfügung stellt und zumindest einigen ausgewählten Heilberufler erlaubt, zur besseren Versorgung auf diese Daten zuzugreifen, sie ggf. mit der eGK zu entschlüsseln und einzusehen. Wie unter Ziffer 10.1.3.2.5.7.2.5 bereits ausgeführt, wird dies noch dadurch verstärkt, dass, wenn ein Versicherter selbst in diese Daten einsehen möchte, er hierfür als Folge des *Zwei-Karten-Prinzips* gem. § 291a Abs. 5 S. 3 SGB V auf die Zusammenarbeit mit dem Inhaber eines Heilberufsausweises angewiesen ist. Zudem sind es gerade auch die Heilberufler, die faktisch darüber entscheiden, auf welche Daten im Rahmen der eGK zugegriffen wird, da die Versicherten gar nicht beurteilen können, welche Daten für ihre Versorgung benötigt werden.[1058]

Faktisch können also regelmäßig Dritte auf die auf Servern der jeweiligen Leistungserbringer (verschlüsselt) gespeicherten Daten der Versicherten zugreifen, (diese ggf. entschlüsseln), einsehen und einer bestimmten Person zuordnen. Es ist somit nach der bestimmungsgemäßen Nutzung des eGK-Systems – und unabhängig davon, ob die eGK-Daten auf Servern der Fachdiensteanbieter oder auf Servern bei den jeweiligen Leistungserbringern gespeichert sind - damit zu rechnen, dass Dritte, in diesem Fall Heilberufler, auf die über einen Versicherten im Rahmen des eGK-Systems gespeicherten Daten zugreifen, einsehen und diese dem betroffenen Versicherten, dem von ihnen zu behandelnden Patienten, zuordnen können. Folglich können also Dritte den jeweiligen Betroffenen, auf den sich die auf den Servern von Leistungserbringern gespeicherten eGK-Daten beziehen, vernünftigerweise mit verhältnismäßig großem Aufwand an Zeit, Kosten und Arbeitskraft bestimmen. Die Mittel dieser Dritten sind den Leistungserbringern, auf deren Servern die jeweiligen eGK-Daten gespeichert sind, somit nach den unter Ziffer 10.1.3.2.5.6 dargestellten Grundsätzen zuzurechnen, weshalb die von ihnen (verschlüsselt) verarbeiteten Daten auch für sie als personenbezogen zu qualifizieren sind.[1059]

[1058] Vgl. auch *Weichert,* DuD 2004, 391 (393).

[1059] Im Ergebnis so auch *Hermeler,* die verschlüsselte personenbezogene Daten sogar stets als personenbezogen i.S.d. BDSG ansieht (siehe *Hermeler,* Rechtliche Rahmenbedingungen der Telemedizin, S. 152 ff.) und *Wagner* sowie *Blaufuß,* die verschlüsselte personenbezogene Daten als personenbezogen i.S.d. BDSG ansehen, wenn – wie hier – eine Stelle die Daten wieder entschlüsseln kann, ohne dass diese wohl auf die verschlüsselten Daten zugreifen können muss (siehe *Wagner/Blaufuß,* BB 2012, 1751 (1751)). So auch *Schild,* Wolff/Brink, BeckOK BDSG, § 3 Rn. 107.

10.1.3.3 Ergebnis

Zum Ausgangspunkt der Prüfung zurückkommend, muss deshalb festgehalten werden, dass der Umgang mit den im Rahmen der elektronischen Gesundheitskarte (verschlüsselt) gespeicherten Daten durch Dritte,[1060] durch die Fachdienstebetreiber als auch durch Leistungserbringer, auf deren Servern die eGK-Daten gespeichert sind, datenschutzrechtlich relevant ist, weil sie entweder selbst über die Mittel oder aber Dritte über zurechenbare Mittel verfügen, die eGK-Daten einzusehen und die betroffene Person zu bestimmen. Folglich fallen diese Daten, auch wenn man der Ansicht folgt, dass die §§ 307 Abs. 1 (i.V.m. § 291a Abs. 8 S. 1), 307b SGB V nur jeden datenschutzrechtlich relevanten Umgang mit Daten erfassen,[1061] in den Schutzbereich eben dieser Vorschriften. Demnach dürfen nur die in § 291a Abs. 4 S. 1 und 2 SGB V sowie die in § 291a Abs. 5a S. 1 und 2 SGB V aufgeführten Personen zu den dort genannten Zwecken auf die verschlüsselten Daten im Rahmen der eGK zugreifen. Dieses Ergebnis ist auch sachgerecht. Auch rechtlich unterliegen diese Daten somit einem umfassenden hohen Schutz. Nur Mitglieder der „Organisation Gesundheit" dürfen auf sie zugreifen und dies auch nur, wenn es zur Zweckerreichung der Organisation erforderlich ist, also der Versorgung des organisierenden Patienten.

Dieser wird somit durch die rechtlichen Regelungen der §§ 291a Abs. 4, Abs. 5a, Abs. 8, 307 Abs. 1, 307b Abs. 1 SGB V in die Lage versetzt, autonom über die Verteilung seiner Informationen zu bestimmen. Durch die Qualifizierung der verschlüsselten Daten als personenbezogen besteht auch keine (rechtliche) Gefahr, dass in der Zukunft entschlüsselbare Informationen über einen Versicherten, ohne wirksamen gesetzlichen Schutz, verarbeitet und verteilt werden können. Für die praktische Umsetzung der elektronischen Gesundheitskarte hat dies zudem auch keine nachteiligen Folgen oder Komplikationen. Die technischen Schutzmaßnahmen, die in § 9 BDSG gefordert werden, waren vor dem Neustart des eGK-Projekts ohnehin in den technischen Spezifikationen der gematik für die eGK und die Telematikinfrastruktur vorgesehen. Es ist aus diesem Grunde davon auszugehen, dass entsprechende Schutzmaßnahmen auch in den zukünftigen Spezifikationen für die eGK und die Telematikinfrastruktur enthalten sein werden. So kann es auch nur im Interesse der gematik und der weiteren Akteure im Rahmen des eGK-Projekts,

---

[1060] Wenn ein Dritter die Daten nur kurzzeitig verarbeitet und dann löscht sowie die Daten nicht an Dritte kommuniziert, könnte der Personenbezug der Daten für den Dritten entfallen, da weder er noch ein Empfänger in diesem Fall die Daten entschlüsseln und dem Betroffenen zuordnen könnten. In diesem Fall würde die Absicherung der „Organisation Gesundheitswesen" technisch durch die während der gesamten Dauer der Verarbeitung sicheren Verschlüsselung sichergestellt.
[1061] Siehe Fußnote 887.

wie z.B. auch der Versicherten, der Fachdienstebetreiber und der Leistungserbringer, sein, dass die rechtliche Ausgestaltung der elektronischen Gesundheitskarte keine Lücken aufweist. Dazu ist es erforderlich und rechtlich geboten, die im Rahmen der eGK verarbeiteten Gesundheitsdaten als personenbezogen zu qualifizieren und damit in den Schutzbereich der § 307 Abs. 1 und
§ 307b SGB V einzubeziehen.

10.1.3.4 Rechtlicher Schutz der im Rahmen der eGK auf dezentralen Speichermedien in der Hand von Versicherten verarbeiteten Daten

Wie unter Ziffer 6.6.1 bereits ausgeführt, besteht jedoch auch die Möglichkeit,
dass Daten nicht (nur) auf Servern durch die Fachdienstebetreiber, sondern -
wie der Notfalldatensatz nach § 291a Abs. 3 S. 1 Nr. 1 SGB V – (auch) auf dezentralen Speichermedien in der Hand von Versicherten gespeichert werden.
Der Notfalldatensatz nach § 291a Abs. 3 S. 1 Nr. 1 SGB V ist gem. § 291a Abs. 3
S. 1 HS 2 SGB V (auch) auf der eGK vorzuhalten. Daten aus anderen Anwendungen der eGK nach § 291a Abs. 2 und 3 SGB V können – soweit dies aufgrund der geringen Speicherkapazität möglich und wie unter Ziffer 10.1.1.3
bereits ausgeführt vor dem Hintergrund der technischen Sicherheit dezentraler Speichermedien gewünscht ist – ebenfalls auf der eGK gespeichert werden.
Ein alternatives dezentrales Speichermedium in der Hand von Versicherten,
auf dem eGK-Daten gespeichert werden können, könnte z.B. wie unter Ziffer
6.6.1 bereits beschrieben ein USB-Stick sein.

Somit stellt sich die Frage, ob die „Organisation Gesundheitswesen" auch in
diesem Fall – wie bei dem zuvor unter Ziffer 10.1.3.2.5.7.2 beschriebenen Fall
der Speicherung der eGK-Daten auf Servern und der unter Ziffer 10.1.3.2.5.7.3
beschriebenen Speicherung auf Servern der Leistungserbringer - wirksam
durch § 291a Abs. 4, 5, 5a und 8, § 307 Abs. 1 und § 307b Abs. 1 SGB V gegen
den unberechtigten Zugriff auf die im Rahmen der eGK gespeicherten Daten
des jeweiligen Versicherten geschützt wird.

Werden eGK-Daten von Heilberuflern bzw. im Fall des Patientenfachs gem.
§ 291a Abs. 3 S. 1 Nr. 5 SGB V und den persönlichen Erklärungen des Patienten nach § 291a Abs. 3 S. 1 Nr. 7 bis 9 SGB V durch den Versicherten selbst auf
diesen dezentralen Speichermedien gespeichert, findet kein Datenzugriff
durch einen etwaigen Fachdienstebetreiber statt, der z.B. die jeweilige Anwendung der eGK konzipiert hat. Die Speicherung der Daten auf dem dezentralen Speichermedium erfolgt durch den jeweiligen Heilberufler bzw. den jeweiligen Versicherten, ohne dass ein etwaiger Fachdienstebetreiber in diesen

Vorgang involviert wäre. Auch der Abruf der Daten von diesem dezentralen Speichermedium erfolgt durch einen Heilberufler, nach dem Zwei-Karten-Prinzip gem. § 291a Abs. 5 S. 3 und Abs. 5a S. 1 SGB V grundsätzlich zusammen mit dem jeweiligen Versicherten. Auch wenn das Zwei-Karten-Prinzip ausnahmsweise nicht gilt,[1062] dürfen nach § 291a Abs. 4 und Abs. 5a S. 1 SGB V nur die Versicherten selbst und die in diesen Vorschriften genannten Heilberufler auf diese Daten zugreifen.[1063] Folglich greift im Fall der Speicherung von eGK-Daten auf dezentralen Speichermedien kein Fachdienstebetreiber auf im Rahmen der eGK gespeicherte Daten i.S.d. § 291a Abs. 4, 5a S. 1 und Abs. 8, § 307 Abs. 1 und § 307b Abs. 1 SGB V zu. Mangels einer Zugriffsmöglichkeit eines Fachdienstebetreibers auf eGK-Daten muss dieser selbstverständlich – im Gegensatz zur unter Ziffer 10.1.3.2.5.7.2 untersuchten Speicherung von Daten auf Servern und der damit verbundenen Zugriffsmöglichkeit der Fachdienstebetreiber - auch nicht rechtlich geregelt und abgesichert werden.

Können Dritte auf die auf den dezentralen Speichermedien gespeicherten verschlüsselten eGK-Daten eines Versicherten zugreifen, weil ein Versicherter z.B. sein Speichermedium verloren hat, sind diese Daten für ihn als personenbezogen zu qualifizieren, da Dritte diese Daten vernünftigerweise und mit verhältnismäßigem Aufwand an Zeit, Kosten und Arbeitskraft entschlüsseln und diese dem Betroffenen zuordnen können, da sicher zu erwarten ist, dass die bei der eGK eingesetzten Verschlüsselungsmechanismen in der Zukunft überwunden werden können. Insoweit gelten die Ausführungen unter Ziffer 10.1.3.2.5.7.1 entsprechend, da es datenschutzrechtlich unerheblich ist, ob die (verschlüsselten) Daten, auf die ein Dritter Zugriff hat, auf einem Server oder auf einem dezentralen Speichermedium gespeichert sind bzw. waren. Folglich fällt der Zugriff eines Dritten auf die verschlüsselt auf einem dezentralen Speichermedium gespeicherten Daten eines Versicherten in den Schutzbereich von § 307 Abs. 1 sowie von § 307b Abs. 1 SGB V.

Somit ist festzuhalten, dass die Organisation Gesundheitswesen auch im Fall der Speicherung von eGK-Daten auf dezentralen Speichermedien in der Hand der Versicherten rechtlich wirksam nach außen geschützt wird. Heilberufler und Versicherte können nur – wie unter Ziffer 6.5 bereits dargestellt – unter den Voraussetzungen von § 291a Abs. 4 bis 5a SGB V auf die im Rahmen der elektronischen Gesundheitskarte gespeicherten Daten zugreifen. Dritte, die

---

[1062] Siehe zu den Ausnahmen vom Zwei-Karten-Prinzip die Ausführungen unter Ziffer 6.5.4 und unter Ziffer 6.5.5.
[1063] Der nur theoretische Fall, dass ein dezentrales Speichermedium in die Hand eines etwaigen Fachdienstebetreiber gelangt, wird an dieser Stelle nicht weiter untersucht. Insoweit gelten die bereits unter Ziffer 10.1.3.2.5.7.1 dargestellten Grundsätze für Zugriffe auf eGK-Daten durch Dritte.

nicht zur Organisation Gesundheitswesen gehören, können im Fall der dezentralen Speicherung auf Speichermedien in der Hand von Versicherten insbesondere dann auf diese Daten zugreifen, wenn sie in den Besitz des Speichermediums gelangen, z.B. weil der Versicherte dieses Speichermedium verloren hat oder es ihm entwendet wurde. In diesem Fall sind aber diese Daten für den Dritten als personenbezogen i.S.d. § 3 Abs. 1 BDSG zu qualifizieren, auch wenn die Daten auf diesen Speichermedien verschlüsselt gespeichert sind, so dass der Zugriff auf diese Daten durch Dritte gem. § 307 Abs. 1 und § 307b Abs. 1 SGB V strafrechtlich sanktioniert ist.

10.1.3.5 Zulässigkeit der Speicherung von eGK-Daten auf Servern von Fachdienstebetreibern in der Telematikinfrastruktur, auf dezentralen Speichermedien in den Händen der Versicherten sowie auf Servern der jeweils behandelnden Leistungserbringer und des Zugriffs auf diese Daten

Wie unter Ziffer 10.1.3.2.5.7 gerade ausgeführt, ist also auch der Zugriff auf verschlüsselte eGK-Daten durch Fachdienstebetreiber bzw. Leistungserbringer, auf deren Servern die eGK-Daten gespeichert werden, datenschutzrechtlich relevant. Dies gilt erst recht, wenn die eGK-Daten – entgegen den derzeitigen Planungen – unverschlüsselt gespeichert werden[1064] oder es nicht sichergestellt ist, dass die gespeicherten eGK-Daten neu verschlüsselt werden, bevor der ursprünglich verwendete Verschlüsselungsalgorithmus unsicher wird.[1065]

Die Zulässigkeit des Zugriffs von Heilberuflern auf diese Daten zur Versorgung der Versicherten ist in § 291a Abs. 4, 5 und 5a SGB V geregelt. Allerdings können auch Fachdienstebetreiber und Leistungserbringer, auf deren Servern die eGK-Daten gespeichert sind, zu Wartungs-, Pflege- und Administrationszwecken oder auch im Rahmen der Speicherung (z.B. zur Erstellung von Datensicherungskopien oder im Fall der Umspeicherung) auf diese zugreifen müssen. Somit stellt sich die Frage, ob ein solcher Zugriff auf eGK-Daten durch Fachdienstebetreiber oder Leistungserbringer zu Wartungs-, Pflege- und Administrationszwecken sowie im Rahmen der Speicherung datenschutzrechtlich überhaupt zulässig ist. Außerdem stellt sich in diesem Zusammenhang auch die ganz grundlegende Frage, ob eine Speicherung der (verschlüsselten)

[1064] Siehe hierzu die Ausführungen unter Ziffer 10.1.3.2.5.7.1.
[1065] Siehe hierzu die Ausführungen unter Ziffer 10.1.3.2.5.7.1 über den Personenbezug der im Rahmen der eGK (verschlüsselt) verarbeiteten Daten für Dritte, die insoweit entsprechend gelten.

eGK-Daten auf Servern bei Fachdiensteanbietern, den jeweiligen Leistungserbringern oder auf dezentralen Speichermedien in der Hand der Versicherten, von denen die eGK-Daten durch die Versicherten und die Heilberufler
wieder abgerufen werden können, nach der derzeit geltenden Rechtslage datenschutzrechtlich überhaupt zulässig ist. Diese Fragen werden im Folgenden
untersucht. Zur besseren Übersichtlichkeit erfolgt die Prüfung getrennt für (i)
die Speicherung der Daten auf Servern von Fachdienstebetreibern und deren
Zugriff darauf zu den genannten Zwecken, für (ii) die Speicherung der eGK-
Daten auf dezentralen Speichermedien in der Hand der Versicherten sowie
für (iii) die Speicherung auf Servern bei den jeweiligen Leistungserbringern
und den Zugriff auf eGK-Daten zu den genannten Zwecken.

10.1.3.5.1 Speicherung von eGK-Daten auf Servern durch die Fachdienstebetreiber sowie der Zugriff zu Wartungs-, Pflege- und Administrationszwecken sowie zu Zwecken der Speicherung

Zunächst wird also die Frage untersucht, ob die Speicherung von eGK-Daten
auf Servern durch die Fachdienstebetreiber sowie der Zugriff auf diese Daten
zu Wartungs-, Pflege- und Administrationszwecken sowie zu Zwecken der
Speicherung datenschutzrechtlich zulässig sind.[1066]

10.1.3.5.1.1 Der Fachdienstebetreiber als verantwortliche Stelle

Bei den Fachdienstebetreibern handelt es sich insoweit um verantwortliche
Stellen i.S.d. § 3 Abs. 7 BDSG bzw. § 67 Abs. 9 SGB X.[1067] Diesbezüglich ähnelt
die vorliegende Situation Sozialen Netzwerken. Der Fachdienstebetreiber
stellt einen Dienst bereit, in den Versicherte und Heilberufler unter den bereits beschriebenen Voraussetzungen Daten einstellen können, auf die der
Versicherte zusammen mit ggf. anderen Heilberuflern zu einem späteren

---

[1066] Folgt man der hier vertretenen Ansicht nicht, dass es sich bei den verschlüsselten eGK-Daten für
den Fachdienstebetreiber um personenbezogene Daten handelt, gelten die folgenden Ausführungen
für den Fall, dass auf den Servern (auch) unverschlüsselte oder unsicher verschlüsselte, d.h. Daten,
bezüglich derer nicht sichergestellt ist, dass sie neu verschlüsselt werden, bevor der verwendete
Verschlüsselungsalgorithmus unsicher wird, gespeichert werden.
[1067] Bei den eGK-Daten handelt es sich um Inhaltsdaten, so dass das TMG insoweit keine Anwendung
findet (so auch *Hermeler*, Rechtliche Rahmenbedingungen der Telemedizin, S. 155 ff.; *Hornung*, Die
digitale Identität, S. 286).

Zeitpunkt wieder zugreifen kann.[1068] Wie Anbieter Sozialer Netzwerke ist auch der jeweilige Fachdienstebetreiber als verantwortliche Stelle i.S.d. § 3 Abs. 7 BDSG (bzw. § 67 Abs. 9 SGB X) zu qualifizieren, da er im Verhältnis zum Versicherten und den Heilberuflern die möglichen Inhalte des Fachdienstes vorgibt und die Mittel zur Verarbeitung der eingegebenen Daten bereitstellt.[1069] Zudem ist der Umgang und der Komplexitätsgrad der Organisation und des Betriebs eines zentralen Datenverarbeitungssystems im deutschen

---

[1068] Zur Zulässigkeit automatisierter Abrufverfahren im Rahmen der eGK siehe ausführlich *Hornung*, Die digitale Identität, S. 292 ff. Neben der Verantwortlichkeit des jeweiligen Fachdienstebetreibers für die Speicherung der Daten besteht insoweit auch noch eine datenschutzrechtliche Verantwortlichkeit des jeweiligen Heilberuflers, der die Daten in die Anwendungen der eGK einstellt. So entscheidet der jeweilige Heilberufler im vorliegenden Fall faktisch über die Daten, die im Rahmen der eGK gespeichert und für Personen nach § 291a Abs. 4 bzw. § 291a Abs. 5a S. 1 SGB V abrufbar sein werden, indem er die Daten erfasst, aussucht und auf ihre Relevanz für die medizinische Versorgung des Versicherten prüft. Insoweit ist der jeweilige Heilberufler als verantwortliche Stelle gem. § 3 Abs. 7 BDSG bzw. § 67 Abs. 9 SGB X zu qualifizieren (so auch *Weichert*, DuD 2004, 391 (393); siehe im Hinblick auf Soziale Netzwerke die *Artikel-29-Datenschutzgruppe*, Stellungnahme 1/2010 zu den Begriffen „für die Verarbeitung Verantwortlicher" und „Auftragsverarbeiter" (WP 169), Brüssel 2010, S. 26; abrufbar unter: http://ec.europa.eu/justice/policies/privacy/docs/wpdocs/2010/wp169_de.pdf#h2-4 (19.05.2013). Diese Verwendung von eGK-Daten durch den jeweiligen Heilberufler ist im Hinblick auf eGK-Daten, die in den freiwilligen Anwendungen der eGK gespeichert werden sollen, auf Grundlage der Einwilligung des Versicherten gem. § 291a Abs. 3 S. 4, Abs. 5 S. 1 SGB V i.V.m. § 4a BDSG zulässig. Bei der Information des Versicherten vor Abgabe von dessen Einwilligung ist darauf zu achten, dass der Versicherte auch über diese Verwendung seiner Daten informiert wird. Im Hinblick auf die Verwendung von eGK-Daten, die in die Pflichtanwendungen gem. § 291a Abs. 2 S. 1 SGB V eingestellt werden sollen, ist eine entsprechende Rechtsgrundlage hingegen nicht ersichtlich, da die Voraussetzungen von § 28 Abs. 6 bis 9 BDSG vorliegend nicht erfüllt sind (siehe hierzu die Ausführungen unter Ziffer 10.1.3.5.1.4) und eine Datenverarbeitung auf Grundlage einer Einwilligung des Versicherten mangels Freiwilligkeit der Einwilligung ebenfalls ausscheidet, da der Versicherte über die Nutzung dieser Anwendungen nicht frei entscheiden kann. Somit ist der Gesetzgeber aufgefordert, eine entsprechende Rechtsgrundlage zu schaffen, wenn Daten nach § 291a Abs. 2 S. 1 SGB V auf Servern von Fachdienstanbietern gespeichert werden sollen. Die Verantwortlichkeit des Fachdienstebetreibers besteht neben der des jeweiligen Heilberuflers. So hat der Leistungserbringer keinen faktischen Einfluss auf die Speicherung der eGK-Daten beim Fachdienstebetreiber. Weder hat er Einfluss auf die Mittel der Speicherung durch den jeweiligen Fachdienstebetreiber noch auf die Organisation und den Betrieb des Fachdienstes. Hierüber entscheidet allein der jeweilige Fachdienstebetreiber, weshalb der jeweilige Leistungserbringer für diese Phase des Datenumgangs nicht verantwortlich ist (so auch *Hornung*, Die digitale Identität, S. 289; *Borchers*, Die Einführung der elektronischen Gesundheitskarte in das deutsche Gesundheitswesen, S. 212 f.). Somit sind Leistungserbringer und Fachdienstebetreiber nebeneinander für bestimmte Phasen des Umgangs mit Daten verantwortlich (so auch *Hornung*, Die digitale Identität, S. 288 f.; siehe im Hinblick auf Soziale Netzwerke auch *Artikel-29-Datenschutzgruppe*, Stellungnahme 5/2009 zur Nutzung sozialer Online-Netzwerke, S. 6, abrufbar unter: http://ec.europa.eu/justice/policies/privacy/docs/wpdocs/2009/ wp163_de.pdf#h2-4 (19.05.2013)).

[1069] So z.B. in Bezug auf soziale Netzwerke *Roßnagel/Jandt*, ZD 2011, 160 (161); siehe auch *Artikel-29-Datenschutzgruppe*, Stellungnahme 5/2009 zur Nutzung sozialer Online-Netzwerke, S. 6, abrufbar unter: http://ec.europa.eu/justice/policies/privacy/docs/wpdocs/2009/wp163_de.pdf#h2-4 (19.05.2013); *dies.*, Stellungnahme 1/2010 zu den Begriffen „für die Verarbeitung Verantwortlicher" und „Auftragsdatenverarbeiter", S. 26, abrufbar unter: http://ec.europa.eu/justice/policies/privacy/ docs/wpdocs/2010/ wp169_de.pdf#h2-3 (19.05.2013); *Konferenz der Datenschutzbeauftragten des Bundes und der Länder*, Orientierungshilfe „Soziale Netzwerke", Version 1.1, Stand 14.03.2013, S. 10 f., abrufbar unter: http://www.datenschutz-bayern.de/technik/orient/oh_soziale-netze.pdf (19.05.2013); siehe zur eGK auch *Borchers*, Die Einführung der elektronischen Gesundheitskarte in das deutsche Gesundheitswesen, S. 212 f.

Gesundheitssystem – wie der Betrieb eines Fachdienstes im Rahmen der elektronischen Gesundheitskarte – so groß, dass es sich hierbei nicht (mehr) um eine Hilfsfunktion handelt; vielmehr ist dies als eigene Aufgaben des Fachdienstebetreibers zu qualifizieren.[1070] Genau dies ist jedoch - in Abgrenzung zur Auftragsdatenverarbeitung - das Kriterium für eine Funktionsübertragung.[1071] So wäre es für den jeweiligen Fachdienstebetreiber organisatorisch schlicht unmöglich, alle Anweisungen sämtlicher Auftraggeber zu empfangen und zu befolgen. Vielmehr muss der Fachdienstebetreiber die Organisation des Fachdienstes eigenverantwortlich vornehmen. Eine Weisungsgebundenheit des Fachdienstebetreibers kann vor diesem Hintergrund also nicht angenommen werden,[1072] weshalb der Fachdienstebetreiber beim Betrieb eines Fachdienstes als verantwortliche Stelle und nicht als Auftragsdatenverarbeiter anzusehen ist.[1073]

Im Übrigen wäre eine Auftragsdatenverarbeitung im vorliegenden Fall auch nicht nur deshalb einfach nicht praktikabel, weil der jeweilige Fachdienstebetreiber nicht sämtliche Weisungen seiner Auftraggeber umsetzen kann. Vielmehr müssten für jeden einzelnen Dienst entsprechende schriftliche Auftragsdatenverarbeitungsverträge nach § 11 Abs. 2 S. 2 BDSG zwischen dem jeweiligen Auftraggeber und dem Fachdienstebetreiber geschlossen werden, was in der Praxis kaum handhabbar wäre.[1074] Ebensowenig ließen sich in der Praxis wirksame Kontrollen beim Fachdienstebetreiber durch die jeweiligen Auftraggeber durchführen.[1075] Allein aus diesem Grunde muss die Verarbei-

---

[1070] *Hornung*, Die digitale Identität, S. 289.

[1071] Siehe z.B. *Petri*, in: Simitis, Bundesdatenschutzgesetz, § 11 Rn. 22; *Spindler*, in: Spindler/Schuster, Recht der elektronischen Medien, § 11 BDSG Rn. 10; *Hornung*, Die digitale Identität, S. 289.

[1072] *Hermeler*, Rechtliche Rahmenbedingungen der Telemedizin, S. 167.

[1073] *Hornung*, Die digitale Identität, S. 289; *Borchers*, Die Einführung der elektronischen Gesundheitskarte in das deutsche Gesundheitswesen, S. 212 f.; siehe auch *Hermeler*, Rechtliche Rahmenbedingungen der Telemedizin, S. 167.

[1074] Siehe hierzu auch *Hornung*, Die digitale Identität, S. 288 f.

[1075] Siehe hierzu die weitergehenden Ausführungen in *Hornung*, Die digitale Identität, S. 288 f. Auch die Schaffung von Optionsmöglichkeiten für die Datenverarbeitung (z.B. bzgl. des Sicherheitsniveaus, der verwendeten Ressourcen, des Speicherorts etc.) und die Kontrolle des Fachdienstebetreibers anhand von Auditprotokollen, wie es teilweise im Rahmen des Cloud Computing für ausreichend hinsichtlich der Möglichkeit der Erteilung von Weisungen und der Kontrolle im Rahmen von Auftragsdatenverarbeitungsverhältnissen erachtet wird (so z.B. *Weichert*, Cloud Computing und Datenschutz, abrufbar unter: https://www.datenschutzzentrum.de/cloud-computing/20100617-cloud-computing-und-datenschutz.html (19.05.2013)), ist im vorliegenden Fall nicht praktikabel. So kann es den oft technikunerfahrenen Auftraggebern nicht zugemutet werden, Fachdienstebetreiber anhand von Auditzertifikaten zu kontrollieren. Jedenfalls würde eine solche Kontrolle wohl in den wenigsten Fällen tatsächlich durchgeführt. Außerdem ist es im Rahmen der eGK auch nicht praktikabel, dass Fachdiensteanbieter verschiedene Optionen z.B. zum Sicherheitsniveau, des Standorts oder der Ressourcen anbieten, da sie insoweit die gesetzlichen Vorgaben nach § 291a f. SGB V und die technischen Vorgaben der gematik nach § 291b Abs. 1 SGB V umzusetzen haben. Unabhängig von der nicht vorhandenen Praktikabilität einer etwaigen Auftragsdatenverarbeitung durch die Fachdienstebetreiber sind diese aber wie gerade ausgeführt ohnehin als verantwortliche Stellen anzusehen.

tung der eGK-Daten durch den jeweiligen Fachdienstebetreiber als Verarbeitung durch eine verantwortliche Stelle ausgestaltet sein.[1076]

Somit ist festzuhalten, dass die jeweiligen Fachdienstebetreiber verantwortliche Stellen i.S.d. § 3 Abs. 7 BDSG (bzw. § 67 Abs. 9 SGB X) sind.[1077]

10.1.3.5.1.2 Erlaubnis zur Speicherung von eGK-Daten durch § 291a SGB V?

Eine Berechtigung der Fachdienstebetreiber, die (verschlüsselten) eGK-Daten zu speichern, ist in § 291a SGB V derzeit nicht vorgesehen.[1078] Dieser lässt den Speicherort der eGK-Daten mit Ausnahme des Notfalldatensatzes gem. § 291a Abs. 3 S. 1 Nr. 1 SGB V, der gem. § 291a Abs. 3 S. 1 HS 2 SGB V (auch) auf der eGK gespeichert werden muss, vielmehr offen, so dass die eGK-Daten auch im Rahmen der Telematikinfrastruktur auf Servern gespeichert werden können, was angesichts der Menge der zu speichernden Daten auch notwendig und deshalb auch vorgesehen ist.[1079] Daraus, dass § 291a SGB V die Spei-

---

[1076] So auch *Hornung*, Die digitale Identität, S. 288.

[1077] So auch *Hornung*, Die digitale Identität, S. 289; *Borchers*, Die Einführung der elektronischen Gesundheitskarte in das deutsche Gesundheitswesen, S. 212 f.; *Hermeler*, Rechtliche Rahmenbedingungen der Telemedizin, S. 167.

[1078] Auch § 291a Abs. 5 S. 1 SGB V enthält insoweit keine Regelung, da dieser ausschließlich das „Wie" des Zugriffs auf eGK-Daten durch die in § 291a Abs. 4 SGB V bzw. § 291a Abs. 5a S. 1 SGB V genannten Personen regelt. § 291a Abs. 5 S. 1 SGB V gilt also nur für den Umgang mit eGK-Daten durch Heilberufler nach § 291a Abs. 4 S.1 bzw. § 291a Abs. 5a S. 1 SGB V und nicht für Fachdienstebetreiber. Insoweit stehen § 291a Abs. 4 und § 291a Abs. 5 SGB V in einem engen Zusammenhang (siehe z.B. *Bales/Dierks/Holland/Müller*, Die elektronische Gesundheitskarte, B I § 291a Rn. 64 und 82; *Weichert*, DuD 2004, 391 (399); siehe auch schon die Gesetzesbegründung zu § 291a Abs. 5 SGB V in: BT-Drs. 15/1525, S. 145 und zu § 291a Abs. 5a S. 1 HS. 2 SGB V in BT-Drs. 17/9030, S. 18). Dies ergibt sich im Übrigen auch schon aus § 291a Abs. 3 S. 4 SGB V, nach dem nur die in § 291a Abs. 4 S. 1 und Abs. 5a S. 1 SGB V genannten Personen mit der Erhebung und Verwendung der Daten nach § 291a Abs. 3 S. 1 SGB V beginnen dürfen. Außerdem bezieht sich § 291a Abs. 5 S. 1 SGB V auch nur auf die freiwilligen Anwendungen, so dass Daten in Pflichtanwendungen nach § 291a Abs. 2 S. 1 SGB V, z.B. elektronische Verordnungen, ohnehin nicht erfasst wären. Auch § 291a Abs. 3 S. 4 SGB V bezieht sich seinem eindeutigen Wortlaut nach nicht auf den Datenumgang durch Fachdienstebetreiber, sondern nur auf die Erhebung, Verarbeitung und Nutzung von eGK-Daten durch Heilberufler i.S.d. § 291a Abs. 4 S. 1 und Abs. 5a Abs. 1 SGB V. Außerdem setzt § 291a Abs. 3 S. 4 SGB V eine Einwilligung voraus, weshalb diese Norm keine Erlaubnisvorschrift ist. Inwiefern eine Einwilligung des Versicherten den Datenumgang durch den Fachdienstebetreiber erlauben kann, wird unter Ziffer 10.1.3.5.1.5 untersucht. Im Übrigen bedarf die Verarbeitung von Daten in den freiwilligen Anwendungen der eGK nicht nur einer generellen Einwilligung nach § 291a Abs. 3 S. 4 SGB V, sondern zusätzlich auch noch dem Einverständnis des Versicherten im Einzelfall nach § 291a Abs. 5 S. 1 SGB V, welcher – wie soeben ausgeführt – nur die Datenverarbeitung durch Heilberufler, nicht jedoch durch Fachdienstebetreiber regelt. Wenn der Gesetzgeber mit diesen Vorschriften auch die Verarbeitung durch Fachdienstebetreiber regeln wollte, würde diese Norm jedenfalls gegen den Bestimmtheitsgrundsatz verstoßen. Hinzu kommt, dass der Gesetzgeber, wie unter Ziffer 10.1.3.5.1.3 ausgeführt, nach hier vertretener Ansicht, die Speicherung der eGK-Daten durch den Fachdienstebetreiber gar nicht regeln wollte.

[1079] Siehe auch *Bales/Dierks/Holland/Müller*, Die elektronische Gesundheitskarte, B I § 291a Rn. 47.

cherung von eGK-Daten auch auf Servern in der Telematikinfrastruktur zulässt, indem die Vorschrift den Speicherort offen lässt, kann jedoch nicht geschlossen werden, dass § 291a SGB V - quasi konkludent – die Speicherung der eGK-Daten auf Servern der Fachdienstebetreiber erlaubt. So handelt es sich insoweit um einen grundrechtsrelevanten Vorgang, als dass eine solche gesetzliche Erlaubnis zugunsten der Fachdienstebetreiber in das Recht der betroffenen Versicherten auf informationelle Selbstbestimmung nach Art. 2 Abs. 1 i.V.m. Art. 1 Abs. 1 GG eingreift. Zwar ist der Gesetzgeber durchaus berechtigt, im überwiegenden Allgemeininteresse mittels eines Gesetzes in dieses Grundrecht einzugreifen.[1080] Allerdings muss das das Recht auf informationelle Selbstbestimmung einschränkende Gesetz hinreichend bestimmt sein.[1081] Insbesondere müssen der Anlass, der Zweck und die Grenzen des Eingriffs bereichsspezifisch, präzise und klar festgelegt werden.[1082] Diese Anforderungen sind im vorliegenden Fall hinsichtlich eines Rechts der Fachdienstebetreiber zur Speicherung der eGK-Daten jedoch noch nicht einmal im Ansatz erfüllt, da § 291a SGB V diesbezüglich keine Angaben enthält. Somit wäre ein solches Recht für die Fachdienstebetreiber, welches – quasi konkludent – aus § 291a SGB V folgt, verfassungswidrig.

Es ist also festzuhalten, dass § 291a SGB V keine (konkludente) Erlaubnis zur Speicherung von eGK-Daten auf Servern durch die jeweiligen Fachdienstebetreiber enthält.

10.1.3.5.1.3 Subsidiäre Anwendbarkeit des BDSG

Somit stellt sich die Frage, ob bezüglich der Speicherung der eGK-Daten die allgemeinen Vorschriften des BDSG gem. § 1 Abs. 3 S. 1 BDSG anwendbar sind.

Gegen die subsidiäre Anwendbarkeit des BDSG könnte sprechen, dass in § 291a Abs. 4 S. 1 und Abs. 5a S. 1 SGB V die Personen genannt werden, die außer dem Versicherten auf die eGK-Daten zugreifen dürfen. Hieraus könnte folgen, dass keine weiteren als die dort genannten Personen eGK-Daten verarbeiten dürfen. Hiergegen spricht jedoch der ausdrückliche Wille des Gesetzgebers. So ist die fehlende Erlaubnis in § 291a SGB V zur Speicherung von eGK-Daten durch Fachdiensteanbieter vor dem Hintergrund zu betrachten, dass § 291a SGB V (mit Ausnahme für den Notfalldatensatz nach § 291a Abs. 3 S. 1 Nr. 1 SGB V) ganz generell keine Regelung über den Speicherort ent-

---

[1080] Siehe z.B. BVerfGE 65, 1 (43 f.); 67, 100 (143); 77, 1 (46).
[1081] Siehe z.B. BVerfGE 65, 1 (46); *Jarass*, in: Jarass/Pieroth, GG, Art. 2 Rn. 58a; *Di Fabio*, in Maunz/Dürig, Grundgesetz-Kommentar, Art. 2 Rn. 182.
[1082] BVerfGE 113, 348 (375); 118, 168 (186 f.); *Jarass*, in: Jarass/Pieroth, GG, Art. 2 Rn. 58a.

hält.[1083] Und auch bezüglich des Speicherorts des Notfalldatensatzes hat der Gesetzgeber in § 291a Abs. 3 S. 1 HS 2 SGB V nur geregelt, dass dieser auch auf der eGK vorzuhalten ist, so dass demzufolge auch eine zusätzliche Speicherung dieser Daten auf Servern bei Fachdienstebetreibern oder bei den jeweils behandelnden Leistungserbringern zulässig ist. Der Gesetzgeber hat sich also in § 291a SGB V nicht für eine bestimmte Art der Speicherung der eGK-Daten entschieden. Ganz im Gegenteil: Der Gesetzgeber hat ausdrücklich erklärt, dass durch § 291a SGB V der Speicherort für die Daten der in dieser Vorschrift geregelten Anwendungen der eGK nicht eingeschränkt werden soll und zählt danach beispielsweise Server und die eGK als mögliche Speichermedien auf.[1084] Dadurch soll es ermöglicht werden, die konkrete Ausgestaltung der Speicherung entsprechend dem jeweiligen Stand der Technik vorzunehmen und darin auch neue Erkenntnisse mit einzubeziehen.[1085] Somit ist festzuhalten, dass es nach dem ausdrücklichen Willen des Gesetzgebers möglich sein soll, eGK-Daten auf Servern von Fachdienstebetreibern in der Telematikinfrastruktur, aber auch auf dezentralen Speichermedien in der Hand der Versicherten oder auf dezentralen Servern bei den jeweiligen Leistungserbringern zu speichern und dass § 291a SGB V im Hinblick auf den Speicherort der eGK-Daten nach dem ausdrücklichen Willen keine Einschränkungen enthalten soll.

Wie soeben ausführlich untersucht, ist für die Speicherung auf Servern der Fachdienstebetreiber eben der jeweilige Fachdienstebetreiber datenschutzrechtlich verantwortlich. Für die Verarbeitung der eGK-Daten durch solche Fachdiensteanbieter enthält § 291a SGB V aber – wie ebenfalls soeben untersucht – keine Erlaubnis. Würde man § 291a SGB V nun dahingehend auslegen, dass er die Verarbeitung von eGK-Daten abschließend regelt, würde § 291a SGB V eine Einschränkung des Speicherorts für die Daten der in § 291a SGB V geregelten Anwendungen enthalten, da der Fachdienstebetreiber die eGK-Daten in diesem Fall nicht verarbeiten dürfte.[1086] Gleiches gilt für die Speicherung auf dezentralen Speichermedien in der Hand der Versicherten durch den insoweit verantwortlichen Versicherten, wie unter Ziffer 10.1.3.5.2.1 noch ausgeführt wird. Auch dieser dürfte eGK-Daten, die sich (auch) auf Dritte beziehen, in diesem Fall nicht auf dem dezentralen Speichermedium in seiner

---

[1083] So auch *Bales/Dierks/Holland/Müller*, Die elektronische Gesundheitskarte, B I § 291a Rn. 47; *Hornung*, Die digitale Identität, S. 212.
[1084] Siehe hierzu die ausdrückliche Bestätigung des Gesetzgebers in BT-Drs. 17/9030, S. 18.
[1085] *Pitschas*, NZS 2009, S. 177 (182).
[1086] Auch eine Verarbeitung auf Grundlage einer Einwilligung gem. § 67b Abs. 1 S. 1 SGB X kommt vorliegend regelmäßig nicht in Betracht, da diese Regelung nur eine Datenverarbeitung der in § 35 Abs. 1 SGB I genannten Stellen zur Erfüllung ihrer Aufgaben rechtfertigen kann. Bei den Fachdiensteanbietern wird es sich jedoch regelmäßig nicht um Leistungsträger der GKV handeln, da gem. § 291b Abs. 1a und Abs. 1b SGB V am Markt tätige Anbieter die Dienste der Telematikinfrastruktur erbringen sollen.

Hand speichern. Somit wäre die Speicherung von eGK-Daten auf Servern und auf dezentralen Speichermedien in der Hand der Versicherten nicht möglich. Dies würde jedoch dem ausdrücklichen Willen des Gesetzgebers diametral widersprechen, nach dem § 291a SGB V gerade keine Einschränkungen für den Speicherort für die eGK-Daten enthalten und die Speicherung sowohl auf Servern als auch auf dezentralen Speichermedien in der Hand der Versicherten möglich sein soll.[1087] Da die Speicherung der eGK-Daten auf den Servern der Fachdiensteanbieter nach dem ausdrücklichen Willen des Gesetzgebers aber möglich sein soll, ist festzuhalten, dass der Gesetzgeber in § 291a SGB V die insoweit erforderliche Verarbeitung der eGK-Daten durch den Fachdiensteanbieter auch nicht untersagen wollte. Mit anderen Worten: Der Gesetzgeber hat die Speicherung der eGK-Daten durch den „für den jeweiligen Speicherort Verantwortlichen", in diesem Fall die Fachdienstebetreiber, in § 291a SGB V weder geregelt noch wollte er sie regeln.[1088]

Hieraus folgt, dass nach § 1 Abs. 3 S. 1 BDSG die Regelungen des BDSG[1089] im Hinblick auf die Speicherung der eGK-Daten subsidiär anwendbar sind.[1090] Speziellere Normen gehen dem BDSG nach § 1 Abs. 3 BDSG in ihrer Anwendbarkeit nur dann und nur insoweit vor, wie der Regelungsgegenstand deckungsgleich mit dem der BDSG-Norm ist.[1091] Sie muss eindeutig Belange des Datenschutzrechts regeln.[1092] Unerheblich ist hingegen, welche Rechtsvorschrift älter[1093] oder strenger ist.[1094] Werden bestimmte Sachverhalte durch

---

[1087] Siehe hierzu die ausdrückliche Bestätigung des Gesetzgebers in BT-Drs. 17/9030, S. 18.

[1088] Dass der Gesetzgeber die Speicherung der eGK-Daten nicht geregelt hat, hat – wie unter Ziffer 6.6 bereits beschrieben - dann auch zu größeren Streitigkeiten zwischen den Ärzten, die eine Speicherung der Daten auf dezentralen Speichermedien in der Hand der Patienten befürworteten und der gematik sowie den Krankenkassen geführt, die eine Speicherung auf zentralen Servern durch Fachdienstebetreiber favorisierten (siehe z.B. *Borchers/Wilkens*, Ärzte lehnen Einführung der elektronischen Gesundheitskarte ab, Heise Online news v. 22.05.2008, abrufbar unter http://www.heise.de/ newsticker/meldung/aerzte-lehnen-Einfuehrung-der-elektronischen-Gesundheitskarte-ab-209513.html).

[1089] Gegebenenfalls auch die §§ 67 ff. SGB X, sofern die Fachdienste von Leistungsträgern im Rahmen ihrer Aufgabenerfüllung nach dem SGB betrieben werden.

[1090] Ggf. könnten für die Datenverarbeitung durch den Fachdienstebetreiber auch besondere Datenschutzgesetze gelten (siehe Fußnote 19). Auf diese Gesetze wird im Folgenden nicht weiter eingegangen, da dies den Umfang dieser Arbeit sprengen würde. Außerdem ist es nach § 291b Abs. 1a und 1b SGB V, wie unter Ziffer 6.7 bereits ausgeführt, vorgesehen, dass am Markt tätige Anbieter die Komponenten der Telematikinfrastruktur erstellen und die Dienste im Rahmen der Telematikinfrastruktur erbringen, so dass davon auszugehen ist, dass die Betreiber der Fachdienste entweder private Unternehmen oder öffentlich-rechtliche Wettbewerbsunternehmen sein werden, auf die mit Ausnahme öffentlich-rechtlicher Wettberwerbsunternehmen der Länder grundsätzlich die Regelungen des BDSG anwendbar sind.

[1091] Siehe z.B. *Schmidt*, in: Taeger/Gabel, Kommentar zum BDSG, § 1 Rn. 33; *Gola/Schomerus*, BDSG, § 1 Rn. 24; *Plath*, in: Plath, BDSG, § 1 Rn. 36.

[1092] *Plath*, in: Plath, BDSG, § 1 Rn. 36 m.w.N.

[1093] *Dix*, in: Simitis, Bundesdatenschutzgesetz, § 1 Rn. 169; *Plath*, in: Plath, BDSG, § 1 Rn. 36.

die spezifische Regelung nicht erfasst, bleibt das BDSG insofern – lückenfüllend – anwendbar.[1095] Genau diese Situation liegt hier vor, indem § 291a
SGB V – wie soeben aufgezeigt – (auch nach dem Willen des Gesetzgebers)
keine Regelungen im Hinblick auf die Speicherung von eGK-Daten enthält.[1096]

10.1.3.5.1.4 Erlaubnis der Speicherung nach dem BDSG

Allerdings enthält auch das BDSG keine gesetzliche Erlaubnisnorm für die
Speicherung von eGK-Daten durch Fachdienstebetreiber. So sind diese Daten
regelmäßig als Gesundheitsdaten und somit als besondere Arten von Daten
i.S.d. § 3 Abs. 9 BDSG zu qualifizieren. Die Fachdienstebetreiber werden in der
Regel nicht-öffentliche Stellen i.S.d. § 2 Abs. 4 BDSG sein oder als öffentliche
Stellen am Wettbewerb teilnehmen, auf die gem. § 27 Abs. 1 S. 1 BDSG wie für
private Stellen die §§ 27 ff. BDSG anwendbar sind.[1097] Doch kann die Speicherung der eGK-Daten durch Fachdienstebetreiber vorliegend auch nicht auf
§ 29 Abs. 5 i.V.m. § 28 Abs. 6 bis 9 BDSG gestützt werden. So ist die Speicherung der eGK-Daten durch die Fachdienstebetreiber i.S.d. § 28 Abs. 6 Nr. 1
BDSG nicht zum Schutz lebenswichtiger Interessen des betroffenen Versicher-

---

[1094] Siehe z.B. *Schmidt*, in: Taeger/Gabel, Kommentar zum BDSG, § 1 Rn. 33; *Plath*, in: Plath, BDSG, § 1
Rn. 36; *Gola/Schomerus*, BDSG, § 1 Rn. 24; *Weichert*, in: Däubler/Klebe/Wedde/Weichert, BDSG, § 1
Rn. 13; *Dix*, in: Simitis, Bundesdatenschutzgesetz, § 1 Rn. 172.
[1095] *Weichert*, in: Däubler/Klebe/Wedde/Weichert, BDSG, § 1 Rn. 13; *Schmidt*, in: Taeger/Gabel,
Kommentar zum BDSG, § 1 Rn. 33; *Gusy*, in: Wolff/Brink, BeckOK BDSG, § 1 Rn. 81.
[1096] Auch § 291a Abs. 5 S. 1 SGB V enthält insoweit keine Regelung, da dieser ausschließlich das „Wie"
des Zugriffs auf eGK-Daten durch die in § 291a Abs. 4 SGB V bzw. § 291a Abs. 5a S. 1 SGB V genannten
Personen regelt. § 291a Abs. 5 S. 1 SGB V gilt also nur für den Umgang mit eGK-Daten durch Heilberufler nach § 291a Abs. 4 S.1 bzw. § 291a Abs. 5a S. 1 SGB V. Insoweit stehen § 291a Abs. 4 und § 291a
Abs. 5 SGB V in einem engen Zusammenhang (siehe z.B. *Bales/Dierks/Holland/Müller*, Die elektronische Gesundheitskarte, B I § 291a Rn. 64).
[1097] Der Grund für die Anwendbarkeit der §§ 27 ff. BDSG auf öffentlich-rechtliche Wettbewerbsunternehmen besteht darin, Wettbewerbsverzerrungen zwischen öffentlichen Unternehmen und Privatun-
ternehmen zu vermeiden. Unternehmen, die miteinander konkurrieren, sollen nicht allein aufgrund
ihrer Zugehörigkeit zum öffentlichen oder nicht-öffentlichen Bereich einen Wettbewerbsvorteil oder
–nachteil haben. Am Wettbewerb nimmt ein öffentlich-rechtliches Unternehmen teil, wenn es keine
rechtliche Monopolstellung einnimmt und die von ihm erbrachten Leistungen auch von privaten Stellen angeboten werden können (siehe z.B. *Buchner*, in: Taeger/Gabel, Kommentar zum BDSG, § 27
Rn. 8 f. m.w.N.). Nach § 291b Abs. 1a und 1b SGB V ist es, wie unter Ziffer 6.7 bereits ausgeführt, vorgesehen, dass am Markt tätige Anbieter die Komponenten der Telematikinfrastruktur erstellen und
die Dienste im Rahmen der Telematikinfrastruktur erbringen, so dass davon auszugehen ist, dass die
Betreiber der Fachdienste entweder private Unternehmen oder öffentlich-rechtliche Wettbewerbsunternehmen sein werden. Sofern es sich um öffentlich-rechtliche Wettbewerbsunternehmen der
Länder handelt, sind jedoch die jeweiligen Datenschutzgesetze der Länder anwendbar (siehe hierzu
auch *Buchner*, in: Taeger/Gabel, Kommentar zum BDSG, § 27 Rn. 12). Auf die in diesen Gesetzen enthaltenen Regelungen wird an dieser Stelle nicht weiter eingegangen, da dies den Umfang dieser Arbeit sprengen würde. Ggf. könnten für die Datenverarbeitung durch den Fachdienstebetreiber auch
besondere Datenschutzgesetze gelten (siehe Fußnote 19). Auf diese Gesetze wird im Folgenden nicht
weiter eingegangen, da dies den Umfang dieser Arbeit sprengen würde.

ten oder eines Dritten erforderlich, da die Speicherung sowie der Zugriff zu den genannten Zwecken - nicht wie im Rahmen von § 28 Abs. 6 Nr. 1 BDSG verlangt – zum Schutz existenzieller Interessen des Versicherten oder eines Dritten notwendig sind.[1098] Außerdem ist der Versicherte in der Regel auch nicht außerstande, seine Einwilligung zu geben, was ebenfalls Voraussetzung für die Anwendbarkeit von § 28 Abs. 6 Nr. 1 BDSG wäre. Da es sich bei den im Rahmen der eGK gespeicherten Daten auch regelmäßig nicht um Daten handelt, die der betroffene Versicherte offenkundig öffentlich gemacht hat, da das Einstellen der Daten in Anwendungen der eGK insoweit nicht ausreicht, weil die im Rahmen der eGK gespeicherten Daten nicht wie erforderlich[1099] allgemein zugänglich sind, kann auch § 28 Abs. 6 Nr. 2 BDSG die Speicherung nicht rechtfertigen. Auch nach § 28 Abs. 7 S. 3 BDSG ist die Speicherung durch den (nicht der Schweigepflicht nach § 203 Abs. 1 und 3 StGB unterliegenden)[1100] Fachdienstebetreiber nicht erlaubt, da § 28 Abs. 7 BDSG nur den Datenumgang im Zusammenhang mit der jeweiligen Behandlung erlaubt.[1101] Somit ließe sich die Speicherung von eGK-Daten durch Fachdienstebetreiber nach dem BDSG nur auf eine Einwilligung gem. § 4a Abs. 1 und 3 BDSG stützen.[1102]

10.1.3.5.1.5 Speicherung der eGK-Daten auf Grundlage einer Einwilligung

Somit stellt sich also die Frage, ob die Speicherung der eGK-Daten durch den jeweiligen Fachdienstebetreiber auf eine Einwilligung gem. § 4a Abs. 1 und 3 BDSG gestützt werden kann. Im Hinblick auf die Speicherung von eGK-Daten nach § 291a Abs. 2 S. 1 SGB V („Pflichtanwendungen") ist dies nicht möglich. So kann der Versicherte wie unter Ziffer 6.3.3 bereits ausführlich beschrieben, nicht frei über die Verwendung dieser Pflichtanwendungen bestimmen. Viel-

---

[1098] Siehe z.B. *Wedde*, in: Däubler/Klebe/Wedde/Weichert, BDSG, § 28 Rn. 170.

[1099] Siehe z.B. *Simitis*, in: Simitis, Bundesdatenschutzgesetz, § 28 Rn. 303.

[1100] Siehe hierzu die ausführliche Darstellung unter den Ziffern 10.2.3.5 und 10.2.3.7.2.3.

[1101] So können auch zentral geführte Krankenhausdateien nicht auf § 28 Abs. 7 BDSG gestützt werden (siehe *Simitis*, in: Simitis, Bundesdatenschutzgesetz, § 28 Rn. 318).

[1102] Dies würde auch für den Fall gelten, wenn es sich bei den Fachdienstebetreibern um öffentliche Stellen i.S.d. § 2 Abs. 1 bis 3 BDSG handeln würde, soweit das BDSG in diesem Fall überhaupt anwendbar wäre und diese einen solchen Dienst im Rahmen ihrer Aufgaben überhaupt betreiben dürften, da auch innerhalb von § 13 Abs. 2, § 14 BDSG keine Erlaubnisnorm für diesen Datenumgang ersichtlich ist. Auch in diesem Fall wäre die Speicherung gem. §§ 13 Abs. 2 Nr. 2, 14 Abs. 1 und 5 Nr. 2 BDSG nur zulässig, wenn der betroffene Versicherte hierzu seine Einwilligung nach § 4a Abs. 1 und 3 BDSG erteilt hat, da selbst, wenn die öffentliche Stelle die eGK Daten ohne eigene Erhebung zu Zwecken der Versorgung eines Versicherten erhielte, nach § 14 Abs. 1 S. 2 BDSG jedenfalls der Zugriff auf diese Daten zu Wartungs-, Administrations- und Pflegezwecken nicht zulässig wäre. Wenn der Betrieb eines Fachdienstes im Rahmen der eGK mit in die Aufgaben eines Leistungsträgers i.S.d. SGB aufgenommen würde, könnte sich die Zulässigkeit des Datenumgangs durch diesen Fachdienstebetreiber je nach Ausgestaltung aus den §§ 67 ff. SGB X ergeben.

mehr sind die Versicherten gesetzlich verpflichtet, diese zu nutzen. Werden Daten im Rahmen von Pflichtanwendungen, wie z.B. elektronische Verordnungen nach § 291a Abs. 2 S. 1 Nr. 1 SGB V, in der Telematikinfrastruktur gespeichert, können Versicherte somit auch nicht frei entscheiden, ob die entsprechenden Fachdienstebetreiber diese Daten speichern und auf die jeweiligen Daten zugreifen können sollen, zumal der jeweilige Versicherte auch auf ärztliche Verordnungen angewiesen ist, wenn er verschreibungspflichtige Arzneimittel oder bestimmte Behandlungen erhalten möchte.[1103] Der jeweilige Versicherte wäre in diesem Fall also faktisch gezwungen, seine Einwilligung zur Speicherung dieser Daten zu den genannten Zwecken durch den jeweiligen Fachdienstebetreiber zu erteilen. Eine Einwilligung nach § 4a Abs. 1 und 3 BDSG ist jedoch nur dann wirksam, wenn diese vom jeweils Betroffenen freiwillig erteilt wurde.[1104] Hieraus folgt, dass der Versicherte nicht wirksam nach § 4a Abs. 1 und 3 BDSG in die Speicherung seiner im Rahmen der Pflichtanwendungen der eGK nach § 291a Abs. 2 SGB V verarbeiteten eGK-Daten einwilligen kann.

Fraglich ist somit, ob ein Fachdiensteanbieter zumindest die eGK-Daten nach § 291a Abs. 3 S. 1 SGB V auf Grundlage einer Einwilligung des betroffenen Versicherten speichern darf.[1105] Der Zulässigkeit der Verarbeitung von eGK-Daten auf Grundlage einer Einwilligung des betroffenen Versicherten, die in § 291a SGB V nicht bereits vorgesehen ist, könnte aber entgegenstehen, dass die Verarbeitung von eGK-Daten in § 291a SGB V und damit im Zehnten Kapitel des SGB V geregelt ist. So hat das BSG in einem Urteil vom 10.12.2008 ausgeführt, dass die Verarbeitung von Sozialdaten in den §§ 284 ff. SGB V abschließend geregelt sei und die §§ 284 ff. SGB V deshalb den allgemeinen Vorschriften des BDSG nach § 1 Abs. 3 S. 1 BDSG insoweit vorgingen. Mithin könne der Datenumgang auch nicht auf eine Einwilligung des betroffenen Versicherten nach § 4a BDSG gestützt werden[1106] Im vorliegenden Fall hat der Gesetzgeber aber im Unterschied zu dem vom BSG zu entscheidenden Fall im Hinblick auf die Speicherung der eGK-Daten durch den jeweiligen Fachdienstebetreiber – wie soeben unter Ziffer 10.1.3.5.1.3 ausgeführt – die Verarbei-

---

[1103] Siehe z.B. § 48 Abs. 1 AMG.

[1104] Siehe z.B. *Simitis*, in: Simitis, Bundesdatenschutzgesetz, § 4a Rn. 62.

[1105] Sind in den zu speichernden eGK-Daten nach § 291a Abs. 3 S. 1 SGB V auch Daten enthalten, die sich auf Dritte beziehen, so darf der Fachdiensteanbieter nach hier vertretener Ansicht diese Daten auf Grundlage einer Einwilligung des Dritten verarbeiten (siehe hierzu die Ausführungen unter Ziffer 10.1.3.5.2).

[1106] BSG NJOZ 2009, 2959 (2968 f.). Eine Einwilligung des betroffenen Versicherten gem. § 67b Abs. 1 S. 1 SGB X kommt vorliegend – wie im vom BSG zu entscheidenden Fall - regelmäßig nicht in Betracht, da diese Regelung nur eine Datenverarbeitung der in § 35 Abs. 1 SGB I genannten Stellen rechtfertigen kann. Bei den Fachdiensteanbietern wird es sich jedoch regelmäßig nicht um Leistungsträger der GKV handeln, da gem. § 291b Abs. 1a und Abs. 1b SGB V am Markt tätige Anbieter die Dienste der Telematikinfrastruktur erbringen sollen.

tung von eGK-Daten nicht abschließend geregelt und auch nicht abschließend regeln wollen. Vor diesem Hintergrund ist es unerheblich, dass die eGK in § 291a SGB V und somit im Zehnten Kapitel des SGB V geregelt ist, in dem zumindest nach Ansicht des BSG bestimmte andere Datenverarbeitungsvorgänge abschließend geregelt sind. Für die Speicherung von eGK-Daten gilt dies nach dem ausdrücklichen Willen des Gesetzgebers jedenfalls nicht.

Im Übrigen werden vorliegend auch nur Versorgungsdaten verarbeitet,[1107] wie schon aus § 291a Abs. 4 und 5a SGB V folgt, die ohnehin gar nicht Gegenstand der Entscheidung des BSG waren, wie unter Ziffer 11.2.2 ausführlich untersucht wird.[1108] Außerdem besteht – anders als in dem vom BSG zu entscheidenden Fall[1109] – keine besondere Schutzbedürftigkeit des Versicherten und dessen Recht auf informationelle Selbstbestimmung.

Somit ist festzuhalten, dass eGK-Daten gem. § 291a Abs. 3 S. 1 SGB V auf Grundlage einer Einwilligung des betroffenen Versicherten gem. § 4a BDSG durch einen Fachdienstebetreiber gespeichert werden dürfen.

Allerdings erscheint eine solche Lösung durchaus bürokratisch. So wird die eGK an eine enorm hohe Anzahl an Versicherten ausgegeben, die die eGK somit zumindest potentiell auch nutzen können. Um die Anforderungen des § 4a Abs. 1 und 3 BDSG zu erfüllen, müssten die Versicherten gegenüber jedem Fachdienstebetreiber, der eGK-Daten von ihnen speichert, eine i.d.R. schriftliche Einwilligung erteilen. Vor diesem Hintergrund und zur Beseitigung letzter rechtlicher Zweifel, die aus der Zulässigkeit der subsidiären Anwendung von § 4a BDSG nach § 1 Abs. 3 S. 1 BDSG resultieren, erscheint es durchaus sinnvoll, dass die Speicherung der eGK-Daten durch einen Fachdienstanbieter gesetzlich geregelt wird, wofür § 291a SGB V zu ergänzen wäre.[1110]

[1107] Ein anderes Ergebnis könnte sich ergeben, wenn den Leistungsträgern entgegen den Vorgaben aus § 291b Abs. 1a und 1b SGB V die Speicherung der eGK-Daten als eigene Aufgabe i.S.d. SGB V übertragen würde.

[1108] Siehe *Roßnagel/Hornung/Jandt*, Teil-Rechtsgutachten zu den datenschutzrechtlichen Fragen der medizinischen Forschung S. C 7; *Hornung*, in: Hänlein/Kruse/Schuler, Sozialgesetzbuch V, Vor. §§ 284-305, Rn. 20.

[1109] Siehe die Ausführungen unter Ziffer 11.2.2.

[1110] Wird entgegen der hier vertretenen Ansicht angenommen, dass der Gesetzgeber die Speicherung der eGK-Daten in der Telematikinfrastruktur regeln und ausschließen wollte, indem er sie in § 291a SGB V nicht erlaubt, wäre das BDSG gem. § 1 Abs. 3 S. 1 BDSG nicht subsidiär anwendbar. In diesem Fall wäre die Ergänzung von § 291a SGB V sogar zwingend erforderlich, damit die Daten bei Fachdienstebetreibern gespeichert werden dürfen.

10.1.3.5.1.6 Zulässigkeit des Zugriffs auf eGK-Daten zu Wartungs-, Pflege- und Administrationszwecken sowie im Rahmen der Speicherung

Somit stellt sich die Frage, ob der Fachdiensteanbieter auf die eGK-Daten zugreifen darf, wenn dies zu Zwecken der Wartung, Pflege und Administration sowie im Rahmen der Speicherung erforderlich ist. Wie oben unter Ziffer 10.1.3.5.1.3 ausführlich dargestellt wurde, hat der Gesetzgeber in § 291a SGB V die Speicherung der eGK-Daten durch den jeweiligen „für den Speicherort Verantwortlichen", in diesem Fall also durch den jeweiligen Fachdienstebetreiber, nicht geregelt und wollte diese auch nicht regeln. Aus diesem Grunde sind auch die Zugriffsregelungen in § 291a Abs. 4 S. 1, Abs. 5, Abs. 5a und 8 SGB V sowie in §§ 307, 307b SGB V einschränkend auszulegen.

So dient § 291a Abs. 4 SGB V dem Schutz der Informationshoheit des Versicherten,[1111] die durch § 291a Abs. 5 SGB V technisch geschützt wird.[1112] Auch die §§ 291a Abs. 8, 307 Abs. 1 und 307b SGB V sollen verhindern, dass die eGK entgegen den Vorgaben aus § 291a Abs. 4 S. 1 und Abs. 5a S. 1 und 2 SGB V verwendet wird.[1113]

Der hier untersuchte Fall des Zugriffs von Fachdienstebetreibern auf eGK-Daten des Versicherten zu Zwecken der Wartung, Pflege und Administration sowie im Rahmen der Speicherung ist jedoch gänzlich anders gelagert. So hat der Gesetzgeber – wie unter Ziffer 10.1.3.5.1.3 bereits ausgeführt – ausdrücklich erklärt, dass die Speicherung der eGK-Daten auf Servern zulässig sein soll.[1114] Hiermit ist jedoch verbunden, dass der jeweilige Fachdienstebetreiber auf die auf seinem Server gespeicherten eGK-Daten des Versicherten zugreifen können muss, wenn dies zu Zwecken der Wartung, Pflege, Administration oder im Rahmen der Speicherung erforderlich ist. Nur so kann auch die von § 9 BDSG bzw. den Spezifikationen der gematik geforderte Sicherheit, Integrität, Verfügbarkeit und Vertraulichkeit dieser Systeme und der auf ihnen gespeicherten Daten gewährleistet werden. Vor dem Hintergrund, dass der Gesetzgeber die Speicherung der eGK-Daten auf Speichermedien in § 291a SGB V nicht geregelt hat und auch nicht regeln wollte, aber erklärt hat, dass diese möglich sein solle, sind auch die Zugriffsregelungen des § 291a Abs. 4 S. 1, Abs. 5, Abs. 5a und 8 SGB V sowie in §§ 307, 307b SGB V dahingehend auszu-

---

[1111] Siehe z.B. *Hornung*, in: Hänlein/Kruse/Schuler, Sozialgesetzbuch V, § 291a Rn. 10.

[1112] Siehe *Michels*, in Becker/Kingreen, SGB V, § 291a Rn. 11; siehe auch die Gesetzesbegründung zu § 291a Abs. 5 SGB V in BT-Drs. 15/1525, S. 145.

[1113] Siehe hierzu die Gesetzesbegründung zu §§ 291a Abs. 8, 307 und 307a (a.F.) SGB V in BT-Drs. 15/1525, S. 145 und 151 sowie in BT-Drs. 17/9030, S. 19; siehe auch die Ausführungen unter Ziffer 6.5.3.

[1114] Siehe hierzu die ausdrückliche Bestätigung des Gesetzgebers in BT-Drs. 17/9030, S. 18.

legen, dass sie den Zugriff des Fachdienstebetreibers auf die eGK-Daten des Versicherten zu den genannten Zwecken nicht untersagen, da ein solcher Zugriff für die Speicherung der eGK-Daten auf Servern notwendig ist und § 291a SGB V nach dem ausdrücklichen Willen des Gesetzgebers keine Einschränkungen des Speicherorts enthalten soll. Dies wäre aber faktisch der Fall, wenn Fachdienstebetreiber nicht zu den genannten Zwecken auf die bei ihnen gespeicherten eGK-Daten zugreifen dürften, wodurch die notwendige Sicherheit, Integrität, Verfügbarkeit und Vertraulichkeit der Server-Systeme und der auf ihnen gespeicherten eGK-Daten überhaupt erst gewährleistet werden kann. Mithin besteht bei einem solchen Zugriff auch keine Gefahr für die durch § 291a Abs. 4 SGB V geschützte Informationshoheit des Versicherten – ganz im Gegenteil: Nur durch solche Zugriffe kann gewährleistet werden, dass der Versicherte dauerhaft und sicher über seine im Rahmen der eGK gespeicherten Daten verfügen kann. Somit entspricht ein solcher Zugriff zu den genannten Zwecken dann auch dem Interesse des Betroffenen.

Somit sind die genannten Zugriffsregelungen der §§ 291a, 307 und 307b SGB V dahingehend einschränkend auszulegen, dass dem jeweiligen „für den Speicherort", also das jeweilige Speichermedium Verantwortlichen, der Zugriff auf die durch ihn gespeicherten eGK-Daten zu Wartungs-, Pflege- und Administrationszwecken sowie im Rahmen der Speicherung nicht untersagt ist.

Auf eine im Rahmen der Wartung, Pflege und Administration sowie bei der Datensicherung und Umspeicherung erfolgende Datenverarbeitung finden nach hier vertretener Ansicht die allgemeinen Regelungen des BDSG gem. § 1 Abs. 3 S. 1 BDSG Anwendung.[1115] Allerdings enthält das BDSG diesbezüglich keine gesetzliche Erlaubnisnorm, da es sich bei den eGK-Daten regelmäßig um Gesundheitsdaten und somit um besondere Arten von Daten i.S.d. § 3 Abs. 9 BDSG handelt. Die Voraussetzungen von § 28 Abs. 6 bis Abs. 9 BDSG (ggf. i.V.m. § 29 Abs. 5 BDSG) sind im vorliegenden Fall nicht erfüllt.[1116] Somit wäre die Datenverarbeitung zulässig, wenn die betroffenen Versicherten hierin gem. § 4a Abs. 1 und Abs. 3 BDSG eingewilligt haben, da § 4a BDSG nach hier vertretener Ansicht nicht durch § 291a SGB V verdrängt wird.[1117] Allerdings ist insoweit zu beachten, dass der Versicherte im Hinblick auf seine im Rah-

---

[1115] Ggf. könnten für die Datenverarbeitung durch den Fachdienstebetreiber auch besondere Datenschutzgesetze gelten (siehe Fußnote 19). Auf diese Gesetze wird im Folgenden nicht weiter eingegangen, da dies den Umfang dieser Arbeit sprengen würde.
[1116] Siehe insoweit die Ausführungen unter Ziffer 10.1.3.5.1.4, die insoweit entsprechend gelten.
[1117] Auch die Entscheidung des BSG vom 10.12.2008 (BSG NJOZ 2009, 2959 ff.) steht der Erteilung einer Einwilligung nicht entgegen. Insoweit gelten die Ausführungen unter Ziffer 10.1.3.5.1.5 entsprechend. Insbesondere wollte der Gesetzgeber – wie oben ausgeführt – auch die mit der Speicherung der eGK-Daten verbundenen Datenverarbeitungsvorgänge nicht abschließend in § 291a SGB V regeln.

men der Pflichtanwendungen i.S.d. § 291a Abs. 2 S. 1 SGB V gespeicherten Daten keine wirksame Einwilligung i.S.d. § 4a Abs. 1 BDSG erteilen kann, da er über die Nutzung dieser Anwendungen nicht frei entscheiden kann und somit auch – mangels Freiwilligkeit - keine entsprechende Einwilligung in die Datenverarbeitung durch den Fachdienstebetreiber erteilen könnte. Sollen Fachdienstebetreiber also auch solche eGK-Daten des Versicherten im Rahmen der genannten Zwecke verarbeiten können, müsste der Gesetzgeber eine entsprechende gesetzliche Erlaubnisvorschrift schaffen.

Wie bei der Einwilligung in die Speicherung der eGK-Daten nach § 291a Abs. 3 S. 1 SGB V erscheint es jedoch unpraktisch, wenn ein Fachdienstebetreiber von jedem Versicherten, dessen eGK-Daten auf dem Server des Fachdienstebetreibers gespeichert werden, eine schriftliche Einwilligung einholen müsste. Vor diesem Hintergrund und zur Beseitigung verbleibender rechtlicher Risiken, die aus der Zulässigkeit der subsidiären Anwendbarkeit des BDSG resultieren, erscheint es durchaus ratsam, eine entsprechende gesetzliche Erlaubnisvorschrift zu statuieren.

Sofern im Übrigen der hier vertretenen Ansicht, dass die Zugriffsregelungen in § 291a Abs. 4 S. 1, Abs. 5, Abs. 5a und 8 SGB V sowie in §§ 307, 307b SGB V einschränkend auszulegen sind, nicht gefolgt wird, besteht auch insoweit gesetzlicher Anpassungbedarf, wenn der Zugriff von Fachdienstebetreibern auf eGK-Daten zu Wartungs-, Pflege- und Administrationszwecken und im Rahmen der Speicherung sowie die damit verbundene Datenverarbeitung zugelassen werden soll.

So könnte ein in § 291a SGB V einzufügender Absatz, der die Verarbeitung der eGK-Daten durch Fachdienstebetreiber sowie deren Zugriff auf diese Daten zu Wartungs-, Pflege- und Administrationszwecken sowie im Rahmen der Speicherung erlaubt, beispielsweise lauten:

„Die Betreiber der Fachdienste der elektronischen Gesundheitskarte dürfen die Daten nach Absatz 2 S. 1 Nr. 1 und Absatz 3 S. 1 Nr. 1 bis 9 erheben, verarbeiten und nutzen, soweit dies für den bestimmungsgemäßen Betrieb der Anwendungen der elektronischen Gesundheitskarte nach Absatz 2 S. 1 Nr. 1 und Absatz 3 S. 1 Nr. 1 bis 9 erforderlich ist, und dürfen auf die Daten nach Absatz 2 S. 1 Nr. 1 und Absatz 3 S. 1 Nr. 1 bis 9 zugreifen, soweit dies zu Zwecken ihrer bestimmungsgemäßen Verwendung in der Telematikinfrastruktur, zur Pflege, Wartung und Administration der Telematikinfrastruktur und zur Speicherung der Daten Absatz 2 S. 1 Nr. 1 und Absatz 3 S. 1 Nr. 1 bis 9 erforderlich ist."

10.1.3.5.2 Speicherung der eGK-Daten auf dezentralen Speichermedien in der Hand der Versicherten

Wie unter Ziffer 6.6.1 bereits ausgeführt, besteht jedoch auch die Möglichkeit, dass Daten nicht (nur) auf Servern durch die Fachdienstebetreiber, sondern (auch) auf dezentralen Speichermedien in der Hand von Versicherten gespeichert werden. So ist der Notfalldatensatz nach § 291a Abs. 3 S. 1 Nr. 1 SGB V gem. § 291a Abs. 3 S. 1 HS 2 SGB V (auch) auf der eGK vorzuhalten. Daten aus anderen Anwendungen der eGK nach § 291a Abs. 2 und 3 SGB V können ebenfalls auf der eGK gespeichert werden, soweit dies aufgrund der geringen Speicherkapazität möglich und, wie unter Ziffer 10.1.1.3 bereits ausgeführt, vor dem Hintergrund der technischen Sicherheit dezentraler Speichermedien gewünscht ist. Ein alternatives dezentrales Speichermedium in der Hand von Versicherten, auf dem eGK-Daten gespeichert werden können, könnte z.B. wie unter Ziffer 6.6.1 bereits beschrieben ein USB-Stick sein.

Somit stellt sich die Frage, ob die Speicherung von eGK-Daten auf einem dezentralen Speichermedium in der Hand der Versicherten datenschutzrechtlich zulässig ist.

10.1.3.5.2.1 Der Versicherte als verantwortliche Stelle?

Im Hinblick auf die Speicherung von eGK-Daten, könnte der jeweilige Versicherte, in dessen Hand sich das dezentrale Speichermedium befindet, als verantwortliche Stelle i.S.d. § 3 Abs. 7 BDSG zu qualifizieren sein. So befinden sich die dezentralen Speichermedien physisch in seinem Besitz. Er entscheidet damit alleinverantwortlich, wie er mit diesem Speichermedium umgeht, auf dem seine eGK-Daten gespeichert sind, z.B. wie er es aufbewahrt, wem er es zur Verfügung stellt, damit er darauf zugreifen kann, ob er es vernichtet etc. Er entscheidet somit allein über das „ob" der Speicherung und deren Umstände, so dass er diesbezüglich als verantwortliche Stelle i.S.d. § 3 Abs. 7 BDSG zu qualifizieren sein könnte.

Allerdings betreffen die meisten der eGK-Daten den Versicherten selbst. Mit anderen Worten: Der Versicherte selbst ist im Hinblick auf die meisten der auf den Speichermedien gespeicherten eGK-Daten als Betroffener i.S.d. § 3 Abs. 1 BDSG zu qualifizieren. Somit stellt sich die Frage, ob der Versicherte für die Speicherung dieser eGK-Daten überhaupt datenschutzrechtlich verantwortlich sein kann, wenn diese Daten ihn zum überwiegenden Teil selbst betreffen. Zwar ist es nach der Legaldefinition der verantwortlichen Stelle in § 3 Abs. 7 BDSG nicht ausgeschlossen, dass der Betroffene zugleich auch die datenschutzrechtlich verantwortliche Stelle ist; so stellt der Gesetzgeber hier auch nicht im „Nachhinein" klar, dass der Betroffene ausnahmsweise nicht von der generellen Definition der „verantwortlichen Stelle" erfasst sein soll, wie er dies im Hinblick auf die Legaldefinition des „Dritten" in § 3 Abs. 8 S. 2 BDSG (unter die ein Betroffener grundsätzlich fallen würde) gemacht hat, bei der er im anschließenden S. 3 ausdrücklich festlegt, dass ein Betroffener kein Dritter ist.[1118] Doch ist das BDSG trotzdem nicht anwendbar,[1119] wenn ein Betroffener Daten über sich selbst verarbeitet. So realisieren sich in diesem Fall die Risiken für das Recht des Betroffenen auf informationelle Selbstbestimmung nicht und der Gesetzgeber will und kann den Betroffenen nicht vor seinen eigenen Entscheidungen und Taten (be)schützen.[1120] Hieraus folgt, dass der betroffene Versicherte nicht als verantwortliche Stelle i.S.d. § 3 Abs. 7 BDSG anzusehen ist, wenn er eGK-Daten speichert, die ihn selbst betreffen.[1121] Somit könnte eine gesetzliche Regelung der Speicherung dieser Daten im Rahmen von § 291a SGB V entbehrlich sein, da die datenschutzrechtlichen Vorschriften - wie soeben ausgeführt - eben nicht auf den Fall anzuwenden sind, dass jemand Daten zu seiner eigenen Person verarbeitet.

Allerdings sind in den eGK-Daten eines Versicherten - wie unter Ziffer 10.1.3.2.5.7.2.4 bereits ausgeführt - oft nicht nur Daten enthalten, die sich auf den Versicherten selbst beziehen, sondern auch Daten, die sich auf die jeweiligen Heilberufler, Familienangehörige oder sonstige Dritte beziehen.[1122]

[1118] *Dammann*, in: Simitis, Bundesdatenschutzgesetz, § 3 Rn. 226.

[1119] Nichts anderes kann für die datenschutzrechtlichen Vorschriften im Rahmen des SGB gelten, da diese denselben Zweck verfolgen (siehe hierzu die Ausführungen unter Ziffer 10.1.3.2).

[1120] *Dammann*, in: Simitis, Bundesdatenschutzgesetz, § 3 Rn. 226; *Jandt/Rossnagel*, ZD 2011, 160 (160). Vgl. auch die *Artikel-29-Datenschutzgruppe*, Stellungnahme 1/2010 zu den Begriffen „für die Verarbeitung Verantwortlicher" und „Auftragsverarbeiter" (WP 169), Brüssel 2010, S. 26, abrufbar unter: http://ec.europa.eu/justice/policies/privacy/docs/wpdocs/2010/wp169_de.pdf#h2-4 (19.05.2013), die nur in Bezug auf die Daten, die Dritte betreffen, eine datenschutzrechtliche Verantwortlichkeit der Nutzer von Sozialen Netzwerken sehen. Siehe hierzu auch die Ausführungen unter Ziffer 10.1.3.5.1.1.

[1121] Wird entgegen der hier vertretenen Ansicht angenommen, dass ein Betroffener auch im Hinblick auf die Verarbeitung seiner ihn selbst betreffenden Daten i.S.d. Datenschutzrechts verantwortlich ist, gelten die folgenden Ausführungen entsprechend.

[1122] Daten, die sich auf einen Dritten beziehen, können z.B. mit einer entsprechenden Einwilligung des betroffenen Dritten im Rahmen der eGK eines Versicherten gespeichert werden. So könnten z.B. Familienangehörige im Fall von Erbkrankheiten in die Verwendung ihrer Daten im Rahmen der eGK des Versicherten gem. § 4a BDSG i.V.m. § 1 Abs. 3 BDSG einwilligen, da § 291a SGB V insoweit keine Regelungen enthält. Auch die Entscheidung des BSG vom 10.12.2008 (BSG NJOZ 2009, 2959 ff.) steht der Erteilung einer solchen Einwilligung nicht entgegen. So werden vorliegend keine Sozialdaten verarbeitet, die die Entscheidung des BSG (ausschließlich) erfasst (siehe *Roßnagel/Hornung/Jandt*, Teil-Rechtsgutachten zu den datenschutzrechtlichen Fragen der medizinischen Forschung S. C 7; *Hornung*, in: Hänlein/Kruse/Schuler, Sozialgesetzbuch V, Vor. §§ 284-305, Rn. 20). Außerdem besteht - anders als in dem vom BSG zu entscheidenden Fall (siehe die Ausführungen unter Ziffer 11.2.2) - keine besondere Schutzbedürftigkeit des Dritten und von dessen Recht auf informationelle Selbstbestimmung.

Insbesondere kann das der Fall bei Erbkrankheiten sein. So ist es durchaus nicht unwahrscheinlich, dass in den eGK-Daten auch Daten enthalten sein werden, die sich auf Erberkrankungen von Familienangehörigen des Versicherten beziehen. So sind Heilberufler z.B. im Rahmen der Anamnese nach § 630a Abs. 2 BGB verpflichtet, ggf. auch Krankheitsangaben von Familienangehörigen zu erfragen, aufzunehmen und zu dokumentieren. Werden Krankheitsdaten über Angehörige im Rahmen der eGK gespeichert, so beziehen sich diese Daten regelmäßig auf den Familienangehörigen und auf den Versicherten, so dass beide als Betroffene zu qualifizieren sind.[1123] In diesem Fall ist der Versicherte nach hier vertretener Ansicht aber - abweichend von den zuvor ausgeführten Grundsätzen - als verantwortliche Stelle i.S.d. § 3 Abs. 7 BDSG zu qualifizieren, wenn er als Betroffener die Daten eines anderen Betroffenen verarbeitet. So kann nach dem Wortlaut von § 3 Abs. 7 BDSG durchaus auch ein Betroffener als verantwortliche Stelle agieren. In diesem Fall ist nach hier vertretener Ansicht die Anwendbarkeit des BDSG auch nicht nach dessen Sinn und Zweck ausgeschlossen, da sich in diesem Fall der Verarbeitung durch einen Betroffenen die Risiken für die informationelle Selbstbestimmung des anderen Betroffenen verwirklichen. Insoweit ist der andere Betroffene durch das Datenschutzrecht vor den mit der Verarbeitung seiner Daten verbundenen Gefahren zu schützen.

Also verarbeitet der jeweilige Versicherte auch Daten, die sich nicht (nur) auf ihn beziehen, wenn diese auf dem dezentralen Speichermedium in seiner Hand gespeichert werden. Im Hinblick auf die Speicherung dieser Daten auf seinem dezentralen Speichermedium ist der jeweilige Versicherte – aus den oben genannten Gründen - als verantwortliche Stelle i.S.d. § 3 Abs. 7 BDSG zu qualifizieren.[1124]

10.1.3.5.2.2 Keine Anwendbarkeit der Datenschutzgesetze aufgrund der Erhebung und Verwendung der eGK-Daten ausschließlich für persönliche oder familiäre Tätigkeiten?

Fraglich ist allerdings, ob der Datenumgang durch den Versicherten überhaupt in den Anwendungsbereich der Datenschutzgesetze fällt. So finden die

---

[1123] Siehe z.B. *Dammann*, in: Simitis, Bundesdatenschutzgesetz, § 3 Rn. 43 f.

[1124] Zur neben der Verantwortlichkeit des Versicherten bestehenden Verantwortlichkeit des Heilberuflers, der Daten in das System der eGK einstellt, siehe die Ausführungen in Fußnote 1069. Wird entgegen der hier vertretenen Ansicht angenommen, dass der Versicherte die eGK-Daten, die sich auf Dritte beziehen, im Auftrag des jeweiligen Leistungserbringers speichert, gelten die Ausführungen unter Ziffer 10.1.3.5.3 entsprechend.

Vorschriften des BDSG gem. § 1 Abs. 2 Nr. 3 BDSG keine Anwendung, wenn die Erhebung, Verarbeitung oder Nutzung der Daten durch den Versicherten ausschließlich für persönliche oder familiäre Tätigkeiten erfolgt. Da diese Ausnahme von der Anwendbarkeit der Datenschutzgesetze auch in Art. 2 Abs. 2 HS 2 der Datenschutzrichtlinie 95/46/EG enthalten ist, könnte auch § 291a SGB V einschränkend auszulegen sein.

Fraglich ist also, ob die vorliegende Datenverarbeitung durch den Versicherten ausschließlich für persönliche oder familiäre Tätigkeiten erfolgt. Der Grund für diese Ausnahme von der Anwendbarkeit der Datenschutzgesetze besteht darin, dass angenommen wird, dass diese Tätigkeiten keine Risiken für die informationelle Selbstbestimmung des Einzelnen mit sich bringen, da die Datenverarbeitung lediglich im eigenen häuslichen Bereich und nur für den eigenen Gebrauch erfolgt.[1125] Die Ausnahme nach § 1 Abs. 2 Nr. 3 BDSG ist allerdings restriktiv auszulegen, da eine entsprechende Ausnahme in der Datenschutzkonvention des Europarats, zu deren Einhaltung sich die Bundesrepublik Deutschland verpflichtet hat, nicht enthalten ist.[1126] Demzufolge dürfen nach § 1 Abs. 2 Nr. 3 BDSG nur solche Fälle vom Anwendungsbereich der Datenschutzgesetze ausgenommen werden, bei denen dies auch unter Berücksichtigung der geschützten Interessen der Betroffenen zum Schutz der Rechte und Freiheiten der verantwortlichen Stelle erforderlich ist.[1127] Bestehen Zweifel, ob eine Datenverarbeitung ausschließlich im Rahmen persönlicher oder familiärer Tätigkeiten erfolgt, ist von einer Anwendbarkeit der Datenschutzgesetze auszugehen, da nur so wesentliche Lücken im Hinblick auf den Schutz personenbezogener Daten vermieden werden können.[1128]

Persönliche Tätigkeiten bilden den Gegensatz zu beruflichen oder gewerblichen Tätigkeiten und beziehen sich auf die Privatperson des Einzelnen.[1129] Familiäre Tätigkeiten beziehen sich auf die Rolle des Einzelnen im Rahmen der Familie, wie z.B. den Kontakt mit Verwandten.[1130]

[1125] *Jandt/Rossnagel*, ZD 2011, 160 (162) m.w.N.; siehe auch *Dammann*, in: Simitis, Bundesdatenschutzgesetz, § 1 Rn. 147; *Gusy*, in: Wolff/Brink, BeckOK BDSG, § 1 Rn. 75.

[1126] Die Datenschutzkonvention des Europarats lässt nur in bestimmten Fällen eines vorrangigen Interesses oder zum Schutz der Betroffenen oder der Rechte und Freiheiten Dritter Ausnahmen von der Anwendbarkeit der Datenschutzgesetze zu (siehe z.B. *Dammann*, in: Simitis, Bundesdatenschutzgesetz, § 1 Rn. 148; *Jandt/Rossnagel*, ZD 2011, 160 (162)).

[1127] In diesem Fall seien nach *Dammann* auch die Voraussetzungen der in der Datenschutzkonvention des Europarats statuierten Ausnahmen für die Anwendbarkeit der Datenschutzgesetze erfüllt. (*Dammann*, in: Simitis, Bundesdatenschutzgesetz, § 1 Rn. 148).

[1128] *Jandt/Rossnagel*, ZD 2011, 160 (162).

[1129] *Jandt/Rossnagel*, ZD 2011, 160 (162); siehe auch *Dammann*, in: Simitis, Bundesdatenschutzgesetz, § 1 Rn. 149; *Gusy*, in: Wolff/Brink, BeckOK BDSG, § 1 Rn. 75.

[1130] *Jandt/Rossnagel*, ZD 2011, 160 (162); siehe auch *Dammann*, in: Simitis, Bundesdatenschutzgesetz, § 1 Rn. 149; *Gusy*, in: Wolff/Brink, BeckOK BDSG, § 1 Rn. 75.

Nach dem insoweit eindeutigen Wortlaut der Vorschrift muss der Datenumgang mit allen seinen Bestandteilen und während der gesamten Dauer ausschließlich für persönliche oder familiäre Zwecke erfolgen.[1131] Andernfalls entfällt die Ausnahme nach § 1 Abs. 2 Nr. 3 BDSG, so dass die Datenschutzgesetze grundsätzlich anwendbar sind, sofern nicht ein anderer Ausnahmetatbestand erfüllt ist.[1132]

Wann eine ausschließlich persönliche oder familiäre Tätigkeit vorliegt, entscheidet sich nach der Verkehrsanschauung.[1133] Maßgeblich ist insoweit der private Kontext der Informationssammlung. Dieser kann z.B. durch eine persönliche Beziehung indiziert werden.[1134] Jegliche nach außen gerichtete, über den persönlichen und familiären Kreis hinaustretende Tätigkeit verlässt den privilegierten Rahmen.[1135]

Im vorliegenden Fall könnte argumentiert werden, dass der jeweilige Versicherte die eGK-Daten im Rahmen ausschließlich persönlicher oder familiärer Tätigkeiten verarbeitet, da der Versicherte insoweit nicht gewerblich handelt, die Daten im Rahmen der (medizinischen) Versorgung des Versicherten verwendet werden und sich der Versicherte durch Einsicht in die im Rahmen der eGK gespeicherten Daten über seinen eigenen Gesundheitszustand und erfolgte Behandlungen informieren kann. Außerdem kann der Versicherte durch die Zugriffsregelungen in § 291a Abs. 4, 5 und 5a SGB V zudem auch kontrollieren, ob und wem er seine eGK-Daten zugänglich macht.

Dem könnte jedoch entgegenstehen, dass der Versicherte diese Daten an seinen Heilberufler weitergibt. So wird in der juristischen Literatur vertreten, dass jede Weitergabe von Daten an Dritte die Ausnahme nach § 1 Abs. 2 Nr. 3 BDSG entfallen lasse.[1136] Dies geht angesichts des Wortlauts von § 1 Abs. 2 Nr. 3 BDSG jedoch zu weit.

Allerdings sprechen im vorliegenden Fall trotzdem die besseren Argumente gegen die Annahme einer ausschließlich persönlichen oder familiären Tätigkeit. So erfolgt die Datenverarbeitung durch den Versicherten zu allervorderst zu dem Zweck, sie Heilberuflern zur Verfügung zu stellen, damit diese den Versicherten besser behandeln können.[1137] Mit anderen Worten: Die Datenverarbeitung durch den Versicherten erfolgt vor allem zu dem Zweck, dass

---

[1131] *Dammann*, in: Simitis, Bundesdatenschutzgesetz, § 1 Rn. 150.
[1132] *Dammann*, in: Simitis, Bundesdatenschutzgesetz, § 1 Rn. 150.
[1133] *Dammann*, in: Simitis, Bundesdatenschutzgesetz, § 1 Rn. 151.
[1134] *Gusy*, in: Wolff/Brink, BeckOK BDSG, § 1 Rn. 75.
[1135] *Dammann*, in: Simitis, Bundesdatenschutzgesetz, § 1 Rn. 150.
[1136] *Gusy*, in: Wolff/Brink, BeckOK BDSG, § 1 Rn. 75.
[1137] Siehe hierzu schon die Ausführungen unter den Ziffern 6.2.2 und 6.2.4.

Heilberufler diese im Rahmen ihrer gewerblichen Tätigkeit verarbeiten können. Hieraus folgt, dass die Datenverarbeitung durch den Versicherten nicht wie für die Ausnahme nach § 1 Abs. 2 Nr. 3 BDSG erforderlich mit all seinen Bestandteilen und während der gesamten Dauer ausschließlich für private und familiäre Tätigkeiten erfolgt. So ist z.B. auch in der datenschutzrechtlichen Literatur ganz generell anerkannt, dass die Ausnahme nach § 1 Abs. 2 Nr. 3 BDSG entfällt, wenn E-Mail-Adressen von Freunden aus einem privaten Adressbuch für eine Direktwerbeaktion weitergegeben werden.[1138] Ebenfalls ist generell anerkannt, dass die Voraussetzungen der Ausnahme nach § 1 Abs. 2 Nr. 3 BDSG nicht vorliegen, wenn ein Nutzer Daten, die sich auf Dritte beziehen, in ein Soziales Netzwerk einstellt und der Anbieter des Netzwerks diese Daten für gewerbliche Zwecke, z.B. für Werbezwecke, nutzt.[1139] Auch in diesen Fällen erfolgt jeweils eine Datenverarbeitung zu dem Zweck, dass ein Dritter die Daten im Rahmen seiner gewerblichen Tätigkeit verwenden kann und in beiden Fällen wurde das Vorliegen der Ausnahme nach § 1 Abs. 2 Nr. 3 BDSG deshalb abgelehnt. Nichts anderes kann deshalb für den vorliegenden Fall gelten: Die Datenverarbeitung des Versicherten bezweckt zu allervorderst, dass ein Dritter die eGK-Daten im Rahmen seiner gewerblichen Tätigkeit verarbeiten kann, so dass der Datenumgang durch den Versicherten nicht ausschließlich für persönliche oder familiäre Tätigkeiten erfolgt. Somit entfällt die Ausnahme nach § 1 Abs. 2 Nr. 3 BDSG im Hinblick auf die Verarbeitung der eGK-Daten durch den Versicherten.

Bei der Verarbeitung der eGK-Daten durch den Versicherten kommt vorliegend sogar noch hinzu, dass der Versicherte nach § 630c Abs. 1 BGB zur Mitwirkung an seiner Behandlung verpflichtet ist. Ihn trifft insoweit die Obliegenheit, für die Behandlung bedeutsame Umstände zeitnah offen zu legen und dem behandelnden Arzt auf diese Weise ein umfassendes Bild von seiner Person und seiner körperlichen Verfassung zu vermitteln.[1140] Verarbeitet der Versicherte also eGK-Daten, um sie einem Heilberufler zur Verfügung stellen zu können, dient dies zugleich auch der Erfüllung seiner gesetzlichen Obliegenheiten aus § 630c Abs. 1 BGB.

Als Ergebnis ist somit festzuhalten, dass durchaus gute Argumente dafür sprechen, dass die Voraussetzungen der Ausnahme nach § 1 ABs. 2 Nr. 3 BDSG

[1138] So z.B. *Dammann*, in: Simitis, Bundesdatenschutzgesetz, § 1 Rn. 150; *Gusy*, in: Wolff/Brink, BeckOK BDSG, § 1 Rn. 75.
[1139] So z.B. *Jandt/Rossnagel*, ZD 2011, 160 (162); *Konferenz der Datenschutzbeauftragten des Bundes und der Länder*, Orientierungshilfe „Soziale Netzwerke", Version 1.1, Stand 14.03.2013, S. 12, abrufbar unter: http://www.datenschutz-bayern.de/technik/orient/oh_soziale-netze.pdf (19.05.2013)
[1140] Siehe die Gesetzesbegründung zu § 630c Abs. 1 BGB in BT-Drs, 17/10488, S. 21. Siehe auch die ausführliche Darstellung der Mitwirkungspflicht des Patienten gem. § 630c Abs. 1 BGB unter Ziffer 3.1.1.1.

im vorliegenden Fall nicht erfüllt und die Datenschutzgesetze somit anwendbar sind.[1141]

10.1.3.5.2.3 Personenbezug der Daten, die sich (auch) auf Dritte beziehen, für den Versicherten

Bei den Daten, die sich (auch) auf Dritte beziehen, handelt es sich für den Versicherten zudem um personenbezogene Daten i.S.d. § 3 Abs. 1 BDSG. So verfügt er über Mittel, mittels derer er die Betroffenen mit verhältnismäßigem Aufwand an Zeit, Kosten und Arbeitskraft bestimmen kann und wird diese Mittel auch vernünftigerweise einsetzen. Wie unter Ziffer 10.1.3.2.5.7.2.4 bereits ausführlich beschrieben, darf der jeweilige Versicherte gem. § 291a Abs. 4 S. 2 SGB V – nach § 291a Abs. 5 S. 3 SGB V ggf. zusammen mit einem Heilberufler - auf die auf dem dezentralen Speichermedium gespeicherten Daten zugreifen. Sofern die eGK-Daten verschlüsselt gespeichert sind, kann er diese Daten - wie unter Ziffer 10.1.3.2.5.7.2.4 bereits beschrieben - auch mit den ihm verfügbaren Mitteln wieder entschlüsseln (ggf. zusammen mit einem Heilberufler). Die abgerufenen und entschlüsselten eGK-Daten kann der jeweilige Versicherte dann einsehen und den jeweiligen Betroffenen zuordnen. Diese Mittel wird der Versicherte auch vernünftigerweise einsetzen. So ist es gerade der Zweck der eGK, dass der Versicherte (nach § 291a Abs. 5 S. 2 SGB V ggf. zusammen mit einem Heilberufler) auf die in den von ihm genutzten Anwendungen der eGK gespeicherten Daten zugreifen kann.[1142] Somit ist festzustellen, dass der Versicherte als insoweit verantwortliche Stelle i.S.d. § 3 Abs. 7 BDSG über Mittel verfügt, um die Betroffenen mit verhältnismäßig großem Aufwand an Zeit, Kosten und Arbeitskraft zu bestimmen und die er vernünftigerweise auch einsetzen wird. Folglich handelt es sich bei den eGK-Daten, die sich auf Dritte beziehen, für den jeweiligen Versicherten nach Maßgabe des Erwägungsgrundes 26 der Datenschutzrichtlinie 95/46/EG um personenbezogene Daten gem. § 3 Abs. 1 BDSG.

[1141] Die Anwendbarkeit der Datenschutzgesetze hat jedoch keinesfalls zur Folge, dass der Versicherte die Daten von Familienangehörigen nicht an einen Heilberufler weitergeben darf. Nur müssen die entsprechenden Datenschutzvorschriften eingehalten werden. Hält man entgegen der hier vertretenen Ansicht die Voraussetzungen der Ausnahme nach § 1 Abs. 2 Nr. 3 BDSG für erfüllt, wäre das BDSG gem. § 1 Abs. 2 Nr. 3 BDSG nicht anwendbar und auch § 291a SGB V wäre in Folge von Art. 2 Abs. 2 HS 2 der Datenschutzrichtlinie 95/46/EG einschränkend auszulegen. In diesem Fall würde es sich bei der „Verarbeitung" der eGK-Daten durch den Versicherten um keinen datenschutzrechtlich relevanten Vorgang handeln, der aus diesem Grunde dann auch keiner Erlaubnis durch eine Rechtsvorschrift oder durch Einwilligungen der Betroffenen bedürfte.
[1142] Siehe hierzu auch die Ausführungen unter Ziffer 6.2.4.

10.1.3.5.2.4 Erlaubnis der Speicherung durch § 291a SGB V?

Folglich bedarf es für die Verarbeitung dieser eGK-Daten durch den Versicherten also einer Rechtsvorschrift oder der Einwilligung der Betroffenen. Wie unter Ziffer 10.1.3.5.1.2 bereits ausgeführt, hat der Gesetzgeber - mit Ausnahme für den Notfalldatensatz nach § 291a Abs. 3 S. 1 Nr. 1 SGB V - keine Regelungen im Hinblick auf den Speicherort für die eGK-Daten getroffen und treffen wollen. Daraus, dass § 291a SGB V die Speicherung von eGK-Daten auf dezentralen Speichermedien in der Hand von Versicherten zulässt, kann jedoch – wie unter Ziffer 10.1.3.5.1.2 bereits ausführlich untersucht - nicht geschlossen werden, dass § 291a SGB V - quasi konkludent – die Speicherung der eGK-Daten auf dezentralen Speichermedien in der Hand von Versicherten erlaubt. So handelt es sich insoweit um einen grundrechtsrelevanten Vorgang, als dass eine solche gesetzliche Erlaubnis zugunsten des Versicherten in das Recht der betroffenen Dritten auf informationelle Selbstbestimmung nach Art. 2 Abs. 1 i.V.m. Art. 1 Abs. 1 GG eingreift. Wie unter Ziffer 10.1.3.5.1.2 bereits näher ausgeführt, muss ein das Recht auf informationelle Selbstbestimmung einschränkendes Gesetz hinreichend bestimmt sein.[1143] Insbesondere müssen der Anlass, der Zweck und die Grenzen des Eingriffs bereichsspezifisch, präzise und klar festgelegt werden.[1144] Diese Anforderungen sind im vorliegenden Fall im Hinblick auf eine etwaige Speicherung von eGK-Daten durch den Versicherten auf einem Speichermedium in seiner Hand hinsichtlich eines Rechts der Fachdienstebetreiber zur Speicherung der eGK-Daten jedoch nicht erfüllt, da § 291a SGB V diesbezüglich keine Angaben enthält. Somit wäre ein solches Recht für die Versicherten, welches – quasi konkludent – aus § 291a SGB V folgt, verfassungswidrig. Angesichts der detailgenauen Regelungsdichte in § 291a SGB V ist im Übrigen auch davon auszugehen, dass der Gesetzgeber kein solches (ungeschriebenes) Recht zur Speicherung und zum Zugriff auf eGK-Daten zu den genannten Zwecken schaffen wollte. Auch eine extensive Auslegung von § 291a Abs. 4 S. 2 SGB V, derzufolge eine Speicherung von eGK-Daten, die sich auf Dritte beziehen, zulässig sein könnte, da Versicherte durch diese Vorschrift das Recht erhalten, auf die im Rahmen ihrer eGK gespeicherten Daten – unabhängig auf wen sich diese Daten beziehen – zuzugreifen, wäre vor diesem Hintergrund nicht mit dem verfassungsrechtlichen Bestimmtheitsgebot vereinbar. Außerdem spricht gegen eine solch extensive Auslegung von § 291a Abs. 4 S. 2 SGB V, dass der Gesetzgeber

---

[1143] Siehe z.B. BVerfGE 65, 1 (46); *Jarass*, in: Jarass/Pieroth, GG, Art. 2 Rn. 58a; *Di Fabio*, in Maunz/Dürig, Grundgesetz-Kommentar, Art. 2 Rn. 182.
[1144] BVerfGE 113, 348 (375); 118, 168 (186 f.); *Jarass*, in: Jarass/Pieroth, GG, Art. 2 Rn. 58a.

durch diese Regelung bloß ein Einsichtsrecht des Versicherten in die im Rahmen seiner eGK gespeicherten Daten statuieren wollte.[1145]

Es ist somit festzuhalten, dass der Gesetzgeber auch für die Speicherung von eGK-Daten, die sich auf Dritte beziehen, keine Regelungen getroffen hat. So wäre es denn auch zumindest verwunderlich, wenn der Gesetzgeber für die Speicherung von eGK-Daten, die sich auf Dritte beziehen, Regelungen getroffen hätte, nicht aber für eGK-Daten, die sich auf den jeweiligen eGK-Inhaber beziehen, bezüglich deren Speicherung durch den für einen „Speicherort" Verantwortlichen § 291a SGB V, wie unter Ziffer 10.1.3.5.1.3 bereits ausführlich erläutert wurde. Auch der Gesetzgeber hat ausdrücklich bekundet, dass er für sämtliche im Rahmen der Anwendungen der eGK verarbeiteten Daten keine Einschränkungen in Bezug auf den Speicherort getroffen habe.[1146]

Nach § 1 Abs. 3 S. 1 BDSG sind damit die allgemeinen Vorschriften des BDSG auf die Speicherung der eGK-Daten auf dezentralen Speichermedien in der Hand der Versicherten durch den jeweiligen Versicherten subsidiär anwendbar.[1147] Insoweit gelten die Ausführungen unter Ziffer 10.1.3.5.1.3 in Bezug auf die subsidiäre Anwendbarkeit der allgemeinen Vorschriften des BDSG für die Speicherung von eGK-Daten durch den insoweit für den „Speicherort Verantwortlichen", in diesem Fall also den Versicherten, entsprechend: § 291a SGB V ist diesbezüglich nicht abschließend, da die Speicherung der eGK-Daten auf einem dezentralen Speichermedium in der Hand des Patienten nach dem Willen des Gesetzgebers möglich sein soll und § 291a SGB V, wie der Gesetzgeber es ausdrücklich bestätigt, keine Einschränkungen im Hinblick auf den Speicherort enthält.[1148] Da im vorliegenden Fall der Versicherte als verantwortliche Stelle im Hinblick auf die Speicherung der eGK-Daten handelt, die sich auf Dritte beziehen, und hierfür in § 291a SGB V – wie soeben aufgezeigt - keine Erlaubnis enthalten ist, würde § 291a SGB V entgegen der ausdrücklichen Bestätigung des Gesetzgebers den Speicherort der eGK-Daten einschränken, wenn § 291a SGB V insoweit abschließend wäre und der verantwortliche Versicherte keine eGK-Daten, die sich auf Dritte beziehen, auf seinem dezentralen Speichermedium speichern dürfte. Somit sind die allgemeinen Vorschriften gem. § 1 Abs. 3 S. 1 BDSG lückenfüllend anwendbar.

[1145] *Bales/Dierks/Holland/Müller*, Die elektronische Gesundheitskarte, B I § 291a Rn 78 f.; *Hornung*, in Hänlein/Kruse/Schuler, Sozialgesetzbuch V, § 291a Rn. 11; siehe auch die Ausführungen unter Ziffer 9.

[1146] Siehe BT-Drs. 17/9030, S. 18.

[1147] Wird entgegen der hier vertretenen Ansicht angenommen, dass die Regelungen des BDSG insoweit nicht subsidiär anwendbar sind, müsste § 291a SGB V entsprechend ergänzt werden, wenn Versicherte eGK-Daten, die sich auf Dritte beziehen, auf den dezentralen Speichermedien in ihrer Hand speichern können sollen, da ansonsten keine entsprechende Rechtsgrundlage ersichtlich ist.

[1148] Siehe BT-Drs. 17/9030, S. 18.

10.1.3.5.2.5 Erlaubnis der Speicherung nach dem BDSG?

Doch sind die Voraussetzungen der datenschutzrechtlichen Erlaubnisnormen des BDSG im vorliegenden Fall nicht erfüllt. Insbesondere in den Fällen, in denen sich die Daten auf Familienangehörige beziehen, ist davon auszugehen, dass es sich um Daten handelt, die sich auf deren Gesundheit beziehen. Mithin handelt es sich um besondere Arten personenbezogener Daten i.S.d. § 3 Abs. 9 BDSG bzw. § 67 Abs. 12 SGB X, deren Verarbeitung nur durch Erlaubnisnormen gerechtfertigt werden kann, die auch die Verarbeitung von besonderen Arten personenbezogener Daten einbeziehen, insb. § 28 Abs. 6 bis 9 BDSG. Die Bedingungen der § 28 Abs. 6 bis 9 BDSG liegen in diesem Fall aber nicht vor. Insoweit gelten die Ausführungen unter Ziffer 10.1.3.5.1.4 im Hinblick auf die Verarbeitung von Fachdienstebetreibern entsprechend. Somit ließe sich der Umgang der Versicherten mit den in den eGK-Daten befindlichen Gesundheitsdaten Dritter nach dem BDSG nur auf eine Einwilligung gem. § 4a Abs. 1 und 3 BDSG stützen.[1149]

Außerdem steht der Verarbeitung von Daten, die sich auf Dritte beziehen, im Rahmen der eGK eines Versicherten – wie unter Ziffer 11.2.2 ausführlich untersucht wird und oben bereits kurz dargestellt wurde - nach hier vertretener Ansicht auch nicht entgegen, dass die Verarbeitung von eGK-Daten in § 291a SGB V und somit in den §§ 284 ff. SGB V geregelt ist. Diesbezüglich sind die §§ 284 ff. SGB V nach hier vertretener Ansicht nicht abschließend, insbesondere weil der Gesetzgeber den Datenumgang insoweit nicht abschließend regeln wollte, insoweit keine Sozialdaten verarbeitet werden und keine besondere Schutzbedürftigkeit des Dritten und dessen Recht auf informationelle Selbstbestimmung besteht.[1150]

Somit wäre die Speicherung von Daten, die sich auf Dritte beziehen, im Rahmen seiner eGK durch den Versicherten auf dezentralen Speichermedien in seinen Händen zulässig, wenn die betroffenen Dritten hierin gem. § 4a Abs. 1 und Abs. 3 BDSG eingewilligt haben, da § 4a BDSG insoweit gem. § 1 Abs. 3 BDSG nicht durch § 291a SGB V verdrängt wird. Allerdings wäre bei der Einwilligung der betroffenen Dritten darauf zu achten, dass diese auch die Speicherung ihrer Daten durch den jeweiligen Versicherten auf dezentralen Speichermedien in der Hand dieses Versicherten erlaubt. Diese Lösung kann sich

---

[1149] Eine Einwilligung der Betroffenen gem. § 67b Abs. 1 S. 1 SGB X kommt vorliegend nicht in Betracht, da diese Regelung nur eine Datenverarbeitung der in § 35 Abs. 1 SGB I genannten Stellen rechtfertigen kann. Bei dem Versicherten handelt es sich jedoch nicht um einen Leistungsträger der GKV.

[1150] Siehe die Ausführungen unter Ziffer 10.1.3.5.1.5.

aber durchaus als unpraktikabel erweisen, insbesondere wenn Dritte zwar in die Verwendung ihrer Daten im Rahmen der eGK eines Versicherten einwilligen, sich die Einwilligung aber nicht auch auf die Speicherung der Daten auf dezentralen Speichermedien in der Hand des Versicherten bezieht. Vor diesem Hintergrund und zur Beseitigung letzter rechtlicher Zweifel, die aus der subsidiären Anwendung des BDSG nach § 1 Abs. 3 S. 1 BDSG resultieren, könnte der Gesetzgeber de lege ferenda eine entsprechende Erlaubnisvorschrift in § 291a SGB V einfügen, durch die die entsprechende Verarbeitung der Daten durch den Versicherten gesetzlich erlaubt wird. Eine solche Erlaubnisvorschrift könnte z.B. lauten:

> *„Die Versicherten dürfen die Daten nach Absatz 2 S. 1 Nr. 1 und Absatz 3 S. 1 Nr. 1 bis 9 erheben, verarbeiten und nutzen, soweit dies für den bestimmungsgemäßen Betrieb der Anwendungen der elektronischen Gesundheitskarte nach Absatz 2 S. 1 Nr. 1 und Absatz 3 S. 1 Nr. 1 bis 9 erforderlich ist."*

10.1.3.5.3 Speicherung von eGK-Daten auf Servern durch die jeweiligen Leistungserbringer sowie der Zugriff zu Wartungs-, Pflege- und Administrationszwecken und im Rahmen der Speicherung

Wie unter Ziffer 6.6 bereits beschrieben, besteht auch die Möglichkeit, dass die eGK-Daten (auch) auf Servern bei den jeweiligen Leistungserbringern gespeichert werden, die die jeweiligen eGK-Daten in das System der eGK eingestellt haben. Mit anderen Worten: Behandelt z.B. ein Heilberufler einen Versicherten und sollen Daten über diese Behandlung in die elektronische Patientenakte des Versicherten gem. § 291a Abs. 3 S. 1 Nr. 4 SGB V eingestellt werden, so werden diese Daten im Rahmen dieser technischen Lösung auf Servern dieses Heilberuflers gespeichert. Auf der eGK des Versicherten oder auf einem zentralen Server werden nur Pointer gespeichert, mittels derer die bei den verschiedenen Heilberuflern gespeicherten eGK-Daten aufgefunden und abgerufen werden können, wenn diese zur Versorgung des Versicherten benötigt werden oder der Versicherte nach § 291a Abs. 4 S. 2 SGB V auf seine eGK-Daten zugreifen möchte.[1151]

Somit stellt sich also - wie im Hinblick auf die Speicherung von eGK-Daten auf Servern der Fachdienstebetreiber und auf die Speicherung von eGK-Daten auf dezentralen Speichermedien in der Hand der Versicherten - die Frage, ob die

---

[1151] Siehe hierzu die Ausführungen unter Ziffer 6.6. Vgl. auch *Hornung*, Die digitale Identität, S. 213.

Speicherung von eGK-Daten auf Servern bei Heilberuflern sowie der Zugriff auf diese Daten zu Wartungs-, Pflege- und Administrationszwecken sowie im Rahmen der Speicherung datenschutzrechtlich zulässig ist.[1152]

10.1.3.5.3.1 Leistungserbringer als verantwortliche Stelle

Im Hinblick auf die Speicherung der eGK-Daten auf ihren Servern sind die jeweiligen Leistungserbringer als verantwortliche Stellen i.S.d. § 3 Abs. 7 BDSG bzw. § 67 Abs. 9 SGB X anzusehen.[1153] Sie wählen faktisch die Daten aus, die im Rahmen der Anwendungen der eGK gespeichert werden, so dass sie über den Inhalt der auf ihren Servern gespeicherten Daten entscheiden.[1154] Zudem bestimmen die Leistungserbringer bei dieser technischen Lösung über die technischen Mittel der Datenverarbeitung, da die eGK-Daten hier auf Servern der Leistungserbringer gespeichert werden, über deren Anschaffung und Betrieb sie (im Rahmen der von der gematik nach § 291b Abs. 1 SGB V vorgegebenen Spezifikationen) frei entscheiden können. Vor diesem Hintergrund sind die jeweiligen Leistungserbringer als verantwortliche Stelle i.S.d. § 3 Abs. 7 BDSG bzw. § 67 Abs. 9 SGB X zu qualifizieren. Im Übrigen wäre eine Auftragsdatenverarbeitung, z.B. mit dem jeweiligen Versicherten als Auftraggeber, im vorliegenden Fall auch nicht praktikabel, da gem. § 11 Abs. 2 S. 2 BDSG mit jedem einzelnen Leistungserbringer entsprechende schriftliche Auftragsdatenverarbeitungsverträge geschlossen werden müssten, was in der Praxis kaum handhabbar wäre.[1155] Ebensowenig ließen sich in der Praxis wirksame Kontrollen bei sämtlichen Leistungserbringern durch den Auftraggeber durchführen und die Vielzahl an Weisungen der verschiedenen Auftraggeber

---

[1152] Folgt man der hier vertretenen Ansicht nicht, dass es sich bei den sicher verschlüsselten eGK-Daten für den Leistungserbringer um personenbezogene Daten handelt, gelten die folgenden Ausführungen für den Fall, dass auf den Servern (auch) unverschlüsselte oder unsicher verschlüsselte, d.h. Daten, bezüglich derer nicht sichergestellt ist, dass sie neu verschlüsselt werden, bevor der verwendete Verschlüsselungsalgorithmus unsicher wird.
[1153] So auch *Hornung*, Die digitale Identität, S. 289 und wohl auch *Weichert*, DuD 2004, 391 (393).
[1154] So auch *Weichert*, DuD 2004, 391 (393).
[1155] Vgl. hierzu auch *Hornung*, Die digitale Identität, S. 288 f.

durch die Leistungserbringer umsetzen.[1156] Vor diesem Hintergrund erscheint es durchaus lebensnah, dass der Leistungserbringer die Organisation des Systems eigenverantwortlich übernehmen muss, so dass keine weisungsgebundene Tätigkeit angenommen werden kann.[1157] Somit ist die Verarbeitung der eGK-Daten durch den jeweiligen Leistungserbringer allein aus Praktikabilitätsgründen als Verarbeitung durch eine verantwortliche Stelle auszugestalten.[1158]

10.1.3.5.3.2 Zulässigkeit der Speicherung durch den Leistungserbringer

Für die Verarbeitung dieser eGK-Daten durch den Leistungserbringer als insoweit verantwortliche Stelle bedarf es deshalb einer Rechtsvorschrift oder der Einwilligung der Betroffenen. Eine Rechtsvorschrift, die die Speicherung der eGK-Daten durch den jeweiligen Leistungserbringer auf seinen Servern erlaubt, ist jedoch nicht ersichtlich. So bezieht sich § 630f BGB nur auf die Aufzeichnung von Maßnahmen und deren Ergebnissen zu Dokumentationszwecken. Eine Erlaubnis zur Speicherung von eGK-Daten durch den behandelnden Leistungserbringer kann hieraus aber nicht abgeleitet werden, da die Dokumentationspflichten des Behandelnden nach § 630f BGB und die Speicherung von Daten im Rahmen der eGK voneinander zu trennen sind.[1159] So dient die Dokumentation nach § 630f BGB auch als Gedächtnisstütze des behandelnden Heilberuflers sowie zur Nachvollziehbarkeit der Behandlung, z.B.

[1156] Vgl. hierzu die weitergehenden Ausführungen in *Hornung*, Die digitale Identität, S. 288 f. Auch die Schaffung von Optionsmöglichkeiten für die Datenverarbeitung (z.B. bzgl. des Sicherheitsniveaus, der verwendeten Ressourcen, des Speicherorts etc.) und die Kontrolle des Leistungserbringers anhand von Auditprotokollen, wie es teilweise im Rahmen des Cloud Computing für ausreichend hinsichtlich der Möglichkeit der Erteilung von Weisungen und der Kontrolle im Rahmen von Auftragsdatenverarbeitungsverhältnissen erachtet wird (so z.B. *Weichert*, Cloud Computing und Datenschutz, abrufbar unter: https://www.datenschutzzentrum.de/cloud-computing/20100617-cloud-computing-und-datenschutz.html (19.05.2013)), ist im vorliegenden Fall nicht praktikabel. So kann es den oft technikunerfahrenen Auftraggebern nicht zugemutet werden, Leistungserbringer anhand von Auditzertifikaten zu kontrollieren. Jedenfalls würde eine solche Kontrolle wohl in den wenigsten Fällen tatsächlich durchgeführt. Außerdem ist es im Rahmen der eGK auch nicht praktikabel, dass Leistungserbringer verschiedene Optionen z.B. zum Sicherheitsniveau, des Standorts oder der Ressourcen anbieten, da sie insoweit die gesetzlichen Vorgaben nach § 291a f. SGB V und die technischen Vorgaben der gematik nach § 291b Abs. 1 SGB V umzusetzen haben. Unabhängig von der nicht vorhandenen Praktikabilität einer etwaigen Auftragsdatenverarbeitung durch die Leistungserbringer sind diese aber wie gerade ausgeführt ohnehin als verantwortliche Stellen anzusehen.
[1157] So auch *Hermeler*, Rechtliche Rahmenbedingungen der Telemedizin, S. 170.
[1158] So auch *Hornung*, Die digitale Identität, S. 288; *Hermeler*, Rechtliche Rahmenbedingungen der Telemedizin, S. 170.
[1159] So auch *Bales/Dierks/Holland/Müller*, Die elektronische Gesundheitskarte, B I Vor §§ 291 ff. Rn. 5; *Hornung*, Die digitale Identität, S. 215.

im Rahmen von Haftungsprozessen.[1160] Selbst wenn die nach § 630f BGB zu dokumentierenden Daten auch in den Anwendungen der eGK gespeichert würden, könnte dies nicht die Dokumentation nach § 630f BGB ersetzen. So kann der Heilberufler auf die eGK-Daten gem. § 291a Abs. 5 S. 2 SGB V (mit Ausnahme der elektronischen Verordnungen nach § 291a Abs. 2 S. 1 Nr. 1 SGB V, der Notfalldaten nach § 291a Abs. 3 S. 1 Nr. 1 SGB V und der persönlichen Erklärungen des Versicherten nach § 291a Abs. 3 S. 1 Nr. 7 bis 9 SGB V) nur nach Freischaltung durch den Versicherten zugreifen. Des Weiteren kann der Versicherte nach Maßgabe von § 291a Abs. 6 S. 1 SGB V jederzeit elektronische Verordnungen nach § 291a Abs. 2 S. 1 Nr. 1 SGB V sowie die in den freiwilligen Anwendungen der eGK nach § 291a Abs. 3 S. 1 SGB V enthaltenen Daten löschen lassen. Diese Regelungen im Rahmen der eGK sind mit dem Sinn und Zweck der Dokumentation nach § 630f BGB nicht vereinbar.[1161] Der behandelnde Heilberufler ist somit verpflichtet, unabhängig davon, ob ein Versicherter Anwendungen der eGK nutzt, eine Dokumentation nach § 630f BGB zu erstellen. Die Notwendigkeit der strikten Trennung zwischen der Dokumentation nach § 630f BGB einerseits und der Speicherung von Daten im Rahmen der eGK nach § 291a SGB V andererseits zeigt sich im Übrigen auch daran, dass § 630f Abs. 1 S. 2 BGB besondere Anforderungen an die elektronische Dokumentation stellt – so müssen z.B. Eintragungen „revisionssicher" archiviert werden -, die im Rahmen des § 291a SGB V an die Speicherung von Daten im Rahmen der eGK nicht gestellt werden. Als Ergebnis ist also festzuhalten, dass § 630f BGB nicht als Erlaubnisnorm für die Speicherung von Daten im Rahmen der eGK durch den jeweiligen Leistungserbringer dienen kann.

Wie unter Ziffer 10.1.3.5.1.3 bereits ausführlich dargestellt, regelt auch § 291a SGB V nicht die Verarbeitung von eGK-Daten durch den für das jeweilige Speichermedium Verantwortlichen, in diesem Fall durch den jeweiligen Leistungserbringer, der die jeweiligen Daten in das eGK-System einstellt.[1162] Insoweit sind - wie unter Ziffer 10.1.3.5.1.3 ebenfalls bereits ausführlich beschrieben - nach § 1 Abs. 3 S. 1 BDSG die allgemeinen Vorschriften des BDSG

[1160] Siehe hierzu die Ausführungen unter Ziffer 3.1.1.2.

[1161] Siehe hierzu auch *Hornung*, Die digitale Identität, S. 215.

[1162] Vor diesem Hintergrund kann auch § 291a Abs. 3 S. 4, Abs. 5 S. 1 SGB V i.V.m. der Einwilligung des betroffenen Versicherten die Speicherung der eGK-Daten durch den jeweiligen Leistungserbringer nicht rechtfertigen, da, wie unter Ziffer 10.1.3.5.1.3 ausgeführt, der Gesetzgeber die Speicherung der eGK-Daten durch den für den „Speicherort Verantwortlichen" nicht regeln wollte. Somit ist § 291a Abs. 3 S. 4, Abs. 5 S. 1 SGB V entsprechend restriktiv auszulegen. Außerdem beziehen sich diese Regelungen nicht auf Daten in den Pflichtanwendungen gem. § 291a Abs. 2 S. 1 SGB V, so dass eine Speicherung dieser Daten auf Grundlage dieser Vorschriften ohnehin unzulässig wäre.

subsidiär anwendbar.[1163] § 291a SGB V ist diesbezüglich nicht abschließend, da die Speicherung der eGK-Daten auf einem Server nach dem Willen des Gesetzgebers möglich sein soll und § 291a SGB V, wie der Gesetzgeber es ausdrücklich bestätigt, keine Einschränkungen im Hinblick auf den Speicherort enthält.[1164] Da im vorliegenden Fall der Leistungserbringer als verantwortliche Stelle im Hinblick auf die Speicherung der eGK-Daten handelt und hierfür in § 291a SGB V – wie soeben aufgezeigt - keine Erlaubnis enthalten ist, würde § 291a SGB V entgegen der ausdrücklichen Bestätigung des Gesetzgebers den Speicherort der eGK-Daten einschränken, wenn § 291a SGB V insoweit abschließend wäre und der verantwortliche Leistungserbringer keine eGK-Daten auf seinem Server speichern dürfte. Somit sind die allgemeinen Vorschriften gem. § 1 Abs. 3 S. 1 BDSG lückenfüllend anwendbar.

Wie unter Ziffer 10.1.3.5.1.4 im Hinblick auf die Verarbeitung der eGK-Daten durch Fachdienstebetreiber bereits ausgeführt, kann die Speicherung vorliegend nicht auf § 28 Abs. 6 bis 9 BDSG (ggf. i.V.m. § 29 Abs. 5 BDSG) gestützt werden. Insoweit gelten die unter der genannten Ziffer im Hinblick auf die Speicherung der eGK-Daten durch Fachdienstebetreiber dargestellten Ausführungen für die hier untersuchte Speicherung von eGK-Daten durch den jeweiligen Leistungserbringer entsprechend.

Somit ist eine Speicherung der Daten durch den jeweiligen Leistungserbringer nur auf Grundlage einer Einwilligung des jeweils betroffenen Versicherten gem. § 4a Abs. 1 und Abs. 3 BDSG zulässig.[1165] Im Hinblick auf eGK-Daten nach § 291a Abs. 2 S. 1 SGB V („Pflichtanwendungen") ist eine Verarbeitung auf Grundlage einer Einwilligung des betroffenen Versicherten gem. § 4a Abs. 1 und Abs. 3 BDSG nicht möglich, wie bereits unter Ziffer 10.1.3.5.1.5 dargestellt wurde. Der betroffene Versicherte kann diesbezüglich nicht frei über die Verwendung dieser Pflichtanwendungen bestimmen. Der jeweilige Versicherte wäre in diesem Fall also faktisch gezwungen, seine Einwilligung zur Speicherung dieser Daten durch den jeweiligen Leistungserbringer zu erteilen, wenn

---

[1163] Folgt man der hier vertretenen Ansicht nicht und hält das BDSG insoweit nicht für nach § 1 Abs. 3 S. 1 BDSG subsidiär anwendbar, müsste in § 291a SGB V eine Erlaubnis zur Speicherung von eGK-Daten zugunsten des jeweiligen Leistungserbringers ergänzt werden (siehe auch den Vorschlag weiter unten in dieser Ziffer 10.1.3.5.3.3). Folgt man ebenfalls der hier vertretenen Ansicht nicht, nach der § 291a Abs. 3 S. 4, Abs. 5 S. 1 SGB V einschränkend auszulegen ist, wäre die Speicherung der eGK-Daten durch den jeweiligen Leistungserbringer auch auf Grundlage der genannten Vorschriften mit der Einwilligung des betroffenen Versicherten zulässig. Ggf. könnten für die Datenverarbeitung durch den Leistungserbringer auch besondere Datenschutzgesetze gelten (siehe Fußnote 19). Auf diese Gesetze wird im Folgenden nicht weiter eingegangen, da dies den Umfang dieser Arbeit sprengen würde.
[1164] Siehe BT-Drs. 17/9030, S. 18.
[1165] Sofern in den eGK-Daten eines Versicherten auch Daten enthalten sind, die sich auf Dritte beziehen, ist auch deren Einwilligung gem. § 4a Abs. 1 und 3 BDSG erforderlich, wie unter Ziffer 10.1.3.5.2.5 bereits ausführlich erläutert wurde.

er z.B. Arzneimittel erhalten möchte, für die er eine elektronische Verordnung nach § 291a Abs. 2 S. 1 Nr. 1 SGB benötigt.[1166] Eine Einwilligung nach § 4a Abs. 1 und 3 BDSG ist jedoch nur dann wirksam, wenn diese vom jeweils Betroffenen freiwillig erteilt wurde.[1167] Hieraus folgt, dass der Versicherte nicht wirksam nach § 4a Abs. 1 und 3 BDSG in die Speicherung auf seine im Rahmen der Pflichtanwendungen der eGK nach § 291a Abs. 2 SGB V verarbeiteten Daten einwilligen kann. Sollen solche Daten auf Servern bei den jeweiligen Leistungserbringern gespeichert werden, besteht insoweit gesetzlicher Anpassungsbedarf, da ansonsten eine Rechtsgrundlage für die Speicherung dieser Daten durch den jeweiligen Leistungserbringer nicht ersichtlich ist.[1168]

Im Hinblick auf die Speicherung von eGK-Daten, die in den freiwilligen Anwendungen der eGK nach § 291a Abs. 3 S. 1 SGB V gespeichert sind, besteht diese Problematik nicht – wie unter Ziffer 10.1.3.5.1.5 bereits ausgeführt wurde -, da der Versicherte bezüglich dieser Anwendungen gem. § 291a Abs. 3 S. 4 SGB V frei über deren Verwendung bestimmen kann. Somit ist die Speicherung von eGK-Daten nach § 291a Abs. 3 S. 1 SGB V durch den jeweiligen Leistungserbringer auf Grundlage einer Einwilligung des betroffenen Versicherten[1169] (und ggf. der betroffenen Dritten) zulässig.[1170]

Allerdings erscheint eine Speicherung der eGK-Daten auf Grundlage von Einwilligungen durchaus bürokratisch. So wird die eGK an eine enorm hohe Anzahl an Versicherten ausgegeben, die die eGK somit zumindest potentiell auch nutzen können. Um die Anforderungen des § 4a Abs. 1 und 3 BDSG zu erfüllen, müssten die Versicherten gegenüber jedem Leistungserbringer, der eGK-Daten von ihnen speichert, eine i.d.R. schriftliche Einwilligung erteilen.[1171] Vor diesem Hintergrund und zur Beseitigung letzter rechtlicher Zweifel, die aus der Zulässigkeit der subsidiären Anwendung von § 4a BDSG nach § 1 Abs. 3 S. 1 BDSG resultieren, erscheint es durchaus sinnvoll, dass die Speicherung

---

[1166] Siehe z.B. § 48 Abs. 1 AMG.

[1167] Siehe z.B. *Simitis*, in: Simitis, Bundesdatenschutzgesetz, § 4a Rn. 62.

[1168] Eine Einwilligung der Betroffenen gem. § 67b Abs. 1 S. 1 SGB X kommt vorliegend nicht in Betracht, da diese Regelung nur eine Datenverarbeitung der in § 35 Abs. 1 SGB I genannten Stellen rechtfertigen kann. Bei einem Leistungserbringer handelt es sich jedoch nicht um einen Leistungsträger der GKV.

[1169] Auch die Entscheidung des BSG vom 10.12.2008 (BSG NJOZ 2009, 2959 ff.) steht der Erteilung einer Einwilligung nicht entgegen. Insoweit gelten die Ausführungen unter Ziffer 10.1.3.5.1.5 entsprechend. Insbesondere wollte da der Gesetzgeber die Speicherung der eGK-Daten nicht abschließend in § 291a SGB V regeln.

[1170] Ggf. könnte der jeweilige Leistungserbringer im Wege der Auftragsdatenverarbeitung nach § 11 BDSG auch andere Leistungserbringer mit der Speicherung der eGK-Daten für ihn beauftragen, wenn die entsprechende Einwilligung des Versicherten diesen Umgang mit seinen eGK-Daten umfasst.

[1171] Die Einwilligung nach § 291a Abs. 3 S. 4 SGB V ist nur einmalig zu erteilen, nicht gegenüber jedem einzelnen Leistungserbringer, so dass die Einwilligungserklärungen nicht zusammengefasst werden können.

der eGK-Daten durch den jeweiligen Leistungserbringer gesetzlich geregelt wird, wofür § 291a SGB V zu ergänzen wäre.[1172]

10.1.3.5.3.3 Zulässigkeit des Zugriffs zu Wartungs-, Pflege-, und Administrationszwecken sowie im Rahmen der Speicherung

Wie unter Ziffer 10.1.3.5.1.6 bereits ausgeführt, enthält § 291a SGB V zudem keine Regelungen über die Zulässigkeit der Speicherung der eGK-Daten durch den jeweiligen „für den Speicherort Verantwortlichen". Hieraus folgt – wie ebenfalls unter Ziffer 10.1.3.5.1.6 bereits ausgeführt wurde – dass §§ 291a, 307 und 307b SGB V auch dahingehend einschränkend auszulegen sind, dass dem jeweiligen „für den Speicherort", also das jeweilige Speichermedium Verantwortlichen, der Zugriff auf die durch ihn gespeicherten eGK-Daten zu Wartungs-, Pflege- und Administrationszwecken sowie im Rahmen der Speicherung nicht nach §§ 291a, 307 oder 307b SGB V untersagt ist.

Auf eine im Rahmen der Wartung, Pflege und Administration sowie bei der Datensicherung und Umspeicherung erfolgende Datenverarbeitung finden nach hier vertretener Ansicht die allgemeinen Regelungen des BDSG gem. § 1 Abs. 3 S. 1 BDSG Anwendung, wie unter Ziffer 10.1.3.5.1.6 bereits ausgeführt wurde. Allerdings kann der Datenumgang im vorliegenden Fall nicht auf § 28 Abs. 6 bis 9 BDSG (ggf. i.V.m. § 29 Abs. 5 BDSG) gestützt werden.[1173] Somit dürfen die Leistungserbringer die eGK-Daten nur im Rahmen der genannten Zwecke verarbeiten, wenn der betroffene Versicherte sowie ggf. betroffene Dritte hierin gem. § 4a Abs. 1 und Abs. 3 BDSG eingewilligt haben.[1174] Allerdings erscheint dies aus den unter Ziffer 10.1.3.5.1.6 genannten Gründen durchaus unpraktikabel, so dass es vor diesem Hintergrund ratsam sein könnte, eine entsprechende gesetzliche Erlaubnisnorm zu statuieren. Zudem ist zu beachten, dass der Versicherte im Hinblick auf seine im Rahmen der Pflichtanwendungen i.S.d. § 291a Abs. 2 S. 1 SGB V gespeicherten Daten keine wirksame Einwilligung i.S.d. § 4a Abs. 1 BDSG erteilen kann, da er über die Nut-

---

[1172] Wird entgegen der hier vertretenen Ansicht angenommen, dass der Gesetzgeber die Speicherung der eGK-Daten durch den jeweiligen Leistungserbringer regeln und ausschließen wollte, indem er sie in § 291a SGB V nicht erlaubt, wäre das BDSG gem. § 1 Abs. 3 S. 1 BDSG nicht subsidiär anwendbar. In diesem Fall wäre die Ergänzung von § 291a SGB V sogar zwingend erforderlich, damit die Daten bei den jeweiligen Leistungserbringern gespeichert werden dürfen.

[1173] Siehe die Ausführungen unter Ziffer 10.1.3.5.3.2.

[1174] Auch die Entscheidung des BSG vom 10.12.2008 (BSG NJOZ 2009, 2959 ff.) steht der Erteilung einer Einwilligung nicht entgegen. Insoweit gelten die Ausführungen unter Ziffer 10.1.3.5.1.5 und Ziffer 10.1.3.5.1.6 entsprechend. Insbesondere wollte der Gesetzgeber die mit der Speicherung der eGK-Daten verbundenen Datenverarbeitungsvorgänge nicht abschließend in § 291a SGB V regeln.

zung dieser Anwendungen nicht frei entscheiden kann und somit auch eine entsprechende Einwilligung des Versicherten im Hinblick auf die Verarbeitung seiner in diesen Anwendungen gespeicherten eGK-Daten nicht – wie erforderlich – freiwillig erteilen könnte, so dass diese unwirksam wäre. Müssen Leistungserbringer also auch solche eGK-Daten des Versicherten im Rahmen der genannten Zwecke verarbeiten, müsste der Gesetzgeber eine entsprechende gesetzliche Erlaubnisvorschrift schaffen.

Wie bei der Einwilligung in die Speicherung der eGK-Daten nach § 291a Abs. 3 S. 1 SGB V erscheint es jedoch unpraktisch, wenn ein Fachdienstebetreiber von jedem Versicherten, dessen eGK-Daten auf dem Server des Fachdienstebetreibers gespeichert werden, eine schriftliche Einwilligung einholen müsste. Vor diesem Hintergrund und zur Beseitigung verbleibender rechtlicher Risiken, die aus der Zulässigkeit der subsidiären Anwendbarkeit des BDSG resultieren, erscheint es durchaus ratsam, eine entsprechende gesetzliche Erlaubnisvorschrift zu statuieren.

Folgt man im Übrigen der weiter oben vertretenen Auffassung nicht, dass die Zugriffsregelungen in § 291a Abs. 4 S. 1, Abs. 5, Abs. 5a und 8 SGB V sowie in §§ 307, 307b SGB V einschränkend auszulegen sind, so bestünde auch insoweit ein gesetzlicher Anpassungsbedarf, wenn der Zugriff von Leistungserbringern auf eGK-Daten zu Wartungs-, Pflege- und Administrationszwecken sowie im Rahmen der Speicherung und der damit verbundenen Datenverarbeitung zugelassen werden soll.

Eine Regelung, die sowohl die Verarbeitung der eGK-Daten durch die jeweiligen Leistungserbringer sowie deren Zugriff auf diese Daten zu Wartungs-, Pflege- und Administrationszwecken sowie im Rahmen der Speicherung erlaubt, könnte z.B. folgendermaßen lauten:

> *„Leistungserbringer dürfen die Daten nach Absatz 2 S. 1 Nr. 1 und Absatz 3 S. 1 Nr. 1 bis 9 erheben, verarbeiten und nutzen, soweit dies für den bestimmungsgemäßen Betrieb der Anwendungen der elektronischen Gesundheitskarte nach Absatz 2 S. 1 Nr. 1 und Absatz 3 S. 1 Nr. 1 bis 9 erforderlich ist, und dürfen auf die Daten nach Absatz 2 S. 1 Nr. 1 und Absatz 3 S. 1 Nr. 1 bis 9 zugreifen, soweit dies zu Zwecken ihrer bestimmungsgemäßen Verwendung in der Telematikinfrastruktur, zur Pflege, Wartung und Administration der Telematikinfrastruktur sowie zur Speicherung der Daten nach Absatz 2 S. 1 Nr. 1 und Absatz 3 S. 1 Nr. 1 bis 9 erforderlich ist.“*

10.1.3.6 Der rechtliche Schutz der weiteren Organisationsbestandteile nach außen

Allerdings besteht die „Organisation Gesundheitswesen" nicht nur aus dem System der elektronischen Gesundheitskarte. Sie besteht auch aus den behandelnden Heilberuflern und dem Patienten selbst. Fraglich ist nunmehr, ob nicht nur das System der eGK, sondern auch die gesamte Organisation optimal nach außen durch die sozialdatenschutzrechtlichen Vorschriften abgesichert ist.

10.1.3.6.1 Im SGB statuierte Datenflüsse aus der „Organisation Gesundheitswesen" heraus

Das Sozialgesetzbuch sieht auch Ausnahmen vom absoluten Schutz der „Organisation Gesundheitswesen" nach außen vor. So enthalten die Sozialgesetzbücher das sogenannte Sozialgeheimnis. 1976 wurde dieses Sozialgeheimnis in § 35 Abs. 1 SGB I erstmals statuiert.[1175] Nach § 35 Abs. 1 SGB I hat jeder einen Anspruch darauf, dass die ihn betreffenden Sozialdaten (§ 67 Abs. 1 Zehntes Buch) von den Leistungsträgern nicht unbefugt erhoben, verarbeitet oder genutzt werden. § 67 Abs. 1 SGB definiert Sozialdaten als Einzelangaben über persönliche oder sachliche Verhältnisse einer bestimmten oder bestimmbaren natürlichen Person (Betroffener), die von einer in § 35 SGB I genannten Stelle im Hinblick auf ihre Aufgaben nach diesem Gesetzbuch erhoben, verarbeitet oder genutzt werden. Notwendig wurde dieser spezialgesetzliche Schutz, weil die gesetzlich Krankenversicherten gem. §§ 60 ff. SGB I zahlreichen Mitwirkungspflichten unterliegen und daher persönliche Verhältnisse den Sozialleistungsträgern offenbaren müssen, soweit dies zur Leistungsgewährung erforderlich ist. Zudem sollte durch die Vorschriften das Vertrauen in die Verschwiegenheit der Heilberufler gestärkt werden, um diesen eine effektive Arbeit zu ermöglichen.[1176]

Die Aufgaben der Heilberufler nach diesem Gesetzbuch bestehen unter anderem in der Abrechnung der erbrachten Leistungen mit den gesetzlichen Krankenkassen nach §§ 294 ff. SGB V oder der Übermittlung von Informationen an den Medizinischen Dienst der gesetzlichen Krankenkassen zur Überprüfung der Wirtschaftlichkeit und Qualität der erbrachten Leistungen gem. §§ 275 ff.

[1175] BGBl. I 1976, S. 3015.
[1176] *Lang*, Das Recht auf informationelle Selbstbestimmung des Patienten und die ärztliche Schweigepflicht in der gesetzlichen Krankenversicherung, S. 66; *Heinemeyer*, Elektronische Datenverarbeitung in den neuen medizinischen Versorgungssystemen, S. 35 f. m.w.N.

SGB V. Folglich gibt es einen gesetzlich statuierten Informationsfluss aus der „Organisation Gesundheitswesen" heraus, denn die Krankenkassen gehören nicht zu dieser Organisation. Der Gesetzgeber hat die Zwecke dieser Informationsflüsse zulässigerweise höherrangig als den Schutz des Rechts der Versicherten auf informationelle Selbstbestimmung bewertet. Sie bestehen in der Abrechnung erbrachter Leistungen durch die Krankenkassen sowie in der qualitativen und wirtschaftlichen Überprüfung der erbrachten und abgerechneten Leistungen durch den Medizinischen Dienst der Krankenkassen. Ohne den Informationsfluss aus der „Organisation Gesundheitswesen" heraus könnten diese im Rahmen der GKV notwendigen Maßnahmen nicht durchgeführt werden, so dass von der idealen Informationsverteilung hinsichtlich des Schutzes des informationellen Selbstbestimmungsrechts in der Organisation abgewichen wird. Doch dies wird durch den Zweck der Abweichungen gerechtfertigt. So ist beispielsweise auch in Art. 8 Abs. 4 der Datenschutzrichtlinie 95/46/EG geregelt, dass Mitgliedstaaten aus Gründen eines wichtigen öffentlichen Interesses - vorbehaltlich angemessener Garantien zum Schutz der Grundrechte und der Privatsphäre von Personen - Ausnahmen vom Verbot der Verarbeitung besonderer Arten personenbezogener Daten, wie z.B. Gesundheitsdaten, nach Art. 8 Abs. 1 der Richtlinie vorsehen können. Erwägungsgrund 34 nennt als derartiges wichtiges öffentliches Interesse ausdrücklich die Sicherung von Qualität und Wirtschaftlichkeit der Verfahren zur Abrechnung von Leistungen in den sozialen Krankenversicherungssystemen. Durch die rechtliche Ausgestaltung in §§ 294 ff. SGB V, § 284 f. SGB V bezüglich der (Überprüfung der) Abrechnung im Rahmen der GKV und in §§ 275 ff. SGB V bezüglich der Überprüfung der Wirtschaftlichkeit und Qualität der erbrachten Leistungen wird auch sichergestellt, dass die aus der Organisation „Gesundheitswesen" heraus übermittelten Daten ausreichend geschützt werden.

Die bei den Krankenkassen zu Zwecken der Abrechnung gespeicherten Sozialdaten müssen gem. § 304 Abs. 1 SGB V i.V.m. § 84 Abs. 2 SGB X gelöscht werden, wenn sie für die Aufgabenerfüllung der Krankenkassen nicht mehr erforderlich sind und kein Grund zu der Annahme besteht, dass durch die Löschung schutzwürdige Interessen des Betroffenen beeinträchtigt werden. Aufgrund der außerordentlichen Sensibilität der gespeicherten Daten und der damit verbundenen Gefährdung des Rechts der betroffenen Versicherten auf informationelle Selbstbestimmung normiert § 304 Abs. 1 S. 1 SGB V zudem noch Höchstspeicherfristen.[1177] Müssen die erhobenen Sozialdaten nach § 292 SGB V zur Prüfung späterer Leistungsgewährung (z.B. wenn ein Versicherter

---

[1177] *Hess*, in: Leitherer, Kasseler Kommentar zum Sozialversicherungsrecht, SGB V, § 304 Rn. 2.

nach § 22 Abs. 1 oder § 25 Abs. 1 SGB V Leistungen erst nach Ablauf einer bestimmten Frist wieder beanspruchen kann) gespeichert werden, beträgt die
zulässige Speicherfrist höchstens 10 Jahre, wohingegen Sozialdaten, die gem.
§ 295 Abs. 1a SGB V für die Abrechnungsprüfung in der vertragsärztlichen
Versorgung erforderlich sind oder gem. § 295 Abs. 2 SGB V an die Krankenkassen für die Abrechnung der Vergütung übermittelt werden, spätestens
nach 4 Jahren gelöscht werden müssen. Alternativ können die Krankenkassen
die gespeicherten Sozialdaten jedoch auch anonymisieren, woraufhin sie diese Daten gem. § 304 Abs. 1 S. 3 SGB V auch länger aufbewahren dürfen. Es ist
jedoch stets zu beachten, dass diese Höchstfristen nicht in jedem Fall bis zur
Grenze ausgenutzt werden dürfen. Sollten diese Sozialdaten schon vor Ablauf
der Höchstfristen nicht mehr zur Aufgabenerfüllung der Krankenkassen erforderlich sein, so müssen sie bereits zu diesem Zeitpunkt gem. § 304 Abs. 1
S. 1 SGB V i.V.m. § 84 Abs. 2 S. 2 SGB X gelöscht oder anonymisiert werden.

Zusammengefasst bedeutet dies, dass bei den Krankenkassen spätestens nach
Ablauf der 4-Jahres-Frist[1178] grdsl. keine personenbezogenen Sozialdaten eines Versicherten mehr verarbeitet werden dürfen, wenn die Krankenkassen
diese im Wege des Abrechnungsverfahrens in der GKV erhalten haben.[1179]

Der Medizinische Dienst der Krankenkassen darf zu den in § 275 SGB V genannten Zwecken, insbesondere zur Prüfung von Voraussetzungen, Art und
Umfang der Leistung, sowie bei Auffälligkeiten zur Prüfung der ordnungsgemäßen Abrechnung nach § 275 Abs. 1 S. 1 Nr. 1 SGB V, auf über einen Versicherten bei der Krankenkasse (§ 276 Abs. 1 SGB V) oder beim Leistungserbringer gespeicherte Daten (§ 276 Abs. 2 S. 1 HS 2 SGB V) zugreifen, sofern
dies zur jeweiligen Prüfung erforderlich ist. Die erhobenen Daten dürfen gem.
§ 276 Abs. 2 S. 2 SGB V allerdings nur für die in § 275 SGB V oder in anderen
Vorschriften des SGB genannten Zwecke verarbeitet werden und müssen nach
§ 276 Abs. 2 S. 3 SGB V spätestens nach fünf Jahren gelöscht werden.

Nach § 284 Abs. 3 S. 1 SGB V darf die Krankenkasse die im Rahmen der Abrechnung oder von ihren Mitgliedern im Rahmen ihrer Mitwirkungspflichten
nach §§ 60 ff. SGB V erhobenen Daten zudem nur für die in § 284 Abs. 1 SGB V
genannten Zwecke der Krankenversicherung verarbeiten, es sei denn, dass

---

[1178] Fristbeginn ist gem. § 304 Abs. 1 S. 2 SGB V das Ende des Geschäftsjahres, in dem die Leistungen
gewährt oder abgerechnet werden.
[1179] Dies gilt gem. § 304 Abs. 1 SGB V entsprechend für die Kassenärztlichen Vereinigungen, über die
die Ärzte und Zahnärzte ihre erbrachten Leistungen gem. § 295 SGB V mit der Krankenkasse abrechnen.

eine Rechtsvorschrift des Sozialgesetzbuchs auch die Verarbeitung zu einem anderen Zweck erlaubt.[1180]

Bezüglich dieser dargestellten Datenflüsse ergeben sich durch das System der elektronischen Gesundheitskarte und die damit verbundene Vernetzung des Gesundheitssystems hin zur „Organisation Gesundheitswesen" keine Änderungen.

10.1.3.6.2 Der rechtliche Schutz der in den Heilberuflerpraxen gespeicherten Informationen

Fraglich ist jedoch, ob die „Organisation Gesundheitswesen" auch bei den Heilberuflerpraxen rechtlich ausreichend nach außen abgesichert ist. Bei den Heilberuflern werden durch die Vernetzung des Gesundheitswesens immer mehr Daten über die behandelten Patienten gespeichert, weil sie durch das System der elektronischen Gesundheitskarte immer mehr Informationen erhalten. Alle für die Behandlung des Patienten erheblichen Informationen müssen sie dokumentieren. Bei diesen Daten handelt es sich für die Heilberufler um personenbezogene Daten i.S.d. § 3 Abs. 1 BDSG und unterliegen dem Schutz der Datenschutzgesetze.

Fraglich ist, ob es sich bei diesen dokumentierten Daten auch für Dritte um personenbezogene Daten handelt. Die Daten enthalten sensibelste Angaben über die Patienten. Auch wenn die Behandlungsdaten getrennt von den Adressdaten der Patienten gespeichert werden, sind die Patienten aus diesen Daten in vielen Fällen aufgrund des Krankheitsbildes und der Behandlungsmaßnahmen auch für Dritte identifizierbar, weshalb diese Daten auch für jene Dritte als personenbezogen zu qualifizieren sind und somit dem Datenschutzrecht unterliegen. Kann der Patient aus den Behandlungsdaten nicht identifiziert werden, so bedürfen die Daten auch keines Schutzes durch die Datenschutzgesetze, da keine Gefährdung für das Persönlichkeitsrecht des Patienten besteht.

Sind die Daten beim Heilberufler als personenbezogen zu qualifizieren, so ändert sich an dieser Einordnung auch nichts, wenn diese verschlüsselt werden. Der Heilberufler selbst besitzt den Schlüssel, um diese Daten wieder zu entschlüsseln. Somit handelt es sich für ihn zweifelsfrei um personenbezogene Daten.

[1180] Dies gilt gem. § 285 Abs. 3 S. 1 SGB V entsprechend für die Kassenärztlichen Vereinigungen, über die die Ärzte und Zahnärzte ihre erbrachten Leistungen gem. § 295 SGB V mit der Krankenkasse abrechnen.

Gibt der Heilberufler die verschlüsselten Daten an Dritte weiter, handelt es sich für diese Dritten ebenfalls regelmäßig um personenbezogene Daten. Kann der Heilberufler auch weiterhin auf diese Daten zugreifen, die ggf. auch beim Dritten gespeichert sein können, ist dem Dritten das Zusatzwissen des Heilberuflers zuzurechnen.[1181] Da der Heilberufler, wie soeben beschrieben, den Schlüssel zur Entschlüsselung dieser Daten besitzt, sind sie für den Dritten auch dann als personenbezogen zu qualifizieren, wenn er selbst den Betroffenen mit eigenen Mitteln nicht identifizieren kann, z.B. weil er selbst die verschlüsselten Daten nicht entschlüsseln kann. [1182]

Doch auch wenn der Heilberufler nicht mehr auf diese Daten zugreifen kann, vermag eine Verschlüsselung der Daten deren datenschutzrechtliche Einordnung als personen- oder nicht-personenbezogen grundsätzlich nicht zu ändern, selbst wenn nur der Heilberufler den Schlüssel für die Entschlüsselung dieser Daten besitzt.

Wie unter Ziffer 10.1.3.2.5.7.1 bereits dargestellt, handelt es sich bei den verschlüsselt im Rahmen der eGK verarbeiteten Daten für Dritte um personenbezogene Daten, da bei der Bestimmung des Personenbezugs sämtliche Mittel zu berücksichtigen sind, die während der Verarbeitungsdauer der Daten zur Verfügung stehen werden. Auch die von Heilberuflern im Rahmen der Dokumentation gespeicherten Daten sind äußerst sensibel und als Gesundheitsdaten i.S.d. § 3 Abs. 9 BDSG zu qualifizieren. In den meisten Fällen handelt es sich sogar um die gleichen Datensätze, die von einem Heilberufler einerseits in seiner Dokumentation und andererseits im Rahmen der eGK gespeichert werden. Beide Datensätze sollen für einen sehr langen Zeitraum,[1183] ggf. für ein ganzes Menschenleben, verarbeitet werden und haben regelmäßig auch nach vielen Jahren noch einen hohen wirtschaftlichen Wert. Somit müssen die Ausführungen zur Entschlüsselung der im Rahmen der eGK verschlüsselt verarbeiteten Daten durch Dritte unter Ziffer 10.1.3.2.5.7.1 entsprechend für verschlüsselt verarbeitete Daten von Heilberuflern durch Dritte gelten, wonach personenbezogene verschlüsselt im Rahmen der eGK verarbeitete Daten auch dann als personenbezogen für den Dritten zu qualifizieren sind, wenn dieser zwar keinen Schlüssel zur Entschlüsselung dieser Daten besitzt, aber während des geplanten Verarbeitungszeitraums technische Mittel zur Verfügung ste-

---

[1181] Siehe hierzu die Ausführungen unter Ziffer 10.1.3.2.5.6.
[1182] Vergleiche insoweit auch die Ausführungen unter Ziffer 10.1.3.2.5.7.2.5.
[1183] Siehe hierzu auch die Ausführungen unter Ziffer 3.1.1.2. So wird empfohlen, die Dokumentation einer Behandlung für 30 Jahre aufzubewahren. Sofern die darin enthaltenen Angaben z.B. auch nach Ablauf dieser Frist noch für die Behandlung eines Patienten erforderlich sind, ist gesetzlich aber auch eine längere Speicherung dieser Daten erlaubt.

hen werden, mit denen die eingesetzte Verschlüsselung überwunden werden kann.

Auch in diesem Fall ist davon auszugehen, dass die derzeit eingesetzten Verschlüsselungsmethoden nicht für den gesamten intendierten Verarbeitungszeitraum als absolut sicher zu qualifizieren sind. Diese absolute Sicherheit könnte nur dann gewährleistet werden, wenn sämtliche Daten erneut und dem technischen Fortschritt angepasst verschlüsselt oder gelöscht werden, bevor die ursprünglich eingesetzte Verschlüsselungsmethode unsicher wird.[1184] Hiervon ist jedoch regelmäßig nicht auszugehen, wenn sich die Daten in der alleinigen Verfügungsgewalt eines Dritten befinden. Somit sind auch die verschlüsselt durch einen Dritten verarbeiteten Gesundheitsdaten von Heilberuflern für den Dritten regelmäßig als personenbezogen zu qualifizieren, auch wenn diese verschlüsselt sind und der Dritte nicht den für die Entschlüsselung notwendigen Schlüssel besitzt. Ist hingegen ausnahmsweise sichergestellt, dass sämtliche Daten neu und sicher verschlüsselt oder gelöscht werden, bevor die eingesetzte Verschlüsselungsmethode unsicher wird, bedürfen diese Daten keines Schutzes durch die Datenschutzgesetze, da keine Gefährdung für das Persönlichkeitsrecht des Patienten besteht.

Durch die grundsätzliche Einordnung der verschlüsselten Gesundheitsdaten als personenbezogene Daten wird somit auch an dieser Stelle sichergestellt, dass vermeintlich nicht personenbezogene verschlüsselte Daten, datenschutzrechtlich zulässig, z.B. an Dritte übermittelt und Jahre später dann von diesen entschlüsselt werden können, weil sie immer noch einen hohen wirtschaftlichen Wert besitzen. Somit sind auch die in den Heilberuflerpraxen gespeicherten Daten durch das Datenschutzrecht wirksam nach außen abgesichert.

10.1.4 Ergebnis

Die „Organisation Gesundheitswesen" ist in ihrer Gesamtheit weitreichend durch den (Sozial-)Datenschutz abgesichert. Durch die rechtliche Ausgestaltung ist sichergestellt, dass jedes Mitglied über sämtliche Informationen verfügen kann, die es zur Erfüllung seiner Aufgaben im Rahmen der Organisation benötigt. Gesteuert wird die Informationsverteilung durch den organisierenden Patienten. Diese Befugnis wird auch dadurch gesichert, dass das (Sozial-)Datenschutzrecht die Informationsverteilung innerhalb der Organisation, aber auch nach außen wirksam schützt. So wird allein der organisierende Patient in die Lage versetzt, über die Informationsverteilung, sowohl innerhalb

---

[1184] Siehe hierzu auch die Ausführungen unter Ziffer 10.1.3.2.5.7.2.1.

der Organisation als auch nach außen, zu entscheiden. Der behandelnde Heilberufler und außenstehende Dritte erhalten nur diejenigen Informationen, von denen der organisierende Patient möchte, dass diese sie erhalten. Ein anderer Weg, als diese Informationen vom organisierenden Patienten zu erhalten, besteht für die Heilberufler und außenstehende Dritte aufgrund der (sozial-)datenschutzrechtlichen Regelungen nicht.

10.2 Die heilberufliche Schweigepflicht

Ein weiterer rechtlicher Schutz der äußeren „Haut" der „Organisation Gesundheitswesen" besteht in der heilberuflichen Schweigepflicht. So bezweckt auch die heilberufliche Schweigepflicht nach § 203 StGB zuvorderst den Schutz des Rechts des Betroffenen auf informationelle Selbstbestimmung[1185] und bezieht sich nicht nur auf Heilberufler, wie z.B. Ärzte, Zahnärzte oder Apotheker, sondern auch auf deren berufsmäßig tätige Gehilfen.

Die strafrechtliche Sanktionsnorm § 203 StGB und die datenschutzrechtlichen Verarbeitungsvorschriften sind nebeneinander anwendbar.[1186] Dies hat zur Folge, dass soweit die jeweiligen gesetzlichen Anwendungsvoraussetzungen vorliegen, die heilberufliche Schweigepflicht nach § 203 StGB und das BDSG kumulativ anwendbar sind. In der Praxis bedeutet dies, dass aus Sicht des Heilberuflers das Ungünstigkeitsprinzip gilt: Das jeweils höhere Schutzniveau setzt sich durch.[1187] Im Folgenden wird deshalb geprüft, inwieweit die heilberufliche Schweigepflicht nach § 203 StGB den Schutz medizinischer Daten des Betroffenen im Zeitalter der vernetzten Medizin sicherstellen kann. Außerdem wird untersucht, ob trotz der Schweigepflicht nach § 203 StGB sichergestellt ist, dass sämtliche Akteure ihre Aufgaben in der „Organisation Gesundheitswesen" erfüllen können, insbesondere die neu hinzutretenden Akteure, wie das technische Servicepersonal.

[1185] Siehe z.B. BGH NJW 1991, 2955 (2956); BGH NJW 1993, 1638 (1638); *Lenckner/Eisele*, in: Schönke/Schröder, Strafgesetzbuch, § 203 Rn. 3 (m.w.N.); *Schünemann*, ZStW 90 (1978), 11; a.A. z.B. OLG Köln NStZ 1983, 412 ff., nach dem § 203 StGB vorrangig das Allgemeininteresse in Form des allgemeinen Vertrauens in die Verschwiegenheit der Angehörigen bestimmter Berufe bzw. der Träger bestimmter Funktionen schützt. Siehe auch die weitergehenden Ausführungen unter Ziffer 10.2.3.1.
[1186] Siehe z.B. *Weichert*, NJW 2004, 1695 (1696) m.w.N.; *Deutsch/Spickhoff*, Medizinrecht, Rn. 607; *Körner-Dammann*, NJW 1992, 729 (730).
[1187] *Deutsch/Spickhoff*, Medizinrecht, Rn. 607.

10.2.1 Die Geschichte der heilberuflichen Schweigepflicht

„Ich schwöre bei Apollon, dem Arzt, und bei Asklepios, Hygieia und Panakeia sowie unter Anrufung aller Götter und Göttinnen als Zeugen, dass ich nach Kräften und gemäß meinem Urteil diesen Eid und diesen Vertrag erfüllen werde:

[...]

Über alles, was ich während oder außerhalb der Behandlung im Leben der Menschen sehe oder höre und das man nicht nach draußen tragen darf, werde ich schweigen und es geheim halten.

Wenn ich diesen meinen Eid erfülle und ihn nicht antaste, so möge ich mein Leben und meine Kunst genießen, gerühmt bei allen Menschen für alle Zeiten; wenn ich ihn aber übertrete und meineidig werde, dann soll das Gegenteil davon geschehen."[1188]

Bereits den Menschen in der Antike war die Bedeutung der Schweigepflicht für die Beziehung zwischen Heilberufler und Patient und damit für den Behandlungserfolg bewusst. Doch auch schon vor dem berühmten Eid des Hippokrates gab es ärztliches Standesrecht, welches die Schweigepflicht normierte. Im Bereich des heutigen Indien wurde die ärztliche Schweigepflicht gegen 800 v. Chr. erstmals in der Ayur-Veda des Charaka, dem ältesten medizinischen Sanskritwerk, statuiert: „Die Vorgänge im Hause des Kranken dürfen nicht ausgeplaudert werden, auch darf von einem dem Kranken etwa drohenden frühen Ende nichts mitgeteilt werden, wo es dem Kranken oder sonst jemandem Nachteile bringen kann."[1189]

Sah man die ärztliche Schweigepflicht in der Antike eher als ein Gebot der Ethik an, wurde diese im Bereich des heutigen Deutschlands im 18. Jahrhundert erstmals gesetzlich normiert. Nach § 505 des Preußischen Allgemeinen Landrechts *sollten Ärzte, Wundärzte und Hebammen die ihnen bekannt gewordenen Gebrechen und Familiengeheimnisse, insofern es keine Verbrechen waren, bei Vermeidung einer nach den Umständen zu bestimmenden Geldbuße von fünf bis 50 Thalern niemandem offenbaren.* Allerdings diente diese Vorschrift nicht dem Zweck des Schutzes des Patienten. Vielmehr sanktionierte sie die Verlet-

---

[1188] Der Eid des Hippokrates (um 460 bis 370 v. Chr.); im Original und in der deutschen Übersetzung abrufbar unter: http://de.wikipedia.org/wiki/Eid_des_Hippokrates (19.05.2013).
[1189] *Ebermayer*, Der Arzt im Recht, S. 45; *Haeser*, Lehrbuch der Geschichte der Medizin, S. 15; *Sauter*, Das Berufsgeheimnis und sein strafrechtlicher Schutz, S. 2.

zung einer öffentlichen Pflicht, denn den Heilberuflern wurde damals eine den Beamten ähnliche Eigenschaft zuerkannt.[1190]

Unter dem Einfluss des Art. 378 des französischen Code pénale von 1813 entstand im Jahr 1851 dann § 155 des Strafgesetzbuches für die Preußischen Staaten:

> *„Medizinalpersonen und deren Gehilfen sowie alle Personen, welche unbefugterweise Privatgeheimnisse offenbaren, die ihnen Kraft Amtes, Standes oder Gewerbes anvertraut sind, werden mit Geldbuße bis zu fünfhundert Thalern oder Gefängnis bis zu drei Monaten bestraft."*

Erstmalig wurde durch diese Vorschrift nicht mehr die Verletzung der öffentlichen Ordnung, sondern vielmehr die Beeinträchtigung des Persönlichkeitsrechts der Patienten sanktioniert.[1191]

Im Jahr der Reichsgründung 1871 wurde dann die heilberufliche Schweigepflicht in § 300 RStGB für den neu entstandenen Staat geregelt. Bemerkenswert bei dieser Regelung ist, dass es keine Ausnahmen von der Geheimhaltungspflicht mehr gab, außer sie waren ausdrücklich gesetzlich normiert.[1192] Nach mehrfachen Reformbemühungen, insbesondere aufgrund diverser Kritik an diesem absoluten Geheimnisschutz,[1193] trat erst unter dem Regime der Nationalsozialisten am 01.04.1936 die Reichsärzteordnung (RÄO)[1194] in Kraft. Die Schweigepflicht war in § 13 RÄO geregelt. Bemerkenswert an dieser Vorschrift ist Absatz 3:

> *(3) Der Täter ist straffrei, wenn er ein solches Geheimnis zur Erfüllung einer Rechtspflicht oder sittlichen Pflicht oder sonst zu einem nach gesundem Volksempfinden berechtigten Zweck offenbart und wenn das bedrohte Rechtsgut überwiegt.*

Demnach besaß ein Heilberufler das Recht, Geheimnisse zu offenbaren, wenn dies die sittliche Pflicht verlangte. Diese bestimmte sich im Nationalsozialismus nicht nach der Ansicht des Einzelnen, sondern nach dem „Volkswillen",

---

[1190] *Sauter*, Das Berufsgeheimnis und sein strafrechtlicher Schutz, S. 2; *Rieger*, DMW 1975, 1867 (1867); *Lilie*, Medizinische Datenverarbeitung, Schweigepflicht und Persönlichkeitsrecht im deutschen und amerikanischen Recht, S. 53.

[1191] *Rieger*, DMW 1975, 1867 (1868); *Schal*, Die Schweigepflicht des Betriebsarztes, S. 11 f.

[1192] *Schmidt*, Der Arzt im Strafrecht, S. 5; *Holert*, Das Recht des Kassenpatienten auf ärztliche Verschwiegenheit im gesetzlichen Krankenversicherungssystem, S. 14; *Schal*, Die Schweigepflicht des Betriebsarztes, S. 12 f.

[1193] Siehe z.B. RGSt. 38, 64.

[1194] RGBl. I 1935, S. 1433.

der durch die Staatsführung bestimmt wurde.[1195] Ein Offenbaren von Geheimnissen war somit schon zulässig im Fall von Geschlechtskrankheiten vor Eingehen der Ehe, der Entziehung vom Wehrdienst durch Simulation oder wenn jemand krank war und dadurch leichtfertig über fremdes Vermögen verfügen könnte.[1196]

Ebenfalls war es nach § 13 Abs. 3 RÄO zulässig, ein Geheimnis zu einem nach gesundem Volksempfinden berechtigten Zweck zu offenbaren, wenn das bedrohte Rechtsgut die Verletzung der Schweigepflicht überwog. Demnach war der Heilberufler berechtigt, Verbrechen an die zuständigen Behörden zu melden, wobei in der Lehre umstritten war, ob dies bei allen Verbrechen[1197] oder nur bei schweren Verbrechen, wie z.B. Sexualdelikten und Abtreibungen, der Fall sein sollte.[1198] Auf jeden Fall sollten alle mit der Todesstrafe bedrohten Delikte den Arzt zur Anzeige berechtigen.[1199] Die Anzahl der Delikte, die mit dem Tode bedroht waren, stieg bis zum Jahr 1943/44 auf insgesamt 46 an. Als „Volksschädling" konnten selbst Diebe oder Personen, die den Krieg kritisierten, zum Tode verurteilt werden.[1200] Auch die wissenschaftliche Forschung sollte ein Offenbarungsrecht begründen.[1201] Gleiches galt für „Krankmachen" durch Arbeitnehmer.[1202]

Die Neufassung der heilberuflichen Schweigepflicht zur Zeit des Nationalsozialismus zeigt, dass diese schon immer Spiegelbild der Gesellschaftsanschauung war und abgebildet hat, welche Stelle das Individuum in der Gesellschaft haben sollte. Die Regelung in § 13 RÄO zeigt, wie sehr die Nationalsozialisten den Menschen nur als Teil einer „Volksgemeinschaft" sahen und die Persönlichkeitsrechte des Individuums beschnitten wurden. Die teilweise perversen Interessen der „Volksgemeinschaft", die von der Staatsführung festgelegt wurden, waren denen des Individuums vorrangig. Der Schutz des Geheimnisses zwischen Heilberufler und Patient wurde aufgrund politischer Interessen stark aufgeweicht.

[1195] *Gönner*, Die Schweigepflicht des Arztes und Apothekers nach deutschem und französischem Recht, S. 67 f.

[1196] *Gönner*, Die Schweigepflicht des Arztes und Apothekers nach deutschem und französischem Recht, S. 74 ff.

[1197] Siehe z.B. *Weimar*, Deutsches Polizeiarchiv 1936, 266.

[1198] *Gönner*, Die Schweigepflicht des Arztes und Apothekers nach deutschem und französischem Recht, S. 80 ff.

[1199] *Gönner*, Die Schweigepflicht des Arztes und Apothekers nach deutschem und französischem Recht, S. 83.

[1200] Siehe z.B. die Verordnung gegen Volksschädlinge, RGBl. I 1939, S. 1679 ff.

[1201] *Gönner*, Die Schweigepflicht des Arztes und Apothekers nach deutschem und französischem Recht, S. 83 m.w.N.

[1202] *Gönner*, Die Schweigepflicht des Arztes und Apothekers nach deutschem und französischem Recht, S. 85.

Erst im Jahr 1953 wurde § 13 RÄO durch § 300 StGB ersetzt, in dem die Ausnahmen nach § 13 Abs. 3 RÄO wieder ersatzlos gestrichen wurden. Außerdem wurde die Verschwiegenheitspflicht auf alle Heilberufe ausgeweitet, für die eine staatlich geregelte Ausbildung absolviert werden musste.[1203]

Nach der Kritik, dass die Schweigepflicht gem. § 300 StGB aufgrund bestehender Ausnahmeregelungen zu löchrig sei,[1204] wurde die heilberufliche Schweigepflicht im Jahr 1974 in § 203 StGB neu geregelt und trat zum 01.01.1975 in Kraft.[1205] Diese Vorschrift ist grundsätzlich auch heute noch gültig, allerdings wurde sie bis zum heutigen Tage noch mehrfach geändert, zuletzt am 12.04.2008.[1206]

10.2.2 Die heilberufliche Schweigepflicht in der Gegenwart

Fraglich ist, ob die gegenwärtige rechtliche Ausgestaltung der heilberuflichen Schweigepflicht noch der Stellung in der vernetzten Informationsgesellschaft entspricht. Wie bereits dargelegt wurde, verändert sich die Ausgestaltung der Schweigepflicht mit der Stellung des Menschen in der Gesellschaft. Diese Stellung hat sich verändert. Wie bereits unter Ziffer 7 analysiert wurde, sind nicht mehr Einzelbeziehungen zwischen dem Patienten und seinen behandelnden Heilberuflern prägend für das Gesundheitssystem, sondern die Beziehung des Patienten zur vernetzten „Organisation Gesundheitswesen". Somit stellt sich die Frage, ob die heilberufliche Schweigepflicht an diese Veränderung angepasst werden muss und ob dies bereits (teilweise) erfolgt ist.

Die heilberufliche Schweigepflicht hat mehrere Rechtsgrundlagen. Ihre verfassungsmäßige Grundlage hat sie im Allgemeinen Persönlichkeitsrecht gem. Art. 2 Abs. 1 i.V.m. Art. 1 Abs. 1 GG. Denn, so die Begründung des Bundesverfassungsgerichts in einem Urteil vom 08.03.1972, wer sich in ärztliche Behandlung begebe, müsse und dürfe erwarten, dass alles, was der Arzt im Rahmen seiner Berufsausübung erfahre, geheim bleibe und nicht zur Kenntnis Unbefugter gelange. Nur so könne zwischen Arzt und Patient jenes Vertrauen entstehen, das zu den Grundvoraussetzungen ärztlichen Wirkens zähle.[1207] Zwar gelten Grundrechte zwischen Privatpersonen nur mittelbar.[1208] Doch trifft den Staat aufgrund der objektiven Komponente dieses Grundrechts eine

[1203] *Schal*, Die Schweigepflicht des Betriebsarztes, S. 14.
[1204] Siehe z.B. *Schmidt*, Brennende Fragen des ärztlichen Berufsgeheimnisses, S. 16.
[1205] BGBl. I 1974, S. 478 (486 f., 648).
[1206] BGBl. I 2008, S. 666.
[1207] BVerfGE 32, 373 (379, 390).
[1208] Siehe z.B. BVerfGE 73, 261 (269).

Schutzpflicht im Hinblick auf dessen Substanz gegenüber Dritten.[1209] Da eben nicht nur der Staat, sondern auch ein privater Dritter das Persönlichkeitsrecht eines Bürgers verletzen kann, z.B. indem er Bilder oder Tatsachen aus dessen Intimbereich veröffentlicht, ist der Staat mithin verpflichtet, das Persönlichkeitsrecht auch vor Verletzungen durch private Dritte zu schützen.[1210] Dieser verfassungsrechtlichen Verpflichtung ist der deutsche Gesetzgeber mit der Normierung der heilberuflichen Schweigepflicht in § 203 StGB nachgekommen.[1211] Auch die prozessualen Zeugnisverweigerungsrechte der Heilberufler gem. § 53 Abs. 1 StPO bzw. § 383 ZPO, das Beschlagnahmeverbot gem. § 97 StPO sowie weitere datenschutzrechtliche Bestimmungen, u.a. solche des Sozialgesetzbuches und des BDSG, folgen aus dieser verfassungsrechtlichen Vorgabe.[1212]

Eine Folge der mittelbaren Drittwirkung des Allgemeinen Persönlichkeitsrechts und damit der Schweigepflicht von Heilberuflern ist, dass die Schweigepflicht über die Einbruchstelle der §§ 157, 242 BGB auch eine nebenvertragliche Pflicht des Heilberuflers begründet, über die Behandlung des Patienten, mit dem er einen Behandlungsvertrag geschlossen hat, zu schweigen.[1213] Außerdem hat der Heilberufler darüber hinaus auch über alle Geheimnisse, die Dritte betreffen und selbst nicht Vertragspartner sind, zu schweigen. Dies ergibt sich ebenfalls aus Treu und Glauben gem. §§ 157, 242 BGB.[1214]

Auch in der Musterordnung der Ärzte (MBO-Ä), der, wenn sie von der jeweils zuständigen Landeskammer als Satzung beschlossen wurde, rechtsverbindlicher Charakter zukommt, wird eine ärztliche Schweigepflicht statuiert. § 9 der MBO-Ä gibt diesbezüglich vor:

§ 9 Schweigepflicht

(1) Ärztinnen und Ärzte haben über das, was ihnen in ihrer Eigenschaft als Ärztin oder Arzt anvertraut oder bekannt geworden ist - auch über den Tod der Patientin oder des Patienten hinaus - zu schweigen. Dazu gehören auch schriftliche Mitteilungen der Patientin oder des Patienten,

---

1209 Siehe z.B. *Herdegen*, in: Maunz/Dürig, Grundgesetz-Kommentar, Art. 1 Abs. 3 Rn. 19.
1210 Siehe z.B. *Di Fabio*, in: Maunz/Dürig, Grundgesetz-Kommentar, Art. 2 Rn. 135.
1211 Siehe auch *Corinth*, Ärztliche Schweigepflicht und kollidierende Gesundheitsinteressen Dritter, S. 11 f; *Deutsch*, AcP 192 (1992), 161 (170).
1212 *Corinth*, Ärztliche Schweigepflicht und kollidierende Gesundheitsinteressen Dritter, S. 12.
1213 *Corinth*, Ärztliche Schweigepflicht und kollidierende Gesundheitsinteressen Dritter, S. 12.
1214 So auch *Corinth*, Ärztliche Schweigepflicht und kollidierende Gesundheitsinteressen Dritter, S. 38. A.A. *Timm*, der nur bei Vorliegen eines Vertrags mit Schutzwirkung zugunsten Dritter die Geheimnisse Dritter von der Schweigepflicht mit umfasst sieht, einen derartigen Vertrag i.d.R. aber ablehnt (siehe *Timm*, Grenzen der ärztlichen Schweigepflicht, S. 39). Diese Ansicht widerspricht jedoch der Erwartungshaltung des Patienten und dem objektiven Schutzgebot aus Art. 2 Abs. 1 i.V.m. Art. 1 Abs. 1 GG.

Aufzeichnungen über Patientinnen und Patienten, Röntgenaufnahmen und sonstige Untersuchungsbefunde.

(2) Ärztinnen und Ärzte sind zur Offenbarung befugt, soweit sie von der Schweigepflicht entbunden worden sind oder soweit die Offenbarung zum Schutze eines höherwertigen Rechtsgutes erforderlich ist. Gesetzliche Aussage- und Anzeigepflichten bleiben unberührt. Soweit gesetzliche Vorschriften die Schweigepflicht der Ärztin oder des Arztes einschränken, soll die Ärztin oder der Arzt die Patientin oder den Patienten darüber unterrichten.

(3) Ärztinnen und Ärzte haben ihre Mitarbeiterinnen und Mitarbeiter und die Personen, die zur Vorbereitung auf den Beruf an der ärztlichen Tätigkeit teilnehmen, über die gesetzliche Pflicht zur Verschwiegenheit zu belehren und dies schriftlich festzuhalten.

(4) Wenn mehrere Ärztinnen und Ärzte gleichzeitig oder nacheinander dieselbe Patientin oder denselben Patienten untersuchen oder behandeln, so sind sie untereinander von der Schweigepflicht insoweit befreit, als das Einverständnis der Patientin oder des Patienten vorliegt oder anzunehmen ist.

Entgegen dem Wortlaut von Absatz 1 unterliegen Geheimnisse, die einem unbestimmten Personenkreis bereits bekannt sind, nicht der ärztlichen Schweigepflicht.[1215] Hingegen sind Drittgeheimnisse von dem Anwendungsbereich dieser Vorschrift mit umfasst. Zu den höherwertigen Rechtsgütern, die eine Offenbarung von Geheimnissen rechtfertigen würden, können auch berechtigte eigene Interessen des Arztes zählen, z.B. eigene berechtigte Honorarforderungen.[1216]

Problematisch ist jedoch Absatz 4, wonach es Ärzten auch dann berufsrechtlich erlaubt ist, Geheimnisse anderen Ärzten zu offenbaren, wenn das Einverständnis des betroffenen Patienten dazu *anzunehmen sei.* Hinter dieser Formulierung steckt die „mutmaßliche Einwilligung" des Patienten. Problematisch an der Formulierung des Absatzes 4 ist, dass die mutmaßliche Einwilligung gleichberechtigt neben der ausdrücklichen Einwilligung und unter keiner Bedingung steht. Eine mutmaßliche Einwilligungserklärung kann jedoch nur dann die Offenbarung von Geheimnissen rechtfertigen, wenn der Patient nicht (mehr) in der Lage ist, seine ausdrückliche Einwilligung, z.B. bei Bewusstlosigkeit, zu erklären. Als Ausfluss von Art. 2 Abs. 1 i.V.m. Art. 1 Abs. 1

[1215] *Lippert,* in: Ratzel/Lippert, Kommentar zur Musterberufsordnung der deutschen Ärzte (MBO), § 9 Rn. 43.
[1216] *Timm,* Grenzen der ärztlichen Schweigepflicht, S. 35 f.

GG muss immer eine ausdrückliche oder zumindest eine konkludente Einwilligungserklärung des Betroffenen eingeholt werden.[1217] Somit ist § 9 Abs. 4 MBO-Ä einschränkend auszulegen. Wünschenswert wäre jedoch auch eine normative Klarstellung. Denn die Berufsordnung richtet sich zuvorderst an Ärzte und somit an juristische Laien. Das Recht des Patienten auf informationelle Selbstbestimmung ist ein zu wichtiges Gut, als dass diesbezüglich Unklarheiten bestehen sollten. Dies liegt auch im Interesse der Ärzte. Folglich sollte § 9 Abs. 4 MBO-Ä um einen Satz 2 ergänzt werden:

> *„Das Einverständnis des Patienten ist nur dann anzunehmen, wenn der Patient nicht in der Lage ist, seinen Willen ausdrücklich zu äußern und die Offenbarung zum Schutz der Gesundheit oder des Lebens des Patienten erforderlich ist."*

10.2.3 Die heilberufliche Schweigepflicht gem. § 203 StGB

Die wohl wichtigste normierte Verpflichtung der Heilberufler zur Verschwiegenheit stellt die strafrechtliche Normierung in § 203 StGB dar. Demnach wird gem. § 203 Abs. 1 StGB mit Freiheitsstrafe bis zu einem Jahr oder mit Geldstrafe bestraft, wer ein ihm in seiner Eigenschaft als Mitglied eines in Nr. 1-6 aufgeführten Berufes anvertrautes oder sonst bekannt gewordenes Geheimnis unbefugt offenbart. Werden diese Geheimnisse verwertet, kommt auch eine Strafbarkeit nach § 204 Abs. 1 StGB in Betracht.

10.2.3.1 Geschütztes Rechtsgut

Das von § 203 StGB geschützte Rechtsgut ist umstritten. Teilweise wird vertreten,[1218] dass das Schutzgut von § 203 StGB nicht nur im Schutz von Individualinteressen bestehe, sondern auch im Schutz von Allgemeininteressen und zwar in Form des allgemeinen Interesses an der Verschwiegenheit der Angehörigen der in § 203 StGB aufgeführten Berufsgruppen.[1219] Begründet wird diese Ansicht damit, dass nur ein allgemeines Vertrauen in die eherne Verschwiegenheit des Arztes eine effiziente Gesundheitspflege gewährleiste, weil der Patient die vom Arzt in der Anamnese notwendigerweise zu erhebenden

---

[1217] Siehe dazu auch *Cierniak/Pohlit,* in: Joecks/Miebach, MüKo StGB, § 203 Rn. 84; *Lenckner/Eisele,* in: Schönke/Schröder, Strafgesetzbuch, § 203 Rn. 27.
[1218] So z.B. *Cierniak/Pohlit,* in: Joecks/Miebach, MüKo StGB, § 203 Rn. 2 ff.; *Lenckner/Eisele,* in: Schönke/Schröder, Strafgesetzbuch, § 203 Rn. 3; *Corinth,* Ärztliche Schweigepflicht und kollidierende Gesundheitsinteressen Dritter, S. 21 f.
[1219] Siehe KG NJW 1992, 2771.

Angaben und Auskünfte nur dann diesem geben oder überlassen werde, wenn er absolut sicher sein könne, dass von diesem die Vertraulichkeit aller Angaben und Auskünfte zu jeder Zeit gewährleistet werde.[1220] Außerdem zeige die Beschränkung der Schweigepflicht auf bestimmte Berufsgruppen und Funktionsträger, dass speziell das Vertrauen gegenüber dieser Personengruppe geschützt werden solle.[1221]

Diese Auffassung vermag jedoch nicht zu überzeugen. Vielmehr schützt § 203 StGB das Individualinteresse des Einzelnen, grundsätzlich selbst über die Preisgabe und Verwendung seiner persönlichen Daten zu bestimmen, mithin also dessen informationelles Selbstbestimmungsrecht.[1222] So vermögen die Argumente der Gegenansicht, nach der § 203 StGB (auch) dem Schutz von Allgemeininteressen diene, inhaltlich nicht zu überzeugen. Zwar mag der Schutzzweck von § 300 StGB a.F. (siehe die Ausführungen unter Ziffer 10.2.1) noch im Schutz des allgemeinen Vertrauens in die in dieser Norm genannten Berufsgruppen bestanden haben, da nach dieser Vorschrift die strafrechtlich sanktionierte Geheimhaltungspflicht auf Ärzte und die Rechtspflegeberufe beschränkt war.[1223] Doch wie unter Ziffer 10.2.1 bereits ausgeführt, unterliegt das geschützte Rechtsgut der Schweigepflicht einer kontinuierlichen Veränderung. Der Gesetzgeber hat spätestens mit der Ausweitung des Schutzbereichs von § 203 StGB im Jahr 1974, durch die der Täterkreis des § 203 Abs. 1 StGB um mehrere Berufsgruppen und Funktionsträger ergänzt wurde, so z.B. um Angehörige eines Unternehmens der privaten Kranken- oder Unfallversicherung oder einer privatärztlichen Verrechnungsstelle gem. § 203 Abs. 1 Nr. 6 StGB, klargestellt, dass § 203 StGB nicht (mehr) das Vertrauen der Allgemeinheit in die in dieser Norm genannten Berufsgruppen bzw. gegenüber dort genannten Funktionsträgern schützen soll, da ein solch schützenswertes Vertrauensverhältnis zum Beispiel gegenüber Angehörigen einer privaten Kranken- oder Unfallversicherung oder einer privatärztlichen Verrechnungsstelle nicht besteht.[1224] Der Grund, warum der Gesetzgeber in § 203 Abs. 1 StGB die Schweigepflicht für bestimmte Berufsgruppen und Funktionsträger, wie z.B. Ärzte, Apotheker und Rechtsanwälte, normiert hat, besteht somit nicht in dem Schutz des besonderen Vertrauens gegenüber diesen Berufsgruppen und Funktionsträgern, sondern vielmehr darin, dass ein Geheimnis-

---

[1220] Siehe z.B. *Schlund*, in: Laufs/Kern, Handbuch des Arztrechts, § 65 Rn. 16. Siehe auch BGH NJW 1968, 2288 (2290).

[1221] Siehe z.B. OLG Köln NStZ 1983, 412 (412 f.).

[1222] So z.B. auch BGHZ 115, 123; 122, 115; *Grabsch*, Die Strafbarkeit der Offenbarung höchstpersönlicher Daten des ungeborenen Menschen, S. 17 ff., *Michalowski*, ZStW 109, 519 (519 ff.); *Paul/Gendelev*, ZD 2012, 315 (320); *Heghmanns/Niehaus*, NStZ 2008, 57 (60 f.); siehe auch *Kühl*, in: Lackner/Kühl, StGB, § 203 Rn. 1.

[1223] Siehe z.B. *Heghmann/Niehaus*, NStZ 2008, 57 (60) m.w.N.

[1224] So auch *Heghmanns/Niehaus*, NStZ 2008, 57 (60 f.).

träger faktisch gezwungen ist, gegenüber diesen Berufsgruppen und Funktionsträgern Geheimnisse über sich zu offenbaren, sofern er deren Dienste in Anspruch nehmen möchte.[1225] Möchte ein Geheimnisträger mit Aussicht auf Erfolg von einem Arzt behandelt oder von einem Rechtsanwalt vertreten werden, muss er diesem Geheimnisse anvertrauen, deren Bekanntwerden für den Geheimnisträger oft schwerwiegende Nachteile mit sich bringen würde. Der Geheimnisträger kann seine Persönlichkeitsrechte gegenüber diesen Berufsgruppen somit nicht selbst wirksam schützen, so dass der Gesetzgeber aus diesem Grund einen strafrechtlichen Schutz normiert hat.[1226] Mit anderen Worten: Der Gesetzgeber hat eine Schweigepflicht für bestimmte Berufe nicht deshalb normiert, weil jemand Arzt, Rechtsanwalt oder Beamter ist, sondern weil diese Personen in ihrer Funktion zwangsläufig fremde Geheimnisse erfahren.[1227] Hieraus folgt, dass § 203 StGB nicht das Vertrauen der Allgemeinheit in die Verschwiegenheit der in dieser Norm genannten Berufsgruppen und Funktionsträger schützen soll, sondern vielmehr das individuelle Interesse des Geheimnisträgers, grundsätzlich selbst über die Preisgabe und Verwendung seiner persönlichen Daten zu bestimmen.

Für diese Ansicht sprechen auch die systematische Einordnung von § 203 StGB im 15. Abschnitt des StGB, welcher mit „Verletzung des *persönlichen* Lebens- und Geheimnisbereichs" (und eben nicht mit „Verletzung von Allgemeininteressen" oder ähnlichem) überschrieben ist, als auch die Vorsehung eines Strafantragserfordernisses in § 205 StGB, nach dem nur der Geheimnisträger selbst einen solchen Strafantrag stellen kann. Eine Ersetzung des fehlenden Strafantrags bei Vorliegen eines besonderen öffentlichen Interesses ist gerade nicht vorgesehen. Eine solche Regelung wäre unverständlich, wenn § 203 StGB auch Allgemeininteressen schützen soll.[1228] Des Weiteren hat der Gesetzgeber in der Gesetzesbegründung zu § 203 StGB ausdrücklich nur das „Privatgeheimnis" als Schutzobjekt des § 203 StGB benannt.[1229]

Somit ist festzuhalten, dass § 203 StGB das Individualinteresse des Einzelnen schützt, grundsätzlich selbst über die Preisgabe und Verwendung seiner persönlichen Daten zu bestimmen.

[1225] *Schünemann*, ZStW 90, 11 (54); *Ostendorf*, JR 1981, 444 (447); *Heghmanns/Niehaus*, NStZ 2008, 57 (60).
[1226] *Ostendorf*, JR 1981, 444 (446).
[1227] *Kleinewefers/Wilts*, NJW 1964, 428 (430); *Heghmanns/Niehaus*, NStZ 2008, 57 (60); siehe auch die Gesetzesbegründung in BR-Drs. 111/1/73, S. 20.
[1228] *Heghmanns/Niehaus*, NStZ 2008, 57 (61); *Paul/Gendelev*, ZD 2012, 315 (320); *Corinth*: Ärztliche Schweigepflicht und kollidierende Gesundheitsinteressen Dritter, S. 21.
[1229] Siehe die Gesetzesbegründung in BT-Drs. 7/550, 235 ff.; *Corinth*, Ärztliche Schweigepflicht und kollidierende Gesundheitsinteressen Dritter, S. 21; *Heghmanns/Niehaus*, NStZ 2008, 57 (61).

10.2.3.2 Fremdes, dem Heilberufler anvertrautes Geheimnis

Die Tathandlung nach § 203 Abs. 1 StGB besteht im Offenbaren eines fremden Geheimnisses, welches dem Täter in seiner Funktion nach § 203 Abs. 1 Nr. 1-6 StGB anvertraut wurde.

Ein Geheimnis ist ganz allgemein eine wahre Tatsache, die nur ein Einzelner oder ein beschränkter Kreis von Personen kennt und bezüglich derer der Betroffene ein subjektives Geheimhaltungsinteresse besitzt.[1230] Unrichtige Tatsachen werden von § 203 StGB nicht geschützt.[1231]

Geheimnisse können demnach unter anderem sein: Art der Krankheit und ihr Verlauf, Anamnese, Diagnose, Therapiemaßnahmen, Prognose, psychische Auffälligkeiten, körperliche und geistige Mängel bzw. Besonderheiten, Patientenakten, Röntgenaufnahmen, Untersuchungsmaterial und –ergebnisse, sämtliche Angaben über persönliche, familiäre, berufliche, wirtschaftliche und finanzielle Gegebenheiten, die Identität des Patienten sowie die Tatsache der Behandlung.[1232] Festzuhalten ist also, dass Informationen aus dem Heilberufler-Patienten-Verhältnis fast ausnahmslos unter den Geheimnisbegriff des § 203 Abs. 1 StGB fallen. Lediglich bloße Meinungsäußerungen des Heilberuflers fallen nicht darunter.

Das Geheimnis darf darüber hinaus auch nur einer beschränkten Anzahl von Personen bekannt oder zugänglich sein.[1233] In dem Augenblick, in dem die Tatsache zur Kenntnis einer ungewissen Vielzahl von Personen gelangt oder beliebigen Dritten ohne weiteres zugänglich ist, steht sie außerhalb der geschützten Individualsphäre des Einzelnen und gilt als offenkundig, so dass sie nicht mehr in den Schutzbereich des § 203 Abs. 1 StGB fällt.[1234]

Das subjektive Geheimhaltungsinteresse des Patienten muss des Weiteren schützenswert sein. Dieses Kriterium erfordert nicht dessen positive Bewertung in der Weise, dass es bei Anlegen eines objektiven Maßstabs als vernünftig anzusehen sein müsste, und dass jeder andere in der Lage des Geheimnisträgers dessen Interessenbewertung teilen würde. Der Schutzzweck des §203 StGB verlangt vielmehr, auch rein persönliche, von anderen nicht geteilte Auffassungen anzuerkennen, so dass dem Erfordernis der „Schutzwürdigkeit" lediglich die Funktion einer negativen Abgrenzung gegenüber reiner Willkür

---

[1230] Siehe z.B. *Kargl*, in: Kindhäuser/Neumann/Paeffgen, Strafgesetzbuch, § 203 Rn. 6 m.w.N.; *Weidemann*; in: Heintschel-Heinegg, BeckOK StGB, § 203 Rn. 4 m.w.N.
[1231] Siehe z.B. *Cierniak/Pohlit*, in: Joecks/Miebach, MüKo StGB, § 203 Rn. 14.
[1232] *Ulsenheimer*, in: Laufs/Kern, Handbuch des Arztrechts, § 66 Rn. 1.
[1233] *Cierniak/Pohlit*, in: Joecks/Miebach, MüKo StGB, § 203 Rn. 15.
[1234] *Ulsenheimer*, in: Laufs/Kern, Handbuch des Arztrechts, § 66 Rn. 2.

und Launenhaftigkeit des Geheimnisträgers zukommt, die in der Regel z.B. dem Wunsch nach Geheimhaltung der Präferenz für Urlaub am Meer oder in den Bergen, für eine bestimmte Kunstrichtung usw. zugrunde liegen wird.[1235]

Zudem muss der Patient auch den Willen haben, dass die Tatsache geheim bleiben soll. Der Geheimhaltungswille muss nicht ausdrücklich oder konkludent erklärt oder sonst äußerlich manifestiert werden; es genügt, dass der Betroffene ihn zum Zeitpunkt der Tat hat.[1236]

Außerdem muss das Geheimnis für den Heilberufler fremd sein. Dies ist für ihn der Fall, wenn das Geheimnis eine andere Person, also z.B. den Patienten oder einen Dritten betrifft.[1237] Folglich werden durch die heilberufliche Schweigepflicht i.S.d. § 203 Abs. 1 StGB auch Drittgeheimnisse geschützt.

Weiterhin muss das Geheimnis dem Heilberufler in seiner Eigenschaft als solcher anvertraut worden oder sonst bekannt geworden sein. Somit werden nur solche Informationen geschützt, die der Geheimnisträger durch einen Vertrauensakt oder im Rahmen eines typischerweise auf Vertrauen beruhenden Sonderverhältnisses erhalten hat.[1238] Anvertraut ist also ein Geheimnis dem Täter *„als"* Arzt usw., wenn es ihm in innerem Zusammenhang mit der Ausübung seines Berufs mündlich, schriftlich oder auf sonstige Weise (z.B. Vorzeigen eines Gegenstands, einer Verletzung usw.) unter Umständen mitgeteilt worden ist, aus denen sich die Anforderung des Geheimhaltens ergibt.[1239] Unerheblich ist, ob die dem Täter gegebenen Informationen in unmittelbarem Zusammenhang mit der erbetenen ärztlichen Behandlung, dem zu führenden Rechtsstreit usw. stehen. Die Schweigepflicht besteht auch insoweit, als der Patient, Mandant usw. den Besuch beim Arzt, Anwalt usw. zu einer allgemeinen Aussprache über sonstige Sorgen und Nöte ausweitet, die vielfach erst das notwendige Vertrauensverhältnis zu diesem schafft.[1240] Auf sonstige Weise bekanntgeworden ist das Geheimnis dem Täter „als" Arzt usw., wenn er es auf andere Weise, jedoch gleichfalls in innerem Zusammenhang mit der Ausübung seines Berufs erfahren hat. Entsprechend dem Anvertrauen ist auch hier Voraussetzung, dass dies im Rahmen einer typischerweise auf Vertrauen angelegten Sonderbeziehung geschieht.[1241] Unter dieses Tatbestandsmerkmal

---

[1235] *Lenckner/Eisele,* in: Schönke/Schröder, Strafgesetzbuch, § 203 Rn. 7.
[1236] *Cierniak/Pohlit,* in: Joecks/Miebach, MüKo StGB, § 203 Rn. 17.
[1237] *Ulsenheimer,* in: Laufs/Kern, Handbuch des Arztrechts, § 66 Rn. 4.
[1238] OLG Karlsruhe NJW 1984, 676.
[1239] Siehe schon RGSt 13, 60 (66); *Lenckner/Eisele,* in: Schönke/Schröder, Strafgesetzbuch, § 203 Rn. 13.
[1240] *Lenckner/Eisele,* in: Schönke/Schröder, Strafgesetzbuch, § 203 Rn. 14.
[1241] *Lenckner/Eisele,* in: Schönke/Schröder, Strafgesetzbuch, § 203 Rn. 15.

fallen somit z.B. Dritte betreffende Tatsachen, die der Arzt durch Indiskretion seines Patienten erfahren oder aufgrund seiner Fachkenntnis erkannt hat.[1242]

In der Regel handelt es sich somit bei Informationen über die Gesundheit und Behandlungen eines Patienten, die auch im Rahmen der elektronischen Patientenakte oder der Dokumentation des Heilberuflers gespeichert werden, um für den Heilberufler fremde Geheimnisse, die ihm in dieser Eigenschaft anvertraut oder sonst bekannt wurden. Diese Geheimnisse sind auch schützenswert. Somit sind die im Rahmen der „Organisation Gesundheitswesen" über den Patienten verfügbaren Informationen umfassend rechtlich durch die heilberufliche Schweigepflicht nach § 203 StGB vor ungewolltem Offenbaren geschützt. Ob der Patient diese Tatsachen auch geheim halten und wem der Patient diese Geheimnisse offenbaren will, egal ob Stellen innerhalb oder außerhalb der „Organisation Gesundheitswesen", unterliegt auch nach § 203 Abs. 1 StGB seinem freien Willen. Dies entspricht auch genau seiner Rolle als Organisierendem im Rahmen der „Organisation Gesundheitswesen", der autonom über den Informationsfluss, innerhalb und auch aus der „Organisation Gesundheitswesen" heraus, entscheiden darf.

10.2.3.3 Offenbaren

Die Vorschrift des § 203 Abs. 1 StGB ordnet an, dass der Heilberufler, dem ein schützenswertes Geheimnis anvertraut wurde, welches nach dem Willen des Betroffenen geheim bleiben soll, nicht unbefugt offenbaren darf. Offenbaren heißt, dem Empfänger der Erklärung ein Wissen zu vermitteln, das diesem noch verborgen ist oder das dieser jedenfalls noch nicht sicher kannte.[1243] Ob diese Bedingungen erfüllt sind, ist aus objektiver Sicht zu beurteilen.[1244] Wird dem Betroffenen selbst eine ihm ggf. zuvor unbekannte Tatsache mitgeteilt, ist dies nicht als Offenbaren i.S.d. § 203 StGB zu qualifizieren.[1245] Keine Rolle spielt hingegen in diesem Zusammenhang, inwieweit der Empfänger selbst zum Kreis schweigepflichtiger Personen zählt oder ein Familienangehöriger ist.[1246] Dabei muss der weitergeleitete geheimzuhaltende Sachverhalt den Betroffenen zumindest aus den Begleitumständen, unter denen die Mitteilung

---

[1242] *Corinth*, Ärztliche Schweigepflicht und kollidierende Gesundheitsinteressen Dritter, S. 26.

[1243] *Cierniak/Pohlit*, in: Joecks/Miebach, MüKo StGB, § 203 Rn. 48; *Ulsenheimer*, in: Laufs/Kern, Handbuch des Arztrechts, § 66 Rn. 8.

[1244] *Cierniak/Pohlit*, in: Joecks/Miebach, MüKo StGB, § 203 Rn. 48.

[1245] *Kargl*, in: Kindhäuser/Neumann/Paeffgen, Strafgesetzbuch, § 203 Rn. 19 m.w.N.

[1246] Siehe z.B. BGHZ 115, 128; 116, 272; *Kühl*, in: Lackner/Kühl, StGB, § 203 Rn. 17; *Cierniak/Pohlit*, in: Joecks/Miebach, MüKo StGB, § 203 Rn. 48 f.; *Ulsenheimer*, in: Laufs/Kern, Handbuch des Arztrechts, § 66 Rn. 8.

erfolgt, erkennen lassen.[1247] Anonymisierte Mitteilungen reichen grundsätzlich nicht aus.[1248] Die Form des Offenbarens spielt keine Rolle; auch ein Offenbaren durch Unterlassen kommt insoweit in Betracht.[1249] Damit ein Offenbaren i.S.d. § 203 StGB vorliegt, ist bei mündlichen Mitteilungen die Kenntnisnahme der Geheimnisse durch den empfangenden Dritten erforderlich.[1250] Bei (z.B. in einem Brief) verkörperten Geheimnissen genügt hingegen schon deren Zugang beim Dritten. Mit anderen Worten genügt für ein Offenbaren in diesem Fall das Verschaffen des Gewahrsams an der Verkörperung mit der Möglichkeit zur Kenntnisnahme der darin enthaltenen Geheimnisse.[1251] Hiernach ist auch das Offenbaren von Geheimnissen zu beurteilen, wenn diese in elektronischer Form gespeichert sind.[1252] So liegt im Hinblick auf in elektronischer Form gespeicherte Geheimnisse ein Offenbaren i.S.d. § 203 StGB vor, wenn ein Dritter Gewahrsam an einem Speichermedium erlangt, auf dem Geheimnisse enthalten sind oder er z.B. per E-Mail oder Serverupload Dateien mit Geheimnissen darin erhält, so dass ihm die Kenntniserlangung von diesen auf dem Speichermedium bzw. in der Datei befindlichen Geheimnissen ermöglicht wird.[1253] Bei auf IT-Systemen gespeicherten Geheimnissen genügt es insoweit, einem Dritten die Möglichkeit zum Zugriff auf diese Geheimnisse zu gewähren, dass ein tatbestandliches Offenbaren i.S.d. § 203 StGB vorliegt.[1254]

[1247] *Kargl*, in: Kindhäuser/Neumann/Paeffgen, Strafgesetzbuch, § 203 Rn. 19a; *Weidemann*, in: Heintschel-Heinegg, BeckOK StGB, § 203 Rn. 31.

[1248] *Weidemann*, in: Heintschel-Heinegg, BeckOK StGB, § 203 Rn. 31; LG Köln MedR 1984, 110; *Schünemann*, in: Laufhütte/Rissing-van Saan/Tiedemann, Leipziger Kommentar StGB, § 203 Rn. 42.; *Lenckner/Eisele*, in Schönke/Schröder, Strafgesetzbuch, § 203 Rn. 19 f.

[1249] *Lenckner/Eisele*, in: Schönke/Schröder, Strafgesetzbuch, § 203 Rn. 19; *Kühl*, in: Lackner/Kühl, StGB, § 203 Rn. 17; *Weidemann*, in: Heintschel-Heinegg, BeckOK StGB, § 203 Rn. 31.

[1250] *Cierniak/Pohlit*, in: Joecks/Miebach, MüKo StGB, § 203 Rn. 52 m.w.N.M; *Lenckner/Eisele*, in: Schönke/Schröder, Strafgesetzbuch, § 203 Rn. 19.

[1251] *Cierniak/Pohlit*, in: Joecks/Miebach, MüKo StGB, § 203 Rn. 52 m.w.N.M; *Lenckner/Eisele*, in: Schönke/Schröder, Strafgesetzbuch, § 203 Rn. 19.

[1252] *Cierniak/Pohlit*, in: Joecks/Miebach, MüKo StGB, § 203 Rn. 52; *Lenckner/Eisele*, in: Schönke/Schröder, Strafgesetzbuch, § 203 Rn. 19.

[1253] *Cierniak/Pohlit*, in: Joecks/Miebach, MüKo StGB, § 203 Rn. 52 m.w.N.M; *Lenckner/Eisele*, in: Schönke/Schröder, Strafgesetzbuch, § 203 Rn. 19; *Kargl*, in: Kindhäuser/Neumann/Paeffgen, Strafgesetzbuch, § 203 Rn. 22.

[1254] *Otto*, wistra 1999, 201 (202 ff.); *Wehrmann/Wellbrock*, CR 1997, 754 (759); *Köpke*, Die Bedeutung des § 203 Abs. 1 Nr. 6 StGB für Private Krankenversicherer, insbesondere bei der innerorganisatorischen Geheimnisweitergabe, S. 79; a.A. *Reichow/Hartleb/Schmidt*, MedR 1998, 162 (165). Siehe auch den Überblick in *Stiemerling/Hartung*, CR 2012, 60 (67).

10.2.3.4 Die Befugnis zum Offenbaren und weitere Rechtfertigungsmöglichkeiten

Der Schutz von Geheimnissen nach außen ist allerdings nicht lückenlos. So kann ein Offenbaren von Geheimnissen durch den zum Schweigen Verpflichteten auch befugt erfolgen oder gerechtfertigt sein.

Zunächst ist umstritten, ob ein befugtes Offenbaren tatbestandsausschließend wirkt[1255] oder nur als Rechtfertigungsgrund die Rechtswidrigkeit der Handlung entfallen lässt.[1256] Der Streit muss an dieser Stelle aber nicht entschieden werden. Unstreitig ist jedenfalls, dass das befugte Offenbaren von Geheimnissen durch den zur Verschwiegenheit Verpflichteten die Strafbarkeit nach § 203 Abs. 1 StGB entfallen lässt.

Die Befugnis zum Offenbaren ergibt sich zunächst aus der ausdrücklichen oder konkludenten Einwilligung des von dem Geheimnis Betroffenen. Die rein faktische Aufgabe des Geheimhaltungswillens reicht nicht aus.[1257] Eine wirksame Einwilligung setzt voraus, dass der Zustimmende eine im Wesentlichen zutreffende Vorstellung davon hat, worin er einwilligt, und dass er die Bedeutung und Tragweite seiner Entscheidung zu überblicken vermag. Er muss deshalb wissen, aus welchem Anlass und mit welcher Zielsetzung er welche Person von ihrer Schweigepflicht entbindet; auch muss er über Art und Umfang der Einschaltung Dritter - etwa nur als Inkassostelle oder auch zur Honorarermittlung, zur Vorfinanzierung usw. - unterrichtet sein.[1258]

Die Einwilligung kann dabei ausdrücklich oder konkludent erklärt werden, letzteres auch bei vorgeschriebener Schriftform, z.B. gem. § 4a BDSG. Dies hat für die strafrechtliche Wirksamkeit der Einwilligung jedoch keine Bedeutung.[1259]

Die Einwilligung muss vor der Tat nach außen, nicht notwendig für den Schweigepflichtigen, erkennbar geworden und zum Zeitpunkt der Tathand-

---

[1255] So z.B. BGHSt 4, 355 (356); OLG Köln NJW 1962, 686 (686); *Cierniak/Pohlit*, in: Joecks/Miebach, MüKo StGB, § 203 Rn. 54; *Lenckner/Eisele*, in: Schönke/Schröder, Strafgesetzbuch, § 203 Rn. 21;
[1256] So z.B. OLG Bremen MedR 1984, 112 (112); *Rogall*, NStZ 1983, 1 (6); *Kühl*, in: Lackner/Kühl, StGB, vor § 201 Rn. 2.
[1257] *Cierniak/Pohlit*, in: Joecks/Miebach, MüKo StGB, § 203 Rn. 58.
[1258] *Cierniak/Pohlit*, in: Joecks/Miebach, MüKo StGB, § 203 Rn. 59; BGH NJW 1992, 2348 (2349 f.); OLG Frankfurt am Main NJW 1988, 2488 (2488).
[1259] *Lenckner/Eisele*, in: Schönke/Schröder, Strafgesetzbuch, § .203 Rn. 24a; *Cierniak/Pohlit*, in: Joecks/ Miebach, MüKo StGB, § 203 Rn. 61.

lung immer noch wirksam sein.[1260] Sie kann sowohl gegenständlich als auch auf die Mitteilung an bestimmte Personen beschränkt sein.[1261]

Die Einwilligungserklärung muss dabei grundsätzlich von derjenigen Person abgegeben werden, die das Geheimnis betrifft. Dies folgt aus dem Recht des Betroffenen auf informationelle Selbstbestimmung gem. Art. 2 Abs. 1 i.V.m. Art. 1 Abs. 1 GG.[1262] Im vorliegenden Fall muss also grundsätzlich der Patient autonom über das Offenbaren der ihn betreffenden Informationen durch Heilberufler entscheiden, die diese bei der Behandlung und im Gespräch mit dem Patienten und Dritten über ihn erfahren haben. Auch diese rechtliche Ausgestaltung der heilberuflichen Schweigepflicht bildet somit das oben vorgestellte Organisationsmodell ab: Der organisierende Patient entscheidet autonom, wer innerhalb und außerhalb der „Organisation Gesundheitswesen" Informationen über seinen Gesundheitszustand erhalten soll.

Eine Ausnahme von der Verschwiegenheitsverpflichtung der Heilberufler nach § 203 Abs. 1 StGB liegt jedoch auch vor, wenn die Offenbarung gerechtfertigt ist, also ein Rechtfertigungsgrund für das Offenbaren vorliegt.

Ein Offenbaren von Geheimnissen kann zunächst durch eine mutmaßliche Einwilligung gerechtfertigt sein. Eine mutmaßliche Einwilligung kommt auch dann in Betracht, wenn für die Einwilligung nach (spezial-) datenschutzrechtlichen Grundsätzen die Schriftform für die Einwilligungserklärung erforderlich wäre.[1263] Allerdings setzt die mutmaßliche Einwilligung regelmäßig voraus, dass der Geheimnisträger nicht rechtzeitig befragt werden kann,[1264] z.B. infolge des Todes, von Bewusstlosigkeit oder Geistesschwäche.[1265] Im Übrigen kann eine mutmaßliche Einwilligung zwar auch anzunehmen sein, wenn der Verfügungsberechtigte gefragt werden könnte, jedoch ohne weiteres davon ausgegangen werden kann, dass er bereits darauf keinen Wert legt. Voraussetzung ist dann aber, dass ein mangelndes Interesse an der Einhaltung der Schweigepflicht offen zutage liegt.[1266]

Des Weiteren kann der rechtfertigende Notstand i.S.d. § 34 StGB die Offenbarung von Geheimnissen rechtfertigen. Eine Befugnis zum Offenbaren ist im-

---

[1260] *Lenckner/Eisele*, in: Schönke/Schröder, Strafgesetzbuch, § 203 Rn. 24; *Cierniak/Pohlit*, in: Joecks/Miebach, MüKo StGB, § 203 Rn. 60.
[1261] *Lenckner/Eisele*, in: Schönke/Schröder, Strafgesetzbuch, § 203 Rn. 24d.
[1262] BVerfGE 65, 1 (43 ff.).
[1263] *Cierniak/Pohlit*, in: Joecks/Miebach, MüKo StGB, § 203 Rn. 61; *Lenckner/Eisele*, in: Schönke/Schröder, Strafgesetzbuch, § 203 Rn. 27.
[1264] Siehe z.B. BGHZ 115, 123 (126); 122, 115 (120); *Cierniak/Pohlit*, in: Joecks/Miebach, MüKo StGB, § 203 Rn. 84.
[1265] *Ulsenheimer*, in: Laufs/Kern, Handbuch des Arztrechts, § 67 Rn. 10.
[1266] BGHZ 115, 123 (126); 122, 115 (120); *Lenckner/Eisele*, in: Schönke/Schröder, Strafgesetzbuch, § 203 Rn. 27.

mer dann anzunehmen, wenn eine gegenwärtige Gefahr für ein wesentlich überwiegendes Rechtsgut besteht und diese Notstandslage nicht anders als durch Verletzung der heilberuflichen Schweigepflicht abwendbar ist.[1267] Die gegenwärtige Gefahr kann sowohl gegenüber dem Geheimnisträger selbst, gegenüber Rechtsgütern des Schweigepflichtigen als auch gegenüber einem Dritten oder der Allgemeinheit bestehen.[1268]

Demzufolge darf der Heilberufler zum Beispiel bei Suizidgefahr des Geheimnisträgers Angehörige informieren, die Geisteskrankheit eines Patienten zwecks Anstaltsunterbringung offenbaren oder auch bei Wiederholungsgefahr die Polizei über einen Kindesmissbrauch informieren.[1269] Generell rechtfertigt das bloße Strafverfolgungsinteresse jedoch keine Verletzung der Schweigepflicht, dies ist nur bei besonders schweren Straftaten, wie eben Kindesmissbrauch oder bei terroristischen Anschlägen, der Fall.[1270]

Auch eigene Interessen des Heilberuflers können eine Verletzung der Schweigepflicht rechtfertigen, so z.B. um sich gegen Klagen des Patienten verteidigen, sich gegen Beleidigungen zur Wehr setzen und eigene Honorarforderungen (vor Gericht) schlüssig darlegen zu können.[1271]

Zusätzlich zu diesen Offenbarungs**befugnissen** gibt es auch noch Offenbarungs**pflichten**. Diese Offenbarungspflichten sind gesetzlich geregelt. Gesetzlich statuierte Offenbarungspflichten ergeben sich dabei zunächst aus § 138 StGB, wonach jeder zur Anzeige verpflichtet ist, wenn er von der Ausführung oder Planung einer in § 138 Abs. 1 StGB aufgeführten Straftaten erfährt. Für Ärzte, psychologische Psychotherapeuten sowie Kinder- und Jugendlichenpsychotherapeuten wird diese Anzeigepflicht durch § 139 Abs. 3 S. 2 StGB zum Wahlrecht, ob sie die in § 138 StGB aufgeführten Straftaten zur Anzeige bringen, wenn sie davon in ihrer beruflichen Eigenschaft erfahren.[1272] Alle übrigen Heilberufler besitzen dieses Wahlrecht nicht. Sie sind zur Anzeige verpflichtet.

Weitere für Heilberufler relevante gesetzliche Offenbarungspflichten finden sich u.a. in §§ 6 ff., 11, 25 Abs. 2 Infektionsschutzgesetz (hinsichtlich meldepflichtiger Krankheiten), §§ 294 ff. SGB V (Abrechnung erbrachter Leistungen im Rahmen der GKV), § 202 SGB VII (Anzeigepflicht von Berufskrankheiten),

---

[1267] *Ulsenheimer*, in: Laufs/Kern, Handbuch des Arztrechts, § 67 Rn. 12.

[1268] Siehe z.B. *Cierniak/Pohlit*, in: Joecks/Miebach, MüKo StGB, § 203 Rn. 85 ff.

[1269] *Cierniak/Pohlit*, in: Joecks/Miebach, MüKo StGB, § 203 Rn. 86; *Ulsenheimer*, in: Laufs/Kern, Handbuch des Arztrechts, § 67 Rn. 12.

[1270] *Lenckner/Eisele*, in: Schönke/Schröder, Strafgesetzbuch, § 203 Rn. 32.

[1271] *Lenckner/Eisele*, in: Schönke/Schröder, Strafgesetzbuch, § 203 Rn. 33; *Ulsenheimer*, in: Laufs/Kern, Handbuch des Arztrechts, § 67 Rn. 18.

[1272] *Cierniak/Pohlit*, in: Joecks/Miebach, MüKo StGB, § 203 Rn. 89.

§§ 11, 13 Abs. 3 S. 5 Transplantationsgesetz (Meldung des Todes eines Organspenders), §§ 18 ff. PStG (Geburt und Tod eines Kindes) und in § 48 BBG (Amtsärzte und als Gutachter beauftragte Ärzte, die Beamte auf ihre Dienstfähigkeit hin untersuchen).[1273]

Auch aus dem Landesrecht ergeben sich Offenbarungspflichten, so z.B. die Pflicht zur Vorlage von Patientenakten an den Landesrechnungshof[1274] oder die Meldung an Krebsregister, wenn die Landesgesetze eine namentliche Meldung vorsehen, vgl. z.B. § 4 des Gesetzes über das epidemiologische Krebsregister Niedersachsen.

Teilweise besteht auch eine Meldepflicht des Leichenschauarztes, wenn sich Anhaltspunkte für einen nicht natürlichen Tod ergeben oder die Todesart ungewiss ist, vgl. z.B. § 4 Abs. 4 des Niedersächsischen Bestattungsgesetzes.

Im Rahmen des Strafvollzugs finden sich zudem noch Offenbarungspflichten gegenüber der Anstaltsleitung in § 182 StVollzG.

Somit ist festzuhalten, dass die rechtliche Ausgestaltung der heilberuflichen Schweigepflicht in § 203 StGB zwar dem Patienten grundsätzlich die Befugnis überlässt, frei zu entscheiden, welche ihn betreffenden Informationen er zu welchem Zeitpunkt wem zugänglich macht. Dies entspricht genau der idealen Konstellation der Informationsverteilung in einer Organisation. Das Recht des organisierenden Patienten auf informationelle Selbstbestimmung wird somit optimal geschützt. Allerdings sieht § 203 StGB auch Ausnahmen vor, so dass dieser Schutz der Privatsphäre aufgeweicht wird. Die in § 203 StGB und den übrigen gesetzlichen Bestimmungen vorgesehenen Ausnahmen dienen aber dem Schutz höherrangiger Rechtsgüter, so zum Beispiel des Schutzes der Bevölkerung vor Epidemien oder der Erhaltung der Gesetzlichen Krankenversicherung durch die Erlaubnis der Datenübermittlung für Abrechnungszwecke. Das Recht der Patienten auf informationelle Selbstbestimmung wird somit nur an wenigen Stellen eingeschränkt und dies auch nur für wichtige Zwecke. Die rechtliche Absicherung der „Organisation Gesundheitswesen" durch die heilberufliche Schweigepflicht in § 203 StGB ist somit auch im Zeitalter der vernetzten Medizin in sachlicher Hinsicht ausreichend.

[1273] Siehe auch die Auflistung von *Cierniak/Pohlit,* in: Joecks/Miebach, MüKo StGB, § 203 Rn. 89 f.; *Lenckner/Eisele,* in: Schönke/Schröder, Strafgesetzbuch, § 203 Rn. 29a.
[1274] BVerfG NJW 1997, 1633 (1633).

10.2.3.5 Der Täterkreis

Eine Tat nach § 203 StGB kann nicht von jedermann begangen werden. Vielmehr enthält § 203 StGB als echtes Sonderdelikt i.S.d. § 28 Abs. 1 StGB eine Auflistung derjenigen Personen, die eine Tat nach § 203 StGB begehen können.

10.2.3.5.1 Der Täterkreis gem. § 203 Abs. 1 StGB

Täter einer Tat nach § 203 Abs. 1 StGB können zunächst nur die in Nr. 1-6 bezeichneten Funktionsträger sein. Für den Bereich des Gesundheitssystems sind dies Ärzte, Zahnärzte, Tierärzte, Apotheker sowie Angehörige eines anderen Heilberufs, der für die Berufsausübung oder die Führung der Berufsbezeichnung eine staatlich geregelte Ausbildung erfordert (Nr. 1), Berufspsychologen mit staatlich anerkannter wissenschaftlicher Abschlussprüfung (Nr. 2), [...] Berater für Suchtfragen in einer Beratungsstelle, die von einer Behörde oder Körperschaft, Anstalt oder Stiftung des öffentlichen Rechts anerkannt ist (Nr. 3), Mitglieder oder Beauftragte einer anerkannten Beratungsstelle nach den §§ 3 und 8 des Schwangerschaftskonfliktgesetzes (Nr. 4a) sowie Angehörige eines Unternehmens der privaten Kranken-, Unfall- oder Lebensversicherung oder einer privatärztlichen [...] Verrechnungsstelle (Nr. 6).

Zum Täterkreis nach Nr. 1 zählen somit insbesondere Hebammen und Entbindungspfleger, Krankenschwestern und -pfleger, Krankenpflegehelferinnen und -helfer, Kinderkrankenschwestern und –pfleger, Masseure, medizinische Bademeister, Physiotherapeuten, pharmazeutisch-technische Assistenten, medizinisch-technische Assistenten, Diätassistenten, Logopäden, Ergotherapeuten, Orthoptisten, Rettungsassistenten, psychologische Psychotherapeuten sowie Kinder- und Jugendlichenpsychotherapeuten und Podologen.[1275] Nicht unter Nr. 1 fallen hingegen Heilpraktiker, da die Berufsausübung von Heilpraktikern bzw. die Führung der Berufsbezeichnung keine staatlich geregelte Ausbildung erfordert.[1276]

Amtsärzte, Ärzte an staatlichen Kliniken, Anstaltsärzte sowie Ärzte im Strafvollzugsdienst und bei der Bundeswehr unterliegen als Amtsträger i.S.d. § 11

[1275] Siehe die Auflistung von *Cierniak/Pohlit,* in: Joecks/Miebach, MüKo StGB, § 203 Rn. 31; *Lenckner/Eisele,* in: Schönke/Schröder, Strafgesetzbuch, § 203 Rn. 35.
[1276] Siehe die Ausführungen im Heilpraktikergesetz, RGBl. I 1939, S. 251.

Abs. 2 StGB zudem der dienstlichen Schweigepflicht nach § 203 Abs. 2 StGB. Auch eine Strafbarkeit nach § 353b Abs. 1 StGB kommt dann in Betracht.[1277]

Folglich sind fast sämtliche Heilberufler im Rahmen der „Organisation Gesundheitswesen" von der heilberuflichen Schweigepflicht nach § 203 StGB erfasst. Besser für den Schutz der Privatsphäre der Patienten wäre jedoch, wenn auch die Heilpraktiker unter die Schweigeverpflichtung des § 203 Abs. 1 StGB fallen würden. Zwar hat ein Heilberufler gem. § 291a Abs. 4 f SGB V keinen direkten Zugriff auf die im Rahmen der elektronischen Gesundheitskarte gespeicherten Daten. Doch kann der Patient den Heilpraktiker auch auf anderem Wege mit Informationen über seine Gesundheit versorgen, die andere Heilberufler generiert haben, z.B. durch schlichte mündliche Mitteilung. Auch Heilpraktiker sind Teil der „Organisation Gesundheitswesen", da sich ein Patient ihrer bedienen kann, um seine Gesundheit zu erhalten bzw. wiederherzustellen, und diese innere Verbindung der Mitglieder ist prägend für die Konstituierung der „Organisation Gesundheitswesen". Somit ist hinsichtlich eines Mitglieds der „Organisation Gesundheitswesen" der Schutz des Rechts auf informationelle Selbstbestimmung sowohl innerhalb als auch außerhalb dieser Organisation durch die heilberufliche Schweigepflicht nicht gegeben und deshalb optimierungsbedürftig.

10.2.3.5.2 Die berufsmäßig tätigen Gehilfen gem. § 203 Abs. 3 S. 2 StGB

Allerdings besteht die „Organisation Gesundheitswesen" nicht nur aus den Heilberuflern. Auch Angestellte der Heilberufler müssen z.B. zur Vorbereitung der Behandlung oder zur Medikation Zugang zu Informationen haben, damit der organisierende Patient optimal versorgt und behandelt werden kann.

§ 203 Abs. 3 S. 2 StGB dehnt deshalb die Schweigepflicht nach § 203 Abs. 1 StGB auch auf die bei den in Absatz 1 und Satz 1 genannten tätigen berufsmäßigen Gehilfen und die Personen aus, die bei ihnen zur Vorbereitung auf den Beruf tätig sind. Gehilfe ist, wer einem der genannten Schweigepflichtigen in dessen beruflicher Funktion hilft.[1278]

Darunter fallen im Bereich der Heilberufler insbesondere Sprechstundenhilfen von Ärzten, das technische Bedienungspersonal von ärztlichen Apparaturen oder von Bildarchivierungs- und Kommunikationssystemen im Bereich

---

[1277] *Corinth*, Ärztliche Schweigepflicht und kollidierende Gesundheitsinteressen Dritter, S. 30 ff.
[1278] *Cierniak/Pohlit*, in: Joecks/Miebach, MüKo StGB, § 203 Rn. 122; *Kühl*, in: Lackner/Kühl, StGB, § 203 Rn. 11b.

bildgebender Diagnostik, Pflegepersonal (auch Teilnehmer am Bundesfreiwilligendienst), das Personal der mit den Patienten befassten technischen Dienste, von Labors, Röntgenabteilungen und internen Dokumentationsstellen, in denen im Interesse des Patienten dessen Daten archiviert werden, die mit der Kostenabrechnung betrauten Angestellten sowie (ausschließlich mit Büroarbeiten beschäftigte) Sekretärinnen.[1279]

Außerdem gilt die Schweigepflicht für Personen, die bei den Geheimnisträgern zur Ausbildung oder Berufsvorbereitung tätig sind, so z.B. für Medizinstudenten, Studierende im Praktischen Jahr, Famulanten, Krankenpflegeschüler und Praktikanten.[1280]

10.2.3.6 Hinzutreten weiterer Akteure in das vernetzte Gesundheitswesen

Ein Bereich, der durch die zunehmende Vernetzung der Medizin immer mehr an Bedeutung gewinnt, ist der Bereich der Informations- und Kommunikationstechnologie, denn die Vernetzung der Medizin geschieht aufgrund der Vernetzung der Heilberufler mittels Informations- und Kommunikationstechnologie, z.B. im Rahmen des Systems der elektronischen Gesundheitskarte. Dies ist also die prägende Entwicklung im Gesundheitsbereich der letzten Jahre.

Mit der elektronischen Gesundheitskarte wird eine IT-Infrastruktur zur Vernetzung der Heilberufler innerhalb des deutschen Gesundheitssystems implementiert. Somit treten auch neue Akteure im Bereich des Gesundheitssystems auf, nämlich die Betreiber der Komponenten, Dienste und Schnittstellen der Telematikinfrastruktur. Dies sind Dritte, die durch die gematik oder, soweit einzelne Gesellschafter oder Dritte nach Absatz 1 Satz 4 erster Halbsatz beauftragt worden sind, durch diese Beauftragten gem. § 291b Abs. 1b S. 2 SGB V mit der operativen Durchführung betraut wurden. Durch den Betrieb dieser Teile der Telematikinfrastruktur können Betreiber mit (verschlüsselten) Patientendaten in Kontakt kommen, z.B. wenn sie auf von ihnen betriebenen Servern gespeichert werden.

[1279] *Ulsenheimer*, in: Laufs/Kern, Handbuch des Arztrechts, § 69 Rn. 2; *Lenckner/Eisele*, in: Schönke/Schröder, Strafgesetzbuch, § 203 Rn. 64; *Cierniak/Pohlit*, in: Joecks/Miebach, MüKo StGB, § 203 Rn. 126.
[1280] *Ulsenheimer*, in: Laufs/Kern, Handbuch des Arztrechts, § 69 Rn. 3; *Lenckner/Eisele*, in: Schönke/Schröder, Strafgesetzbuch, § 203 Rn. 65; *Tag*, in: Dölling/Duttge/Rössner, Gesamtes Strafrecht, § 203 StGB Rn. 21.

Außerdem müssen IT-Experten die in der Heilberuflerpraxis und in der Telematikinfrastruktur der eGK eingesetzte IT pflegen, warten und gegebenenfalls reparieren und ersetzen. Dies kann sowohl dadurch passieren, dass der Techniker die im Rahmen der eGK oder die in den Heilberuflerpraxen eingesetzten Computersysteme persönlich vor Ort pflegt und wartet oder durch Fernwartung, also durch Zugriff von außerhalb der jeweiligen Einrichtung, z.B. über das Internet.[1281]

10.2.3.7 Anwendung auf das vernetzte Gesundheitssystem

Vor diesem Hintergrund stellt sich die Frage, ob diese Entwicklung auch im Rahmen der Schweigepflicht nach § 203 StGB berücksichtigt wurde oder ob eine Anpassung der Schweigepflicht nach § 203 StGB notwendig ist.

10.2.3.7.1 Der Zugriff auf Geheimnisse durch Heilberufler

Zunächst können Heilberufler i.S.d. § 291a Abs. 4 S. 1 SGB V auf die im Rahmen der eGK gespeicherten Daten zugreifen. Somit stellt sich die Frage, ob Heilberufler sich strafbar machen, wenn sie Daten in das System der eGK einstellen und andere Heilberufler diese von dort abrufen und einsehen können.[1282] Bei Heilberuflern i.S.d. § 291a Abs. 4 S. 1 SGB V und § 291a Abs. 5 S. 1 SGB V handelt es sich um taugliche Täter i.S.d. § 203 Abs. 1 Nr. 1 bzw. § 203 Abs. 3 S. 2 StGB.[1283]

Im Rahmen der Behandlung eines Patienten wird dem Heilberufler regelmäßig eine Vielzahl an Geheimnissen anvertraut, so z.B. die Art der Krankheit und ihr Verlauf, Anamnese, Diagnose, Therapiemaßnahmen, Prognose, psychische Auffälligkeiten, körperliche und geistige Mängel bzw. Besonderheiten, Patientenakten, Röntgenaufnahmen, Untersuchungsmaterial und –ergebnisse, sämtliche Angaben über persönliche, familiäre, berufliche, wirtschaftliche und finanzielle Gegebenheiten, die Identität des Patienten sowie die Tatsache der Behandlung.[1284]

[1281] Siehe zur Fernwartung die ausführliche Darstellung in *Bohnstedt*, Fernwartung, S. 17 ff.

[1282] Im Rahmen dieser Arbeit wird nur die bestimmungsgemäße Nutzung des Systems der eGK durch Heilberufler untersucht. Zur Strafbarkeit nach § 203 Abs. 1 StGB bei nicht bestimmungsgemäßer Nutzung dieses Systems siehe *Borchers*, Die Einführung der elektronischen Gesundheitskarte in das deutsche Gesundheitswesen, S. 133 ff.

[1283] Siehe auch *Bales/Dierks/Holland/Müller*, Die elektronische Gesundheitskarte, B I § 291a Rn. 73.

[1284] *Ulsenheimer*, in: Laufs/Kern, Handbuch des Arztrechts, § 66 Rn. 1. Siehe auch die Ausführungen unter Ziffer 10.2.3.2.

Speichert der Heilberufler die Geheimnisse im System der eGK, insbesondere in der elektronischen Patientenakte nach § 291a Abs. 3 S. 1 Nr. 4 SGB V, können andere Heilberufler die Daten aus dem System der eGK abrufen und die in ihnen enthaltenen Geheimnisse einsehen.[1285]

Somit könnte eine Offenbarung dieses Geheimnisses i.S.d. § 203 Abs. 1 StGB vorliegen, wenn es der Heilberufler im Rahmen der eGK speichert, so dass ein anderer Heilberufler dieses Geheimnis von dort wieder abrufen kann. Zwar erhält der abrufende Heilberufler durch die Einsichtnahme in die im Rahmen der eGK gespeicherten Daten durchaus Kenntnis von ihm zuvor unbekannten, dem die Daten ins System der eGK einstellenden Heilberufler anvertrauten Geheimnissen, so dass diesbezüglich durchaus eine Offenbarung i.S.d. § 203 Abs. 1 StGB vorliegen könnte, [1286] zumal eine tatbestandliche Offenbarung auch zwischen zwei gem. § 203 Abs. 1 StGB zur Verschwiegenheit Verpflichteten erfolgen kann.[1287] Doch erfolgt eine solche Offenbarung jedenfalls nicht unbefugt. So ist sowohl das Speichern von Daten in den freiwilligen Anwendungen der eGK durch einen einstellenden Heilberufler gem. § 291a Abs. 3 S. 1 Nr. 1 bis 9 SGB V als auch die Einsichtnahme dieser Daten durch den abrufenden Heilberufler nur mit der Einwilligung[1288] des jeweiligen Versicherten zulässig, der dem Heilberufler die Geheimnisse auch anvertraut hat.[1289]

Aber auch hinsichtlich der Pflichtanwendung des elektronischen Rezepts nach § 291a Abs. 2 S. 1 Nr. 1 SGB V erfolgt keine rechtswidrige Offenbarung von Geheimnissen, wenn ein abrufender Heilberufler Einsicht in dieses nimmt. So ist der Heilberufler nach § 291a Abs. 4 S. 1 Nr. 1 SGB V berechtigt, auf diese Geheimnisse zuzugreifen, weshalb eine Strafbarkeit des ein elektronisches Rezept einstellenden Heilberuflers nach § 203 Abs. 1 StGB entfällt, wenn der Heilberufler unter den in § 291a Abs. 4 S. 1 SGB V genannten Bedingungen auf die Geheimnisse zugreift.[1290]

[1285] Siehe zum Zugriff auf im Rahmen der eGK gespeicherten Daten die Ausführungen unter Ziffer 6.5.
[1286] So kann bereits das Bereitstellen von Daten auf einem Server bereits ein Offenbaren i.S.d. § 203 Abs. 1 StGB darstellen, wenn diese von Dritten abgerufen werden können (siehe z.B. *Menzel*, DuD 2011, 853 (856)).
[1287] Siehe hierzu die Ausführungen unter Ziffer 10.2.3.3.
[1288] Die Einwilligung im Rahmen des § 203 StGB ist grsl. an keine bestimmte Form gebunden (näher hierzu *Lenckner/Eisele*, in: Schönke/Schröder, Strafgesetzbuch, § 203 Rn. 24a ff.).
[1289] So auch *Hornung*, in: Hänlein/Kruse/Schuler, Sozialgesetzbuch V, § 291a Rn. 13; *Hornung*, Die digitale Identität, S. 223 ff.; *Schneider*, in: Krauskopf, Sozialversicherung, § 291a SGB V Rn. 68 f.; *Bales/Dierks/Holland/Müller*, Die elektronische Gesundheitskarte, B I § 291a Rn. 82. Der jeweilige Versicherte ist über die im Rahmen seiner eGK gespeicherten Daten verfügungsbefugt (siehe *Borchers*, Die Einführung der elektronischen Gesundheitskarte in das deutsche Gesundheitswesen, S. 141).
[1290] Auch § 291a Abs. 5a S. 2 SGB V statuiert in den dort genannten Fällen eine gesetzliche Erlaubnis zum Zugriff auf die dort genannten Daten, die regelmäßig aber keine Geheimnisse i.S.d. § 203 StGB darstellen werden, die einem Heilberufler anvertraut wurden.

10.2.3.7.2 Der Zugriff auf Geheimnisse durch IT-Experten und Betreiber der Telematikinfrastruktur

Wie bereits unter Ziffer 10.2.3.6 ausgeführt, kommen aufgrund der Vernetzung noch weitere Akteure zum Gesundheitssystem hinzu: IT-Experten und die Betreiber der Telematikinfrastruktur. Die Aufgabe dieser neu in das vernetzte Gesundheitssystem hinzutretenden Akteure besteht insbesondere in der Bereitstellung und der Pflege der Technik, die für die Vernetzung des Gesundheitssystems erforderlich ist. Bei der Erbringung dieser Dienste können die Akteure regelmäßig auf Geheimnisse i.S.d. § 203 StGB zugreifen, die Heilberuflern von ihren Patienten anvertraut wurden. Somit stellt sich die Frage, wie ein solcher Zugriff vor dem Hintergrund des § 203 StGB zu bewerten ist.

10.2.3.7.2.1 Der Zugriff von IT-Experten auf Geheimnisse i.S.d. § 203 StGB

Zunächst wird in diesem Zusammenhang der Zugriff von IT-Experten auf Geheimnisse i.S.d. § 203 StGB untersucht. IT-Experten werden sowohl von Heilberuflern als auch von Betreibern der Telematikinfrastruktur der eGK beauftragt und haben durch ihre Tätigkeit, insbesondere im Bereich des eGK-Systems, Zugriff auf (verschlüsselte) Gesundheitsdaten. Bei Wartungs-, Pflege- und Administrationstätigkeiten kann jedoch im Bereich der Heilberuflerpraxis auch nicht ausgeschlossen werden, dass IT-Experten Zugriff auf unverschlüsselte Informationen über Patienten haben. Dies kann zu Testzwecken und Funktionsüberprüfungen sogar notwendig sein.

Somit stellt sich die Frage, ob sich Heilberufler[1291] strafbar machen, wenn sie IT-Experten die Wartung, Pflege oder Administration der eingesetzten IT-Komponenten gestatten. Diese Tätigkeit der Experten stellt dabei eine absolute Notwendigkeit dar, da ansonsten eine IT-Infrastruktur nicht zuverlässig oder gar nicht (mehr) funktionieren könnte.

[1291] Derzeit fallen die Betreiber der Telematikinfrastruktur der elektronischen Gesundheitskarte nicht in den Täterkreis des § 203 Abs. 1 StGB. Deshalb wird im Folgenden nur die Gestattung des Zugriffs von IT-Experten durch Heilberufler untersucht. Sollten die Betreiber jedoch zukünftig, wie hier gefordert, auch in den Täterkreis des § 203 Abs. 1 StGB mit aufgenommen werden, so gelten für sie die Ausführungen entsprechend.

10.2.3.7.2.1.1 Kein Offenbaren i.S.d. § 203 Abs. 1 StGB wegen der Verschlüsselung der Daten?

Fraglich ist zunächst, ob überhaupt ein Offenbaren i.S.d. § 203 StGB vorliegt, wenn ein Heilberufler einem IT-Experten den Zugriff auf Geheimnisse, in diesem Fall auf seine gespeicherten Patientendaten, gestattet, sofern diese verschlüsselt gespeichert sind. Nach herrschender Meinung scheidet ein Offenbaren aus, wenn der Geheimnisempfänger nur Zugriff auf verschlüsselte Daten erhält, da er diesen Daten keine Informationen entnehmen könne.[1292]

Diese Ansicht vermag aufgrund ihrer Pauschalität jedoch nicht zu überzeugen. Einerseits ist insoweit zu beachten, dass ein Offenbaren i.S.d. § 203 Abs. 1 StGB schon dann erfolgt, wenn dem Geheimnisempfänger der Zugriff auf Geheimnisse und mithin die Kenntniserlangung (nur) ermöglicht wird.[1293] Andererseits erfolgt kein Offenbaren i.S.d. § 203 Abs. 1 StGB, wenn der Geheimnisempfänger von den geheimen Tatsachen selbst keine Kenntnis erlangen oder die Person, auf die sich die geheimen Tatsachen beziehen, nicht bestimmen kann.[1294]

Fraglich ist mithin, ob die IT-Experten den verschlüsselt gespeicherten Daten die geheimen Tatsachen entnehmen und die Person, auf die sich diese Tatsachen beziehen, bestimmen können. Insbesondere durch eine starke Verschlüsselung wie im Rahmen der elektronischen Gesundheitskarte könnte den IT-Experten dies verwehrt sein.

Verfügen die IT-Experten über den Schlüssel, um die Verschlüsselung der Daten aufzuheben, ist es ihnen zumindest möglich, die in diesen Daten enthaltenen Geheimnisse einzusehen, so dass die Voraussetzungen des Offenbarens i.S.d. § 203 Abs. 1 StGB erfüllt wären.[1295]

Somit stellt sich die Frage, ob auch dann ein Offenbaren i.S.d. § 203 Abs. 1 StGB vorliegt, wenn die IT-Experten nur auf verschlüsselte Daten zugreifen

---

[1292] Siehe z.B. *Meier*, Der rechtliche Schutz patientenbezogener Gesundheitsdaten, S. 154; *Sieber*, in: Eberspächer/Picot/Braun, eHealth: Innovations- und Wachstumsmotor für Europa, S. 272 f.; *Cierniak/Pohlit*, in: Joecks/Miebach, MüKo StGB, § 203 Rn. 48.

[1293] Siehe z.B. *Meier*, Der rechtliche Schutz patientenbezogener Gesundheitsdaten, S. 155; *Heghmanns/Niehaus*, NStZ 2008, 57 (57 f.); *Otto*, wistra 1999, 201 (202 ff.); *Wehrmann/Wellbrock*, CR 1997, 754 (759); *Kühl*, in: Lackner/Kühl, StGB, § 203 Rn. 17; *Lenckner/Eisele*, in: Schönke/Schröder, Strafgesetzbuch, § 203 Rn. 19. Siehe auch die Ausführungen unter Ziffer 10.2.3.3.

[1294] So z.B. LG Köln MedR 1984, 110; *Weidemann*, in: Heintschel-Heinegg, BeckOK StGB, § 203 Rn. 31; *Lenckner/Eisele*, in: Schönke/Schröder, Strafgesetzbuch, § 203 Rn. 19; *Schünemann*, in: Laufhütte/Rissing-van Saan/Tiedemann, Leipziger Kommentar StGB, § 203 Rn. 42.

[1295] An dieser Stelle wird davon ausgegangen, dass aus den Daten auch die Bezugsperson hervorgeht. Sollte der IT-Experte die betroffene Person nicht bestimmen können, z.B. weil in den Daten nur ein Pseudonym des Betroffenen gespeichert ist, welches der IT-Experte dem Betroffenen nicht zuordnen kann, liegt kein Offenbaren i.S.d. § 203 StGB vor.

können und keinen Schlüssel besitzen, mittels dessen sie die Verschlüsselung der Daten wieder aufheben können.

Kann der Geheimnisempfänger die Verschlüsselung auch ohne den entsprechenden Schlüssel aufheben, z.B. weil die Verschlüsselung unsicher ist und geeignete Entschlüsselungsprogramme zur Verfügung stehen, kann er diese Geheimnisse ebenfalls einsehen und den betroffenen Geheimnisträger bestimmen.[1296] Stellt der Heilberufler einem Geheimnisempfänger unsicher verschlüsselte Daten zur Verfügung, verschafft er diesem mithin objektiv die konkrete und realisierbare Möglichkeit zur Kenntniserlangung von diesen Geheimnissen, was ausreichend für das Vorliegen eines Offenbarens i.S.d. § 203 Abs. 1 StGB ist.[1297]

Fraglich ist nunmehr noch, ob ein Offenbaren i.S.d. § 203 StGB vorliegt, wenn der Heilberufler dem Geheimnisempfänger stark verschlüsselte Daten zur Verfügung stellt, dieser die Verschlüsselung (derzeit) nicht aufheben kann und er für diese Daten über keinen Schlüssel zur Dechiffrierung verfügt. Insoweit könnte ein Offenbaren i.S.d. § 203 StGB ausscheiden, weil der Geheimnisempfänger die Geheimnisse in diesem Fall nicht einsehen und den betroffenen Geheimnisträger nicht bestimmen kann.

Allerdings ist an dieser Stelle zu beachten, dass das durch § 203 StGB geschützte Rechtsgut das informationelle Selbstbestimmungsrecht des betroffenen Geheimnisträgers ist.[1298] Wie bei der Prüfung der Bestimmbarkeit der betroffenen Person i.S.d. § 3 Abs. 1 BDSG bzw. § 67 Abs. 1 SGB X im Fall von verschlüsselten Daten,[1299] stellt sich auch an dieser Stelle die Frage, ob der Geheimnisempfänger die betroffene Person bestimmen und die geheimen Tatsachen über sie einsehen kann oder ob dies durch die Verschlüsselung der Daten ausgeschlossen ist. Die Beantwortung dieser Frage ist mithin entscheidend dafür, ob Daten bzw. Geheimnisse durch die Datenschutzgesetze bzw. durch § 203 StGB geschützt werden. Da sowohl das Datenschutzrecht als auch § 203 StGB den Schutz desselben Rechtsguts bezwecken - das Recht des Betroffenen, grundsätzlich selbst über die Preisgabe und Verwendung seiner

---

[1296] Eine etwaige Strafbarkeit des Geheimnisempfängers nach § 202a Abs. 1 StGB ist nicht im Rahmen des Tatbestandsmerkmals des Offenbarens zu berücksichtigen, für dessen Vorliegen die faktische Möglichkeit der Kenntniserlangung ausreichend ist. Allerdings kann dies im Rahmen des Vorsatzes des Heilberuflers berücksichtigt werden.
[1297] Siehe *Tag*, in: Dölling/Duttge/Rössner, Gesamtes Strafrecht, § 203 StGB Rn. 43; im Ergebnis so auch *Jandt/Roßnagel/Wilke*, NZS 2011, 641 (645), die das Nicht-Vorliegen eines Offenbarens i.S.d. § 203 StGB nur dann in Betracht ziehen, wenn die Daten mit Hilfe sicherer Verschlüsselungssysteme derart verschlüsselt werden, dass eine Kenntnisnahme der Daten durch den Geheimnisempfänger ausgeschlossen ist.
[1298] Siehe hierzu die Ausführungen unter Ziffer 10.2.3.1.
[1299] Siehe hierzu die Ausführungen unter Ziffer 10.1.3.2.5.7.

personenbezogenen Daten zu bestimmen[1300] -, müssen bezüglich der Beantwortung der Frage, ob eine Person im Fall verschlüsselter Daten bestimmbar ist, die Ausführungen unter Ziffer 10.1.3.2.5.7 über die Bestimmbarkeit der betroffenen Person i.S.d. § 3 Abs. 1 BDSG bzw. § 67 Abs. 1 SGB X im Fall von verschlüsselten Daten aufgrund möglicher Entschlüsselung der Daten auch hinsichtlich der Bestimmbarkeit des betroffenen Geheimnisträgers und der Möglichkeit zur Einsicht in die geheimen Tatsachen im Rahmen von § 203 StGB gelten.

Demzufolge sind also nicht nur die (technischen) Möglichkeiten, die heute zur Verfügung stehen zu berücksichtigen, sondern alle technischen Möglichkeiten, die während der Verarbeitungsdauer der Daten zur Verfügung stehen werden. Folglich ist also auch in diesem Fall eine Zukunftsprognose zu treffen.[1301] Somit sind alle technischen Mittel zu berücksichtigen, die in der Zeit zur Verfügung stehen, in der der Geheimnisempfänger auf die verschlüsselten Geheimnisse zugreifen kann.[1302] Gerade im Fall von Wartungs- oder Testarbeiten handelt es sich typischerweise um sehr kurze, überschaubare Zeiträume, in denen die Sicherheit der Verschlüsselung verlässlich einzuschätzen ist. Stehen während des Verarbeitungszeitraums also keine (technischen) Mittel zur Verfügung, mittels derer der IT-Experte während der Dauer seines Zugriffs die verschlüsselten Daten dechiffrieren kann (z.B. auch infolge einer erneuten Verschlüsselung mit neuen, stärkeren Verschlüsselungsmethoden), kann er während der gesamten Verarbeitungsdauer die betroffene Person nicht bestimmen und die sie betreffenden geheimen Tatsachen nicht einsehen. In diesem Fall liegt mithin kein Offenbaren i.S.d. § 203 Abs. 1 StGB vor, so dass der Heilberufler unter diesen Voraussetzungen keine strafbare Handlung gem. § 203 Abs. 1 StGB begeht. Stehen hingegen derartige Mittel während des Verarbeitungszeitraums zur Verfügung, mit denen der IT-Experte die Geheimnisse entschlüsseln kann, liegt ein tatbestandliches Offenbaren i.S.d. § 203 Abs. 1 StGB vor.[1303]

Dieses Ergebnis entspricht auch dem Sinn und Zweck des § 203 Abs. 1 StGB, der darin besteht, das Individualinteresse des Einzelnen zu schützen, grundsätzlich selbst über die Preisgabe und Verwendung seiner persönlichen Daten

---

[1300] Siehe die Ausführungen unter Ziffer 10.2.3.1.
[1301] Siehe hierzu die Ausführungen unter Ziffer 10.1.3.2.5.7.1.
[1302] Kann er nicht mehr auf die Geheimnisse zugreifen, besteht keine Möglichkeit zur Kenntnisnahme der Geheimnisse mehr, was aber für ein Offenbaren i.S.d. § 203 StGB erforderlich ist (siehe hierzu die Ausführungen unter Ziffer 10.2.3.3).
[1303] Im Ergebnis so wohl auch *Jandt/Roßnagel/Wilke*, NZS 2011, 641 (645), die das Nicht-Vorliegen eines Offenbarens i.S.d. § 203 StGB nur dann in Betracht ziehen, wenn die Daten mit Hilfe sicherer Verschlüsselungssysteme derart verschlüsselt werden, dass eine Kenntnisnahme der Daten durch den Geheimnisempfänger ausgeschlossen ist und nur eine Verarbeitung (derart) verschlüsselter Daten erfolgt.

zu bestimmen.[1304] Ist aufgrund der Verschlüsselung während des gesamten Verarbeitungszeitraums sichergestellt, dass der Geheimnisempfänger die geheimen Tatsachen nicht einsehen und / oder den Geheimnisträger nicht bestimmen kann, bedarf der Geheimnisträger keines Schutzes nach § 203 Abs. 1 StGB. Wird der Geheimnisempfänger hingegen während des Verarbeitungszeitraums die Geheimnisse dechiffrieren und einsehen können, ist das Individualinteresse des Geheimnisträgers betroffen, grundsätzlich selbst über die Preisgabe und Verwendung seiner persönlichen Daten zu bestimmen, so dass er des Schutzes durch § 203 Abs. 1 StGB bedarf.

Sofern IT-Experten auf unverschlüsselte Patientendaten zugreifen müssen oder Heilberufler die unter Ziffer 10.2.3.7.2.1.1 genannten Anforderungen an die Verschlüsselung nicht erfüllen können, besteht nach hier vertretener Ansicht für die IT-Experten also eine Möglichkeit zur Kenntniserlangung von diesen Geheimnissen, so dass der Zugriff auf solche Geheimnisse durch IT-Experten zur Durchführung technischer Dienstleistungen wie Wartung ein Offenbaren i.S.d. § 203 StGB sein könnte.

10.2.3.7.2.1.2 Kein Offenbaren gegenüber IT-Experten wegen fehlender tatsächlicher Kenntniserlangung

Wenn IT-Experten zu Zwecken der Wartung, Administration oder Pflege auf unverschlüsselte oder unzureichend verschlüsselte Geheimnisse zugreifen können, die von einem zur Verschwiegenheit Verpflichteten auf einem Datenverarbeitungssystem gespeichert wurden, könnte allerdings ein Offenbaren i.S.d. § 203 StGB aus dem Grunde ausscheiden, dass den IT-Experten aufgrund der Menge an dort gespeicherten Geheimnissen die Möglichkeit zur tatsächlichen Kenntniserlangung fehlt.

Vor diesem Hintergrund wird in der juristischen Literatur vertreten, dass - wenn ein Heilberufler IT-Experten zu Wartungs-, Pflege- oder Administrationszwecken Zugriff auf sein (gesamtes) Datenverarbeitungssystem und damit auch auf die dort gespeicherten Geheimnisse gewährt – ein Offenbaren eines Geheimnisses i.S.d. § 203 StGB nur dann vorliegen würde, soweit ein IT-Experte tatsächlich von einem dort gespeicherten Geheimnis Kenntnis erlangt habe oder er solche Geheimnisse in seinen Gewahrsam gebracht habe, z.B. indem er sie speichert oder ausdruckt.[1305] Im Hinblick auf die anderen auf

---

[1304] Siehe hierzu die Ausführungen unter Ziffer 10.2.3.1.
[1305] So z.B. *Schünemann*, in: Laufhütte/Rissing-van Saan/Tiedemann, Leipziger Kommentar StGB, § 203 Rn. 41; vgl. auch *Cierniak/Pohlit*, in: Joecks/Miebach, MüKo StGB, § 203 Rn. 52 f.

dem Datenverarbeitungssystem der Heilberufler gespeicherten Geheimnisse, von denen der IT-Experte nicht tatsächlich Kenntnis erlangt habe und die er nicht in Gewahrsam genommen habe, würde hingegen kein Offenbaren i.S.d. § 203 StGB vorliegen, weil es den IT-Experten bei ihrer Arbeit aufgrund der Menge an auf dem Datenverarbeitungssystem gespeicherten Geheimnissen nicht möglich sei, von diesen tatsächlich Kenntnis zu erlangen,[1306] zumal die gespeicherten digitalisierten Daten ggf. auch noch dekodiert werden müssten, um den Inhalt der Daten und mithin die Geheimnisse erfassen zu können.[1307]

Gegen diese Auffassung spricht jedoch, dass sie das Rechtsgut, welches durch § 203 StGB geschützt werden soll, nach hier vertretener Ansicht nicht hinreichend zu schützen vermag.[1308] Wenn ein Heilberufler einem IT-Experten zu Zwecken der Administration, Wartung und Pflege den Zugriff auf sein Datenverarbeitungssystem und mithin auch die Möglichkeit eröffnet, auf die dort gespeicherten Geheimnisse zuzugreifen und von diesen Kenntnis zu erlangen, so liegt es i.d.R – wie bei verkörperten Geheimnissen – (nur noch) in der Hand des IT-Experten, ob er auf diese zugreift oder nicht.[1309] Hat der Heilberufler also dem IT-Experten die Möglichkeit verschafft, auf die auf seinem Datenverarbeitungssystem gespeicherten Geheimnisse zuzugreifen und von diesen Kenntnis zu erlangen, überlässt er diesem die Initiative, ob er im Rahmen der Leistungserbringung auf Geheimnisse zugreift und von diesen Kenntnis erlangt sowie auf welche Geheimnisse der IT-Experte zugreift. Nach hier vertretener Ansicht sind diese Geheimnisse somit quasi in das „Gewahrsam" des IT-Experten gelangt, indem es in seiner Hand liegt, ob und auf welche Geheimnisse er zugreift und von welchen Geheimnissen er Kenntnis erlangt.[1310] In diesem Zusammenhang ist auch zu beachten, dass ein IT-Experte nach hier vertretener Auffassung im Rahmen der Administration, Pflege und Wartung des Datenverarbeitungssytems durchaus auch auf Geheimnisse zugreifen kann und in diesem Fall von ihnen Kenntnis erlangen wird.[1311] So nimmt ein

---

[1306] Siehe *Schünemann,* in: Laufhütte/Rissing-van Saan/Tiedemann, Leipziger Kommentar StGB, § 203 Rn. 41; *Cierniak/Pohlit,* in: Joecks/Miebach, MüKo StGB, § 203 Rn. 52.

[1307] *Cierniak/Pohlit,* in: Joecks/Miebach, MüKo StGB, § 203 Rn. 52.

[1308] Siehe hierzu auch *Ehrmann,* Outsourcing von medizinischen Daten - strafrechtlich betrachtet, S. 88 ff. (91 f.).

[1309] Etwas Anderes kann gelten, wenn der Heilberufler den Zugriff des IT-Experten im Einzelfall autorisiert und überwacht (so z.B. die Empfehlung der *Bundesärztekammer/Kassenärztliche Bundesvereinigung,* Empfehlungen zur ärztlichen Schweigepflicht, Datenschutz und Datenverarbeitung in der Arztpraxis, Dtsch. Ärztebl. 2008, A 1026 (A 1029). In diesem Fall hat der IT-Experte aber auch nur Zugriff auf wenige Daten, so dass es ihm dann i.d.R. auch nicht mehr aufgrund der Menge an Daten unmöglich sein wird, die einzelnen Geheimnisse tatsächlich zur Kenntnis zu nehmen.

[1310] Siehe auch *Ehrmann,* Outsourcing von medizinischen Daten - strafrechtlich betrachtet, S. 91 f.

[1311] So auch *Spatscheck,* AnwBl. 2012, S. 478 (479); *Kargl,* in: Kindhäuser/Neumann/Paeffgen, Strafgesetzbuch, § 203 Rn. 21; a.A. *Hermeler,* Rechtliche Rahmenbedingungen der Telemedizin, S. 144; vgl. auch *Schünemann,* in: Laufhütte/Rissing-van Saan/Tiedemann, Leipziger Kommentar StGB, § 203 Rn. 41.

IT-Experte in vielen Fällen jedenfalls von Verzeichnis- oder Dateinamen Kenntnis, um seine Wartungs-, Pflege- oder Administrationsleistungen zu erbringen. Diese werden oftmals den Namen des Patienten enthalten.[1312] Allein die Tatsache, dass ein Patient bei einem Arzt in Behandlung war, stellt jedoch schon ein Geheimnis i.S.d. § 203 Abs. 1 StGB dar.[1313] Außerdem kann es im Rahmen der Administration, Pflege und Wartung von Datenverarbeitungssystemen durchaus auch erforderlich sein, in den Inhalt einzelner Datensätze einzusehen, die keine Testdaten, sondern „echte" Patientendaten enthalten.

Vor diesem Hintergrund ist der dargestellten Ansicht nach hier vertretener Auffassung nicht zu folgen, da sie das Rechtsgut, welches durch § 203 StGB geschützt werden soll – also das Recht des Einzelnen, grundsätzlich selbst über die Preisgabe und Verwendung seiner personenbezogenen Daten zu bestimmen[1314] - nicht hinreichend schützt. So ist nach hier vertretener Ansicht davon auszugehen, dass ein IT-Experte im Rahmen der Administration, Wartung und Pflege der Datenverarbeitungssysteme des Heilberuflers durchaus auf Geheimnisse zugreifen kann und in diesem Fall ggf. Kenntnis von ihnen erlangen wird. Dies wäre nach der hier dargestellten Ansicht grundsätzlich als Offenbaren i.S.d. § 203 StGB anzusehen,[1315] zumindest soweit dies nicht ausnahmsweise aus anderen Gründen ausscheidet, z.B. weil es sich bei den IT-Experten um sogenannte „zum Wissen Berufene" handelt.[1316] Diese Ausnahmen können bei der Beurteilung allein der hier dargestellten Ansicht aber keine Rolle spielen, zumal die Einzelheiten der im Folgenden noch näher dargestellten Ausnahmen sehr umstritten sind und die Ausnahmetatbestände in Abhängigkeit vom jeweiligen Einzelfall manchmal erfüllt sein können und manchmal nicht. Wie bereits dargestellt, liegen der Zugriff und die Kenntniserlangung nach Verschaffung der Möglichkeit zum Zugriff durch den Heilberufler zudem regelmäßig in der Hand des IT-Experten. Unter diesen Umständen wird sich eine Kenntniserlangung durch den IT-Experten kaum je beweisen lassen. Mithin würde ein erhebliches Dunkelfeld entstehen, als dass ein IT-Experte im Rahmen der Administration, Pflege und Wartung oftmals Kenntnis von einem Geheimnis erlangen wird, ihm also nach der hier dargestellten Auffassung Geheimnisse i.S.d. § 203 StGB offenbart werden (sofern im Einzelfall – wie soeben ausgeführt - nicht ausnahmsweise das Offenbaren aus einem anderen Grund entfällt, der bei der Bewertung dieser Auffassung aber

---

[1312] *Spatscheck*, AnwBl. 2012, S. 478 (479); *Kargl*, in: Kindhäuser/Neumann/Paeffgen, Strafgesetzbuch, § 203 Rn. 21.
[1313] *Ulsenheimer*, in: Laufs/Kern, Handbuch des Arztrechts, § 66 Rn. 1.
[1314] Siehe die Ausführungen unter Ziffer 10.2.3.1.
[1315] Siehe z.B. *Schünemann*, in: Laufhütte/Rissing-van Saan/Tiedemann, Leipziger Kommentar StGB, § 203 Rn. 41; vgl. auch *Cierniak/Pohlit*, in: Joecks/Miebach, MüKo StGB, § 203 Rn. 52.
[1316] Siehe hierzu die Ausführungen unter Ziffer 10.2.3.7.2.2.

wie oben bereits ausgeführt nicht zu berücksichtigen ist), eine Strafbarkeit des Heilberuflers aber mangels Beweisbarkeit oftmals ausscheiden würde. Somit vermag diese Ansicht nach hier vertretener Auffassung das Rechtsgut, welches durch § 203 StGB geschützt werden soll, nicht in ausreichendem Maße zu schützen.

Aus diesem Grunde ist die Meinung, dass im Fall des Zugriffs auf Geheimnisse durch IT-Experten zu Zwecken der Administration, Pflege und Wartung für ein Offenbaren i.S.d. § 203 StGB entweder die tatsächliche Kenntniserlangung oder das Ingewahrsambringen dieser Geheimnisse erforderlich sei, nach hier vertretener Ansicht somit abzulehnen.[1317]

Im Übrigen vermag diese Auffassung nach hier vertretener Ansicht die Problematik, dass IT-Experten zu Zwecken der Administration, Pflege und Wartung mitunter auch auf Geheimnisse i.S.d. § 203 StGB zugreifen müssen und von diesen tatsächlich Kenntnis erlangen, nicht vollständig zu lösen. So bietet diese Auffassung nach hier vertretener Ansicht keine Lösung für den Fall, dass eine tatsächliche Kenntniserlangung von Geheimnissen und mithin nach dieser Auffassung ein Offenbaren erfolgt.[1318] So wäre auch die Einholung von Einwilligungserklärungen durch den jeweiligen Heilberufler von den Betroffenen (nur) für diese Fälle kaum handhabbar, da es dem Heilberufler im Vornherein unmöglich ist zu beurteilen, auf welche Geheimnisse von welchem Betroffenen ein Geheimnisträger ggf. im Rahmen seiner Leistungserbringung zugreifen muss. Mithin müsste der Heilberufler faktisch von allen Betroffenen eine entsprechende Einwilligungserklärung einholen. Die Einholung einer solchen Einwilligungserklärung erst im Zeitpunkt des Zugriffs, wenn feststeht, auf welche Daten zugegriffen werden soll, würde jedenfalls zu nicht hinnehmbaren Verzögerungen führen, soweit der IT-Experte zu diesem Zeitpunkt nicht ohnehin schon auf das Geheimnis zugegriffen und von diesem Kenntnis erlangt hat. Im Übrigen könnte es auch zweifelhaft sein, inwiefern eine solche Einwilligung freiwillig erfolgen würde.[1319]

Teilweise wird in der juristischen Literatur auch vertreten, dass eine Strafbarkeit des Heilberuflers – wenn er einem IT-Experten Zugriff auf sein Datenverarbeitungssystem gewährt – i.d.R. (nur) wegen Unterlassens nach §§ 203 Abs. 1 Nr. 1, 13 StGB in Betracht komme und zwar dann, wenn ein Heilberuf-

---

[1317] So z.B. auch *Spatscheck*, AnwBl. 2012, S. 478 (479); *Kargl*, in: Kindhäuser/Neumann/Paeffgen, Strafgesetzbuch, § 203 Rn. 21; *Otto*, wistra 99, 201 (202 f.); *Wehrmann/Wellbrock*, CR 1997, 754 (759); *Köpke*, Die Bedeutung des § 203 Abs. 1 Nr. 6 StGB für Private Krankenversicherer, insbesondere bei der innerorganisatorischen Geheimnisweitergabe, S. 79.
[1318] Siehe *Schünemann*, in: Laufhütte/Rissing-van Saan/Tiedemann, Leipziger Kommentar StGB, § 203 Rn. 41; vgl. auch *Cierniak/Pohlit*, in: Joecks/Miebach, MüKo StGB, § 203 Rn. 52 f.
[1319] Siehe hierzu die Ausführungen unter Ziffer 10.2.3.7.2.2.2.2.

ler nicht die notwendigen Sicherheits- und Kontrollmaßnahmen getroffen habe und ein IT-Experte deshalb auf Geheimnisse zugreifen könne und von diesen Kenntnis erlange bzw. diese in Gewahrsam nehme.[1320] Seinen Pflichten nach § 13 StGB genüge der Heilberufler bei der Beauftragung externer IT-Experten nach dieser Auffassung, wenn er gegenüber diesen die nach § 11 Abs. 5 BDSG erforderlichen Sicherheits- und Kontrollmaßnahmen treffen würde.[1321]

Gegen diese Auffassung und eine Strafbarkeit des zur Verschwiegenheit Verpflichteten wegen Unterlassens spricht jedoch, dass der zur Verschwiegenheit Verpflichtete den IT-Experten beauftragt sowie Zugriff auf seine Datenverarbeitungssysteme und damit auf die Geheimnisse gewährt. Dies stellt ein aktives Tun und kein Unterlassen dar.[1322] Mithin vermag diese Ansicht dogmatisch nicht zu überzeugen und ist deshalb nach hier vertretener Ansicht abzulehnen.[1323]

10.2.3.7.2.2 IT-Experten als „zum Wissen Berufene"

Allerdings könnte der Zugriff auf unverschlüsselte bzw. nicht ausreichend verschlüsselte[1324] Patientendaten durch IT-Experten aus dem Grund kein Offenbaren i.S.d. § 203 StGB darstellen, dass diese zum so genannten „Kreis der zum Wissen Berufenen" gehören.

10.2.3.7.2.2.1 Bekanntgabe des Geheimnisses gegenüber einer Funktionseinheit

Von der herrschenden Ansicht wird anerkannt, dass die Geheimnisweitergabe innerhalb einer Funktionseinheit (wie z.B. einer Behörde oder einem Krankenhaus) nicht den Tatbestand des Offenbarens erfüllt, sofern es innerhalb des so genannten „Kreises der zum Wissen Berufenen" weitergegeben

---

[1320] *Lenckner/Eisele*, in: Schönke/Schröder, StGB, § 203 Rn. 20; *Cierniak/Pohlit*, in: Joecks/Miebach, MüKo StGB, § 203 Rn. 52; vgl. auch *Schünemann*, in: Laufhütte/Rissing-van Saan/Tiedemann, Leipziger Kommentar StGB, § 203 Rn. 41.

[1321] *Cierniak/Pohlit*, in: Joecks/Miebach, MüKo StGB, § 203 Rn. 52; *Lenckner/Eisele*, in: Schönke/Schröder, StGB, § 203 Rn. 20.

[1322] *Spatscheck*, AnwBl. 2012, S. 478 (479); *Kargl*, in: Kindhäuser/Neumann/Paeffgen, Strafgesetzbuch, § 203 Rn. 21.

[1323] So auch *Spatscheck*, AnwBl. 2012, S. 478 (479); *Kargl*, in: Kindhäuser/Neumann/Paeffgen, Strafgesetzbuch, § 203 Rn. 21.

[1324] Siehe die Ausführungen unter Ziffer 10.2.3.7.2.1.1.

wird.[1325] Dieser Ansicht ist auch zuzustimmen. Soweit die Gegenauffassung auch bei der Bekanntgabe von Geheimnissen gegenüber jeder anderen Person ein Offenbaren des Geheimnisses durch den zur Verschwiegenheit Verpflichteten annimmt, [1326] ist dieser Ansicht bei strenger Auslegung des Wortlauts von § 203 StGB insoweit zuzustimmen, dass formal betrachtet ein Offenbaren vorliegt. Allerdings verkennt diese Ansicht den Sinn und Zweck von § 203 StGB. Dieser besteht darin, das Individualinteresse des Einzelnen zu schützen, grundsätzlich selbst über die Preisgabe und Verwendung seiner persönlichen Daten zu bestimmen.[1327] Mit anderen Worten: Der Geheimnisträger kann sein Geheimnis nicht nur einer Person anvertrauen, sondern auch mehreren Mitgliedern einer Funktionseinheit. Diesen Mitgliedern gilt das Geheimnis dann gegenüber als bekanntgegeben, so dass die Weitergabe des Geheimnisses von einem Mitglied dieser Funktionseinheit an ein anderes Mitglied kein Offenbaren i.S.d. § 203 StGB darstellt, da das jeweilige Geheimnis diesem Mitglied bereits zuvor bekanntgegeben wurde.[1328] Die Mitglieder der Funktionseinheit gehören somit zum so genannten „Kreis der zum Wissen Berufenen".

Somit stellt sich die Frage, wie weit dieser „Kreis der zum Wissen Berufenen" zu ziehen ist. Die Grenze dieses Kreises ist nicht fest umrissen, beinhaltet aber eine objektive und eine subjektive Komponente. Objektiv gehört zu diesem Kreis jeder, der das Geheimnis kraft seiner Funktion erfahren darf und soll; subjektiv jeder, der nach der Vorstellung und dem (mutmaßlichen) Willen des Geheimnisträgers Zugang zu dem Geheimnis hat.[1329]

Bei einer typischen Behandlungssituation besitzt der Patient von vornherein ganz allgemein die Perspektive, dass er nicht nur dem unmittelbar behandelnden Heilberufler sein Geheimnis offenbart, sondern der Einrichtung, in der er behandelt wird, z.B. einer Arztpraxis oder einem Krankenhaus.[1330] So berichtet er bereits am Empfang den Mitarbeitern des Heilberuflers von seinen Beschwerden und lässt sich gegebenenfalls dann auch von einem anderen Heilberufler in der Gemeinschaftspraxis behandeln. Der Patient kann als Verfügungsberechtigter über die ihn betreffenden Gesundheitsinformationen und als Inhaber des Rechts auf informationelle Selbstbestimmung autonom ent-

---

[1325] Siehe z.B. *Paul/Gendelev*, ZD 2012, 315 (319); *Lensdorf/Meyer-Wegelin/Mantz*, CR 2009, 62 (63); *Ehrmann*, Outsourcing von medizinischen Daten - strafrechtlich betrachtet, S. 60 f; a.A. z.B. *Schal*, Die Schweigepflicht des Betriebsarztes, S. 34 f.; vgl. auch *Meier*, Der rechtliche Schutz patientenbezogener Gesundheitsdaten, S. 157 f.
[1326] So z.B. *Schal*, Die Schweigepflicht des Betriebsarztes, S. 34 f.; *Meier*, Der rechtliche Schutz patientenbezogener Gesundheitsdaten, S. 157 f.
[1327] Siehe die Ausführungen unter Ziffer 10.2.3.1.
[1328] So z.B. auch *Lenckner/Eisele*, in: Schönke/Schröder, Strafgesetzbuch, § 203 Rn. 19a; *Kargl*, in: Kindhäuser/Neumann/Paeffgen, Strafgesetzbuch, § 203 Rn. 22; *Paul/Gendelev*, ZD 2012, 315 (319);
[1329] Siehe *Paul/Gendelev*, ZD 2012, 315 (319).
[1330] So z.B. auch *Langkeit*, NStZ 1994, S. 6 (7); *Paul/Gendelev*, ZD 2012, 315 (319).

scheiden, wem er welche Informationen zur Verfügung stellt. Somit kann er auch entscheiden, Informationen über seine Gesundheit nicht nur einem bestimmten Heilberufler, sondern dem Personenkreis einer Einrichtung zu geben. Eben dies ist der typische Lebenssachverhalt bei einer Behandlung. Der Patient weiß, dass diese Informationen auch anderen Personen in der Einrichtung, z.B. einem anderen Arzt in der Gemeinschaftspraxis oder im Krankenhaus oder einer Krankenschwester, zur Kenntnis gelangen und gibt sie in diesem Bewusstsein. Folglich liegt in der Weitergabe der Informationen an diese Personen auch kein Offenbaren i.S.d. § 203 StGB vor, weil das Geheimnis von vornherein auch für diese Personen bestimmt war und sie somit zum „Kreis der zum Wissen Berufenen" zählen. Eine etwaige Verletzung der Schweigepflicht gem. § 203 StGB scheidet schon tatbestandsmäßig aus.[1331]

Es stellt sich aber die Frage, ob diese tatbestandsmäßige Lösung auch für mit der Wartung, Pflege und der Administration beauftragte IT-Experten gilt. Mit anderen Worten: Geht der Patient bei der Offenbarung von Geheimnissen gegenüber dem Heilberufler und der Einrichtung, in der dieser arbeitet, davon aus, dass auch i.d.R. externe IT-Experten im Fall der Administrierung, Wartung und Pflege von Datenverarbeitungssystemen Zugriff auf seine Geheimnisse haben könnten? Patienten gehen zunächst davon aus, dass alle dem Heilberufler ordnungsgemäß und unmittelbar bei der Behandlung behilflichen Personen, mit deren Einsatz der Patient von vornherein rechnen kann, wie z.B. Arzthelferinnen, mit in die Behandlung einbezogene Krankenhausärzte, Krankenschwestern, zu dem Empfängerkreis seiner Geheimnisse gehören. Der Patient weiß, dass er in einer Arztpraxis oder im Krankenhaus von einem aus Arzt und Hilfspersonen bestehenden Team betreut wird. Im Interesse seiner Gesundung vertraut er sich nicht nur dem Arzt, sondern dem Team an.[1332] Selbstverständlich hat der Patient auch die Möglichkeit, sich nur einem Arzt und nicht dem ganzen Team zu offenbaren, doch stellt dies nicht den sozialadäquaten Regelfall dar,[1333] weshalb der Patient die Einschränkung im Einzelfall erklären muss.[1334]

In der juristischen Literatur wird teilweise die Ansicht vertreten, dass Patienten nicht damit rechnen, dass ihre Geheimnisse auch (externen) IT-Experten im Rahmen der Pflege und Wartung von Datenverarbeitungssystemen be-

---

[1331] Siehe z.B. LG Bonn NJW 1995, S. 2419 (2420); *Langkeit*, NStZ 1994, S. 6 (6 f.); *Lenckner*, in: Göppinger, Arzt und Recht, S. 159 (176); a.A. *Hinrichs*, DB 1980, 2287 (2287).
[1332] Siehe z.B. *Langkeit*, NStZ 1994, 6 (7); VG Münster MedR 1984, 118 (119); *Timm*, Grenzen der ärztlichen Schweigepflicht, S. 63; *Kamp*, NJW 1992, 1545 (1545); *Knauer/Brose*, in: Spickhoff, Medizinrecht, § 205 Rn. 29. Siehe auch die Entscheidung des BGH in BGHZ 115, 123 (128), in der der BGH diese Auffassung zumindest indirekt unterstützt.
[1333] *Meier*, Der rechtliche Schutz patientenbezogener Gesundheitsdaten, S. 157 ff.
[1334] *Schlund*, in: Laufs/Kern, Handbuch des Arztrechts, § 71 Rn. 15.

kannt werden.[1335] Der Patient wisse lediglich, dass er behandelt werde und dass dies durch mehrere Personen geschehe. Folglich wisse er, dass er sein Geheimnis grundsätzlich allen Personen anvertraue, die notwendigerweise und unmittelbar in den Behandlungsablauf eingeschaltet sind. Dies können beispielsweise auch Mitarbeiter eines Labors oder Schreibkräfte sein, die die Behandlung durch den Arzt dokumentieren. Von weiteren Personen wisse der Patient jedoch nicht. So unterstütze ein IT-Experte den Heilberufler nicht bei der Behandlung, sondern richte die IT-Infrastruktur im Vorfeld so ein bzw. pflege diese, dass der Heilberufler seiner Tätigkeit überhaupt nachgehen kann. Ein IT-Experte bereite also das (technische) Umfeld auf die Behandlung vor, unterstütze die Behandlung aber nicht direkt. Folglich würde sich das Anvertrauen von Geheimnissen auch nicht auf sie beziehen, weshalb sie nicht zum „Kreis der zum Wissen Bestimmten" zählen würden.[1336]

Allerdings sprechen nach hier vertretener Ansicht gute Gründe gegen diese Auffassung. Wie unter Ziffer 7 bereits ausgeführt, unterliegt das Gesundheitssystem ständiger Veränderung. Innerhalb der letzten Jahre sind die Digitalisierung und die Vernetzung des Gesundheitswesens, zunächst innerhalb einzelner Heilberuflerpraxen und Krankenhäuser, immer mehr vorangeschritten. In nahezu jeder Heilberuflerpraxis und in nahezu jedem Krankenhaus werden Patientendaten auf Datenverarbeitungssystemen gespeichert, um sie Zugriffsberechtigten einfacher und schneller zur Verfügung stellen und sie einfacher archivieren zu können.[1337] Dies entspricht nach hier vertretener Ansicht auch der Vorstellung der Patienten, die sich von einem Heilberufler behandeln lassen. Zwar mag der einzelne Patient, wenn er einem Heilberufler ein Geheimnis anvertraut, nicht ausdrücklich daran denken, dass dieser das Geheimnis speichert und ggf. ein IT-Experte im Rahmen der Wartung darauf zugreifen kann. Allerdings ist ihm durchaus bekannt, dass sich seine Behandlung arbeitsteilig gestaltet, weshalb er regelmäßig nicht nur dem behandelnden Arzt, sondern allen an seiner Betreuung Beteiligten die Geheimnisse anvertrauen möchte, die für die Funktionserfüllung der an seiner Behandlung Beteiligten erforderlich sind.[1338] Entscheidend ist somit der Wille des Patienten, dass jeder, der an seiner Betreuung beteiligt ist, Zugriff auf die hierfür erforderlichen Geheimnisse haben soll. Hiervon ist - nach hier vertretener Ansicht - auch der Zugriff von IT-Experten erfasst, die die entsprechenden Datenverarbeitungssysteme administrieren und pflegen, da deren Tätigkeit erforderlich

---

[1335] *Sieber,* in: Eberspächer/Picot/Braun, eHealth: Innovations- und Wachstumsmotor für Europa, S. 276 ff.; *Langkeit,* NStZ 1994, 6 (6 f.).
[1336] *Sieber,* in: Eberspächer/Picot/Braun, eHealth: Innovations- und Wachstumsmotor für Europa, S. 276 ff.; *Langkeit,* NStZ 1994, 6 (6 f.).
[1337] Siehe z.B. *Reichow/Hartleb/Schmidt,* MedR 1998, 162 (162 f.).
[1338] So auch *Paul/Gendelev,* ZD 2012, 315 (319).

ist, um dem behandelnden Heilberufler die zur Behandlung erforderlichen Patientendaten zuverlässig und störungsfrei zur Verfügung stellen zu können.[1339] Mit anderen Worten: Die Patienten wissen nach hier vertretener Ansicht mittlerweile, dass der behandelnde Heilberufler sie betreffende Geheimnisse auf Datenverarbeitungssystemen speichert. Ferner umfasst der Wille der Patienten, dass sämtliche sie betreffenden Geheimnisse im Rahmen der Behandlung durch den jeweiligen Heilberufler zur Verfügung stehen sollen, nach hier vertretener Ansicht auch den Willen, dass alle Personen, die infolge der differenzierten Gestaltung der Arbeitsprozesse daran beteiligt sind, dem behandelnden Heilberufler diese Geheimnisse zur Verfügung zu stellen, im Rahmen ihrer Funktionserfüllung Kenntnis von dem Geheimnis nehmen dürfen. Somit sprechen, nach hier vertretener Ansicht, gute Gründe dafür, dass auch IT-Experten nach dem subjektiven Willen des Patienten zum „Kreis der zum Wissen Berufenen" zählen, sofern sie zu Zwecken der Administrierung, Wartung und Pflege Zugriff auf die ihn betreffenden Geheimnisse nehmen müssen, die er der jeweiligen Funktionseinheit anvertraut hat. Somit würde ein Offenbaren von Geheimnissen durch einen Heilberufler i.S.d. § 203 StGB ausscheiden, sofern dieser IT-Experten den Zugriff auf primär ihm anvertraute Geheimnisse zu Zwecken der Administrierung, Wartung und Pflege von Datenverarbeitungssystemen ermöglicht.

Nach hier vertretener Ansicht sprechen gute Gründe dafür, dass dieses Ergebnis auch unabhängig davon ist, ob es sich bei dem jeweiligen IT-Experten um einen Angestellten des Heilberuflers handelt oder um einen externen Dritten. Zwar erstreckt sich die Vorstellung eines Patienten und somit der (subjektive) „Kreis der zum Wissen Berufenen" nach einer in der Literatur vertretenen Auffassung, die ansonsten im Hinblick auf interne IT-Dienstleister die hier vertretene Ansicht vertritt, im Regelfall nicht auf externe Dienstleister;[1340] doch muss diese Auffassung vor dem Hintergrund betrachtet werden, dass sich diese Aussage auf das Outsourcing von Krankenhausinformationssystemen an externe Dienstleister bezieht.[1341] Insoweit ist dieser in der Literatur vertretenen Auffassung zuzustimmen, dass ein Patient keine Vorstellung davon haben wird, dass seine Geheimnisse gegebenenfalls an einen externen Dienstleister outgesourct werden könnten, wenn er einem Heilberufler seine Geheimnisse offenbart. Allerdings unterscheidet sich die Situation des Outsourcings von der Situation der Wartung, Administration und Pflege von Datenverarbeitungssystemen. Dem Patienten ist nach hier vertretener Ansicht

---

[1339] So auch *Paul/Gendelev*, ZD 2012, 315 (319).
[1340] *Paul/Gendelev*, ZD 2012, 315 (319).
[1341] Für den Fall des Outsourcings vertreten auch *Heghmanns* und *Niehaus*, dass externe Dritte, an die die Verarbeitung von Geheimnissen outgesourct wird, nicht zur Funktionseinheit des zur Verschwiegenheit Verpflichteten gehören (siehe *Heghmanns/Niehaus*, NStZ 2008, 57 (58)).

durchaus bewusst, dass ein Heilberufler kaum selbst über die technischen Fähigkeiten verfügen wird, seine Datenverarbeitungssysteme zu administrieren, zu warten und zu pflegen und deshalb in der Regel auf externe Dienstleister geradezu angewiesen ist.[1342] Insoweit sprechen nach hier vertretener Ansicht gute Argumente dafür, dass sich die subjektive Vorstellung von Patienten für den Fall der Administration, Wartung und Pflege von Datenverarbeitungssystemen auch darauf erstreckt, dass externe Dienstleister zu diesen Zwecken Kenntnis von ihren Geheimnissen erhalten dürfen.

10.2.3.7.2.2.2 IT-Experten als berufsmäßig tätige Gehilfen des Heilberuflers gem. § 203 Abs. 3 S. 2 StGB

Sofern der unter Ziffer 10.2.3.7.2.2.1 dargestellten Ansicht nicht gefolgt werden sollte, könnte ein Offenbaren von Geheimnissen i.S.d. § 203 StGB durch den Heilberufler gegenüber dem mit der Administration, Pflege oder Wartung beauftragten IT-Experten auch dann ausscheiden, wenn es sich bei dem jeweiligen IT-Experten um einen berufsmäßig tätigen Gehilfen i.S.d. § 203 Abs. 3 S. 2 StGB handeln würde.

Fraglich ist zunächst, ob die Strafbarkeit eines Heilberuflers nach § 203 Abs. 1 StGB überhaupt entfallen kann, wenn es sich bei den Personen, denen er ihm anvertraute Geheimnisse bekanntgibt, um berufsmäßg tätige Gehilfen i.S.d. § 203 Abs. 3 S. 2 StGB handelt. Hierzu dürfte die Bekanntgabe von Geheimnissen eines Heilberuflers gegenüber seinem berufsmäßig tätigen Gehilfen nicht als Offenbaren i.S.d. § 203 StGB zu qualifizieren sein. Teilweise wird vertreten, dass auch die Bekanntgabe eines Geheimnisses durch einen nach § 203 Abs. 1 StGB zur Verschwiegenheit Verpflichteten gegenüber seinem berufsmäßig tätigen Gehilfen ein Offenbaren i.S.d. § 203 StGB darstellt. Hierfür spreche der Wortlaut von § 203 StGB, da nach dem Wortlaut der Norm in diesem Fall formal eine Offenbarung in Form der Bekanntgabe von Geheimnissen vorliegen würde.[1343]

Diese Ansicht überzeugt jedoch nicht. So hat der bundesdeutsche Gesetzgeber in § 203 Abs. 3 S. 2 StGB die Strafbarkeit von berufsmäßig tätigen Gehilfen mit in das StGB aufgenommen und normiert, dass auch sie über ihnen anvertraute Geheimnisse schweigen müssen. Aus dieser gesetzgeberischen Wertung und dem systematischen Zusammenhang zwischen § 203 Abs. 1 und Abs. 3 S. 2

[1342] Ausnahmen können z.B. bei Krankenhäusern oder bei Arztzentren bestehen.
[1343] So z.B. *Schal*, Die Schweigepflicht des Betriebsarztes, S. 34 f.; siehe auch *Meier*, Der rechtliche Schutz patientenbezogener Gesundheitsdaten, S. 157 f.

StGB folgt – auch nach ganz herrschender Ansicht in der Rechtsprechung und der juristischen Literatur-, dass der nach § 203 Abs. 1 StGB zur Verschwiegenheit Verpflichtete die ihm anvertrauten Geheimnisse seinen berufsmäßig tätigen Gehilfen weitergeben darf, ohne dass ein Offenbaren i.S.d. § 203 Abs. 1 StGB vorliegt.[1344]

Somit ist festzuhalten, dass kein tatbestandliches Offenbaren i.S.d. § 203 StGB vorliegt, wenn ein nach § 203 Abs. 1 StGB zur Verschwiegenheit Verpflichteter seinem berufsmäßigen Gehilfen ein ihm anvertrautes Geheimnis bekanntgibt.

10.2.3.7.2.2.2.1 Unterstützung der unmittelbaren Berufsausübung des zur Verschwiegenheit Verpflichteten

Damit könnte eine Strafbarkeit des Heilberuflers nach § 203 Abs. 1 Nr. 1 StGB ausscheiden, wenn dieser IT-Experten Geheimnisse bekanntgibt, wenn diese zu Wartungs-, Administrations- oder Pflegezwecken auf dem Heilberufler anvertraute Geheimnisse zugreifen können. Fraglich ist jedoch, ob es sich bei den IT-Experten um berufsmäßig tätige Gehilfen des Heilberuflers i.S.d. § 203 Abs. 3 S. 2 StGB handelt.

Berufsmäßig tätige Gehilfen nach § 203 Abs. 3 S. 2 StGB sind – wie unter Ziffer 10.2.3.5.2 bereits beschrieben – Personen, die einen der in § 203 Abs. 1 StGB genannten Schweigepflichtigen in dessen beruflicher Funktion unterstützen.[1345]

Wie unter Ziffer 10.2.3.5.2 bereits beschrieben, handelt es sich z.B. bei Sprechstundenhilfen von Ärzten, dem technischen Bedienungspersonal von ärztlichen Apparaturen oder von Bildarchivierungs- und Kommunikationssystemen im Bereich bildgebender Diagnostik, Pflegepersonal und Laborpersonal um berufsmäßig tätige Gehilfen eines Heilberuflers. Fraglich ist jedoch, ob auch „reine" IT-Experten als solche Gehilfen des Heilberuflers i.S.d. § 203 Abs. 3 S. 2 StGB zu qualifizieren sind.

Gegen die Qualifizierung von IT-Experten als berufsmäßige Gehilfen eines gem. § 203 Abs. 1 StGB zur Verschwiegenheit Verpflichteten spricht, dass die IT-Experten diesen nicht unmittelbar bei dessen Berufsausübung, also z.B. bei der Versorgung eines Patienten, unterstützen. Aus diesem Grunde wird in der juristischen Literatur teilweise die Ansicht vertreten, dass IT-Experten keine

---

[1344] So auch BGH NJW 1995, 2915 (2916); *Jahn/Palm*, AnwBl. 2011, 613 (616); *Große Strafrechtskommission des Deutschen Richterbundes*, Auslagerung von Dienstleistungen durch Berufsgeheimnisträger und Datenaustausch zwischen Behörden, S. 63.
[1345] *Cierniak/Pohlit*, in: Joecks/Miebach, MüKo StGB, § 203 Rn. 122.

berufsmäßig tätigen Gehilfen eines zur Verschwiegenheit Verpflichteten i.S.d. § 203 Abs. 3 S. 2 StGB sein können und zwar unabhängig davon, ob die IT-Experten bei dem zur Verschwiegenheit Verpflichteten selbst oder bei einem externen Dienstleister angestellt sind. [1346] Begründet wird dies insbesondere damit, dass zwischen der Berufstätigkeit der IT-Experten und der Berufstätigkeit des zur Verschwiegenheit Verpflichteten kein innerer Zusammenhang bestünde, wie es für berufsmäßig tätige Gehilfen i.S.d. § 203 Abs. 3 S. 2 StGB erforderlich sei. IT-Experten würden nur die äußeren Bedingungen schaffen, damit der zur Verschwiegenheit Verpflichtete seine Berufstätigkeit ausüben könne. Dies sei aber nicht ausreichend, damit Personen berufsmäßig tätige Gehilfen des zur Verschwiegenheit Verpflichteten i.S.d. § 203 Abs. 3 S. 2 StGB sein können.[1347]

Diese Ansicht ist jedoch als zu restriktiv abzulehnen. So schaffen IT-Experten nach hier vertretener Meinung mitnichten nur die äußeren Bedingungen, dass ein nach § 203 Abs. 1 StGB zur Verschwiegenheit Verpflichteter seine Berufstätigkeit ausüben kann, wie z.B. Reinigungs- oder Wachpersonal. Vielmehr unterstützen sie diesen unmittelbar bei dessen Berufsausübung. So kann heute kein Heilberufler, kein Rechtsanwalt, keine Versicherung und kein anderer nach § 203 Abs. 1 StGB zur Verschwiegenheit Verpflichteter mehr sinnvoll seine beruflichen Aufgaben erfüllen, ohne sich hierzu Datenverarbeitungssystemen zu bedienen. Andersherum ausgedrückt: Funktionierende Datenverarbeitungssysteme sind eine wesentliche Voraussetzung dafür, dass die zur Verschwiegenheit Verpflichteten ihre beruflichen Aufgaben überhaupt erfüllen können. Dies zeigt sich z.B. im vorliegenden Fall allein schon daran, dass ein Heilberufler zwingend Datenverarbeitungssysteme benötigt, um auf die eGK zugreifen zu können. Damit diese Systeme ordnungsgemäß und zuverlässig funktionieren, müssen sie administriert, gewartet und gepflegt werden können. Nur so kann auch die – nicht zuletzt von § 203 StGB indirekt geforderte - Integrität und Vertraulichkeit dieser Systeme gewährleistet werden. Aus § 9 i.V.m. der Anlage zu § 9 S. 1 BDSG kann sich sogar eine entsprechende Pflicht zur Administration, Wartung und Pflege der eingesetzten Datenverarbeitungssysteme ergeben. Hierbei kann es oftmals erforderlich sein, Zugriff auf Geheimnisse zu nehmen. Nach der oben ausgeführten Ansicht wäre IT-Experten aber genau dies untersagt, da es sich bei ihnen ganz generell um keine berufsmäßig tätigen Gehilfen i.S.d. § 203 Abs. 3 S. 2 StGB handeln wür-

---

[1346] So z.B. *Kargl*, in: Kindhäuser/Neumann/Paeffgen, Strafgesetzbuch, § 203 Rn. 38; *Lenckner/Eisele*, in: Schönke/Schröder, Strafgesetzbuch, § 203 Rn. 64 f.; *Cierniak/Pohlit*, in: Joecks/Miebach, MüKo StGB, § 203 Rn. 123.
[1347] So z.B. *Kargl*, in: Kindhäuser/Neumann/Paeffgen, Strafgesetzbuch, § 203 Rn. 38; *Lenckner/Eisele*, in: Schönke/Schröder, Strafgesetzbuch, § 203 Rn. 64 f.; *Cierniak/Pohlit*, in: Joecks/Miebach, MüKo StGB, § 203 Rn. 123.

de.[1348] Da aber der jeweils zur Verschwiegenheit Verpflichtete aufgrund der immer mehr zunehmenden Komplexität solcher Systeme wohl kaum dazu in der Lage sein wird, diese Aufgaben selbst durchzuführen, wäre die Konsequenz, dass er sich zu seiner Berufsausübung keiner Datenverarbeitungssysteme mehr bedienen könnte. So sind die Tätigkeiten der IT-Experten eben auch nicht mit z.b. Reinigungstätigkeiten vergleichbar, weil diese Tätigkeiten nicht von dem zur Verschwiegenheit Verpflichteten selbst übernommen werden können, unverzichtbar sind und ein spezielles Know-how erfordern.[1349]

Somit ist festzuhalten, dass es sich nach hier vertretener Ansicht bei IT-Experten durchaus um berufsmäßig tätige Gehilfen eines nach § 203 Abs. 3 S. 2 StGB zur Verschwiegenheit Verpflichteten und damit auch eines Heilberuflers handeln kann.[1350]

10.2.3.7.2.2.2.2 Beschränkung des Begriffs „berufsmäßig tätige Gehilfen" auf eigenes Personal des zur Verschwiegenheit Verpflichteten?

Im nächsten Schritt stellt sich nun die Frage, ob nur IT-Experten, welche bei dem zur Verschwiegenheit Verpflichteten selbst angestellt sind, berufsmäßig tätige Gehilfen des zur Verschwiegenheit Verpflichteten i.S.d. § 203 Abs. 3 S. 2 StGB sein können oder auch IT-Experten, welche bei externen Dienstleistern angestellt sind.

Nach der herrschenden Ansicht in der juristischen Literatur und in der Rechtsprechung sind Personen, die nicht in den Betrieb des jeweils zur Verschwiegenheit Verpflichteten (organisatorisch) integriert sind, nicht als dessen berufsmäßig tätige Gehilfen i.S.d. § 203 Abs. 3 S. 2 StGB anzusehen.[1351] So bestehe das durch § 203 StGB geschützte Rechtsgut in dem Vertrauen, dass die Angehörigen der in dieser Norm genannten Berufe bzw. die Träger der dort genannten Funktionen über die ihnen anvertrauten Geheimnisse schweigen.[1352] Eine Privilegierung von Gehilfen könne demzufolge nur insoweit bestehen, als

---

[1348] Es sei denn, die betroffenen Geheimnisträger haben ihre entsprechende Einwilligung hierzu gegeben.
[1349] Siehe *Hartung*, VersR 2012, 400 (408 f.).
[1350] So z.B. auch *Weidemann*, in: Heintschel-Heinegg, BeckOK StGB, § 203 Rn. 22; *Kühl*, in: Lackner/Kühl, StGB, § 203 Rn. 11b m.w.N.; *Tag*, in: Dölling/Duttge/Rössner, Gesamtes Strafrecht, § 203 Rn. 19.
[1351] So z.B. OLG Köln MedR 2012, 522 (523); OLG Oldenburg MedR 2008, 222 (222 f.); *Ehmann*, CR 1991, 293 (294 f.); *Weidemann*, in: Heintschel-Heidegg, BeckOK StGB, § 203 Rn. 22; *Lenckner/Eisele*, in: Schönke/Schröder, Strafgesetzbuch, § 203 StGB Rn. 64a; *Kühl*, in: Lackner/Kühl, StGB , § 203 Rn. 11b.
[1352] Siehe zum durch § 203 StGB geschützten Rechtsgut die Ausführungen unter Ziffer 10.2.3.1.

dass das Vertrauen, das dem jeweiligen in der Norm genannten Beruf entgegengebracht werde, auch das Vertrauen zu dem jeweiligen Gehilfen umfasse. Dies sei nur der Fall, wenn der Gehilfe in den internen Bereich der vertrauensbegründenden Sonderbeziehung des Geheimnisträgers mit dem Berufsträger integriert sei.[1353] Externes Wartungs- und Servicepersonal für Datenverarbeitungssysteme sei nicht entsprechend in den Betrieb des zur Verschwiegenheit Verpflichteten integriert.[1354] Weder würde der zur Verschwiegenheit Verpflichtete das externe Personal regelmäßig kennen noch hätte er Einfluss darauf, wer die Wartung durchführe.[1355] Außerdem würde der Begriff des „Gehilfen" bei abnehmender Intensität des Bezugs zum persönlichkeitsrelevanten Bereich und bei mangelnder Integration in den Betrieb des zur Verschwiegenheit Verpflichteten verschwimmen.[1356]

Diese Ansicht ist jedoch nach hier vertretener Auffassung abzulehnen. Soweit wie soeben dargelegt argumentiert wird, dass nur internes Personal berufsmäßig tätige Gehilfen i.S.d. § 203 Abs. 3 S. 2 StGB sein könnten, weil das von § 203 StGB geschützte Rechtsgut in dem Vertrauen bestehe, dass die Angehörigen der in dieser Norm genannten Berufe bzw. die Träger der dort genannten Funktionen über die ihnen anvertrauten Geheimnisse schweigen und sich dieses Vertrauen außer auf den Angehörigen des jeweiligen Berufes selbst, allenfalls noch auf dessen internes Personal - nicht aber auch auf dessen externe Gehilfen – beziehen würde, ist diese Argumentation zwar in sich logisch. Doch besteht der Sinn und Zweck von § 203 StGB, entgegen der soeben dargestellten Ansicht - wie in Ziffer 10.2.3.1 bereits ausführlich dargelegt - im Schutz des Individualinteresses des Einzelnen, grundsätzlich selbst über die Preisgabe und Verwendung seiner persönlichen Daten zu bestimmen.[1357] Da das durch § 203 StGB geschützte Rechtsgut also nicht in dem Vertrauen besteht, dass die Angehörigen der in dieser Norm genannten Berufe bzw. die Träger der dort genannten Funktionen über die ihnen anvertrauten Geheimnisse schweigen, besteht auch kein Erfordernis, dass sich ein etwaiges Vertrauen (auch) auf den Gehilfen bezieht, weshalb (zumindest) hieraus auch kein Erfordernis erwachsen kann, dass Gehilfen i.S.d. § 203 Abs. 3 S. 2 StGB in den Betrieb des zur Verschwiegenheit Verpflichteten integriert sein müssen.

[1353] OLG Köln MedR 2012, 522 (523); *Lenckner/Eisele*, in: Schönke/Schröder, Strafgesetzbuch, § 203 StGB Rn. 64a; *Kargl*, in: Kindhäuser/Neumann/Paeffgen, Strafgesetzbuch, § 203 Rn. 38a.

[1354] OLG Köln MedR 2012, 522 (523); *Otto*, wistra 99, 201 (203); *Lenckner/Eisele*, in: Schönke/Schröder, Strafgesetzbuch, § 203 StGB Rn. 64a; *Ehmann*, CR 1991, 293 (294 f.).

[1355] Siehe *Hartung*, VersR 2012, 400 (409) m.w.N.; vgl. *Ehmann*, CR 1991, 293 (294).

[1356] *Kargl*, in: Kindhäuser/Neumann/Paeffgen, Strafgesetzbuch, § 203 Rn. 38a.

[1357] So z.B. auch BGHZ 115, 123; 122, 115; *Grabsch*, Die Strafbarkeit der Offenbarung höchstpersönlicher Daten des ungeborenen Menschen, S. 17 ff., *Michalowski*, ZStW 109, 519 (519 ff.); *Paul/Gendelev*, ZD 2012, 315 (320); *Heghmanns/Niehaus*, NStZ 2008, 57 (60 f.); siehe auch *Kühl*, in: Lackner/Kühl, StGB, § 203 Rn. 1.

Im Gegenteil: Durch die Einbeziehung externer Gehilfen in den Anwendungsbereich des § 203 Abs. 3 S. 2 StGB wird der durch § 203 StGB verfolgte Schutz des Individualinteresses des Einzelnen, grundsätzlich selbst über die Preisgabe und Verwendung seiner persönlichen Daten zu bestimmen, sogar verstärkt, indem diese externen Gehilfen dann auch selbst der Schweigepflicht nach § 203 StGB unterliegen.[1358] Da ein zur Verschwiegenheit Verpflichteter seine Datenverarbeitungssysteme – wie unter Ziffer 10.2.3.7.2.2.2.1 ausgeführt - regelmäßig nicht selbst administrieren, warten und pflegen kann und er oftmals auch über keine eigenen IT-Experten verfügt, muss ein zur Verschwiegenheit Verpflichteter hierzu regelmäßig externe IT-Experten beauftragen, die nach der soeben dargestellten herrschenden Ansicht mangels Gehilfeneigenschaft nicht an die Schweigepflicht nach § 203 StGB gebunden sind. Mithin wären die Geheimnisse infolge dieser Ansicht bei externen IT-Experten weniger stark geschützt als nach der hier vertretenen Ansicht.[1359]

Im Übrigen zeigt sich hier auch die Unpraktikabilität der wohl herrschenden Ansicht: Um überhaupt externe IT-Experten mit der notwendigen Administration, Pflege und Wartung von Datenverarbeitungssystemen beauftragen zu können, müsste der zur Verschwiegenheit Verpflichtete nach der soeben dargestellten herrschenden Ansicht entsprechende Einwilligungen aller Geheimnisträger zum Zugriff auf ihre Geheimnisse durch die externen IT-Experten einholen, sofern ein solcher Zugriff nicht technisch ausgeschlossen ist.[1360] Insoweit ist es allerdings zumindest fraglich, ob eine solche Einwilligung der betroffenen Geheimnisträger – wie erforderlich – freiwillig erfolgen würde. Dies gilt insbesondere im vorliegenden Fall, als dass davon auszugehen ist, dass mangels eigener IT-Experten zumindest eine große Anzahl an Heilberuflern eine solche Einwilligungserklärung von ihren Patienten einholen müsste, so dass die Patienten in der Praxis wohl kaum die Möglichkeit hätten, zur Behandlung auf einen anderen Arzt auszuweichen, der keine entsprechende Einwilligungserklärung von ihnen verlangt. Zudem bestünde die Gefahr, dass eine erhebliche Anzahl an Heilberuflern sogar die Behandlung von Patienten verweigern könnten, die eine solche Einwilligung nicht erteilen, da sich die Heilberufler keinem Strafbarkeitsrisiko nach § 203 Abs. 1 Nr. 1 StGB aussetzen möchten, wenn sie – wie zur Administration, Pflege und Wartung ihrer Datenverarbeitungssysteme erforderlich – externen IT-Experten Zugriff auf ihre Systeme und damit regelmäßig auch auf die auf diesen Systemen gespeicherten Geheimnisse gewähren. Mithin könnten die Patienten faktisch gezwungen sein, eine entsprechende Einwilligung zu erteilen, wenn sie (über-

---

[1358] *Waßmer*, MedR 2012, 523 (525).
[1359] *Waßmer*, MedR 2012, 523 (525). Siehe hierzu auch die Ausführungen unter Ziffer 10.2.3.7.2.2.2.3.
[1360] *Waßmer*, MedR 2012, 523 (525).

haupt) von einem Heilberufler behandelt werden möchten. Insoweit wäre es dann aber zumindest fraglich, ob die Einwilligung der Patienten noch – wie erforderlich – freiwillig erfolgen würde.

Somit spricht der Sinn und Zweck von § 203 Abs. 1 StGB dafür, dass der Begriff der „berufsmäßig tätigen Gehilfen" den Anwendungsbereich von § 203 Abs. 3 S. 2 StGB nicht auf interne IT-Experten beschränkt, sondern auch externe IT-Experten umfassen kann.[1361]

Hierfür spricht auch die historische Auslegung von § 203 Abs. 3 S. 2 StGB. So umfasste der Gehilfenbegriff im Rahmen des § 300 RStGB - einer Vorgängervorschrift des § 203 StGB[1362] - auch externe Gehilfen.[1363] Auch soweit in § 300 StGB – einer weiteren Vorgängervorschrift des § 203 StGB – (wie nun in § 203 Abs. 3 S. 2 StGB) der Begriff „berufsmäßig tätige Gehilfen" verwendet wurde,[1364] sollten ausweislich einer Stellungnahme des damals zuständigen Bundesjustizministers wohl auch externe Gehilfen unter diesen Begriff fallen können.[1365] Mithin spricht auch die historische Auslegung von § 203 Abs. 3 S. 2 StGB dafür, dass nicht nur internes Personal des zur Verschwiegenheit Verpflichteten berufsmäßig tätige Gehilfen i.S.d. § 203 Abs. 3 S. 2 StGB sein können.[1366]

Dass der Gehilfe nicht in den Betrieb des zur Verschwiegenheit Verpflichteten integriert sein muss, folgt zudem auch aus dem Wortlaut von § 203 Abs. 3 S. 2 StGB. Nach dieser Vorschrift stehen den in § 203 Abs. 1 Genannten „ihre berufsmäßig tätigen Gehilfen gleich". Hieraus folgt, dass der Gehilfe dem nach § 203 Abs. 1 S. 1 StGB zur Verschwiegenheit Verpflichteten in dessen von der Norm erfassten Funktion zuarbeiten muss.[1367] Dem Begriff „berufsmäßig tätig" kommt nach hier vertretener Ansicht nur die Bedeutung zu, als dass der Gehilfe – wie soeben schon unter Ziffer 10.2.3.7.2.2.2.1 ausgeführt – den zur Verschwiegenheit Verpflichteten unmittelbar bei dessen Berufsausübung unterstützen muss.[1368] Dass nur interne Gehilfen des zur Verschwiegenheit Verpflichteten, die insbesondere in einem Dienst- oder Arbeitsverhältnis zu ihm

---

[1361] So z.B. auch *Waßmer*, MedR 2012, 523 (525); *Jahn/Palm*, AnwBl. 2011, 613 (619 f.); *Heghmanns/Niehaus*, NStZ 2008, 57 (60 f.);
[1362] Siehe die Ausführungen unter Ziffer 10.2.1.
[1363] Siehe *Jahn/Palm*, AnwBl. 2011, 613 (618) m.w.N.
[1364] BGBl. I 3717, S. 9.
[1365] Siehe *Jahn/Palm*, AnwBl. 2011, 613 (618) m.w.N.
[1366] So auch Siehe *Jahn/Palm*, AnwBl. 2011, 613 (618) m.w.N.
[1367] *Heghmanns/Niehaus*, NStZ 2008, 57 (58 f.); *Waßmer*, MedR 2012, 523 (524).
[1368] So z.B. auch *Heghmanns/Niehaus*, NStZ 2008, 57 (59); *Waßmer*, MedR 2012, 523 (524).

stehen, berufsmäßig tätige Gehilfen sein können, lässt sich dem Wortlaut der Vorschrift mithin nicht entnehmen.[1369]

Auch die systematische Auslegung von § 203 StGB spricht dagegen, dass Gehilfen i.S.d. § 203 Abs. 3 S. 2 StGB in den Betrieb des zur Verschwiegenheit Verpflichteten integriert sein müssen. Nach § 203 Abs. 1 Nr. 6 StGB sind auch Angehörige eines Unternehmens der privaten Kranken-, Unfall- oder Lebensversicherung oder einer privatärztlichen, steuerberaterlichen oder anwaltlichen Verrechnungsstelle zur Verschwiegenheit verpflichtet. Zu den Angehörigen der genannten Unternehmen zählen Bedienstete jeglicher Art, die im Rahmen ihrer Tätigkeit mit Geheimnissen in Kontakt kommen.[1370] Im Hinblick auf § 203 Abs. 1 Nr. 6 StGB wäre § 203 Abs. 3 S. 2 StGB somit im Ergebnis gegenstandslos, wenn Gehilfen i.S.d. § 203 Abs. 3 S. 2 StGB in den Betrieb des zur Verschwiegenheit Verpflichteten integriert sein müssten, da diese Personen bereits gem. § 203 Abs. 1 Nr. 6 StGB der Verschwiegenheitspflicht unterliegen; eine Erweiterung von § 203 Abs. 1 Nr. 6 StGB durch § 203 Abs. 3 S. 2 StGB wäre insoweit überflüssig.[1371] Weil sich § 203 Abs. 3 S. 2 StGB nach dem ausdrücklichen Wortlaut jedoch auch auf die in § 203 Abs. 1 Nr. 6 StGB Genannten bezieht und den Täterkreis gegenüber § 203 Abs. 1 StGB erweitern soll, spricht auch die systematische Auslegung von § 203 StGB dagegen, dass Gehilfen i.S.d. § 203 Abs. 3 S. 2 StGB in den Betrieb des zur Verschwiegenheit Verpflichteten integriert sein müssen.[1372]

Insbesondere spricht auch der strafprozessrechtliche Gehilfenbegriff gegen ein solches Erfordernis. Nach § 53a StPO sind auch die „Gehilfen" der in § 53 Abs. 1 S. 1 Nr. 1 bis 4 StPO aufgeführten Personen zur Verweigerung des Zeugnisses berechtigt. Mithin dient § 53a Abs. 1 StPO dem gleichen Ziel wie § 203 Abs. 3 StPO, indem durch ihn verhindert werden soll, dass das Zeugnisverweigerungsrecht der in § 53 StPO genannten Personen durch Vernehmung ihrer Hilfspersonen umgangen wird.[1373] Andernfalls bestünde die Gefahr, dass das Zeugnisverweigerungsrecht z.B. eines Arztes nach § 53 Abs. 1 S. 1 Nr. 3 StPO leerliefe, wenn sich anschließend sein Gehilfe i.S.d. § 203 Abs. 3 S. 2 StGB, dem er ein Geheimnis insoweit offenbaren darf, nicht auf ein solches Zeugnisverweigerungsrecht berufen dürfte. Vor diesem Hintergrund wird das Zeugnisverweigerungsrecht nach § 53a Abs. 1 StPO dann auch als „Kehrseite" der

---

[1369] So auch *Heghmanns/Niehaus*, NStZ 2008, 57 (59); *Waßmer*, MedR 2012, 523 (524).

[1370] Siehe z.B. *Weidemann*, in: Heintschel-Heinegg, BeckOK StGB, § 203 Rn. 20.

[1371] *Lenckner/Eisele*, in: Schönke/Schröder, Strafgesetzbuch, § 203 StGB Rn. 41; *Heghmanns/Niehaus*, NStZ 2008, 57 (58).

[1372] So auch *Heghmanns/Niehaus*, NStZ 2008, 57 (59).

[1373] Siehe z.B. *Senge*, in: Hannich, Karlsruher Kommentar zur Strafprozessordnung, § 53a Rn. 1.; *Heghmanns/Niehaus*, NStZ 2008, 57 (59) m.w.N. Siehe hierzu auch die Ausführungen unter Ziffer 10.2.3.1.

Schweigepflicht der Gehilfen von nach § 203 Abs. 3 S. 2 StGB zur Verschwiegenheit Verpflichteten bezeichnet.[1374] Ein Gehilfe i.S.d. § 53a StPO kann aber z.B. auch eine Person sein, die eine in § 53 Abs. 1 S. 1 Nr. 1 bis 4 StPO aufgeführte Person (nur) von Zeit zu Zeit unterstützt.[1375] Ein soziales Abhängigkeitsverhältnis oder ein Arbeits- oder Dienstvertrag sind nicht erforderlich, um ein Gehilfe i.S.d. § 53a StPO sein zu können.[1376] Auch der strafprozessuale Gehilfenbegriff legt es also nahe, dass nicht nur interne Angestellte eines zur Verschwiegenheit Verpflichteten berufsmäßig tätige Gehilfen i.S.d. § 203 Abs. 3 S. 2 StGB sein können.[1377]

Im Übrigen ist eine strikte Beschränkung des Begriffs „berufsmäßig tätige Gehilfen" auf in den Betrieb des zur Verschwiegenheit Verpflichteten integrierte Personen in der modernen Arbeitswelt schlicht nicht mehr praktikabel. So lässt es sich heutzutage gar nicht mehr strikt zwischen internen und externen Personen unterscheiden, so z.B. wenn Grund- und Dienstverhältnisse mit unterschiedlichen Unternehmen bestehen, wie z.B. bei der Arbeitnehmerüberlassung oder Konzernsachverhalten.[1378]

Zusammenfassend ist also festzustellen, dass nach der Auslegung von § 203 Abs. 3 S. 2 StGB die besseren Argumente dagegen sprechen, dass berufsmäßig tätige Gehilfen in den Betrieb des zur Verschwiegenheit Verpflichteten integriert sein müssen.

10.2.3.7.2.2.2.3 Effektive Steuerungs-, Kontroll- und Weisungsmöglichkeit durch den zur Verschwiegenheit Verpflichteten

Wie bereits ausgeführt, unterstützen IT-Experten, die die Datenverarbeitungssysteme eines Heilberuflers warten, administrieren und pflegen, diesen nach hier vertretener Ansicht unmittelbar bei dessen Berufsausübung, so dass die Voraussetzungen des § 203 Abs. 3 S. 2 StGB insoweit erfüllt sind. Die verbleibende Frage lautet also, ob und unter welchen Bedingungen auch externe

---

[1374] *Waßmer*, MedR 2012, 523 (524) unter Verweis auf *Schünemann*, in: Laufhütte/Rissing-van Saan/Tiedemann, Leipziger Kommentar StGB, § 203 Rn. 9.

[1375] Siehe z.B. *Pfeiffer*, Strafprozessordnung, § 53a Rn. 1.

[1376] Siehe z.B. LBerufsG für Zahnärzte Stuttgart NJW 1975, 2255 (2255 f.); *Waßmer*, MedR 2012, 523 (524) m.w.N.; *Senge*, in: Hannich, Karlsruher Kommentar zur Strafprozessordnung, § 53a Rn. 1; *Heghmanns/Niehaus*, NStZ 2008, 57 (59).

[1377] So z.B. auch *Waßmer*, MedR 2012, 523 (524); *Hoenike/Hülsdunk*, MMR 2004, 788 (789 ff.); *Heghmanns/Niehaus*, NStZ 2008, 57 (59).

[1378] *Hoenike/Hülsdunk*, MMR 2004, 788 (790); *Kilian*, NJW 1987, 695 (697); *Heghmanns/Niehaus*, NStZ 2008, 57 (58).

IT-Experten wie eigene IT-Experten des Heilberuflers als berufsmäßig tätige Gehilfen des Heilberuflers i.S.d. § 203 Abs. 3 S. 2 StGB angesehen werden können. Diese Frage ist vor dem Hintergrund des Rechtsguts zu beantworten, das durch § 203 StGB geschützt werden soll. Wie unter Ziffer 10.2.3.1 bereits ausgeführt, besteht das Rechtsgut, welches durch § 203 StGB geschützt werden soll, im Individualinteresse des Einzelnen nach Art. 2 Abs. 1 i.V.m. Art. 1 GG, grundsätzlich selbst über die Preisgabe und Verwendung seiner persönlichen Daten zu bestimmen.[1379]

Mithin kann kein rein formales Kriterium, wie die Zugehörigkeit zu einer Heilberuflerpraxis, darüber entscheiden, wer ein berufsmäßig tätiger Gehilfe i.S.d. § 203 Abs. 3 S. 2 StGB sein kann. Entscheidend ist allein, dass der Heilberufler die unbefugte Weitergabe an Dritte durch die IT-Experten verhindern kann.[1380] Mit anderen Worten: Der Heilberufler muss über eine effektive Steuerungs-, Kontroll- und Weisungsmöglichkeit über die IT-Experten und deren Verarbeitung von Daten, in denen die Geheimnisse i.S.d. § 203 StGB enthalten sind, sowie über die bei der Verarbeitung getroffenen (technischen) Sicherheitsmaßnahmen verfügen, so dass keine unbefugten Dritten auf diese in den Daten enthaltenen Geheimnisse zugreifen können.[1381] Verfügt ein Heilberufler über eine effektive Steuerungs-, Kontroll- und Weisungsmöglichkeit über externe IT-Experten, besteht bei der Einschaltung externer IT-Experten bei der Verarbeitung von Daten, die Geheimnisse eines Patienten enthalten, kein zusätzliches höheres Risiko, dass unbefugte Dritte Kenntnis von den Patienten betreffenden Geheimnissen erhalten können, als wenn die Verarbeitung durch eigene IT-Experten erfolgen würde.[1382] So verfügt der Heilberufler zwar grundsätzlich nur gegenüber seinen eigenen Mitarbeitern – und nicht gegenüber externen IT-Experten - über das in § 106 GewO geregelte Weisungsrecht des Arbeitgebers, welches insbesondere darin besteht, dass er

---

[1379] So z.B. auch BGHZ 115, 123; 122, 115; *Grabsch*, Die Strafbarkeit der Offenbarung höchstpersönlicher Daten des ungeborenen Menschen, S. 17 ff., *Michalowski*, ZStW 109, 519 (519 ff.); *Paul/Gendelev*, ZD 2012, 315 (320); *Heghmanns/Niehaus*, NStZ 2008, 57 (60 f.); siehe auch *Kühl*, in: Lackner/Kühl, StGB, § 203 Rn. 1.
[1380] So auch *Heghmanns/Niehaus*, NStZ 2008, 57 (61). Die IT-Experten selbst dürfen zu Wartungs-, Pflege- und Administrationszwecken auf diese Geheimnisse zugreifen, da sie insoweit den Heilberufler unmittelbar in dessen Berufsausübung unterstützen.
[1381] So z.B. auch *Waßmer*, MedR 2012, 523 (525 f.); *Spoerr*, in: Wolff/Brink, BeckOK BDSG, § 11 Rn. 23; *Heghmanns/Niehaus*, NStZ 2008, 57 (61 f.); *Lensdorf/Mayer-Wegelin/Mantz*, CR 2009, 62 (64 f.); *Hartung*, VersR 2012, 400 (409 f.); *Kilian*, NJW 1987, 695 (697); *Knauer/Brose*, in: Spickhoff, Medizinrecht, § 205 Rn. 23; *Szalai/Kopf*, ZD 2012, 462 (467 f.); *Gödeke/Ingwersen*, VersR 2010, 1153 (1155 f.); *Hoenike/Hülsdunk*, MMR 2004, 788 (790 ff.); siehe auch *Giesen*, NStZ 2012, 122 (126 f.); a.A. z.B.: *OLG Köln* MedR 2012, 522 (523); OLG Oldenburg MedR 2008, 222 (222 f.); *Schünemann*, in: Laufhütte/Rissing-van Saan/Tiedemann, Leipziger Kommentar StGB, § 203 Rn. 79; *Cierniak/Pohlit*, in: Joecks/Miebach, MüKo StGB, § 203 Rn. 84; *Lenckner/Eisele*, in: Schönke/Schröder, Strafgesetzbuch, § 203 Rn. 53; *Lenckner/Eisele*, in: Schönke/Schröder, Strafgesetzbuch, § 203 Rn. 64a).
[1382] Die IT-Experten selbst dürfen als unmittelbar den zur Verschwiegenheit Verpflichteten in seiner Berufsausübung unterstützende Gehilfen auf die Geheimnisse zugreifen.

während des Arbeitsverhältnisses innerhalb bestimmter Grenzen Inhalt, Ort und Zeit der Arbeitsleistung vorgeben kann. Um eine unbefugte Weitergabe von Geheimnissen durch die IT-Experten zu verhindern, muss der Heilberufler jedoch nicht jederzeit über sämtliche der genannten Punkte entscheiden können. Vielmehr ist es im Hinblick auf das zu schützende Rechtsgut ausreichend, wenn der Heilberufler sicherstellt, dass - soweit IT-Experten auf Daten zugreifen können, die Geheimnisse i.S.d. § 203 StGB enthalten - keine unbefugte Weitergabe durch diese Experten erfolgen kann. Eine solche unbefugte Weitergabe wird aber nicht dadurch verhindert, dass der Heilberufler in seiner Eigenschaft als Arbeitgeber jederzeit Vorgaben zur Arbeitszeit oder zum Arbeitsort machen kann, sondern zuvorderst durch technische und organisatorische Vorkehrungen.[1383]

Voraussetzung dafür, dass IT-Experten als berufsmäßig tätige Gehilfen eines Heilberuflers i.S.d. § 203 Abs. 3 S. 2 StGB angesehen werden können, ist also nicht deren Integration in den Betrieb des Heilberuflers, sondern das Bestehen einer effektiven Steuerungs-, Kontroll- und Weisungsmöglichkeit des Heilberuflers im Hinblick auf die Verarbeitung der Daten, in denen die Geheimnisse i.S.d. § 203 StGB enthalten sind, durch die IT-Experten.[1384] Eine solche effektive Steuerungs-, Kontroll- und Weisungsmöglichkeit kann sich z.B. insbesondere auch aus einer vertraglichen Verpflichtung entsprechend eines Auftragsdatenverarbeitungsvertrags nach § 11 BDSG ergeben, in dem z.B. darüber hinaus noch Möglichkeiten zur (stichprobenartigen) Überprüfung der Einsatzplanung und Tätigkeit des mit der Administration, Wartung und Pflege betrauten IT-Experten, eine (vertragliche) Verschwiegenheitsverpflichtung des Personals i.S.d. § 203 StGB und erhebliche Vertragsstrafen im Fall eines Verstoßes gegen diesen Vertrag vorgesehen werden können.[1385] Zudem sind beim Heilberufler auch entsprechende Ressourcen zur effektiven Ausübung der Steuerungs-, Kontroll- und Weisungsmöglichkeit bereitzustellen.[1386]

Für die hier vertretene Ansicht könnten auch die vom Gesetzgeber im BDSG getroffenen datenschutzrechtlichen Regelungen sprechen. So soll das BDSG nach § 1 Abs. 1 BDSG dasselbe Rechtsgut schützen wie § 203 StGB: den Einzelnen davor zu schützen, dass er durch den Umgang mit seinen personenbe-

---

[1383] *Heghmanns/Niehaus*, NStZ 2008, 57 (61 f.).
[1384] So z.B. auch *Waßmer*, MedR 2012, 523 (525 f.); *Heghmanns/Niehaus*, NStZ 2008, 57 (60 ff.); *Spoerr*, in: Wolff/Brink, BeckOK BDSG, § 11 Rn. 23; *Lensdorf/Mayer-Wegelin/Mantz*, CR 2009, 62 (64 f.); *Hartung*, VersR 2012, 400 (409 f.); *Kilian*, NJW 1987, 695 (697); *Knauer/Brose*, in: Spickhoff, Medizinrecht, § 205 Rn. 23; *Szalai/Kopf*, ZD 2012. 462 (467 f.); *Gödeke/Ingwersen*, VersR 2010, 1153 (1155 f.); *Hoenike/Hülsdunk*, MMR 2004, 788 (790 ff.); siehe auch *Giesen*, NStZ 2012, 122 (126 f.).
[1385] *Hartung*, VersR 2012, 400 (409 f.); *Hoenike/Hülsdunk*, MMR 2004, 788 (791 f.)
[1386] Vgl. *Hartung*, VersR 2012, 400 (409).

zogenen Daten in seinem Persönlichkeitsrecht beeinträchtigt wird.[1387] Mithin können die vom Gesetzgeber im BDSG in Bezug auf den Umgang mit Daten getroffenen Wertungen durchaus im Rahmen der Auslegung von § 203 Abs. 3 S. 2 BDSG berücksichtigt werden.[1388]

Im BDSG wird bei einer Weitergabe personenbezogener Daten an eine andere Stelle zwischen einer Übermittlung i.S.d. § 3 Abs. 4 Nr. 3 BDSG und einer Auftragsdatenverarbeitung i.S.d. § 11 BDSG unterschieden.[1389] Möchte eine verantwortliche Stelle personenbezogene Daten an einen Dritten übermitteln, bedarf dies gem. § 4 Abs. 1 BDSG einer Erlaubnis. Soweit die verantwortliche Stelle aber personenbezogene Daten einem Auftragsdatenverarbeiter i.S.d. § 11 BDSG zur Verfügung stellen möchte, stellt dies keine erlaubnispflichtige Übermittlung nach § 3 Abs. 4 Nr. 3 BDSG dar. Vielmehr müssen der Auftraggeber und der Auftragnehmer in diesem Fall (nur) die Vorgaben des § 11 BDSG einhalten, damit die Weitergabe der Daten rechtmäßig erfolgt. Mithin stuft der Gesetzgeber die Auftragsdatenverarbeitung zwar als Beeinträchtigung des Rechts des Einzelnen ein, grundsätzlich selbst über die Preisgabe und Verwendung seiner personenbezogenen Daten zu bestimmen, hält dies jedoch für hinnehmbar und dieses Recht nicht für verletzt, vorausgesetzt dass sich der Auftraggeber und der Auftragnehmer an die Vorgaben des § 11 BDSG halten.[1390]

Der Unterschied zwischen der Situation einer datenschutzrechtlichen Übermittlung nach § 3 Abs. 4 Nr. 3 BDSG und einer Auftragsdatenverarbeitung gem. § 11 BDSG besteht – wie schon unter Ziffer 10.1.3.5.1.1 ausgeführt - darin, dass im Fall einer Übermittlung gem. § 3 Abs. 4 Nr. 3 BDSG die Stelle, an die die Daten übermittelt werden, diese anschließend i.S.d. § 3 Abs. 7 BDSG eigenverantwortlich verarbeitet. Ein Auftragsdatenverarbeiter verarbeitet personenbezogene Daten hingegen nur (weisungsgebunden) im Rahmen einer Hilfsfunktion für den Auftraggeber und die Erfüllung der eigenen Aufgaben des Auftraggebers.[1391] Soweit ein Zugriff auf personenbezogene Daten nicht ausgeschlossen ist, verarbeitet ein Dienstleister personenbezogene Daten bei der Wartung und Pflege von Datenverarbeitungssystemen typischerweise nur (weisungsgebunden) im Rahmen einer Hilfsfunktion für den Heil-

---

[1387] Siehe z.B. auch die näheren Ausführungen von *Schmidt*, in:Taeger/Gabel, Kommentar zum BDSG, § 1 Rn. 7 ff. Zum durch § 203 StGB geschützten Rechtsgut siehe die Ausführungen unter Ziffer 10.2.3.1.

[1388] *Heghmanns/Niehaus*, NStZ 2008, 57 (59 f.).

[1389] Siehe hierzu auch *Spoerr*, in: Wolff/Brink, BeckOK BDSG, § 11 Rn. 4; *Spindler*, in: Spindler/Schuster, Recht der elektronischen Medien, § 11 BDSG Rn. 10; *Heghmanns/Niehaus*, NStZ 2008, 57 (59 f.).

[1390] Siehe auch *Heghmanns/Niehaus*, NStZ 2008, 57 (60).

[1391] Siehe z.B. *Petri*, in: Simitis, Bundesdatenschutzgesetz, § 11 Rn. 22; *Spindler*, in: Spindler/Schuster, Recht der elektronischen Medien, § 11 BDSG Rn. 10; *Hornung*, Die digitale Identität, S. 289.

berufler, der insoweit eigene Aufgaben erfüllt, weshalb der Auftraggeber und der Auftragnehmer gem. § 11 Abs. 5 BDSG die Vorgaben für die Auftragsdatenverarbeitung nach § 11 Abs. 1 bis 4 BDSG zu beachten haben.[1392]

Mithin stellt sich nun die Frage, ob es nach Maßgabe von § 11 BDSG erforderlich ist, dass der Auftragnehmer in den Betrieb des Auftraggebers organisatorisch integriert werden muss, damit die Weitergabe der Daten an den Auftragnehmer rechtmäßig erfolgt. Sollte dies der Fall sein, würde das – vor dem Hintergrund, dass das BDSG und § 203 StGB dasselbe Rechtsgut schützen sollen – dafür sprechen, dass auch ein berufsmäßig tätiger Gehilfe i.S.d. § 203 Abs. 3 S. 2 StGB in den Betrieb des Heilberuflers integriert sein müsste. Ist dies im Fall der Auftragsdatenverarbeitung nach § 11 BDSG nicht erforderlich, würde dies wiederum dafür sprechen, dass eine solche Integration in den Betrieb des Heilberuflers auch im Hinblick auf einen berufsmäßig tätigen Gehilfen eines Heilberuflers i.S.d. § 203 Abs. 3 S. 2 StGB notwendig ist. Damit ein Auftraggeber auf Basis von § 11 BDSG einem Auftragnehmer Daten im Rahmen der Auftragsdatenverarbeitung zur Verfügung stellen darf, muss der Auftraggeber den Auftragnehmer zunächst nach Maßgabe von § 11 Abs. 2 S. 1 BDSG sorgfältig auswählen. Die sorgfältige Auswahl muss mithin auf den Zweck ausgerichtet sein, einen angemessenen Datenschutzstandard bei dem Auftragnehmer sicherzustellen.[1393] Hierbei muss der Auftraggeber i.d.R. einen solchen Maßstab anlegen, dass der Auftragnehmer mindestens diejenigen Datenschutzvorkehrungen trifft, die der Auftraggeber selbst treffen müsste, wenn er die Daten selbst verarbeiten würde.[1394] Mit diesem sorgfältig ausgewählten Auftragnehmer muss der Auftraggeber sodann einen Auftragsdatenverarbeitungsvertrag abschließen, der Regelungen zu den in § 11 Abs. 2 S. 2 BDSG aufgeführten Punkten enthält. Außerdem muss der Auftraggeber nach Maßgabe von § 11 Abs. 2 S. 4 BDSG vor Beginn der Datenverarbeitung durch den Auftragnehmer und regelmäßig nach deren Beginn eine Kontrolle des Auftragnehmers durchführen und die Ergebnisse dieser Kontrolle gem. § 11 Abs. 2 S. 5 dokumentieren. Der Auftragnehmer muss seinerseits die Vorgaben des nach Maßgabe von § 11 Abs. 1 und 2 BDSG geschlossenen Auftragsdatenverarbeitungsvertrags sowie die Anforderungen des § 11 Abs. 4 BDSG einhalten. Insbesondere darf der Auftragnehmer mit den betroffenen Daten gem. § 11 Abs. 3 S. 1 BDSG nur im Rahmen der Weisungen des Auftraggebers umgehen. Außerdem trifft ihn gegenüber dem Auftraggeber eine Remonstrationspflicht nach § 11 Abs. 3 S. 2 BDSG, wenn er der Ansicht ist, dass eine Wei-

---

[1392] Siehe z.B. *Petri*, in: Simitis, Bundesdatenschutzgesetz, § 11 Rn. 98 ff; *Spoerr*, in: Wolff/Brink, BeckOK BDSG, § 11 Rn. 77 ff.
[1393] *Petri*, in: Simitis, Bundesdatenschutzgesetz, § 11 Rn. 55.
[1394] *Gola/Schomerus*, BDSG, § 11 Rn. 20.

sung des Auftraggebers gegen eine datenschutzrechtliche Vorschrift verstößt. Allerdings ist der Auftragnehmer nicht verpflichtet, jede Weisung des Auftraggebers entsprechend zu prüfen; bei der - vorliegend in Rede stehenden - Verarbeitung von Gesundheitsdaten ist er aber zu erhöhter Aufmerksamkeit verpflichtet.[1395]

Sind diese Voraussetzungen gegeben, ist der Auftragsdatenverarbeiter nach § 3 Abs. 8 S. 2 BDSG datenschutzrechtlich gesehen nicht als Dritter, sondern als Teil der verantwortlichen Stelle zu qualifizieren; Auftraggeber und Auftragnehmer werden nach außen also als rechtliche Einheit verstanden, bei der der Auftraggeber nach außen als datenschutzrechtlich verantwortliche Stelle i.S.d. § 3 Abs. 7 BDSG auftritt und zwar auch soweit der Datenumgang durch den Auftragsdatenverarbeiter betroffen ist.[1396] Insoweit spielt es nach § 3 Abs. 8 S. 3 BDSG sogar auch keine Rolle, ob der Auftragnehmer die Daten in Deutschland oder in einem anderen Mitgliedsstaat der EU/des EWR erhebt oder verwendet.[1397]

Mithin verlangt § 11 BDSG keine organisatorische Integration des Auftragnehmers in den Betrieb des Auftraggebers, damit der Auftraggeber rechtmäßig personenbezogene Daten an den Auftragnehmer weitergeben darf. Vielmehr verlangt der Gesetzgeber in § 11 BDSG „nur", dass der Auftraggeber über eine effektive Steuerungs-, Kontroll- und Weisungsmöglichkeit gegenüber dem Auftragnehmer verfügt und dass der Auftraggeber diese Möglichkeiten – zumindest in dem von § 11 BDSG vorgegebenen Umfang - auch wahrnimmt. Bereits dann betrachtet er den Auftragnehmer quasi als eine dem Auftraggeber eingegliederte Einheit, an die Daten weitergegeben werden dürfen, ohne dass hierin eine Verletzung des Rechts zu erblicken wäre, grundsätzlich selbst über die Preisgabe und Verwendung seiner Daten bestimmen zu dürfen.[1398]

Wenn aber im Fall des § 11 BDSG die Weitergabe personenbezogener Daten durch eine verantwortliche Stelle an einen externen Dienstleister und die daran anschließende Verarbeitung personenbezogener Daten durch diesen externen Dienstleister im Auftrag einer verantwortlichen Stelle zulässig ist, weil durch die effektive Steuerungs-, Kontroll- und Weisungsmöglichkeit der Datenverarbeitung durch den Auftraggeber - entsprechend der Wertung des Gesetzgebers in § 11 BDSG - sichergestellt ist, dass das Recht des Einzelnen nach

---

[1395] *Petri*, in: Simitis, Bundesdatenschutzgesetz, § 11 Rn. 91.
[1396] *Schild*, in: Wolff/Brink, BeckOK BDSG, § 3 Rn. 135 f.; *Heghmanns/Niehaus*, NStZ 2008, 57 (60).
[1397] Siehe *Heghmanns/Niehaus*, NStZ 2008, 57 (60).
[1398] Siehe hierzu z.B. *Petri*, in: Simitis, Bundesdatenschutzgesetz, § 11 Rn. 1; *Gabel*, in: Taeger/Gabel, Kommentar zum BDSG, § 11 Rn. 1 ff.; so auch *Heghmanns/Niehaus*, NStZ 2008, 57 (59 f.).

Art. 2 Abs. 1 i.V.m. Art. 1 Abs. 1 GG, grundsätzlich selbst über die Preisgabe und Verwendung seiner Daten zu bestimmen, zwar beeinträchtigt, aber unter den genannten Umständen nicht verletzt wird, kann nach hier vertretener Auffassung bei Vorliegen einer solchen effektiven Steuerungs-, Kontroll- und Weisungsmöglichkeit auch keine Verletzung des § 203 StGB vorliegen, da § 203 StGB und das BDSG dasselbe Rechtsgut schützen sollen. Insoweit müssen § 11 BDSG und § 203 StGB vor dem Hintergrund des gemeinsamen Schutzzwecks parallel laufen.[1399] Mit anderen Worten muss die gesetzgeberische Wertung in § 11 BDSG, nach der bei Vorliegen einer effektiven Steuerungs-, Kontroll- und Weisungsmöglichkeit des Auftragnehmers durch den Auftraggeber zwar eine Beeinträchtigung, aber keine Verletzung des Rechts des Einzelnen nach Art. 2 Abs. 1 i.V.m. Art. 1 Abs. 1 GG, grundsätzlich selbst über die Preisgabe und Verwendung seiner personenbezogenen Daten zu bestimmen, erfolgt und die Auftragsdatenverarbeitung unter diesen Umständen zulässig sein soll, entsprechend auf § 203 Abs. 3 S. 2 StGB übertragen werden.[1400]

Als Ergebnis ist somit festzuhalten, dass auch externe Dienstleister berufsmäßig tätige Gehilfen eines zur Verschwiegenheit Verpflichteten i.S.d. § 203 Abs. 3 S. 2 StGB sein können, wenn sie diesen unmittelbar bei dessen Berufsausübung unterstützen und er gegenüber diesen eine effektive Steuerungs-, Kontroll- und Weisungsmöglichkeit im Hinblick auf die Verarbeitung von Daten hat, in denen Geheimnisse i.S.d. § 203 StGB enthalten sind.[1401]

In der juristischen Literatur wird dieser Auffassung mitunter entgegengehalten, dass sie im Hinblick auf das strafrechtliche Analogieverbot zumindest bedenklich sei, da aus der hier vertretenen Auffassung folgen würde, dass auch der externe Dienstleister als Gehilfe der Schweigepflicht nach § 203 Abs. 3 S. 2 StGB unterliegen und sich entsprechend strafbar machen könne.[1402] Dieser Einwand überzeugt nach hier vertretener Ansicht allerdings nicht. So weist das strafrechtliche Analogieverbot den Strafrichter an, die Strafgesetze bei den Voraussetzungen der Strafbarkeit und bei den Strafrechtsfolgen nicht zulasten des Betroffenen per analogiam auszudehnen und stellt damit eine Verlängerung des Bestimmtheitsgebots in der Praxis der Gesetzesanwendung

---

[1399] So auch *Heghmanns/Niehaus*, NStZ 2008, 57 (60).

[1400] So auch *Heghmanns/Niehaus*, NStZ 2008, 57 (60).

[1401] So z.B. *Waßmer*, MedR 2012, 523 (525 f.); *Spoerr*, in: Wolff/Brink, BeckOK BDSG, § 11 Rn. 23; *Heghmanns/Niehaus*, NStZ 2008, 57 (61 f.); *Lensdorf/Mayer-Wegelin/Mantz*, CR 2009, 62 (64 f.); *Hartung*, VersR 2012, 400 (409 f.); *Kilian*, NJW 1987, 695 (697); *Knauer/Brose*, in: Spickhoff, Medizinrecht, § 205 Rn. 23; *Szalai/Kopf*, ZD 2012. 462 (467 f.); *Gödeke/Ingwersen*, VersR 2010, 1153 (1155 f.); *Hoenike/Hülsdunk*, MMR 2004, 788 (790 ff.); siehe auch *Giesen*, NStZ 2012, 122 (126 f.)

[1402] Siehe hierzu *Jandt/Roßnagel*, NZS 2011, S. 641 (645); für einen Verstoß gegen das Analogieverbot: *Schünemann*, in: Laufhütte/Rissing-van Saan/Tiedemann, Leipziger Kommentar StGB, § 203 Rn. 49.

dar.[1403] Entscheidendes Kriterium ist insoweit der Wortlaut der Vorschrift.[1404] Die Grenze zwischen zulässiger Auslegung und unzulässiger Analogie ist mithin stets der noch mögliche Wortsinn.[1405] Der Wortlaut von § 203 Abs. 3 S. 2 StGB - „berufsmäßig tätiger Gehilfe" – erfordert nach hier vertretener Ansicht - wie schon unter Ziffer 10.2.3.7.2.2.2.2 ausgeführt - keine organisatorische Integration in den Betrieb des zur Verschwiegenheit Verpflichteten.[1406] Mit anderen Worten lässt der Wortlaut von § 203 Abs. 3 S. 2 StGB eine Strafbarkeit externer Gehilfen also zu. Somit verstößt die hier vertretene Ansicht, dass auch externe Gehilfen, die der zur Verschwiegenheit Verpflichtete effektiv steuern und kontrollieren kann, berufsmäßig tätige Gehilfen i.S.d. § 203 Abs. 3 S. 2 StGB sein (und sich nach dieser Norm auch strafbar machen) können, nicht gegen das strafrechtliche Analogieverbot.[1407]

Mitunter wird der hier vertretenen Auffassung zudem entgegengehalten, dass es sich bei einer solchen Beauftragung eines externen Dienstleisters und dem Vorbehalt solch effektiver Steuerungs-, Kontroll- und Weisungsmöglichkeiten durch den Auftraggeber um eine Arbeitnehmerüberlassung i.S.d. § 1 Arbeitnehmerüberlassungsgesetz handeln würde, die der Erlaubnis der Bundesanstalt für Arbeit bedürfe.[1408] Dieser Argumentation kann jedoch nicht gefolgt werden. So setzt eine Arbeitnehmerüberlassung nach § 1 AÜG schon ihrem Wortlaut nach die Überlassung eines Arbeitnehmers an einen Entleiher samt des entsprechenden Weisungsrechts voraus. Nach § 106 S. 1 GewO besteht das Weisungsrecht des Arbeitgebers insbesondere darin, Inhalt, Ort und Zeit der Arbeitsleistung nach billigem Ermessen näher zu bestimmen, soweit diese Arbeitsbedingungen nicht durch den Arbeitsvertrag, Bestimmungen einer Betriebsvereinbarung, eines anwendbaren Tarifvertrages oder gesetzliche Vorschriften festgelegt sind. Vorliegend gewährt der zur Verschwiegenheit Verpflichtete dem externen Dienstleister aber (nur) ein effektives Steuerungs-, Kontroll- und Weisungsrecht i.S.d. § 11 Abs. 2 S. 2 Nr. 9 BDSG im Hinblick auf die Datenverarbeitung. Mithin überträgt der externe Dienstleister im vorliegenden Fall kein Weisungsrecht i.S.d. § 106 GewO an den zur Verschwiegenheit Verpflichteten, so dass nach hier vertretener Ansicht auch keine Arbeitnehmerüberlassung i.S.d. § 1 Arbeitnehmerüberlassungsgesetz vorliegt. So besteht z.B. auch im Rahmen eines Geschäftsbesorgungsvertrags ein Weisungsrecht des Geschäftsherrn gegenüber dem Geschäftsbesorger nach

---

1403 Siehe *Hassemer/Kargl*, in: Kindhäuser/Neumann/Paeffgen, Strafgesetzbuch, § 1 Rn. 70 m.w.N.; *Schmitz*, in: Joecks/Miebach, MüKo StGB, § 1 Rn. 50.

1404 *Hassemer/Kargl*, in: Kindhäuser/Neumann/Paeffgen, Strafgesetzbuch, § 1 Rn. 78.

1405 *Schmitz*, in: Joecks/Miebach, MüKo StGB, § 1 Rn. 63. Siehe ausführlich zum strafrechtlichen Analogieverbot z.B. *Hassemer/Kargl*, in: Kindhäuser/Neumann/Paeffgen, Strafgesetzbuch, § 1 Rn. 70 ff.

1406 So auch *Heghmanns/Niehaus*, NStZ 2008, 57 (59).

1407 So auch *Hoenike/Hülsdunk*, MMR 2004, 788 (790 f.).

1408 So z.B. *Lilie*, in: Dannecker, FS Otto, S. 673 (676).

§§ 675 Abs. 1, 665 BGB,[1409] ohne dass sich allein hieraus eine Arbeitnehmer-überlassung ableiten ließe.[1410]

Teilweise wird in der Literatur der hier vertretenen Auffassung zudem entgegengehalten, dass ein externer Gehilfe bei der Erbringung seiner Leistungen auch eigene Ziele zu erreichen versuche; dies sei mit dem Gehilfenbegriff des § 203 Abs. 3 S. 2 StGB jedoch nicht vereinbar.[1411] Diese Kritik vermag jedoch ebenfalls nicht zu überzeugen. Zwar mag es durchaus zutreffend sein, dass ein externer Gehilfe ganz generell auch eigenen Zielen nachgeht, doch kommt es nach hier vertretener Ansicht in diesem Zusammenhang ausschließlich auf den Umgang mit den jeweils betroffenen Daten und den in ihnen enthaltenen Geheimnissen an. Wenn ein Heilberufler – wie es nach der hier vertretenen Ansicht erforderlich ist, damit ein externer IT-Experte überhaupt ein berufs-mäßig tätiger Gehilfe des Heilberuflers nach § 203 Abs. 3 S. 2 StGB sein kann – über eine effektive Steuerungs-, Kontroll- und Weisungsmöglichkeit gegen-über dem IT-Experten und dessen Verarbeitung von Daten verfügt, ist sicher-gestellt, dass dieser beim Umgang mit diesen Daten und den Geheimnissen eben keinen eigenen Zielen nachgeht, sondern diese ausschließlich nach den Weisungen und mithin für die Ziele des Heilberuflers verwendet. Inwiefern der IT-Experte ansonsten eigenen Zielen nachgeht, spielt im vorliegenden Zu-sammenhang nach hier vertretener Ansicht keine Rolle.

Ebenfalls überzeugt die in der juristischen Literatur geäußerte Ansicht nicht, dass die hier vertretene Ansicht zu einer Ausuferung des Gehilfenbegriffs und der damit verbundenen Strafandrohung nach § 203 Abs. 3 S. 2 StGB führen würde, wenn auch externe Personen, die der zur Verschwiegenheit Verpflich-tete effektiv steuern und kontrollieren kann, zu den berufsmäßig tätigen Ge-hilfen i.S.d. § 203 Abs. 3 S. 2 StGB gezählt würden.[1412] So ist auch an dieser Stelle zu beachten, dass § 203 StGB den Schutz des Rechts des Geheimnisträ-gers auf informationelle Selbstbestimmung verfolgt.[1413] Wie oben dargestellt, hat der Gesetzgeber im Fall der Auftragsdatenverarbeitung i.S.d. § 11 BDSG keine Verletzung dieses Rechts gesehen. Aus datenschutzrechtlicher Sicht ist es nach § 11 BDSG zulässig, dass der zur Verschwiegenheit Verpflichtete meh-rere Auftragnehmer mit der Verarbeitung von Daten beauftragt, sofern die Vorgaben des § 11 BDSG eingehalten werden. Mithin sieht der Gesetzgeber nur eine hinzunehmende Beeinträchtigung für das Recht des Betroffenen auf

---

[1409] Siehe z.B. *Heermann*, in: Säcker/Rixecker, MüKo BGB, § 675 Rn. 16.
[1410] *Jahn/Palm*, AnwBl. 2011, S. 613 (617).
[1411] So z.B. *Lilie*, in: Dannecker, FS Otto, S. 673 (676) m.w.N.
[1412] So allgemein zur „Gehilfenlösung": *Schünemann*, in: Laufhütte/Rissing-van Saan/Tiedemann, Leipziger Kommentar StGB, § 203 Rn. 79.
[1413] Siehe hierzu ausführlich die Darstellung unter Ziffer 10.2.3.1.

informationelle Selbstbestimmung, wenn ein Auftraggeber mehrere Auftragnehmer nach § 11 BDSG mit der Verarbeitung von Daten beauftragt. Da § 203 StGB aber den Schutz desselben Rechtsguts bezweckt, muss diese gesetzgeberische Wertung auch im Rahmen von § 203 Abs. 3 S. 2 StGB gelten. Mithin spricht der Schutzzweck der Norm nicht dagegen, dass § 203 Abs. 3 S. 2 StGB auch externe Personen erfasst, bezüglich derer der zur Verschwiegenheit Verpflichtete eine effektive Steuerungs-, Kontroll- und Weisungsmöglichkeit innehat.

Die Einbeziehung dieser Personen in die Strafandrohung nach § 203 Abs. 3 S. 2 StGB erscheint unter diesen Umständen dann auch geboten. Wie oben schon unter Ziffer 10.2.3.1 ausgeführt, hat der Gesetzgeber eine Schweigepflicht für bestimmte Berufe nicht deshalb normiert, weil jemand Arzt, Rechtsanwalt oder Beamter ist, sondern weil diese Personen in ihrer Funktion zwangsläufig fremde Geheimnisse erfahren.[1414] Vor diesem Hintergrund wurde der Schutz des Rechts des Geheimnisträgers auf informationelle Selbstbestimmung (auch) strafrechtlich abgesichert.[1415] Wenn diese Personen nun externen Personen im Rahmen der Ausübung ihrer beruflichen Tätigkeit – nach hier vertretener Ansicht zulässigerweise - Zugriff auf diese Geheimnisse gewähren, müssen diese externen Personen ebenfalls unter die Strafandrohung des § 203 StGB fallen, da andernfalls die strafrechtliche Absicherung des Rechts der Geheimnisträger auf informationelle Selbstbestimmung leerzulaufen drohen würde. Mithin fallen nach der hier vertretenen Auffassung durchaus mehr Personen unter die Strafandrohung des § 203 StGB als dies nach restriktiveren Auffassungen im Hinblick auf § 203 StGB der Fall wäre. Doch ist dies vor allem eine Folge voranschreitender Technologisierung und der modernen Arbeitsorganisation. So sind zur Verschwiegenheit Verpflichtete – wie oben bereits ausgeführt - oftmals gezwungen, diese Geheimnisse an externe Personen zu offenbaren, z.B. an externe IT-Experten, da sie die Administration, Wartung und Pflege von Datenverarbeitungssystemen, die sie zur Ausübung ihrer beruflichen Tätigkeit benötigen, nicht selbst oder durch eigenes Personal vornehmen lassen können. Außerdem führt die hier vertretene Ansicht auch nicht zu einer beliebigen Ausuferung, da es sich bei diesen Personen nicht um jeden beliebigen Dritten handeln kann, sondern diese Personen immerhin berufsmäßig tätige Gehilfen i.S.d. § 203 Abs. 3 S. 2 StGB sein müssen, nur dass insoweit nach hier vertretener Ansicht eben keine organisatorische Integration in den Betrieb des zur Verschwiegenheit Verpflichteten erforderlich ist, sondern eine effektive Steuerungs-, Kontroll- und Weisungs-

---

[1414] So auch *Kleinewefers/Wilts*, NJW 1964, 428 (430); *Heghmanns/Niehaus*, NStZ 2008, 57 (60); siehe auch die Gesetzesbegründung in BR-Drs. 111/1/73, S. 20.
[1415] *Heghmanns/Niehaus*, NStZ 2008, 57 (60) m.w.N.

möglichkeit der externen Personen durch den zur Verschwiegenheit Verpflichteten.[1416]

Als Ergebnis ist somit festzuhalten, dass es sich nach hier vertretener Ansicht auch bei externen IT-Experten, welche die Datenverarbeitungssysteme des Heilberuflers warten, pflegen und administrieren, um berufsmäßig tätige Gehilfen des Heilberuflers i.S.d. § 203 Abs. 3 S. 2 StGB handelt, wenn der Heilberufler gegenüber diesen eine effektive Steuerungs-, Kontroll- und Weisungsmöglichkeit im Hinblick auf die Verarbeitung von Daten hat.

[1416] So auch *Waßmer*, MedR 2012, 523 (526).

In diesem Fall würde der Heilberufler den externen IT-Experten keine Geheimnisse i.S.d. § 203 StGB offenbaren, wenn er diesen zu Zwecken der Administrierung, Wartung und Pflege die Möglichkeit einräumt, auf bei ihm gespeicherte unverschlüsselte oder nicht ausreichend verschlüsselte Patientendaten zuzugreifen.[1417]

[1417] Im Ergebnis so auch *Otto* (*Otto*, wistra 1999, 201 (204 ff.)), der jedoch bei Vorliegen einer effektiven Steuerungs-, Kontroll- und Weisungsmöglichkeit das Vorliegen eines rechtfertigenden Notstands nach § 34 StGB annimmt, da nach Ansicht von *Otto* externe Personen keine Gehilfen i.S.d. § 203 Abs. 3 S. 2 StGB sein können (siehe auch *Ulmer*, RDG 2012, 272 (275)). Hinsichtlich der Übermittlung von Verkehrsdaten i.S.d. § 3 Nr. 30 TKG, die dem Schutz des Fernmeldegeheimnisses unterliegen, an Dritte siehe auch die Entscheidung des EuGH vom 22.11.2012, - Az. C. 119/12 – (EuGH ZD 2013, 77 ff.) Der EuGH hat in diesem Urteil entschieden, dass es mit Art. 6 Abs. 5 der Richtlinie 2002/58/EG vereinbar sei, wenn ein Telekommunikationsdienstleister Verkehrsdaten an Dritte zum Zwecke der Einziehung von Entgelten der von ihm erbrachten Telekommunikationsdienste übermittelt, wenn vertraglich sichergestellt ist, dass der Dritte für die mit dieser Tätigkeit verbundene Verarbeitung von Verkehrsdaten nur auf Anweisung des Telekommunikationsdienstleisters und unter dessen Kontrolle handelt. Teilweise wird in der juristischen Literatur in Erwägung gezogen, dass es Geheimnisträgern aufgrund „extensiver Auslegung" dieses Urteils nun auch im Rahmen von § 203 StGB erlaubt sein könne, Geheimnisse an externe Gehilfen weiterzugeben, da auch in diesem Fall ein Unternehmen Daten an Dritte weitergeben möchte, aber strafrechtlich daran gehindert sei (*Hoeren*, EuGH verkannt: Geheimnisträger und die Auftragsdatenverarbeitung, abrufbar unter: http://blog.beck.de/2012/ 12/02/eugh-verkannt-geheimnistr-ger-und-die-auftragsdatenverarbeitung (19.05.2013)). Nach hier vertretener Ansicht lassen sich die Wertungen des EuGH allerdings nicht auf die Weitergabe von Geheimnissen im Rahmen des § 203 StGB übertragen. So bezieht sich die Entscheidung des EuGH auf die Richtlinie 2002/58/EG und die Auslegung des Begriffs „auf Weisung" im Rahmen von Art. 6 Abs. 5 der Richtlinie, also auf eine schon in der Richtlinie selbst angelegte Möglichkeit der Weitergabe von Verkehrsdaten an externe Dritte. Im Rahmen von § 203 StGB ist hingegen das Tatbestandsmerkmal „berufsmäßig tätige Gehilfen" auszulegen, wobei es sich bei den Gehilfen keineswegs um externe Personen handeln muss. Des Weiteren besteht ein Unterschied darin, dass § 203 StGB eine Strafrechtsnorm und keine öffentlich-rechtliche Norm ist, was auch im Rahmen der Auslegung von Normen zu berücksichtigen ist. Außerdem unterscheidet sich der vom EuGH zu beurteilende Fall von der Weitergabe von Geheimnissen i.S.d. § 203 StGB auch dadurch, dass Verkehrsdaten, die nach Art. 6 Abs. 5 der Richtlinie an Dritte weitergegeben werden dürfen, zwar unter das Fernmeldegeheimnis fallen (siehe z.B. *Munz*, in: Taeger/Gabel, Kommentar zum BDSG, § 96 TKG Rn. 9), doch nur die Umstände der Kommunikation beinhalten, wie z.B. angerufene Nummern. Nicht unter den Begriff Verkehrsdaten fallen jedoch die so genannten Inhaltsdaten, also die Daten, die den Gegenstand der Kommunikation bilden (siehe z.B. *Wehner*, in: Heidrich/Forgó/Feldmann, Heise Online-Recht, Teil C, Kapitel IV Nr. I 2.). Solche Inhaltsdaten dürfen nicht auf Grundlage von Art. 6 Abs. 5 der Richtlinie 2002/58/EG an Dritte weitergegeben werden. Bei der Weitergabe von Daten an externe Gehilfen im Rahmen des § 203 StGB geht es jedoch nicht nur um die Weitergabe von Daten über die Umstände eines Arztbesuchs, sondern auch um die Weitergabe von Daten über den Inhalt einer Behandlung. Mit anderen Worten: Von einer Weitergabe von Daten an externe Gehilfen durch einen Arzt sind (zumindest potentiell) erheblich sensiblere Daten betroffen als Verkehrsdaten i.S.d. Art. 6 Abs. 5 der Richtlinie 2002/58/EG. Somit können auch die im Urteil des EuGH zur Auslegung von Art. 6 Abs. 5 der Richtlinie 2002/58/EG enthaltenen Wertungen nach hier vertretener Ansicht nicht auf die Weitergabe von Geheimnissen an externe Gehilfen im Rahmen des § 203 StGB übertragen werden (so im Ergebnis auch *Conrad/Fechtner*, CR 2013, 137 (141)). Hierfür besteht, wie das Ergebnis der Prüfung weiter oben zeigt, auch gar keine Notwendigkeit, da sich dieses Ergebnis nach hier vertretener Ansicht bereits aus der Auslegung des § 203 StGB ergibt. Die Problematik ist somit nach hier vertretener Ansicht durch Auslegung von § 203 StGB selbst zu lösen.

10.2.3.7.2.3 Der Zugriff von Betreibern der Telematik-infrastruktur auf Geheimnisse i.S.d. § 203 StGB

Fraglich ist nun noch, ob die Weitergabe verschlüsselter Geheimnisse durch den Heilberufler an die Betreiber der Telematikinfrastruktur der eGK eine Verletzung der Schweigepflicht nach § 203 Abs. 1 StGB darstellt, weil die Betreiber des jeweiligen Teils der eGK-Infrastruktur regelmäßig Zugriff auf die verschlüsselten Daten haben, die wiederum den Heilberuflern anvertraute Geheimnisse enthalten können.[1418] Sofern durch die Verschlüsselung der Daten während des gesamten Verarbeitungszeitraums (z.B. durch Nachverschlüsselung mit neuen und sichereren Verschlüsselungsmethoden) sichergestellt ist, dass die Betreiber die Verschlüsselung nicht aufheben können, liegt kein Offenbaren i.S.d. § 203 Abs. 1 StGB durch die Daten in das System der eGK einstellenden Heilberufler vor.[1419]

Erfolgt keine Verschlüsselung der Daten, die während der gesamten Verarbeitungsdauer ausschließt, dass der jeweilige Betreiber der Telematikinfrastruktur die Möglichkeit bekommt, Kenntnis von den Geheimnissen zu erhalten, würde nach hier vertretener Ansicht zwar ein Offenbaren i.S.d. § 203 Abs. 1 StGB vorliegen,[1420] doch würde dieses nicht unbefugt i.S.d. § 203 Abs. 1 StGB erfolgen, wenn der betroffene Geheimnisträger hierin einwilligt. Kann also im Rahmen der eGK keine derartige Verschlüsselung der Daten erfolgen, wodurch ein Offenbaren i.S.d. § 203 Abs. 1 StGB ausscheiden würde, müssten von den betroffenen Versicherten Einwilligungen zur Offenbarung dieser Geheimnisse gegenüber dem jeweiligen Betreiber der Telematikinfrastruktur eingeholt werden. Dies könnte ggf. aber auch im Rahmen der Einwilligungserklärungen zur Verwendung der freiwilligen Anwendungen der eGK gem. § 291a Abs. 3 S. 4 und § 291a Abs. 5 S. 1 (ggf. i.V.m. Abs. 5a S. 1 HS 2) SGB V erfolgen, so dass diesbezüglich kein nennenswerter zusätzlicher bürokratischer Aufwand anfiele.

Zudem würden die unter Ziffer 10.1.3.5 vorgeschlagenen Zugriffsbefugnisse der Betreiber der Telematikinfrastruktur auf im Rahmen der eGK gespeicherte Daten eine gesetzliche Erlaubnisnorm darstellen, so dass bei Vorliegen der in diesen Vorschriften enthaltenen Voraussetzungen kein rechtswidriges Of-

---

[1418] So z.B. Fachdienstebetreiber. Siehe hierzu die Ausführungen unter Ziffer 10.1.3.2.5.7.2.
[1419] Siehe hierzu die Ausführungen unter Ziffer 10.2.3.7.2.1.1.
[1420] Siehe hierzu die Ausführungen unter Ziffer 10.2.3.7.2.1.1.

fenbaren der Geheimnisse i.S.d. § 203 Abs. 1 StGB durch den Heilberufler gegenüber den Betreibern der Telematikinfrastruktur vorliegen würde.[1421]

10.2.3.7.3 Ergebnis und Vorschlag de lege ferenda: Erweiterung des Täterkreises gem. § 203 StGB

Als Ergebnis der Untersuchung ist festzuhalten, dass die heilberufliche Schweigepflicht durch ihre rechtliche Ausgestaltung weitgehend mit der idealen Informationsverteilung in einer Organisation übereinstimmt und somit das Recht auf informationelle Selbstbestimmung des betroffenen Patienten fast optimal schützt. Sie sorgt dafür, dass der Patient die Kontrolle über sämtliche anvertrauten Geheimnisse behält und ihre Verteilung steuert. Sie bietet innerhalb der Organisation Schutz, da ein schweigeverpflichteter Heilberufler grundsätzlich nicht ohne die Zustimmung des organisierenden Patienten Informationen an andere Mitglieder der Organisation weitergeben darf, auch wenn diese selbst der Schweigepflicht nach § 203 StGB unterliegen. Durch die Konstruktion des „Kreises der zum Wissen Berufenen" ist aber zugleich sichergestellt, dass sämtliche Personen bei der konkreten Behandlung über alle Informationen verfügen, die sie für diese brauchen. Nach außen ist die „Organisation Gesundheitswesen" ebenfalls fast optimal geschützt, da auch hier grundsätzlich nur mit Zustimmung des organisierenden Patienten Informationen offenbart werden dürfen. Die gesetzlichen Ausnahmen davon, z.B. zwecks Abrechnung in der GKV und zur Bekämpfung von Epidemien, beeinträchtigen die Privatsphäre des Patienten zwar partiell, weil er nicht selbst über die Verteilung seiner Informationen entscheiden kann. Doch dienen diese Ausnahmen dem Schutz höherer Rechtsgüter, so dass diese Einschränkung hinzunehmen ist.

Allerdings entspricht die Ausgestaltung der heilberuflichen Schweigepflicht in vier Punkten nicht der optimalen Absicherung der „Organisation Gesundheitswesen". Zunächst sind Heilpraktiker nicht Teil des personellen Schutzbereichs, obwohl sie als Mitglied der „Organisation Gesundheitswesen" auch an dem Erhalt bzw. der Verbesserung des Gesundheitszustands des organisierenden Patienten beteiligt sind. Ein Mitglied der „Organisation Gesundheitswesen" fällt also aus dem Schutzbereich des § 203 StGB heraus. Des Weiteren

---

[1421] Die Betreiber der Telematikinfrastruktur werden regelmäßig keine berufsmäßig tätigen Gehilfen des Heilberuflers i.S.d. § 203 Abs. 3 S. 2 StGB sein, da davon auszugehen ist, dass die Heilberufler keine effektive Steuerungs-, Kontroll- und Weisungsmöglichkeit über sie besitzen werden. Auch wird es Patienten in der Regel nicht bewusst sein, dass Betreiber der Telematikinfrastruktur Zugriff auf ihre Geheimnisse erhalten könnten, so dass sie nach dem subjektiven Willen des Patienten nicht zum „Kreis der zum Wissen Berufenen" gehören.

fallen, wie unter Ziffer 9.2 bereits beschrieben, auch die Mitarbeiter der Patienteninformationscenter, mit deren Hilfe Patienten sich über die im Rahmen der eGK über sie gespeicherten Informationen informieren können sollen, nicht in den Täterkreis des § 203 StGB.

Weiterhin hat die Schweigepflicht nicht vollkommen mit der prägenden Entwicklung im Gesundheitswesen Schritt gehalten: der Vernetzung durch IT. Waren früher die papiergebundene Archivierung sowie der fachliche Austausch durch Briefe oder Telefonate prägend für das Gesundheitssystem, ist dies nun die elektronische Speicherung sowie der Austausch über elektronische Wege, z.B. über Intranets, Mails, Datenbanken und zukünftig über das System der elektronischen Gesundheitskarte. Mit dieser Entwicklung halten neue Akteure und Berufsgruppen Einzug in den Bereich des Gesundheitssystems. Erstens die Betreiber von Teilen der Telematikinfrastruktur der eGK sowie zweitens diejenigen, die die IT-Infrastruktur aufbauen und am Laufen halten müssen und hier unter der Sammelbezeichnung „IT-Experten" zusammengefasst werden. Während § 203 StGB traditionelle Gehilfen des Heilberuflers, wie medizinisch-technische Assistenten, mit in den Bereich der Schweigepflicht nach § 203 StGB aufgenommen hat, besteht bezüglich der IT-Experten noch eine gewisse Rechtsunsicherheit. Zwar wird hier vertreten, dass auch IT-Experten unter gewissen Voraussetzungen als berufsmäßig tätige Gehilfen der Schweigepflicht nach § 203 Abs. 3 S. 2 i.V.m. § 203 Abs. 1 StGB unterliegen, doch gibt es diesbezüglich durchaus auch abweichende Ansichten.[1422] Insoweit wäre eine gesetzgeberische Klarstellung durchaus wünschenswert.

Außerdem fallen die Betreiber der Telematikinfrastruktur (noch) nicht unter den Täterkreis des § 203 Abs. 1 StGB.

Um die Schweigepflicht nach § 203 StGB an die optimale Absicherung der „Organisation Gesundheitswesen" anzupassen und auch wie bisher in der „analogen Welt" sämtliche Akteure des Gesundheitswesens im Täterkreis der Schweigepflicht nach § 203 StGB zu erfassen, könnte der Gesetzgeber somit noch folgende Ergänzungen vornehmen:

§ 203 Verletzung von Privatgeheimnissen

(1) Wer unbefugt ein fremdes Geheimnis, namentlich ein zum persönlichen Lebensbereich gehörendes Geheimnis oder ein Betriebs- oder Geschäftsgeheimnis, offenbart, das ihm als

---

[1422] Siehe hierzu die Ausführungen unter Ziffer 10.2.3.7.2.2.2.

1. Arzt, Zahnarzt, Tierarzt, Apotheker oder Angehöriger eines anderen Heilberufs, der für die Berufsausübung oder die Führung der Berufsbezeichnung eine staatlich geregelte Ausbildung erfordert,

1a. Heilpraktiker,

1b. Betreiber der Komponenten, Dienste und Schnittstellen der Telematikinfrastruktur der elektronischen Gesundheitskarte (§ 291a SGB V),

1c. Mitarbeiter von unabhängigen Patientenberatungsstellen nach § 291a Abs. 5d SGB V,

[...]

anvertraut worden oder sonst bekanntgeworden ist, wird mit Freiheitsstrafe bis zu einem Jahr oder mit Geldstrafe bestraft.

[...]

(3) Einem in Absatz 1 Nr. 3 genannten Rechtsanwalt stehen andere Mitglieder einer Rechtsanwaltskammer gleich. Den in Absatz 1 und Satz 1 Genannten stehen ihre berufsmäßig tätigen Gehilfen und die Personen gleich, die bei ihnen zur Vorbereitung auf den Beruf tätig sind. Satz 2 gilt auch für von den in Absatz 1 und Satz 1 Genannten mit der Wartung, Pflege, Administration und Reparatur von zur Berufsausübung notwendigen Datenverarbeitungsanlagen beauftragten externen Gehilfen, sofern vertraglich sichergestellt ist, dass sie nur auf Anweisung des in Absatz 1 und Satz 1 Genannten und unter dessen Kontrolle handeln. Den in Absatz 1 und den in Satz 1 bis 3 Genannten steht nach dem Tod des zur Wahrung des Geheimnisses Verpflichteten ferner gleich, wer das Geheimnis von dem Verstorbenen oder aus dessen Nachlass erlangt hat.

Durch diese rechtliche Ausgestaltung würde das Recht des Patienten auf informationelle Selbstbestimmung im Rahmen der „Organisation Gesundheitswesen" optimal abgesichert. Durch die Einbeziehung der Betreiber der Telematikinfrastruktur, der Mitarbeiter der Patienteninformationscenter und Heilpraktiker in den Täterkreis des § 203 Abs. 1 StGB würden sämtliche Akteure und Mitglieder der „Organisation Gesundheitswesen" der Schweigepflicht nach § 203 Abs. 1 StGB unterliegen. Außerdem wäre rechtssicher klargestellt, dass auch IT-Experten als berufsmäßige Gehilfen i.S.d. § 203 Abs. 3 S. 2 StGB zu qualifizieren sind.

11 Forschung mit Daten aus der elektronischen Gesundheitskarte

Auch für die medizinische Forschung bietet die elektronische Gesundheitskarte enormes Potential, indem medizinische Daten für Forscher einfacher und in erheblich größerem Umfang zur Verfügung stehen könnten. Insbesondere für die epidemiologische Forschung ist es erforderlich, eine möglichst umfangreiche und präzise dokumentierte Datenbasis als Ausgangspunkt zur Verfügung zu haben.[1423] Aus diesem Grunde dienen EU-Forschungsprojekte wie *Advancing Clinico-Genomic Trials on Cancer* gerade der Verbreiterung der Datenbasis, mittels derer (seltene) Krankheiten erforscht werden, um anschließend eine Therapie dafür entwickeln zu können.[1424] Doch nicht nur für die medizinische Forschung sind medizinische Daten über Patienten, ihre Krankheiten und die jeweiligen Gesundungsprozesse von wichtiger Bedeutung. Auch die pharmazeutische Forschung ist darauf angewiesen. Nur durch die praktische Erprobung eines neuen Arzneimittels lässt sich genau bestimmen, welche Wirkungen dieses auf den Menschen besitzt. Je mehr genaue Daten im Rahmen der pharmazeutischen Forschung genutzt werden können, desto besser kann die Wirksamkeit von Arzneimitteln erforscht werden.[1425]

Wie bereits unter Ziffer 7 dargestellt, bewirkt die elektronische Gesundheitskarte eine vollkommen neue faktische Informationsverteilung im deutschen Gesundheitswesen. Gegenüber der gegenwärtigen Verteilung werden sehr viel mehr Daten über Patienten und ihre Krankheiten digital und zentral im System der elektronischen Gesundheitskarte verfügbar sein und eben nicht mehr dezentral bei den unterschiedlichsten Heilberuflern. Es liegt auf der Hand, dass der Zugriff für medizinische und pharmazeutische Forscher auf diese im Rahmen der elektronischen Gesundheitskarte gespeicherten Daten einen enormen Vorteil für ihre Forschungen darstellen würde, weil es insbesondere auch möglich wäre, Heilungsverläufe langfristig und ganzheitlich zu beobachten. Negative Wirkungen einer entwickelten Therapie oder eines entwickelten Arzneimittels zeigen sich oft erst nach vielen Jahren oder durch andere Symptome als den im Rahmen von klinischen Studien beobachteten.

Andererseits zeigt sich auch gerade an dieser Stelle wieder das Spannungsverhältnis zwischen dem Nutzen einer möglichst weitgehenden Zugriffsbefugnis für Forscher und den damit einhergehenden Gefahren für den betroffenen Patienten. Erhielten Forscher umfangreichen Zugang zu den im Rahmen

---

[1423] Siehe z.B. schon *Blohmke/Kniep*, NJW 1982, 1324 ff.; *Kilian*, NJW 1998, 787.

[1424] Siehe z.B. *Michel Assoumou/Tsiknakis*, An Infrastructure for Clinical Trials for Cancer – ACGT Project Successfully Terminated, abrufbar unter: http://www.ercim.eu/news/295-an-infrastructure-for-clinical-trials-for-cancer-acgt-project-successfully-terminated (19.05.2013).

[1425] Siehe z.B. *Verband der forschenden Arzneimittelhersteller*, Als Patient in einer klinischen Studie, abrufbar unter: http://www.vfa.de/embed/als-patient-in-einer-klinischen-studie.pdf (19.05.2013).

© Springer Fachmedien Wiesbaden GmbH, ein Teil von Springer Nature 2015
M. A. Arning, *Die elektronische Gesundheitskarte und die Verteilung von Informationen im deutschen Gesundheitswesen*, Edition KWV, https://doi.org/10.1007/978-3-658-23814-8_11

der elektronischen Gesundheitskarte gespeicherten höchst sensiblen Gesundheitsdaten eines Patienten, könnten sie sich mit Hilfe dieser Daten ein umfassendes Gesundheits- bzw. Krankheitsbild hinsichtlich des betroffenen Patienten bilden. Dies würde jedoch einen massiven Eingriff in das Recht des Patienten auf informationelle Selbstbestimmung nach Art. 2 Abs. 2 i.V.m. Art 1 Abs. 1 GG bedeuten, wonach ein Bürger grundsätzlich frei darüber entscheiden können soll, wann ein bestimmter Dritter bestimmte Informationen zu bestimmten Zwecken über ihn erhält.[1426] Somit muss die „Organisation Gesundheitswesen" auch gegen den unkontrollierten Zugriff auf Daten geschützt werden, die im Rahmen der elektronischen Gesundheitskarte gespeichert werden.

Im Folgenden wird deshalb untersucht, inwiefern die Regelungen des § 291a SGB V eine Nutzung der im Rahmen der elektronischen Gesundheitskarte gespeicherten Daten zu Forschungszwecken zulassen und sich dies mit den zuvor bereits dargestellten Grundsätzen über den Schutz der „Organisation Gesundheitswesen" verträgt.

11.1 Keine gesetzliche Erlaubnis nach § 291a SGB V

§ 291a SGB V regelt die Verarbeitung von Daten im Rahmen der elektronischen Gesundheitskarte. Ein Zugriff von Heilberuflern auf die im Rahmen der elektronischen Gesundheitskarte gespeicherten Daten ist zwar nach § 291a Abs. 4 SGB V zulässig. Allerdings schränkt § 291a Abs. 4 S. 1 SGB V diesen Zugriff dahingehend ein, dass dieser nur erfolgen dürfe, wenn dies notwendig ist, um die Versicherten zu versorgen.[1427]

Fraglich ist somit, ob der Zugriff von Heilberuflern i.S.d. § 291a Abs. 4 SGB V zu Forschungszwecken erforderlich ist, um die Versicherten medizinisch zu versorgen. Forscher können diese Daten durchaus dafür verwenden, um neue Therapien oder Arzneimittel zu entwickeln, die dann auch den von der Datenverarbeitung betroffenen Versicherten zugutekommen könnten. Somit könnte die Verarbeitung der im Rahmen der elektronischen Gesundheitskarte verarbeiteten Daten zumindest mittelbar auch der medizinischen Versorgung der betroffenen Versicherten dienen, weshalb ein Zugriff von Heilberuflern i.S.d. § 291a Abs. 4 SGB V zu Forschungszwecken zulässig sein könnte.

[1426] Siehe schon BVerfGE 65, 1 (43 f.).
[1427] Die folgenden Ausführungen beschränken sich auf den Zugriff auf Daten aus den medizinischen Anwendungen des § 291a Abs. 3 S. 1 Nr. 1-5 SGB V, da in diesen Anwendungen die für die medizinische / pharmazeutische Forschung relevantesten Daten gespeichert werden.

Die Gesetzesbegründung zu § 291a Abs. 4 SGB V enthält zu dem Begriff keine weiteren Ausführungen.

Die Datenschutzrichtlinie 95/46/EG enthält diesbezüglich ebenfalls nur einen mittelbaren Hinweis. So besagt Art. 8 Abs. 3 der Richtlinie, dass das Verbot der Verarbeitung besonderer Arten personenbezogener Daten, wie z.B. Gesundheitsdaten, nach Art. 8 Abs. 1 der Richtlinie dann nicht anwendbar ist, *„wenn die Verarbeitung der Daten zum Zweck der Gesundheitsvorsorge, der medizinischen Diagnostik, der Gesundheitsversorgung oder Behandlung oder für die Verwaltung von Gesundheitsdiensten erforderlich ist und die Verarbeitung dieser Daten durch ärztliches Personal erfolgt, das nach dem einzelstaatlichen Recht, einschließlich der von den zuständigen einzelstaatlichen Stellen erlassenen Regelungen, dem Berufsgeheimnis unterliegt, oder durch sonstige Personen, die einer entsprechenden Geheimhaltungspflicht unterliegen."*

In Erwägungsgrund 34 i.V.m. Art. 8 Abs. 4 der Datenschutzrichtlinie hat der Richtliniengeber festgelegt, dass die Mitgliedstaaten darüber hinaus Ausnahmen vom Verbot der Verarbeitung sensibler Datenkategorien in Bereichen wie dem öffentlichen Gesundheitswesen und der sozialen Sicherheit, insbesondere hinsichtlich der Sicherung von Qualität und Wirtschaftlichkeit der Verfahren zur Abrechnung von Leistungen in den sozialen Krankenversicherungssystemen, der wissenschaftlichen Forschung und der öffentlichen Statistik vorsehen können, wenn dies durch ein wichtiges öffentliches Interesse gerechtfertigt ist.

Der europäische Richtliniengeber hat somit die Gesundheitsversorgung ausdrücklich von dem Datenverarbeitungsverbot in Art. 8 Abs. 1 der Richtlinie ausgenommen, wohingegen er es den Mitgliedstaaten überlassen hat, darüber zu entscheiden, ob eine derartige Ausnahme von diesem Verbot auch zu Zwecken der wissenschaftlichen Forschung eingeführt werden soll. Somit geht der europäische Richtliniengeber also davon aus, dass der Begriff „Gesundheitsversorgung" nicht die Verarbeitung von Gesundheitsdaten zu Zwecken der wissenschaftlichen Forschung umfassen soll, da er beide Verarbeitungszwecke unterschiedlich geregelt hat.

Nach dem Verständnis des europäischen Richtliniengebers soll Art. 8 Abs. 3 der Datenschutzrichtlinie 95/46/EG demzufolge lediglich die Verarbeitung von besonderen Arten von Daten, wie z.B. Gesundheitsdaten, ermöglichen, wenn dies für eine *konkrete* Behandlung einer *konkreten* Person erforderlich ist.[1428]

Allerdings lässt das Verständnis des europäischen Richtliniengebers keinen direkten Rückschluss darauf zu, ob der bundesdeutsche Gesetzgeber von demselben Verständnis dieser Begriffe ausging, zumal eine Ausnahme vom Verbot der Verarbeitung besonderer Arten von Daten zu wissenschaftlichen Zwecken nach Art. 8 Abs. 4 der Datenschutzrichtlinie auch zulässig wäre. Insofern läge auch kein Verstoß gegen diese Richtlinie vor, wenn der Begriff „Versorgung der Versicherten" auch die Datenverarbeitung zu diesem Zweck mit umfassen würde.

Indirekt kann hieraus jedoch sehr wohl gefolgert werden, dass der bundesdeutsche Gesetzgeber von einem entsprechenden Verständnis dieser Begriffe ausgegangen ist. So finden sich keinerlei Hinweise, dass der Gesetzgeber durch die Gestattung des Zugriffs auf Daten der elektronischen Gesundheitskarte durch Heilberufler gem. § 291a Abs. 4 SGB V von der Ausnahmemöglichkeit des Art. 8 Abs. 4 der Datenschutzrichtlinie Gebrauch machen wollte.

Außerdem unterscheidet der bundesdeutsche Gesetzgeber auch im Rahmen von § 28 BDSG durch die fast wortgleiche Umsetzung von Art. 8 Abs. 3 und 4 der Datenschutzrichtlinie zwischen der „wissenschaftlichen Forschung" in § 28 Abs. 6 Nr. 3 BDSG und der Verarbeitung von besonderen Arten personenbezogener Daten zu Zwecken der „Gesundheitsversorgung".

Gleiches gilt im Rahmen des Sozialdatenschutzes in SGB X. So unterscheidet z.B. § 67c Abs. 1 SGB X zwischen der Zulässigkeit der Datenverarbeitung zu Zwecken der Erfüllung der in der Zuständigkeit der verantwortlichen Stelle liegenden gesetzlichen Aufgaben nach diesem Gesetzbuch und zu Zwecken der wissenschaftlichen Forschung nach § 67c Abs. 2 Nr. 3 SGB X und stellt in Abs. 2 auch noch einmal ausdrücklich klar, dass es sich bei der wissenschaftlichen Forschung um einen eigenen Zweck handelt.

Aus Gründen der Gesetzeseinheit folgt daher, dass der Begriff der „Versorgung der Versicherten" i.S.d. § 291a Abs. 4 SGB V nicht auch die Verarbeitung von Daten zu wissenschaftlichen Zwecken umfasst.

Auch die Systematik des SGB V spricht für diese Auffassung. Der Begriff der „Versorgung" wird gleich mehrfach im SGB V genannt, so z.B. in § 73 SGB V über die kassenärztliche Versorgung und in §§ 107 ff. SGB V über die Versorgung in Krankenhäusern. So umfasst die vertragsärztliche Versorgung nach

---

[1428] So im Ergebnis auch *Forgó/Kollek/Arning/Krügel/Petersen*, Ethical and Legal Requirements for Transnational Genetic Research, Rn. 383 ff.

§ 73 Abs. 2 SGB V die ärztliche Behandlung, die zahnärztliche Behandlung und kieferorthopädische Behandlung [...], die Versorgung mit Zahnersatz einschließlich Zahnkronen und Suprakonstruktionen [...], Maßnahmen zur Früherkennung von Krankheiten, ärztliche Betreuung bei Schwangerschaft und Mutterschaft, die Verordnung von Leistungen zur medizinischen Rehabilitation, die Anordnung der Hilfeleistung durch andere Personen, die Verordnung von Arznei-, Verband-, Heil- und Hilfsmitteln, Krankentransporten sowie Krankenhausbehandlung oder Behandlung in Vorsorge- oder Rehabilitationseinrichtungen, die Verordnung häuslicher Krankenpflege, die Ausstellung von Bescheinigungen und Erstellung von Berichten, die die Krankenkassen oder der Medizinische Dienst (§ 275) zur Durchführung ihrer gesetzlichen Aufgaben oder die die Versicherten für den Anspruch auf Fortzahlung des Arbeitsentgelts benötigen, medizinische Maßnahmen zur Herbeiführung einer Schwangerschaft [...], ärztliche Maßnahmen nach den §§ 24a und 24b SGB V sowie die Verordnung von Soziotherapie.

Die wissenschaftliche Forschung gehört somit also nicht zur Versorgung nach § 73 SGB V. Auch in den übrigen Vorschriften des SGB V über die Versorgung findet sich keine Regelung, wonach die wissenschaftliche Forschung zur Versorgung von Versicherten im Rahmen des SGB V gehören würde.

Es ist deshalb auch aus gesetzessystematischen Gründen nicht einzusehen, dass der Versorgungsbegriff in § 291a Abs. 4 SGB V vom Versorgungsbegriff, wie er im gesamten übrigen SGB V verstanden wird, abweichen sollte.

Andererseits könnte aber die verfassungskonforme Auslegung von § 291a Abs. 4 SGB V dafür sprechen, dass auch die Verarbeitung zu Forschungszwecken unter diese Vorschrift zu subsumieren ist. So könnte Art. 5 Abs. 3 GG, der die Forschungs- und Wissenschaftsfreiheit schützt, dafür sprechen, dass auch eine Verarbeitung von Daten im Rahmen der elektronischen Gesundheitskarte zu Forschungszwecken zulässig sein muss.[1429] Zwar wird der Begriff der Versorgung hier nicht so restriktiv verstanden wie von Vertretern in der juristischen Literatur, die eine Subsumtion der Forschung unter den Versorgungsbegriff entschieden ablehnen.[1430] Allerdings fällt auch nach hier vertretener Ansicht die Forschung nicht unter den Versorgungsbegriff des § 291a Abs. 4 SGB V, so dass durchaus, wie von *Roßnagel/Hornung* vertreten, eine Problematik darin besteht, dass die absolute Grenze einer verfassungskonformen Auslegung der noch mögliche Wortsinn einer Norm ist.[1431] Entscheidend dafür, dass die Forschung auch nach der verfassungskonformen Auslegung keine

---

[1429] Siehe hierzu auch *Roßnagel/Hornung*, MedR 2008, 538 (540).
[1430] *Roßnagel/Hornung*, MedR 2008, 538 (539).
[1431] Siehe z.B. BVerfGE 71, 115; 87, 224; 90, 263 (275); *Roßnagel/Hornung*, MedR 2008, 538 (540).

Versorgung i.S.d. § 291a Abs. 4 SGB V darstellen kann, ist das Recht der betroffenen Versicherten auf informationelle Selbstbestimmung nach Art. 2 Abs. 1 i.V.m. Art. 1 Abs. 1 GG, welches im Rahmen der verfassungskonformen Auslegung ebenfalls zu berücksichtigen ist. Demnach muss der Bürger insbesondere in der Lage sein zu entscheiden, wann ein bestimmter Dritter welche Informationen zu welchen Zwecken über ihn erhält.[1432] Dieses Recht muss vorliegend der Forschungsfreiheit nach Art. 5 Abs. 3 GG im Wege der praktischen Konkordanz vorgehen. Durch die Beschränkung der Zugriffsbefugnisse auf Daten im Rahmen der elektronischen Gesundheitskarte zugunsten von Zwecken der Versorgung von Versicherten, wird die wissenschaftliche Forschung nur dahingehend eingeschränkt, dass Forscher nicht auf sämtliche gegebenenfalls verfügbaren Daten Zugriff bekommen. Dagegen würde eine Erlaubnis des Zugriffs auf im Rahmen der elektronischen Gesundheitskarte gespeicherte Daten einen ungleich schwereren Eingriff in das ebenfalls grundgesetzlich geschützte Recht der betroffenen Versicherten auf informationelle Selbstbestimmung darstellen, da die Versicherten gegebenenfalls nicht mehr in der Lage wären zu kontrollieren, wer auf ihre Daten für welche Forschungsprojekte Zugriff erhalten könnte.

Somit ergibt sich gemäß hier vertretener Ansicht auch nach verfassungskonformer Auslegung, dass der Begriff „Versorgung der Versicherten" nicht auch die „Forschung" umfasst.

Folglich ergibt die Auslegung von § 291a Abs. 4 SGB V nach sämtlichen Auslegungsmethoden, dass diese Vorschrift nicht auch die Verarbeitung von im Rahmen der elektronischen Gesundheitskarte gespeicherten Daten zu Forschungszwecken erlaubt.

11.2 Einwilligung des betroffenen Versicherten in die Verarbeitung seiner im Rahmen der elektronischen Gesundheitskarte gespeicherten Daten zu Forschungszwecken

Eine Möglichkeit, die im Rahmen der elektronischen Gesundheitskarte gespeicherten Daten doch noch für die Forschung zu verwenden, könnte darin bestehen, die Einwilligung hierzu von den betroffenen Versicherten einzuholen.

[1432] BVerfGE 65, 1 (43 f.).

11.2.1 Zulässigkeit einer Einwilligung nach § 291a SGB V

Fraglich ist jedoch, ob eine Einwilligung des betroffenen Versicherten hinsichtlich des Zugriffs auf über ihn in den Anwendungen der eGK, insbesondere in der elektronischen Patientenakte gem. § 291a Abs. 3 S. 1 Nr. 4 SGB V, gespeicherte Daten zu Forschungszwecken überhaupt zulässig ist.

11.2.1.1 Zweck von § 291a Abs. 8 und § 307 Abs. 1 SGB V: Schutz der Freiwilligkeit

§ 291a Abs. 8 S. 1 SGB V gibt vor, dass von den betroffenen Versicherten nicht verlangt werden darf zu erlauben, dass Zugriffe auf ihre im Rahmen der eGK gespeicherten Daten entgegen den gesetzlichen Vorgaben für den zugriffsberechtigten Personenkreis und den Zugriffszwecken nach § 291a Abs. 4 und 5a SGB V erfolgen. Bereits eine Vereinbarung hierüber mit einem Versicherten ist nach § 291a Abs. 8 S. 1 HS 2 SGB V unzulässig. § 291a Abs. 8 S. 2 SGB V statuiert zudem, dass Versicherte nicht bevorzugt oder benachteiligt werden dürfen, weil sie einen Zugriff erlaubt bzw. nicht erlaubt haben.

Hierdurch soll nach Angaben des Gesetzgebers in der Gesetzesbegründung zu § 291a Abs. 8 SGB V verhindert werden, dass die eGK entgegen den gesetzlichen Vorgaben aus § 291a SGB V eingesetzt wird.[1433]

Abgesichert wird diese Regelung durch die Bußgeldvorschrift des § 307 Abs. 1 SGB V, wonach *„ordnungswidrig handelt, wer entgegen § 291a Abs. 8 Satz 1 eine dort genannte Gestattung verlangt oder mit dem Inhaber der Karte eine solche Gestattung vereinbart."* In der Gesetzesbegründung zu dieser Vorschrift wird der Sinn der Regelung damit angegeben, dass hiermit bereits Handlungen erfasst werden sollen, *die im Vorfeld eines verbotenen Zugriffs auf die Daten anzusiedeln seien. Es solle insbesondere verhindert werden, dass in Situationen, in denen die Karteninhaber einem besonderen Druck ausgesetzt seien, die Einwilligung der Karteninhaber zum Zugriff auf ihre Daten verlangt oder eine entsprechende Vereinbarung mit ihnen getroffen werde.*[1434]

Erst wenn diese beiden Regelungen des § 291a Abs. 8 SGB V und des § 307 Abs. 1 SGB V zusammen betrachtet werden, erschließt sich also deren Sinn.

[1433] Siehe Gesetzesbegründung zu § 291a Abs. 8 SGB V in BT-Drs. 15/1525, S. 145.
[1434] Siehe Gesetzesbegründung zu § 307 SGB V in BT-Drs. 15/1525, S. 151.

Sie dienen dem Schutz der Freiwilligkeit im Rahmen einer Einwilligung des betroffenen Versicherten in eine Verarbeitung seiner Daten.[1435]

11.2.1.2 Ausschluss der Einwilligung in die Verarbeitung von eGK-Daten durch § 291a Abs. 8 und § 307 Abs. 1 SGB V?

Nicht beantwortet ist damit jedoch die Frage, ob § 291a Abs. 8 und § 307 Abs. 1 SGB V die Möglichkeit der Einwilligung in die Verwendung der im Rahmen der elektronischen Gesundheitskarte gespeicherten Daten ausschließen oder ob lediglich klargestellt werden soll, dass eine Einwilligung, die unter „Druck zustande kommt", mangels Freiwilligkeit unwirksam ist.

11.2.1.2.1 Auslegung des Wortlauts von § 291a Abs. 8 SGB V

Wiederum ist durch Auslegung zu ermitteln, welcher Regelungsgehalt dieser Norm zukommt.

Der Wortlaut von § 291a Abs. 8 SGB V besagt, dass *„vom Inhaber der Karte [...] nicht **verlangt** werden [darf], den Zugriff auf Daten nach Absatz 2 Satz 1 Nr. 1 oder Absatz 3 Satz 1 anderen als den in Absatz 4 Satz 1 genannten Personen oder zu anderen Zwecken als denen der Versorgung der Versicherten, einschließlich der Abrechnung der zum Zwecke der Versorgung erbrachten Leistungen, zu gestatten; mit ihnen darf **nicht vereinbart werden, Derartiges** zu gestatten [...]".*[1436]

Das Wort „verlangen" bedeutet nach der Definition im Duden „nachdrücklich fordern".[1437] Somit spricht die Wortlautauslegung dieses Satzes dafür, dass hiermit nur die Ausübung von Druck verhindert werden soll, damit der betroffene Versicherte eine Einwilligung erteilt. Allerdings ist nach dieser Vorschrift auch untersagt, mit den Versicherten eine Vereinbarung zu treffen, Derartiges, also den Zugriff auf Daten des elektronischen Rezepts und der freiwilligen Anwendungen der elektronischen Gesundheitskarte, zu gestatten. Fraglich ist jedoch, auf welchen Bezugspunkt sich das Wort „Derartiges" bezieht. So könnte sich der Begriff „Derartiges" darauf beziehen, dass die Versicherten keine Vereinbarung über den Zugriff auf im Rahmen der eGK über sie

---

[1435] So im Ergebnis auch *Bales/Dierks/Holland/Müller*, Die elektronische Gesundheitskarte, B I § 291a Rn. 83.

[1436] Hervorhebungen durch den Autor.

[1437] *Bibliographisches Institut GmbH*, verlangen, abrufbar unter: http://www.duden.de/rechtschreibung/verlangen (19.05.2013).

gespeicherten Daten zu anderen Zwecken als Versorgungs- oder Abrechnungszwecken oder anderen als in § 291a Abs. 4 SGB V genannten Personen gestatten dürfen. Nach diesem Verständnis wäre eine Vereinbarung über den Zugriff zu Forschungszwecken unzulässig.[1438]

Allerdings spricht der Wortlaut von § 291a Abs. 8 SGB V davon, dass keine „Vereinbarung" über eine Gestattung getroffen werden darf. Vorliegend würde jedoch keine (zweiseitige) *Vereinbarung* über die Gestattung des Zugriffs auf die genannten Daten geschlossen, sondern vielmehr würde der Versicherte eine Einwilligung zur Forschung mit seinen Daten erklären, so dass § 291a Abs. 8 S. 1 HS 2 SGB V insoweit gar nicht anwendbar sein könnte. Fraglich ist somit, ob es sich bei einer datenschutzrechtlichen Einwilligung um eine (zweiseitige) Vereinbarung handelt oder nicht.

11.2.1.2.2 Rechtsnatur der Einwilligung

Die Rechtsnatur der Einwilligung ist umstritten.[1439] Einerseits wird vertreten, dass die Einwilligung eine Realhandlung sei.[1440] Begründet wird diese Auffassung insbesondere damit, dass die Einwilligung nicht auf den Eintritt von Rechtsfolgen gerichtet sei und deshalb selbst kein Rechtsgeschäft darstelle.[1441] Vielmehr beziehe sie sich auf tatsächliche Handlungen, auf das Speichern, Übermitteln, Verändern und Löschen, weshalb die datenschutzrechtliche Einwilligung als Realhandlung anzusehen sei.[1442]

Diese Ansicht vermag jedoch nicht zu überzeugen, da es unzulässig ist, aus der Rechtsnatur des Eingriffs auf die Rechtsnatur der Erklärung zu schließen.[1443] Vielmehr möchte der die Einwilligung Erklärende dem Empfänger eine Rechtsposition verschaffen, dass dieser eine grundsätzlich verbotene Handlung vornehmen darf. Dieser Rechtsfolgewille ist ausreichend, um eine rechtsgeschäftliche Handlung annehmen zu können.[1444]

[1438] So *Hornung/Roßnagel*, MedR 2008, 538 (539).
[1439] Siehe z.B. die ausführlichen Darstellungen in *Ohly*, Volenti non fit iniuria, S. 11 ff; *Buchner*, Informationelle Selbstbestimmung im Privatrecht, S. 231 ff. Der Streit wird an dieser Stelle nur in seinen wesentlichen Aspekten wiedergegeben, da eine vertiefte Darstellung den Umfang dieser Arbeit sprengen und für die im Rahmen dieser Arbeit untersuchte Thematik nicht zielführend wäre.
[1440] So z.B. *Schaffland/Wiltfang*, BDSG, 5001 § 4a Rn. 21; *Zscherpe*, MMR 2004, 723 (724); wohl auch *Riesenhuber*, RdA 2011, 257 ff.
[1441] So z.B. *Riesenhuber*, RdA 2011, 257 (258).
[1442] So z.B. *Schaffland/Wiltfang*, BDSG, 5001 § 4a Rn. 21; *Däubler*, Gläserne Belegschaften, Rn. 138.
[1443] So auch *Rosener*, Die Einwilligung in Heileingriffe, S. 119; siehe hierzu auch *Ohly*, Volenti non fit iniuria, S. 48 ff.
[1444] *Rosener*, Die Einwilligung in Heileingriffe, S. 119; siehe hierzu auch *Ohly*, Volenti non fit iniuria, S. 48 ff.

Andererseits wird vertreten, dass es sich bei einer Einwilligung um eine rechtsgeschäftliche bzw. rechtsgeschäftsähnliche Erklärung handeln würde.[1445] Diese Ansicht ist auch überzeugend, weil die Einwilligung im Datenschutzrecht rechtsgeschäftsähnlich ausgestaltet ist. So sind zahlreiche Aspekte, die das Bürgerliche Recht für die Willenserklärung regelt, auch im Datenschutzrecht für die Einwilligung geregelt: Allgemeine Anforderungen an die Wirksamkeit, Regelungen zur Freiwilligkeit, zur Informiertheit, zur Form oder zur Widerrufbarkeit der Einwilligung.[1446] Außerdem ermöglicht diese Qualifizierung den besseren Schutz der Betroffenen, da auf Willenserklärungen die Regelungen über die Anfechtbarkeit nach §§ 119 ff. BGB, den Minderjährigenschutz nach §§ 104 ff. BGB und die Nichtigkeit wegen Verstoßes gegen ein gesetzliches Verbot nach § 134 BGB anwendbar sind.[1447]

Gegen diese Auffassung wird jedoch zurecht eingewandt, dass die §§ 104 ff. BGB zu starre Altersgrenzen für die (beschränkte) Geschäftsfähigkeit vorgeben würden, wohingegen sich die Verfügungsbefugnis an der flexiblen Einsichtsfähigkeit der Minderjährigen zu orientieren habe.[1448]

Deshalb wird teilweise vertreten, dass es sich bei Einwilligungen nicht um rechtsgeschäftliche, sondern um rechtsgeschäftsähnliche Erklärungen handeln würde.[1449] Dies würde mehrere Vorteile bieten. Zum einen fänden auf geschäftsähnliche Handlungen die Vorschriften über Willenserklärungen entsprechend Anwendung. Zum anderen werde mit der Qualifizierung der Einwilligung als geschäftsähnliche Handlung dem Umstand Rechnung getragen, dass es sich nicht um die Durchführung eines Rechtsgeschäfts handele, sondern um die selbständige Wahrnehmung von Grundrechten, so dass nicht auf starre Altersgrenzen nach §§ 104 ff. BGB, sondern auf die Urteils- und Einsichtsfähigkeit des Minderjährigen abzustellen sei.[1450]

Allerdings wird hierbei unzulässigerweise vom gewünschten Ergebnis auf die Rechtsnatur der Einwilligung geschlossen. Die Rechtsnatur der Einwilligung muss sich vielmehr aus sich selbst heraus ergeben. Der Unterschied zwischen rechtsgeschäftsähnlichen Handlungen und Rechtsgeschäften besteht darin, dass bei rechtsgeschäftsähnlichen Rechtshandlungen zwar eine Erklärung, also ein willentliches Verhalten vorliegt, die Rechtsfolge der Erklärung aber

---

[1445] So z.B. LG Bremen, DuD 2001, 620; *Simitis*, in: Simitis, Datenschutzrecht, § 4a Rn. 20; *Polenz*, in: Kilian/Heussen, Computerrechts-Handbuch, Teil 13 Nr. 132 Rn. 53.

[1446] So z.B. *Buchner*, Informationelle Selbstbestimmung im Privatrecht, S. 238.

[1447] Siehe z.B. *Polenz*, in: Kilian/Heussen, Computerrechts-Handbuch, Teil 13 Nr. 132 Rn. 53; *Pöttgen*, Medizinische Forschung und Datenschutz, S. 111.

[1448] So z.B. *Zscherpe*, MMR 2004, 723 (724).

[1449] So z.B. *Kühling*, in: Wolff/Brink, BeckOK BDSG, § 4a Rn. 33; *Holznagel/Sonntag*, in: Roßnagel, Handbuch Datenschutzrecht, Kapitel 4.8 Rn. 23 ff.

[1450] So *Kühling*, in: Wolff/Brink, BeckOK BDSG, § 4a Rn. 33.

durch das Gesetz unabhängig von einem vom Handelnden gerade darauf gerichteten Willen angeordnet wird.[1451] Bei Rechtsgeschäften hingegen tritt die Rechtsfolge ein, weil sie vom Erklärenden gewollt ist.[1452] Die Rechtsfolgen einer datenschutzrechtlichen Einwilligung treten jedoch nicht ein, obwohl, sondern weil der Erklärende sie will.[1453] Aufgrund dieser Finalität sind datenschutzrechtliche Einwilligungserklärungen nicht als rechtsgeschäftsähnliche, sondern als rechtsgeschäftliche Erklärungen zu qualifizieren.[1454]

Diese Qualifizierung hat zudem auch nicht zur Folge, dass sämtliche Regelungen für Rechtsgeschäfte ohne Ausnahme auch auf die datenschutzrechtliche Einwilligung anwendbar sind, was wie bereits erwähnt insbesondere im Hinblick auf die Einwilligung durch Minderjährige zu nicht hinnehmbaren Ergebnissen führen würde, da diese in dem Fall nach §§ 104 ff. BGB regelmäßig keine datenschutzrechtlichen Einwilligungen erteilen könnten, zumal solche Einwilligungen regelmäßig auch nicht lediglich rechtlich vorteilhaft i.S.d. § 107 BGB sind.

Vielmehr muss stets im Einzelfall geprüft werden, ob die Besonderheiten der Einwilligung im Allgemeinen oder der persönlichkeitsrechtlichen Einwilligung im Besonderen eine teleologische Reduktion der Vorschriften über das Rechtsgeschäft im BGB erforderlich machen.[1455] Sofern deshalb im Rahmen von datenschutzrechtlichen Einwilligungen die Wahrnehmung des Grundrechts auf informationelle Selbstbestimmung im Vordergrund steht, ist deshalb z.B. nicht auf die strikten Altersgrenzen der §§ 104 ff. BGB, sondern auf die Urteils- und Einsichtsfähigkeit des Minderjährigen abzustellen, da schon das Bundesverfassungsgericht in ständiger Rechtsprechung vertritt,[1456] dass bei der Wahrnehmung von Grundrechten auf die Einsichts- und Urteilsfähigkeit und eben nicht auf die Geschäftsfähigkeit abzustellen sei.[1457]

[1451] Siehe z.B. *Schiemann*, in: Staudinger, Kommentar zum Bürgerlichen Gesetzbuch mit Einführungsgesetz und Nebengesetzen, Eckpfeiler des Zivilrechts, Teil C Rn. 11.

[1452] Siehe z.B. *Schiemann*, in: Staudinger, Kommentar zum Bürgerlichen Gesetzbuch mit Einführungsgesetz und Nebengesetzen, Eckpfeiler des Zivilrechts, Teil C Rn. 1; *Feuerborn*, in: Heidel/Hüßtege/Mansel/Noack, BGB, Vorbemerkungen zu §§ 116-144 Rn. 14 ff.

[1453] Siehe auch *Frömming/Peters*, NJW 1996, 958 (958).

[1454] Im Ergebnis so z.B. auch *Polenz*, in: Kilian/Heussen, Computerrechts-Handbuch, Teil 13 Nr. 132 Rn. 53; *Simitis*, in: Simitis, Bundesdatenschutzgesetz, § 4a Rn. 20 m.w.N.; *Gola/Schomerus*, BDSG, § 4a Rn. 2.

[1455] So z.B. *Ohly*, Volenti non fit iniuria, S. 214.

[1456] Siehe z.B. BVerfGE 32, 10 ff.

[1457] So z.B. *Kühling*, in: Wolff/Brink, BeckOK BDSG, § 4a Rn. 33; *Pöttgen*, Medizinische Forschung und Datenschutz, S. 111 ff.; *Simitis*, in Simitis, Bundesdatenschutzgesetz, § 4a Rn 20 ff.; *Buchner*, Informationelle Selbstbestimmung im Privatrecht, S. 247 ff.; differenzierter *Ohly*, Volenti non fit iniuria, S. 318 ff.

Somit ist festzuhalten, dass auf die datenschutzrechtliche Einwilligung aufgrund ihrer rechtsgeschäftsähnlichen Ausgestaltung nach hier vertretener Ansicht die Vorschriften über rechtsgeschäftliche Willenserklärungen Anwendung finden. Hierbei ist aber stets im Einzelfall zu prüfen, ob die Besonderheiten der datenschutzrechtlichen Einwilligung als Instrument der Wahrnehmung von Grundrechten eine teleologische Reduktion der Vorschriften über das Rechtsgeschäft im BGB erforderlich machen, so z.B. im Rahmen des Minderjährigenrechts.[1458]

11.2.1.2.3 Die Einwilligung als einseitige Erklärung

Folglich stellt sich nun die Frage, ob die datenschutzrechtliche Einwilligungserklärung einer Annahme bedarf, so dass es sich um eine (zweiseitige) Vereinbarung handeln würde, oder ob es sich bei solchen Einwilligungserklärungen um einseitige empfangsbedürftige Erklärungen handelt, die somit keine (zweiseitigen) Vereinbarungen darstellen würden.

Teilweise wird vertreten, dass es sich bei der datenschutzrechtlichen Einwilligung um keinen eigenständigen, losgelösten Vorgang handeln würde, wenn die Einwilligung notwendiger Teil eines schuldrechtlichen Vertrages sei (z.B. die „Schufa-Klausel" bei Girokonto-Verträgen mit einer Bank), so dass die Einwilligung als Teil dieses schuldrechtlichen Vertrags zu behandeln sei.[1459] Diese Ansicht vermag jedoch nicht zu überzeugen. Es ist kein Grund ersichtlich, warum eine datenschutzrechtliche Einwilligung als schuldrechtlicher Vertrag angesehen werden soll, nur weil diese in einem solchen Vertrag enthalten ist. Ihre Rechtsnatur wäre mithin abhängig von der teilweise zufälligen Eigenschaft, ob sie Teil eines Vertrages ist oder nicht. Vielmehr ist zwischen dem schuldrechtlichen Vertrag einerseits und der datenschutzrechtlichen Einwilligung andererseits zu unterscheiden.[1460] Ein schuldrechtlicher Vertrag verschafft den Vertragspartnern Ansprüche, die unabhängig vom Willen des

---

[1458] Vgl. z.B. *Ohly*, Volenti non fit iniuria, S. 214; *Kühling*, in: Wolff/Brink, BeckOK BDSG, § 4a Rn. 33. Zu diesem Ergebnis kommen sowohl die Vertreter der Auffassung, nach der die Einwilligung als rechtsgeschäftliche Erklärung zu qualifizieren sei (so z.B. *Simitis*, in Simitis, Bundesdatenschutzgesetz, § 4a Rn 20 ff.; *Ohly*, Volenti non fit iniuria, S. 214, der insoweit von einem „untypischen Rechtsgeschäft" spricht) als auch Vertreter der Auffassung, dass die Einwilligung als rechtsgeschäftsähnliche Erklärung zu qualifizieren sei (so z.B. *Kühling*, in: Wolff/Brink, BeckOK BDSG, § 4a Rn. 33).
[1459] So *Buchner*, Informationelle Selbstbestimmung im Privatrecht, S. 253.
[1460] So auch *Riesenhuber*, RdA 2011, 257 (258); *Simitis*, in: Simitis, Bundesdatenschutzgesetz, § 4a Rn. 100; *Ohly*, in: Piper/Ohly/Sosnitza, UWG, § 7 Rn. 48.

Vertragspartners durchgesetzt werden können.[1461] Die datenschutzrechtliche Einwilligung vermittelt dem Empfänger aber eben keine durchsetzbare Rechtsposition, da sie in ihrem Bestand als Ausfluss des informationellen Selbstbestimmungsrechts aufgrund ihrer Widerrufbarkeit vom Willen des Einwilligenden abhängig ist.[1462] Die Befugnis des Handelnden hängt somit vom Willen des Einwilligenden ab, weshalb die datenschutzrechtliche Einwilligung als Instrument der Selbstbestimmung über Persönlichkeitsaspekte von einem schuldrechtlichen Vertrag zu unterscheiden ist und nicht Gegenstand einer Rechtsübertragung oder Teil eines schuldrechtlichen Vertrags sein kann.[1463]

Aus diesem Grunde handelt es sich bei der datenschutzrechtlichen Einwilligung nach hier vertretener Ansicht um eine einseitige empfangsbedürftige Willenserklärung und damit nicht um eine rechtsgeschäftliche (zweiseitige) Vereinbarung.[1464]

11.2.1.2.4 Zwischenergebnis

Somit ist es nach dem Wortlaut von § 291a Abs. 8 SGB V nicht ausgeschlossen, dass ein Versicherter in die Nutzung seiner im Rahmen der eGK gespeicherten Daten zu anderen Zwecken als der Versorgung der Versicherten oder durch andere als den in § 291a Abs. 4 S. 1 bzw. Abs. 5a S. 1 SGB V genannte Personen einwilligen darf.

[1461] So *Ohly*, Volenti non fit iniuria, S.169. Dies gilt auch für datenschutzrechtliche Einwilligungserklärungen, die nach Treu und Glauben nach Beginn der Datenverarbeitung (siehe hierzu z.B. *Simitis*, in: Simitis, Bundesdatenschutzgesetz, § 4a Rn. 98 ff.; *Gola/Schomerus*, BDSG, § 4a Rn. 38; *Kühling*, in Wolff/Brink, BeckOK BDSG, § 4a Rn. 59) oder aufgrund gesetzlicher Vorschriften, wie z.B. § 40 Abs. 2a S. 2 Nr. 2 AMG, nicht mehr widerrufen werden können. Auch in diesen Fällen verschafft die datenschutzrechtliche Einwilligungserklärung dem Einwilligungsempfänger kein subjektives Recht, da die sie zumindest bis zum Beginn der Datenverarbeitung frei widerrufbar ist (siehe z.B. *Simitis*, in: Simitis, Bundesdatenschutzgesetz, § 4a Rn. 98 m.w.N.; *Kühling*, in: Wolff/Brink, BeckOK BDSG, § 4a Rn. 59; *Wachenhausen*, in: Kügel/Müller/ Hofmann, Arzneimittelgesetz, § 40 Rn. 93; *Herbst*, MedR 2009, 149 (151)). Auch eine solche Einwilligungserklärung bindet den Erklärenden somit nicht in dem Sinne, dass sie dem Erklärungsempfänger ein subjektives Recht verschafft, da die Befugnis des Handelnden auch in diesem Fall vom Willen des erklärenden Rechtsinhabers abhängig macht. Sie begründet lediglich das Vertrauen des Einwilligungsempfängers darauf, dass die Handlung vorbehaltlich eines Widerrufs rechtmäßig ist (so auch *Ohly*, Volenti non fit iniuria, S. 172). Aus diesem Grunde sind auch derartige datenschutzrechtliche Einwilligungserklärungen als eine einseitige empfangsbedürftige Willenserklärung und nicht als schuldrechtliche Vereinbarung zu qualifizieren (so auch *Ohly*, Volenti non fit iniuria, S. 177).

[1462] Siehe z.B. *Simitis*, in: Simitis, Bundesdatenschutzgesetz, § 4a Rn. 94 ff.

[1463] So auch *Ohly*, Volenti non fit iniuria, S. 176 f. und 169. Im Ergebnis so auch *Riesenhuber*, RdA 2011, 257 (258).

[1464] So auch *Ohly*, Volenti non fit iniuria, S. 178; *Bergmann/Möhrle/Herb*, Datenschutzrecht, § 4a Rn. 8; *Weichert*, NJW 2004, 1695 (1697).

Für diese Auslegung könnte auch sprechen, dass der Gesetzgeber in § 291a Abs. 8 SGB V auch ganz generell hätte erklären können, dass eine Gestattung des Versicherten, dass zu anderen Zwecken und durch andere Personen auf die Daten der elektronischen Gesundheitskarte zugegriffen werden darf, nicht wirksam ist. Diesen Wortlaut hat der Gesetzgeber in § 291a Abs. 8 SGB V aber nicht gewählt. Vielmehr hat er nur das Verlangen, also das ausdrückliche Fordern, nach einer solchen Gestattung und einer Vereinbarung über eine solche Gestattung untersagt. Ob er die Entscheidung allerdings bewusst getroffen hat, die Gestattung des Zugriffs nicht ganz generell zu untersagen, um lediglich die Gestattung eines Zugriffs unter Ausnutzung einer Drucksituation oder im Rahmen einer Vereinbarung zu verhindern und die einseitige Gestattung des Zugriffs somit zu erlauben, geht aus der Gesetzesbegründung zu § 291a Abs. 8 SGB V und § 307 Abs. 1 SGB V aber nicht eindeutig hervor.

11.2.1.2.5 Teleologische Auslegung von § 291a Abs. 8 und § 307 Abs. 1 SGB V

Nunmehr stellt sich die Frage, ob die teleologische Auslegung Aufschlüsse über den Regelungsgehalt von §§ 291a Abs. 8, 307 Abs. 1 SGB V liefern kann. Wie bereits ausgeführt, bezwecken die §§ 291a Abs. 8, 307 Abs. 1 SGB V den Schutz der Freiwilligkeit im Rahmen einer Einwilligung des betroffenen Versicherten in eine Verarbeitung seiner Daten.[1465] Insbesondere sollen sie den betroffenen Versicherten vor Einflussnahmen schützen, da durch die verbesserte Zurverfügungstellung von Informationen für den Versicherten auch die Gefahr von Begehrlichkeiten, z.B. durch Versicherungen, steigt.[1466] Dies könnte zur Folge haben, dass der betroffene Versicherte psychischem oder materiellem sozialen Druck ausgesetzt würde, dem er schließlich nachgeben könnte.[1467] Allerdings bestehen diese Risiken bei Einwilligungen zu medizinischen Forschungszwecken nicht in dem gleichen Maße, weshalb auch *Roßnagel, Hornung* und *Jandt* zu dem (Zwischen-) Ergebnis kommen, dass der Sinn und Zweck der §§ 291a Abs. 8, 307 Abs. 1 SGB V für die Zulässigkeit einer Einwilligung im Hinblick auf den Zugriff zu medizinischen Forschungszwecken

---

[1465] So im Ergebnis auch *Bales/Dierks/Holland/Müller*, Die elektronische Gesundheitskarte, B I § 291a Rn. 83.
[1466] *Roßnagel/Hornung*, MedR 2008, 538 (539); *Bales/Dierks/Holland/Müller*, Die elektronische Gesundheitskarte, B I § 291a Rn. 162; *Hornung*, in: Hänlein/Kruse/Schuler, Sozialgesetzbuch V, § 291a Rn. 22.
[1467] *Roßnagel/Hornung*, MedR 2008, 538 (539); *Hornung*, Die digitale Identität, S. 239.

spricht und die Einwilligung des Betroffenen in die Nutzung seiner eGK-Daten zu medizinischen Forschungszwecken de lege lata zulässig sein könnte.[1468]

Für eine solche Auffassung könnte insbesondere auch sprechen, dass die Versicherten nach § 291a Abs. 4 S. 2 SGB V berechtigt sind, auf ihre im Rahmen der eGK nach § 291a Abs. 2 S. 1 und Abs. 3 S. 1 SGB V gespeicherten Daten zuzugreifen. Demzufolge könnten Versicherte also im Wege ihres Rechts nach § 291a Abs. 4 S. 2 SGB V auf ihre Daten zugreifen, hiervon ggf. einen Ausdruck anfertigen (lassen) und diesen dann in einem zweiten Schritt freiwillig einem Forscher für dessen medizinische Forschungen zur Verfügung stellen, da im Hinblick auf diesen zweiten Vorgang § 291a SGB V keine Anwendung finden würde. Der Forscher würde auf diesem Wege somit ebenfalls die im Rahmen der eGK über einen Versicherten gespeicherten Daten erhalten, so dass ein solcher Zwischenschritt überflüssig erscheint, sofern gewährleistet ist, dass die Einwilligung des betroffenen Versicherten zum Zugriff auf eGK-Daten zu Forschungszwecken freiwillig erfolgt.[1469]

11.2.1.2.6 Historische Auslegung von § 291a Abs. 8 und § 307 Abs. 1 SGB V

Fraglich ist aber, ob der Wille des Gesetzgebers dem Zugriff auf im Rahmen der eGK gespeicherte Daten zu Forschungszwecken entgegensteht. So wird in der juristischen Literatur vertreten, dass sich der Gesetzgeber zu einer „rigorosen Lösung" entschieden und den Verwendungszweck ausschließlich auf Versorgungszwecke beschränkt habe.[1470] Indem der Gesetzgeber in § 291a Abs. 4 S. 1 SGB V festgelegt habe, dass die eGK-Daten (nur) für Versorgungszwecke verwendet werden dürfen, habe er sich – wohl auch bewusst - zugleich gegen die Zulässigkeit der Verwendung der eGK-Daten zu anderen (ggf. sinnvollen) Zwecken entschieden. Somit habe sich der Gesetzgeber auch gegen die Möglichkeit des Zugriffs zu medizinischen Forschungszwecken bei Vorliegen einer entsprechenden Einwilligung entschieden, selbst wenn die

---

[1468] So *Roßnagel/Hornung/Jandt*: Teil-Rechtsgutachten zu den datenschutzrechtlichen Fragen der medizinischen Forschung, S. C 47; *Roßnagel/Hornung*, MedR 2008, 538 (539).

[1469] Gegebenenfalls könnten hierbei noch weitergehende Voraussetzungen zu beachten sein, die sich z.B. aus dem AMG oder den Krankenhausgesetzen der Länder ergeben können. Vgl. hierzu auch *Roßnagel/Hornung*, MedR 2008, 538 (540).

[1470] So *Roßnagel/Hornung/Jandt*: Teil-Rechtsgutachten zu den datenschutzrechtlichen Fragen der medizinischen Forschung, S. C 47; *Roßnagel/Hornung*, MedR 2008, 538 (539).

Gesetzesmaterialien hierzu keine ausdrücklichen Ausführungen enthalten würden.[1471]

Obgleich nach der Lebenserfahrung nicht unwahrscheinlich, ist diese Annahme jedoch nicht zwingend. So führen auch die Vertreter dieser Ansicht aus, dass sich in den Gesetzesmaterialien keine ausdrücklichen Hinweise dazu finden lassen, dass der Gesetzgeber eine derart „rigorose Lösung" beabsichtigt hat.[1472] Außerdem besteht insoweit ein Widerspruch mit dem Sinn und Zweck der §§ 291a Abs. 8, 307 Abs. 1 SGB V, der auch nach Ansicht der Vertreter der soeben dargestellten Ansicht gerade darin besteht, den betroffenen Versicherten vor (sozialen) Drucksituationen zu schützen.[1473] Eine solche, der Drucksituation gegenüber z.B. einer Versicherung vergleichbare Lage, liegt auch nach Ansicht dieser Autoren im Fall der medizinischen Forschung nicht vor, was für die Zulässigkeit einer entsprechenden Einwilligung spreche.[1474] Vor diesem Hintergrund ist es deshalb auch vertretbar zu argumentieren, dass der Gesetzgeber sich nicht für eine solche „rigorose Lösung" entschieden habe. Zugunsten dieser Argumentation kann zudem vorgebracht werden, dass der Gesetzgeber in der Begründung zur korrespondierenden Bußgeldvorschrift des § 307 Abs. 1 SGB V ausgeführt hat, *dass insbesondere verhindert werden solle, dass in Situationen, in denen die Karteninhaber einem besonderen Druck ausgesetzt seien, die Einwilligung der Karteninhaber zum Zugriff auf ihre Daten verlangt oder eine entsprechende Vereinbarung mit ihnen getroffen werde.*[1475] Hieraus kann durchaus abgeleitet werden, dass das entscheidende Kriterium für die Unwirksamkeit der Gestattung eines Zugriffs nach dem Gesetzgeber die Situation des besonderen Drucks sein soll. So kann der zu § 307 SGB V geäußerte gesetzgeberische Wille dafür angeführt werden, dass der Gesetzgeber durch §§ 291a Abs. 8 SGB V, 307 Abs. 1 SGB V die Verwendung der eGK-Daten nicht ausschließlich auf Versorgungszwecke beschränken, sondern nur regeln wollte, dass eine Vereinbarung, die in einer Drucksituation getroffen wird, unwirksam ist. Außerdem können für diese Ansicht auch die allgemeinen Ausführungen des Gesetzgebers zur Begründung des GKV-Modernisierungsgesetzes vorgebracht werden, mit dem die §§ 291a und 307 SGB V (und mit ihnen auch § 291a Abs. 8 und § 307 Abs. 1 SGB V) in das SGB V eingeführt wurden. So soll das GKV-Modernisierungsgesetz insbesondere die

---

[1471] So *Roßnagel/Hornung/Jandt*: Teil-Rechtsgutachten zu den datenschutzrechtlichen Fragen der medizinischen Forschung, S. C 47 f.; *Roßnagel/Hornung*, MedR 2008, 538 (539).
[1472] So *Roßnagel/Hornung/Jandt*: Teil-Rechtsgutachten zu den datenschutzrechtlichen Fragen der medizinischen Forschung, S. C 47 f.; *Roßnagel/Hornung*, MedR 2008, 538 (539).
[1473] So *Roßnagel/Hornung/Jandt*: Teil-Rechtsgutachten zu den datenschutzrechtlichen Fragen der medizinischen Forschung, S. C 47; *Roßnagel/Hornung*, MedR 2008, 538 (539).
[1474] So *Roßnagel/Hornung/Jandt*: Teil-Rechtsgutachten zu den datenschutzrechtlichen Fragen der medizinischen Forschung, S. C 47; *Roßnagel/Hornung*, MedR 2008, 538 (539).
[1475] Siehe die Gesetzesbegründung zu § 307 SGB V in BT-Drs. 15/1525, S. 151.

Patientensouveränität stärken, wozu auch die eGK beitragen soll. Die Versicherten sollen durch das GKV-Modernisierungsgesetz stärker in die Entscheidungsprozesse eingebunden und von Betroffenen zu Beteiligten werden, da ihnen nur so mehr Eigenverantwortung zuzumuten sei.[1476] Ziel des Gesetzes, mit dem die Regelungen über die eGK in das SGB V eingeführt wurden, war also zuvorderst die Stärkung der Patientensouveränität. Vor diesem Hintergrund kann durchaus argumentiert werden, dass der Gesetzgeber die Entscheidungsfreiheit des betroffenen Versicherten nicht für den Fall einschränken wollte, dass dieser sich nicht in einer Drucksituation befindet und somit souverän über die Verwendung seiner Daten entscheiden kann. Mit anderen Worten: Trotz der Beschränkung des Verwendungszwecks in § 291a Abs. 4 S. 1 SGB V kann durchaus vertreten werden, dass der Gesetzgeber den Zugriff auf Daten im Rahmen der eGK zu Zwecken der medizinischen Forschung nicht ausschließen wollte, wenn der betroffene Versicherte in der konkreten Situation keinem Druck ausgesetzt ist und selbstbestimmt und frei hierüber entscheiden kann. Somit ist ein Wille des Gesetzgebers, der eine Einwilligung des betroffenen Versicherten in die Nutzung seiner eGK-Daten zu medizinischen Forschungszwecken ausschließt, zwar nach der Lebenserfahrung nicht unwahrscheinlich, aber eben auch nicht eindeutig feststellbar.

Gegen die Auffassung, dass die §§ 291a Abs. 8 und 307 Abs. 1 SGB V nur die Freiwilligkeit einer Einwilligung schützen sollen, nicht aber eine Einwilligung an sich untersagen, könnte zwar eingewandt werden, dass eine Einwilligung ohnehin nur freiwillig erteilt werden könne[1477] und es insoweit eine solche Vorschrift nicht gebraucht hätte. Doch untersagt § 291a Abs. 8 SGB V bereits Vorfeldhandlungen, also z.B. schon das Verlangen nach einer Gestattung des Zugriffs. Somit verfügt § 291a Abs. 8 SGB V durchaus über einen eigenständigen Anwendungsbereich, so dass die Einheit der Gesetzesordnung nicht gegen die Zulässigkeit einer Einwilligung in den Zugriff auf eGK-Daten zu Zwecken der medizinischen Forschung spricht.

11.2.1.2.7 Zwischenergebnis

Als Zwischenergebnis ist somit festzuhalten, dass zwar gute Argumente für die Unzulässigkeit einer Einwilligung des Betroffenen in die Verwendung seiner im Rahmen der eGK gespeicherten Daten zu medizinischen Forschungszwecken sprechen, es nach Auslegung des § 291a Abs. 8 SGB V aber auch ver-

---

[1476] Siehe die Begründung zum GKV-Modernisierungsgesetz in BT-Drs. 15/1525, S. 72.
[1477] Siehe z.B. *Gola/Schomerus*, BDSG, § 4a BDSG Rn. 19 ff.; siehe insoweit auch schon die Begriffsbestimmung „Einwilligung der betroffenen Person" in Art. 2 lit. h der Datenschutzrichtlinie 95/46/EG.

tretbar ist, die Einwilligung eines Versicherten in die Verarbeitung seiner eGK-Daten zu Forschungszwecken als wirksam anzusehen, sofern diese Einwilligung nicht unter Druck erteilt wurde.[1478] Mit anderen Worten: § 291a Abs. 8 und § 307 Abs. 1 SGB V schließen nicht zweifelsfrei aus, dass der Betroffene in den Zugriff auf seine im Rahmen der eGK gespeicherten Daten zu Forschungszwecken einwilligen kann, sofern kein Druck auf ihn ausgeübt wird.

11.2.1.2.8 Freiwilligkeit der Einwilligung

Voraussetzung dafür, dass eine Einwilligung nicht unter Druck erteilt wird, ist einerseits, dass der Forscher keinen Druck auf den jeweiligen Versicherten ausüben darf, damit dieser seine Einwilligung erteilt. Andererseits besteht aber durchaus die Problematik, dass es sich bei Versicherten, deren Daten zu Zwecken der medizinischen Forschung verarbeitet werden sollen, oft um Menschen handelt, die an einer Krankheit leiden. Aus diesem Grunde kann der Wunsch nach Genesung so stark sein, dass der betroffene Versicherte keine reflektierte Willensentscheidung mehr trifft, wozu z.B. auch die Abwägung mit den mit der Datenverarbeitung verbundenen Gefahren gehört, weil er nur noch den Wunsch nach Genesung hat.[1479] Dennoch ist beispielsweise auch in § 40 Abs. 1 S. 3 Nr. 3 AMG trotz dieser Situation vorgesehen, dass eine Person wirksam in die Verwendung seiner Daten im Rahmen von klinischen Studien einwilligen kann, woraus abzuleiten ist, dass der Gesetzgeber eine solche Situation nicht als ausreichend erachtet, um eine Einwilligungserklärung als unfreiwillig zu qualifizieren. Dieses „Dilemma" lässt sich nur lösen, wenn der Forscher den Versicherten nicht nur umfassend über die geplante Datenverwendung aufklärt, was in der Regel mittels Informationsbroschüren geschieht. Vielmehr muss der Forscher den betroffenen Versicherten auch mündlich und in einfachen Worten neutral und objektiv über die Vor- und Nachteile der Verarbeitung seiner Daten zu Forschungszwecken aufklären.[1480]

Außerdem ist es nicht einzusehen, dass ein Versicherter zwar in einen Eingriff in seine körperliche Unversehrtheit und Gesundheit einwilligen darf, der ihn unter Umständen sogar das Leben kosten kann,[1481] aber nicht in die medizini-

---

[1478] A.A. *Roßnagel/Hornung*, MedR 2008, 538 (539 f.); *Roßnagel/Hornung/Jandt*: Teil-Rechtsgutachten zu den datenschutzrechtlichen Fragen der medizinischen Forschung, C44 ff., die entgegen der hier vertretenen Ansicht einen Ausschluss der Einwilligungsmöglichkeit des betroffenen Versicherten durch den Willen des Gesetzgebers annehmen.

[1479] Siehe z.B. *Roßnagel/Hornung*, MedR 2008, 538 (539).

[1480] Siehe hierzu ausführlich *Menzel*, MedR 2006, 702 ff.

[1481] Siehe z.B. *Ulsenheimer*, in: Laufs/Kern, Handbuch des Arztrechts, § 139 Rn. 43 ff.

sche Forschung mit seinen Daten. In beiden Fällen kann der Wunsch nach Genesung die reflektierte Willensentscheidung des Versicherten beeinflussen. Wenn aber unter diesen Umständen die Einwilligung in den Eingriff in die ebenfalls grundrechtlich geschützte körperliche Unversehrtheit und in die Gesundheit zulässig sein soll, sprechen nach hier vertretener Ansicht auch gute Gründe für die Zulässigkeit in die Verwendung personenbezogener Daten zu medizinischen Forschungszwecken.

Als weiteres Zwischenergebnis ist somit festzuhalten, dass zwar durch einen starken Wunsch nach Genesung die Erteilung einer Einwilligungserklärung maßgeblich beeinflusst werden kann. Entscheidend für die Freiwilligkeit einer Einwilligung ist jedoch, dass kein Druck von außen auf den betroffenen Versicherten ausgeübt werden darf. Aus diesem Grunde muss auch die Aufklärung des Versicherten über die Vor- und Nachteile, die mit der Erteilung einer derartigen Einwilligungserklärung verbunden sind, objektiv, neutral und verständlich erfolgen.[1482]

11.2.1.3 Zwischenergebnis

Genügt die Einwilligungserklärung zudem den allgemeinen Anforderungen nach § 4a BDSG, ist es nach hier vertretener Ansicht zumindest vertretbar, dass der Betroffene auch vor dem Hintergrund der in §§ 291a Abs. 8, 307 Abs. 1 SGB V enthaltenen Regelungen in die Verwendung seiner Daten zu medizinischen Forschungszwecken einwilligen darf.

11.2.2 Zulässigkeit der Erteilung einer Einwilligung im Rahmen der §§ 284 ff. SGB V

Auch wenn § 291a SGB V die Erteilung einer Einwilligung zur Verarbeitung von Daten der elektronischen Gesundheitskarte zu Forschungszwecken nicht zweifelsfrei ausschließt, könnte eine dementsprechende Einwilligung trotzdem aus dem Grunde unwirksam sein, dass die Einwilligung eines Versicherten hinsichtlich einer Verarbeitung zu anderen als in §§ 284 ff. SGB V aufgeführten Zwecken ganz generell unzulässig sein könnte.

So hat das Bundessozialgericht in einem Urteil vom 10.12.2008 entschieden, dass eine Weitergabe von Sozialdaten an private Abrechnungsstellen auch

---

[1482] Im Ergebnis so auch *Forgó/Kollek/Arning/Krügel/Petersen*, Ethical and Legal Requirements for Transnational Genetic Research, S. 113.

dann rechtswidrig sei, wenn die Patienten hierin eingewilligt haben.[1483] Begründet hat das BSG seine Entscheidung damit, dass die besonders sensiblen personenbezogenen Patientendaten dem Schutz des Rechts auf informationelle Selbstbestimmung unterfallen würden.[1484] Deshalb habe der Gesetzgeber zum Schutz dieses Rechts auch im Bereich des SGB das Verbot der Datenverarbeitung mit Erlaubnisvorbehalt eingeführt. Nach Ansicht des Gerichts habe sich der Gesetzgeber aber in den §§ 284 ff. SGB V gerade aufgrund der besonderen Sensibilität von Patientendaten dazu entschlossen, die Verarbeitung dieser Daten auf die ausdrücklich in den §§ 284 ff. SGB V genannten Zwecke zu beschränken.[1485] Insbesondere bestehe nach Ansicht des Gerichts in der GKV ein Zwang der Versicherten, ihre Gesundheitsdaten offenlegen zu müssen, wenn sie Leistungen erhalten möchten. Zudem hätten die Versicherten darüber hinaus auch regelmäßig noch nicht einmal das Recht zu wählen, ob sie der GKV überhaupt angehören möchten, so dass der Zwang der Versicherten, ihre Gesundheitsdaten offenlegen zu müssen, dadurch noch verstärkt würde.[1486] Sofern aber eine zwangsweise Datenerhebung erfolge, müsse schon nach den Vorgaben des Bundesverfassungsgerichts eine bereichsspezifische Regelung des Verwendungszwecks für diese Daten erfolgen.[1487] Daher habe der Gesetzgeber nach Ansicht des BSG die Verarbeitung von Sozialdaten in den §§ 284 ff. SGB V abschließend geregelt.[1488] Dies ergebe sich auch aus der hohen Regelungsdichte im Hinblick auf den Umgang dieser Daten durch die Leistungserbringer, Krankenkassen und Kassenärztlichen Vereinigungen in den §§ 284 ff. und §§ 294 ff. SGB V, wohingegen die Verarbeitung derartiger Daten im SGB durch externe Dritte, wie z.B. private Abrechnungsstellen, lediglich in einigen Ausnahmefällen normiert sei, so z.B. in § 300 Abs. 2 SGB V (Erlaubnis für Apotheker, sich zu Zwecken der Abrechnung Rechenzentren zu bedienen). Das BSG folgert hieraus im Wege des Umkehrschlusses, dass der Gesetzgeber davon ausgegangen sei, dass derartige Daten lediglich an Krankenkassen und an Kassenärztliche Vereinigungen übermittelt werden dürfen, da er ansonsten für private Stellen ebenfalls Datenverarbeitungsvorschriften normiert hätte, die den Vorschriften entsprächen, die sich an die Krankenkassen und Kassenärztlichen Vereinigungen richten (§§ 284 ff. und §§ 294 ff. SGB V).[1489] Vor diesem Hintergrund seien die allgemeinen Vorschriften des

---

[1483] BSG NJOZ 2009, 2959 ff.
[1484] Die Ausführungen beschränken sich an dieser Stelle auf die wesentlichen Erwägungsgründe des BSG.
[1485] BSG NJOZ 2009, 2959 (2962 ff.).
[1486] BSG NJOZ 2009, 2959 (2961 f.).
[1487] BSG NJOZ 2009, 2959 (2962); BVerfGE 65, 1 (46); siehe auch *Roßnagel/Hornung/Jandt*: Teil-Rechtsgutachten zu den datenschutzrechtlichen Fragen der medizinischen Forschung, S. C 6.
[1488] Siehe hierzu auch die Gesetzesbegründung in BT-Drs. 11/3480, S. 29; BSG NJOZ 2009, 2959 (2962).
[1489] BSG NJOZ 2009, 2959 (2966 f.).

BDSG, insbesondere § 4a BDSG, gem. § 1 Abs. 3 BDSG insoweit nicht anwendbar.[1490]

Da § 291a SGB V weder eine ausdrückliche Erlaubnis für die Verwendung von Daten aus der elektronischen Gesundheitskarte zu medizinischen Forschungszwecken enthält noch ausdrücklich die Möglichkeit der Erteilung einer Einwilligung hierzu vorsieht, könnte demzufolge auch die Einwilligung eines Versicherten zur Verarbeitung seiner im Rahmen der eGK gespeicherten Daten zu Forschungszwecken unzulässig sein.

Der vorliegende Fall der Einholung einer Einwilligungserklärung zur Verarbeitung von eGK-Daten zu Forschungszwecken unterscheidet sich jedoch in ganz wesentlichen Punkten von dem vom BSG zu entscheidenden Fall und ist somit anders zu behandeln.[1491] So hatte der vom BSG zu beurteilende Fall die Weitergabe von Patientendaten im Rahmen der Abrechnung von erbrachten Leistungen zum Gegenstand. Wenn das BSG in diesem Zusammenhang in seiner Urteilsbegründung maßgeblich auf den Willen des Gesetzgebers bei der Regelung des Abrechnungsverfahrens in der GKV abstellt, wonach die Erteilung von Einwilligungen zur Verarbeitung von Daten zu anderen Zwecken ausgeschlossen sein soll, handelt es sich um einen völlig anderen Regelungsbereich, der vom Gesetzgeber folglich auch unabhängig von der elektronischen Gesundheitskarte begründet wurde. Nur die Einfügung der Regelungen über die elektronische Gesundheitskarte in den §§ 284 ff. SGB kann jedoch nicht automatisch dazu führen, dass Begründungen für völlig andere Bereiche (Leistungsabrechnung) auch für die eGK gelten.[1492]

So erfasst die Entscheidung des BSG ausschließlich Sozialdaten gem. § 67 Abs. 1 SGB V.[1493] Im vorliegenden Fall sollen jedoch gar keine Sozialdaten i.S.d.

[1490] BSG NJOZ 2009, 2959 (2968). Eine Einwilligung nach § 67b Abs. 1 S. 1 SGB X kam in dem vom BSG zu entscheidenden Fall – wie auch das BSG ausgeführt hat - nicht in Betracht, da es sich beim datenverarbeitenden Heilberufler nicht – wie erforderlich – um einen Leistungsträger i.S.d. § 35 Abs. 1 SGB I handelte. Die Zulässigkeit der Datenverarbeitung durch den Heilberufler richtet sich grundsätzlich nach dem BDSG.

[1491] Siehe auch *Roßnagel/Hornung/Jandt*, Teil-Rechtsgutachten zu den datenschutzrechtlichen Fragen der medizinischen Forschung S. C 44, die die Zulässigkeit einer Einwilligung zur Verarbeitung von eGK-Daten zu Forschungszwecken ebenfalls nicht von der Argumentation und den Ausführungen des BSG in dessen Entscheidung vom 10.12.2008 erfasst sehen. Somit kann auch nach Ansicht dieser Autoren anhand der Argumentation des BSG nicht ohne Weiteres geschlossen werden, dass auch eine solche Einwilligung zur Verarbeitung von eGK-Daten zu Forschungszwecken nach Ansicht des BSG unzulässig wäre, da sich die vorliegende Konstellation von der vom BSG zu entscheidenden Konstellation unterscheide.

[1492] So auch *Roßnagel/Hornung/Jandt*, Teil-Rechtsgutachten zu den datenschutzrechtlichen Fragen der medizinischen Forschung S. C 44.

[1493] So auch *Hornung*, in: Hänlein/Kruse/Schuler, Sozialgesetzbuch V, Vor. §§ 284-305, Rn. 20; *Roßnagel/Hornung/Jandt*, Teil-Rechtsgutachten zu den datenschutzrechtlichen Fragen der medizinischen Forschung S. C 7 ff.; *Kleinert*, DuD 2010, 240 (242 f.).

§ 67 Abs. 1 SGB X zu medizinischen Forschungszwecken verarbeitet werden. Vielmehr sollen vorliegend ausschließlich Versorgungsdaten, also Daten, die der medizinischen Versorgung der Versicherten dienen, durch Leistungserbringer zur medizinischen Forschung zur Verfügung gestellt werden.[1494] Der Umgang mit derartigen Versorgungsdaten unterliegt den jeweiligen berufsrechtlichen Regelungen des Leistungserbringers sowie den allgemeinen datenschutzrechtlichen Regelungen, z.B. denen des BDSG.[1495] Erst wenn Leistungserbringer diese Daten zur Abrechnung der von ihnen erbrachten Leistungen mit den Krankenkassen bzw. Kassenärztlichen Vereinigungen (weiter-) verwenden, werden diese Daten insoweit (auch) zu Leistungsdaten, deren Verarbeitung insoweit abschließend in den §§ 284 ff. SGB V geregelt ist.[1496]

Da die in den Anwendungen der eGK gespeicherten Daten, auf die der Forscher Zugriff nehmen würde, nicht als Leistungsdaten, sondern als Versorgungsdaten zu qualifizieren sind, wie schon aus § 291a Abs. 4 S. 1 und Abs. 5a S. 1 SGB V ersichtlich ist, folgt hieraus, dass die Rechtsprechung des BSG nicht die im Rahmen der elektronischen Gesundheitskarte gespeicherten Daten erfasst.[1497]

Dass der vorliegende Fall anders als der vom BSG zu entscheidende Fall gelagert und mithin auch anders zu beurteilen ist, folgt zudem auch aus dem Sinn und Zweck der Entscheidung des BSG. Dieser besteht nicht darin, den Kernbereich des Rechts auf informationelle Selbstbestimmung, der aufgrund des Ausflusses der Menschenwürdegarantie nach Art. 1 Abs. 1 GG ganz generell der Verfügung des Betroffenen entzogen sein soll, zu schützen und eine Einwilligung im Geltungsbereich des SGB V pauschal auszuschließen. Vielmehr soll durch das Urteil die freie Verfügungsbefugnis des Betroffenen über seine Daten geschützt werden, indem die *freiwillige* Erteilung einer Einwilligung geschützt wird.[1498] Das BSG hat in dem von ihm zu entscheidenden Fall eine besonders große Schutzbedürftigkeit der Versicherten gesehen, da nach Ansicht des BSG die Einwilligung, mittels derer ein Versicherter der Übermittlung von Leistungsdaten an private Stellen zu Abrechnungszwecken zustimmt, (zumindest oftmals) nicht freiwillig erfolgt. So können es sich die meisten Versicherten im Rahmen der GKV aufgrund der Versicherungspflicht

---

[1494] Siehe zu Versorgungsdaten *Roßnagel/Hornung/Jandt*, Teil-Rechtsgutachten zu den datenschutzrechtlichen Fragen der medizinischen Forschung S. C 7.

[1495] *Roßnagel/Hornung/Jandt*, Teil-Rechtsgutachten zu den datenschutzrechtlichen Fragen der medizinischen Forschung S. C 8.

[1496] So jedenfalls *Roßnagel/Hornung/Jandt*, Teil-Rechtsgutachten zu den datenschutzrechtlichen Fragen der medizinischen Forschung S. C 7 f; *Hornung*, in: Hänlein/Kruse/Schuler, Sozialgesetzbuch V, Vor. §§ 284-305, Rn. 20.

[1497] Siehe auch *Roßnagel/Hornung/Jandt*, Teil-Rechtsgutachten zu den datenschutzrechtlichen Fragen der medizinischen Forschung S. C 8 f.

[1498] So auch *Hornung*, in: Hänlein/Kruse/Schuler, Sozialgesetzbuch V, Vor. §§ 284-305, Rn. 20.

nach § 5 SGB V nicht aussuchen, ob sie Mitglied einer Krankenkasse im Rahmen der GKV werden wollen oder nicht. Wird nun die (schnelle und gute) Erbringung von Leistungen im Rahmen der GKV – zumindest nach subjektiver Wahrnehmung des Versicherten - von der Erteilung einer Einwilligung zur Verarbeitung der Abrechnungsdaten durch eine private Abrechnungsstelle abhängig gemacht, kann der Versicherte – zumindest in seiner subjektiven Wahrnehmung - nicht mehr autonom über die Verarbeitung seiner Daten bestimmen, zumal er regelmäßig auch keine Alternative hat, als die Leistungen über die GKV zu beziehen.[1499] Oftmals verbleibt ihm noch nicht einmal die Möglichkeit, einen anderen Leistungserbringer zur Behandlung aufzusuchen, so z.B. in unterversorgten ländlichen Gebieten oder bei hochspezialisierten Fachärzten. [1500] Aus diesem Grunde bestünde nach Ansicht des BSG insoweit keine eigene, selbständige und von seinem freien Willen getragene Entscheidungsmöglichkeit des Versicherten über die Verwendung seiner Daten mehr, so dass die Weitergabe von Abrechnungsdaten an private Abrechnungsstellen nach Ansicht des BSG nur auf einer gesetzlichen Grundlage erfolgen könne.[1501]

Eine mit dem vom BSG zu entscheidenden Fall entsprechende Situation des Versicherten, ist bei der Erteilung seiner Einwilligung zum Zugriff und der Verwendung von eGK-Daten zu medizinischen Forschungszwecken nicht ansatzweise ersichtlich. So kann der Versicherte im vorliegenden Fall allein und selbstbestimmt darüber befinden, ob er an einem Forschungsprojekt teilnehmen will oder nicht. Außerdem kann er gem. § 291a Abs. 3 S. 4 SGB V - bereits eine Stufe davor - frei darüber befinden, ob er überhaupt die freiwilligen Anwendungen der eGK nutzen möchte, auf die ein Forscher ggf. zugreifen würde. Somit besteht in dieser Situation keine entsprechende besondere Schutzbedürftigkeit des Versicherten im Hinblick auf sein Recht auf informationelle Selbstbestimmung wie im Fall der Erteilung einer Einwilligung zur Übermittlung von Daten an private Abrechnungsstellen. Im vorliegend untersuchten Fall des Zugriffs auf eGK-Daten besteht zudem sogar auch noch ein zusätzlicher rechtlicher und technischer Schutz der Einwilligung des betroffenen Versicherten. Nach § 291a Abs. 5 S. 1 SGB V muss er jeden Zugriff auf die im Rahmen der freiwilligen Anwendungen der eGK gespeicherten Daten z.B. durch die Eingabe seiner PIN freischalten. Außerdem bedarf der Zugriff auf im Rahmen der eGK gespeicherte Daten nach dem „Zwei-Karten-Prinzip" gem. § 291a Abs. 5 S. 3 SGB V regelmäßig des Zusammenwirkens des Heilberuflers mit dem Versicherten.[1502] Somit ist festzuhalten, dass im Fall der Erteilung einer

---

[1499] BSG NJOZ 2009, 2959 (2969 f.).
[1500] BSG NJOZ 2009, 2959 (2970).
[1501] BSG NJOZ 2009, 2959 (2969).
[1502] Zu den Ausnahmen vom „Zwei-Karten-Prinzip" siehe die Ausführungen unter Ziffer 6.5.

Einwilligung zum Zugriff auf eGK-Daten zu medizinischen Forschungszwecken keine entsprechende besondere Schutzbedürftigkeit für das Recht der Versicherten auf informationelle Selbstbestimmung wie im Fall der Erteilung einer Einwilligung zur Weitergabe von Abrechnungsdaten durch Vertragsärzte an private Abrechnungsstellen besteht. Vielmehr kann der Versicherte im vorliegenden Fall frei darüber befinden, ob er die freiwilligen Anwendungen der eGK nach § 291a Abs. 3 S. 1 SGB V überhaupt nutzen möchte. Anschließend kann er dann frei darüber befinden, ob er den Zugriff auf seine eGK-Daten zu medizinischen Forschungszwecken erlauben möchte. Die entsprechende Einwilligung wird durch § 291a Abs. 5 SGB V zudem auch noch technisch geschützt. Eine weitergehende Schutzpflicht des Staates als Ausfluss von Art. 2 Abs. 1 i.V.m. Art. 1 Abs. 1 GG als objektiver Schutznorm besteht nach hier vertretener Ansicht nicht.[1503] Ganz im Gegenteil: Da wie soeben ausgeführt im vorliegenden Fall keine Zwangssituation vorliegt, würde es dem Recht auf informationelle Selbstbestimmung nach Art. 2 Abs. 1 i.V.m. Art 1 Abs. 1 GG widersprechen, wenn dem Versicherten nicht die Möglichkeit gegeben würde, mittels einer Einwilligung über die Verwendung seiner im Rahmen der eGK gespeicherten Daten zu Forschungszwecken zu bestimmen. So soll eben dieses Recht gewährleisten, dass ein Bürger frei darüber bestimmen kann, wann ein bestimmter Dritter bestimmte Informationen zu bestimmten Zwecken über ihn erhält.[1504] Dem würde es aber widersprechen, dass ein Bürger einem Forscher keine ihn betreffenden Daten zu Forschungszwecken zur Verfügung stellen darf, obwohl keine die freie Willensbildung ausschließende Zwangssituation besteht und der Versicherte damit selbstbestimmt über die Verwendung seiner Daten entscheiden kann.[1505]

Damit ist festzuhalten, dass die Erteilung von Einwilligungen zur Verarbeitung von im Rahmen der elektronischen Gesundheitskarte gespeicherten Daten zu medizinischen Forschungszwecken auch vor dem Hintergrund der Entscheidung des BSG in Bezug auf Leistungsdaten und den in Hinblick auf die Verarbeitung dieser Daten in den §§ 284 ff. SGB V enthaltenen Regelungen grundsätzlich zulässig ist.

[1503] Vgl. hierzu auch *Hornung*, der die Übermittlung von bei Leistungserbringern gespeicherten Versorgungsdaten zu Zwecken der medizinischen Forschung auf Grundlage einer Einwilligung des betroffenen Versicherten ebenfalls für zulässig erachtet (*Hornung*, in Hänlein/Kruse/Schuler, Sozialgesetzbuch V, Vor. §§ 284-305 Rn. 20).

[1504] BVerfGE 65, 1 (43 f.).

[1505] Siehe hierzu auch *Taeger*, in: Taeger/Gabel, Kommentar zum BDSG, § 4a Rn. 15.

11.3 Ergebnis

Nach hier vertretener Auffassung sprechen zwar durchaus gute Argumente für die Unzulässigkeit der Erteilung von Einwilligungen bezüglich des Zugriffs auf Daten im Rahmen der eGK zu Zwecken der medizinischen Forschung, da es nach der Lebenswahrscheinlichkeit durchaus nicht unwahrscheinlich erscheint, dass der Gesetzgeber den Zugriff auf eGK-Daten auch zu Forschungszwecken ausschließen wollte. Insbesondere auf Grundlage des Wortlauts und des Sinn und Zwecks der § 291a Abs. 8 und § 307 Abs. 1 SGB V ist es jedoch durchaus auch vertretbar zu argumentieren, dass der betroffene Versicherte in die Verwendung seiner im Rahmen der eGK gespeicherten Daten nach § 4a BDSG einwilligen kann, sofern diese Einwilligung freiwillig erfolgt.

Vor diesem Hintergrund ist der Gesetzgeber nach hier vertretener Ansicht angehalten, die hiermit verbundene Rechtsunsicherheit zu beseitigen, da ein Verstoß gegen § 291a Abs. 8 SGB V nach § 307 Abs. 1 SGB V immerhin mit einer Geldstrafe von maximal 50.000 EUR und nach § 307b Abs. 1 SGB V mit einer Freiheitsstrafe von höchstens einem Jahr bewehrt ist.[1506]

Sofern durch die rechtliche Ausgestaltung die Freiwilligkeit der Einwilligung im Hinblick auf Zugriffe auf im Rahmen der eGK gespeicherte Daten zu Forschungszwecken sichergestellt wird, entspricht eine solche Regelung auch geradezu den Anforderungen an eine moderne Organisation. Der organisierende Patient kann durch Erteilung seiner Einwilligung selbstbestimmt und ohne gesetzgeberische Bevormundung darüber entscheiden, was mit den ihn betreffenden Daten geschehen soll. Hierzu gehört eben auch, dass er darüber entscheiden kann, ob er es möchte, dass seine im Rahmen der elektronischen Gesundheitskarte gespeicherten Daten für Forschungszwecke genutzt werden können oder ob er dies nicht möchte. Ein gesetzgeberisches Verbot würde vielmehr die Rolle des Patienten in seiner Stellung als organisierende Instanz im Rahmen der „Organisation Gesundheitswesen" beschneiden. Im Zeitalter der vernetzten Medizin, in der die Informationsverteilung durch die „Organisation Gesundheitswesen" geprägt wird, ist dies die Aufgabe, zugleich aber auch die Herausforderung, die an den organisierenden Patienten gestellt wird.

[1506] Siehe z.B. den Vorschlag von *Roßnagel/Hornung* bzw. *Roßnagel/Hornung/Jandt* für einen § 291a Abs. 9 SGB V in *Roßnagel/Hornung*, MedR 2008, 538 (542 f.) bzw. in *Roßnagel/Hornung/Jandt*, Teil-Rechtsgutachten zu den datenschutzrechtlichen Fragen der medizinischen Forschung S. C 53 ff. (C 60).

12 Fazit

Informationen bilden das Rückgrat des Gesundheitswesens. Sie entscheiden maßgeblich darüber, ob die Behandlung eines Patienten erfolgreich verläuft oder nicht. Somit besitzen Informationen für den Patienten, den sie betreffen, einen unschätzbaren Wert. Seine Gesundheit hängt von ihnen ab. Folglich muss das Recht dafür sorgen, dass ein Patient über alle ihn und seine Gesundheit betreffenden Informationen verfügt oder zumindest verfügen könnte.

Auch für alle übrigen Akteure im Gesundheitswesen sind diese Informationen von größter Bedeutung. Nur wenn Heilberufler alle für sie relevanten Informationen über einen Patienten besitzen, können sie diesen bestmöglich behandeln, mit Arzneimitteln versorgen und im Idealfall seine Gesundheit erhalten oder wiederherstellen. Somit muss es ebenfalls die Aufgabe des Rechts sein, die Informationen im Gesundheitswesen derart zu verteilen, dass alle Heilberufler alle Informationen erhalten (können), die sie für die Versorgung des Patienten benötigen.

Auf der anderen Seite beziehen sich diese Informationen auf den wahrscheinlich sensibelsten Bereich der Privatsphäre der betroffenen Patienten: auf ihren Gesundheitszustand. Daraus folgt eine weitere Aufgabe des Rechts im Zusammenhang mit der Informationsverteilung im Gesundheitswesen: Das Recht muss diese Informationen wirksam vor dem Zugriff durch unberechtigte Dritte schützen. Würde kein effektiver Schutz gewährleistet, könnten Patienten ihren behandelnden Heilberuflern nicht vertrauen und würden diesen nicht die für die Behandlung notwendigen Informationen zukommen lassen. Dieses Vertrauen bildet die Grundlage für die sensible Heilberufler-Patienten-Beziehung, deren Existenz Voraussetzung für jede erfolgreiche Behandlung ist.

Wer berechtigt ist, Zugang zu diesen Informationen zu bekommen und wer nicht, muss der Patient selbst entscheiden können. Denn als mündiger Bürger muss es seine autonome Entscheidung sein, wann ein bestimmter Dritter welche Informationen zu welchen Zwecken über ihn erhält. Er muss „Herr seiner Daten" bleiben. Somit ist es eine weitere Aufgabe des Rechts, den Patienten in die Lage zu versetzen, über die Verteilung seiner Informationen entscheiden zu können. Dies beinhaltet nicht nur die (mögliche) Kenntnis von allen ihn betreffenden Informationen, sondern auch die rechtliche Befugnis, möglichst allein über sie verfügen zu dürfen.

Außerdem sind medizinische Informationen auch für die Kostenträger, die gesetzlichen Krankenkassen und die privaten Krankenversicherungsunternehmen von existenzieller Bedeutung. Erbrachte Leistungen müssen abge-

© Springer Fachmedien Wiesbaden GmbH, ein Teil von Springer Nature 2015
M. A. Arning, *Die elektronische Gesundheitskarte und die Verteilung von Informationen im deutschen Gesundheitswesen*, Edition KWV, https://doi.org/10.1007/978-3-658-23814-8_12

rechnet und vergütet werden. Zum Schutz dieses Systems vor Missbrauch muss jedoch auch eine wirksame Kontrolle der abgerechneten Leistungen möglich sein. Private Krankenversicherungsunternehmen müssen zudem das Risiko, welches sie versichern sollen, einschätzen können. Folglich müssen auch den Kostenträgern die für die Erfüllung ihrer Aufgaben notwendigen Informationen zur Verfügung gestellt werden. Auch dies ist eine Aufgabe des Rechts.

Das Recht muss somit allen Akteuren alle für sie erforderlichen, und nur diese, Informationen zur Verfügung stellen und dabei gleichzeitig das Recht der betroffenen Bürger auf informationelle Selbstbestimmung, insbesondere ihre Verfügungsbefugnis über ihre Informationen, schützen. Dabei können technische Maßnahmen, wie z.B. die Verschlüsselung, Public-Key-Infrastrukturen oder rollenbasierte Zugriffssysteme, rechtliche Regelungen technisch absichern, doch dürfen technische Maßnahmen nicht rechtliche Regelungen ersetzen. Denn auch rechtliche Regelungen schaffen Vertrauen und Verantwortung. Außerdem ist die Wirksamkeit von technischen Maßnahmen immer abhängig von der technischen Entwicklung. Heutzutage sichere Verschlüsselungssysteme werden beispielsweise in der Zukunft überwunden werden können. Das Schutzniveau von sensibelsten Gesundheitsdaten darf jedoch nicht von der technischen Entwicklung abhängig sein. Folglich ist es die Aufgabe des Rechts, ein dauerhaft hohes Schutzniveau dieser Daten zu garantieren.

Auch bisher schon wird, wie in dieser Arbeit dargestellt, eine Vielzahl von Informationen im deutschen Gesundheitswesen verarbeitet. Doch steht dieses nunmehr vor dem größten Umbruch in seiner Geschichte: der Vernetzung durch Informations- und Kommunikationstechnologien. Das Recht muss bei seiner Aufgabe der Informationsverteilung also auch diese Entwicklung mit berücksichtigen. Die Einführung der elektronischen Gesundheitskarte wird die faktische Informationsverteilung im deutschen Gesundheitswesen wesentlich verändern. Heilberufler und die betroffenen Versicherten werden viel umfassender über den Gesundheitszustand des jeweiligen Versicherten informiert sein. Doch das Recht hat an verschiedenen Stellen nicht mit dieser Entwicklung Schritt gehalten.

Geprägt wird das vernetzte Gesundheitssystem nicht mehr von der Einzelbeziehung zwischen einem Patienten und einem ihn behandelnden Heilberufler, sondern von der Beziehung eines Patienten zu allen ihn kooperativ behandelnden Heilberuflern: der „Organisation Gesundheitswesen". Die rechtliche Informationsverteilung innerhalb dieser Organisation sowie der Schutz der Informationen in der Organisation und nach außen sind jedoch, wie in dieser

Arbeit dargestellt, noch optimierungsbedürftig. Insbesondere müssen Mittler für Informationen etabliert und verschlüsselte Gesundheitsdaten unter bestimmten Bedingungen als personenbezogene Daten qualifiziert werden. Außerdem ist die heilberufliche Schweigepflicht um neue Akteure im Gesundheitswesen auszuweiten. Doch ist dieser rechtliche Schutz, wie beschrieben, mit wenigen gesetzlichen Änderungen herzustellen. Dann können Patienten auch im Zeitalter der vernetzten Medizin ihren behandelnden Heilberuflern vertrauensvoll sämtliche Informationen, die diese benötigen, zur Verfügung stellen.

Mithin kann es durch die entsprechende rechtliche Gestaltung des vernetzten Gesundheitswesens erreicht werden, dass den jeweiligen Akteuren, insbesondere den behandelnden Heilberuflern die für die Erfüllung ihrer Aufgaben erforderlichen Informationen zur Verfügung stehen oder zumindest zur Verfügung gestellt werden können. Zudem kann durch die entsprechende rechtliche Gestaltung erreicht werden, dass der betroffene Patient auch in einem vernetzten Gesundheitswesen autonom über die Verteilung seiner Informationen entscheiden kann und dass die ihn betreffenden Informationen wirksam vor unbefugten Zugriffen geschützt werden - nicht zuletzt auch durch die Statuierung von Anforderungen an die eingesetzten technischen Systeme. Patienten können dann uneingeschränkt von den Vorteilen des vernetzten Gesundheitswesens profitieren: einer abgestimmten und verbesserten Behandlung bei verbesserter Transparenz.

Zurückkommend auf das Eingangszitat werden also sowohl der Heilberufler als auch der Patient durch die Vernetzung des Gesundheitswesens, die gesteigerte faktische Verfügbarkeit von Informationen, die bereits vorgesehenen rechtlichen Regelungen und durch die in dieser Arbeit vorgestellten rechtlichen Anpassungen besser in die Lage versetzt, erst zu wissen und dann zu handeln, ohne dass das Recht der Patienten auf informationelle Selbstbestimmung unverhältnismäßig dabei beeinträchtigt wird.

Literaturverzeichnis

Ärztekammer Schleswig-Holstein (Hrsg.), Elektronische Gesundheitskarte: Bartmann zeigt Verständnis für Testeinschränkung in Flensburg, Presse- mitteilung v. 17.04.2008, abrufbar unter: http://www.aeksh.de/start/ presse-_und_oeffentlichkeitsarbeit/pressemitteilungen/elektronische_ gesundheitskarte_bartmann_zeigt_verstaendnis_fuer_testeinschraenkung_ flensburg.html (19.05.2013)

Ahmia, Tarik, Der gläserne Patient, TAZ v. 04. September 2007, abrufbar unter: http://www.taz.de/!4176/ (19.05.2013)

Albers, Marion, Informationelle Selbstbestimmung, Baden-Baden 2005

Andreas, Manfred, Ärztliche Schweigepflicht im Zeitalter der EDV, ArztR 2000, S. 296-304

Arning, Marian, Die elektronische Signatur im Rahmen der elektronischen Gesundheitskarte, Berlin 2006

Arning, Marian/Forgó, Nikolaus/Krügel, Tina, Datenschutzrechtliche Aspekte der genetischen Forschung mit genetischen Daten, DuD 2006, S. 700-705

Arrow, Kenneth J., The Economics of Agency, in: Pratt, John Winsor/Zeckhauser, Richard J. (Hrsg.), Principals and Agents: The Structure of Business, Boston 1985, S. 37-51

Artikel-29-Datenschutzgruppe, Stellungnahme 4/2007 zum Begriff „personen- bezogene Daten" (WP 136), Brüssel 2007, abrufbar unter: http://ec.europa.eu/justice/policies/privacy/docs/wpdocs/2007/wp136 _de.pdf (19.05.2013)

Dies., Stellungnahme 1/2008 zu Datenschutzfragen im Zusammenhang mit Suchmaschinen (WP 148), Brüssel 2008, abrufbar unter: http://ec.europa.eu/justice/policies/privacy/docs/wpdocs/2008/wp148 _de.pdf (19.05.2013)

Dies., Stellungnahme 5/2009 zur Nutzung sozialer Online-Netzwerke (WP 163), Brüssel 2009, abrufbar unter: http://ec.europa.eu/justice/policies/ privacy/ docs/wpdocs/2009/wp163_de.pdf#h2-4 (19.05.2013)

Dies., Stellungnahme 1/2010 zu den Begriffen „für die Verarbeitung Verant- wortlicher" und „Auftragsverarbeiter" (WP 169), Brüssel 2010, abrufbar unter: http://ec.europa.eu/justice/policies/privacy/docs/wpdocs/ 2010/wp169_de.pdf#h2-4 (19.05.2013)

© Springer Fachmedien Wiesbaden GmbH, ein Teil von Springer Nature 2015
M. A. Arning, *Die elektronische Gesundheitskarte und die Verteilung von Informationen im deutschen Gesundheitswesen*, Edition KWV, https://doi.org/10.1007/978-3-658-23814-8

Arz de Falco, Andrea, Arzt-Patienten-Beziehung im Wandel der Zeit: Der schwierige Umgang mit dem Mehr an Entscheidungsfreiheit, in: Ausfeld-Hafter, Brigitte (Hrsg.): Medizin und Macht, Bern 2007, S. 151-159

Baer-Henney, Juliane, Recht und Selbstbestimmung im Gesundheitswesen, in: Bartmann, Peter/Hübner, Ingolf (Hrsg.): Patientenselbstbestimmung, Neukirchen-Vluyn 2002, S. 85-106

Bales, Stefan, Die Einführung der elektronischen Gesundheitskarte in Deutschland, Bundesgesundheitsbl. 2005, S. 727-731

Bales, Stefan/Dierks, Christian/Holland, Jana/Müller, Jürgen H., Die elektronische Gesundheitskarte, Heidelberg, München, Landsberg, Berlin, Frankfurt a.M. 2007

Bales, Stefan/Holland, Jana, Die Einführung der elektronischen Gesundheitskarte und ihre Unterstützung durch die Politik – Aktuelle Entwicklungen, in: Niederlag, Wolfgang/Rienhoff, Otto/Lemke, Heinz U. (Hrsg.), Smart Cards in telemedizinischen Netzwerken, Dresden 2004, S. 25-35

Bales, Stefan/Holland, Jana/Pellens, Hartmut, Zulassungsentscheidungen der gematik – Rechtsanspruch, Rechtsnatur, Rechtsschutz, GesR 2008, S. 9-14

Bales, Stefan/Schwanenflügel, Matthias von, Die elektronische Gesundheitskarte – Rechtliche Fragen und zukünftige Herausforderungen, NJW 2012, S. 2475-2480

Bamberger, Heinz Georg/Roth, Herbert (Hrsg.), Beck'scher Online-Kommentar BGB, Edition 26, Stand: 01.02.2013, München 2013 (zitiert: *Bearbeiter,* in: Bamberger/Roth, Beck-OK BGB)

Becker, Ulrich/Kingreen, Ulrich (Hrsg.), SGB V, 3. Auflage, München 2012 (zitiert: *Bearbeiter,* in: Becker/Kingreen, SGB V)

Beier, Friederike/Bannenberg, Thomas, Wenn der Patient eigene Wege geht..., planung & analyse 2007, Heft 4, S. 31-35

Beppel, Antje, Ärztliche Aufklärung in der Rechtsprechung, Göttingen 2007

Bender, Albrecht W., Das postmortale Einsichtsrecht in Krankenunterlagen, Berlin 1998

Berger, Christian, Die Erstellung von Fotokopien für den Schulunterricht, ZUM 2006, S. 844-853

Bergmann, Karl-Otto, Besteht ein Anspruch der Krankenkasse auf Einsichtnahme oder Herausgabe der Behandlungsunterlagen?, Das Krankenhaus 2008, S. 825-831

Bergmann, Karl-Otto/Pauge, Burkhard/Steinmeyer, Heinz-Dietrich (Hrsg.), Gesamtes Medizinrecht, Baden-Baden 2012

Bergmann, Karl-Otto/Wever, Carolin, Die Arzthaftung, 3. Auflage, Berlin, Heidelberg, New York u.a. 2009

Bergmann, Lutz/Möhrle, Roland/Herb, Armin, Datenschutzrecht, Band 1, Stand: 45. Ergänzungslieferung, Juli 2012, Stuttgart 2012

Berliner Beauftragter für Datenschutz und Informationsfreiheit, Jahresbericht 2002, Berlin 2003

Bibliographisches Institut & F. A. Brockhaus (Hrsg.), Brockhaus Enzyklopädie, Band 18, 21. Auflage, Leipzig u.a. 2006

Bibliographisches Institut GmbH, verlangen, abrufbar unter: http://www.duden.de/rechtschreibung/verlangen (19.05.2013)

Dass., Epikrise, abrufbar unter: http://www.duden.de/rechtschreibung/ Epikrise (19.05.2013)

Biermann, Kai, 4.000 Psychiatrie-Akten offen im Netz, Zeit Online vom 04.11.2011, abrufbar unter: http://www.zeit.de/digital/datenschutz/ 2011-11/datenschutz-psychiatrie-krankenakten (19.05.2013)

Binne, Wolfgang, Das neue Recht des Sozialdatenschutzes, NZS 1995, S. 97-109

Blohmke, Maria/Kniep, Klaus, Epidemiologische Forschung und Datenschutz, NJW 1982, S. 1324-1325

Bohnstedt, Jan, Fernwartung, Baden-Baden 2005

Booz Allen Hamilton GmbH, Endbericht zur Kosten-Nutzen-Analyse der Einrichtung einer Telematik-Infrastruktur im deutschen Gesundheitswesen, Düsseldorf Juli 2006

Borchers, Christian M., Die Einführung der elektronischen Gesundheitskarte in das deutsche Gesundheitswesen, Berlin 2008

Borchers, Detlef/Briegleb, Volker, Organspende-Status soll ab 2017 auf die Gesundheitskarte, Heise online news v. 25.05.2012, abrufbar unter: http://www.heise.de/newsticker/meldung/Organspende-Status-soll-ab-2017-auf-die-Gesundheitskarte-1585039.html (19.05.2013)

Borchers, Detlef/Kuri, Jürgen, Gesundheitsministerin für Organspendefach auf der Gesundheitskarte, Heise online news v. 30.11.2007, abrufbar unter: http://www.heise.de/newsticker/meldung/Gesundheitsministerin-fuer-Organspendefach-auf-der-Gesundheitskarte-201037.html (19.05.2013)

Dies., Elektronische Gesundheitskarte: Nordrhein wird „Durchstichregion", Heise online news v. 13.06.2008, abrufbar unter: http://www.heise.de/newsticker/meldung/Elektronische-Gesundheitskarte-Nordrhein-wird-Durchstichregion-214113.html (19.05.2013)

Dies., Elektronische Gesundheitskarte: Jetzt geht's los ..., Heise online news v. 12.12.2008, abrufbar unter: http://www.heise.de/newsticker/meldung/Elektronische-Gesundheitskarte-Jetzt-geht-s-los-189350.html (19.05.2013).

Dies., Elektronische Gesundheitskarte: Rollout im Nachwahlkampf, Heise online news v. 29.09.2009, abrufbar unter: http://www.heise.de/newsticker/meldung/Elektronische-Gesundheitskarte-Rollout-im-Nachwahlkampf-798105.html (19.05.2013)

Dies, Elektronische Gesundheitskarte: Abgespeckt bis aufs Gerippe, Heise online news v. 19.11.2009, abrufbar unter: http://www.heise.de/newsticker/meldung/Elektronische-Gesundheitskarte-Abgespeckt-bis-aufs-Gerippe-863578.html (19.05.2013)

Dies., Elektronische Gesundheitskarte: finaler Neustart, Heise online news v. 21.04.2010, abrufbar unter: http://www.heise.de/newsticker/meldung/Elektronische-Gesundheitskarte-finaler-Neustart-982568.html (19.05.2013).

Borchers, Detlef/Wilkens, Andreas, Ärzte lehnen Einführung der elektronischen Gesundheitskarte ab, Heise Online news v. 22.05.2008, abrufbar unter: http://www.heise.de/newsticker/meldung/aerzte-lehnen-Einfuehrung-der-elektronischen-Gesundheitskarte-ab-209513.html (19.05.2013)

Dies., Elektronische Gesundheitskarte: Technischer Leiter tritt zurück, in c't magazin vom 02.10.2009, abrufbar unter: http://www.heise.de/ct/meldung/Elektronische-Gesundheitskarte-Technischer-Leiter-tritt-zurueck-807716.html (19.05.2013)

Dies., Elektronische Gesundheitskarte: Regierung bleibt bei Kostenprognose von 2009, Heise Online news v. 20.05.2011, abrufbar unter: http://www.heise.de/newsticker/meldung/Elektronische-Gesundheitskarte-Regierung-bleibt-bei-Kostenprognose-von-2009-1247031.html (19.05.2013).

Dies., Start der elektronischen Gesundheitskarte lässt viele Fragen offen, Heise online news v. 29.09.2011, abrufbar unter: http://www.heise.de/newsticker/meldung/Start-der-Elektronischen-Gesundheitskarte-laesst-viele-Fragen-offen-1351395.html (19.05.2013).

Dies., Generation 2 der elektronischen Gesundheitskarte will Gedächtnis schonen, Heise online news v. 26.10.2012, abrufbar unter: http://www.heise.de/newsticker/meldung/Generation-2-der-elektronischen-Gesundheitskarte-will-Gedaechtnis-schonen-1737404.html (19.05.2013)

Borchers, Detlef/Ziegler, Peter-Michael, Elektronische Gesundheitskarte: 100.000er-Tests abgesagt, Heise Online news v. 16.08.2007, abrufbar unter: http://www.heise.de/newsticker/meldung/Elektronische-Gesundheitskarte-100-000-Tests-abgesagt-164265.html (19.05.2013)

Boschung, Urs, Zwischen Selbst- und Fremdbestimmung, in: Ausfeld-Hafter, Brigitte (Hrsg.): Medizin und Macht, Bern 2007, S. 11-31

Bremer Diskussionsforum „Charta der Patientenrechte", Patientenrechte – Einsicht und Information, abrufbar unter: http://www.datenschutz.bremen.de/sixcms/media.php/13/Patientenrechte.pdf (19.05.2013)

Breyer, Friedrich/Zweifel, Peter/Kifmann, Mathias, Gesundheitsökonomik, 6. Auflage, Berlin, Heidelberg 2013

Buchner, Benedikt, Informationelle Selbstbestimmung im Privatrecht, Tübingen 2006

Bundesärztekammer, Lastenheft Notfalldaten-Management, Version 1.0.0 v. 04.03.2011, abrufbar unter: http://www.bundesaerztekammer.de/downloads/Notfalldatenmanagement_Lastenheft.pdf (19.05.2013)

Bundesärztekammer/Kassenärztliche Bundesvereinigung, Empfehlungen zur ärztlichen Schweigepflicht, Datenschutz und Datenverarbeitung in der Arztpraxis, Dtsch. Ärztebl. 2008, S. A 1026-A 1030 und Heft 19, S. 1-12

Bundesamt für Sicherheit in der Informationstechnologie, Öffentlicher Abschlussbericht zum Projekt: „Evaluierung biometrischer Systeme, Fingerabdrucktechnologien – BioFinger", v.1.1 vom 06.08.2004, abrufbar unter:
https://www.bsi.bund.de/SharedDocs/Downloads/DE/BSI/
Publikationen/Studien/BioFinger/BioFinger_I_I_pdf.pdf?_blob=
publicationFile (19.05.2013)

Dass., Technische Richtlinie 03114 – Stapelsignatur mit dem Heilberufsausweis, Version 2.0 v. 22.10.2007, abrufbar unter: https://www.bsi.bund.
de/SharedDocs/Downloads/DE/BSI/Publikationen/TechnischeRichtlinie
n/ TR03114/BSI-TR-03114_pdf.pdf?_blob=publicationFile (19.05.2013)

Dass., Technische Richtlinie für eCard-Projekte der Bundesregierung BSI TR-
3116, Version 3.16 v. 07.08.2012, abrufbar unter: https://www.bsi.bund.
de/SharedDocs/Downloads/DE/BSI/Publikationen/TechnischeRichtlinie
n/ TR03116/BSI-TR-03116.pdf?_blob=publicationFile (19.05.2013).

Dass., Fingerabdruckerkennung, abrufbar unter: https://www.bsi.bund.de/
cae/servlet/contentblob/486360/publicationFile/27961/
Fingerabdruckerkennung_pdf.pdf (19.05.2013).

*Bundesapothekerkammer/Bundesärztekammer/Bundespsychotherapeuten-
kammer/Bundeszahnärztekammer/Kassenärztliche Bundesvereinigung
(Hrsg.),* Gemeinsame Policy für die Ausgabe der HPC, Version 1.0.0 v.
08.06.2009, abrufbar unter: http://www.bundesaerztekammer.de/
downloads/CP_HPC_v1.0.0_19062009.pdf (19.05.2013)

Bundesbeauftragter für den Datenschutz und die Informationsfreiheit, Tätigkeitsbericht zum Datenschutz für die Jahre 2007 und 2008, Berlin 2009,
abrufbar unter: http://www.bfdi.bund.de/SharedDocs/Publikationen/
Taetigkeitsberichte/TB_BfDI/22TB_2007_2008.pdf?_blob=
publicationFile (19.05.2013)

Bundesministerium für Gesundheit (Hrsg.), Finanzentwicklung der gesetzlichen
Krankenversicherung - jahreszeitlich übliches Defizit im 1. Quartal 2008,
Pressemitteilung v. 03.06.2008, abrufbar unter: http://www.bmg.bund.
de/ministerium/presse/pressemitteilungen/2008-02/finanzentwicklung
-der-gesetzlichen-krankenversicherung.html (19.05.2013).

Dass., Gesetzliche Krankenversicherung – Kennzahlen und Faustformeln,
abrufbar unter: http://www.bmg.bund.de/fileadmin/dateien/
Downloads/Statistiken/GKV/Kennzahlen_Daten/Kennzahlen_
und_Faustformeln_Aug_2012.pdf (19.05.2013).

Dass., Positive Lohn- und Beschäftigungsentwicklung stärkt Sozialsysteme - auch die gesetzliche Krankenversicherung erzielt 2012 Mehreinnahmen, Pressemitteilung v. 07.03.2013, abrufbar unter: http://www.bmg.bund. de/ministerium/presse/pressemitteilungen/2013-01/finanzentwicklung -in-der-gkv-2012.html (19.05.2013)

Dass., Bundesministerium für Gesundheit, Informationen zum elektronischen Rezept, abrufbar unter: http://www.bkk24.de/typo3/fileadmin/ Downloads/egk/rezept.pdf (19.05.2013)

Dass., Gesundheitsfonds, abrufbar unter: http://www.bmg.bund.de/ krankenversicherung/finanzierung/gesundheitsfonds.html (19.05.2013)

Dass., Die elektronische Gesundheitskarte, abrufbar unter: http://www.bmg.bund.de/krankenversicherung/elektronische-gesundheitskarte/allgemeine-informationen-egk.html (19.05.2013).

Bundesvereinigung Deutscher Apothekerverbände (Hrsg.), Mehr Arzneimittel-therapiesicherheit durch Gesundheitskarte, Pressemitteilung v. 08.02.2012, abrufbar unter: http://www.abda.de/52+B6JmNIYXN oPWRlNTZhZjdlOTEmdHhfdHRuZXdzJTVCYmFja1BpZCU1RD0yN CZ0eF90dG5ld3MlNUJ0dF9uZXdzJTVEPTE3NjY_.html (19.05.2013)

Bundeszahnärztekammer, Unterlagen elektronischer Zahnarztausweis, abrufbar unter http://www.bzaek.de/berufsstand/zahnaerztliche-berufsausuebung/telematik/unterlagen-elektronischer-zahnarztausweis.html (19.05.2013)

Bunz, Herbert/Fanderl, Heinz/Mersmann, Jochen, Telematikrahmenarchitektur für das Gesundheitswesen – Ein Überblick, Version 1.0 v. 22.03.2004, abrufbar unter: http://www.dkgev.de/pdf/370.pdf (19.05.2013)

Calliess, Christian/Ruffert, Matthias (Hrsg.), EUV/AEUV, 4. Auflage, München 2011 (zitiert: *Bearbeiter,* in: Calliess/Ruffert, EUV/AEUV)

Christlich Demokratische Union Deutschlands (Hrsg.), Das solidarische Ge-sundheitsprämien-Modell, abrufbar unter: http://www.iwh-halle.de/d/ abteil/arbm/Broschueren/CDU%20Gesundheitspraemienmodell.pdf (19.05.2013)

Classen, Günther, Daten-Panne: Jetzt ermittelt die Polizei, Express v. 09.02.2009, abrufbar unter: http://www.express.de/duesseldorf/1064-patienten-befunde-auf-usb-stick-daten-panne--jetzt-ermittelt-die-polizei,2858, 807090.html (19.05.2013)

Claus, Ulrich, Die große Datenunsicherheit, Die Welt v. 15.12.2012, abrufbar unter: http://www.welt.de/print/die_welt/politik/article112034834/ Die-grosse-Datenunsicherheit.html (19.05.2013)

Committee of Experts on Data Protection of the Council of Europe, Draft Resolution (7.) on Model Regulations for Electronic Medical Data Banks, CJ-PD-GT 2 (77) 2 v. 05. September 1977, S. 3.

Conrad, Isabell/Fechtner, Sonja, IT-Outsourcing durch Anwaltskanzleien nach der Inkasso-Entscheidung des EuGH und dem BGH, Urteil vom 7.2.2013, CR 2013, S. 137-148

Constantin, Ulrich, Die Vervielfältigung zu persönlichem Gebrauch im neuen Urheberrechtsgesetz, GRUR 1970, S. 15-24

Corinth, Annette S., Ärztliche Schweigepflicht und kollidierende Gesundheitsinteressen Dritter, Göttingen 2008

Cyran, Walter/Rotta, Christian, Apothekenbetriebsordnung: Kommentar, Band 2, 5. Auflage, Stuttgart 2012

Däubler, Wolfgang, Gläserne Belegschaften, 5. Auflage, Frankfurt am Main 2010

Däubler, Wolfgang/Klebe, Thomas/Wedde, Peter/Weichert, Thilo (Hrsg.), Bundesdatenschutzgesetz, 3. Auflage, Frankfurt a.M. 2010 (zitiert: *Bearbeiter,* in: Däubler/Klebe/Wedde/Weichert, BDSG)

Dalicho, Wilfent, Die allgemeinärztliche Untersuchung; Bern 2000

Daniels, Jürgen, Die Ansprüche des Patienten hinsichtlich der Krankenunterlagen des Arztes, NJW 1976, S. 345-349

Damm, Reinhard, Persönlichkeitsschutz und medizintechnische Entwicklung, JZ 1998, S. 926-938

Dammann, Ulrich/Simitis, Spiros, EG-Datenschutzrichtlinie, Baden-Baden 1997

Dauner-Lieb, Barbara/Langen, Werner (Hrsg.), BGB Schuldrecht, Band 2, Recht der Schuldverhältnisse (§§ 241-853), 2. Auflage, Baden-Baden 2012 (zitiert: *Bearbeiter,* in: Dauner-Lieb/Langen, BGB)

Debold&Lux Beratungsgesellschaft für Informationssysteme und Organisation im Gesundheitswesen mbH (Ersteller), Nutzenbetrachtung zu den Effekten einer Elektronischen Patientenakte, Version 1.0 v. 18. Februar 2004, Hamburg 2004

Deeg, Jürgen/Weibler, Jürgen, Die Integration von Individuum und Organisation, Wiesbaden 2008

Deutsch, Erwin: Schutzbereich und Tatbestand des unerlaubten Heileingriffs im Zivilrecht, NJW 1965, S. 1985-1989

Ders., Das therapeutische Privileg des Arztes: Nichtaufklärung zugunsten des Patienten, NJW 1980, S. 1305-1309

Ders., Haftungsfreistellung von Arzt oder Klinik und Verzicht auf Aufklärung durch Unterschrift des Patienten, NJW 1983, S. 1351-1354

Ders., Das Persönlichkeitsrecht des Patienten, AcP 192 (1992), S. 161-180

Deutsch, Erwin/Spickhoff, Andreas, Medizinrecht, 6. Auflage, Berlin, Heidelberg 2008

Deutsche Krankenhausgesellschaft, Übersicht Gesundheitskarte, Version 2011 – März, Berlin 2011, abrufbar unter: http://www.dkgev.de/media/file/ 9371.RS135-11_Anlage-291a_Uebersicht.pdf (19.05.2013)

Dies., Geschäftsbericht 2011, Berlin 2012

Diehl, Volker/Diehl, Antje, Die Aufklärung und Begleitung des Krebspatienten, VersR 1982, S. 716-722

Diering, Björn/Timme, Hinnerk/Waschull, Dirk (Hrsg.), Sozialgesetzbuch X, 3. Auflage, Baden-Baden 2011 (zitiert: *Bearbeiter*, in: Diering/Timme/ Waschull, Sozialgesetzbuch X)

Dierks, Christian, Rechtsfragen in eHealth, in: Büllesbach, Alfred/Büchner, Wolfgang (Hrsg.), IT doesn't matter!?, Köln 2006, S. 65-72

Dieterich, Thomas/Hanau, Peter/Schaub, Günter (Begr.), Erfurter Kommentar zum Arbeitsrecht, 13. Auflage, München 2013 (zitiert: *Bearbeiter*, in: Dieterich/ Hanau/Schaub, Erfurter Kommentar zum Arbeitsrecht)

Dölling, Dieter/Duttge, Gunnar/Rössner, Dieter (Hrsg.), Gesamtes Strafrecht, 2. Auflage, Baden-Baden 2011 (zitiert: *Bearbeiter*, in: Dölling/Duttge/ Rössner, Gesamtes Strafrecht)

Dörr, Erwin/Schmidt, Dietmar, Neues Bundesdatenschutzgesetz, 3. Auflage, Köln 1997

Dreier, Thomas/Schulze, Gernot, Urheberrechtsgesetz, 4. Auflage, München 2013 (zitiert: *Bearbeiter*, in: Dreier/Schulze, UrhG)

Druey, Jean Nicolas, Information als Gegenstand des Rechts, Zürich, Baden-Baden 1995

Düwell, Franz Josef (Hrsg.), Betriebsverfassungsgesetz, 3. Auflage, Baden-Baden 2010 (zitiert: *Bearbeiter*, in: Düwell, BetrVG)

Ebermayer, Ludwig, Der Arzt im Recht, Leipzig 1930

Ebers, Mark/Gotsch, Wilfried, Institutionenökonomische Theorien der Organisation, in: Kieser, Alfred/Ebers, Mark (Hrsg.), Organisationstheorien, 6. Auflage, Stuttgart 2006

Eckhardt, Jens, Anmerkung zum Urteil des LG Berlin vom 06.09.2007, K&R 2007, S. 602-604

Ehmann, Eugen, Strafbare Fernwartung in der Arztpraxis, CR 1991, S. 293-296

Ehmann, Eugen/Helfrich, Marcus, EG-Datenschutzrichtlinie, Köln 1999

Ehrmann, Christian, Outsourcing von medizinischen Daten - strafrechtlich betrachtet, Würzburg 2008

Enquete-Kommission „Recht und Ethik der modernen Medizin", Schlussbericht, BT-Drs. 14/9020 v. 14.05.2002

Epping, Volker/Hillgruber, Christian (Hrsg.), Beck'scher Online-Kommentar GG, Edition 17, Stand: 01.01.2013, München 2013 (zitiert: *Bearbeiter*, in: Epping/Hillgruber, BeckOK GG)

European Privacy Officers Forum, Comments on Review of the EU Data Protection Directive (Directive 95/46/EC), abrufbar unter: http://ec.europa.eu/justice/policies/privacy/docs/lawreport/paper/epof_en.pdf (19.05.2013)

Fitting, Karl/Engels, Gerd/Schmidt, Ingrid/Trebinger, Yvonne/Linsenmaier, Wolfgang, Betriebsverfassungsgesetz, 26. Auflage, München 2012

Fleischer, Holger, Informationsasymmetrie im Vertragsrecht, München 2001

Flügge, Thomas, Die elektronische Gesundheitskarte, Saarbrücken 2007

Förster, Katja, Ihre Hausapotheke, Referat Stand 04/2004, herausgegeben von der Bundesvereinigung Deutscher Apothekerverbände – Kommunikation und Öffentlichkeitsarbeit, abrufbar unter: http://www.apotheker.de/fileadmin/user_upload/veeser/LAV-Intern/Sondervertraege/BARMER_Hausapothekenvertrag/Fuer_zertifizierte_Apotheker/Referat_zur_Kundenpraesentation.pdf (19.05.2013)

Dies., E-Rezept und Arzneimitteldokumentation als zentrale Anwendungen der Gesundheitskarte, A&R 2006, S. 268-269

Forgó, Nikolaus/Krügel, Tina, Der Personenbezug von Geodaten. Cui bono, wenn alles bestimmbar ist?, MMR 2010, S. 17-23

Forgó, Nikolaus/Kollek, Regine/Arning, Marian/Krügel, Tina/Petersen, Imme, Ethical and Legal Requirements for Transnational Genetic Research, München 2010

Fraunhofer-Institut für Offene Kommunikationssysteme (Hrsg.), eHealth-Infrastrukturen, FOKUSbasic 05/2008, Berlin 2008

Fraunhofer-Institut für Offene Kommunikationssysteme/gematik GmbH (Hrsg.), Untersuchung zur Forderung nach Tests mit zusätzlichen dezentralen Speichermedien, Version 1.0 v. 30.04.2009, Berlin 2009

Fraunhofer-Institut für Software- und Systemtechnik ISST/Fraunhofer-Institut für Sichere Informationstechnologie SIT/TMF – Technologie- und Methodenplattform für die vernetzte medizinische Forschung e.V., Elektronische Patientenakte gemäß § 291a SGB V – Die Patientenakte in der Versorgung: Kernkonzepte und technische Umsetzung, Berlin 2011 (zitiert: *Fraunhofer ISST/Fraunhofer SIT/TMF e.V.*, Elektronische Patientenakte gemäß § 291a SGB V)

Frese, Erich/Graumann, Matthias/Theuvsen, Ludwig, Grundlagen der Organisation, 10. Auflage, Wiesbaden 2012

Fritsch, Michael, Marktversagen und Wirtschaftspolitik, 8. Auflage, München 2011

Frömming, Jens/Peters, Butz, Die Einwilligung im Medienrecht, NJW 1996, S. 958-962

Fuchs, Maximilian, Grundlagen und Probleme einer privatrechtlich gestalteten Arzthaftung - dargestellt am Beispiel der Bundesrepublik Deutschland, ArztR 1996, S. 319-327

Füeßl, Hermann S./Middeke, Martin, Anamnese und Klinische Untersuchung, 4. Auflage, Stuttgart 2010

Fuest, Benedikt, Kassen bezeichnen neue Gesundheitskarte als Flop, Die Welt vom 28.03.2011, abrufbar unter: http://www.welt.de/wirtschaft/ article12991945/ Kassen-bezeichnen-neue-Gesundheitskarte-als-Flop.html (19.05.2013)

Gandt, Martin, Was hinter der E-Gesundheitskarte steckt, Die Welt v. 04.06.2012, abrufbar unter: http://www.welt.de/wirtschaft/webwelt/ article106373397/Was-hinter-der-E-Gesundheitskarte-steckt.html (19.05.2013)

Gehrlein, Markus, Kein Anspruch des Patienten auf Ablichtung seiner Krankenunterlagen, NJW 2001, S. 2773-2774

Geiß, Karlmann/Greiner, Hans-Peter, Arzthaftpflichtrecht, 6. Auflage, München 2009

gematik GmbH, Spezifikation der Broker Services, Version 1.1.0 v. 04.05.2007, abrufbar unter: http://www.gematik.de/cms/media/dokumente/ release_2_3_4/release_2_3_4_netzwerkdienste/gematik_INF_ BrokerServices_V1_1_0.pdf (19.05.2013)

Dies., Die Spezifikationen der elektronischen Gesundheitskarte, Teil 3: Äußere Gestaltung, Version 2.1.0 v. 20.12.2007, abrufbar unter: http://www.gematik.de/cms/media/dokumente/release_0_5_3/ release_0_5_3_egk/gematik_eGK_Spezifikation_Teil3_V2_1_0.pdf (19.05.2013)

Dies., Übergreifendes Sicherheitskonzept der Telematikinfrastruktur, Version 2.2.0 v. 10.03.2008, abrufbar unter: http://www.gematik.de/cms/media/ dokumente/release_0_5_3/release_0_5_3_datenschutz/gematik_DS_ Sicherheitskonzept_V2_2_0.pdf (19.05.2013)

Dies., Gesamtarchitektur der eGK, Version 1.3.0 v. 18.03.2008, abrufbar unter: http://www.gematik.de/cms/media/dokumente/release_0_5_3/ release_0_5_3_architektur_1/gematik_GA_Gesamtarchitektur_V1_3_0.pdf (19.05.2013)

Dies., Spezifikationen der elektronischen Gesundheitskarte, Teil 2: Grundlegende Applikationen, Version 2.2.0 v. 25.03.2008, abrufbar unter: http://www.gematik.de/cms/media/dokumente/release_0_5_3/ release_0_5_3_egk/gematik_eGK_Spezifikation_Teil2_V2_2_0.pdf (19.05.2013)

Dies., Spezifikation eHealth-Kartenterminal, Version 2.6.0 v. 26.03.2008, abrufbar unter: http://www.gematik.de/cms/media/dokumente/ release_0_5_3/release_0_5_3_dezentrale_komponenten/ gematik_KT_eHealth_Kartenterminal_V2_6_0.pdf (19.05.2013)

Dies., Fachkonzept Daten für die Notfallversorgung, Version 1.5.0 v. 29.08.2008, abrufbar unter: http://www.gematik.de/cms/media/ dokumente/release_2_3_4/release_2_3_4_fachanwendungen/ gematik_NFD_Fachkonzept_V150.pdf (19.05.2013)

Dies., Verfahrensbeschreibung, Freigabe von Primärsystemen in der Telematikinfrastruktur (AVS, KIS, PVS), Version 1.2.2 v. 26.11.2008, http://www.gematik.de/cms/media/de/dokumente/zulassung/ zulassungsverfahrenprimrsystem26112008.pdf (19.05.2013)

Dies., whitepaper Sicherheit, Berlin 2008, abrufbar unter: http://www.gematik.de/cms/media/dokumente/pressematerialien/ dokumente_1/gematik_whitepaper_sicherheit.pdf (19.05.2013)

Dies., Spezifikation des elektronischen Heilberufsausweises, Teil II: HPC - Anwendungen und Funktionen, Version 2.3.2 v. 05.08.2009, abrufbar unter: http://www.gematik.de/cms/media/dokumente/release_0_5_2/ erg_nzung_wirkbetrieb_hba_smc/HPC_P2_HPC_V232_Deutsch.pdf (19.05.2013)

Dies., Spezifikation des elektronischen Heilberufsausweises, Teil III: SMC - Anwendungen und Funktionen, Version 2.3.2 vom 05.08.2009; abrufbar unter: http://www.gematik.de/cms/media/dokumente/release_0_5_2/ erg_nzung_wirkbetrieb_hba_smc/HPC_P3_SMC_V232_Deutsch.pdf (19.05.2013)

Dies., Konnektorspezifikation, Version 3.0.0 v. 15.09.2009, abrufbar unter: http://www.bitkom.org/files/documents/gematik_KON_Konnektor_ Spezifikation_V3.0.0.pdf (19.05.2013)

Dies., Bestandsaufnahme für den Aufbau der Telematikinfrastruktur abgeschlossen – gematik-Gesellschafterversammlung trifft entscheidende Festlegungen zur Zukunft des eGK-Projektes, Pressemitteilung v. 20.04.2010, abrufbar unter: http://www.gematik.de/cms/de/header_navigation/ presse/pressemitteilungen/archive/archiv.jsp (19.05.2013)

Dies., Informationsbroschüre Erprobung Online-Rollout Stufe 1, abrufbar unter: http://www.gematik.de/cms/media/dokumente/ ausschreibungen/gematik_infobroschre_onlinerollout_stufe1_v1_0_0.pdf (19.05.2013)

Dies., Spezifikation des Card Operating Systems, Version 3.0.0 v. 20.09.2012, abrufbar unter: http://gematik.de/cms/media/dokumente/ kartengeneration2specs/gematik_CARD_Spezifikation_COS_V3_0_0.pdf (19.05.2013)

Dies., Glossar der Telematikinfrastruktur, Version 3.2.0 v. 25.01.2013, abrufbar unter http://www.gematik.de/cms/media/dokumente/gematik_ ZV_Glossar_ V320.pdf (19.05.2013)

Dies., Vernetzte Versorgung durch die Gesundheitskarte, abrufbar unter: http://www.gematik.de/cms/de/egk_2/egk_3.jsp (19.05.2013)

Dies., Vergabeverfahren: Einführung der elektronischen Gesundheitskarte (eGK), Erprobung Online-Rollout (Stufe 1), abrufbar unter: http://www.gematik.de/cms/de/gematik/ausschreibungen/ vergabeverfahrenonlinerolloutstufe1/vergabeverfahrenorstufe1.jsp (19.05.2013)

Dies., Viel mehr als eine neue Krankenversichertenkarte, abrufbar unter: http://www.gematik.de/cms/de/egk_2/egk_3/egk_2.jsp (19.05.2013)

Dies., Testregionen, abrufbar unter: http://www.gematik.de/cms/de/ gematik/partner/testregionen/testregionen_1.jsp (19.05.2013)

Dies., Fragen und Antworten zur Gesundheitskarte (eGK), abrufbar unter: https://www.gematik.de/cms/media/dokumente/pressematerialien/ presseseminar2011/gematik_FAQ.pdf (19.05.2013)

Gesamtverband der Deutschen Versicherungswirtschaft e.V., Kernpunkte des Gesamtverbandes der Deutschen Versicherungswirtschaft (GDV) zur Reform des Versicherungsvertragsgesetzes (VVG), Berlin 2007 (abrufbar unter: http://www.gesmat.bundesgerichtshof.de/gesetzesmaterialien/ 16_wp/versvertrg/Stellungnahme_Wehling.pdf (19.05.2013)

Gesellschaft für Informatik e.V., Thesen der Gesellschaft für Informatik zur elektronischen Gesundheitskarte, Bonn 2005, abrufbar unter: http://www.gi.de/fileadmin/redaktion/Download/gi_thesen_ gesundheitskarte050310_w.pdf (19.05.2013)

Gesundheitsberichterstattung des Bundes, Entwicklung der Beitragssätze in der Sozialversicherung, abrufbar unter: http://www.gbe-bund.de/gbe10/ ergebnisse.prc_tab?fid=8862&suchstring=&query_id=&sprache=D&fund_ typ =TAB&methode=&vt=&verwandte=1&page_ret=0&seite=1&p_ lfd_nr=8&p_news=&p_sprachkz=D&p_uid=gast&p_aid=51632055&hlp_ nr=2&p_janein=J (19.05.2013)

Gesundheitsministerkonferenz der Länder, Ergebnisprotokoll der 75. Konferenz der für das Gesundheitswesen zuständigen Ministerinnen und Minister, Senatorinnen und Senatoren der Länder am 20./21.06.2002 in Düsseldorf, abrufbar unter: http://www.gmkonline.de/beschluesse/ Protokoll_75-GMK.pdf (19.05.2013)

Dies., Errichtung eines länderübergreifenden elektronischen Berufsregisters für Gesundheitsberufe *(eGBR),* abrufbar unter: http://www.gmkonline. de/?&nav=beschluesse_82&id=82_05.01 (19.05.2013)

Gieseke, Sunna, Spahn zur E-Card: "Die Blockierer bestimmen das Tempo", abrufbar unter: http://www.aerztezeitung.de/praxis_wirtschaft/ gesundheitskarte/article/810597/spahn-e-card-blockierer-bestimmen-tempo.html (19.05.2013)

Giesen, Thomas, Zum Begriff des Offenbarens nach § 203 StGB im Falle der Einschaltung privatärztlicher Verrechnungsstellen, NStZ 2012, S. 122-128

Gödeke, Sönke/Ingwersen, Malte, Die Auslagerung von Unternehmensfunktionen – Zulässigkeit und Grenzen im Hinblick auf § 203 Abs. 1 Nr. 6 StGB, VersR 2010, S. 1153-1156

Gönner, Roland, Die Schweigepflicht des Arztes und Apothekers nach deutschem und französischem Recht, Tübingen 1939

Goetz, Christoph F.-J., Elektronische Heilberufsausweise als unverzichtbare Elemente der kommenden Telematikinfrastruktur im Gesundheitswesen, Bundesgesundheitsbl. 2005, S. 747-754

Gounalakis, Georgios/Mand, Elmar, Die neue EG-Datenschutzrichtlinie – Grundlagen einer Umsetzung in nationales Recht (I), CR 1997, S. 431-438

Gola, Peter/Schomerus, Rudolf, BDSG Kommentar, 11. Auflage, München 2012

Grabitz, Eberhard/Hilf, Meinhard (Hrsg.), Das Recht der Europäischen Union, Band IV Sekundärrecht, Stand: 40. Ergänzungslieferung, München 2009 (zitiert: *Bearbeiter,* in: Grabitz/Hilf, Das Recht der Europäischen Union)

Grabsch, Winfried, Die Strafbarkeit der Offenbarung höchstpersönlicher Daten des ungeborenen Menschen, Frankfurt a.M. 1994

Graf, Jürgen Peter (Hrsg.), Beck'scher Online-Kommentar Strafprozessordnung, Edition 15, Stand 01.10.2012, München 2012 (zitiert: *Bearbeiter*, in: Graf, Beck-OK StPO)

Grätzel von Grätz, Philipp, Statt eines Vorworts: Vom Enthusiasmus der Anfänge, in: Grätzel von Grätz, Philipp (Hrsg.), Vernetzte Medizin, Hannover 2004, S. 1-5

Griese, Nina/Schulz, Martin/Schneider, Jens, Der Interaktions-Check in der Apotheke, Pharmazeutische Zeitung online, abrufbar unter: http://www.pharmazeutische-zeitung.de/index.php?id=1059 (19.05.2013)

Groß, Christiane, Folgen für die Arzt-Patient-Beziehung, Dtsch. Ärztebl. 2006, S. A 3469-3471

Große Strafrechtskommission des Deutschen Richterbundes, Auslagerung von Dienstleistungen durch Berufsgeheimnisträger und Datenaustausch zwischen Behörden, Meißen 2006

Gründel, Mirko, Einwilligung und Aufklärung bei psychotherapeutischen Behandlungsmaßnahmen, NJW 2002, S. 2987-2992

Grüne, Stefan/Schölmerich, Jürgen, Anamnese, Untersuchung, Diagnose, Heidelberg 2007

Gundermann, Lukas, Basis für sichere Datenspeicherung, Dtsch. Ärztebl. 2008, S. A 268-A 271

Haas, Peter, Gesundheitstelematik, Berlin, Heidelberg 2006

Haeser, Heinrich, Lehrbuch der Geschichte der Medicin, Band 1, 3. Auflage, Jena 1875

Hagedorn, Manfred, Die Entbehrlichkeit der Einwilligung und Aufklärung bei Heilbehandlungen nach dem Strafgesetzbuch-Entwurf 1962, Heidelberg 1965

Hahne-Reuleke, Karin, Das Recht der Rechnungshöfe auf Einsicht in Krankenakten, MedR 1988, S. 235-241

Hänlein, Andreas/Kruse, Jürgen/Schuler, Rolf (Hrsg.), Sozialgesetzbuch V, 4. Auflage, Baden-Baden 2012 (zitiert: *Bearbeiter*, in: Hänlein/Kruse/Schuler, Sozialgesetzbuch V)

Hänsch, Holger/Fleck, Eckart, Vernetzte und integrierte Versorgung, Bundesgesundheitsbl. 2005, S. 755-760

Hancok, Heike, Abrechnungsbetrug durch Vertragsärzte, Baden-Baden 2006

Hannich, Rolf (Hrsg.), Karlsruher Kommentar zur Strafprozessordnung, 6. Auflage, München 2008 (zitiert: *Bearbeiter,* in: Hannich, Karlsruher Kommentar zur Strafprozessordnung)

Harmann, Lena, Das Recht des Patienten auf Aufklärungsverzicht, NJOZ 2010, S. 819-825

Hartung, Jürgen, Datenschutz und Verschwiegenheit bei Auslagerungen durch Versicherungsunternehmen, VersR 2012, S. 400-410

Hassner, Florian A., Ärztliche Selbstbestimmungsaufklärung und zivilrechtliche Haftung, VersR 2013, S. 23-35

Hebenstreit, Stefan/Prümel-Philippsen, Uwe, Qualitätssicherung im WWW, in: Jähn, Karl/Nagel, Eckhard (Hrsg.), e-Health, Berlin, Heidelberg, New York 2004, S. 91-98

Heghmanns, Michael/Niehaus, Holger, Outsourcing im Versicherungswesen und der Gehilfenbegriff des § 203 Abs. 3 S. 2 StGB, NStZ 2008, S. 57-62

Heidel, Thomas/Hüßtege, Rainer/Mansel, Heinz-Peter/Noack, Ulrich (Hrsg.), BGB, Band 1: Allgemeiner Teil und EGBGB, 2. Auflage, Baden-Baden 2011 (zitiert: *Bearbeiter,* in: Heidel/Hüßtege/Mansel/Noack, BGB)

Heidrich, Jörg/Forgó, Nikolaus/Feldmann, Thorsten, Heise Online-Recht, Stand: 3. Ergänzungslieferung, Hannover 2011 (zitiert: *Bearbeiter,* in: Heidrich/Forgó/Feldmann, Heise Online-Recht)

Hein-Rusinek, Ulrike/Groß, Christiane, Notfalldaten – mehr Schein als Sein?, Dtsch. Ärztebl. 2008, S. A78-A80

Heinemeyer, Ilka, Elektronische Datenverarbeitung in den neuen medizinischen Versorgungssystemen, Frankfurt a.M. 2005

Heintschel-Heinegg, Bernd von (Hrsg.), Beck'scher Online-Kommentar StGB, Edition 22, Stand: 08.03.2013, München 2013 (zitiert: *Bearbeiter,* in: Heintschel-Heinegg, BeckOK StGB)

Heitmann, Kai U., Standards erleichtern den Austausch, PRAXIS 2006, Heft 3, S. 4-8

Hempel, Volker/Jäckel, Achim/Reum, Lutz (Hrsg.), Telemedizinführer Deutschland 2006: Modellregionen, Projekte und Initiativen zur elektronischen Gesundheitskarte in Deutschland und Europa, 2. Sonderausgabe, Darmstadt 2006

Herbst, Tobias, Die Widerruflichkeit der Einwilligung in die Datenverarbeitung bei medizinischer Forschung, MedR 2009, S. 149-152

Hermeler, Angelika Elisabeth, Rechtliche Rahmenbedingungen der Telemedizin, München 2000

Hess, Marco, Das Einsichtsrecht der Erben und Angehörigen in Krankenunterlagen des Erblassers, ZEV 2006, S. 479-484

Hinne, Dirk, Das Einsichtsrecht in Patientenakten, NJW 2005, S. 2270-2273

Hinrichs, Werner, Rechtliche Aspekte zur Schweigepflicht der Betriebsärzte und des betriebsärztlichen Personals, DB 1980, S. 2287-2291

Hoenike, Mark/Hülsdunk, Lutz, Outsourcing im Versicherungs- und Gesundheitswesen ohne Einwilligung?, MMR 2004, S. 788-792

Hoeren, Thomas, EuGH verkannt: Geheimnisträger und die Auftragsdatenverarbeitung, abrufbar unter: http://blog.beck.de/2012/12/02/eugh-verkannt-geheimnistr-ger-und-die-auftragsdatenverarbeitung (19.05.2013)

Holert, Kurt, Das Recht des Kassenpatienten auf ärztliche Verschwiegenheit im gesetzlichen Krankenversicherungssystem, München 1982

Hornung, Gerrit, Datenschutz für Chipkarten, in: DuD 2004, S. 15-20

Ders., Der Personenbezug biometrischer Daten, in: DuD 2004, S. 429-431

Ders., Die digitale Identität, Baden-Baden 2005

Hümmelink, Regina, eHealth – Die Einführung der elektronischen Gesundheitskarte tangiert auch die Deutsche Rentenversicherung, RVaktuell 2006, S. 54-62

Hunt, John Wallace, The restless organisation, Sydney 1972

IBM Deutschland GmbH/ORGA Kartensysteme GmbH, Projektdokumentation - Planungsauftrag eRezept, eArztbrief, ePatientenakte und Telematikinfrastruktur, München, Flintbek 2004

Illhardt, Franz Josef, Medizinische Ethik, Berlin, Heidelberg, New York, Tokio 1985

Jähn, Karl/Strehlow, Inga, Internet und Medizininformation, in: Jähn, Karl/ Nagel, Eckhard (Hrsg.), e-Health, Berlin, Heidelberg, New York 2004, S. 85-90

Jahn, Matthias/Palm, Jasmin, Outsourcing in der Kanzlei, AnwBl. 2011, S. 613-621

Jandt, Silke/Roßnagel, Alexander/Wilke, Daniel, Outsourcing der Verarbeitung von Patientendaten – Fragen des Daten- und Geheimnisschutzes, NZS 2011, S. 641-646

Jarass, Hans D. (Hrsg.), Charta der Grundrechte der Europäischen Union, München 2010 (zitiert: *Bearbeiter*, in: Jarass, Charta EU-Grundrechte)

Jarass, Hans D./Pieroth, Bodo, Grundgesetz, 12. Auflage, München 2012 (zitiert: *Bearbeiter*, in: Jarass/Pieroth, GG)

Jensen, Michael C./Meckling, William H., Theory of the firm: Managerial Behaviour, Agency Costs and Ownership Structure, Journal of Financial Economics Vol. 3 (1976), S. 305-360

Joecks, Wolfgang/Miebach, Klaus (Hrsg.), Münchener Kommentar zum Strafgesetzbuch

Band 1: §§ 1-37 StGB, 2. Auflage München 2011

Band 4: §§ 185-262 StGB, 2. Auflage München 2012

(zitiert: *Bearbeiter*, in: Joecks/Miebach, Müko StGB)

Kallinowski, Friedrich/Mehrabi, Arianeb, Virtual Faculty of Medicine, in: Jähn, Karl/Nagel, Eckhard (Hrsg.), e-Health, Berlin, Heidelberg, New York 2004, S. 110-113

Kamp, Hans, Der Verkauf der Patientenkartei und die ärztliche Schweigepflicht, NJW 1992, S. 1545-1547

Kant, Immanuel, Beantwortung der Frage: Was ist Aufklärung?, Berlinische Monatsschrift 1784, S. 481-494

Karg, Moritz, IP-Adresse sind personenbezogene Verkehrsdaten, MMR-Aktuell 2011, 385811

Ders., Die Rechtsfigur des personenbezogenen Datums, ZD 2012, S. 255-260

Kassenärztliche Vereinigung Berlin (Hrsg.), GKV-Wettbewerbsstärkungsgesetz
– Die wichtigsten Änderungen im Überblick, Berlin 2007, abrufbar unter:
http://www.kvberlin.de/20praxis/70themen/gesundheitsreform/
gesundheitsreform_2007_infoblatt.pdf (19.05.2013)

Katzenmeier, Christian, Der Behandlungsvertrag - Neuer Vertragstypus im
BGB, NJW 2013, S. 817-823

Kaufmann, Arthur, Die eigenmächtige Heilbehandlung, ZStW 73 (1961),
S. 341-384

Kern, Bernd-Rüdiger/Laufs, Adolf, Die ärztliche Aufklärungspflicht, Berlin,
Heidelberg 1983

Kilian, Wolfgang, Verfügungsberechtigung über medizinische Daten, in: Kilian,
Wolfgang/Porth, Albert J. (Hrsg.), Juristische Probleme der Datenverarbeitung in der Medizin, Berlin, Heidelberg, New York 1979, S. 119-132

Ders., Rechtliche Aspekte der digitalen medizinischen Archivierung von Rönt-
genunterlagen, NJW 1987, S. 695-698

Ders., Rechtliche Aspekte bei der Verwendung von Patientenchipkarten,
NJW 1992, S. 2313-2317

Ders., Medizinische Forschung und Datenschutzrecht, NJW 1998, S. 787-791

Ders., Informationelle Selbstbestimmung und Marktprozesse, CR 2002,
S. 921-929

Kilian, Wolfgang/Heussen, Benno (Hrsg.), Computerrechts-Handbuch, Stand:
31. Ergänzungslieferung, München 2012 (zitiert: *Bearbeiter*, in:
Kilian/Heussen, Computerrechts-Handbuch)

Kilian, Wolfgang/Schuster, Michael, Medizinische Informationen in der Krankenversicherung, Hannover 1983

Kindhäuser, Urs/Neumann, Ulfrid/Paeffgen, Hans-Ullrich (Hrsg.), Strafgesetzbuch

Band 1, §§ 1-79b, 4. Auflage, Baden-Baden 2013

Band 2, §§ 80-231, 4. Auflage, Baden-Baden 2013

(zitiert: *Bearbeiter*, in: Kindhäuser/Neumann/Paeffgen, Strafgesetzbuch)

Kirschstein, Gisela, Testlauf für den gläsernen Patienten, Die Welt v. 08. März 2006, abrufbar unter: http://www.welt.de/print-welt/article202537/ Testlauf_fuer_den_glaesernen_Patienten.html (19.05.2013)

Klatt, Matthias, Anmerkung zum Urteil des BVerfG v. 09.01.2006 (Az. – 2 BvR 443/02 -), JZ 2007, S. 95-98

Kleinewefers, Herberts/Wilts, Walter, Die Schweigepflicht der Krankenhausleitung, NJW 1964, S. 428-431

Kleinert, Christian Alexander, Datenschutzaspekte bei der Abrechnung von Patientendateien, DuD 2010, S. 240-245

Koenig-Ouvrier, Ingelore, Umfang des Einsichtsrechts des Patienten in ärztliche Unterlagen, Hessisches Ärzteblatt 2005, S. 762

Köpke, Jan, Die Bedeutung des § 203 Abs. 1 Nr. 6 StGB für Private Krankenversicherer, insbesondere bei der innerorganisatorischen Geheimnisweitergabe, Tübingen 2003

Körner-Dammann, Marita, Weitergabe von Patientendaten an ärztliche Verrechnungsstellen, NJW 1992, S. 729-731

Konferenz der Datenschutzbeauftragten des Bundes und der Länder (Hrsg.), Orientierungshilfe „Soziale Netzwerke", Version 1.1, Stand 14.03.2013, abrufbar unter: http://www.datenschutz-bayern.de/technik/orient/ oh_soziale-netze.pdf (19.05.2013)

Kowalski, Matthias, Lichtbild auf der Karte ist Pflicht, Focus, Heft 24/2009, S. 15

Krauskopf, Dieter (Begr.), Soziale Krankenversicherung – Pflegeversicherung, Stand: 80. Ergänzungslieferung, Stand: Februar 2013, München 2013 (zitiert: *Bearbeiter,* in: Krauskopf, Sozialversicherung)

Kreße, Bernhard/Dinser, Robert, Anforderungen an Arztberichte - ein haftungsrechtlicher Ansatz, MedR 2010, S. 396-400

Krüger-Brand, Heike E., Elektronische Gesundheitskarte - welches Schutzniveau genügt?, Dtsch. Ärztebl. 2009, S. 251

Dies., Medica 2011, Gesundheitstelematik: Mit Mehrwertdiensten Akzeptanz schaffen, Deutsches Ärzteblatt PRAXIS 2011, Heft 4, S. 4-7

Krüger, Stefan/Maucher, Svenja-Ariane, Ist die IP-Adresse wirklich ein personenbezogenes Datum? Ein falscher Trend mit großen Auswirkungen auf die Praxis, MMR 2011, S. 433-439

Kruse, Udo/Kruse, Björn, Die elektronische Gesundheitskarte und ihre Anwendungen, WzS 2006, S. 129-136

Kügel, Wilfried/Müller, Rolf-Georg/Hofmann, Hans-Peter (Hrsg.) Arzneimittelgesetz, München 2012 (zitiert: *Bearbeiter*, in: Kügel/Müller/Hofmann, Arzneimittelgesetz)

Kulbe, Arthur, Die gesetzliche und private Krankenversicherung, Freiburg i. Br. 1993

Lackner, Karl/Kühl, Kristian (Hrsg.), Strafgesetzbuch: Kommentar, 27. Auflage, München 2011 (zitiert: *Bearbeiter*, in: Lackner/Kühl, Strafgesetzbuch)

Lang, Franziska, Das Recht auf informationelle Selbstbestimmung des Patienten und die ärztliche Schweigepflicht in der gesetzlichen Krankenversicherung, Baden-Baden 1997

Langkeit, Jochen, Umfang und Grenzen der ärztlichen Schweigepflicht gemäß § 203 I Nr. 1 StGB, NStZ 1994, S. 6-9

Laufhütte, Heinrich-Wilhelm/Rissing-van Saan, Ruth/Tiedemann, Klaus (Hrsg.), Strafgesetzbuch Leipziger Kommentar, Band 6, §§ 146-210, 12. Auflage, Berlin 2009 (zitiert: *Bearbeiter*, in: Laufhütte/Rissing-van Saan/ Tiedemann, Leipziger Kommentar StGB)

Laufs, Adolf, Die Entwicklung des Arztrechts 79/80, NJW 1980, S. 1315-1320

Laufs, Adolf/Katzenmeier, Christian/Lipp, Volker, Arztrecht, 6. Auflage, München 2009 (zitiert: *Bearbeiter*, in: Laufs/Katzenmeier/Lipp, Arztrecht)

Laufs, Adolf/Kern, Bernd-Rüdiger (Hrsg.), Handbuch des Arztrechts, 4. Auflage, München 2010

Lauterbach, Karl W., Das Prinzip der Bürgerversicherung, in: Engelen-Kefer, Ursula (Hrsg.), Reformoption Bürgerversicherung, Hamburg 2004, S. 48-63

Leitherer, Stephan (Hrsg.), Kasseler Kommentar zum Sozialversicherungsrecht, Fünftes Buch (V), Stand: 76. Ergänzungslieferung Dezember 2012, München (zitiert: *Bearbeiter*, in: Leitherer, Kasseler Kommentar zum Sozialversicherungsrecht, SGB V)

Lenckner, Theodor, Ärztliches Berufsgeheimnis, in: Göppinger, Hans (Hrsg.), Arzt und Recht, München 1966, S. 159-199

Lenkaitis, Karlheinz, Krankenunterlagen aus juristischer, insbesondere zivilrechtlicher Sicht, Frankfurt 1979

Lensdorf, Lars/Mayer-Wegelin, Clemens/Manz, Reto: Outsourcing unter Wahrung von Privatgeheimnissen, CR 2009, S. 62-68

Leupold, Andreas/Glossner, Silke (Hrsg.), Münchener Anwalts Handbuch IT-Recht, 2. Auflage, München 2011 (zitiert: *Bearbeiter*, in: Leupold/Glossner, Münchener Anwalts Handbuch IT-Recht)

Lilie, Barbara, Medizinische Datenverarbeitung, Schweigepflicht und Persönlichkeitsrecht im deutschen und amerikanischen Recht, Göttingen 1980

Lilie, Hans, Ärztliche Dokumentation und Informationsrechte des Patienten, Frankfurt 1980

Ders., Datenfernwartung durch Geheimnisträger – Ein Beitrag zur Reform des § 203 StGB, in: Dannecker, Gerhard (Hrsg.), Festschrift für Harro Otto, Köln/Berlin 2007, S. 673-688

Lippert, Hans-Dieter, Zum Urheberrecht an Krankenunterlagen, DMW 115 (1990), S. 1119-1121

Ders., Übertragbarkeit der Rechtsprechung des BGH zum Urheberrecht an Ausgrabungsunterlagen auf Krankenunterlagen?, NJW 1993, S. 769-770

Loewenheim, Ulrich (Hrsg.), Handbuch des Urheberrechts, 2. Auflage, München 2010 (zitiert: *Bearbeiter*, in: Loewenheim, Handbuch des Urheberrechts)

Lohre, Matthias, SPD fordert Bürgerversicherung, TAZ v. 10.03.2009, abrufbar unter: http://www.taz.de/!31540/ (19.05.2013)

Lücke, Stephanie/Köhler, Friedrich, Die elektronische Gesundheitskarte – Schlüssel für die Vernetzung im deutschen Gesundheitswesen, DMW 2007, S. 448-452

Ludyga, Hannes, Der Abbruch lebensverlängernder oder –erhaltender Maßnahmen auf Grund von Patientenverfügungen und die Genehmigung des Betreuungsgerichts, FPR 2010, S. 266-270

Luhmann, Niklas, Zweckbegriff und Systemrationalität, 6. Auflage, Frankfurt a.M. 1999

Lundevall Unger, Patrick/Tranvik, Tommy, Was sind personenbezogene Daten? Die Kontroverse um IP-Adressen, ZD-Aktuell 2012, 03004

Lutter, Marcus, Information und Vertraulichkeit im Aufsichtsrat, 3. Auflage, Berlin, Köln, Bonn, München 2006

Lux, Andreas, Ökonomische Aspekte der Gesundheitstelematik, Bundesgesundheitsbl. 2005, S. 640-645

Mallmann, Otto, Informationsrechte von Patienten hinsichtlich medizinischer Daten, in: Simon, Dieter/Weiss, Manfred (Hrsg.), Zur Autonomie des Individuums, S. 237-248

Maunz, Theodor/Dürig, Günter (Begr.), Grundgesetz, Stand: 67. Ergänzungslieferung, München 2013 (zitiert: *Bearbeiter*, in: Maunz/Dürig, Grundgesetz-Kommentar)

Meier, André, Der rechtliche Schutz patientenbezogener Gesundheitsdaten, Karlsruhe 2003

Meissner, Eckehard/Bergeler, Michael, Aussetzung der Testung der freiwilligen Anwendungen, Nordlicht 2008, Heft 4, S. 18-19

Menzel, Hans-Joachim, Datenschutzrechtliche Einwilligung in medizinische Forschung, MedR 2006, S. 702-707

Ders., Informationssysteme in Krankenhaus und Praxis und die Selbstbestimmung des Patienten, DuD 2011, S. 853-858

Metschke, Rainer/Wellbrock, Rita, Datenschutz in Wissenschaft und Forschung, 3. Auflage, Berlin 2002

Metzger, Axel, Rechtsgeschäfte über das Urheberpersönlichkeitsrecht nach dem neuen Urhebervertragsrecht – Unter besonderer Berücksichtigung der französischen Rechtslage, GRUR Int. 2003, S. 9-23

Meydam, Jan, Verwendung und Schutz medizinischer Daten in der Krankenversicherung, in: Kilian, Wolfgang/Porth, Albert J. (Hrsg.), Juristische Probleme der Datenverarbeitung in der Medizin, Berlin, Heidelberg, New York 1979, S. 50-65

Meyer, Jürgen (Hrsg.), Charta der Grundrechte der Europäischen Union, 3. Auflage, Baden-Baden 2011 (zitiert: *Bearbeiter*, in: Meyer, Charta der Grundrechte der Europäischen Union)

Meyer-Ladewig, Jens (Hrsg.), Europäische Menschenrechtskonvention, 3. Auflage, Baden-Baden 2011 (zitiert: *Bearbeiter*, in: Meyer-Ladewig, Europäische Menschenrechtskonvention)

Meyerdierks, Per, Sind IP-Adressen personenbezogene Daten?, MMR 2009, S. 8-13.

Michalowski, Sabine, Schutz der Vertraulichkeit strafrechtlich relevanter Patienteninformationen, ZStW 109 (1997), S. 519-544

Michel Assoumou, Jessica/Tsiknakis, Manolis, An Infrastructure for Clinical Trials for Cancer – ACGT Project Successfully Terminated, abrufbar unter: http://www.ercim.eu/news/295-an-infrastructure-for-clinical-trials-for-cancer-acgt-project-successfully-terminated (19.05.2013)

Möhring, Philipp/Nicolini, Käte (Hrsg.), Urheberrechtsgesetz, 2. Auflage, München 2000 (*zitiert: Bearbeiter,* in: Möhring/Nicolini, Urheberrechtsgesetz)

Mohr, Markus T.J./Schall, Thomas/Nerlich, Michael, Teleservices in der Praxis, in: Jähn, Karl/Nagel, Eckhard (Hrsg.), e-Health, Berlin, Heidelberg, New York 2004, S. 40-47

Muth, Max, Elektronische Gesundheitskarte: Krankenkassen drohen ihren Versicherten, Der Tagesspiegel v. 28.01.2013, abrufbar unter: http://www.tagesspiegel.de/politik/elektronische-gesundheitskarte-was-soll-die-neue-karte-bringen/7699976-2.html (19.05.2013)

N.N., 768-Bit-Schlüssel geknackt, TAZ v. 08.01.2010, abrufbar unter: http://www.taz.de/!46456/ (19.05.2013)

N.N., DAK bittet Versicherte ab Februar zur Kasse, Spiegel Online v. 25.01.2010, abrufbar unter: http://www.spiegel.de/wirtschaft/soziales/neue-zusatzbeitraege-dak-bittet-versicherte-ab-februar-zur-kasse-a-673834.html (19.05.2013)

N.N., Krankenkassen fahren Milliarden-Überschuss ein, Spiegel Online v. 19.09.2011, abrufbar unter: http://www.spiegel.de/wirtschaft/soziales/wirtschaftsaufschwung-krankenkassen-fahren-milliarden-ueberschuss-ein-a-787081.html (19.05.2013)

N.N., Neue Gesundheitskarte macht den Praxis-Test, Zeit Online vom 28.09.2011, abrufbar unter: http://www.zeit.de/wirtschaft/2011-09/gesundheitskarte-krankenkasse-Aerzte (19.05.2013)

N.N., Krankenkassen wollen Zusatzbeitrag abschaffen, Spiegel Online v. 09.12.2011, abrufbar unter: http://www.spiegel.de/wirtschaft/soziales/gute-konjunktur-krankenkassen-wollen-zusatzbeitrag-abschaffen-a-802761.html (19.05.2013)

N.N., Koalition versucht Befreiungsschlag, Die Welt v. 05.11.2012, abrufbar unter: http://www.welt.de/newsticker/dpa_nt/infoline_nt/thema_nt/ article110616706/Koalition-versucht-Befreiungsschlag.html (19.05.2013)

N.N., Die elektronische Gesundheitskarte, abrufbar unter: https://www.internet-sicherheit.de/service/tipps-zur-sicherheit/glaeserner-mensch/elektronische-gesundheitskarte/ (19.05.2013)

Neuefeind, Wolfgang, Arzthaftungsrecht, 3. Auflage, Marburg 2001

Neumann, Philipp, In einem Jahr kommt die Gesundheitskarte, Die Welt v. 17.08.2007; abrufbar unter: http://www.welt.de/welt_print/ article1112601/ In_einem_Jahr_kommt_die_Gesundheitskarte.html (19.05.2013)

Nüßgens, Karl, Zur ärztlichen Dokumentationspflicht und zum Recht auf Einsicht in die Krankenunterlagen, in: Ebenroth, Carsten Thomas/ Hesselberger, Dieter/Rinne, Manfred Eberhard (Hrsg.): Verantwortung und Gestaltung – Festschrift für Karlheinz Boujong zum 65. Geburtstag, München 1996 (zitiert: *Nüßgens,* in: Ebenroth/Hesselberger/Rinne, FS Boujong)

Obenhaus, Nils, Cloud Computing als neue Herausforderung für Strafverfolgungsbehörden und Rechtsanwaltschaft, NJW 2010, S. 651-655

Oberste Aufsichtsbehörden für den Datenschutz im nicht-öffentlichen Bereich, Datenschutzkonforme Ausgestaltung von Analyseverfahren zur Reichweitenmessung bei Internet-Angeboten, Beschluss vom 26./27.11.2009, abrufbar unter: http://www.bfdi.bund.de/SharedDocs/Publikationen/ Entschliessungssammlung/DuesseldorferKreis/ Nov09Reichweitenmessung.pdf?_blob=publicationFile (19.05.2013)

Ohly, Ansgar, Volenti non fit iniuria, Die Einwilligung im Privatrecht, Tübingen 2002

Ostendorf, Heribert, Der strafrechtliche Schutz von Drittgeheimnissen, JR 1981, S. 444-448

Otto, Harro, Strafrechtliche Konsequenzen aus der Ermöglichung der Kenntnisnahme von Bankgeheimnissen in einem öffentlich-rechtlichen Kreditinstitut durch Wartungs- und Servicepersonal eines Computer-Netzwerkes, wistra 1999, 201-206

Pahlen-Brandt, Ingrid, Zur Personenbezogenheit von IP-Adressen, K&R 2008, S. 288-291

Paland, Norbert, Bedeutung und Funktionen der Gesundheitskarte, Essen 2006

Palandt, Otto (Begr.), Bürgerliches Gesetzbuch, 72. Auflage, München 2013

Passon, Anna/Siegel, Martin: Das Marktmodell im Gesundheitswesen, in: Lauterbach, Karl W./Lüngen, Markus/Schrappe, Matthias (Hrsg.): Gesundheitsökonomie, Management und Evidence-based Medicine, 3. Auflage, Stuttgart 2010, S. 112-133

Paul, Jörg-Alexander/Gendelev, Boris, Outsourcing von Krankenhausinformationssystemen - Praxishinweise zur rechtskonformen Umsetzung, ZD 2012, S. 315-321

Paulus, Christoph G./Renner, Cornelius, Ein weiteres Plädoyer für unscheinbare Normen, JuS 2004, S. 1051-1054

Peter, Jürgen, Das Recht auf Einsicht in Krankenunterlagen, Köln, Berlin, Bonn, München 1989

Pfeiffer, Doris, Elektronische Gesundheitskarte – technische Infrastruktur innovativer Steuerungskonzepte, in: Rebscher, Herbert (Hrsg.), Gesundheitsökonomie und Gesundheitspolitik, Heidelberg, München, Landsberg, Berlin 2006, S. 741-755

Pfeiffer, Gerd, Strafprozessordnung, 5. Auflage, München 2005

Piper, Henning/Ohly, Ansgar/Sosnitza, Olaf (Hrsg.), Gesetz gegen den unlauteren Wettbewerb, 5. Auflage, München 2010 (zitiert: *Bearbeiter*, in: Piper/Ohly/Sosnitza, UWG)

Pitschas, Rainer, Regulierung des Gesundheitssektors durch Telematikinfrastruktur – die elektronische Gesundheitskarte, NZS 2009, S. 177-184

Plath, Kai-Uwe (Hrsg.), BDSG, Köln 2013 (zitiert: *Bearbeiter*, in: Plath, BDSG)

Pöttgen, Nicole, Medizinische Forschung und Datenschutz, Frankfurt am Main 2009

Quaas, Michael/Zuck, Rüdiger, Medizinrecht, 2. Auflage, München 2008

Rabbata, Samir, Kassen werten Daten aus, Dtsch. Ärztebl. 2005, S. A 638

Ratzel, Rudolf/Lippert, Hans-Dieter, Kommentar zur Musterberufsordnung der deutschen Ärzte (MBO), 5. Auflage, Heidelberg, Dordrecht, London, New York 2010 (zitiert: *Bearbeiter*, in: Ratzel/Lippert, Kommentar zur Musterberufsordnung der deutschen Ärzte (MBO))

Rauscher, Thomas/Wax, Peter/Wenzel, Joachim (Hrsg.), Münchener Kommentar zur Zivilprozessordnung mit Gerichtsverfassungsgesetz und Nebengesetzen, Band 2, §§ 511-945, 3. Auflage, München 2007 (zitiert: *Bearbeiter*, in: Rauscher/Wax/Wenzel, MüKo ZPO)

Redeker, Helmut, IT-Recht, 5. Auflage, München 2012

Reichow, Hartmut/Hartleb, Uwe/Schmidt, Werner, Möglichkeiten medizinischer Datenverarbeitung und Datenschutz, MedR 1998, S. 162-167

Reimann, Susanne, Befunderhebung, 3. Auflage, München 2008

Rembold, Ulrich/Levi, Paul, Einführung in die Informatik, 4. Auflage, München 2003

Reuter, Marcel/Hahn, Erik, Der Referentenentwurf zum Patientenrechtegesetz – Darstellung der wichtigsten Änderungsvorschläge für das BGB, VuR 2012, S. 247-259

Richardi, Reinhard (Hrsg.), Betriebsverfassungsgesetz mit Wahlordnung, 13. Auflage München 2012 (zitiert: *Bearbeiter*, in: Richardi, BetrVG)

Richter, Rudolf/Furubotn, Eirik G., Neue Institutionenökonomik, 4. Auflage, Tübingen 2010

Rieger, Hans-Jürgen, Zur geschichtlichen Entwicklung der ärztlichen Schweigepflicht, DMW 1975, S. 1867-1868

Riesenhuber, Karl, Die Einwilligung des Arbeitnehmers im Datenschutzrecht, RdA 2011, S. 257-265

Rögener, Wiebke, Gekritzel auf Rezept, Süddeutsche Zeitung v. 04.12.2007, abrufbar unter: http://www.sueddeutsche.de/wissen/arzneimittelsicherheit-gekritzel-auf-dem-rezept-1.790352 (19.05.2013)

Rogall, Klaus, Die Verletzung von Privatgeheimnissen (§ 203 StGB), NStZ 1983, S. 1-9

Rohrer, Benjamin, Gesundheitskarte kommt in Apotheke, apotheke adhoc vom 08.02.2012, abrufbar unter: http://www.apotheke-adhoc.de/nachrichten/apothekenpraxis/gesundheitskarte-kommt-in-apotheken (19.05.2013)

Rolfs, Christian, Giesen, Richard/Kreikebohm, Ralf/Udsching, Peter (Hrsg.), Beck'scher Online Kommentar Sozialrecht, Edition 28, Stand: 01.12.2012, München 2012 (zitiert: *Bearbeiter*, in: Rolfs/Giesen/Kreikebohm/ Udsching, BeckOK Sozialrecht)

Rosener, Wolfgang, Die Einwilligung in Heileingriffe, Berlin 1966

Roßnagel, Alexander (Hrsg.), Handbuch Datenschutzrecht, München 2003 (zitiert: *Bearbeiter*, in: Roßnagel, Handbuch Datenschutzrecht)

Roßnagel, Alexander/Hornung, Gerrit, Forschung à la Card?, MedR 2008, S. 538-543

Roßnagel, Alexander/Hornung, Gerrit/Jandt, Silke, Teil-Rechtsgutachten zu den datenschutzrechtlichen Fragen der medizinischen Forschung, Stand Dezember 2009, abrufbar unter: http://www.tmf-ev.de/DesktopModules/ Bring2mind/DMX/Download.aspx?Method=attachment&Command=Core _ Download&EntryId=1424&PortalId=0 (19.05.2013)

Roßnagel, Alexander/Scholz, Philip, Datenschutz durch Anonymität und Pseudonymität - Rechtsfolgen der Verwendung anonymer und pseudonymer Daten, MMR 2000, S. 721-731

Roßner, Hans-Jürgen, Verzicht des Patienten auf eine Aufklärung durch den Arzt, NJW 1990, S. 2291-2296

Sachs, Ulrich, Datenschutzrechtliche Bestimmbarkeit von IP-Adressen, CR 2010, S. 547-552

Säcker, Franz Jürgen/Rixecker, Roland (Hrsg.), Münchener Kommentar zum Bürgerlichen Gesetzbuch

> Band 4, Schuldrecht, Besonderer Teil II, §§ 611-704, 6. Auflage, München 2012

> Band 5, Schuldrecht, Besonderer Teil III, §§ 705-853, 5. Auflage, München 2009

> Band 6, Sachenrecht, §§ 854-1296, Wohnungseigentumsgesetz, Erbbaurechtsgesetz, 6. Auflage, München 2013

> (zitiert: *Bearbeiter*, in: Säcker/Rixecker, MüKo BGB)

Saeltzer, Gerhard, Sind diese Daten personenbezogen oder nicht?, DuD 2004, S. 218-227

Saß, Stephan, Die Beschaffung von Informationen und Beweisen, Sankt Augustin 2002

Sauter, Franz, Das Berufsgeheimnis und sein strafrechtlicher Schutz, Breslau 1910

Schaar, Peter, Datenschutz im Internet, München 2002

Schaefer, Marion, Arzneimitteldokumentation, Bundesgesundheitsbl. 2005, S. 736-741

Schaffland, Hans-Jürgen/Wiltfang, Noeme, Bundesdatenschutzgesetz, Stand: Lieferung 02/2012, Berlin 2012

Schal, Holger, Die Schweigepflicht des Betriebsarztes, Frankfurt a.M. 1989

Scheiwe, Kirsten, Informationsrechte von Patienten hinsichtlich der medizinischen und psychiatrischen Dokumentation, KritV 81 (1998), S. 313-336

Schenkel, Johannes/Albert, Jürgen/Raptis, Georgios, Arbeitskonzept Notfalldatenmanagement, Version 1.05 v. 25.08.2011, Berlin 2011, abrufbar unter: http://www.bundesaerztekammer.de/downloads/Arbeitskonzept_NFDM_1.05.pdf (19.05.2013)

Schmidt, Eberhard, Der Arzt im Strafrecht, Leipzig 1939

Ders., Brennende Fragen des ärztlichen Berufsgeheimnisses, München 1951

Schnapp, Friedrich E./Wigge, Peter (Hrsg.), Handbuch des Vertragsarztrechts, 2. Auflage, München 2006 (zitiert: *Bearbeiter*, in: Schnapp/Wigge, Handbuch des Vertragsarztrechts)

Schneider, Udo, Theorie und Empirie der Arzt-Patient-Beziehung, Frankfurt a.M. 2002

Ders., Principal-Agent-Beziehungen im Gesundheitswesen, in: Burchert, Heiko/Hering, Thomas (Hrsg.), Gesundheitswirtschaft, München, Wien 2002, S. 122-131

Ders., Beidseitige Informationsasymmetrien in der Arzt-Patient-Beziehung: Implikationen für die GKV, Vierteljahreshefte zur Wirtschaftsforschung 71 (2002), S. 447-458

Schoch, Friedrich, Informationsfreiheitsgesetz, München 2009

Schönke, Adolf/Schröder, Horst (Begr.), Strafgesetzbuch, 28. Auflage, München 2010 (zitiert: *Bearbeiter*, in: Schönke/Schröder, Strafgesetzbuch)

Schricker, Gerhard/Loewenheim, Ulrich (Hrsg.), Urheberrecht, 4. Auflage, München 2010 (zitiert: *Bearbeiter*, in: Schricker/Loewenheim)

Schünemann, Bernd, Der strafrechtliche Schutz von Privatgeheimnissen, ZStW 90 (1978), S. 11-63

Schütz, Raimund, Wider das Vergessen: Wettbewerbsrichtlinie verhindert E-Health-Monopol Innovation & Konvergenz, MMR 2009, S. 666-669

Schug, Stefan H./Redders, Mathias, Gesundheitstelematik – Projekte in Deutschland aus Ländersicht, Bundesgesundheitsbl. 2005, S. 649-656

Schulenburg, Johann-Matthias Graf von der/Uber A./Köhler, M./Andersen H.H./Henke, Klaus Dirk/Laaser, U./Allhoff, P.G (Hrsg.): Ökonomische Evaluation telemedizinischer Projekte und Anwendungen, Baden-Baden 1995

Schulte-Sasse, Michael/Andreas, Manfred, Tod durch Succinylcholin bei einer Polypenoperation - Verantwortlichkeit unterschiedlicher Fachärzte für Anamnesemängel, ArztR 1996, S. 291-294

Schulz, Georg, Arztrecht für die Praxis, 3. Auflage, Hannover 1965

Schulz, Steffen, Gesundheitstelematik: Überblick über die geplante Infrastruktur zur verbesserten Kommunikation im Gesundheitswesen, Bochum 2006

Schwartz, Andrea, Informations- und Anreizprobleme im Krankenhaussektor, Wiesbaden 1997

Schwarze, Jürgen/Becker, Ulrich/Hatje, Armin/Schoo, Johann (Hrsg.), EU-Kommentar, 3. Auflage, Baden-Baden 2012 (zitiert: *Bearbeiter*, in: Schwarze/Becker/Hatje/Schoo, EU-Kommentar)

Sciphox (Hrsg.), Dokumenten-Kommunikation im Gesundheitswesen, Köln 2006, abrufbar unter: http://sciphox.hl7.de/ueber_uns/ flyerallgemein.pdf (19.05.2013)

Sieber, Ulrich, Der strafrechtliche Schutz des Arztgeheimnisses unter den Bedingungen der modernen Informationstechnik, in: Eberspächer, Jörg/ Picot, Arnold/Braun, Günter (Hrsg.), eHealth: Innovations- und Wachstumsmotor für Europa, Berlin, Heidelberg 2006, S. 269-288

Siemen, Birte, Datenschutz als europäisches Grundrecht, Berlin 2006

Simitis, Spiros (Hrsg.), Bundesdatenschutzgesetz, 7. Auflage, Baden-Baden 2011 (zitiert: *Bearbeiter*, in: Simitis, Bundesdatenschutzgesetz)

Sosalla, Ulrike, Karte der Gegensätze, Die Krankenversicherung 2006,
S. 137-139

Spann, Wolfgang, Ärztliche Rechts- und Standeskunde, München 1962

Speth, Jörg Erich/Koutses, Inge, Telematik im Gesundheitswesen, MedR 2005,
S. 493-498

Spickhoff, Andreas, Die Entwicklung des Arztrechts 2001/2002, NJW 2002,
S. 1758-1767

Ders., Medizinrecht, München 2011 (zitiert: *Bearbeiter*, in: Spickhoff,
Medizinrecht)

Ders., Patientenrechte und Gesetzgebung, ZRP 2012, 65-70

Spindler, Gerald/Schuster, Fabian (Hrsg.), Recht der elektronischen Medien,
2. Auflage, München 2011 (zitiert: *Bearbeiter*, in: Spindler/Schuster, Recht
der elektronischen Medien)

Staudinger, Julius von (Begr.), Kommentar zum Bürgerlichen Gesetzbuch mit
Einführungsgesetz und Nebengesetzen

> Buch 2, Recht der Schuldverhältnisse, §§ 328-345 (Vertrag zugunsten
> Dritter, Draufgabe, Vertragsstrafe), Neubearbeitung, Berlin 2009

> Buch 2, Recht der Schuldverhältnisse, §§ 611-613
> (Dienstvertragsrecht 1), Neubearbeitung, Berlin 2011

> Buch 2, Recht der Schuldverhältnisse, §§ 779-811 (Vergleich, Schuld-
> versprechen, Anweisung, Schuldverschreibung), Neubearbeitung,
> Berlin 2009

> Buch 3, Sachenrecht, §§ 925-984; Anhang zu §§ 929 ff.: Sonderformen
> der Übereignung (Eigentum 2), Neubearbeitung, Berlin 2011

> Eckpfeiler des Zivilrechts, 4. Auflage, Berlin 2012

> (zitiert: *Bearbeiter*, in: Staudinger, Kommentar zum Bürgerlichen
> Gesetzbuch mit Einführungsgesetz und Nebengesetzen)

Steindorff, Ernst, Anmerkung zum Urteil des BGH vom 06.11.1962 (Az. - VI ZR
29/62 -), JZ 1963, S. 369-370

Stiemerling, Oliver/Hartung, Jürgen, Datenschutz und Verschlüsselung,
CR 2012, S. 60-68

Strutz, Ursula, Juristische Grundlagen, in: Strutz, Jürgen/Mann, Wolf (Hrsg.), Handbuch der HNO-Heilkunde, Kopf- und Halschirurgie, Stuttgart 2001, S. 1015-1030

Sturm, Norbert, Patient müsste Daten preisgeben, Süddeutsche Zeitung v. 10. März 2003, abrufbar unter: http://www.sueddeutsche.de/digital/gesundheitskarte-patient-muesste-daten-preisgeben-1.81737 (19.05.2013)

Stürner, Rolf, Die Aufklärungspflicht der Parteien des Zivilprozesses, Tübingen 1976

Szalai, Stephan/Kopf, Robert, Verrat von Mandantengeheimnissen – Ist Outsourcing strafbar nach § 203 StGB?, ZD 2012, S. 462-468

Taeger, Jürgen/Gabel, Detlev (Hrsg.), Kommentar zum BDSG, Frankfurt a.M. 2010 (zitiert: *Bearbeiter,* in: Taeger/Gabel, Kommentar zum BDSG)

Tag, Brigitte, Der Körperverletzungstatbestand im Spannungsfeld zwischen Patientenautonomie und Lex artis, Berlin, Heidelberg 2000

Taupitz, Jochen, Prozessuale Folgen der „vorzeitigen" Vernichtung von Krankenunterlagen, ZZP 100 (1987), S. 287-345

TeleTrust Deutschland e.V., SICCT Secure Interoperable ChipCard Terminal, Version 1.20 v. 19.11.2007, abrufbar unter: http://www.teletrust.de/uploads/media/SICCT-Spezifikation-120.pdf (19.05.2013)

Terbille, Michael (Hrsg.), Münchener Anwaltshandbuch Medizinrecht, München 2009 (zitiert: *Bearbeiter,* in: Terbille, Münchener Anwaltshandbuch Medizinrecht)

Timm, Manfred, Grenzen der ärztlichen Schweigepflicht, Köln 1988

Tinnefeld, Marie-Theres/Buchner, Benedikt/Petri, Thomas, Einführung in das Datenschutzrecht, 5. Auflage, München 2012

Ulmer, Claus-Dieter, Datenverarbeitung und Datenschutz im Gesundheitswesen – technische Möglichkeiten und rechtliche Grundlagen, RDG 2012, S. 272-277

Unabhängiges Landeszentrum für Datenschutz Schleswig-Holstein, Hinweis- und Informationssystem der Versicherungswirtschaft, Kiel 2007, abrufbar unter: https://www.datenschutzzentrum.de/wirtschaft/20070703-his.htm (19.05.2013)

Venzke, Sven, Die Personenbezogenheit der IP-Adresse, ZD 2011, S. 114-117

Verband der forschenden Arzneimittelhersteller, Als Patient in einer klinischen Studie, Berlin 2011, abrufbar unter: http://www.vfa.de/embed/als-patient-in-einer-klinischen-studie.pdf (19.05.2013)

Verband der Hersteller von IT-Lösungen für das Gesundheitswesen e.V (Hrsg.), Arztbrief auf Basis der HL7 Clinical Document Architecture Release 2 für das deutsche Gesundheitswesen, Version 1.50, Berlin 2006, abrufbar unter: http://www.initiative-elga.at/ELGA/e_arztbrief_infos/Leitfaden_VHitG_ Arztbrief_v150.pdf (19.05.2013)

Verein elektronische Fallakte e.V., Elektronische FallAkte als erster Mehrwertdienst für Telematik-Infrastruktur gesetzt, Pressemitteilung v. 23.07.2010, abrufbar unter: http://www.fallakte.de/presse/36-pm23072010efa-als-mwd (19.05.2013)

Ders., Die elektronische Fallakte, abrufbar unter: http://www.fallakte.de/ueber-efa (19.05.2013)

Vertrauensstelle Krankenversichertennummer, Die Vertrauensstelle – Herzstück des Verfahrens, abrufbar unter: https://kvnummer.gkvnet.de/%28S%28rc3rr1n45hd ozi55teqdk3js%29%29/pubpages/vertrauensstelle.aspx (19.05.2013).

Voigt, Paul, Datenschutz bei Google, MMR 2009, S. 377-382

Wagner, Axel-Michael/Blaufuß, Henning, Datenexport als juristische Herausforderung, BB 2012, S. 1751-1755

Wandtke, Artur-Axel/Bullinger, Winfried, Praxiskommentar zum Urheberrecht, 3. Auflage, München 2009 (zitiert: *Bearbeiter*, in: Wandtke/Bullinger, UrhR)

Warda, Frank, Die elektronische Gesundheitsakte in Deutschland, Bundesgesundheitsbl. 2005, S. 742-746

Waßmer, Martin Paul, Anmerkung zum Urteil des OLG Köln vom 19.09.2011 (Az. – 5 U 42/11 -), MedR 2012, S. 523-523

Wehrmann, Rüdiger/Wellbrock, Rita, Datenschutzrechtliche Anforderungen an die Datenverarbeitung und Kommunikation im medizinischen Bereich, CR 1997, S. 754-762

Weichert, Thilo, Der Schutz genetischer Information, DuD 2002, S. 133-145

Ders., Die Krux mit der ärztlichen Schweigepflichtentbindung für Versicherungen, NJW 2004, S. 1695-1700

Ders., Datenschutz bei Internetveröffentlichungen, VuR 2009, S. 323-330

Ders., Stellungnahme zur elektronischen Gesundheitskarte anlässlich der öffentlichen Anhörung des Gesundheitsausschusses am 25. Mai 2009, abrufbar unter: https://www.datenschutzzentrum.de/medizin/ gesundheitskarte/20090525-weichert-stellungnahme-egk.htm (19.05.2013)

Ders., Cloud Computing und Datenschutz, abrufbar unter: https://www.datenschutzzentrum.de/cloud-computing/20100617- cloud-computing-und-datenschutz.html (19.05.2013)

Weick, Karl E., Der Prozess des Organisierens, 2. Auflage, Frankfurt am Main 1998

Weimar, Georg, Das Berufsgeheimnis des Arztes gemäß § 13 der Reichsärzte- ordnung vom 13.12.1935, Deutsches Polizeiarchiv 1936, S. 266

Wellbrock, Rita, Datenschutzrechtliche Aspekte des Aufbaus von Biobanken für Forschungszweck, MedR 2003, S. 77-82

Wirtschafts- und sozialpolitisches Forschungs- und Beratungszentrum der Friedrich-Ebert-Stiftung, Abt. Wirtschaftspolitik (Hrsg.), Die elektronische Gesundheitskarte kommt, Bonn 2006

Wolff, Hanns Peter, Arzt und Patient, Bochum 1989

Wolff, Heinrich Amadeus/Brink, Stefan, Beck'scher Online Kommentar Daten- schutzrecht, Edition 3, Stand: 01.02.2013, München 2013 (zitiert: *Bearbei- ter*, in: Wolff/Brink, BeckOK BDSG)

Wulffen, Matthias von (Hrsg.), Sozialgesetzbuch: Zehntes Buch Sozialgesetz- buch - Sozialverwaltungsverfahren und Sozialdatenschutz, 7. Auflage, München 2010 (zitiert: *Bearbeiter*, in: von Wulffen, SGB X)

Wussow, Robert-Joachim, Umfang und Grenzen der ärztlichen Aufklärungs- pflicht, VersR 2002, S. 1337-1345

Zipperer, Manfred, Telematik – ein Beitrag zur Modernisierung unseres Ge- sundheitswesens, in: Rebscher, Herbert (Hrsg.), Gesundheitsökonomie und Gesundheitspolitik, Heidelberg, München, Landsberg, Berlin 2006, S. 723-739

Zscherpe, Kerstin A., Anforderungen an die datenschutzrechtliche Einwilligung im Internet, MMR 2004, 723-727

Printed in the United States
By Bookmasters